智能时代
新媒体概论

程　栋◎主编

U0360918

清华大学出版社
北京

内 容 简 介

本书是新媒体概论的 2.0 版本。它汲取了近十年来同类教材的成功经验和优点，并有所创新和拓展，具有如下几大特色：第一，体系新颖。上篇从宏观上论述了新媒体从业者的理论素质；中、下两篇从新媒体形态和传播符号两个角度，介绍了新媒体从业者所需要的技能，从而重新建构了概论课程的知识体系。第二，范畴拓展。响应万物皆媒的到来，首次将新媒体划分为物质新媒体和信息新媒体两大类型，创造性地把物质新媒体纳入新媒体研究和教学的范畴，提出了"硬件转向"这一命题。第三，智能引领。智能时代的到来，成为新旧媒体的分水岭，以智能作为全面打造 2.0 新媒体概论教材体系的底层要素。第四，服务用户。主要从学生就业和实战需要出发，精练学习内容。第五，突出技能。适应普通本科院校应用转型的需要，重点阐述了新媒体从业者的必备素质和技能。因而，本书既可以作为本科院校网络与新媒体专业和新闻传播类专业学生全面了解新媒体理论知识和技能的基础课教材，也可以成为当下新媒体从业者提高自身素质和技能的重要读本。

图书在版编目（CIP）数据

智能时代新媒体概论 / 程栋主编． —北京：清华大学出版社，2019（2023.7重印）
ISBN 978-7-302-52330-7

I. ①智… II. ①程… III. ①传播媒介－概论 IV. ① G206.2

中国版本图书馆 CIP 数据核字（2019）第 029088 号

责任编辑：杜春杰
封面设计：刘　超
版式设计：王凤杰
责任校对：马军令
责任印制：朱雨萌

出版发行：清华大学出版社
　　　　网　　　址：http://www.tup.com.cn，http://www.wqbook.com
　　　　地　　　址：北京清华大学学研大厦 A 座　　　邮　　编：100084
　　　　社 总 机：010-83470000　　　　邮　　购：010-62786544
　　　　投稿与读者服务：010-62776969，c-service@tup.tsinghua.edu.cn
　　　　质 量 反 馈：010-62772015，zhiliang@tup.tsinghua.edu.cn
印 装 者：三河市君旺印务有限公司
经　　销：全国新华书店
开　　本：185mm×260mm　　　印　张：24　　　字　　数：606 千字
版　　次：2019 年 3 月第 1 版　　　印　　次：2023 年 7 月第 7 次印刷
印　　数：12501 ～14000
定　　价：65.00 元

产品编号：081169-02

编 委 会

主　编　程　栋
副主编　雷　鸣　李乃舒
编　委　常怡明　黄建军　刘友芝　孙恺悦　田秀秀
　　　　田　瑞　王海峰　王向军　谢　飞　许　璐
　　　　薛　倩　杨　曙　殷　亮　张　超

审稿指导委员会

学术研究界专家

陈昌凤　清华大学新闻与传播学院常务副院长，中国新闻史学会会长，教育部高等学校新闻传播学类专业教学指导委员会副主任委员，国务院学位委员会新闻传播学科评议组成员

丁柏铨　原南京大学新闻传播学系主任、教授、博导

杜骏飞　南京大学新闻传播学院执行院长、博导，教育部高等学校新闻传播学类专业教学指导委员会委员

辜晓进　深圳大学传播学院教授、博导，原深圳日报总编辑

韩　隽　西北大学新闻传播学院教授、新媒体研究院副院长，教育部高等学校新闻传播学类专业教学指导委员会委员

金兼斌　清华大学新闻与传播学院教授、博导

匡文波　中国人民大学新闻学院教授、博导

李明德　西安交通大学新闻与新媒体学院院长、教授、博导

陆　地　北京大学新闻与传播学院教授、博导、视听传播研究中心主任

彭　兰　清华大学新闻与传播学院教授、博导、新媒体研究中心主任

沈　浩　中国传媒大学新闻学院教授、博导、大数据挖掘与社会计算实验室主任

沈　阳　清华大学新闻与传播学院教授、博导

孙龙杰　西安科技大学高新学院董事长、教授

吴　飞　浙江大学传媒与国际文化学院求是特聘教授、博导，原浙江大学传媒与国际文化学院院长，国务院学位办新闻传播专业研究生教育指导委员会委员

张志安　中山大学传播与设计学院院长、教授、博导

新媒体行业大伽

冯国震　新闻资讯公众号《冯站长之家》创始人兼 CEO

黄永轩　易简集团总裁、《公众号思维》作者

郎清平　北京清博大数据科技有限公司 CEO

毛小明　公众号《新媒体大学》创始人

彭　博　人民网地方部副主任

王月芳　《今日头条》公司头条学院运营总监

吴晨光　《一点资讯》副总裁、总编辑，《搜狐网》前总编辑

张丹峰　北京清博大数据科技有限公司副总裁

甄　妙　《南宁圈》创始人兼 CEO

序　一

"新媒体"是个老概念，报纸、广播、电视、网络最初都曾经是"新媒体"。在移动端网络出现前，PC端的网络载体，也可以称作新媒体。但是现在那些"新"都成了旧概念，科技的不断更新换代，一直在不断催生更新的媒体。"新媒体"是如此依赖语境和场景的，所以，在它的前面加上定语，真是聪明之举。这部教材，就是专为特定语境——"智能时代"而撰写的。

不知不觉间我们已经进入了智能时代。智能革命也成为许多国家发展的重要战略，十九大报告专门提到人工智能，并且把互联网、大数据、人工智能作为建设现代化经济体系的重要内容。在新一轮科技革命中，多国竞相争夺主导权，围绕技术发展出台政策规则、加大资金和人力投入，通过加速技术与产业的发展抢占先机。2016年，美国白宫发布《美国国家人工智能研究与发展战略规划》文件，将人工智能上升到美国国家战略高度；2017年，我国出台了《新一代人工智能发展规划》，抢抓人工智能发展的重大战略机遇，构筑我国人工智能发展的先发优势；同年，加拿大亦将人工智能列入其"新经济六大支柱"；法国和英国都在大力开拓、争做人工智能强国。目前全球市值排名前列的公司都在全力进军人工智能领域，中国也在大力布局人工智能战略。在信息传播方面，智能技术的运用已经越来越广泛。合成智能系统的机器学习、神经网络、大数据、认知系统及相关算法，都已经运用于信息传播，连人造劳动者也运用到了信息传播领域。新的信息传播技术和智能媒介的运用改写了新媒体的边界和内涵，也进一步革新着媒体与社会、与人类的关系，这是非常值得我们去探究的。

这本书从新媒体的概念入手，对新媒体的构成、形态、功能、经营、关系等努力加以阐述，视角和体例上，有自己的特色。从时间上来说，它可以吸收互联网诞生以来同类教材的经验，时间线又可以向新近拓展，可以包容的内容更加多样。书中将新媒体阐述为"作为一种新的传播信息的载体，载体性、全时性、交互性、数据化、个性化、智能化是它的性质。"尽管在逻辑上可以再推敲，但是它在努力做出自己的体系。本书上篇宏观论述新媒体从业者的理论素质；中、下两编从新媒体形态和传播符号两个角度，介绍了新媒体从业者所需要的技能，从而重新建构了概论课程的知识体系。

媒体为什么会层出不穷地翻新？其实这个问题非常值得探究。汤姆·斯丹迪奇在《从莎草纸到互联网：社交媒体2000年》一书中表示了这样的观点：历史上产生的"社交媒体"形形色色，却都基于人类的社交天性和"主我"与"客我"的认识，建立在人与人之间信息分享的基础之上。作者认为社交媒体网络系统是层出不穷的，在人类历史的大部分时间内，无论是口头形式还是书面形式，社交关系网是新思想和新信息传播的主要手段。而不管是哪种形式的社交媒体网络，这些媒体系统的力量、传播范围和包容性是一直在稳步增长的。技术的发展则是社交媒体网络系统层出不穷的最主要原因，越来越发达的技术为人们想要传递信息的多少、内容和方式，以及传播的范围和影响力提供了无限的可能。而媒体作为一种连接关系、缔结网络的特殊介质，在人类在历史进程中起着非常关键的作用。麦克尼尔父子在《人类之网：鸟瞰世界历史》一书中，在叙写漫长的人类历史时将"网络"视为人类特征，追溯人类网络的变化，揭示各个阶段不同人群之间合作与竞争的生存特征，以及人类社会与生物圈的依存、互动。由此我也想到，这本书，在全面叙述新媒体的现状和操作时，是否可以启发学生作深入的思考？我们从新媒体的角度出发，是否可以深入思考一下，它在未来人类网络中可以发挥的功能和应当担当的使命？

这本书给了我们思考的机会。作者程栋教授曾任《河东大学报》主编、运城学院中文系教师，现为西安科技大学高新学院特聘教授。去年我与他在西安交通大学的一次学术论坛上有过交集，之后他告诉我他和全国十多所高校网络与新媒体专业的老师编写了《智能时代新媒体概论》一书，希望我写个序。我实不敢当，权当拜读书稿的最早的读者。

陈昌凤

中国新闻史学会会长

清华大学新闻与传播学院教授、常务副院长

国务院学位委员会新闻传播学科评议组成员

教育部高等学校新闻传播学类专业教学指导委员会副主任委员

2018 年 12 月

序 二

当前新媒体已经渗透到我们生活、工作的每个角落，形成了"人人是记者，处处有媒体"的新媒体时代。新媒体的覆盖、影响范围已经超越任何传统媒体。新媒体正在挑战传统媒体，深刻改变着人们的工作和生活方式。

与此相对应的是，高校新媒体的教育日益普及，新媒体的研究成果，包括专著、论文、教材不断涌现。近期，我欣喜地读到西安科技大学高新学院特聘教授程栋编写的《智能时代新媒体概论》一书，感到本书具有不少新意和鲜明的特色，具体如下。

1. 实用性强。主要从学生就业和实战需要出发，精练学习内容，尤其是突出实用技能。

2. 理论体系完整，逻辑性强。上篇从宏观上论述了新媒体从业者的理论素质；中、下两篇，从新媒体形态和传播符号两个角度，介绍了新媒体从业者所需要的技能，从而重新建构了概论课程的知识体系。

作者首次将新媒体划分为物质新媒体和信息新媒体两大类型，把物质新媒体纳入新媒体研究和教学的范畴，提出了"硬件转向"这一新观点。

3. 顺应时代。智能时代的到来，成为新旧媒体的分水岭，本书突出了智能时代的特色。

此外，程栋教授的文风优雅，学术性的教材读起来有散文之感。显然，本书既可以作为普通本科院校网络与新媒体专业基础课教材，也可以成为当下新媒体从业者提高自身素质和技能的重要读本。

匡文波

中国人民大学新闻学院教授、博士生导师

2018 年 11 月

序　三

"智媒时代"编辑的能力与定位

初看这个标题，你可能会感觉它与本书表述的方向是相反的。

人工智能和算法分发的应用，在很大程度上减少了总编辑和编辑的工作，让传统媒体关门、让传统媒体人失业。所以，一度有很多人在喊：总编已死，有事烧纸。

但事实并非如此。

2017 年 10 月，习近平总书记在中共十九大报告中明确指出：经过长期努力，中国特色社会主义进入了新时代，这是我国发展新的历史方位。

作为国家前行的纲领性文件，"新的历史方位"包括经济、政治、文化，也包括互联网信息传播领域。我们可以称之为"新互联网时代"。从 2012 年十八大召开到今天的五年多里，由于智能硬件——主要是智能手机的普及，以及移动互联网的飞速发展，信息的生产和分发已经发生了本质变化。超过 3 000 万个自媒体产生的内容在微信、微博、App 里占据了半壁江山，内容生产的权力，已经从记者扩大到每一个人。正如程栋教授在本书中所说的那样，"所有人都可以借助新媒体成为传播主体"。而在内容传播层面，总编辑和编辑权力也似乎已经被逐步取代——社交媒体里，每个人可以发布信息；人工智能和算法推荐，也已经成为传递资讯的主要渠道。

内容生产、内容发布权力转化带来的问题，是新互联网时代所产生的新矛盾。

首先要解释一下，什么是算法？什么造就了千人千面的信息推送模式？答案是这样的：以前，谁是头条、谁是二条，由总编辑和编辑决定；现在，计算机会根据用户个人信息——比如地理位置、手机型号，以及在 App 内的浏览、点击、分享、评论、搜索、订阅等行为，判断用户喜欢什么不喜欢什么，然后推送相关内容。

数据，是算法决定推荐什么内容的唯一依据。而"智能媒体"的定义，在很大程度上也来源于此。

如果只从效率上讲，这种模式的点击率（CTR）要高于编辑推荐。这就如同市场经济的效率高于计划经济一样。正如马云所言，人工智能是一种更先进的生产资料、生产力和生产关系的组合。但也正因为算法如此超常的勤勉、"理性"，甚至冰冷，会导致在这种千人千面推荐的客户端里三个陷阱的产生：

第一，"标题党"文章泛滥。

读某些客户端常有这样的体验：标题很"精彩"甚至极具煽动性，诸如"震惊""火爆""出大事了"，乃至"不转不是中国人"之类。但点开看了毫无信息可言，甚至夸大其词、无中生有。一个在实验室里的研究成果，可以说成大规模投入生产；一个普通规章出台，可以说成"影响世界"；一场军事演习，可以说成把某某国家吓得屁滚尿流。

之所以有这样的体验，是因为海量数据的运算是基于点击，很多用户是因为耸动的标题被吸引过去了，但看了以后立刻走人。虽然他个人的体验很不愉快，但这个点击行为留下来了，又被算法捕捉到，进而推送给别人。如此形成了恶性循环，越多的人被吸引，它也会给予这个新闻更多的权重，更会被推荐开去。

第二，低俗内容及情绪化内容泛滥。

与"标题党"泛滥的原因相同，人本身有窥伺和猎奇的欲望，所以，涉性、暴力、血腥、八卦的内容点击率自然高于其他文章。而算法也会将这种情形捕捉下来，进一步推给其他用户，于是造成低俗内容的泛滥。

情绪化内容的泛滥也是如此——比如中日钓鱼岛的矛盾，大多数中国人会同仇敌忾，民族主义情绪血脉偾张，这一类内容就会得到大量的点击；再比如说转基因案，实际上有不同观点鲜明对立，但由于民粹主义的盛行，有大量阴谋论，反转基因的观点在网上获得巨大的点击量，如果仅仅基于网络点击，你会获得大量的关于反转基因的推荐文章，那么那些理性的科学家和政府在这方面澄清解释的文章，你根本看不到。

更可怕的是，这种口水文章或者情绪化文章，会被阅读者分享到朋友圈、微博等社交媒体上，并加以非常情绪化的点评。点评和文章又会影响更多人，导致新一轮的分享、点评的诞生，说严重点，可能会导致整个社会情绪的失控，也违背了互联网"平等和自由"的基本精神。

第三，让用户陷入"茧房"阅读——一叶障目、不见泰山，党和国家的大政方针、重大民生决策得不到有效传递。

在"千人千面"的算法阅读下，尤其是用户的兴趣图谱被绘制得越来越精细，我们可以敏锐地捕捉到用户非常细小的兴趣需求。但如果不能在人的共性阅读和个性阅读、人的时间敏感度、新闻和非时间敏感度信息之间，取得一个平衡的话，"信息茧房"就会形成。

如果回归信息的基本定义，则应该是人们"应知、欲知而未知的东西"。算法能够满足欲知而未知，但无法满足应知而未知。于是，很多重大政治事件、影响国计民生的经济政策改变等，在手机屏幕上得不到权重和体现。久而久之，一个拥有几千万甚至上亿用户、承担着传播主流价值观的 App，就变成一个纯个人消遣的阅读器，媒体"上情下达、下情上传"的功能变得越来越弱，个人与党、国家、政府、社会之间的鸿沟越来越深。甚至有人曾说，"千人千面的推送信息模式没有价值观；网站也没有总编辑和编辑，一切靠算法决定"。

但对算法稍有了解的人都会知道：冷启动是推荐中最为基础、也是最重要的一个环节。所谓"冷启动"，就是一个新用户打开 App 后，看到的第一屏内容。因为用户刚刚登录，App 并不了解他的兴趣爱好。如果用户对隐私进行了设置，他的地理位置甚至都不清楚。在这种情况下，为了追求更高点击率以留住用户，算法——确切地说是由人掌控的算法模型，会选择此前点击率更高的内容推荐。于是，那些已经被检验过的、低俗但会激起更多人阅读欲望的内容，就会作为"冷餐"上桌。如果用户点了，系统默认为他是一个喜欢这类内容的人，相似内容就会源源不断推荐给他。

"无善无恶心之体，有善有恶意之动"。冷启动时，不负责任的算法其实调动了人意念中"恶"的一面。

为了避免这个问题，有责任感的人工智能公司不但要看点击量，还要根据很多其他指标，如停留时长、转发分享、收藏评论等指标来确定文章的推荐权重。同样，我们还要分析稿源的质量，来最终评定推荐的权重。特别是冷启动时，推动文章的调性和质量更为重要。这样，我们才能避免阅读庸俗、低俗的内容——从第一次打开 App 就出现——这就是人工干预算法的体现之一。

那么，谁来深度参与对算法的调控？答案是负责任的内容管理人员。2017 年 6 月 1 日，《互联网新闻信息服务管理规定》正式实施，再次强调了总编辑在网站的重要性。在对党和国家政策的理解上，在对重大新闻的舆论引导上，在对重要稿源的把握上，在有关内容导向的问题上，在对千万个自媒体人的引导上，总编辑和编辑是不可缺失的"看门狗"。正如社会主义市场经济要兼顾公平和效率一样，智能时代新媒体的编辑仍然是保证公平的砝码。

所以，这就是涉及新时代里，总编辑和编辑的转型问题，也是新媒体主体素养提高的问题。在此，我们欣喜地看到，程栋教授主编的这本书，对各类新媒体主体素养和技能的提升，进行了有益的探索和阐述。

以前，我们强调"内容为王"，但在今天，更应该站在内容生产和内容分发之间平衡的高度，去看待这件事情。在我所供职的一点资讯，对于编辑的要求是双重的：其一是专业领域的能力，比如你是个财经主编，需要成为财经领域的专家；其二是运营能力，真正理解算法、理解数据、理解用户，并在保证导向和价值观的前提下为我所用。如果说，专业能力是掌舵能力，那么掌握智能媒体的传播规律则是划桨能力。有舵无桨，船会失去前进的动力。有桨无舵，船会偏离前进的方向。

也只有如此，总编辑和编辑才能与算法工程师一起，做到真正的"人机结合"。人要能利用智能媒体时代的优势，但不能反主为客，被机器带跑。这正如 2017 年举行的第四届乌镇峰会上，乔布斯的继任者库克所表达的观点：在这寒冷的冬天，我们不怕机器变得越来越像人，而是怕人变得越来越像机器。

吴晨光

《一点资讯》副总裁、总编辑

《搜狐网》前总编辑

2018 年 12 月

前　言

追寻永恒的"伊人"

按照惯例，写书的人总要在正文之前，说说自己的选题初衷、写作意图、内容主旨之类的话，名之前言。说起写作意图，作为此书的首倡者和主编，我自感不能伟大到像叔本华那样，献出这本书"是为了人类"[1]，也不会偏狭到蒙田伦理模范式的"纯粹是为了我的家庭和我个人"[2]，而是有点"中庸"，或者说"平庸"——我是为了我的"伊人"！就是《诗经》中所吟咏的那个"伊人"！

> 蒹葭苍苍，白露为霜。
> 所谓"伊人"，在水一方。
> 溯洄从之，道阻且长。
> 溯游从之，宛在水中央。
> ⋯⋯⋯⋯⋯

遥望历史，我仿佛看见了几千年前，我们的祖先就已经开始了对"伊人"的苦苦追寻。"伊人"在河的对岸，在河的上游，在河的中央，在水边的沙滩上，诗人溯洄从之，溯游从之。有人说"伊人"是诗歌作者的意中人，是他的情人，他的爱人。为了他的"伊人"，作者上下奔走，竭力求之。这的确是一幅凤求凰或者凰求凤式的爱情画面。然而我倒认为这个"伊人"不过是作者所追寻的美好事物的统称罢了。意中人也好爱人也好，他们都不过是美好事物的一种而已。不是这样吗？在中国悠悠的历史长河中，对美好事物的憧憬与追寻，是一代又一代龙的后人接力传递的亘古不变的永恒的主题。

然而，这又何尝不是从非洲大陆走出来的人类，跋山涉水，寻求美好家园的筚路蓝缕的写照？这又何尝不是我们的后辈，对智能社会乃至"火星社会"，那无数个明眸皓齿的或"犹抱琵琶半遮面"的新的"伊人"，孜孜追寻的象征？

收回目光，我们发现，每一个学科的发展又何尝不是这样呢？新媒体所隶属的新闻与传播学科，又何尝不是奔赴在这样的追寻之旅呢？编写一部网络与新媒体专业奠基性的精品新媒体概论教材，又何尝不是我们全体编写人员的追寻的那个"伊人"？这一教材的主要研究对象——新媒体，又何尝不是我们追寻的那个"伊人"呢？

当今社会，"伊人"无所不在，追寻亦无所不在。正如人们用极大的热情宠爱着自己已经

---

[1] 叔本华《作为意志和表象的世界》序言："不是为了同时代的人们、不是为了同祖国的人们，而是为了人类，我才献出今日终于完成的这本书。我在这样的信心中交出它，相信它不会对于人类没有价值；即令这种价值如同任何一种美好的事物常有的命运一样，要迟迟才被发觉。因为，只是为了人类，而不可能是为了这转瞬即逝的当代，这个唯个人眼前妄念是务的世代，我这脑袋在几乎是违反自己意愿的情况下，通过漫长的一生，才不断以此工作为己任。在这期间，即令未获人们的同情，也并不能使我对于这一工作的价值失去信心。"

[2] （法）米歇尔·蒙田著的《蒙田随笔》序言写道："这是部坦白的书，读者，它开端便预告你，我在这里并没有拟定什么目的，除了叙述自己的家常琐事。我既没有想到对于你的贡献，也没有想到自己的荣誉。我的力量够不上这样的企图。我只想把它留作我亲朋的慰藉：使他们失去了我之后（这是不久就要成为事实的），可以在这里找到我的性格和脾气的痕迹，因而更恳挚更亲切地怀念我。"

牵手的那个"伊人"一样，我在写这段文字的时候，也是紧紧地握着自己那个"伊人"的手，凝视着"她"，钟情地，款款地，说着这番话。而你呢？在我的朋友圈里熟悉的你，在我"摇一摇"哗哗的声响中，附近的、呼之欲出的、陌生的你，在我想象中天涯海角的你，素昧平生的你，平淡而草根的你，高贵而雅致的你，现在是不是，也正与你的"伊人"在一起，卿卿我我、耳鬓厮磨呢？我想，绝对没错！当你看到这段文字的时候，你的那位"伊人"肯定陪伴在你的左右。可见，我们对这"伊人"的痴爱与热恋何其相似乃尔！此所谓：富与贵，是人之所欲也；美好的事物——"伊人"，亦人之所欲也。

这个"伊人"是谁呢？——手机！

不是吗？手机，是让人爱得一塌糊涂的东西，也是让人爱得死去活来的东西。它登堂入室，与你同床共枕，又与你出双入对、形影不离。只是它给你带来的东西，却是天壤之分、云泥之别：有人用手机每天死磕，小小地"先赚了一个亿"；有人用它"papi papi"地"酱"成了"集美貌与才华于一身"的网红；有人用它"死磕自己，愉悦大家"，甘当知识的二传手，圈住了数以万计的"罗粉"；有人却因它被骗得倾家荡产，颗粒无收；也有人用它制造谣言而锒铛入狱。更让人咋舌的是，低头看手机，失足落水者有之；过马路被汽车碾压而亡者有之；老司机把人撞得魂飞魄散者有之；新司机自己被撞得粉身碎骨的也有之……如此一幕幕悲喜剧的上演，无不是手机为之！

然而，爱它也好，恨它也好，我们不得不承认，人类已经进入了尼葛洛庞帝所描绘的那个数字化生存的时代。短视一点儿说，如今手机已经改变了我们的生存方式，改变了我们所在的时代，改变了人类自己！这个改变可能没有达到顶峰，必将继续改变下去。尽管有人在2015年已经危言耸听地宣布了它5年后灭亡的时间表，但我相信，这个"伊人"还会陪伴大家走过一段让那个预言家暂时失望的、稍稍长久的日子。

因此，我们不得不静下心来，让它在教材中扮演一个非常重要的角色。它，在我们的教材里，是被称作新媒体的东西。说它是"伊人"，不过是用了当下新媒体一个惯用的吸睛手法而已；而且说它是新媒体，不是我的原创，也不是我们教材的语用专利，而是如今学术界甚而各个行业的流行热词。

然而遗憾的是，"伊人"在水一方，飘忽不定，变动不居，就像施拉姆所描绘的七天之喻那样，新媒体的变化，随着时间的脚步越来越快，甚而不能用日新月异来形容了，已经进入了秒杀级的时代！今天宠爱有加，明天，你就会移情别恋了！你会秒杀它！因为你的另一个，或者另几个新的"伊人"又要来了！你必定要换一个手机，苹果8，苹果9，苹果N？华为Mate 10 Pro、Mate 20、Mate N？甚而不消更长的时间，那个预言家手机消亡的预言就会成为现实。

不过，不用担心，手机消亡了，还会有你的另一种新"伊人"接踵而至：它会附于你的身上，执行阿里巴巴的"如影"计划，成为一个附身的具有识别功能的生物薄膜新媒体，通过脉搏、血管和掌纹等特征，确认人的身份后成为你的"影子"，你便拥有一个和人融为一体的支付宝，彻底摆脱"身手钥钱"（身份证、手机、钥匙、钱包）和充电宝的束缚；它也可能在体外，是你的贴身生活小秘书，每天帮你测量血压心跳，关灯开门，每天细数冰箱里面的鸡蛋，计算每块肉品的卡路里，为了你保持苗条的身材，给你定制蔬菜水果让快递小哥送来；它也可能是你的司机，任凭你躺在后座上闭目养神，会送你到想去的地方；他也可能是你的

形影不离的翻译，你没有必要从小学到大学花费那么多的时间去学习外语，它陪伴你周游世界，走遍天涯海角，让你与不同国度的人无障碍地畅聊。还有……某公司发明的登上美国《时代》周刊封面的机器人jebo为你跳舞唱歌，沙特阿拉伯的公民机器人索菲亚给你讲"我要毁灭人类"的笑话……

还有后天的"伊人"，这只是明天！那么后天，大后天，这些"伊人"是谁呢？但是，不管它姓什名谁，或美或丑，都有一个共同的名字：

——"新媒体！"

写到这里，我突然感到：新媒体是辉煌的，也是没落的；追逐"伊人"的我们是速朽的，也是永恒的。因为处于此时的某个具体时代的新媒体，无论何等的"新"，此时的我们，对"伊人"是何等的难舍难分，最终必定是"青山遮不住，毕竟东流去"，都会随着历史的车轮，淹没在漫漫的征程中！只有当我们、我们的后人如夸父般不断地去追逐新媒体的时候，彼时的媒体和彼时的我们的后人，将会是一种永恒的存在。因为那时的媒体是新媒体，那时的我们后人仍是新媒体的主人。新的媒体像太阳一样，永远地照亮、指引夸父们追赶的前程。然而，眺望未来的新媒体，我们不能确切地说清那时"伊人"的一切，但它可能会从"在水一方"走过来……

我把你带出了图书馆。你应该在两星期内被归还，但我一直留着你，远远超过时限，造成了巨额罚款。图书管理人员很好。没有让我立刻交罚款。但说她也是按规则办事。这笔罚款是由图书馆系统和你的出版商定下的。

我是一名作家，正在找一位表演老师教我如何大声朗读我的作品。虽然你的出版商没有告诉我你的真名，但你包装上的履历已经告诉我了。我以为我们会相处融洽，实际上也是如此，从你被下载到我的插卡槽的那一刻起。

你就这样突然出现在我眼前。①

《你，仿真状态的你》，虚拟的伊人，现在的我，无法看到你的模样，也无法听到，你，未来的新媒体，大声朗读我们的教材的美妙的声音，我只能截取贺铸的《青玉案》和欧阳修的《浪淘沙·把酒祝东风》两词中的句子，来对未来的"伊人"——新媒体，对如今新媒体的后人，投去来自历史深处的欣羡的目光：

凌波不过横塘路，但目送，芳尘去。锦瑟华年谁与度？月桥花院，琐窗朱户，只有春知处。

…………

聚散苦匆匆，此恨无穷。今年花胜去年红。可惜明年花更好，知与谁同？

美轮美奂且略带凄婉的诗句，把我们带入对未来的遐想，也许是"瞎想"，因为彼时之"伊人"已非此时之"伊人"，彼花亦非此花。可恨时间之刀，残忍而公允，除旧布新，新之无穷，变之无定，"伊人"亦无穷，我辈别无它途，自当与时俱进，逐之无尽也。

而教材的编撰，也是如此。《智能时代新媒体概论》是对这个智能时代"伊人"形象的速写式描画，是对它灵魂的扫描式解读。这种解读也须随时更新，这种描画也应与时俱进。21世纪以来，新媒体的不断涌现和业界如火如荼的实践，是学界总结升华新媒体规律的源泉，使得相应的教材也如雨后春笋般涌现。据编者目力所及，以"新媒体概论""新媒体新论""新媒体导论"命名的概论型教材，就多达十余种。按说面对如此繁多且不乏精品的教材，笔者

① 亨利·吉. Nature 杂志科幻小说选集 II［M］. 夏笳，李恬，译. 上海：上海交通大学出版社，2017.

与参编之同人，本当率领自己的学生择其善本，多加研习。然而，新媒体指数级爆发的张力，应用技能技巧的"分"新"秒"异，使我们无法把自己的视线，一直驻留在这些教材之上。新的媒体，新的技能，新的规律，犹如新的"伊人"，在吸引着我们去探索它，总结它，描画它，追逐它！也许这正是美国科学史家库恩所说的科学范式的革命，在新媒体领域的又一次尝试，又一种新范式的追逐……

　　来吧，追逐吧！请扫码，预览未来的"伊人"——

程　栋

2018 年 3 月 3 日

目　录

上篇　新媒体鸟瞰篇

中篇　新媒体形态篇

下篇 新媒体符号篇

上篇　新媒体鸟瞰篇

　　我们欣喜地看到，如今新媒体行业，犹如春天的原野，莺飞草长，百花齐放。面对如此兴盛的行业，新媒体概论理应对这一领域的知识和技能，做全方位集萃和呈现。然而这一领域既有的知识和技能，如自然界之花草树木，何其多也！又若广袤无际之海洋，浩浩汤汤，何其大也！遑论转瞬又有新的东西在裂变，让你猝不及防。既令十枝生花妙笔，也难写新媒体万千气象！那么，新媒体苑囿百花烂漫，哪一朵"薄言采之"？新媒体汪洋弱水三千，本教材可以舀取的那一瓢，又在何处？稍有常识的人都知道，站在南极，只能看到北方，站在北极，只能看到南方，漂泊在太平洋上，几乎找不到任何方向。因为站得太低，没有高远的眼光，那么登上月亮或者卫星，鸟瞰大地，世界就会是另一番模样。本篇即是如此。面对新媒体大地，无论它山再高水再长，草再密树再旺，我们都要略去那些细节，去寻找标志性的景象。高之如喜马拉雅，大之如太平洋！因此，我们从实用性出发，帮你划定新媒体概念的边界，助你了解它的历史与未来，从形而上之思想和形而下之技能方面提醒你：强健主体人格，进而打造在新媒体行业的盈利特长！

第 1 章　龟趺：新媒体的概念

　　媒介这一古老的字眼，披着千年的风尘，从历史的深处走来，偶遇媒体这穿了中式外衣的舶来品时，逐渐失去了人们在口中咀嚼的传统滋味。"入乡"了的媒体幸而"随俗"，凭着"乡民"们的青睐，在人云亦云的约定俗成中，摆脱了有人加在它头上所谓组织机构的光环，一路逆袭，褫夺了媒介嫡传之位，成了新媒体这一概念的归属。作为一种新的传播信息的载体，载体性、全时性、交互性、数据化、个性化、智能化是它的性质。又因物质、信息两个独特的视角，为手机和微信之类的不同载体，找到了新媒体形态驻足的真正港湾。

　　概念是人类思维活动中最重要的角色，就像匍匐在历史庙堂之前的龟趺一样，驮负着一个个文明的里程碑。人类用它和别的逻辑角色一起，在自己的精神大厦中，创作并上演了一幕幕自然科学和社会科学的戏剧。而在如今新闻传播学舞台上，新媒体这一概念，犹如冉冉升起的新星，成了一个爆红的角色。然而遗憾的是，它在这场戏的生、旦、净、末、丑的诸多行当里，到底是何种角色，却让《新媒体概论》这本大戏的导演颇费心思，因为它在以往的教材和著作中，被人们反反复复打扮了以后，已经成了一个面目模糊的东西，或者说它像施展了川剧变脸术一样，在不停地变换着它的面孔，让戏迷们无法确定它的身份。因此，我们不得不摘掉它变幻的面具，重新打扮一番，以便让大家看清它真正的面孔。

1.1　归宗：新媒体之属概念

1.1.1　"爸爸" VS "叔叔"

　　"但是，且慢。"施拉姆说。在新媒体这个角色上场之前，还必须将它的"爸爸"或"叔叔"们请上场来。因为要认识新媒体的真面孔，就应当对这一概念进行定义。列宁说："下定义是什么意思呢？这首先就是把某一概念放在另一个更广泛的概念里。"所以，比新媒体范围大的属概念是媒体，新媒体之于媒体，犹如儿子与爸爸。所以必须从媒体这个"爸爸"辈说起。

　　然而，令人为难的是，通过对学者们观点的考察，人们发现新媒体属概念，那个待选的爸爸竟然有两个：一个是媒体，一个是媒介。因为在以往的书刊中，有人等同使用，有人混用。

　　很多书和文章甚至直截了当地说两者没有区别。如："两个词语都来自英文单词中的'media/medium'，并无概念上的本质区别，只是在使用习惯上有细微的差别。……在本书中，'媒介'与'媒体'以及'新媒介'与'新媒体'概念等同，未作区分。"[①]

　　有的直接在文章论述过程中把"媒介"和"媒体"两个概念搅在一起混用。如："按照传播媒介的不同，人们把以传统的纸质媒介，以广播为代表的电波媒介以及基于图像传播的电

---

① 宫承波. 新媒体概论 [M]. 4 版. 北京：中国广播电视出版社，2012.

视分别称为第一、第二和第三媒体。相应地，互联网那个作为其后产生和发展起来的新生媒介，被称为继报刊、广播和电视后出现的'第四媒体'"①。

有的在重大的课题研究项目中表达研究对象的关键概念上，将媒介和媒体混用。如教育部重大攻关项目"大众传媒在文化建设中的功能和作用机制研究"阶段性成果——《新媒体与文化生态的重构》一文，不仅引述他人的著作将二者混用，论文标题和正文也一概如此："任何一种新媒介的诞生，都是对新的传播形态与传播空间的拓展，而不是对原有传播媒介的取代。秉持媒介生态学理念的法国学者雷吉斯·德布雷认为：'随着一代又一代媒体在动荡不安的共存中重叠或沉淀，这些生态系统就变得不稳定，并且越来越复杂。'然而，'性能最好的媒介，即成本/效率比最好的媒介相对于先前的媒体占主导地位。也就是能够波及得更广、更快，需要信息发送成本最低和信息接收最不费力（最舒适的同义词）的那种媒介。在这种意义上，电视比广播更有优势，广播比报纸更有优势，报纸比小册子更有优势，小册子比书更有优势，书比手抄本更有优势，等等。'"②

有的在同一书中，书名和各章节标题将媒体和媒介两个词混用。如上海大学发展战略研究所吴信训工作室的研究团队，推出的一套"国际新媒体产业瞭望丛书"，其中之一的书名是《日本新媒体产业》，可是此书中的章节标题，几乎全部用了新媒介③。再如吴小坤、吴信训所著《美国新媒体产业（修订版）》一书，引用了 Terry Flew 的书 *New Media*：*An Introduction* 中的观点，他们翻译道："《新媒介导论》中也指出，新媒介技术演进的结果导致了全球化。通过电子传播技术，世界上不同地方的人们之间的距离放大大缩短。"在这里，我们可以看到，作者将 New Media 翻译为新媒介。第二章第二节的标题，虽然是"美国新媒介产业的未来走势"，但第"三"小标题，却成了"新媒体视频服务带动产业格局实现新的突破"④。同样，前面的章节一路写来，都是新媒介，到了第六章，却枉顾新媒介，将它弃置一边而直言新媒体。

有的同一本书不同版次的书名，将新媒体和新媒介混用。如由中国国际广播出版社 2009 年 3 月出版的，吴小坤、吴信训合著的《美国新媒介产业》，在 2012 年 3 月的修订版中，作者没有交代原因，却更名为《美国新媒体产业（修订版）》，只是说明："自第一版出版至今已有三年，其间新媒介技术、产品及产业构成都发生了相当大的变化。针对这些新情况、新动态，本次修订版对各领域中的关键数据资料都做了更新，在此基础上修订了相关产业发展现况和未来趋势的分析，部分调整了章节分布，同时增添了'美国新媒介的研究版图'作为第 1 章，在第六章'美国移动新媒体产业'中，增加了'美国移动新媒体发展态势'和'美国报业的移动媒体发展案例'部分。"⑤

以上这些用法，其中将媒体和媒介两个词语等同，可以说明作者认为二者是一个概念；可是那些混用的情况，就需要质疑了：这两个词语是两个不同的概念，还是一个概念？如果这两个词语表达的是一个概念，倒差强人意，不过，应有所说明，应让人不会因张三李四的变化无常，而摸不着头脑。如果说是两个不同的概念而将其混用，就无疑是一个令人遗憾的瑕疵了。

① 吴满意. 网络媒体导论［M］. 北京：国防工业出版社，2008.

② 董天策. 新媒体与文化生态的重构［J］. 西南民族大学学报（人文社科版），2018（1）：146-150.

③ 龙锦. 日本新媒体产业［M］. 北京：中国国际广播出版社，2012.

④ 吴小坤，吴信训. 美国新媒体产业［M］. 修订版. 北京：中国国际广播出版社，2012.

⑤ 吴小坤，吴信训. 美国新媒体产业［M］. 修订版. 北京：中国国际广播出版社，2012.

那么，这两个词到底是表达了一个概念，还是表达了两个不同的概念？概念的内涵和外延各是什么？对于这一点，也是众说纷纭，莫衷一是。为了辨清这一问题，我们先从词源学的角度，来看一下这两个词语的源流变化，然后对它们的概念做出较为准确的界定。

1.1.2 媒介：历史长河中的屡次"变脸"

追本溯源，在我国汉语词汇中，媒、介、媒介，这三个词，古已有之，但没有媒体一词。

从词源上看，媒介是由媒和介发展而来的。媒，许慎在《说文解字》中解释为：谋也，谋合二姓。《周礼·媒氏注》解为：媒，谋合异类使和成者。这里所谓"媒"的意思即为"媒人"。这一用法，如《诗·氓》：匪我愆期，子无良媒。《汉语大词典》中"媒"有多种含义，而最主要的意思是"说合婚姻的人""引荐的人""媒介、诱因""导致、招引"等。"介"是象形字，甲骨文字形，像人身上穿着铠甲，中间是人，两边的四点像连在一起的铠甲片。其本意常被引申使用，指居于两者之间的中介体或工具，如《荀子·大略》中说："诸侯相见，卿为介。"所以，"介"意指处在两者之间，在中间起着联系作用，因而其常有"中介""介绍""介质"等用法。

如上所述，媒和介，在古代汉语中，大多的情况是作为单音节词，分别出现在典籍语料之中的；而将二者连用，据目前查到的资料表明，西晋学者杜预（222—285）在注解《左传·桓公三年》"会于嬴，成昏于齐也"时说，"公不由媒介，自与齐侯会而成昏，非礼也"[1]，这句话是"媒介"连用在中国古代文献中的最早出处。这句话的意思是，鲁桓公没有通过媒人而直接与齐僖公会见并订下婚约，这是不符合正统礼仪的，所以这里的媒介的意思是指媒人。但也有部分学者认为"媒介"一词，最早出自五代刘昫（887—946）编撰的《旧唐书·张行成传》："观古今用人，必因媒介。"此处所提的"媒介"则是推举人、介绍人的意思。而除杜预提到"媒介"外，东晋常璩在《华阳国志》中也有"和养姑守义，蜀郡何玉因媒介求之"的用法，这就说明，至迟在宋代以前"媒介"就已经是一个相对固定的词语了。

作为媒人、引荐者的"媒介"词义，在此后历朝的文献中多次出现过，可见该词义在历史上是贯穿始终的。到晚清，用"媒介"指代"媒人、引荐者"的用法依然存在，但这一概念也发生了新的变化：一是词义的变化，"媒介"从原来的"媒人、引荐者"的释义，扩展为"其他起联络和介绍作用的人"。二是词性的变化，由"人"的名词范畴扩展到动词的范畴，清代黄遵宪撰写的《日本国志》中写道："关家资分散之罪家资分散之际，有藏匿脱漏其财产，……或为其媒介者，减一等。"此处"媒介"的词性由名词变成了动词，词义也由传统的"媒人、引荐者"变成了"介绍、联系"。三是这一概念的外延发生了变化，由原来单指人扩大到"物"。如，"旧书为传染病之媒介""昆虫为传布种子之媒介"，将"媒介"视为一种起到连接、传播作用或使双方发生关系的事物，其中，最值得一提的是《纸——文化的媒介》一文，里面写道："纸，文化的媒介，精神的食粮，这大家都同意了。"[2] 即将纸张视为可以承载和传播文化信息的媒介，在这里，我们可以看出，"媒介"概念已经从人际传播的范畴中解放出来，完全属于传播学对于"媒介"的认识范畴了。

沿袭至今，媒介这一词语成了现代汉语的固定词汇，而它的含义，各工具书的解释大同小异。如《现代汉语词典（第7版）》对媒介的解释，就是："媒介，使双方（人或事物）发

---

① 杜预. 春秋左传集解［M］. 上海：上海人民出版社，1977.
② 杨鹏. 厘清"媒介"概念 规范学术用语：兼及"媒体""新闻媒介"等概念的辨析［J］. 当代传播，2001（2）.

生关系的人或事物。"① 可见，凡是使人与人、人与事物或者事物与事物之间产生联系或发生关系的东西，都可称作媒介。

不过，我们有必要对媒介这一概念的范围、类别和层次加以限定。按照媒介使双方发生关系的不同作用来分，有在男女之间起联系介绍作用的婚姻媒介，有在生物体之间起传播疾病作用的疾病媒介，有在人才与用人者之间起推荐介绍作用的人才媒介，还有其他许多媒介。

新闻传播学领域所说的媒介，也只是其中之一种，即在人与人、人与事物之间起传播作用的信息媒介——或者叫传播媒介。正如某学者所说，传播学领域的讨论的"媒介"，"并非宽泛意义上的无所不包的'中介体'，而是特定意义上的处于人与人之间，作为信息传播渠道的'居间工具'，即所谓传播媒介"②。这一点，我们在上述引证的文章和著作中也可以得到佐证。他们所说的媒介实际上是传播媒介，却被简称为媒介。下面我们也只在这个层次上使用媒介这一概念。或者说下面所说的媒介即传播媒介。

1.1.3 "爸爸"的别名

而媒体一词，在我国 20 世纪以前的古代文献典籍中未现端倪。比较一致的看法，认为媒体是 20 世纪初国人翻译英语词汇 medium 和其复数 media 而造的新词，但 medium 和其复数 media 却不对应媒体这个唯一的词语。"有的都译为媒介，有的都译为媒体或传媒，后来的使用中也因地因人而异。如 media literacy 一词，在我国台湾地区译为媒体素养，我国香港地区译为传媒素养，中国大陆译为媒介素养。有时在同一篇文章里，这三词相继出现，但所指相同。"③

那么，这三个词语表达的是否是同一个概念？在这里，我们仅对媒介和媒体这两个词语的解释和使用情况来加以分析，因为传媒，实际上是传播媒体或传播媒介的简略用法，只要区别了媒体和媒介，传媒也就迎刃而解了。而学术界对这两个词的解释有以下几种情况。

（1）媒体和媒介这两个词表达的是同一概念，即交流传播信息或大众传播的工具、载体、手段、中介物、纽带、物质实体等，但不包括从事信息传播的人或组织机构。如《牛津高阶英汉双解词典》第四版对 media 的解释是："the media[pl]means of mass communication, eg TV，radio，newspapers 大众传播工具，大众传播媒介（如电视、电台、报纸）。"《现代汉语词典（第 7 版）》对媒体的解释是："指交流、传播信息的工具，如报刊、广播、电视、互联网等。"④ 有学者引用施拉姆的观点，认为"'媒介就是插入传播过程之中，用以扩大并延伸信息传送的工具'，具体来看，传播媒介有语言、书刊、报纸、广播、电视、电影、多媒体等各种形式。"⑤ 还有人的解释是："媒介是信息交流的中介，是传递信息的载体。人们进行信息交流活动，一定要借助于载体，也就是要通过一定的媒介。传播媒介是使传播者与受传者之间发生关系的一个工具，也可以说是联系传播者与受传者的一条纽带。传播者通过传播媒介可以把所要传播的信息传播给受众，所以，媒介是信息传播的工具。与此同时，传播媒介还是受传者接受和利用信息的必不可少的手段。没有传播媒介，受传者是无法获取信息的，因而也就无法利用信息。由此可见，媒介在整个信息传播过程中，具有何等重要的作用。一

---

① 中国社会科学院语言研究所词典编辑室. 现代汉语词典［M］. 7 版 . 北京：商务印书馆，2016.
② 杨鹏 . 厘清"媒介"概念　规范学术用语：兼及"媒体""新闻媒介"等概念的辨析［J］. 当代传播，2001（2）.
③ 谢金文，邹霞 . 媒介、媒体、传媒及其关联概念［J］. 新闻与传播研究，2017（3）.
④ 中国社会科学院语言研究所词典编辑室 . 现代汉语词典［M］. 7 版 . 北京：商务印书馆，2016.
⑤ 戴元光 . 传播学通论［M］. 2 版 . 上海：上海交通大学出版社，2007.

句话，媒介是传递信息和接受信息，使传播过程得以完成的必不可少的手段。"[1]"传播媒介处于信息传送者（简称传者）和信息接受者（简称受者）之间，是用以承载、运输信息的工具，如信函、报刊、电话、电视等"[2]。也有人认为，媒介是指"介于传播者与受传者之间的用以负载、传递、延伸特定符号和信息的物质实体"[3]。

（2）媒介和媒体这两个词，表达了同一概念，不仅包括传播工具、方式，还包括从事信息传播的人或组织机构。如约翰·费斯克编撰的《关键概念：传播与文化研究辞典》（第 2 版）中定义媒介："一般来说，媒介是一种能使传播活动得以发生的中介性公共机构。具体说，媒介就是拓展传播渠道、扩大传播范围或提高传播速度的一项科技发展。广义上讲，说话、写作、姿态、表情、服饰、表演等，都可以被视为传播媒介。每一种媒介都能通过一条信道或各种信道传送符码。这一术语的这种用法正在淡化，如今它越来越被定义为技术性媒介，特别是大众媒介。有时它用来指传播方式，但更常用于指涉使这些方式成为现实的技术形式，如报纸、收音机、电视、书籍、照片等。"[4]戴元光说："媒介，又称媒体（Media），即中介或中介物，存在于事物的运动过程中。传播意义上的媒介是指传播信息符号的物质实体，也包括与媒介相关的媒介组织。"[5]

（3）媒介和媒体这两个词，表达了两个概念。媒介指向物，媒体指向人。李彬认为，"传播媒介有两种含义。第一，它是指传递信息的手段、方式或载体，如语言、文字、报纸、书刊、广播、电视、电话、电报等。第二，它从事信息采集、加工、制作和传播的社会组织，即传媒机构，如报社、出版社、电台、电视台等。在传播学中，传播媒介包括以上两种含义。细分起来，如果是指传播活动的手段、方式或载体，那么一般就用'媒介'这个词；如果是提传播活动的组织、机构或人员，那么一般就用'媒体'这个词"[6]。再如，说"媒介是一个传播学概念，它是指传播的介质，承载信息的物体。媒体是一个传媒经济学概念，它是指储存、呈现、处理、传递信息的经济运作实体，即媒介组织和媒介组织形态"[7]。

通过上面的概括，我们可以看出，这几方面的观点，对媒体和媒介这两个词，在概念的内涵都具有中介性和传播交流信息的特征上，是相同的。但在以下两点有所不同：

第一，概念的同一性不同。有人认为媒介和媒体是两个概念，有人认为是同一个概念。

第二，解释概念所用的中心词不一样。分析这些中心词，可以概括为三类：第一类是反映除人之外的物质实体的词汇，如工具、载体、中介物；第二类是由人这个特殊物质实体组成的组织机构；第三类是表现抽象事物的词汇，如手段、方式。

我们分析一下这三类情况，根据与概念内涵吻合的程度，应当剔除第三类说法。因为方式是人类社会活动的方法和样式，手段与方式相差无几，是指人类为达到活动目的而采取的方法措施。媒介或者媒体，一定是介于传者和受者二者之间的东西。而手段和方式，是对从传者经由中介物到受者三者整体信息传播活动特点抽象的概括，并非单独的仅指居于二者之间的东西，所以用这两个词是不妥的。其他两类中心词，我们认为理当其任。

① 徐耀魁. 大众传播学［M］. 沈阳：辽宁教育出版社，1990.
② 杨鹏. 厘清"媒介"概念 规范学术用语：兼及"媒体""新闻媒介"等概念的辨析［J］. 当代传播，2001（2）.
③ 邵培仁. 传播学导论［M］. 杭州：浙江大学出版社，1997.
④ 约翰·费斯克. 关键概念：传播与文化研究辞典［M］. 李彬，译. 2 版. 北京：新华出版社，2004.
⑤ 戴元光. 传播学通论［M］. 2 版. 上海：上海交通大学出版社，2007.
⑥ 李彬. 大众传播学［M］. 北京：中央广播电视大学出版社，2000.
⑦ 谭天. 媒介平台论［M］. 北京：中国人民大学出版社，2016.

就此，我们可以得出的结论是：

媒介或媒体这两个词，都可以界定为传者和受者之间输送信息的载体或工具。在这里不用中介物。因为概念的阐释中已经表达了在传者和受者之间的意思，用中介显得累赘重复。至于这两个词是否可以表达组织机构的意思，可以分而论之。

首先，媒介不表达组织机构的意思。这不是主观臆断，而是有人们的语言活动实践为之背书。

在中国知网学术期刊全文数据库，用"媒介"作为关键词，从 1988 年开始到 2017 年的 30 年间，每 5 年为一个统计单位，在每个时间段所有论文的标题中进行查询，得出下载次数和被引频次最高的前 10 篇文章，没有一篇文章将媒介称作组织机构的，这些论文指称的媒介概念的外延，都不约而同地指向了传播信息的载体或工具。

另外，我们还查阅了十多本有关媒介、新媒介的图书，基本上不把媒介概念的外延指向组织机构。媒介和媒介组织、媒介机构是不同的概念。媒介组织、媒介机构是运用媒介进行传播的组织或机构。有学者在自己的著作中，将这种意思表达得非常明了。

"传播媒介是能够使信源、信宿双方发生信息传播关系的渠道、通道、工具、物体、语言、文字等中介物。比如通常被称为大众传播媒介的就是指报纸、期刊、广播、电视、电影、网络等，而使用这些媒介的报社、杂志社、出版社、电台、电视台、电影制片厂、网站等就是媒介组织，是经营管理媒介的机构。"[①]

其次，媒体表达组织机构的这一观点是否成立？我们下面再做分析。

1.1.4　媒体："舌尖"上的民意选择

如前所说，媒体和媒介这两个概念，都可以理解为传者和受者之间输送信息的载体或工具，但从历史的角度来看，媒介表达这一意思，要比媒体早得多。按理说，在 20 世纪末兴起的传播信息新的载体或工具——网络、手机等，应率先被称为媒介，可出人意料的是，媒介这个本应继位的"太子"，几乎被人们打入"冷宫"，弃置不用，而媒体这个"庶出"的外来入侵者，却成了人们的"宠物"而大行其市。

究其渊源，媒体的"得宠"，是在 20 世纪的下半叶。对它的解释，从表达组织机构到表达载体或工具，是学者们和广大民众语言实践共同选择的结果。

前面我们提及，媒体这一概念曾一度被某些学者指称过组织机构。有学者说，"一旦提及媒体，必是关注到它组织机构的属性，强调它作为一个组织、一个机构"[②]。不过，我们认为，那是 20 世纪后半叶的中国特色社会主义的特色产物。因为，那时媒体概念之所以大受人们青睐，被拿来指称组织机构，有以下三方面的原因：

（1）社会学原因。正如尼古拉斯·盖恩所说，"概念是思维的基础工具，通过概念，我们得以探究作为媒介的数字技术以及它们所引发的复杂的社会变化与文化变迁"[③]。反过来，被媒介所影响的社会变迁，也会反映到概念的使用和它的发展变化上。直接把媒体机构称作媒体，是 20 世纪，特别是 20 世纪下半叶我国汉语系统内部的一种用法，因为 20 世纪下半叶，媒体的匮乏使信源到达受众之间的通道极度狭窄，信息传播的官方垄断，放大了传播机构的权力，给它罩上了神圣的光环，使其无比高大地站在了受众的面前，超过了真正的媒体——

① 司有和. 信息传播学［M］. 重庆：重庆大学出版社，2007.

② 林刚. 新媒体概论［M］. 北京：中国传媒大学出版社，2014.

③ 尼古拉斯·盖恩，戴维·比尔. 新媒介：关键概念［M］. 刘君，周竞男，译. 上海：复旦大学出版社，2015.

报纸、广播、电视本身，成了中介物而接受民众的膜拜。也许这是人们把组织机构称作媒体的个别原因。

（2）媒体指组织机构实质上是一种借代。比如我们经常可以听到，召开某种会议，主持人说，今天来了很多新闻媒体。这里的媒体，应该指的是媒体机构的人。从语言修辞学的角度来说，这就是借他们手中掌握的媒体来代替组织机构。其实这些组织机构并不是媒体。媒体是他们手中掌握的，直接横亘在传者和受者之间的报纸、广播和电视，等等。这些组织机构是由人组成，而人作为物质实体，他们本身并不负载和传输信息，是媒体的操控者。

（3）有人认为从媒体这个词本身含义来看，与组织机构更为契合。因为"'体'，其基本含义是指'身体''物体'等，除了其'身体'这层含义带来的'体形''体味''体力'等词组之外，其还常有'个体''集体''有机体''体制''体系'等用法，可以看出，前一种用法侧重于物理的'身体'层面，后一种用法则多用于社会的'机体'层面，因而'媒体'也更多地带有具体的传播者、传播机构、传播制度等社会机体方面的意味"[①]。

但是，20世纪末21世纪以来，随着网络、智能手机的普及，智能手环、智能眼镜等智能可穿戴设备渐趋盛行，人们枉顾学者们把媒体称作组织机构的说法，选择了新媒体来称谓这些新的东西。如果说20世纪特别是20世纪后半叶，还有人经常将传播信息的组织机构称作媒体的话，那么进入21世纪以来，人们所说的新媒体已经不含组织机构的意思了。这种选择也许是一种集体无意识的言语行为，但却让我们看到了它的背后存在的一些必然的原因。

（1）联合国教科文组织"第四媒体"概念的界定，促使媒体这一概念不指称组织机构的意识在社会上流行起来。20世纪末互联网进入了发展高峰期，1998年联合国教科文组织正式将网络列为报纸、广播和电视之后的"第四媒体"，且这一命名被译者有意或无意地翻译为媒体。我们不知其如此翻译的根据如何，但可以推断：译者正是在潜意识中受到民间言语行为的影响，才做出了这样的抉择。译者没有料到的是，这一词语的翻译，竟为媒体指称组织机构这一概念吹响了撤退的号角，也为这一词语的民间普及提供了准官方的依据。从某种意义上说，广大中国公众用舌尖把组织机构从媒体的释义中吐出去，使媒体华丽转身而成为一种载体工具，也算是一种遵联合国号令而行的国际主义行为吧。但最重要的原因还在下面。

（2）中国使用汉语的人们，用自己的语言实践投票使然。

首先，我们用大数据的方法，发现人们在日常言语行为中，使用媒体一词的频率远高于媒介。

如今，在搜索引擎中输入关键词进行查询，反映了人们的用词习惯，了解这种习惯，也可以在一定程度上为概念的演变，提供语词概念形成的基础。所以，我们用媒介和媒体两词进行比较，查阅2006年以来的百度指数，发现无论是电脑端还是移动端，使用媒体一词搜索的比例，始终高于媒介。

"脚色"或"角色"，在现代汉语中都指演员所扮演的戏剧中的人物，但历史上却经历了从二词通用到有区别，再到通用的变化。

一个更为有力的证据，是人们写文章的标题用词。2018年1月27日，在百度搜索引擎的高级搜索中，设置搜索条件为"全部时间""所有网页和文件""仅网页中的标题中"，进行查询，得出包含"媒介"一词的网页有649 000个；包含"媒体"一词的网页有5 080 000个。后者的使用频率几乎是前者的10倍。

① 李玮，谢娟. "媒介""媒体"及其延伸概念的辨析与规范［J］. 武汉理工大学学报（社会科学版），2011.

其次，科学研究的学术话语活动中，学者们使用媒体一词的比例也远大于媒介。

中国知网，是集期刊、博士论文、硕士论文、会议论文、报纸、工具书、年鉴、专利、标准、国学、海外文献资源为一体的、全球最大的中文电子知识资源数据库，相对网页搜索引擎，更能反映高端人群的汉语词汇使用情况。我们用媒体和媒介两个关键词，在中国知网的文章的标题中进行查询，获得了 30 年来这两个词的使用趋势图（见图 1-1）。从图 1-1 中可以看到，1988—1992 年这第一个 5 年中，标题中使用媒介一词的，是使用媒体的 4 倍多。但是在随后的 25 年，媒体从第二个 5 年开始反超，越来越强势地逆袭了媒介，到了 2017 年使用媒体一词的，是使用媒介的 5 倍多。这就说明了媒体一词的使用，渐渐地超越媒介，占据了学术话语的主流地位。

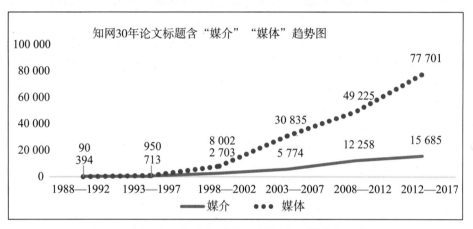

图 1-1　知网 30 年论文标题含"媒介""媒体"趋势图

同时，我们又用新媒体和新媒介两个关键词，在论文的标题中进行查询，获得了 30 年来这两个词的使用趋势图（见图 1-2）。新媒体一词，从 20 世纪 80 年代，以第一个 5 年，相比新媒介稍嫌弱势，到第二个 5 年之后的一路反超，直到张大差距，以致新媒介与新媒体达到相差 30 多倍之遥，足以说明新媒体一词在学者们学术话语中的热度之盛。

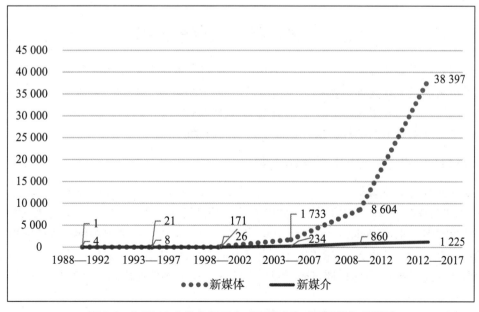

图 1-2　知网 30 年论文标题含"新媒介""新媒体"趋势图

（3）学者们的学术研究中所使用的新媒体一词中的媒体，并不指称组织机构。上面我们用数据说明了媒体一词，在网页搜索和学者们的文章中使用的热度，但新媒体一词中的"媒体"，在文章中具体指的是什么？我们查阅了这30年间，每个5年时间段里，标题中包含新媒体一词的引用和下载最多的文章，一共查阅了近百篇文章，研究了正文中新媒体所指称的对象，结果发现竟然没有一篇是组织机构。这说明了媒体指称组织机构这种说法，没有语言实践的支持，只是一些人的主观臆测而已。

所以，我们说，用媒体界定组织机构的说法已经成为历史。虽然它曾红极一时地在我们的生活中存在过，但青山遮不住，毕竟东流去。这是语言形成的原理所决定的，在人类的语言系统中，任何一个新的词汇，几乎都是通过追认的方式进入语言系统的。换句话说，新的词汇是在人们无数次的言语行为约定俗成以后，才被那些词典收入囊中。

从语言学的角度来说这也不足为奇，一个词语概念的扩大与缩小，是词汇发展变化的一条客观规律。因为随着社会生活的发展变化，词汇的意思也不断地发生变化。有些意义产生，有些意义消失了。有的词义内涵在缩小，有的词义内涵在扩大。变化的导演正是使用它的千千万万的语言主人。用什么词语来表达什么概念，并非源于个人的好恶，而是千百万人的认同。他们在对一个词的人云亦云的使用中，约定俗成了它的概念。媒介由原来表示媒人、引荐人，到如今已经失去了这一意思，因为它的外延缩小了，缩小到只表达物，即载体工具了。现代汉语中已经有媒人、介绍人、推荐人等词，媒介概念外延的缩小也是必然的了。媒体由原来的表示组织机构，演变为传播信息的载体工具；媒介不是媒体可为手足的兄弟，而是爸爸的别名而已。

然而，这是不是就可以断定，用"新"和"媒体"相加，1+1=2，就能搞定新媒体的概念了？或者说，新媒体，就是传者和受者之间新的传播信息的载体或工具？

1.2　正名：新媒体概念的确认

十年前，乔布斯重新定义了手机，十年后，我们要重新定义新媒体。尽管有许多人曾经为它下了很多的定义。正如海德格尔所指出的："真正的科学'运动'是通过修正基本概念的方式发生的，这种修正的深度不一，而且或多或少并不明见这种修正；一门科学在何种程度上能够承受其基本概念的危机，这一点规定着这门科学的水平。"[①]

1.2.1　众口"一"词：乱花渐欲迷人眼

学界和业界对新媒体概念的说法，五花八门，高论迭出，大有乱花渐欲迷人眼之势，并未形成一致的看法。不过，大家近乎一致的看法，却是说这一概念来自外国。有人认为从词源上看，"'新媒体（New Media）'一词于1967年经美国哥伦比亚广播电视网技术研究所负责人P. Goldmark在一份关于开发EVR（电子录像）产品的项目计划书中提出，后经美国传播政策总统特别委员会主席E.罗斯托通过向尼克松总统提交报告多处使用该词开始在美国社会推广，

① http://blog.tianya.cn/blogger/post_show.asp?BlogID=477&PostID=5536245

并逐步扩展到全世界。'新媒体'一词从 21 世纪初开始在我国流行"[①]。

这种说法，我们没有必要计较它作为这一概念首次使用标志的真伪，也不去验证这一概念在美国是否"推广"过，也不用向它投去过多的对于创新的膜拜。而我们需要考虑的是，新与媒体这两个词，是因为这偶尔的一次组合使用而诞生了一个必然立于语汇之林的新词儿，还是一个松散的临时的词语约会？

从目前所能搜集到的汉语权威工具书中，我们没有找到新媒体这一词的影子。从语言学角度来看，如果说，它们是一种语言系统中组成句子的最小的单位的话，那么，在某一语境中，按照语法规则，以临时约会的形式出现，是一件极其平常的言语活动。就像从不相识的张三李四，偶然一起参加了公园晨练合唱队，曲终人散各回自家一样，并没有太多的紧密的关系。这就是说，它们的临时组合不会创造一个新的词汇进入语言系统。能否成为一个新词，即新的概念进入语言系统，按照词汇学的原理，还需要"流行"的约定俗成功夫。

如前所述，21 世纪以来，特别是近几年来"新媒体"这一词语，在中国的汉语系统中流行起来了，似乎已经到了为它颁发进入汉语固定词汇系统的新词通行证的时候了。有人质疑曾经的媒体新宠，如广播、电视，在它们盛极一时到家家听广播、户户看电视的地步，却为何没有造出新媒体一词？我们认为，最终仍是流行程度的问题。如今手机作为一种典型的新媒体，几近人手一部，如此流行，岂能不为它立名？关键的问题，是如何为这一词语，下一个确切的概念？对此，学者们却莫衷一是。

为了弄清楚什么是新媒体，哪些是新媒体，央视资深媒体人杨继红，在 2007 年花了近一年的时间，向四十多位政府主管部门的管理者、多年从事媒体研究的专家学者以及媒体，特别是新媒体实践者发出邮件、短信，通过电话采访或者直接采访，征询他们的"新媒体定义"，并综合国内外以往的观点，在其著作《谁是新媒体》一书中，对各种定义进行了梳理分类[②]。2013 年黄传武等和 2017 年尹章池等，先后出版的同名教材《新媒体概论》，都对这些分类进行了引述[③]，有一定的影响。我们对这些类型进行了甄别筛选和补充，归纳为以下 9 类。

（1）相对论。将新媒体视为媒体演进发展的延续，即是一个相对的概念，比传统媒体"新"的就是新媒体，因而新媒体往往兼具多种媒体的特征和特长。如清华大学熊澄宇教授认为："新媒体首先是一个相对的概念。报纸相对于图书是新媒体，广播相对于报纸是新媒体，电视相对于广播是新媒体，而网络相对于电视则是新媒体。他认为，新媒体是一个时间的概念。在一定的时间段之内，新媒体有相对稳定的内涵。信息技术处理是这个时代具有代表性的符号，新媒体则是在信息技术处理之上新的媒体业务形态。新媒体同时还是一个发展的概念。所谓发展，就是新媒体不会停止或者终结在任何一个媒体形态上，任何一个平台、任何一个现存的媒体形态，它都会被将来的新媒体所超过。"[④]

（2）凡数字论。凡数字论认为凡是基于数字技术在传媒领域运用而产生的新媒体形态就是新媒体。比如黄传武等认为新媒体"是利用数字技术、网络技术，通过互联网、无线通信网、卫星等渠道，以及电脑、手机、数字电视机等终端，向用户提供信息和娱乐服务的传播形态。

① 陈锦宣. "新媒体"的定义及其内涵探析 [J]. 产业与科技论坛，2011（7）.

② 杨继红. 谁是新媒体 [M]. 北京：清华大学出版社，2008.

③ 尹章池. 新媒体概论 [M]. 北京：北京大学出版社，2017.

④ 李丹丹. 手机新媒体概论 [M]. 北京：中国电影出版社，2010.

严格来说，'新媒体'应该称为'数字化新媒体'"[①]。

（3）互联网（或网络）论。它认为新媒体即互联网或网络，是一种实现多对多或点对点传播的、具有与用户互动等交互功能的媒体形式。如"1998年5月，时任联合国秘书长的安南在联合国新闻委员会上提出，在加强传统的文字和声像传播手段的同时，应广泛利用最先进的第四媒体——互联网。自此，'第四媒体'的概念作为官方定义正式得到使用。"[②]有人直接称互联网为新媒体，说"联合国教科文组织关于新媒体有过一个定义，即新媒体就是网络媒体"[③]。

（4）传播机构论。传播机构论又被称作媒体定义回归论，实际上认为新媒体就是新的大众传播机构，因为过去"媒体"泛指从事大众传播的机构，因而新媒体定义应当回归于此。

（5）规模论。规模论是在媒体定义回归论的基础上产生的，因为媒介定义回归论强调媒体的定义应是大众传播，而一种传播形态能够达到大众传播的规模时就成为新媒体。

（6）多维论。多维论是指从多层面多维度进行定义。如李丹丹是从多个维度来分，"从哲学的角度来说，新媒体是相对于旧媒体而言的全新信息传播形式，可能现在的新媒体，数年之后就成为旧媒体，因此要用发展的眼光看待新媒体；从技术的角度来讲，新媒体是数字化的，新媒体的传播载体发生了改变，信息的传播形态也发生了本质的改变，依托于数字技术作为新媒体的共同特征，成为现代传播方式与传统传播方式更合适的区分词；从传播学的角度来看，新媒体是互动的，信息是在传播者和受众之间双向传播的；从信息管理的角度来说，由于新媒体管理机制薄弱，'把关人'角色在不断地变化，'把关人'地位弱化，导致其公信力与权威性的弱化。以上的解释综合媒体的定义，就目前可以认为，新媒体是相对于传统媒体而言的，是报刊、广播、电视等传统媒体以后发展起来的新的媒体形态，是利用数字技术、网络技术、移动技术，通过互联网、无线通信网、卫星等渠道以及电脑、手机、数字电视机等终端，向用户提供信息和娱乐服务，用户可以双向地选择和沟通的传播形态和媒体形态"[④]。

（7）载体工具论。匡文波将新媒体定义为"借助计算机（或具有计算机本质特征的数字设备）传播信息的载体"。他认为："手机是具有通信功能的迷你型电脑；手机媒体是借助手机进行信息传播的工具。手机媒体并非独立的媒体形态，即并非第五媒体，而是网络媒体的延伸。"[⑤]

（8）传播论。"美国《连线》杂志根据新媒体的传播特征，将新媒体直接定义为'所有人对所有人的传播'。"[⑥]

（9）排除论。新媒体是"传统媒体之外的媒体"。"新媒体是在互联网、移动互联网和数字信息技术的新技术领域内的媒体。比如，微博、微信、人人、豆瓣等社交媒体，门户、细分、论坛等互联网媒体，电子书、电子杂志、数字广播、数字视频等数字出版媒体，甚至一切传统媒体（电视、广播、报纸、户外）之外的媒体，都可以叫新媒体"[⑦]。

上述观点，对于如今林林总总的新媒体定义而言，也许不能囊括学界和业界的全部意见，

① 黄传武，齐林泉，王秋生，等. 新媒体概论［M］. 北京：中国传媒大学出版社，2013.

② 李凌凌. 传播学概论［M］. 2版. 郑州：郑州大学出版社，2014.

③ 蒋宏. 新媒体导论［M］. 上海：上海交通大学出版社，2006.

④ 李丹丹. 手机新媒体概论［M］. 北京：中国电影出版社，2010.

⑤ 匡文波. 关于新媒体核心概念的厘清［J］. 新闻爱好者（上半月），2012（10）.

⑥ 杨继红. 谁是新媒体［M］. 北京：清华大学出版社，2008.

⑦ 申晨. 全民社交［M］. 北京：北京联合出版公司，2015.

但也能反映基本的主流看法。这些，虽然大多都能从某个意义上把握到新媒体概念的部分特征，但仍有一些未及真谛之处，有的甚至是错谬不当的。所以我们有必要对此作进一步的辨析。

1.2.2　新媒体概念：却在灯火阑珊处

逻辑学告诉我们，概念是反映事物本质属性或特有属性的思维形式。大千世界，每一事物都具有自己的性质，如形状、颜色、动作，以及好坏、美丑、善恶等，而且除了自身的性质外，还与其他事物发生一定的关系，如大于、相等、对称、交换、互助等。事物的性质和关系统称为属性。事物的属性可分为本质属性和非本质属性。本质属性是事物成为自身并使该事物同其他事物区别开来的内部规定性。非本质属性不是该事物所独有的，是与其他相近的事物所共有的性质，表现了与其他事物的关系。这些属性反映在我们头脑中形成了概念。我们用属性来反映事物，并用一定的语词来指称这一概念。生活是不断发展变化的，在这种变化中往往会产生一些新的事物，表现出与旧有事物不同的属性，人们就创造出新的词语来指称。新媒体正是如此，因而有必要对这一新的概念有所解释，而我们的这种解释就是要通过下定义的方法揭示它的内涵，为人们的认知行为确定一个标准，否则人们的认知就会陷入混乱。

下定义的方法很多，但属加种差定义是一种比较常见的方法。那么，属加种差的定义是什么呢？"属加种差定义即首先找到被定义项的'邻近的属概念'，再找出'种差'（被定义项与其他同级种概念内涵的差别），然后将二者相加构成完整的定义。"[①]

那么，新媒体的邻近的属概念是什么呢？在前面，我们既分析了组织机构不是媒介的属概念，也排除了媒体是组织机构的说法。这里我们不再过多地反驳，只以一个媒体人"大家都这么去理解，也就将错就错"的说法，来与媒体是组织机构的观点揖别。

"中央电视台海外中心主任盛亦来认为：'新媒体目前的含义是指随着科技发展，新出现的大众传播方式和手段。'但是他随后的分析为'新媒体定义'明确界定了外延：'这种说法其实并不合理。'媒体'应该是泛指从事大众传播的机构，并不特指以某种方式或手段传播，只不过大家都这么去理解，也就将错就错了。'"[②]

从这一段话中，我们不仅可看出某些人，对法定信息发布机构的垄断新闻信息传播权利的怀旧情结，也感受到了他们的面对媒体是组织机构观点不为时代所接纳，无可奈何花落去的无奈。的确，这种观点是与时代相悖的，并不符合新媒体的本质。过去利用媒体发布信息的主体只是大众传播机构。这是那个媒体匮乏时代赋予的特权，在这种垄断权利的衍射下，有的人膨胀了自我意识，混淆了主客体的界限，将媒体机构等同于媒体。比如人们常说的媒体监督，到底是报纸、电视、电台这些媒体传播的信息内容负有监督的功能，还是这些机构的人本身有监督的功能？我们认为，媒体机构只能利用媒体传播的信息来实现监督，而不是抛开媒体去行使监督权。多年来，媒体机构中某些人正是借着对媒体的这种误读，以一种"我即媒体，媒体即我"的粗暴逻辑，去行使媒体信息监督之外的权利，使得不明就里的公众，把他们当媒体来顶礼膜拜，诸多的"封口费"事件，都说明了这种误读的危害性。

是"何省长昨日去岳麓山扫其母之墓"，还是"何省长昨日去岳麓山扫他妈的墓"？是几何，还是几何？

——"课"拍案

---

① 姜祖桢．逻辑学概论［M］．北京：对外经济贸易大学出版社，2013．

② 杨继红．谁是新媒体［M］．北京：清华大学出版社，2008．

如今网络的出现，打破了传播权利的垄断，在媒体机构之外，许多公司和个人，也从技术上获得了传播信息的权利。公司，作为组织形式，不是过去意义上的大众传播机构，个人更谈不上是什么大众传播机构，按过去的标准更不能用媒体来指称。但是这些公司和个人，他们现在却拥有了新媒体，有的新媒体已经强大到了原来法定的传播机构不得不归附依靠的地步，诸多的中央和地方原来所谓的主流媒体入驻微博、微信等新媒体，就是一个例证。我们可以说这些公司和个人经营的是新媒体，而不能直接说这些公司和个人就是新媒体。可以说人民日报社在微信上开办的人民日报公众号是新媒体，不能说人民日报社这个组织机构是新媒体。所以用机构来界定显然是不妥的。称其为机构新媒体、公司新媒体、个人新媒体则是名副其实的。

排除了这种有明显瑕疵的观点，反观其他几类，都或多或少地从某个方面不同程度地揭示了概念的内涵和外延。比如在概念的内涵上，提到了数字化、交互性、所有人对所有人的多点对多点式传播方式等，都触及了新媒体的本质属性，即新媒体与同类事物——传统媒体的不同属性，也是下定义公式中的种差。在概念的外延上，有的列举了网络、手机、广播、电脑、数字电视机；有的分层次提及微博、微信、人人、豆瓣等社交媒体，门户、细分、论坛等互联网媒体，电子书、电子杂志、数字广播、数字视频等数字出版媒体等。不过，大多缺乏精练的表达。

某位哲人说过，简单是伟大的起点和终点。我们追求某一真理，往往是从最简单的事物开始，其间不管经过多复杂的过程，最终的目标是要为大众所认同，且认同到普及的过程必定是简便易得的。所以要让高处科学庙堂之上复杂的真理化为简单的常识。就像牛顿用四个字解释了太阳系，爱因斯坦用三个字解释了宇宙规律一样。为此，我们遵行这一原则，对新媒体从两个层次，作如下定义。

广义：新媒体是指传受之间新的传播信息的载体；

狭义：新媒体是指 21 世纪以来交互式传播信息的个性化、智能化数字载体。

这种分层定义，我们采纳了上述学者们趋于一致的新媒体相对论的说法，在时间的意义上，用广义和狭义对新媒体概念进行了区分。

广义的定义，适用于任何时代，正如有些学者所说，每个时代相对于以往时代，都有自己时代的新媒体；而狭义的定义，则限定了特定的时间，特指"21 世纪以来"。这种方法，在权威工具书里可以找到许多例证。如《现代汉语词典（第 7 版）》对"新诗"的定义的解释，是"指五四运动以来的白话诗"；"新文化运动"是"指我国五四运动前后的文化革命运动"；"新文学"指"我国自 1919 年五四运动以来以反帝反封建为主要内容的白话文学"[①]；等等。这里用的都是时间界定法。

至于为什么要选择"载体"而没有选择媒体？这是因为，媒体和载体都是新媒体"邻近"的属概念。虽然媒体比载体更邻近一些，但逻辑学原理告诉我们，属概念要"邻近"到什么程度，也要看具体情况的需要。比如"人"这个概念的正确的定义是："人是会制造和使用生产工具的动物"。如果把"人"定义为"人是会制造和使用生产工具的生物"，"生物"这个属概念，同"人"这个概念就隔得太远，不合要求。因为人和非生物的区别是很明显的，没有必要用"生物"作为属概念，而使人同非生物相区别。那么，属概念是不是在任何情况下都

---

① 中国社会科学院语言研究所词典编辑室. 现代汉语词典［M］. 7 版. 北京：商务印书馆，2016.

越邻近越好呢？也不是。比如，我们就不能由于哺乳动物对人来说，是比动物更邻近的属概念，而把"人"定义为"人是会制造和使用生产工具的哺乳动物"，因为人们给"人"下定义，目的是要使人同其他的一切动物区别开，而不只是要同其他的一切哺乳动物区别开。同理，用媒体作属概念，不利于区分媒体是载体，还是组织机构，所以我们选择了载体。

1.3　立本：新媒体的性质

对新媒体性质的把握，是确立新媒体概念之根本。不过，对事物性质的具体表述，学者们用过许多不同的概念：性质、本质、特点、特征、属性、基本属性、根本属性、本质属性、特殊属性等；而新闻传播学界，对新媒体这一概念的性质，也有特征、本质、特点等说法。且在条分缕析时，经常用"性"作为中心词。那么，采用什么概念是科学的、合理的呢？这里有必要加以分析。

我们认为，这几个概念中最基本的是性质。性质，权威工具书《辞海》并没有专门的词条，只是"性"的第一个义项解释为："性质，指事物所具有的本质、特点。"[①]《现代汉语词典（第7版）》有"性质"的词条，释为"一种事物区别于其他事物的根本属性"。《四角号码新词典》"性质"的含义是："一种事物区别于其他事物的特征。"这几种工具书对"性质"的解释的中心词，使用了本质、属性、特征、特点、特性这些概念。那么，这些概念的含义又是什么？这里仅以《现代汉语词典（第7版）》为例，它对"本质"的解释是"指事物本身所固有的，决定事物性质、面貌和发展的根本属性"；对属性的解释是"事物所具有的性质、特点"；对特征的解释是"可以作为人或事物特点的征象、标志等"；对特点的解释是"人或事物所具有的独特的地方"；对特性的解释是"某人或某事物所特有的性质"。从这些中心词的解释中，除了特点和特征没有提及性质，其他均在释义中提到了性质。可见这些概念都和性质有关。那么，它和其他词是等义的，还是近义的？它们的共同点是什么，还有什么差异？

笔者认为，性质就是对事物所具有的全部功用、能力或作用的抽象概括，是解释这些概念的最基础的概念，而性质、本质、属性是等义的，是性质的不同说法，在概念的使用上是可互换的，都可以包含该事物的所有属性。在逻辑学上又把事物的所有属性分为共有本质属性和特殊本质属性。"概念的定义中有了属概念，就可以表明被定义概念反映的事物是属于哪一类的，也就可以揭示出这种事物与同类的其他事物所共有的本质属性（当然，这种揭示是笼统的、不具体的）。定义中有了种差，则可以揭示出这种事物所特有的不同于同类其他事物的特有的本质属性。"[②]这就是说，属概念揭示的是事物与其他同属事物的共有的本质属性，种差揭示的是事物与同属其他事物不同的特有本质属性。前者可称同属共性，简称为共性；后者可称同属特性，简称为特性，与特质、特征、特点等义。那么，新媒体（网络、手机等）与旧媒体（报纸、广播、电视

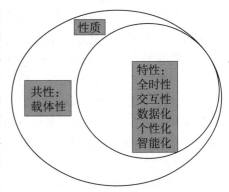

图 1-3　新媒体性质的区分

---

① 夏征农. 辞海 [M]. 上海：上海辞书出版社，1989.

② 何名申. 逻辑 [M]. 昆明：云南人民出版社，1983.

等），都是载体这一同属事物，都有载体性，是它与同属事物的共性；而新媒体全时性、交互性、数据化、个性化、智能化，是与同属事物不同的特有本质属性。不过，本书不作细致的二元划分，统称新媒体的性质，包括新媒体与同属的其他事物所共有的本质属性，也包括与同属其他事物不同的特有本质属性，如图1-3所示。

1.3.1　载体性

所谓载体性，是指新媒体具有运载或传递别的事物的属性。新媒体与同属其他种类载体一样，都有载体性，所不同的是，它是传送信息的载体。

载体，《现代汉语词典（第7版）》的解释有两个义项："① 科学技术上指某些能传递能量或运载其他物质的物质。如工业上用来传递热能的介质，为增加催化剂有效表面，使催化剂附着的浮石、硅胶等都是载体。② 泛指能够承载其他事物的事物。"这就是说，称作载体的不管是事物，还是物体，应当具有运载或传递别的事物的属性。比如，汽车、火车、飞机等交通工具，是运载人与物品的物质载体；还有传递能量的，如输电设备、导线之类，是传递能量的载体。而新媒体与传递能量或运载其他物质的载体不同，它是传送信息的载体，与其同属的不同种的载体，都具有载体的属性。比如手机、电脑之类物质的东西，或微信、微博之类信息的东西，它们作为新媒体，与传统媒体报纸、广播、电视一样，都具有承载与传递信息的功能，同属于传送信息的载体。概而言之，新媒体作为载体，主要有两大类。

1. 物质形态的"信息载体"

人类传播信息的载体，"大致经历了从'零载体'、天然载体、人工载体、纸型载体、缩微载体、音像载体、封装型电子载体和网络载体8个循序渐进的发展阶段。在千万年的演进历程中，新的载体不断涌现，旧的载体纷纷被淘汰，主流载体与各种辅助载体的地位不断发生改变，进而逐步发展到今天这种以纸型载体为主流、多种载体形态并存的格局。"[①]

几千年来，从史前时代的古代人，为指引同类寻找食物，刻画鱼形信息的冰冷的石头，到如今炙手可热、形影不离的手机，在这8个发展阶段中，无不发生过在技术推动下的信息的载体的革命。进入21世纪，网络、移动通信、物联网、人工智能等技术的发展，促使新的信息的载体如雨后春笋般"野蛮"生长，除了那些趋于普及的桌面电脑、平板电脑和如日中天的手机之外，智能手环、智能腕表、智能脚环、智能眼镜等智能化可穿戴设备，也逐渐飞入寻常百姓家，成了普通人的标配。接踵而来的还有苹果Siri、微软小冰、社交机器人Jibo、能拍摄照片视频的智能隐形眼镜，以及宣称"将毁灭人类"的、获得了公民身份的智能机器人索菲亚等等，这些都是物质形态的信息的载体。

进一步说，如施拉姆媒介"最后7分钟"传播加速度发展所言，这种新兴物质载体推出的时间间隔也越来越短。回望历史可知，以纸张为载体的图书已经流传了上千年；缩微胶片的出现和使用在国外有160多年，在国内使用只有60年；光盘的出现才有40多年，手机有20年，智能手机只有10年，而近几年的智能设备，不仅仅是日新月异，更是以"秒杀"的速度让人们目不暇接。

2. 信息形态的"信息载体"

信息作为信息的载体，这种说法，乍听起来可能会令人错愕或不解。细究则不然，因为

---

① 方卿．论信息载体演进的基本规律［J］．图书情报工作，2002（1）．

把一种信息当作另外一种信息的载体这种用法，在学界和业界甚至普通民众那里都很普遍。比如我们经常说微信、微博是新媒体，那么，微信、微博是物质载体吗？很显然，它们不是物质载体，而是运行在电脑或手机这些物质载体上的两个程序，而程序是由计算机语言编写的信息。所以说，它们是信息形态的信息载体。

以往也有过这种载体的说法。中国文学评论一篇文章，讲究言外之意和言内之意的区别，既然是意，不论言内的还是言外的，都属于信息而非物质；但二者都是建立在物质——纸张油墨这个信息载体之上。但二者对物质的依赖性有区别，言内之意直接联系着文字符号，离物质世界更近，故可以充当言外之意的载体，直接阅读那些文字以把握言内之意，再通过细心品味言内之意就可以领悟到某些言外之意。言内之意的信息的载体是物质的，言外之意的信息的载体不是物质的，物质对它来说只是一个间接的存在，它直接的载体是言内之意的信息。所以我们称言外之意这一层次的信息，是言内之意的这一层次的信息载体。比如《智取威虎山》中杨子荣与土匪接头的暗语"天王盖地虎，宝塔镇河妖"有两层信息：字面的信息，即言内之意，是什么虎、塔、河妖之类；而隐藏的信息，即言外之意，是实际要表达的暗号信息：第一句是，你好大的胆！敢来气你的祖宗？第二句是，要是那样，叫我从山上摔死，掉河里淹死！这样，第一层字面信息就作为信息的载体，传送第二层暗藏的信息。不过，这虽然是信息载体，但它不是新的信息载体，所以不是新媒体。

而作为新的信息载体的新媒体，它们都是寄生在某一硬件物质载体上的软件程序信息，这些程序信息又作为载体，承载传送新闻、电子商务、行业知识、人际交流等各种信息。在这一意义上，与某学者所说的相同，"数字媒体是一种智能数字产品所呈现的软件形式。例如基于手机的微信、App、朋友圈、公众号、微博、轻博客、手游、网站、网络视频、动画、微电影、虚拟体验……当然，可穿戴智能产品，如手环、智能手表、智能眼镜等负载的软件也属于数字媒体"[①]。这些新的信息类的信息载体，我们将在后面的章节中中详细阐述。

1.3.2　全时性

全时性指的是，新媒体具有根据需要在任何时间进行信息传播的属性。这是以前任何传统媒体所无法拥有的。

"在人类社会中，信息的发送和传递通常是有意识的活动，是为了达到某种目的、满足某种需要而进行的"[②]。人类传播信息的目的，从某种意义上，也正好对应了学界所定义的传播的功能。对此，拉斯韦尔概括了三种功能，施拉姆总结了四种功能，罗宾森列示了 13 种功能，等等，但概而言之，人类之所以传播，就是要适应和改造环境，利用信息更好地从事生产生活活动，以满足自己日益增长的物质和文化生活要求。所以，传播效果的最大化，是传播的最高追求。而对时间的合理把握，是提升传播效果的重要手段之一。

从信息传播的时间性需要来说，传者和受者，有同异之分。有的信息，传者和受者的需求是一致的，有的则有差异。不过，这种同异，都可以表现在对信息实时和异时传播的需要上。而新媒体则是这两种传播的完美集成者。新媒体可以根据不同的需要在任何时间适时地进行传播。

---

① 李四达. 数字媒体艺术概论［M］. 3 版. 北京：清华大学出版社，2015.

② 张国良. 传播学原理［M］. 上海：复旦大学出版社，2009.

1. 实时传播

实时传播，指的是信息的传播与事物发生过程的实际时间同步进行。实时传播，可以满足人们快速了解信息的需要，使之及时调整自己的行为，适应环境，更好地生存和发展。比如当人们面对地震、火山爆发、海啸、空难等突发事件时，无论对事发地的人们，还是对事发地之外的人们，都需要第一时间快速地把信息实时传播出去。这样，才能使事发地的人们得到及时救援，而信息的异时延时传播，必将导致更大的损失。

在新媒体出现之前的人类传播史上，任何时代的传播，都没有实现真正意义的实时传播。口语传播时代，人们在一个狭小的空间里，虽然可以用口语实时进行交流，但面对当前事物，人们不可能向不同空间进行实时的传播；后来人们学会了利用"结绳""契刻""图画"等方式来保留、传递信息，将先人的生存知识与经验传承给后人，但要实现与事实在不同的空间同步传播，显然是可望而不可即的事；在印刷时代，对传统纸质媒体来说，也"是束手无策的，这是因为它受到编辑、印刷、邮递等的限制，要想实时传播新闻，简直是不可想象的。而广播电视也同样受到栏目安排和线性时间的制约，它不可能无限制地对新闻进行实时报道。即使可以进行现场直播，那也有一定的难度"[①]。尽管达以光速，但这样的传播也需要昂贵而笨重的设备，且其设备限于一定空间，不能随意移动，导致任何时间、任何空间的实时传播成了不可实现的奢望。比如1970年，中国第一颗人造卫星上天，"东方红"乐曲的旋律，借助广播传遍祖国大地，但那个时代的人们，假如面对雷锋、欧阳海之类的突发英雄事迹，绝不可能凭借当时手里的工具，像现在的直播一样进行实时传播。即使是记者在场，也得录音录像，回去制作好才能播出。而如今，只需一部简单的智能手机，就可以实时直播。近几年来涌现的众多移动端直播新媒体，为实时传播作了很好的诠释。所以，我们说，人类为了克服时间和距离阻碍传播的缺陷，用了几千年的时间。现在的新媒体，不仅战胜了空间，也战胜了时间，实现了任何时间任何空间的、与事物发生时间同步的实时传播。

2. 异时传播

异时传播，指的是信息的传播与事物发生过程的实际时间相异，根据人们的需要适时进行。从理论上讲，信源到信宿的传播过程中，信息在时间上的延滞所形成的异时传播，会导致两方面的结果。

一方面则是缺点，因为信息的延宕会阻断传播，增加噪声，减损传播效果，影响人们的生产生活，有时甚至让人陷于危机。故而信息不畅，之于个人，则耽误一家之事；之于一国，则贻害万千百姓。因而古代有八百里加急、十二道金牌传送指令信息，如今有电报电话、卫星导航、激光通信、量子通信加速信息传递等，这些无不是克服异时传播缺点、追求实时传播的范例。

另一方面则是优点，异时传播，可以让信息在更广袤的时空中进行传播，增强信息扩散的范围，提升传播效果。比如文字和印刷传播时代，文字的书写，印刷物的制作，传播成品的空间运送，都延滞了信息传播的时间，但却使信息在更大的时空中得以流传和保存。从空间来说，如唐玄奘跨越千山万水西行印度取经，马可波罗东行游记，等等，都是全球文明空间异时传播的例证；而从时间上说，我国几千年来形成的大量的文史典籍，靠的也是异时传播。所以说，异时传播对人类文明的空间扩散和历史承续起了十分重要的作用。

不过，以往的异时传播，是人类传播信息的载体落后造成的无奈之举：为了克服信息在

---

① 程栋. 实用网络新闻学［M］. 北京：新华出版社，2002.

时间维度上的丢失，并让它在不同的空间传播，人类发明了传统的信息载体，从龟壳、牛骨、羊皮、泥板、金石、竹简、丝帛、纸张、照片、影片、录音、录像，到如今光—磁载体，一路走来，目的全在于保存和留传信息；传统的广播、电视虽然克服了信息在空间维度上的阻隔，但却在时间维度上造成了丢失信息的可能，只有通过录音、录像来弥补保存。而现在的新媒体，从某种意义上来讲，都是永远在网的新媒体，加上即将到来的万物皆媒的智联网时代，所有连接到网上的物体，都是永远在网的新媒体。它无时不在，无处不在，不怕丢失，永不过时。任何历史信息和任何空间信息，人们在需要时，都可以从网上随意调取，适时传播。比如在微信中，人们既可以实时地进行文字、语音、图像交流，也可以留言、留音、留图、留像，让对方在方便的时间接收。

1.3.3　交互性

交互性指的是，新媒体信息的传播，在传受之间可以方便地交流互动的属性。

在自然科学中，物理学较早地阐述互动的概念，以解释物体或系统之间的作用和影响，说明能量守恒定律。在社会科学中，社会学应用互动的概念来解释社会学现象，并形成了具有丰富理论内容的"社会互动论"学说。社会互动，简称互动，是指个人与个人、个人与群体、群体与群体之间，通过信息的传播而发生的相互依赖性的社会交往活动，简言之就是行动者对其他行动者的回应行动。

人是以群为生的社会动物，所有人的交互行动都是以他人为导向并相互依赖的。我们在日常生活中与他人接触时，经常要意识到自己的行动在他人眼里的反映，考虑到别人对自我行动的期待以及自我对他人的思想、情感和行动的期待，要不断地根据自己所在的场合和面对的不同的人做出不同的反应，以调整自己的行为。所以说，交互构成社会；交互，也推动了社会的发展。陈胜吴广们登高一呼之类的交互，推翻了一个个封建王朝，毛泽东发动秋收起义点燃井冈山星火的交互，缔造了一个新的中国。如今，微信、微博之类新媒体的交互，开辟了全民互动的新时代。

新媒体的"交互性"，体现在以下几个方面。

1. 受众可以对内容进行控制

这是一种通常用来定义"交互性"的办法，是看用户能在多大程度上对内容进行控制。*Info World* 的前任总编 Stewart Alsop 把交互性描述为四个层次：观看（Watching）、浏览（Navigating）、使用（Using）和控制（Programming）。在他看来，"观看"是最低层次的，其实没有任何"交互性"可言；第二层次是"浏览"，允许用户用相对随机的方式从一个项目跳到另一个项目，同时不必陷入任何单一的内容之中；作为第三层次的"使用"，意指用户在与内容或媒介发生关系时，可以从中获得一些有用的东西；"控制"，被认为是"交互性"最强的方式，意味着用户可以自己定义概念，可以赋予内容以含义，并且可以控制整个交互过程。例如，国家博物馆的 App，游客可以下载这款应用软件来帮助自己更好地了解国博信息，更有序地游览各个馆。这个 App 里，使用者点击相应的展览馆名称，便会显示此馆内的藏品，点击该藏品，才会显示出此藏品的信息，这些信息都是在游客互动控制的情况下完成的。

从这一意义上来说，新媒体传播是目前传播媒体中，能够对内容实施控制的最佳方式。以往的报纸、广播、电视都是将准备好的信息推送（Push）给受众，受众只有被动接受的权利，而极少有自主选择的可能。比如电视，由于它的线性播放，受众无法对传播内容施加控制，以致对不喜欢的内容或过多的广告插播产生厌烦、抵触和逃避情绪，即使可以转换频道，但这种选择的空间还是十分狭窄的；而 20 世纪末出现的互联网，则是把一大堆信息放在网上，由受众自己上网选择，拉下（Pull）所需要的信息。由"推"到"拉"，帮助受众迈出了新闻传播史上划时代的一步。受众有了主动性，接受信息具有很大的自由选择度，可以主动选取自己感兴趣的内容加以了解，并且可以根据自己的兴趣和需要，逐层加深了解的程度。这一点，正如尼葛洛·庞蒂在《数字化生存》一书里所指出的"数字化会改变大众传播媒介的本质，推进信息给人们的过程将一变而为允许大家（或他们的电脑）拉出想要的信息的过程"。如果说，传统的大众传播媒体传播信息，尤其是发布广告，给人的感觉主要是向受众"推"（Push）乃至施加"心理暴力"或"皮下注射"进行灌输的话，那么，在互联网上，信息的传播方式，包括广告的发布，都更像是受众自己在"拉"（Pull），主动选择信息，了解广告。由此可见，互联网增强了受众信息选择的自由度和主动性。进入 21 世纪，特别是智能手机出现之后，用户对信息传播的内容控制的深度和广度，又前进了一大步。用户不仅可以从成千上万个 App、小程序、公众号中，选择下载、订阅或关注自己需要的感兴趣的新媒体，从而实现对内容的筛选和控制，而且还可以利用搜索引擎、维基百科、知乎分答等手机应用，寻找或分享自己感兴趣的内容。

2. 作为反馈的"交互性"

从信息论、控制论的角度来看，信息的交流互动，是一种有反馈的传播。"反馈实际上是指施控系统输入的信息作用于受控系统以后产生的信息再输送回来，并对施控系统的行为产生影响的过程"。如果输入的"信息的反作用倾向于加剧系统偏离目标的运动，使系统走向不稳定状态，甚至崩溃，这就是正反馈方法，相反，信息的反作用倾向于反抗系统偏离目标的运动，使系统趋向目标，或者走向稳定状态，这就是负反馈方法"[①]。

运用到传播学领域，就是说双向的互动式的传播，可以提高传播的效率。因为传播"效果的形成、显现离不开各种传播要素之间的相互作用、相互影响和相互制约的互动关系，缺少其中任何一种要素，整个传播链条就将中断"[②]。上乘的传播，实际上就是要运用控制论的负反馈的方法，让传播者作为信息的施控者，根据信息到达受众之后的反馈，针对传播活动的系统目标，来及时地调整自己的传播行为，从而获得更好的传播效果。传统媒体缺少互动，是经常被人诟病的痼疾。信息的单向传播，阻断了受传者向传播者反馈的通道。虽然纸质媒体的读者来信，广播电视媒介的受众热线电话，DVD 和数字电视受众对观看的内容和时间的控制，可以算作一种传统媒体的互动形式，但是，这样的互动只能提供一种静态反馈式的滞后的互动，媒体内容的选择与确定权仍然掌握在传播者手中，受众只能在接收之后提供有限的"意见式"反馈。尽管现在的很多媒体节目都积极邀请受众参与到其制作过程中，但是参与程度非常有限。因而传统媒体的互动是一种不完整的低效率传播。而理想的传播是一种充分互动式的传播。

新媒体就是这样理想的互动传播。从网络、手机，到智能可穿戴设备、机器人等新媒体的诞生，提供了一种新型的人际沟通与信息交互的中介，并直接催生了一种新的双向互动方式。Rafaeli 在定义基于计算机的信息交流的"交互性"时提到了三个层次，两个层次包含了

---

① 邵光远，张纪川. 系统科学入门［M］. 北京：知识出版社，1990.

② 邵培仁. 传播学［M］. 北京：高等教育出版社，2000.

"反馈"。其中之一，他称之为"反应"，是指在原来单向发出的信息内容影响下进行的双向交流。如电子论坛（BBS）、公众号、微博等，在每篇文章之后设置评论、点赞、转发，给公众提供一个反馈信息、表达态度和发表评论的场所。另外一种，则是真正意义上的"交互式"交流，它指的是一个动态的交流系统，在其中，最终信息内容实际上取决于交流过程中双方共同发出的讯息。如微信群、QQ 群等一对一或多对多的聊天形式，就是这种动态的互动交流传播。

3.新媒体的传播还体现在交互形式的多元化上

从交互的对象上来看，有人与人、物与物、人与物等形式的交互；从信息传播方式来看，有点对点、一点对多点、多点对多点、多点对一点的交互，如英国学者安德鲁·麦德威克所说，"互联网是当地的、国家的、全球的信息传播技术以相对开放的标准和协议以及较低的技术门槛，形成的一对一、一对多、多对多、多对一的网络之网络"[①]。从交互的层次上，有直接的和间接的交互；从时间上看，有实时的和异时的交互；从交互身份的真实性上，有真实和虚拟身份的交互；等等。

首先是人与物的交互。这种交互方式，随着技术的发展也在不断地变化。在计算机技术的引领下，人与物的交互，首先发生在计算机、手机等新媒体和用户之间的"人机互动"层面。这种交互有两个维度：一是人们借助鼠标、键盘、操纵杆、位置跟踪器、眼动跟踪器、压力笔、数据手套等设备，用手、脚、姿势、声音或身体动作、眼睛甚至脑电波等方式向计算机传递信息；二是计算机、手机等新媒体通过显示器（屏）、打印机、绘图仪、音箱、头盔式显示器（HMD）、力反馈等输出设备向人提供信息。在这两个维度上，人与物的交互，从较早的命令语言、菜单、填表等初级形式。随着多媒体技术的发展，菜单可图形化、可用语音以自然语言的形式进行人机交互，更主要的是可通过人的各种感官（视、听、触）进行多模态的直接操纵，缩短了人机距离。

其次是人与文本的交互。新媒体所提的互动，当然并不只是传统媒体时代所简单理解的阅读反馈。或者说，阅读反馈仅仅是互动概念的起点。比如维基百科，文章词条发布之后，并没有最后完稿，任何人都可以参与对文本的修改和反修改。

再次是往复循环式交互。这指的是针对反馈的反馈，以及这种相互反馈所形成的有机的、自发的、良性的往复循环式反馈，构成了新媒体时代的广泛的新的互动形式。这种互动，恰恰构成了新媒体的重要特征，也是推动社会进步的新的媒体力量。早些时候的"陕西华南虎事件"，近几年的"罗一笑事件""雷洋事件""西安前 11 排事件"，都彰显了新媒体互动对社会影响的巨大威力。"大众传播大多时候不是引发受众效果的充分必要条件，而是会通过众多中介因素和其他影响力发挥作用"[②]。往复循环式互动就是增强传播效果的极其重要的中介因素。

最后是虚拟的交互。新媒体对交往所造成的深刻变化，不仅体现为打破了时空、地域、社会分层等现实因素的限制，而且体现为网络创造了一个全新的交往空间，形成了一种全新的人际交往模式。在网络空间，人际互动双方并不像在现实社会交往中那样必须面对面地亲身参与沟通，而能够以一种"身体不在场"的方式展开互动。在网络空间，人们可以隐匿自己在现实世界中的部分甚至全部身份，重新选择和塑造自己的身份认同。所以，新媒体的互

① 安德鲁·麦德威克，互联网政治学［M］．任孟山，译．北京：华夏出版社，2010．

② 约瑟夫·克拉珀．大众传播的效果［M］．段鹏，译．北京：中国传媒大学出版社，2016．

动,不仅体现在真实身份的互动上,还大量体现在虚拟身份的交流中。从传统媒体的缺乏互动,到可以方便地运用真实或者虚拟的身份互动,新媒体展示了它无与伦比的魅力。但是,由于虚拟身份的互动,给不法之徒提供了设置陷阱的可能,因此给新媒体蒙上了一层不光彩的阴影。不过随着上网发布信息对真实身份认证的加强,这一缺陷会得到弥补和纠正。

4.新媒体的传播还体现在实时互动上

以前的传统媒体不是没有交互,是没有实时交互,有的是异时交互、延时交互。和任何事物的两面性一样,实时交互与异时交互、延时交互各有利弊。异时交互、延时交互有它的优点,而缺少实时交互所带来的速度和效率。而新媒体借助网络,以光速传播,压缩了人们的空间感,使其如同生活在一个地球村里。"个人"不再作为某个时空中的信息孤岛中的"个人",当面对自然界和社会生活中的难题时那样无助,他在需要时可以借助新媒体,随时随地呼唤地球村的老乡们,实时地与他们交互,获得帮助。他从无远弗届的广袤的新媒体世界中,获取了强大的智慧,让他在与他人、他物的实时交互中,不再像迟到的雷声那样愚钝迟缓,而如电焊枪与铁板的接触交互,刹那间,闪烁出耀眼的光芒,焊平战胜自然、游刃社会的缝隙和道路,通向成功。

1.3.4 数据化

新媒体的数据化特性,不仅是指新媒体传播的都是经过数字化处理的信息,而且更是借助网络传播的数据化的信息。

"数字化"是以往学者定义新媒体的流行观点,但这是一个过时的概念。因为电脑的诞生就已经实现了数据的"数字化"。电脑让各种传播符号像数字一样,同一化的储存和传播,而互联网、物联网和智造网,实现了数据的网络化,也构建起了传统媒体与新媒体的分水岭。一台计算机是数字的,十台、百台、千千万万台孤立的互不相通的计算机,也可以是数字化的,但不是新媒体的根本属性。因而仅仅以数字化为新媒体定性是不完全、不准确的。只有连接到网络的信息载体才是新媒体的根本属性。

进一步说,如今,连接到网上的智能手机、可穿戴设备等以计算机芯片为核心物质基础的新的信息载体的普及和爆发,使数据海量化,将人类带入了大数据时代。大数据是计算机和互联网结合的产物,大数据的特点:第一是大,海量的数据;第二是快,可以通过新媒体和公共数据库快速地获取;第三是人们不再热衷于寻找事物的因果关系,而更加关注于相关关系。大数据就像海洋,而数据就是无数条江河小溪。没有江河小溪,就没有大数据海洋。一个个新媒体,无数的手机、传感器之类的数字设备,记录和负载了人们的衣食住行和大自然的风花雪月诸多数据信息,是数据化的江河小溪。所以说,新媒体不仅是数字化的,更是数据化的;数字化不一定是数据化的,而数据化则必定是数字化的。数据化才是新媒体的本质属性。数据化的特性体现在以下几个方面。

(1)数据化信息的基础是数字化。数字化就是将许多复杂多变的信息转变为可以度量的数字、数据,再通过这些数字、数据建立起适当的数字化模型.把这些数字化模型转变为一系列二进制代码,引入计算机内部,进行统一处理,这就是数字化的基本过程。

数字化的根本特征,是传播符号同一化。新媒体之所以能为信息传播提供方便,主要是运用了数字化处理技术。正像原子是构成物质世界的基本单元一样,比特是构成计算机信息世界的基本单元(比特,英文 bit,意为字位,仅存在 0 和 1 两种状态)。因为计算机的运算是用"二进制"进行的，而不是通常用的十进制。二进制数由两个表示数的符号"0"和"1"组成。因为在电子元器件工作时，有两种状态最容易实现，也最稳定。如电灯的"开"和"关"、晶体管的"通"与"不通"、电容器的"充电"与"放电"。它们都可用来表示二进制数，如上列的"开""通""充电"状态用"1"表示；相反的，另一种状态用"0"表示。由此来组成电脑可识别的二进制数。

计算机、手机、可穿戴设备、智能机器人等新媒体，从某种意义上来说，都是不同型号的不同功能的计算机。所以新媒体传播的，无论是繁简各异的文字，还是色彩缤纷的图片，抑或美妙悦耳的声音，姿态万千的影像，归根到底都是通过"0"和"1"这两个数字信号的不同组合来表达。这使得信息第一次不仅在内容上，而且在形式上获得了同一性。它打破了原来各种传播符号，在物理性质上各自为政的局面，将它们全部统一到数字的大纛之下。过去纸质传统媒体传播的文字和图片符号，不仅需要铅与火的洗礼，还需要纸张的铺垫和墨香的浸润，而广播、电视传播的声音和影像符号，则需要磁力的吸引、电波的模拟。如今这些符号，在数字面前"人人平等"，为信息以同一形式传播提供了可能。

进一步说，符号同一化为信息传输的各个环节提供了诸多的便利。比如对图片，传统的报纸，需要经过实地摄影、暗室洗印、制出照片，再经过邮递、编辑、印刷、发行等工序，才能使受众看到报纸上的图片；再如对影像，广播、电视需要录音和录像，并进行后期编辑制作，然后还需要发射塔、微波站、卫星等一系列烦琐的设备，才能将声音影像传播出去。而新媒体的图片和影像的处理则不是这样，人们运用智能手机、数码照相机等设备，可以随时随地拍摄图片和视频，经过简单的编辑，传到网上，那么世界任何一个连接互联网的电脑、手机等其他移动终端都可以在瞬间看到。

同时，新媒体还克服了传统媒体难以储存和复制的缺点。在网络时代，人们不仅需要高效、准确地获取自己需要的新闻或其他信息，而且还要利用这些信息来指导自己的行动，这就使得记录、检索与储存信息，在传播活动中显得更为重要。这一点，却正好是新媒体传播的强项。以新媒体新闻为例，不同于广播新闻和电视新闻，它不是转瞬即逝的，而是可存储的。它可以从历史的纵向和现实的横向，全景式地展现新闻。如一些网站开办专栏，对同一事件积累了大量的新闻信息，从而对事件的发生、发展、终结都有详尽的新闻报道，这些新闻有的是最新的，有的是较早的，但对于一个从未接触到该新闻信息的人来说，这些都是有价值的新闻。对于一个接触了该方面所有新闻的人来说，这些也是有价值的，他可以通过回顾以前的新闻，来把握事件发展的历程，从中找出新闻报道的变化，以及媒体的动态形成。即使是很久以前的新闻，需要它的用户，也可以通过检索或其他手段，将其从网站数据库中调出来浏览。特别是近几年来发展起来的云计算技术，为信息的存储和利用提供了更大的便利。

（2）数据化信息是多媒体信息。数字化让原来格格不入的传播符号，不再是割裂面孤独的面孔，而是使他们排列成整齐划一的数字队伍，而多媒体技术则将这些按"0"和"1"排列的数字队伍，组成了一个神奇的魔方，在新媒体终端变幻出五彩斑斓、声像俱全的多媒体信息。

"多媒体"（Multimedia）一词，最早出现在 20 世纪 80 年代，据说最初由美国的摇滚歌手品克·弗洛伊德首先使用。他在自己的演唱录像中加入了多种变幻莫测的影像背景，使观众在欣赏音乐的同时有多种媒体的综合性感受。后来，多媒体一词被用于计算机与电视行业，含义也随之发生变化。计算机行业把装有光驱、声卡、电影卡、传真卡等设备，能够同时进行声音、影像、图片、文字等数据处理与传输的电脑称为多媒体计算机。电视行业把除了接

23

收电视节目之外还能传输图文数据、储存节目，并具有双向交互功能的电视机称为多媒体电视机。自 1984 年美国 Apple 公司推出世界上第一台具有多媒体特性的计算机以来，以其强大生命力，势不可挡地迅猛发展着，并从 90 年代开始获得了越来越广泛的应用。其中最重要的一个方面就是在互联网上运用。用多媒体计算机与互联网连接，就形成了多媒体网络。

这样，我们可以把这种运用数字压缩和网络技术，把报纸、广播、电视、电子出版、电话、传真、计算机通信等各种传播媒体融为一体，对声音、影像、图片、动画、文字等数据，进行一元化高速组合处理和传输的性能称为"多媒体化"。它不仅充分利用了报纸、广播和电视的多种报道手段，使受众在网上同时拥有读报纸、听广播、看电视的诸般乐趣，而且使受众在网上拥有了一个巨大的图书馆和信息库。

新媒体发展到今天，各种终端在光纤宽带和 4 G 无线通信技术的支持下，除了传送文本、图片文件外，已能顺畅地传送音频和视频，使得用户几无障碍地享用多媒体大餐。而即将到来的 5 G 时代，在网速倍数级增长的基础上，新媒体用户们面前的这道多媒体大餐，会散发出更加诱人的味道。

（3）数据化的信息是可转化信息。由于文字、图片、影像等各种传播符号，在新媒体的传播中，都是数字信息，因此不同形式的信息之间可以相互转换，如将文字转换为声音。如今许多阅读软件都提供了将文字转换成语音的服务。比如掌阅、微信读书、百度读书等，这样可以让人们避免长时间面对狭小的屏幕阅读而带来的眼部的疲劳，将视野解放出来，方便了人们在不方便的情况下，方便地用耳朵来"读书"。现在到处可见，人们戴着有线或者蓝牙耳机，一边乘车、走路、游逛商场或做别的什么事，一边听 MP4，或许有很多人正在听着文字！这种转换也是可逆的，将声音转换为文字，如国内领先的科大讯飞公司，在它的网站上，用户可以上传一段录音，将它转换为文字；另一方面，声音音频也可以转化为文字。吴晓波频道曾经做一个试验，用文字转语音软件，模拟吴晓波的声音，朗读吴晓波个人著作《腾讯传》，准确率达到了 98% 以上。

（4）数据化的信息是可利用的增值信息。大数据时代，不仅任何一种新媒体产生的数字化信息成为海量的大数据库中的一个信源，而且可以充分利用自己的媒体收集萃取用户信息，形成海量大数据，并进行挖掘提炼、加工利用，使之产生增值效应。以往的传统媒体时代，形成大数据报告的是调研公司之类的机构，但是在新媒体时代，传统的专门的调研公司的权威日渐式微。新媒体本身就拥有了生成和利用大数据的能力。在这方面，不仅 BAT 这样的人气非凡的公司，在利用大数据方面屡屡发力，而且像饿了么、阿凡题、同程等中小新媒体公司也可以利用大数据获得收益。比如在线教育公司阿凡题以 3 000 万用户网上学习的大数据为基础，在 2015 年和 2016 年连续两年推出了两份深度调研分析——《全国中小学生学习压力调查》《中国 00 后互联网学习行为报告》，两份报告以大数据、话题性引爆关注点，进行大面积营销自传播：前者经由 5 家电视台、39 家平面媒体、2 700 余个微信公众号、50 家微博大号、800 多次网媒报道传播，辐射人群过亿；后者使阿凡题百度指数飙升 4 倍、微博社会话题榜排名第一、中央电视台等主流媒体先后以不同方式进行报道传播、手机新闻客户端相关新闻报道持续霸屏。

传统媒体面对颓势，也可以利用大数据实现"数据化媒体"的转型，建立大数据平台，将原来的"以自我为中心"的"内容思维"，转变成"以用户为中心"的"数据思维"。开办官网、微博、微信公众号等新媒体终端，重新建立与客户的沟通和连接，收集数据，对用户的"点击"行为进行追踪分析。根据用户的个性化、精准化和定制化需求与自己的内容进行匹配,用户需要什么,就做什么类型的报道,为用户提供更好的产品和服务,才能进行盈利模式重建,走出困境,在未来的新媒体竞争中拥有一席之地并站稳脚跟。比如,浙江日报报业集团通过与浙江省民政厅合作建立全省养老产业数据库,2017 年已拥有 5 000 万以上的活跃用户。

如今人工智能和机器人技术有了长足发展,我们已经围观了谷歌公司的阿尔法狗战胜了世界围棋冠军李世石,也得知沃森机器人为了挽救让许多医疗专家束手无策的癌症病人,能以极短的时间,从 2 000 万份癌症病例的大数据中找到治疗的方法。然而,这些机器人辉煌的成就无不得益于大数据。可以想象,在人工智能高度发展的未来的时代,大数据必定在新媒体的舞台上发挥越来越重要的作用。

1.3.5 个性化

约翰·费斯克说:"所谓传播效果.是指传播者发出的信息经媒体传至受众而引起受众思想观念、行为方式等的变化。"[①]这就是说,传播的最终目的是利用信息解决个人和社会的实际问题,以期达到一定的传播效果。新媒体就是人们利用信息解决问题的工具。以前传统媒体只能面向群体,千人一面地解决大众问题。如今新媒体却要也有能力面向个体,一人一面个性化地解决问题。新媒体的个性化表现在以下几个方面。

(1)新媒体可针对不同的用户推荐个性化信息。随着互联网的发展,特别是物联网、人工智能、机器人等技术的逐渐普及,人类产生的信息更加呈现爆炸式增长。信息超载增加了人们获的取感兴趣的信息的难度和成本,使人们一边享受海量信息带来的丰盈和便利,一边不得不迷失在信息的海洋中,忍受着多元化选择带来的焦虑。

为解决信息过载问题,除了信息的生产者要采取优化内容的措施之外,新媒体本身的属性可以在很大程度上化解这一难题。为帮助用户方便地获取信息,新媒体的解决路径大致分为 3 个阶段:门户网站、搜索引擎和推荐系统。

前两者的作用不言而喻,也不必赘述,只说如今方兴未艾的推荐系统,则是解决这一突出问题的有力工具:其一方面帮助用户搜索对自己有价值的信息;另一方面让与用户的兴趣相关的信息呈现于用户面前。在传统媒体时代,报纸、广播、电视受到大众传播属性的束缚,面对大千世界形形色色的人,只能模式化、类型化地重复着向他人唠叨过的故事。

新媒体则不是这样。它可以利用技术收集人们获取信息的习惯和偏好,从而投其所好地给人们提供他们所喜欢的信息。从前有人从接受美学与接受理论的角度,提出过读者阅读接受的一个现象:一千个人读哈姆雷特,在一千个人眼里,就有一千个哈姆雷特。不过这里的哈姆雷特,是每个人阅读之后生成在他心里的、与他人不同的哈姆雷特。而今天的新媒体,却是在人们眼前的手机屏幕上、在人们的计算机屏幕上、在人们的智能手表或智能眼镜上,为人们呈现出与别人不同的"哈姆雷特"。

比如"今日头条""百度"等新媒体,可以为用户推送他喜欢的新闻;"卓越亚马逊""淘宝"可以为用户推送他所喜欢的图书和其他商品。这一切,用户却毫不知觉,那是基于用户上网时获取信息留下的痕迹,那是藏匿于手机、计算机、网络这些新媒体背后的大数据技术

---

① 约翰·费斯克. 关键概念:传播与文化研究词典 [M]. 2 版. 李彬,译. 北京:新华出版社,2004.

和计算机算法为用户"算计"来的。随着用户阅读的时间越长，系统越了解他，推荐的内容就越精准，越个性化，越合他的口味。

不过，这种个性化的推荐也有它的弊病。其一，倘若用户接收的都是符合自己喜好的内容，那么，用户就会一直生活在自我的世界，无法感知兴趣之外的"新"事物，无法接触"新"事物，自然就不能培养新的兴趣。我们说互联网是革命性的，就是因为它降低了扩充兴趣和视野的成本。个性化应该是我们已知以外的某种补充，不应当是兴趣拓展的屏障。个性化信息推荐采集自用户的兴趣，又决定了用户的兴趣，用户最终沦为井底之蛙，被囚禁在算法技术构建的"信息茧房"，导致用户眼界单一、思想封闭。其二，无法解决用户随场景变化而产生的信息需求变化。个性化推荐会放大用户个别场景的偶然需求，将其歪曲成一种惯性的推送，从而淹没用户持续的真正的性格化信息需求。其三，相同或相近信息的大量推荐，会造成用户接受同质化信息的负担。因此，只有把基于算法的内容推荐，和基于兴趣拓展、场景变化、同质化信息过滤结合起来推荐，才能真正实现个性化。

（2）新媒体搭建起个性化生产消费的信息桥梁。人类从"穴居时代"走来，经历了 3 个发展阶段：农业经济、工业经济和服务经济。在这三个阶段中，社会的分工，迫使每个人必须牺牲自己的个性化需求，去接受模式化、类型化的产品和服务。传统经济中，商品或服务的单调性与用户的多样化个性匹配是一对矛盾。大众化产品总是千"品"一律，在这种信息不畅和模式化生产的年代，量身定制个性化商品几无可能。一个远在长城之外，戍守边关的高大威猛的士兵，无法要求在长安城内的秦汉铁匠，为他打造一副合身的铠甲。

这一矛盾，随着社会经济的发展，愈演愈烈。因为任何商品的属性与人的自我认知、精神面貌以及文化品位有着千丝万缕的联系，随着物质生活水平的提高，人们对于精神和文化的需求在不断升级，人们越来越拒绝一成不变，喜欢推陈出新，拒绝人云亦云，喜欢个性张扬。如今人类进入了第四个发展阶段——"体验经济"阶段。"大规模量身定制"的生产方式，使得为每个客户带来个性化的商品和服务成为可能。任何企业都可以通过新媒体以较低的成本收集、分析不同客户的资料和需求，通过灵活、柔性的生产系统分别定制。比如青岛酷特智能公司把互联网、物联网、大数据等信息技术融入服装生产中，在一条流水线上制造出灵活多变的个性化产品。工厂提供千万级服装板型，数万种设计元素点，能满足超过百万万亿种设计组合，通过互联网在线定制直销平台—— C2M 平台，将消费者、设计者和生产者等直接连通，支持多品类产品在线定制。消费者可通过计算机、手机等终端登录，自主选择款式、工艺、原材料，在线支付后生成订单，实现从产品定制、支付、设计、制作到物流配送、售后服务全过程的数据化驱动和网络化运作。

在方兴未艾的物联网、智联网时代，从理论上来说，世间任何事物、任何产品，都是新媒体。因为借助传感器和识别码，他们会把自己的身份信息传到网上。工业 4.0 或智能制造，将进一步挤压从生产到消费的中间环节。淘宝式的电商神话将成为过去。因为 C2M——客户直接面对工厂，将成为下一个蓝海。汽车制造厂，可以根据客户的需求，在同一条生产线上，把不同型号的零部件，组装成与众不同的个性化汽车，靠的就是零部件具有了可以识别的个性化的新媒体身份。

1.3.6 智能化

智能化是指新媒体在网络、大数据、物联网和人工智能等技术的支持下，所具有的能动地满足人类各种需求的属性。相对传统媒体，智能化是建立在数据化的基础上的媒体功能的全面升华。它意味着新媒体能通过智能技术的应用，逐步具备类似于人类的感知能力、记忆和思维能力、学习能力、自适应能力和行为决策能力，在各种场景中，以人类的需求为中心，能动地感知外界事物，按照与人类思维模式相近的方式和给定的知识与规则，通过数据的处理和反馈，对随机性的外部环境做出决策并付诸行动。

从哲学的角度来说，新媒体的智能化特征，表现在客体主体化的状态之中。人的主体性，是指人在实践过程中表现出来的能力、作用、地位，即人的自主、主动、能动、自由、有目的地活动的地位和特性，表达的是人对世界的能动关系。而新媒体相对于作为主体的人而言，终究归属于客体的范畴。但智能化却完成了人的主体性在新媒体这一客体上的迭代和升华。

因为，媒体是人这一主体认识和改造世界的实践活动中介，"是来自于客体的，是取之于自然或经过加工、改造过的自然客体，活动主体从客体中造就出中介，不只是引起客体的分化，而且还将自己投射到中介上使作为中介的客体主体化。除了实体性的活动中介，人类还创造了信息性活动中介，人类使用的语言、文字、数字等符号系统，以及借此来表述的概念、判断、理论框架、运算程序等思想和交流的工具，包括这些工具的操作方法，都属于信息性活动中介。在当代人的活动的中介系统中，信息性的活动中介发展极为迅速、联结国际社会的因特网是其最突出的标志。所谓'信息社会'，就是人的活动的信息中介系统高度发达的社会"[①]。

由此观之，作为信息性的活动中介的媒体，在对象性的活动中，改变了对象，使对象向人生成，创造了属人的价值关系，满足了人的需要，从而确证了媒体的客体主体化，实现了人的主体能动性的意义和作用。不过要特别指出的是，21 世纪之前的媒体，虽然也可体现客体主体化，但并不具有智能化的特征；如今技术的长足发展，无不从广度和深度上，加剧了媒体客体主体化的程度，升级换代为 2.0 版本——新媒体，强化了人的主体能动性，能够像人那样有目的地智能地解决问题。

所谓智能，以主体而言，是人在认识和改造世界的活动中，面对客体，从感觉、记忆再到思维，进而产生行为和语言的"能力"，一般具有这样的特点：一是具有感知和获取外部信息的能力，这是产生智能活动的前提；二是具有记忆和思维能力，即能够存储感知到的外部信息及由思维产生的知识，同时能够利用已有的知识对信息进行分析、计算、比较、判断、联想、决策；三是具有学习和自适应能力，即通过与环境的相互作用，不断学习积累知识，使自己能够适应环境变化；四是具有行为决策能力，即对外界的刺激做出反应，形成决策并产生相应的行动。

而作为客体的新媒体所具有的这种智能，是人赋予的，包括四个方面：一是以延伸人类感官的感知技术为依托的感知智能；二是以存储和运算能力为依托的运算智能；三是以类人化的理解与思考为目标的认知智能；四是响应随机场景中人的需求所采取的智慧行为。新媒体这一信息中介客体，由于智能技术的加入，使它具有了人的主体能动性，成了如人的智能化事物。进一步说，方兴未艾的工业 4.0，是产品制造流程的智能化和虚拟化，此间信息的传播和处理，又起着至关重要的作用。任何一种设备和产品，当它肩负着传播信息的使命，智能化地去完成这一任务时，它就加入了物质新媒体的行列。因而作为传播信息的新媒体，在工业 4.0 的进程中，无不获得了更多的智能化功能。

---

① 郭湛. 主体性哲学：人的存在及其意义 [M]. 昆明：云南人民出版社，2002.

新媒体的智能化体现在如下三个方面。

（1）新媒体可以智能化地感知和采集信息。现阶段，几乎所有的智能手机，都能利用手机上的重力传感器，记录人的运动数据，有的还辅以更多的功能，如三星 Galaxy Gear 系列智能手表，不仅可以自动监测用户个人运动和健康数据，比如摄入的热量，行走的步数以及里程数，同时可以感知使用者所在的海拔高度、大气压变化等，还可以在用户抬起手臂到眼前时，自动打开手表。

首先，内置加速度传感器和惯性传感器的健身腕带、手环、头带、服饰等可穿戴设备，可以收集使用者的健康、运动等各种数据。如在 2016 戛纳创意节获得移动类银奖的 Owlet 智能袜，植入监测元件，穿戴后可通过与 App 连接，查看宝宝的心率、血含氧量等数值，让父母轻松掌握孩子的成长状态；阿里云推出的婴语贴纸，通过 IoT 套件采集婴儿的哭声、心跳、体温和肢体动作轨迹等信息，实时反馈到 App 上，再通过阿里云进行云端分析，计算出婴儿哭闹的原因，给父母提供育儿指导；安置于李宁智能跑鞋鞋底的智能芯片担当着强身健体的参谋的角色，可记录运动数据及产品使用数据，消费者通过配套 App 可查看数据，借此调整运动姿势。

其次，传感器技术和射频识别技术的应用，使外部事物具有了人的感知和获取外部信息的能力。这些事物又通过全球定位系统与互联网连接起来，形成无所不在的物联网，进行信息交换和通信，实现了事物的智能化识别、定位、跟踪、监控和管理。如物流领域，在货物上嵌入 RFID 标签，在读写器的配合下，可以收集货物在运送各个环节中的信息以进行全程监控；如茅台酒公司将 RFID 防伪芯片植入茅台酒的胶帽中，消费者可在公司官网下载防伪溯源软件，通过扫描酒盖顶部的芯片中的唯一识别码，获取产品的相关验证信息；京东采用区块链技术，将商品原材料采集过程、生产过程、流通过程、营销过程的信息进行整合并写入区块链，实现一物一码全流程正品追溯；众安科技推出了步步鸡，利用区块链技术设置智能脚环，跟踪放养鸡的整个生长过程，让消费者确定自己得到的鸡是放养的[①]。

再次，智能自动语音识别技术可以感知人的自然语言，可以把人的语音转换为文字；语音合成技术可以表达人的语音，让机器开口，朗读文字，还可惟妙惟肖地模仿真人的声音。二者实现人机语音通信，建立一个能听能说的智能口语系统。如科大讯飞公司的多功能随身智能翻译机，可以用语音流畅地在中文和其他十几种语言之间进行精准翻译，且准确率达到了 98% 以上，方便了人们的多国旅游，不仅使在不同国度的人们进行实时语音互译，又可以智能地帮人们介绍世界各地的景点、查询信息，还可以充当人们的速记员，将双方的对话记录通过手机 App 记录并显示出来。

最后，生物识别和图像识别技术可以感知和采集人与物体的信息，广泛用于政府、军队、银行、社会福利保障、电子商务、安全防务等领域。如没带银行卡的储户，需要在提款机上提款，具有"虹膜识别系统"的智能摄像机可以扫描该用户的眼睛，完成用户身份鉴定，办理业务。例如，美国维萨格公司的脸像识别技术在美国的两家机场大显神通，它能在拥挤的人群中挑出某一张面孔，判断他是不是通缉犯。

（2）新媒体成为智能化的信息生产主体。如前所说，随着感知、采集和存储技术的发展，人类信息活动会产生海量的大数据，而且会与日俱增，人类智能难以处理，需要人工智能，

① 晗冰. 用区块链技术养鸡，中国走在了前列. [EB/OL].(2018-01-16)[2018-11-08].http://tech.163.com/18/0116/16/D89LRUU800097U7T.html.

从中获取或制作有意义的信息。机器人新媒体可应用先进的度量标准，去采集、整理数据，迅速产生解释性文本，成为代替人类写作的机器人记者。这一信息生产模式可以运用在金融、体育和销售规划等数据繁多的领域。

在国外，从 2014 年开始，美联社就使用 Automated Insights 公司的 Wordsmith 自动化写作软件，完成了大量涉及数字的财经报道写作。雅虎也曾使用过 AI 公司的自动化技术整理运动题材。总部设在北卡罗来纳州的 AI 公司创立于 2007 年，是一家基于大数据提供个性化叙事内容服务的公司，2013 年曾"生产"出 3 亿篇稿件，2014 年达 10 亿篇，平均每周达到 500 万篇。现在，Wordsmith 撰写的文章的错误率比人撰写的文章的错误率更低。2014 年 3 月美国洛杉矶发生地震，《洛杉矶时报》利用 Quakebot 机器人仅仅在地震发生后三分钟就率先发布了地震消息。

在我国，2015 年 9 月，腾讯财经发表的《8 月 CPI 同比上涨 2.0% 创 12 个月新高》署名为机器人 Dreamwriter 的一篇报道引起了社会各界的关注，并由此拉开了国内新闻界机器人新闻写作的序幕。2017 年，新华社 i 思机器人作为实体智能机器人记者参加两会，采写的"i 思跑两会系列报道"，综合点击量达 4 500 多万，被 30 多家媒体和专业杂志报道，在 Twitter、Youtube、Facebook 等海外四大媒体平台广泛传播，成为两会报道新闻传播现象级产品[①]。除此之外，还有封面传媒的小封机器人、智搜（Giiso）的资讯机器人等，都加入机器人写作的行列中。

以上这些写稿机器人都采用了以大数据为基础的人工智能技术，遵循"提取数据—套用模板—生成稿件—人工把关"模式化的生产流程，先将所得数据录入数据库中，再将这些数据按照语句出现频率和新闻关键词加以整合，制作出一个符合该媒体稿件风格的模板，随后带入"who，where，when，what，why+how"新闻五要素，用时几秒甚至几毫秒，即可以生成一篇完整的新闻稿件。

至此，从国外 AI 公司的 Wordsmith、《洛杉矶时报》的 Quakebot，到国内新华社、腾讯等机构的写作机器人的新闻作品，从微软人工智能产品"小冰"吟诗作词，到百度大脑的诗歌创作，我们看到了新媒体的智能化的信息生产，正在一步步地减轻或代替着人类的写作劳动。如果不太夸张的话，也许如叙述科学联合创始人克里斯蒂安·哈蒙德（Kristian Hammond）估计的那样，未来将有 90% 的新闻由计算机算法生成，其中大多都无须人工干预。但可以肯定的是，新媒体的智能化信息写作将是一个不可逆转的与日俱增的发展趋势，越来越多的记者将从数据处理上，腾出更多时间做深度报道和目击者报告。

（3）新媒体可以进行信息的智能搜索和分发。网络，作为 21 世纪新媒体的"排头兵"，一经出现，就以它超人的海量信息存储能力而受到人们的追捧。更重要的是，计算机网络搜索技术还可以智能地满足人们寻找信息的需求，它可以在极短的时间内，除了为用户提供接近答案的结果之外，还能借助背后强大的机器算法，根据用户的关键词进行相关的智能推荐，以供用户对相近内容做出选择，找到自己的所需，极大地减少地人们获取信息的时间和人力成本，这些都是网络智能化的体现，也是人类智能所不能及的。

另外，智能技术实现了用户相对于新媒体各种行为原生数据的汇集，革新了信息分发形式，创新了信息产品样态。如今日头条、一点资讯、天天快报等新闻聚合平台，都能通过算

法分析用户偏好，对内容重组，进行自动分发推送，实现了产品形态的智能化，获得了用户的青睐。将来，在深度开发利用人工智能技术的基础上，新媒体信息的生产会根据用户的各种需求场景，提供精准的智能匹配服务。利用感知智能，媒体除了能感知用户处于什么时空场景中之外，还能感知用户在这个场景下的具体需求，以及处在这一场景中对特定内容的感情色彩：是拒斥的，还是接受的，抑或是强烈需要的？新媒体可以判断特定场景下用户的状态和需求，对海量信息进行筛选和加工，推送有针对性的智能匹配的信息，以更好地促进用户目标的实现。

新媒体具有将思维结果转化为作用于客体的外部动态行为。新媒体的智能行为，一方面，如前面所言，是表现在与人相关的可穿戴设备和诸多事物的内在行为上，诸如智能感知、智能信息生产、智能信息搜索分发，都是新媒体通过传感器和计算机的运算功能所具有的内在智能行为，或者从某种意义上说，是一种"静态"行为。

另一方面，新媒体的智能还可外化为事物的外部动态行为。这一点，突出表现在智能机器人身上。机器人复制和学习人类智能，不仅只是表现在内部静态的对数据的运算处理上，还会在各种硬件的支撑下，呈现出外部的动态行为。能实现动态行为的智能机器人，需要运用多种传感器感知外部及内部信息，并对信息进行识别分析，模拟人的思维做出决策，从而自动完成目标行为。它在运行过程，需要接收、处理、发送大量的信息，信息流的流量大小决定了它的智能的高低。能否有效地利用从环境及内部获取的信息，直接关系到它的智能的高低，所以从这一意义上来说，智能机器人是一种大体量的新媒体。

如今，从只有头发丝十万分之一大小的、清扫血管垃圾、寻找和杀死癌细胞的纳米机器人，到战胜世界围棋冠军李世石、柯洁的阿尔法狗之类的大型机器人，智能机器人将越来越多地在人的生活中充当重要的角色。有替代人类扑火救灾的消防机器人，有持续做功的工业农业机器人，有帮助人们打理家务的扫地机器人，有照顾老幼病人的护理机器人，有站岗放哨的军用机器人，还有会搞艺术的绘画机器人，以及驾驶飞机和汽车的无人机和无人车机器人。

尽管人工智能战胜甚至毁灭人类的悲观主义，给智能新媒体的未来蒙上了一层灰暗的阴影，但新媒体的智能化仍然是一个不可逆转的趋势。只有在享受智能化新媒体带来的利好的同时，解决它带来的问题，才是新媒体人所应具有的未来情怀。

问题拓探

1. 从媒介、媒体，到新媒体，这几个概念是如何演变的？这种变化给我们什么启示？
2. 在当今语境中，媒介和媒体是否可以等同使用？
3. 物质形态和信息形态的"信息载体"各指的是什么？二者有什么联系和区别？

实践任务

1. 根据本章所讲的新媒体的概念，尝试划分新媒体的类型。
2. 就公众对媒介、媒体、新媒体、新媒介这几个概念的认识和使用情况，利用在线调查工具设计调查问卷，进行调查访问，并根据调查得来的数据，写一篇调查报告。
3. 以"新媒体"为关键词，查找知网近一年下载量 TOP10 文献，分析文献内容中，新媒体一词的外延，是否包含传播机构或组织。

第2章 智能：如影随形的新媒体未来

章首点睛

当一个原始人，把一块锋利的石片或兽骨，与一个细小的树枝胡乱地捆绑在一起的时候，他（她）并没有意识到，这个小小的加法，将会给人类的文明带来何等巨大的进步；莱布尼茨第一次推演"0"和"1"二进制加法的时候，也没有预料到，计算机会有如今的辉煌！但是若干年之后，历史终于证明了这种加法的伟大。今天人工智能与新媒体，也是这样一种加法。它就像广袤的海平面上，渐渐向我们驶来、驶入这本书的帆船，你会越来越清晰地看到，它装载的智能新媒体的模样。

人工智能技术的发展，为新媒体的背景，涂上了一道绚丽的底色。如第1章所说，二者的融合使新媒体获得了智能化的特征。因此，智能，伴随着新媒体，如影随形般，进入我们的社会并走向未来。那么，什么是人工智能？它的加入，会给新媒体带来什么变化？智能化的新媒体的应用趋势是什么？这些都是本章要讨论的问题。

2.1 智能时代的新媒体跃迁

什么是人工智能？在国外，比较有代表性的观点，如美国斯坦福大学人工智能研究中心尼尔逊教授这样定义："人工智能是关于知识的学科——怎样表示知识以及怎样获得知识并使用知识的科学。"而美国麻省理工学院的温斯顿教授认为："人工智能就是研究如何使计算机去做过去只有人才能做的智能工作。"在国内学术界，人工智能被定义为："研究、开发对人的智能进行模拟、延伸及扩展的理论、方法、技术及应用系统的一门综合性技术科学。"

这些说法反映了人工智能学科的基本思想内容。因此，我们认为，人工智能是研究人类智能活动的规律，构造具有一定智能的人工系统，研究如何让计算机去完成以往需要人的智力才能胜任的工作，也就是研究如何应用计算机的软硬件来模拟人类某些智能行为的基本理论、方法和技术。

对普通人来说，人工智能是一项"高大上"的前沿技术，似乎高不可攀，但事实上各种智能化的产品，如智能手机、平板电脑、智能手环等，已经走入了我们的日常生活，且扮演着越来越重要的角色。因而，进军人工智能研发和产业应用，已然不是某一行业的孤军深入，而是形成了各行各业全面突进的燎原之势。如谷歌、Facebook、BAT等互联网巨头，纷纷抢滩登陆，攻城略地。以Vincross、码隆科技、图玛深维为代表的海内外创业公司，凭借人工智能技术红利成为投融资机构的宠儿。

2.1.1 工业4.0牵引的智能社会

虽然人工智能正在融入社会生活的方方面面，但起决定作用的仍是工业制造这一古老的行业。人工智能极大地推动着工业的升级换代，工业 4.0、5.0，乃至 N.0，会接踵而来。

工业 4.0 是德国政府提出的一个高科技战略计划[①]。德国学术界和产业界认为，"工业 4.0"概念，即是以智能制造为主导的第四次工业革命，或革命性的生产方法。该战略旨在通过充分利用信息通信技术和网络空间虚拟系统——信息物理系统（Cyber-Physical System，CPS）相结合的手段，将制造业向智能化转型，即将生产中的供应、制造、销售信息数据化、智慧化，最后达到快速、有效、个人化的产品供应。

"工业 4.0" 项目主要分为三大主题：一是"智能工厂"，重点研究智能化生产系统及过程，以及网络化分布式生产设施的实现。二是"智能生产"，主要涉及整个企业的生产物流管理、人机互动以及 3D 技术在工业生产过程中的应用等。该计划将特别注重吸引中小企业参与，力图使中小企业成为新一代智能化生产技术的使用者和受益者，同时也成为先进工业生产技术的创造者和供应者。三是"智能物流"，主要通过互联网、物联网、物流网，整合物流资源，充分发挥现有物流资源供应方的效率，而需求方，则能够快速获得服务匹配，得到物流支持。

"工业 4.0" 的核心是智能制造与智能工厂，而它又会超越其技术本身，将在商业模式、人际交往和思维方式、经济社会形态、政治经济体系，特别是在信息传播领域产生颠覆性的变革。在"工业 4.0"时代，人与机器、机器与零件，能借助智能网络，随时随地交换信息。整个虚拟世界与物理世界，都会通过信息的传播融为一体，网络化、智能化的生产和生活将席卷全球。更多的工业产品，依靠智能化的信息传播，加入新媒体的行列，这无不昭示了一个万物皆媒的时代的来临。新媒体将伴随人类进入智能社会。

"工业 4.0" 概念从提出至今，不过短短四五年时间，此方面的实践进行得如火如荼，也未见过时迹象，而"工业 5.0"却已悄然萌动。"工业 5.0"这一新概念，据说由丹麦优傲机器人 2017 年率先提出，在一段时间内，被不同国家的人们竞相阐释，其内涵并不统一，也未形成业界和学界的共识。国外有人强调人机协作；而国内也有人认为，"工业 5.0"时代是指"在机械化、电气化、信息化、网络化后的第 5 个技术发展阶段——平行化，即以虚实平行互动为特征的智能技术时代"。不过，无论概念如何翻新，人工智能作为主角已经隆重登场，它将如影随形地活跃在新媒体的未来，这是毋庸置疑的。新媒体人只有了解它带给新媒体的变化，敏捷地抓住它提供的机会，才不至于也陷入传统媒体的窘境，才能打造自己的一片新天地。

2.1.2 传统媒体：没落的昔日之"王"

随着 21 世纪以网络、手机为代表的新媒体的出现，传统媒体走入颓势，已是不争的事实，而"工业 4.0"牵引的智能社会的到来，又令其雪上加霜。

传统媒体之所以走向衰落，是技术的胜利，也是历史的必然。

1. 新媒体环境下传统媒体面临的发展困境

众所周知，传统媒体传播效率落后，受众群体越来越小，最终直接导致传统媒体的收益下降。以纸媒为例，作为重要的传统媒体之一，从 2012 年开始，国内报纸广告刊登额就在不断下降，从 2011 年上升 11.2% 变为 2012 年下降 7.3%，发展至 2015 年下降 35.4%，2016 年

[①] "工业 4.0" 一词最早出现在德国 2011 年汉诺威工业博览会上。次年 10 月上旬，由博世公司牵头的"工业 4.0 小组"，向德国联邦政府提出了一套完整的"工业 4.0"发展建议。该小组于 2013 年 4 月 8 日在汉诺威工业博览会中提交了最终报告，正式向全世界提出了"工业 4.0"的概念。

仅上半年就下降 41.4%。就目前来看，随着传统媒体受众的陆续转移，传统媒体的收益逐渐减小，继而陷入了恶性循环的经营状态[①]。

2．新媒体环境下传统媒体的未来发展趋势

1）媒介融合化发展

面对新媒体势不可挡的发展趋势，近年来传统媒体纷纷选择了与新媒体进行融合发展，从而迎来了媒介融合时代。目前，各大报纸、电视台都积极开通微信、微博等平台，并建立官方网站、社交网站等平台，从而借助新媒体实现转型发展[②]。除了纸媒和电视媒体，广播媒体也开始实现与新媒体的融合。例如，上海广播电视台通过与新浪合作，推出了社交电视类应用产品"百视通看点"。利用该产品看电视的过程中，用户则能使用"看点"进行围观和评论，并利用手机遥控进行互动操作。传统媒体与新媒体的融合发展，可以通过借助双方优势推动双方的共同发展。

2）终端移动化发展

在新媒体环境下，传统媒体也开始实现终端移动化发展，能够使观众通过平板电脑、手机等移动设备完成节目观看，以便吸引更多的受众。目前，国内的互联网、电信网和广播电视网已经开始进行"三网融合"，能够为传统媒体终端的移动化发展提供更多技术保障。而智能终端技术、移动互联网技术等技术已经成为传统媒体实现转型发展的重要技术手段，所以现阶段各大媒体纷纷利用这些技术推出了各类终端。借助移动终端，越来越多的传统媒体获得了更多关注和收益。因此，相信随着移动智能通信技术的发展，传统媒体必将完成终端移动化发展。

3）制播市场化发展

在新媒体环境下，传统媒体已经不具市场竞争优势，这使得越来越多的传统媒体在节目制作和播出方面开始关注受众需求，并通过转变过去的运营思路以取得市场化发展[③]。例如，湖北网络广播电视台在选题、视角、表达、呈现等方面，为体现对用户消费需求、使用习惯和欣赏偏好的尊重，为用户提供了较多方式进行信息获取，如可视化的图说、数据新闻等，使用户可以自己喜欢的方式观看节目。在节目制播方面，湖北网络广播电视台也额外注重年轻用户的意见和建议。

4）数字普及化发展

传统媒体在推出各种移动终端的同时，也引入了数字广播、数字杂志、数字电视、数字图书等各类数字内容，呈现出数字普及化发展趋势。例如，《南都娱乐周刊》就推出了数字杂志，并十分看重数字杂志的经营，始终使数字杂志的更新保证在第一时间上线。而采取该种措施，则使得数字平台上线时间与实体杂志出刊时间间隔过长的问题得到了解决，有效避免了用户转投其他数字平台，因此能够使数字杂志保持较高阅读量。此外，各大报业也开始推出数字报，如《大众日报》等，以迎合当前受众的阅读习惯变化，继而更好地完成受众群体培育。

5）视频常态化发展

随着各种媒体平台的不断浮现，传媒行业的竞争也愈加激烈。与此同时，人们对新闻也提出了更高的实时性要求，进而使视频直播新闻这种报道形式得以产生。通过视频，则使电

① 史小妮．浅谈新媒体语境下报纸的发展趋势［J］．新闻传播，2014（8）．
② 李春阳．论新媒体环境下我国电视新闻的发展趋势［J］．新闻研究导刊，2015，6（23）．
③ 彭钥嘉．新兴媒体环境下传统媒体的发展［J］．新闻研究导刊，2016，7（17）．

视新闻与人们保持零距离，更好地体现新闻的魅力。就目前来看，在一些重大新闻节目中，视频直播已经常常出现，呈现出了常态化的发展趋势。例如，2017年两会期间，视频直播就成为互联网关键词，在媒体报道中得到了全面运用。由人民网与腾讯网联合推出的《两会进行时》就是一个直播节目，由人民网负责进行内容生产，由腾讯网提供技术支持。该档节目通过每天连续9小时不间断播出，吸引了大量受众的关注。而为帮助用户获得两会的关键信息，人民网也进行了两会要点的收集，完成了多段视频的制作。直至两会闭幕，该档节目总浏览量超出了1.38亿，创下了历史新纪录。此外，两会期间，新华网也运用航拍、AR、数据可视化等技术进行了视频拍摄，推出了短视频《无人机航拍：换个姿势看报告》这一节目。在视频中，新华网完成了报告中重要数据的提炼，然后利用图表形式投射到拍摄的风景上，实现了数据内容与背景主题的契合，给人留下了深刻印象。相信随着AR等技术的持续发展，传统媒体也将取得视频常态化发展。

2.1.3 万物互联：新媒体的发展趋势

随着互联网的发展，我国网民规模增长的态势平稳放缓，而网络空间结构与新技术内生动力呈现加速变化态势。建立在专业媒体、人工智能、云计算和大数据等基础上，新技术已经从概念阶段走向实践阶段，并逐渐迈向智媒化阶段，媒介界限变得模糊。2018年6月26日，在北京举行的《中国新媒体发展报告（2018）》发布暨新媒体发展研讨会上，发布的中国新媒体发展报告，预测中国新媒体未来的发展趋势，主要表现在五个方面。

（1）数字经济引领"数字中国"建设走上新征程。数据显示，2017年，中国信息通信技术发展指数分值为5.60，高于全球平均水平，成为全球进步最快的十个国家之一。数字经济促进中国经济增长，成为引领"数字中国"的重要力量。中国应以"数字中国"建设为统筹平台，加快网络联网建设步伐，围绕《中国制造2025》，推动互联网和数字技术与经济社会融合发展。

（2）人工智能企业迅速崛起，智能互联与万物融合加速到来。5G已经进入国际标准研制的关键阶段，根据工信部消息，我国具备示范应用能力的5G终端最早将在2019年下半年推出。预计2019年下半年生产出第一批5G手机。以智能硬件为突破口，万物互联加速到来。随着人工智能算法、智能语音与计算机视觉、智能驾驶等领域的不断发展，人工智能企业将加速崛起。

（3）媒体融合系统性创新发展，效果评估不断规范。媒体融合战略发展将进入第五年，系统性创新成为重点。传统媒体在技术的冲击下将会面临更多的挑战，纸媒的停办、重组、区域整合还将继续。传统媒体在与新媒体融合发展的过程中要坚持新媒体思维，坚持移动和智能优先，坚持发挥优质内容优势。在融合发展实践中，新媒体和媒体融合发展评估指标和体系增多，媒体融合发展需要科学、客观的评估体系。

（4）内容价值持续回归，内容付费成为新媒体赢利增长新热点。在"后真相"时代，呈现客观事实、深度信息的报道显得格外珍贵。不仅是在新闻媒体领域，在任何新媒体产品领域，内容的价值都不容忽视。随着内容付费领域的不断拓展，知识IP和知识领袖不断涌现，短视频和音频将成为内容付费行业的主要产品形式。然而，如何确保知识付费产品的高打开率将成为一个重要问题。内容付费也成为将中华民族优秀传统文化创造性输出的一个新方式。

（5）用户个体商业价值被激活，以"社交电商"为代表的社交化产品成为新势力。根据艾媒咨询数据，2017 年中国社交零售用户规模达 2.23 亿人，较 2016 年增长 46.7%，预计 2020 年用户规模增至 5.73 亿人。拼多多、小红书、有赞、云集等社交电商模式有效解决了传统电商获取流量难的问题，通过充分挖掘用户个体和社群价值，以信任和人脉为核心有效进行商品和平台推广。社交电商催生了新零售，充分发挥了社交化这一新媒体产品的核心功能。借助小程序等社交媒体平台，以"社交电商"为代表的社交化产品将不断发展。

2.2　物联网智能新媒体

2.2.1　物联网基本知识

1．物联网的内涵

物联网[①]（Internet of Things）就是物物相连的互联网。其一，物联网的核心和基础仍然是互联网，是在互联网基础上的延伸和扩展的网络；其二，其用户端延伸和扩展到了任何物品与物品之间，进行信息交换和通信，也就是物物相息。物联网通过智能感知、识别技术与普适计算等通信感知技术，广泛应用于网络的融合中，也因此被称为继计算机、互联网之后世界信息产业发展的第三次浪潮。物联网是互联网的应用拓展，与其说物联网是网络，不如说物联网是业务和应用。因此，应用创新是物联网发展的核心，以用户体验为核心的创新 2.0 是物联网发展的灵魂。

按照国际电信联盟（ITU）的定义，物联网主要解决物品与物品（Thing to Thing，T2T），人与物品（Human to Thing，H2T），人与人（Human to Human，H2H）之间的互连。但是与传统互联网不同的是，H2T 是指人利用通用装置与物品之间的连接，从而使得物品连接更加简化，而 H2H 是指人与人之间不依赖于 PC 而进行的互连。因为互联网并没有考虑到对于任何物品连接的问题，故我们使用物联网来解决这个传统意义上的问题。

许多学者讨论物联网的过程中，经常会引入一个 M2M 的概念，可以解释成为人到人（Man to Man）、人到机器（Man to Machine）、机器到机器（Machine to Machine）。但是，M2M 的所有的解释并不仅限于能够解释物联网，同样也可阐释互联网，就连人与人之间的互动，也已经通过第三方平台或者网络电视完成。人到机器的交互，一直是人体工程学和人机界面等领域研究的主要课题；但是机器与机器之间的交互已经由互联网提供了最为成功的方案。从本质上而言，人与机器、机器与机器的交互，大部分是为了实现人与人之间的信息交互。万维网（World Wide Web）技术成功的动因在于：通过搜索和链接，提供了人与人之间异步进行信息交互的快捷方式。

中国物联网校企联盟将物联网定义为：当下几乎所有技术与计算机、互联网技术的结合，实现物体与物体之间、环境以及状态信息实时的共享，以及智能化的收集、传递、处理、执行的网络。广义上说，当下涉及信息技术的应用，都可以纳入物联网的范畴。本书采用国际电信联盟（ITU）的定义。

2．物联网的技术特征

（1）各类终端实现"全面感知"，即利用 RFID、传感器、二维码等随时随地获取物体的信息。

[①] 2005 年，在突尼斯举行的信息社会世界峰会上，国际电信联盟发布了《ITU 互联网报告 2005：物联网》，正式提出了"物联网"的概念。

（2）电信网、互联网等融合实现"可靠传输"，即通过各种电信网络与互联网的融合，将物体的信息实时准确地传递出去。

（3）云计算等技术对海量数据进行"智慧处理"。利用云计算、模糊识别等各种智能计算技术，对海量数据和信息进行分析和处理，对物体实施智能化的控制。物联网需要对物体具有全面感知的能力，对信息具有可靠传输的能力，对系统具有智能处理的能力，使人置身于无所不在的网络之中，任何时间、任何地点、任何物品、任何人之间都能够进行通信，达到信息自由交换的目的。物联网最大的优势，在于各类资源的"虚拟"和"共享"，这也与通信网发展的扁平化趋势相契合。

3．物联网的应用模式

物联网根据其实质用途可以归结为三种基本应用模式：

（1）对象的智能标签。通过二维码、RFID 等技术标识特定的对象，用于区分对象个体，例如在生活中我们使用的各种智能卡、条码标签，它们的基本用途就是用来获得对象的识别信息。此外通过智能标签还可以获得对象物品所包含的扩展信息，例如智能卡上的金额余额，二维码中所包含的网址和名称等。

（2）环境监控和对象跟踪。利用多种类型的传感器和分布广泛的传感器网络，可以实现对某个对象实时状态的获取，和特定对象行为的监控，如使用分布在市区的各个噪声探头监测噪声污染；通过二氧化碳传感器监控大气中二氧化碳的浓度；通过 GPS 标签跟踪车辆位置；通过交通路口的摄像头捕捉实时交通流程等。

（3）对象的智能控制。物联网基于云计算平台和智能网络，可以依据传感器网络用获取的数据进行决策，改变对象的行为进行控制和反馈。例如，根据光线的强弱调整路灯的亮度，根据车辆的流量自动调整红绿灯间隔等。

2.2.2 物联网新媒体应用领域

2.2.2.1 智能交通：M2M 汽车

1．智能交通的内涵

智能交通系统（Intelligent Transportation System, ITS）是未来交通系统的发展方向，它是将先进的信息技术、数据通信传输技术、电子传感技术、控制技术及计算机技术等有效地集成运用于整个地面交通管理系统而建立的一种在大范围内、全方位发挥作用的，实时、准确、高效的综合交通运输管理系统。ITS 可以有效地利用现有交通设施，减少交通负荷和环境污染，保证交通安全，提高运输效率，因而，日益受到各国的重视。

智能交通系统具有以下两个特点：一是着眼于交通信息的广泛应用与服务；二是着眼于提高既有交通设施的运行效率。

2．智能交通系统的组成

1）先进的交通信息服务系统（ATIS）

ATIS 是建立在完善的信息网络基础上的。交通参与者通过装备在道路上、车上、换乘站上、停车场上以及气象中心的传感器和传输设备，向交通信息中心提供各地的实时交通信息；ATIS 得到这些信息并通过处理后，实时向交通参与者提供道路交通信息、公共交通信息、换乘信息、交通气象信息、停车场信息以及与出行相关的其他信息；出行者根据这些信息确定自己的出行方式、选择路线。更进一步讲，当车上装备了自动定位和导航系统时，该系统可以帮助驾驶员自动选择行驶路线。

2）先进的交通管理系统（ATMS）

ATMS 有一部分与 ATIS 共用信息采集、处理和传输系统，但是 ATMS 主要是给交通管理者使用的，用于检测控制和管理公路交通，在道路、车辆和驾驶员之间提供通信联系。它将对道路系统中的交通状况、交通事故、气象状况和交通环境进行实时的监视，依靠先进的车辆检测技术和计算机信息处理技术，获得有关交通状况的信息，并根据收集到的信息对交通进行控制，如控制信号灯、发布诱导信息、道路管制、事故处理与救援等。

3）先进的公共交通系统（APTS）

APTS 的主要目的是采用各种智能技术促进公共运输业的发展，使公交系统实现安全便捷、经济、运量大的目标。如通过个人计算机、闭路电视等向公众就出行方式和事件、路线及车次选择等提供咨询，在公交车站通过显示器向候车者提供车辆的实时运行信息。在公交车辆管理中心，可以根据车辆的实时状态合理安排发车、收车等计划，提高工作效率和服务质量。

4）先进的车辆控制系统（AVCS）

AVCS 的目的是开发帮助驾驶员实行本车辆控制的各种技术，从而使汽车行驶安全、高效。AVCS 包括对驾驶员的警告和帮助，障碍物避免等自动驾驶技术。

5）货运管理系统

货运管理系统是指以高速道路网和信息管理系统为基础，利用物流理论进行管理的智能化的物流管理系统。综合利用卫星定位系统、地理信息系统、物流信息及网络技术有效组织货物运输，提高货运效率。

6）电子收费系统（ETC）

ETC 是世界上最先进的路桥收费方式，通过安装在车辆挡风玻璃上的车载器与在收费站 ETC 车道上的微波天线之间的微波专用短程通信，利用计算机联网技术与银行进行后台结算处理，从而达到车辆通过路桥收费站不需停车而能交纳路桥费的目的，且所交纳的费用经过后台处理后分给相关的收益业主。在现有的车道上安装电子不停车收费系统，可以使车道的通行能力提高 3~5 倍。

7）紧急救援系统（EMS）

EMS 是一个特殊的系统，它的基础是 ATIS、ATMS 和有关的救援机构和设施，通过 ATIS 和 ATMS 将交通监控中心与职业的救援机构联结成有机的整体，为道路使用者提供车辆故障现场紧急处置、拖车、现场救护、排除事故车辆等服务。

从具体的业务应用来说，智能交通系统，包括公交行业无线视频监控平台、智能公交站台、电子票务车管专家和公交手机一卡通等多种业务。

3. M2M 汽车

M2M（Machine to Machine）是以机器终端智能交互为核心的智能化通信，简言之，就是数据在机器和机器之间的传递。随着移动互联网的高速发展，M2M 技术已不局限于机器之间，更扩展到了机器和人、人和机器之间。同时，M2M 凭借其对物联网的重要支撑作用，成为智慧城市各领域应用最为广泛的技术。对 M2M 技术影响比较大的主要有三个方面：一是嵌入式传感器，它可以识别变动，并对此进行沟通。嵌入式传感器不仅可以装在移动设备中，还可以装在别的任何物体中；二是图像识别，它可以使人、物体或建筑物等被识别出来；三是近场通信（Near Field Conmunication），它可以传输数据，将其发送至移动网络。

随着 M2M 技术的发展，产生了一系列有意义的商业模式，以及前无古人的服务模式。例如，Orange Business Services 公司就提供国际连接和整合服务。很多小企业也非常活跃，许多新服务的创意就来自小企业，他们不断提出新的问题，把新知识与新的发展趋势结合起来思考。所以，这些小企业备受关注，并得到了支持。不过，无论大企业还是小企业，所有人的目标是一致的，那就是开发这项面对未来新技术的应用潜力。

M2M 技术的一个重要应用是"按里程付费"汽车保险（PAYD），是根据被保险车辆的行驶里程数进行定价，保险公司或者在定价时赋予车辆行驶里程因子较大的权重，或者直接按照车主对应的每公里保费，乘以保险期间内承保车辆行驶里程数，计算车主实际应缴纳的保费。其中，每公里保费的测算，综合考虑了交通事故记录、理赔记录、车辆使用性质等从车因素，以及车主年龄、性别、驾龄、职业等从人因素。承保车辆的行驶里程数，则一般通过以下措施进行确认：一是由车主自报里程数，这一措施准确性较低，主要适用于里程因子权重不大的情况；二是技术验证，保险公司通过接入承保辆车载信息系统数据端口的通信设备记录或传输车辆驾驶相关数据；三是第三方验证，由经保险公司和车主一致认可的第三方机构，对承保车辆里程计读数进行审核。

无论是公共交通还是私家车，都可以通过安装智能传感设备，将车辆改装成"M2M 汽车"，这种汽车可以进行网络连接，把车辆行驶情况、使用情况传输到相应的智能终端上去，实现车辆及时维护、遇险自动报警，制订最佳出行计划以及自主缴纳高速路费用等多种应用，在成为人们出行真正好帮手的同时，也有效缓解交通压力。

2.2.2.2 智能医疗新媒体

1. 智能医疗的内涵

智能医疗是利用物联网技术，打造健康档案区域医疗信息平台，实现患者与医务人员、医疗机构、医疗设备之间的互动，逐步达到以下三个目标。

（1）医疗智能化。智能医疗结合无线网技术、条码识别技术、射频识别（RFID）技术、物联网技术、移动计算技术、数据融合技术等，将进一步提升医疗诊疗流程的服务效率和服务质量，提升医院综合管理水平，全面改变和解决医院信息系统等的问题和困难，并大幅度地体现医疗资源高度共享，降低公众的医疗成本。

（2）智能远程医疗。通过电子医疗、RFID 和物联网技术，实现远程医疗和自助医疗、信息及时采集和高度共享，可缓解资源短缺、资源分配不均的窘境，降低公众的医疗成本。

（3）智能监护。经过 M2M 技术装备过的智能病床，可以记录病人的各项体征，一旦数据发生变化，马上将信息传递给医护人员，可以极大地减少医护人员的工作量。对于患有慢性病的患者，也可以通过传感设备监测身体状况，防止患者发病时四周无人，错过治疗时机。

2. 智能医疗新媒体的信息系统

智能医疗新媒体的信息系统分为七个层次：一是业务管理系统，包括医院收费和药品管理系统；二是电子病历系统，包括病人信息、影像信息；三是临床应用系统，包括计算机医生医嘱录入系统（CPOE）等；四是慢性疾病管理系统；五是区域医疗信息交换系统；六是临床支持决策系统；七是公共健康卫生系统。目前，中国还没有建立真正意义上的 CPOE，主要是缺乏有效数据，数据标准不统一，加上供应商欠缺临床背景，在从标准转向实际应用方面也缺乏标准指引。这是未来需要改善的方面。

在远程智能医疗方面，国内发展比较快，比较先进的医院在移动信息化应用方面已经有了可观的表现。比如，可实现病历信息、病人信息、病情信息等的实时记录、传输与处理利用，使得在医院内部和医院之间通过联网，实时地、有效地共享相关信息，这一点对于实现远程医疗、专家会诊、医院转诊等可以起到很好的支撑作用，这主要源于政策层面的推进和技术层面的支持。但目前欠缺的是长期运作模式，缺乏规模化、集群化的产业发展，此外还面临成本高昂、安全性及隐私等问题，这刺激了未来智能医疗的快速发展。

3．未来智能医疗发展方向

将物联网技术用于医疗领域，借由数字化、可视化模式，可使有限医疗资源让更多人共享。随着移动互联网的发展，未来医疗向个性化、移动化方向发展，智能胶囊、智能护腕、智能健康检测等产品将得到广泛应用，用户可借助智能手持终端和传感器，有效地测量和传输健康数据。在家庭中进行体征信息的实时跟踪与监控，通过有效的物联网技术，可以实现医院对患者或者亚健康病人的实时诊断与健康提醒，从而有效地减少和控制病患的发生与发展。

未来几年，中国智能医疗市场规模将超过一百亿元，并且涉及的周边产业范围很广，设备和产品种类繁多。如果这个市场真正启动，其影响将不仅仅限于医疗服务行业本身，还将直接触动包括网络供应商、系统集成商、无线设备供应商、电信运营商在内的利益链条，从而影响通信产业的现有布局。

2.2.2.3 智能物流新媒体

1．智能物流的内涵

智能物流就是利用条形码、射频识别（RFID）技术、传感器、全球定位系统等先进的物联网技术，通过信息处理和网络通信技术平台，在物流业运输、仓储、配送、包装、装卸等环节，实现货物运输过程的自动化运作和高效率优化管理，降低成本，减少自然资源和社会资源消耗。智能物流在实施的过程中强调的是物流过程数据智慧化、网络协同化和决策智慧化。在功能上要实现六个"正确"，即正确的货物、正确的数量、正确的地点、正确的质量、正确的时间、正确的价格，在技术上要实现：物品识别、地点跟踪、物品溯源、物品监控、实时响应。

2．智能物流的主要技术

1）自动识别技术

自动识别技术是以计算机、光、机、电、通信等技术的发展为基础的一种高度自动化的数据采集技术。它通过应用一定的识别装置，自动地获取被识别物体的相关信息，并提供给后台的处理系统来完成相关后续处理的一种技术。它能够帮助人们快速而又准确地进行海量数据的自动采集和输入，在运输、仓储、配送等方面已得到广泛的应用。

经过近 30 年的发展，自动识别技术已经发展成为由条码识别技术、智能卡识别技术、光字符识别技术、射频识别技术、生物识别技术等组成的综合技术，并正在向集成应用的方向发展。条码识别技术是目前使用最广泛的自动识别技术，它是利用光电扫描设备识读条码符号，从而实现信息自动录入。条码是由一组按特定规则排列的条、空及对应字符组成的表示一定信息的符号。不同的码制，条码符号的组成规则不同。较常使用的码制有：EAN/UPC 条码、128 条码、ITF-14 条码、交叉二五条码、三九条码、库德巴条码等。射频识别技术是近几年发展起来的现代自动识别技术，它是利用感应、无线电波或微波技术的读写器设备，对射频标签进行非接触式识读，达到自动采集数据的目的。它可以识别高速运动物体，也可以同时识读多个对象，具有抗恶劣环境、保密性强等特点。生物识别技术是利用人类自身生理或行为特征进行身份认定的一种技术。生物特征包括手型、指纹、脸型、虹膜、视网膜、脉搏、耳郭等，行为特征包括签字、声音等。由于人体特征具有不可复制的特性，这一技术的安全性，较传统意义上的身份验证机制有很大的提高。人们已经发展了虹膜识别技术、视网膜识别技术、面部识别技术、签名识别技术、声音识别技术、指纹识别技术等六种生物识别技术。

2）数据挖掘技术

数据仓库出现在 20 世纪 80 年代中期，它是一个面向主题的、集成的、非易失的、时变的数据集合，数据仓库的目标是把来源不同的、结构相异的数据，经加工后在数据仓库中存储、提取和维护，它支持全面的、大量的复杂数据的分析处理和高层次的决策支持。数据仓库使用户拥有任意提取数据的自由，而不干扰业务数据库的正常运行。数据挖掘是从大量的、不完全的、有噪声的、模糊的及随机的实际应用数据中，挖掘出隐含的、未知的、对决策有潜在价值的知识和规则的过程。数据挖掘一般分为描述型数据挖掘和预测型数据挖掘两种。描述型数据挖掘包括数据总结、聚类及关联分析等，预测型数据挖掘包括分类、回归及时间序列分析等。数据挖掘的目的是通过对数据的统计、分析、综合、归纳和推理，揭示事件间的相互关系，预测未来的发展趋势，为企业的决策者提供决策依据。

3）人工智能技术

人工智能就是探索研究用各种机器模拟人类智能的途径，使人类的智能得以物化与延伸的一门学科。它借鉴仿生学思想，用数学语言抽象描述知识，用以模仿生物体系和人类的智能机制，主要的方法有神经网络、进化计算和粒度计算三种。

（1）神经网络。神经网络是在生物神经网络研究的基础上模拟人类的形象直觉思维，根据生物神经元和神经网络的特点，通过简化、归纳，提炼总结出来的一类并行处理网络。神经网络的主要功能有联想记忆、分类聚类和优化计算等。

（2）进化计算。进化计算是模拟生物进化理论而发展起来的一种通用的问题求解的方法。因为它来源于自然界的生物进化，所以它具有自然界生物所共有的极强的适应性特点，这使得它能够解决那些难以用传统方法来解决的复杂问题。它采用了多点并行搜索的方式，通过选择、交叉和变异等进化操作，反复迭代，在个体的适应度值的指导下，使得每代进化的结果都优于上一代，如此逐代进化，直至产生全局最优解或全局近优解。其中最具代表性的就是遗传算法，它是基于自然界的生物遗传进化机制而演化出来的一种自适应优化算法。

（3）粒度计算。早在 1990 年，我国著名学者张钹和张铃就进行了关于粒度问题的讨论，并指出"人类智能的一个公认的特点，就是人们能从极不相同的粒度（Granularity）上观察和分析同一问题。人们不仅能在不同粒度的世界上进行问题的求解，而且能够很快地从一个粒度世界跳到另一个粒度世界，往返自如，毫无困难。这种处理不同粒度世界的能力，正是人类问题求解的强有力的表现"。随后，Zadeh[①]讨论模糊信息粒度理论时，提出人类认知的三个主要概念，即粒度（包括将全体分解为部分）、组织（包括从部分集成全体）和因果（包括因果的关联），并进一步提出了粒度计算。他认为，粒度计算是一把大伞，它覆盖了所有有关粒度的理论、方法论、技术和工具的研究。目前主要有模糊集理论、粗糙集理论和商空间理论三种。

---

① Lotfi Aliasker Zadeh，模糊数学之父，著名学者，美国加州大学伯克利分校教授扎德。

4）GIS 技术

GIS（地理信息系统）是打造智能物流的关键技术与工具，使用 GIS 可以构建物流一张图，将订单信息、网点信息、送货信息、车辆信息、客户信息等数据都在一张图中进行管理，实现快速智能分单、网点合理布局、送货路线合理规划、包裹监控与管理。

GIS 技术可以通过以下几个方面帮助物流企业实现基于地图的服务。

（1）网点标注：将物流企业的网点及网点信息（如地址、电话、提送货等信息）标注到地图上，便于用户和企业管理者快速查询。

（2）片区划分：从"地理空间"的角度管理大数据，为物流业务系统提供业务区划管理基础服务，如划分物流分单责任区等，并与网点进行关联。

（3）快速分单：使用 GIS 地址匹配技术，搜索定位区划单元，将地址快速分派到区域及网点，并根据该物流区划单元的属性找到责任人以实现"最后一公里"配送。

（4）车辆监控管理系统：从货物出库到到达客户手中全程监控，减少货物丢失；合理调度车辆，提高车辆利用率；各种报警设置，保证货物、司机、车辆安全，节省企业资源。

（5）物流配送路线规划辅助系统：用于辅助物流配送规划，合理规划路线，保证货物快速到达，节省企业资源，提高用户满意度。

（6）数据统计与服务：将物流企业的数据信息在地图上可视化直观显示，通过科学的业务模型、GIS 专业算法和空间挖掘分析，洞察通过其他方式无法了解的趋势和内在关系，从而为企业的各种商业行为，如制定市场营销策略、规划物流路线、合理选址分析、分析预测发展趋势等构建良好的基础，使商业决策系统更加智能和精准，从而帮助物流企业获取更大的市场契机。

3．智能物流未来趋势

第一，"全供应链化"。大数据驱动整个供应链重新组合，不管是上游原材料、生产制造端，还是下游的分销端，都会重新组合，由线性的、树状的供应链转型为网状供应链。

第二，物流机器人会大量出现。不管是阿里、京东等电商企业，还是顺丰等各大快递企业都会投入智能物流的硬件研发和应用。随着人力成本的不断提高，机器人成本与人工成本会越来越接近。简单重复性劳动被机器人取代只是时间问题。

第三，社会化物流会变成全社会经济的重要组成部分。数字化物流会让物流资源在全社会重新配置，不管是快递企业的人员、快递企业的工具、快递企业的设施，还是商品，都会来进行组合，任何一种社会资源都可能成为物流的一个环节。所以未来智能物流，一定是一套自由、开放、分享、透明、有信用的新的物流体系。

2.2.2.4　智能家居新媒体

1．智能家居的内涵

智能家居是以住宅为平台，安装智能系统的居住环境。实施智能家居系统的过程就称为智能家居集成。智能家居集自动化控制系统、计算机网络系统和网络通信技术于一身，将各种家庭设备（如音视频设备、照明系统、窗帘控制、空调控制、安防系统、数字影院系统、网络家电等）通过智能家庭网络联网实现自动化，通过电信运营商的宽带、固定电

菜鸟不是菜，
像鸟不是鸟！

一"课"拍案

话和无线网络，实现对家庭设备的远程自动操控，不需要烦琐的人为操作，并能学习当前用户的使用习惯，满足更人性化的需求。与普通家居相比，智能家居通过全方位的信息交互，不仅提供舒适宜人的家庭生活空间，实现更智能的家庭安防系统，还将家居环境由原来的被动、静止结构，转变为具有能动智慧的生活空间。

智能家居又称智能住宅，在国外常用 Smart Home 表示。与智能家居含义近似的有家庭自动化（Home Automation）、电子家庭（Electronic Home，E-home）、数字家园（Digital Family）、家庭网络（Home Net/Networks for Home）、网络家居（Network Home）、智能家庭/建筑（Intelligent Home/Building），在我国香港和台湾等地区，还有数码家庭、数码家居等称法。

2. 智能家居的系统组成

所谓的家庭智能化，就是通过家居智能管理系统的设施来实现家庭安全、舒适、信息交互与通信的能力。家居智能化系统由家庭安全防范（HS）、家庭设备自动化（HA）和家庭通信（HC）组成。

在建设家居智能化系统时，依据中国有关标准，具体有如下基本要求：

（1）在卧室、客厅等房间设置网络与有线电视插座；

（2）在卧室、书房、客厅等房间设置信息插座；

（3）设置访客对讲和大楼出入口门锁控制装置；

（4）在厨房内设置燃气报警装置；

（5）设置紧急呼叫求救按钮；

（6）设置水表、电表、燃气表、暖气（有采暖地区）的自动计量远传装置。

3. 智能家居的功能

（1）始终在线的网络服务：与互联网随时相连，为在家办公提供条件。

（2）安全防范：智能安防可以实时监控非法闯入、火灾、煤气泄漏、紧急呼救的发生。一旦出现警情，系统会自动向中心发出报警信息，同时启动相关电器进入应急联动状态，从而实现主动防范。

（3）家电的智能控制和远程控制：如对灯光照明进行场景设置和远程控制、电器的自动控制和远程控制等。

（4）交互式智能控制：可以通过语音识别技术实现智能家电的声控功能；也可以通过各种主动式传感器（如温度、声音、动作等）实现智能家居的主动性动作响应。

（5）环境自动控制：如家庭中央空调系统。

（6）提供全方位家庭娱乐：如家庭影院系统和家庭中央背景音乐系统。

（7）现代化的厨卫环境：主要指整体厨房和整体卫浴。

（8）家庭信息服务：管理家庭信息及与小区物业管理公司联系。

（9）家庭理财服务：通过网络完成理财和消费服务。

（10）自动维护功能：智能信息家电可以通过服务器直接从制造商的服务网站上自动下载、更新驱动程序和诊断程序，实现智能化的故障自诊断、新功能自动扩展。

4. 智能家居的发展趋势

随着智能家居的迅猛发展，越来越多的家居开始引进智能化系统和设备。智能化系统涵盖的内容向多种方式相结合的方向发展。由此，智能家居交互平台应运而生。

智能家居交互平台是一个具有交互能力的平台，能够把各种不同的系统、协议、信息、内容，控制在不同的子系统中进行交互、交换。它具有如下特点：

（1）每个子系统都可以脱离交互平台独立运行。智能家居交互平台中，各个子系统在脱离交互平台时能够独立运行，如楼寓对讲、家庭报警、各种电器控制、门禁、家庭娱乐等。各子系统在交互平台管理下运行，平台能采集各子系统的运行数据，指挥系统的联动。

（2）不同品牌的产品、不同的控制传输协议能通过这个平台进行交互。由于有了交互平台，不同子系统在交互平台的统一管理下，可以协同工作和运行。数据的交换、共享，给用户最大限度的选择权，充分体现智能家居的个性化。同时，交互平台还具有网关的功能，通过交互平台，能与广域网连接，实现远程控制、远程管理。交互平台具有多种主流的控制接口，如RS485、RS232、TCP、IP 等，同时可以扩充添加国内外流行的控制接口，如 EIB、Lonworks、CE-bus、Canbus，以及无线网络如 Wi-Fi、GPRS、蓝牙等。交互平台可以根据客户及市场的变化不断增加各种总线、系统的驱动软件和硬件接口，丰富多样的通信、控制接口，为子系统的多样化选择提供基础保障。智能家居有了最大限度包容性，用户就有了更大的选择余地。

（3）智能终端（触摸屏）操作界面简便易行。整个系统在平台的控制、管理下运行，智能终端（触摸屏）仅作为各子系统的显示、操作界面，多智能终端配置容易可行。同时，可以记录各子系统的运行数据，为系统运行优化、自学习提供依据。交互平台，可以记录、存储各系统的运行数据，对系统的运行可以提供有效的历史数据，同时可以根据历史的运行数据，总结出主人的使用习惯和某种规律，让系统能够自学习。

（4）控制软件可编程，提供信息服务。此系统用户的控制逻辑、操作界面可以自定义。在现代的智能家居系统中，信息服务是非常重要的部分，有了信息服务，就能给智能家居更多的"智慧"，给我们的生活提供更多的信息和资讯。信息服务内容包括健康、烹饪、交通信息、生活常识、婴幼儿哺育、儿童教育、日常购物、社区信息、家居控制专家等。智能家居已不仅仅是面向控制的系统，而是信息服务与控制有机结合的系统。

（5）多种控制手段。在日常家居生活中，为了使我们对家庭的控制系统能随时掌控、需要的信息随时获取，操作终端的形式非常重要，多种形式的智能操作终端是必不可少的，如智能遥控器、移动触摸屏、电脑、手机、PDA（掌上电脑）等。

2.2.2.5 智慧校园新媒体

1. 智慧校园的内涵

智慧校园，是以物联网为基础的智慧化工作、学习和生活一体化的校园环境，它以各种应用服务系统为载体，将教学、科研、管理和校园生活进行充分融合，是一个"令人激动"的"智慧校园"。这幅蓝图描绘的是：无处不在的网络学习、融合创新的网络科研、透明高效的校务治理、丰富多彩的校园文化、方便周到的校园生活。简言之，智能校园是"一个安全、稳定、环保、节能的校园"。

2. 智慧校园的特征

在物联网技术发展的推动下，智慧校园作为数字校园升级到一定阶段的表现，是指一个信息技术被高度地融合，信息化的应用被深度地整合，构建成信息终端广泛感知的网络化、信息化和智能化的校园。智慧校园具有三个核心特征：

一是为广大师生提供一个全面的智能感知环境和综合信息服务平台，提供基于角色的个性化定制服务；

二是将基于计算机网络的信息服务融入学校的各个应用服务领域，实现资源的互联和人员的互动协作；

三是通过智能感知环境和综合信息服务平台，为学校与外部世界提供一个相互交流、相互感知的接口。

物联网技术为智慧校园提供了一个开放、互动、协作的智能化综合信息服务平台，使师生全面地感知教学资源，有效地采集信息，获得智慧化的学习、教学、管理和生活服务，将学校打造成感知的、服务性的、环保节能的、安全稳定的智慧型校园。

3．智慧校园的基本结构

大数据背景下的智慧校园建设架构如图 2-1 所示，智慧校园基于物联网和大数据技术，对采集得到的大数据进行存储、共享、加工、处理以及挖掘，实现对高校各类型需求者的个性化、移动化以及精准化服务，提高协同工作效率和质量。

（1）底层为物联网感知层：通过 ZigBee、RFID、WSN 等技术获得校园内各类设备的运行数据，为智慧校园提供数据采集。

（2）云计算层：采用虚拟化、高性能计算（HPC）、IaaS（基础结构即服务）等提供大数据计算和处理。

（3）大数据层：采用分布式数据存储，数据挖掘以及数据可视化分析等提供数据支持。

（4）智慧应用层：基于大数据和云计算，为智慧校园的教学科研、运行管理等提供应用支持。

（5）网络通信层和智能终端层：通过 3G/4G 网络以及全校 Wi-Fi 覆盖，实现智能应用 App 的移动化。

4．智慧校园的关键技术

智慧校园的构建需要各种信息技术的支撑，下面对智慧校园中的关键技术进行简要的介绍。[①]

1）大数据技术

在高校的日常教学和管理以及校园生活中会产生大量的数据，大数据技术利用 hadoop 分布式存储实现数据统一存储和共享，对数据进行加工和处理，利用 spark 技术等实现数据挖掘，为应用层提供数据支持。

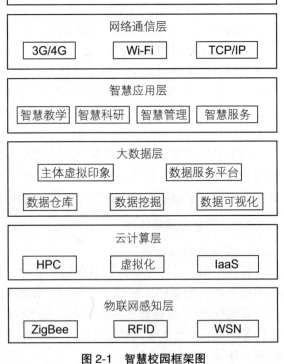

图 2-1　智慧校园框架图

---

① 陈小宁，徐鸿雁，吕峻闽，等．大数据背景下智慧校园［J］．电子技术与软件工程．2018（1）．

2）云计算

智慧校园整个框架结构复杂，作为协同工作平台的核心部分，云计算模式可以很好地为其实现资源的动态配置以及优化服务。

3）物联网技术

物联网通过传感器进行数据的采集，利用智能识别技术以及通信技术实现人与人、人与物、物与物的智能连接，多传感器信息采集和融合技术为智慧校园的建设奠定了坚实的基础。

4）移动互联技术

随着互联网技术的不断发展，移动终端应用越来越广泛，打破了传统的时空限定，利用JAVAEE技术，进行服务器端应用开发，手机移动端App开发，这都将为智慧校园提供即时方便的通信和应用服务。

5．智慧校园的应用

1）智慧教学

智慧校园中，教师可以开展以学生为中心的教学活动，建立MOOC（慕课，大型开放式网络课程）或者SPOC（私播课，小规模限制性课程）云教学平台，利用移动终端开展移动式和碎片化教学。基于大数据中心，教师可以对学生的学习习惯等进行检测。学生也可以利用云教学平台方便地实现教学互动。

2）智慧管理

智慧校园可以方便地实现校园管理的智能化，利用物联网传感器技术实现管理过程的检测控制。协同工作平台可以方便地实现多校区协同教学和办公，实现网上OA（办公自动化）、流程审批等，也可以方便地实现网络教学的开展等。

3）智慧决策

智慧校园中产生的大数据将被进行加工处理和整合，通过机器学习、人工智能等计算，对数据进行挖掘处理，并进行可视化展示，为教学服务、管理服务等提供有价值的决策依据，进一步优化教学和管理。

2.2.2.6　智慧农业

1．智慧农业的内涵

所谓"智慧农业"，就是充分应用现代信息技术成果，集成应用计算机与网络技术、物联网技术、音视频技术、3S技术、无线通信技术及专家智慧与知识，实现农业可视化远程诊断、远程控制、灾变预警等智能管理。

智慧农业是农业生产的高级阶段，是集新兴的互联网、移动互联网、云计算和物联网技术为一体，依托部署在农业生产现场的各种传感节点（环境温湿度、土壤水分、二氧化碳、图像等）和无线通信网络，实现农业生产环境的智能感知、智能预警、智能决策、智能分析、专家在线指导，为农业生产提供精准化种植、可视化管理、智能化决策。

2．智慧农业的系统技术特点

智慧农业是物联网技术在现代农业领域的应用，主要有监控功能系统、监测功能系统、实时图像与视频监控功能。

1）监控功能系统

根据无线网络获取的植物生长环境信息，如监测土壤水分、土壤温度、空气温度、空气湿度、光照强度、植物养分含量等参数。其他参数也可以选配，如土壤中的 pH 值、电导率，等。信息收集、负责接收无线传感汇聚节点发来的数据、存储、显示和数据管理，实现所有基地测试点信息的获取、管理、动态显示和分析处理，以直观的图表和曲线的方式显示给用户，并根据以上各类信息的反馈，对农业园区进行自动灌溉、自动降温、自动卷模、自动进行液体肥料施肥、自动喷药等自动控制。

2）监测功能系统

通过配备无线传感节点，太阳能供电系统、信息采集和信息路由设备，在农业园区内实现自动信息检测与控制。在无线传感传输系统每个基点配置无线传感节点，每个无线传感节点可监测土壤水分、土壤温度、空气温度、空气湿度、光照强度、植物养分含量等参数，根据种植作物的需求提供各种声光报警信息和短信报警信息。

3）实时图像与视频监控功能

农业智能化控制，仅靠数值化的物物相关联，并不能完全营造作物最佳生长环境。实时图像与视频监控，为物与物之间的关联提供了更直观的表达方式。比如：哪块地缺水了，在物联网单层数据上看仅仅能看到水分数据偏低。应该灌溉到什么程度也不能生搬硬套地仅仅根据这一个数据来做决策。因为农业生产环境的不均匀性决定了农业信息获取上的先天性弊端，而很难从单纯的技术手段上进行突破。视频监控直观地反映了农作物生产的实时状态，引入图像处理，既可直观反映一些作物的生长长势，也可以从侧面反映出作物生长的整体状态及营养水平，可以从整体上给农户提供更加科学的种植决策理论依据。

3．智慧农业的应用领域

1）农业生产环境监控

通过布设于农田、温室、园林等目标区域的大量传感节点，可以实时地收集温度、湿度、光照、气体浓度以及土壤水分、电导率等信息并汇总到中控系统。农业生产人员可通过监测数据对环境进行分析，从而有针对性地投放农业生产资料，并根据需要调动各种执行设备，进行调温、调光、换气等操作，实现对农作物生长环境的智能控制。

2）食品安全

利用技术，建设农产品溯源系统，通过对农产品的高效可靠识别和对生产、加工环境的监测，实现农产品追踪、清查功能，进行有效的全程质量监控，确保农产品安全。物联网技术贯穿农产品生产、加工、流通、消费各环节，实现全过程严格控制，完全透明地展现食品供应链，使消费者可以迅速了解食品的生产环境和制作过程，保证向社会提供优质的放心食品，增强消费者对食品安全程度的信心，并且保障合法经营者的利益，提升可溯源农产品的品牌效应。

2.2.3　物联网承载的新媒体变化

2.2.3.1　变化一：媒体信息采集

物联网技术将互联网逻辑进一步拓展至物与物的层面。在物联网技术作用下，联网设备的数量，可能会达到百万种，遍布人类生产生活的每个角落，从手表、眼镜到咖啡杯，从工厂流水线、汽车到无人机，从庄稼禾苗的叶片到学校教室的灯管，万事万物都将与互联网相连接。这种以物联网技术带来的泛连接，不仅使万物皆为媒体，且使新媒体信息采集方式更加多元化和丰富化。

到目前为止，这方面应用最显著的案例就是无人机。在新闻领域，无人机能够进入此前受环境限制而无法进入或进入成本高昂的任何新闻现场，并从大量新颖的拍摄视角，实时传回图片或视频。特别是对突发自然灾害事件、重大事故、群体性事件、战争地区以及交通不便的山区报道，无人机能大大降低新闻报道的成本与危险。

除了无人机之外，谷歌眼镜等智能眼镜也能在新闻采集上发挥奇效。与传统照相机、摄像机相比，谷歌眼镜重量更轻，更便于携带，尤其是 Hangouts（环聊）、Full Screen Beam 等应用，可以通过语音、手势甚至眨眼动作来完成图片与视频拍摄，并将素材实时上传至云平台或 YouTube 等社会化网站，在某些突发事件新闻现场具有较强优势。美国一些大学还开设了"眼镜新闻学"（Glass Journalism）课程，探讨如何使用"谷歌眼镜"进行新闻报道，师生在课上探索制作适合新闻人使用的谷歌眼镜平台 App。

事实上，不单单是智能眼镜，只要具备录音、拍摄以及联网功能，任何可穿戴设备都具备成为新闻采集工具的潜力，如正成为消费热点的智能手表。

但新闻信息采集从来不单单是技术问题，同时也是一个专业、伦理乃至法律问题。无所不在的具有摄录功能的联网设备，让人们担心其被滥用和误用而造成各种社会问题，包括侵犯隐私、泄密、交通安全等。因而，相应的专业、伦理与法律的规制显得必不可少。仅就媒体机构而言，未来的新闻报道手册将毫无疑问地加入物联网设备的使用规范。

2.2.3.2　变化二：媒体信息呈现

物联网技术将大大改变媒体的物理呈现形式。

从纸张、收音机、电视、计算机、手机与平板电脑，每种新传播技术，都带来媒体物理呈现形式的变化。物联网技术让无数日常生活中的物品成为联网设备，使之具备信息传输功能，开辟了一个前所未有的对媒体物理呈现形式的想象空间。以往稳定、单一的新闻信息接收渠道将被多样、多变的渠道取代，简言之，就是媒体终端将呈现多屏化趋势。研究者 Elisabeth Clark 描述了物联网时代新闻消费的一个典型场景：

某个早晨，联网咖啡壶发出的信号，通过苹果手机将 John Smith 先生叫醒。这个咖啡壶知道什么时候开始煮，并告知 John Smith 先生媒体何时推送最新新闻。这些新闻都是高度个性化定制的，既包括实时新闻，也包括个人推特（Twitter）账号上订阅的信息流。这些信息将跟随 John Smith 先生的日常活动轨迹，从浴室镜子到汽车进行呈现。[①]

这个场景中，镜子、汽车等日常物品都可能成为媒体的"肉身"。实际上是为了说明，物联网时代媒体将真正做到无处不在。当然，这种无处不在的核心原则是以受众为中心、最大限度方便受众生活，在紧凑的时间和空间内提供个性化、随身化、方便化的新闻信息。

事实上，目前在媒体物理形式上已有一些探索，Qleek 便是这方面的典型实例。

Qleek 的口号是"让你的数字生活实体化"（Give Body To Your Digital Life）。这家由法国公司 Ozenge Studio 创办的项目，提出的口号是"将你的数字生活置入实体图书馆，你可以播放、展示和分享"。

Qleek 由播放底座与一块块六边形木板组成。这些类似于 CD 碟片的六边形木板被命名为"Tapp"。每块 Tapp 都支持 NFC[②]功能。这一功能，使得 Qleek 播放底座与数字电视、电脑等设备联网。每一块 Tapp 都关联着相应的网页、音视频数字内容（如 YouTube 频道、

---

① Elisabeth Clark. "Media companies must prepare for the 'Internet of Things' with Big Data", 26 January 2014.
② Near Field Communication 的缩写，意为近距离高频无线通信，一种允许电子设备间进行非接触式点对点数据传输的通信技术。

Instagram 订阅目录、播客音频，等等）。当把 Tapp 放在 Qleek 播放底座上，就可以播放或更新这些在线内容。Qleek 本身不存储文件，更像是一种连接网络媒体平台的"书签"。用户可以通过网络定制 Tapp 的内容和外观，且可以随时更改 Tapp 里的内容。

《连线》杂志引用创始人 Ismail Salhi 的话，称 Qleek 打通了物质世界与数字世界的鸿沟，并成为人们展示自己的虚拟收藏品的一种方式。因为 Tapps 可以组合成各种漂亮的家居装饰品。

Qleek 只是物联网技术改变媒体物理呈现形式的一个缩影。一些评论者甚至认为，这一项目的意义在于改变了数字媒体没有实体空间感的历史，让媒体再次实体化（make media physical again），从而开发人类所拥有的在时空中记住事物的巨大能力。[①]

可以预见，人们未来接收新闻信息的设备将越来越人性化、便利化，而不再局限于报纸、电视、电脑、手机等几种有限的形式。

这也意味着，专业媒体机构的物理存在，可能需要提供具有稳定性、可靠性的工具和服务，且不断衍生新的产品服务。媒体机构只有在受众生活中变得有用，才有存在价值。

2.3 人工智能的新媒体应用

2.3.1 无人机与新媒体

1．无人机的内涵

无人驾驶飞机简称"无人机"，是利用无线电遥控设备和自备的程序控制装置操纵的不载人飞机。机上无驾驶舱，但安装有自动驾驶仪、程序控制装置等设备。地面、舰艇上或母机遥控站人员通过雷达等设备，对其进行跟踪、定位、遥控、遥测和数字传输。无人机可在无线电遥控下像普通飞机一样起飞或用助推火箭发射升空，也可由母机带到空中投放飞行。回收时，无人机可用与普通飞机着陆过程一样的方式自动着陆，也可通过遥控用降落伞或拦网回收。无人机可反复使用多次，广泛用于空中侦察、监视、通信、反潜、电子干扰等。

2013 年 11 月，中国民用航空局（CAAC）下发了《民用无人驾驶航空器系统驾驶员管理暂行规定》（以下简称《规定》），由中国航空器拥有者及驾驶员协会（AOPA）负责民用无人机的相关管理。根据《规定》，中国无人机操作按照机型大小、飞行空域可分为 11 种情况，其中仅有 116 千克以上的无人机和 4 600 立方米以上的飞艇，在融合空域飞行由民航局管理，其余情况，包括日渐流行的微型航拍飞行器在内的其他飞行，均由行业协会管理或由操作手自行负责。

2017 年 2 月 15 日，阿拉伯联合酋长国迪拜交通局宣布，2017 年 7 月迪拜将成为全球第一个允许载客无人机运营的城市，而采用的机型是中国研制的全球第一款可载客的无人驾驶飞机"亿航 184"。

2017 年 5 月 16 日，中国民用航空局宣布，目前已经初步完成了民用无人机登记注册系统的开发，并于 18 日上线运行，6 月 1 日正式对质量 250 克以上的无人机实施登记注册。

2．无人机的种类

1）长时留空无人机

为对目标进行长时间监视，弥补无人侦察机留空时间短、对同一目标反复侦察时所需航次多等不足，长时间留空无人机便应运而生。如美国洛克希德公司的微波动力无人机，可在

---

① Christopher Mims. "How the internet of things could make media physical again"，February 17，2014.

高空飞行 60 天以上。国外的长时间留空无人机最大续航时间可达 1 年，可对目标进行连续不断的侦察、监视。

2）隐身无人机

1995 年 6 月 1 日，由美国洛克希德公司、马丁公司和波音公司联合研制的世界上第一种隐身无人机——"蒂尔"-3（绰号"暗星"），在美国加利福尼亚州的洛克希德公司斯昆克工厂公开展出。该机外形奇特，机翼硕大，机身扁平，有头无尾。"暗星"之所以采用这种奇特的外形，主要是为了减小雷达反射截面积，以增强隐身性能。机身的底部涂成黑色，也是基于此种考虑。该机在 1.37 万千米的高空可巡航 8 小时，活动半径为 1 800 千米，巡航速度为 240 千米 / 时。该机将装备合成孔径雷达或电光探测设备，续航 8 小时，总监视覆盖面积为 4.8 万平方千米；在 1 米分辨率时，搜索速度为 5 480 千米 / 时；能显示 0.3 米的目标像点；单机可截获目标 600 个。该机还具有自主起飞、自动巡航、脱离和着陆的能力，而且可在飞行中改变自己的飞行程序，以执行新的任务。

3）微型无人机

为进一步扩大无人机的使用范围，使无人机能直接为班、排、连等低级别作战单位提供实时的情报保障，国外正积极开发微型无人机。这种无人机最长约 2 米，仅重几千克，使用时可由单兵发射筒发射。如美国布兰登布雷飞机结构公司和伞翼公司正在研制的"天球"无人机，最大重量仅 9 千克左右，最长留空时间为 2.5 小时，除可以垂直起降外，还可在 7 米 ×7 米的场地上发射与回收。

新一代微型侦察机即将走出实验室。可以放在手掌上的这种微型飞机翼展 15 厘米，靠体积仅有纽扣大小的电动或喷气发动机推动。它将被用于侦察卫星和军用侦察机监视不到的死角，使士兵能够看到山背面的情况或发现躲在被轰炸后的建筑物内的敌人。微型侦察机可以放在军用挎包里，它装备有摄像机、红外线传感器或雷达探测器等，甚至有电子鼻，以便通过士兵的气味发现他们。

佐治亚理工学院的罗布·米切尔森则提出使用脉冲式喷气发动机，他已经造了一个模型，如同一支短粗的钢笔。另一个办法，是用电动机带动螺旋桨。尽管微型电动机提供动力还存在困难，但美国国防部对制造微型技术研究所的工程师们制造的一种 1 厘米大的直升机，还是表现出了极大的热情，希望在一年内能够看到几种样机试飞。专家指出，将来当有只鸟在你头上转或房间里有蚊子叫时，请你当心，也许有人正在监视你。

4）测绘无人机

无人机作为一种新型遥感监测平台，飞行操作智能化程度高，可按预定航线自主飞行、摄像，实时提供遥感监测数据和低空视频监控，具有机动性强、便捷、成本低等特点，其所获取的高分辨率遥感数据在海域动态监管、海洋环境监测、资源保护等工作中用途广泛。

5）航拍无人机

航拍无人机是集成了高清摄影摄像装置的遥控飞行器，系统主要包括载机、飞控、陀螺云台、视频传输、地面站以及通话系统等。航拍无人机飞行高度一般在 500 米以上，适合影视宣传片以及鸟瞰图的拍摄等。这种飞行器灵活方便，能快速地完成镜头的拍摄。

3.无人机的媒体功能

1）信息中继

如美国的"先锋"式无人机装有抗干扰扩频通信设备、大功率固态放大器、全向甚高频和超高频无线电台中继设备等，可在 C 波段进行数据、信号、语音和图像通信，通信距离为 185 千米。

2）安全状况信息监察

根据 The Lens 的一份报告，新奥尔良市官员为保障该地的安全，在 2017 年 2 月份曾申请使用美国国土安全部的无人驾驶机。The Lens 称，一位新奥尔良市官员一直对收购无人驾驶高科技非常感兴趣。据报道，市政府官员与本地的无人驾驶飞机制造商召开了两次会议，望将无人驾驶机正式投入新奥尔良市中。

3）救灾信息获取

发生地震、泥石流等灾害时，无人机可以深入灾区进行航拍，在灾后第一时间获取灾区影像。从汶川地震到舟曲泥石流，利用无人飞机获取灾区影像成为救灾测绘应急保障的重要手段。无人机最大的优势就是在恶劣的自然条件下，利用简单条件就可以低空飞行，获取影像数据。

4）新闻信息采集

北京时间 2015 年 1 月 13 日，美国联邦航空局（FAA）将批准 CNN 测试飞行用于新闻采集的无人机。CNN 已与佐治亚理工学院研究所（Georgia Tech Research Institute）共同研究无人机的信息采集工作，FAA 将分析 CNN 的测试信息，以制定新闻报道无人机的相关规则。CNN 作为美国有线电视行业中全天候报道新闻的先锋，一直致力于合法地使用无人机进行新闻采集。[1] 如我国 2015 年天津港"8·12"爆炸事件中，天津警备区组织滨海新区军事部派出直升机和无人机前往侦察，以防止有再爆炸和次生灾害的危险，也为新闻报道提供了大量的资料。

2.3.2　传感器新媒体

1. 传感器的内涵

传感器（transducer/sensor）是一种检测装置，能感受到被测量的信息，并能将感受到的信息，按一定规律变换成为电信号或其他所需形式的信息输出，以满足信息的传输、处理、存储、显示、记录和控制等要求。

手机可以用来喷洒农药，这会是一番什么样的云蒸霞蔚的景象？

它山之"识"

2. 传感器的组成 [2]

传感器一般由敏感元件、转换元件和测量电路三部分组成，如图 2-2 所示。

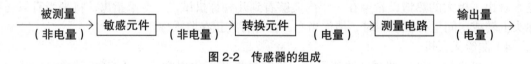

图 2-2　传感器的组成

（1）敏感元件。敏感元件是直接感受被测量，并输出与被测量成确定关系的某一物理量的元件。

（2）转换元件。转换元件是将敏感元件的输出量转换为适合传输和测量的电信号的部分，即将非电量转换为电量的功能元件。

（3）测量电路。测量电路将转换元件输出的电量变换成便于显示、记录、控制和处理的电压、电流、频率等电信号。根据转换元件的不同，测量电路有诸多类型，常见的测量电路有放大器、振荡器、电桥、电荷放大器等。

① 张沛. FAA 拟批准 CNN 用无人机进行突发性新闻报道 [EB/OL]. （2015-01-14）[2018-11-08]. tech. huanqiu. com/internet/2015-01/5408911.html.

② 余愿，刘芳. 传感器原理与检测技术 [M]. 武汉：华中科技大学出版社，2017.

传感器的核心部分是转换元件，它决定了传感器的工作原理。值得注意的是，并非所有传感器都必须包括敏感元件和转换元件。如果敏感元件直接输出的是电量，它同时也是转换元件，如热电偶；如果转换元件能直接感受被测量，且能输出与之有一定关系的电量，它同时也是敏感元件，如压电元件。

3．传感器的分类 [1]

由于传感器是知识技术密集型的器件，与许多学科有关，且种类繁多，因此分类方法也有很多。根据国家标准制定的传感器分类体系表，传感器分为物理型传感器、化学型传感器、生物型传感器三大门类，其中又包含 12 个小类：热学量传感器、力学量传感器、光学量传感器、电学量传感器、磁学量传感器、声学量传感器、气体传感器、射线传感器、离子传感器、温度传感器，以及生化量传感器、生理量传感器。各小类又有一些更为细致的分类。目前传感器的分类没有统一方法，大体有以下几种。

1）按工作机制分类

（1）物理型传感器。物理型传感器是利用转换元件的物理性质，以及一些材料自身所独有的特殊物理性质制成的一类传感器。如利用磁阻随被测量变化而变化的电感、差动式变压器传感器；利用半导体材料、金属在被测量的作用下引起的电阻变化的电阻传感器；利用被测力作用在压电晶体下产生的压电效应而制成的压电式传感器等。

（2）化学型传感器。化学型传感器是利用电化学反应原理，监测无机化学和有机化学物质中的成分、浓度等，再将其转换为电信号的传感器，其中离子选择性电极是最常用的，它通过电极来测量溶液中一些经常需要的量，如 pH 值或某些离子活度。

（3）生物型传感器。生物型传感器是一种能够选择性地识别生物活性物质和测定生物化学物质的传感器。生物活性物质可以选择性地亲和某种物质，这种特殊功能也称为功能识别能力。这种识别能力可用来判断某种物质存在与否及其浓度，再利用电化学的方法将其转换为电信号。

生物型传感器主要由两大部分组成。其一为功能识别物质，被测物质可以被它特定识别。其二是电、光信号转换装置，此装置可以将在功能膜上进行的识别被测物所产生的化学反应转换成便于传输的电信号或光信号。生物型传感器最大的特点就是能在分子水平上识别被测物质，因此它在医学诊断上有着广阔的应用前景。

2）按构成原理分类

（1）结构型传感器。结构型传感器是利用物理学中场的定律构成的，包括动力场的运动定律、电磁场的电磁定律等。传感器的工作原理是以传感器中元件相对位置变化引起场的变化为基础而不是以材料特性变化为基础，这是这类传感器的特点。

（2）物性型传感器。物性型传感器是利用物质定律构成的，如胡克定律、欧姆定律等。这种定律大多数是以物质本身的常数形式给出的。这类传感器的主要性能由这些常数的大小决定。因此，物性型传感器的性能随材料的不同而异。

3）按能量转换情况分类

（1）能量转换型传感器。能量转换型传感器主要由能量变换元件构成,不需外加电源（有源传感器）。

---

① 余愿，刘芳.传感器原理与检测技术［M］.武汉：华中科技大学出版社，2017.

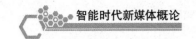

（2）能量控制型传感器。能量控制型传感器在信息变化过程中，其能量需要外电源供给（无源传感器）。

4）按测量原理分类

目前市面上传感器的测量原理主要是在电磁原理和固体物理学理论的基础上发展而来的。例如，电位器式、应变式传感器是根据变电阻的原理构成的；电感式、差动变压器式、电涡流式传感器是根据变磁阻的原理构成的；半导体力敏、热敏、光敏、气敏等固态传感器是根据半导体有关理论构成的。

5）按输入量分类

如输入量分别为加速度、速度、位移、湿度、压力、温度等非电量，则对应的传感器分别称为加速度传感器、速度传感器、位移传感器、湿度传感器、压力传感器、温度传感器等。按输入量分类的优点是比较明确直接地表达了传感器的用途，便于使用者根据用途选用。但缺点是没有区分每种传感器在转换机制上有何共性和差异，不便于使用者比较各种传感器的原理异同点。

当然，还有一些其他的分类方法，诸如：按传感器的功能分类，有单功能传感器、多功能传感器和智能传感器；按传感器的转换原理分类，有机—电传感器、光—电传感器、热—电传感器、磁—电传感器及电化学传感器等。

4. 传感器的发展趋势

从17世纪初，人们就开始利用温度计测量温度，直到1821年德国物理学家赛贝发明了传感器，才真正把温度变成电信号，这就是后来的热电偶传感器。在半导体经过相当长一段时间的发展以后，人们又开发了 PN 结温度传感器、半导体热电偶传感器和集成温度传感器。与之相应，根据波与物质的相互作用规律，人们相继开发了红外传感器、微波传感器和声学温度传感器。

美国早在20世纪80年代就声称世界已经进入传感器时代。我国的传感器发展也已有50多年历史。20世纪80年代，改革开放给我国的传感器行业带来了生机与活力，传感器行业进入了新的发展时期。现在，传感器的应用已经遍及工业生产、海洋探测、环境保护、医学诊断、生物工程等多个领域，几乎所有的现代化项目都离不开传感器的应用。在我国的传感器市场中，国外的厂商占据了较大的份额，虽然国内厂商也有了较快的发展，但其产品仍然与国际传感器技术有差距。近年来，由于国家的大力支持，我国建立了传感器技术国家重点实验室、微米/纳米国家重点实验室、机器人国家重点实验室等研发基地，初步建立了敏感元件和传感器产业。与此同时，激烈的技术竞争必然会导致技术的飞速发展，促进我国传感器技术的快速进步。

目前，从发展前景来看，传感器今后的发展将会呈现以下几个特点。

1）传感器的固态化

物性型传感器又可以称为固态传感器，目前发展很快。它包括电介质、强磁性体和半导体三类，最引人注目的则是半导体传感器的发展。它不仅小型轻量、灵敏度高、响应速度快，而且对传感器的集成化和多功能化发展十分有利。例如，目前最先进的固态传感器，在一块芯片上集成了差压传感器、静压传感器和温度传感器，差压传感器具有温度和压力补偿功能。传感器的固态化是基于新材料的开发才得以发展的。

2）传感器的集成化

随着传感器应用领域的不断扩大，借助半导体的光刻技术、蒸镀技术、组装技术及精密细微加工等相关技术的发展，传感器正朝着集成化方向发展。将敏感元件、信息处理或转换单元及电源等部分利用半导体技术制作在同一芯片上即是传感器的集成化，如集成压力传感器、集成温度传感器、集成磁敏传感器等。

3）传感器的多功能化

传感器的多功能化就是把具有不同功能的传感器元件集成在一起。传感器也因此具有多种参数的检测功能，这是传感器的发展方向之一。例如，美国某大学传感器研究发展中心研制的单片硅多维力传感器可以同时测量 3 个线速度、3 个离心加速度（角速度）和 3 个角加速度。其主要组成是由 4 个正确设计安装在一个基板上的悬臂梁组成的单片硅结构、9 个正确布置在各个悬臂梁上的压阻敏感元件。多功能化不仅可以有效提高传感器的稳定性、可靠性等性能指标，而且可以降低生产成本、减小体积。

4）传感器的微型化

随着计算机技术的发展，计算机辅助设计（CAD）技术和集成电路技术迅速发展，微机电系统（MEMS）技术应用于传感器技术，从而引发了传感器的微型化。

5）传感器的图像化

目前，传感器的应用不仅只限于对某一点物理量的测量，还开始研究从一维、二维到三维空间的测量问题。现在已经研制成功的二维图像传感器有 MOS 型、CCD 型、CID 型全固体式摄像器件等。

2.3.3　机器人新媒体

1. 机器人的内涵

机器人是自动控制机器（Robot）的俗称，自动控制机器包括一切模拟人类行为或思想与模拟其他生物的机械（如机器狗、机器猫等）。狭义上对机器人的定义还有很多分类法及争议，有些计算机程序甚至也被称为机器人。在当代工业中，机器人指能自动执行任务的人造机器装置，用以取代或协助人类工作。理想中的高仿真机器人是高级整合控制论、机械电子、计算机与人工智能、材料学和仿生学的产物，目前科学界正在向此方向研究开发。

国际上对机器人的概念已经逐渐趋近一致。一般来说，人们都可以接受这种说法，即机器人是靠自身动力和控制能力来实现各种功能的一种机器。联合国标准化组织采纳了美国机器人协会给机器人下的定义：“一种可编程和多功能的操作机；或是为了执行不同的任务而具有可用电脑改变和可编程动作的专门系统。”

2. 机器人的媒体功能

机器人一般由执行机构、驱动装置、检测装置和控制系统等组成。

（1）执行机构。执行机构即机器人本体，其臂部一般采用空间开链连杆机构，其中的运动副（转动副或移动副）常称为关节，关节个数通常即为机器人的自由度数。根据关节配置形式和运动坐标形式的不同，机器人执行机构可分为直角坐标式、圆柱坐标式、极坐标式和关节坐标式等类型。出于拟人化的考虑，常将机器人本体的有关部位分别称为基座、腰部、臂部、腕部、手部（夹持器或末端执行器）和行走部（对于移动机器人）等。

（2）驱动装置。驱动装置是驱使执行机构运动的机构，按照控制系统发出的指令信号，借助于动力元件使机器人进行动作。它输入的是电信号，输出的是线、角位移量。机器人使用的驱动装置主要是电力驱动装置，如步进电机、伺服电机等，此外也有采用液压、气动等驱动装置。

（3）检测装置。检测装置是实时检测机器人的运动及工作情况，根据需要反馈给控制系统，与设定信息进行比较后，对执行机构进行调整，以保证机器人的动作符合预定的要求。作为检测装置的传感器大致可以分为两类：一类是内部信息传感器，用于检测机器人各部分的内部状况，如各关节的位置、速度、加速度等，并将所测得的信息作为反馈信号送至控制器，形成闭环控制；另一类是外部信息传感器，用于获取有关机器人的作业对象及外界环境等方面的信息，以使机器人的动作能适应外界情况的变化，使之达到更高层次的自动化，甚至使机器人具有某种"感觉"，向智能化发展，例如视觉、声觉等外部传感器给出工作对象、工作环境的有关信息，利用这些信息构成一个大的反馈回路，从而将大大提高机器人的工作精度。

（4）控制系统。一种是集中式控制，即机器人的全部控制由一台微型计算机完成；另一种是分散（级）式控制，即采用多台微型计算机来分担机器人的控制，如当采用上、下两级微型计算机共同完成机器人的控制时，主机常用于负责系统的管理、通信、运动学和动力学计算，并向下级微型计算机发送指令信息。作为下级从机，各关节分别对应一个CPU，进行插补运算和伺服控制处理，实现给定的运动，并向主机反馈信息。根据作业任务要求的不同，机器人的控制方式又可分为点位控制、连续轨迹控制和力（力矩）控制。

3. 机器人的分类

中国的机器人专家从应用环境出发，将机器人分为两大类，即工业机器人和特种机器人。所谓工业机器人就是面向工业领域的多关节机械手或多自由度机器人。而特种机器人则是除工业机器人之外的、用于非制造业并服务于人类的各种先进机器人，包括服务机器人、水下机器人、娱乐机器人、军用机器人、农业机器人、机器人化机器等。在特种机器人中，有些分支发展很快，有独立成体系的趋势，如服务机器人、水下机器人、军用机器人、微操作机器人等。国际上的机器人学者，从应用环境出发将机器人也分为两类：制造环境下的工业机器人和非制造环境下的服务与仿人型机器人，这和中国的分类是一致的。

4. 机器人的未来发展

机器人的未来发展有四大热点领域。

一是工业机器人。高附加值的加工装备、物流仓储搬运等领域机器人有望迎来大发展，其趋势是标准化、模块化、系统化、开放化，并且更加重视相关新材料、智能化示教、应用设计、成套应用工艺等关键技术。

二是社交机器人与服务平台，包括公共服务接待平台、家庭服务机器人等。"目前，首先关心的是挖掘家庭刚性需求，其次关心是否存在相对集中的通用软硬件平台和标准化体系，另外如何利用互联网、大数据及人工智能技术，使服务机器人方便地应用也是关注焦点。"王田苗分析说。

三是医用机器人服务，包括预测、远程、康复等方向。随着远程医疗、微创精准外科及3D打印技术的应用，手术机器人的需求会越来越多，同时中国残障人数众多，未来国产康复机器人产业将大有作为。

四是智能交通系统。无人驾驶汽车、无人机系统将走进人们的生活，为人们出行、物流投送等提供便利，这也将是未来汽车巨头们与物流商争夺的主要市场。

问题拓探

1．人工智能的发展趋势是什么？

2．物联网和新媒体有什么关系？

实践任务

1．选取一个物联网新媒体应用的案例，分析物联网在其中的应用。

2．通过网络搜索机器人与新闻记者对同一新闻事实的报道消息，比较机器人新闻和新闻记者所写新闻的不同之处。

第3章　新媒体主体：金刚不败之身DIY

从哲学的意义上来说，主体是与客体相对的概念，是认知和实践活动的承担者，客体是主体认知和实践活动的对象，即同认识主体相对应的外部世界。新媒体主体是新媒体的驱动者，是内容资源的编辑者，是新产品的创造者，是新媒体的运营者。他们认识和实践活动的对象是新媒体。在本书的后两篇中，我们讲的新媒体的各种表现形态和传播符号，都是新媒体主体认识和实践的对象。通俗地说，新媒体主体，就是从事新媒体事业的人。毛泽东说过，世间一切事物中，人是第一个可宝贵的。在共产党领导下，只要有了人，什么人间奇迹也可以造出来。然而要创造人间奇迹，需要的不是庸人，而是牛人！要成为牛人，就要提升自己的认知层级，学会十八般武艺，锻造自己的金刚不败之身！要成为牛人，不仅要认知自己的外部世界，更重要的是记住德尔菲神庙上刻的那句话：要认识你自己。我们要重新发现自己，在摒弃负能中，重塑自己的优良文化个性和技术能力，以适应未来的发展。前面，互联网在召唤我们，我们为它而成长！未来，新媒体在塑造我们，我们为它而强壮！

正如现代企业精准营销，要对用户画像一样，在本章中，我们将从概念、类型、特点、思维方式等方面，对新媒体主体进行必要的描绘。需要指出的是，智能时代，新媒体主体的诸多内涵，相较往昔，已经发生了很大的变化。不过，在这样一个唯"变"不变的媒介社会，新媒体主体只要切中时代的脉搏，把握市场的"燃点"与用户的"痛点"，强化自我，追逐新的产品思维和表达方式，就能在新媒体大潮中立于不败之地。所以，本章拟从新媒体主体所处的时代境遇、新媒体主体的类型、新媒体主体的迷失与觉醒、新媒体主体的思维方略四个方面，对新媒体主体进行画像与阐述。

3.1　新媒体主体的时代境遇

广义的新媒体，它"是一个历史的、相对的、流动的概念，在不同的历史文化语境中有不同的所指。每当一个新的传播技术诞生，'新媒体'和'旧媒体'的定义就会迎来一次更新，这一定义在一定历史时期内得以稳固，直到下一次的传播技术更新。"[①] 从这一意义上，我们认为，新媒体一方面是技术引导的媒介变革，另一方面是主体思维引导的时代变革。在这种变革中，除了政治因素赋予社会主体的角色变动之外，技术则是另外一只无形的巨手。这只手，颠覆了传统媒体的主体格局，赋予了新媒体主体身份的多样性和文化的丰富性。此间，新媒体主体经历了从垄断到自由的文化变迁，经历了主流媒体向全民媒体的传播变局，也经历了由怀疑到认同的角色拷问。在这些变化中，我们看到，新媒体主体自身认知思维的

① 韦路，丁方舟. 论新媒体时代的传播研究转型［J］. 浙江大学学报(人文社会科学版)，2013，43（04）：93-103.

升级与素质能力的打造，将是新媒体事业发展的重要保证。

3.1.1　媒体垄断及垄断的消解

新媒体有两个最重要的变化：一是所有流通的信息，由过去的报纸电视广播介质，变成了以计算机为载体的新媒介；二是由过去的传统媒介组织，变成所有人都可以借助新媒体成为传播主体。换句话说，后者的成立，意味着新媒体给这个世界带来的，是传统媒体所无法给予的一个重要的变化：对传统媒体享有的话语权垄断的消解。

回望历史，我们可以看到媒介技术簇拥下话语权垄断的事实。"从 1690 年第一张报纸出现起，这类地方性的小规模广告就已经是美国报纸的常客了，但它们从来没有给自己的载体带来厄运。报纸竞争的消失应该归咎于区域或全国性的大零售商，他们需要制造跨越一大片地理区域的广告受众。大广告客户并没有故意造成，也不期望出现媒体垄断。有时他们抱怨报纸之间缺少竞争使他们谈判广告价格时失去了讨价还价的余地。无论如何，他们还是造成美国报业垄断局面的根本因素，尽管没有任何故意和阴谋的成分在内。这是他们根据现代报纸经济的客观规律理性选择的结果。不经意间，他们消灭了第二名。获胜的商业和幸存的媒体所得到的金钱与权力的奖赏是惊人的。"[①]

"随着信息对于这个时代的重要性的不断加深，媒体作为信息传播的主导者，早已凸显出在经济、政治、社会、文化……各个领域的作用。在美国，通用电气、维亚康姆（哥伦比亚广播公司与西屋公司的联合体）、时代华纳、迪士尼、贝塔斯曼、默多克的新闻集团控制了美国所有的大众媒体，在选举制度高度发达的美国，政治权利的集中也决定了信息权利的集中。受各种财团的对政府政策的控制，信息成为追逐和利用的战略资源。"[②]

在这种传统媒体垄断话语权的时代，技术的落后、人们眼界与思维的局限，使得在媒体上能够发声的角色只是那些政治精英、企业家、名人、明星、学者等，而大众的声音往往被有意或无意地摒弃在话语权之外。互联网的诞生直至今日新媒体的兴起，信息的垄断变得日益困难，媒介技术的变革，使大众百姓也有了自己的发声平台。尽管人们对新技术的批判不绝于耳，但不得不承认，新媒体让人类的各项能力都得到不同程度的提高。新媒体不仅实现了人体的延伸，更迈向人类智力的拓展；它将分散于各处的零散的孤立个体，聚拢在广袤的网络空间里。在这里，个体得到汇集，民意可以放大；官方的舆情反馈机制也可得到更有效的改变；人类生存环境在政治文明向度上的一切期许，成为一种现实可能性，尽管它的实现有待时间和实践来证明。

新媒体最重要的特点就是它的消解力量，它不但消解了报纸、广播、电视等传统媒体之间的边界，甚至也消解了传统媒体与个人通信之间的边界。媒体属性还是社交属性，对于网民来说并不那么重要。对民众生活乃至中国政治生活有更大影响的倒是，新媒体还在消解社群之间、公权力机构之间的边界。在新媒体环境下，各种权威被一定程度消解。传统媒体的权威被"自媒体"有力的抗衡而削弱。社会精英们的话语影响力被草根英雄压了风头。作为舆论引导主体的政府，在社会化媒体众声喧哗的媒介环境中，被引导、被议程设置。"微博反腐"就是很好的例证。2017 年最高人民检察院官方网站公布的职务犯罪中，25 个"大老虎"被立案侦查，39 个"大老虎"获刑，创十八大以来之最，其中新媒体发挥了巨大的作用。

① 本·H. 贝戈蒂克安. 媒体垄断［M］. 吴靖，译. 6 版. 石家庄：河北教育出版社，2004.
② http://blog.sina.com.cn/s/blog_62165b5b0100levx.html

　　然而，面对新媒体环境下信息及话语权垄断日渐消解，却不可为之欣喜若狂、忘乎所以，应保有谨慎之心。

　　首先，尽管民众已拥有表达自我、宣泄情绪的场所与渠道，但长期以来由传统媒体造成的话语不平等的压抑，所形成的能量，一旦任其无节制地释放而缺少媒介素养教育与自律精神，亦可能造成网络舆论环境的失衡。在绝对的自由下，将潜伏更加严重的公共心理危机。

　　其次，虽然新媒体的广泛使用，催生了公民新闻和公民记者，拓展了舆论监督的特权范围，也大大修正了传播的失衡，但是，这种草根新闻的真实性及权威性有待考证。如此一来，真相与谣言将在确认与澄清的过程中形成一场角逐。当然，在喧嚣的信息海洋中，社会不可避免地将要付出更高的辨别真相和谎言的成本，新媒体主体也要承担更多的社会责任。

3.1.2　全民新媒体

　　如今移动互联网时代，智能手机，以及与之相对应的各种新媒体设备，都得到了极大程度的普及，即便是小孩子，也能够借助家长的身份信息，进行社交媒体、网络游戏账号的登录与通信。

　　如前所述，发布信息已不再是权威媒体、记者的专属权利，新媒体的快速、易得与无时空限制的特性，使所有民众都平等地拥有新媒体的机会。艾瑞咨询集团发布的2017中国网络新媒体用户研究报告中指出，新媒体正在逐步取代传统媒体成为使用率最高的媒体形态。

　　想知道居住城市周边的新闻，有专门的新闻报料App；要关心国家大事，有天涯、新华、强国社区，不需要特地打开计算机、手机浏览器、各类App，可以满足各类需求，且信息量大，有许多争论的机会。这无不昭示着一个全民新媒体时代的来临。

　　或者说，新媒体的诞生，触发了"全民传播"（Mass-participated Communication）的按键，这是一种民众能极大地发挥主动性的"参与式传播"（Participatory Communication），民众既可以传播新闻事实，又可以参与意见表达。海量的来自个人媒体终端的信息，经由博客、微博、微信、QQ、个人网站等平台得到广泛的传播。

　　中国用户获取新闻资讯方式统计如图3-1所示。

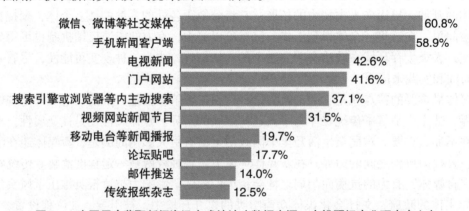

图3-1　中国用户获取新闻资讯方式统计（数据来源：中投顾问产业研究中心）

　　以微博为例，Wefaster互联网数据中心2017年12月发布的调查数据显示，截至2017年9月，全民微博活跃用户超过3.76亿，与2016年同期相比增长27%，其中移动端占比达92%；日活跃用户达到1.65亿，较2016年同期增长25%。其中，30岁以下的用户超过

80%，成为微博的主力人群。而中投顾问产业研究中心调查数据显示，使用新媒体（视频网站/App）观看视频的用户早已超过传统媒体（电视）用户。新媒体正在逐步取代传统媒体成为用户使用率最高的媒体形态。

2011—2018 年关键词"微博"搜索指数如图 3-2 所示。

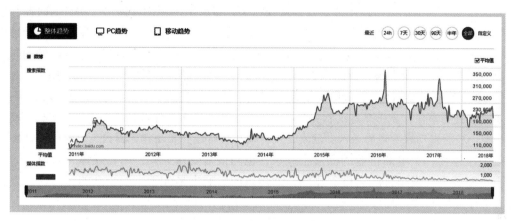

图 3-2　2011—2018 年关键词"微博"搜索指数（数据来源：百度指数）

3.1.3　新媒体主体的身份认同

马丁·李斯特（Martin Lister）等人在《新媒体批判导论》（第二版）一书中说：

通常情况下，种种新媒体研究都赞同如下理论：新媒体会使人们的身份认同和主体性产生真正的改变。这可能是根据以下研究所得出的结论：媒介空间与日常生活更深彻的一体化（Kinder 1991；Hutchby and Moran-Ellis 2001）；公共和私人领域之间的关系，个人（或本地社区）和大众媒介及文化形式的全球化延展之间的关系正在改变（Mackay1997；Moores1993b）；在某些互联网媒介中，对激进的身份实验与身份游戏的重视（Stone1995；Poster1995a；Turkle1996）；在生物机械学中出现的人类和技术之间日益亲密与混搭的关系（Haraway1990；Gray1995）。

因此，研究人类与新媒体研究中的技术的关系，往往都会牵扯到身份认同和主体性的问题。然而，在关于媒介技术和身份认同或主体性的研究中，"身份认同"的意义并不明确。一方面它也许能够表现出个体如何选择日常生活方式表现自我（选择当天的装备、手机型号和铃声等）；另一方面，"建立中的"身份则意味着自我意义的根本变化，与赛博文化研究的观点就更近了。[①]

在接下去的文本中，马丁·李斯特等人试图检视身份认同和主体性是否已经造成（或正在造成）新媒体时代的深刻变革，同时试图阐述这些观点对理解当代生活经验的启示。这是作为新媒体时代新媒体研究者和学习者需要注意和警惕的问题。

事实上，一般网民的网络身份或一般受众的媒介身份的确认，都是一个由虚拟到现实的过程，是一个由网络匿名到网络实名的过程，是一个由"匿名发言"到"人肉搜索"的过程，是一个由"乌合之众"到"意见领袖"的过程。而身份的投入（或者说"投资"）则是一个由现实到虚拟的过程，即现实人到网络人的"隐身过程"。这个过程是现实生活者接触网络的第

---

① 马丁·李斯特. 新媒体批判导论［M］. 吴炜华，付晓光，译. 2 版. 上海：复旦大学出版社，2016.

一个反应（阶段）。这种"虚拟"和"隐身"反应，是 20 世纪 90 年代人类意识到虚拟世界的存在的兴奋心理导致的。而人类媒介接触的由虚拟到现实的后期反应，则是由国家安全和社会秩序主导的现象。

在我国，很多新媒体主体（尤其是自媒体）都在捕捉爆炸性的新闻，导致新媒体受众在一段时间内对网络热词热捧。新媒体受众的从众行为，折射出网民们在做出这些行为时在身份认同上的心理满足。当一个人不知道当下的热点事件或没谈论过这些热词时，其总有一种被孤立的自卑心理。很多网民为获得更多被他人认可的安全感及尊重感，他们在娱乐自己的同时，也会做出与网络群体大众保持一致的行为，这是他们为获取网络身份认同所做出的选择。

如 2018 年 7 月 23 日，京东集团创始人刘强东针对"疫苗"事件[①]在微博发表文字：

本次假疫苗事件，我强烈建议相关政府部门严惩处理所有责任人，给公众一个交代！我会向政协提案，我会发动我身边的亲人、朋友，我会竭尽我所能，在法律范围内，讨要一个说法！

刘强东作为一个电商行业的民营企业家，也同很多受众一样，用自媒体（微博）的方式表达自己对公众突发事件的态度。显然，刘强东的影响力是大于一般受众的，其这条微博的在短短 6 个小时阅读量超过 1.9 亿，点赞量超过 50 万，可见网友对其发文内容的认同度很高。究其原因，一方面是假疫苗事件引起了全民阵痛，另一方面刘强东作为受欢迎的企业家也发难假疫苗事件。在"内容认同 + 身份认同"的双重认同模式下，刘强东的自媒体主体身份获得了网民及社会的极高认同感。

再如极限运动达人吴永宁的生死直播。吴永宁是国内首个无任何保护措施进行极限运动挑战的达人。他在短视频平台上的"粉丝"达 94 万，上传的每部视频都触目惊心，恐高的人甚至不敢看。每次视频直播对观众来说，都是一次货真价实的生死演出。不过，吴永宁的演出于 2017 年 11 月 8 日，在湖南省长沙市天心区因失误坠楼身亡而终止。[②]对于他的死，网上形成两种声音，有些人觉得吴永宁的冒险，是一种积极向上的精神，让更多人体验到了人类与自然抗争获得成功的喜悦；而有些人觉得不应该支持这种轻视生命的极端做法，毕竟生命只有一次。从传播学角度看，吴永宁的每一次直播，都是在寻求一种内在的自我认同和外在的媒介认同。通过这种不断升级的"认同感"，表演者不断超越自己和他人，以期达到前所未有的高度，这又是一种新媒体时代的主体身份认同。

3.2　新媒体主体的类型

传统媒体类型的划分标准有很多，而一般意义上的划分不外乎是报纸、期刊、电视、广播、图书。而自互联网（尤其是移动网络）出现以来，以上 5 类媒体类型则成为"旧媒体"，而新媒体，在本书中，被定义为交互式传播信息的个性化、智能化数字载体。与此相应，新媒体主体的类型也发生了很大变化：不再是单纯意义上的传统媒体背后的政府及企事业性的新闻出版机构的人员，出现了主体分化与下移的现象。本节中，我们将新媒体主体类型分为三种：政务新媒体主体、企业新媒体主体和个人新媒体主体。

[①] http://www.p5w.net/weyt/201807/t20180723_2162940.htm

[②] 百度百科：吴永宁，https://baike.baidu.com/item/%E5%90%B4%E6%B0%B8%E5%AE%81/22246529?fromtitle=%E5%92%8F%E5%AE%81&fromid=22246227&fr=aladdin

3.2.1　政务新媒体主体

所谓政务新媒体，是指政府机构、公共服务机构和具有真实公职身份认证的政府官员进行与其工作相关的政务活动、提供公共事务服务、与民交流和网络问政的新媒体平台。[①]而政务新媒体主体则是以上政务新媒体平台的管理、运营和内容生产者。我国政务新媒体的主要目的和作用，是服务人民和党政工作。此外，由于新媒体时代网络舆论生态日益复杂，给舆论引导工作带来一系列的问题。

为适应这种变化，我国有关部门，从 2013 年以来连续下发一系列文件，大力推进网上政务受理能力、提高速度、规范流程、解决民生需求，打开政务公开新局面。李克强总理连续3 年在政府工作报告中提出"互联网＋政务服务"。中共中央网络安全和信息化委员会办公室（简称中共中央网信办）等部门强调，大力推动政务微信、政务公众号的应用，尤其是地方政务微信。2014 年 8 月 7 日，中共中央网信办发布了《即时通信工具公众信息服务发展管理暂行规定》，明确提出："鼓励各级党政机关、企事业单位和各人民团体开设公众账号，服务经济社会发展，满足公众需求。"所以，近年来，从中央部委到地方政府，都强化了互联网的建设、利用和管理，开通了网站、微博、微信、客户端等政务新平台。

3.2.1.1　国内外政务新媒体概况

政府机构是国家机构的重要组成部分，广义上的政府机构包括依据法律行使国家权力的所有机关。进入新媒体时代，政府机构通过网络发布政务信息、受理公共事务、提供公共服务和展示政府工作成效，成为新媒体的重要传播主体。

人民网舆情数据中心发布的《2017 年城市政务新媒体指数报告》显示，2017 年全国政务新媒体账号、粉丝、服务领域等数量不断增长和拓广。"两微一端"成为各地市政府政务传播活动的标准配置，其在我国市县级别的政府部门已经基本普及。

据第 42 次《中国互联网络发展状况统计报告》统计数据，截至 2018 年 6 月，我国在线政务服务用户规模达到 4.70 亿，占总体网民的 58.6%，有 42.1% 的网民通过支付宝或微信城市服务平台获得政务服务。我国政务服务线上化速度明显加快，网民线上办事使用率显著提升，大数据、人工智能技术与政务服务不断融合，服务走向智能化、精准化和科学化。微信城市服务、政务微信公众号、政务微博及政务头条号等政务新媒体及服务平台不断扩张服务范围，上线并完善包括交通违法、气象、人社、生活缴费等在内的多类生活服务，并向县域下沉。[②]

在美国，"政府机构和部门自 2009 年以来积极使用包括 Facebook、Twitter、YouTube、Blog 和 RSS 订阅等在内的社会化媒体"[③]。很多国家政府乃至领导人借助新媒体的传播方式取得了显著的治理和选举效果。对于切实和系统的政务新媒体评价效果与机制，国际上目前还"只能提供政府政务新媒体使用效果的初步印象，不能为政府绩效的改进提供实质性的建议"[④]。

3.2.1.2　政务新媒体主体特征与问题

政务新媒体主体，是政府的新媒体管理和运营者。我国很多地方政府通过政府网站集群

---

① 金婷. 浅析政务新媒体的发展现状、存在问题及对策建议［J］. 电子政务，2015（08）.

② http://www.cnnic.net.cn/hlwfzyj/hlwxzbg/hlwtjbg/201808/t20180820_70488.htm

③ 张丽军，吴鹏. 突发事件中网民群体行为仿真综述［J］. 情报科学，2014（12）：142-146.

④ 陈强. 政务新媒体研究的国际进展：议题与路向［J］. 情报杂志，2017，36（03）：42-47.

的方式，统一管理和运营政府新媒体。这样的好处是政务新媒体运营人员相对比较专业（专门负责），管理比较集中，便于统筹和进行议程设置等活动。但是，也存在很多问题，比如，新媒体运维效率低下，层层审批手续烦琐，人员素质不高等。所以，更多时候，各地市政务新媒体处于各自为战的状态。而这类政务新媒体的负责人员，基本是"兼职"形式。政务媒体的运营者本身是政府的行政工作人员，同时也不得不进行网络办公、管理，进行与部门相关的舆情调查、监测、信息搜集、整理、发布，网民意见反馈、协调等工作。这种新的双重的社会身份，党政部门工作人员和政务新媒体（网站、两微一端等）运维者，必然要求他们不仅具备相关新媒体知识和技能，而且要有更加多元化的信息素养和政治敏感度。而目前的状况，却是有待改进的。

政务新媒体主体面临的问题，主要表现在以下三个方面：

（1）政务新媒体主体信息发布理念滞后。政务新媒体主体信息发布理念滞后，导致信息发布内容单一死板、效率低下，不能为民众提供他们真正需要的信息，且信息发布后几乎没有反馈或者反馈不及时。

（2）政务新媒体主体缺乏危机公关意识。政务新媒体主体多采用粗放式的管理方式，导致制度不够完善，在面对突发事件时，不能第一时间从民众视角出发进行危机公关。

（3）政务新媒体主体队伍建设落后。大部分单位和部门的政务新媒体，没有设置专业新媒体运营团队；更有甚者，只是由兼职人员负责，因专业素养较低，造成新媒体内容空洞，形式古板，更新缓慢，全媒体采编也受到不同程度的制约。

综合来看，政务新媒体主体的专业素养、运营水平、传播策略、服务意识等方面，都是需要提升的。我们可以从专兼职运维人才新闻素质、组织运营水平和传播策略、运维人员服务意识等方面，对政务新媒体主体进行培训。

3.2.2 企业新媒体主体

企业新媒体，顾名思义，即为企业主办的新媒体平台。而经营、管理企业新媒体平台的人员即为企业新媒体主体。企业新媒体主体拥有很大的自主权，在现代企业管理制度的规约下，企业新媒体主体，不仅能够利用新媒体，最大化地实现企业公关、品牌等社会效益，而且可以获取产品销售、流量变现等经济效益。

企业新媒体主要包含两个类型：一类是非传统媒体企业所办的新媒体；另一类是传统媒体企业所办的新媒体。前者的企业新媒体主体，可以是专业的新媒体运营管理者，也可以是兼职的；后者的企业新媒体主体，则是专业领域内的新媒体运营管理者。

3.2.2.1 传统媒体企业的转型与发展

自我国文化和出版体制改革以来，我国新媒体事业蓬勃发展，除党报党刊等少数媒体未能及时转型外，众多出版单位都完成了转企改制，并逐步探索和适应新媒体环境下的传播与发展之路。

媒体机构创办的媒体网站也称新闻媒体网站、传媒网站等，是传统媒体机构将传播业务扩展于网络的基本形式。媒体网站兴起于 20 世纪 90 年代的美国，世界上第一个在互联网上发布电子版报纸的是美国的《圣何塞信使新闻报》，标志着传统媒体"触网"时代的开始，此后国内外的传统媒体，大都开始在网上建立网站，形成了媒体上网热潮。

而新媒体的出现，导致了传统媒体的整体危机。2017 年，《东方早报》《京华时报》《国际先驱导报》《渤海早报》《假日 100》《采风报》《球迷》《北京娱乐信报》《台州商报》《大别山晨报》《皖南晨刊》《无锡商报》《西凉晚刊》《白银晚报》《西部开发报》《北部湾晨报》《上海译报》等一众刊物的停刊，表现了传统媒体的塌方式溃败，2009—2017 年停刊的部分报刊如图 3-3 所示。

序号	报纸名称	发行地区	报纸类型	停刊时间
1	楚天金报	湖北	都市报	2017年12月1日
2	京华时报	北京	都市报	2017年1月1日
3	东方早报	上海	都市报	2017年1月1日
4	贵州商报	贵州	都市报	2017年1月1日
5	上饶广播电视报			
6	时尚生活导报			
7	时代商报			
8	萍乡广播电视报			
9	赣东都市报	江西	都市报	2016年7月1日
10	今日早报	浙江	都市报	2016年1月1日
11	都市周报	浙江	都市报	2016年1月1日
12	九江晨报	江西	都市报	2016年1月1日
13	壹早报	湖南	都市报	2016年1月1日
14	鹤都晚刊	云南	都市报	2016年1月1日
15	安防市场报	全国	行业报	2016年1月1日
16	河南电力报	河南	行业报	2016年1月1日
17	天天商报	浙江	都市报	2016年1月1日

序号	报纸名称	发行地区	报纸类型	停刊时间
18	海口晚报	海南	都市报	2015年12月9日
19	上海商报	上海	专业报	2015年10月1日
20	长株潭报	湖南	都市报	2015年9月21日
21	生活新报	云南	都市报	2015年7月1日
				2015年1月1日
				2014年8月1日
				2014年5月21日
26	竞报	上海		2014年4月25日
27	新闻晚报	上海	都市报	2014年1月1日
28	中国网友报	全国	专业报	2012年12月25日
29	体育周报	湖北	专业报	2011年12月30日
30	长河晨刊	山东	都市报	2010年9月15日
31	大众收藏报			2009年1月1日
32	中华新闻报	全国	专业报	2009年8月28日
33	市场报	全国	专业报	2009年4月1日
34	中国足球报	全国	专业报	2009年3月4日

近年内，超过50家传统纸媒停/休刊倒闭
预计未来三年内，将有超过百家报纸期刊将面临停刊！

图 3-3　2009—2017 年停刊的部分报刊（数据来源：@ 新媒沈阳）

从转型的角度来看，"报业新媒体的发展经历了电子版、网站、手机报、阅读器、iPad 版、微博、微信、客户端、短视频等各种形式，在赢利模式上均未取得成功。但是，运作新媒体的成本却非常高昂，这成为报业不能承受之重"[①]。

2017 年开始"中央厨房"式的采编运营模式，成为传统媒体的"标配"。截至目前，全国已有 67 家传统媒体机构，兴办了形式各样的"中央厨房"；但不能忽视的问题是"中央厨房"的软硬件成本很高，而能够建成《人民日报》"中央厨房"式者却寥寥无几。浙江日报报业集团的全媒体指挥中心，配备 27 块 70 寸 DLP 高清背投显示器组合而成的大屏，除了基本硬件价格昂贵，一些配套软件及更新也会耗费较高成本，诸如大洋、凡闻、方正等为"中央厨房"提供技术、数据支持的公司，产品都报价不菲。然而，传统媒体转型而来的企业新媒体，其赢利能力普遍不足。因此必须要有一定的资金支持与项目资源倾斜，这也构成了传统媒体企业新媒体的短板。

从发展的角度来看，我们认为，这些传统媒体转型后的企业新媒体主体，应当解决的问题是：第一，新媒体企业的转型发展，关键在于新媒体主体思维与观念的提早转变；第二，灵活、快速地采取新媒体运营、传播和变现行动，应当成为本企业新媒体主体的共识；第三，不断提升新媒体经营者的媒介知识、技能与素养，是新媒体主体突围的根本保障。

3.2.2.2　企业新媒体主体的发展历程

企业新媒体主体区别于传统媒体中的新媒体主体。前者的核心发展关键词是"转型"。后者则不需要向"新媒体"转型，而是直接凭借新媒体技术和观念构建新媒体企业。

在互联网的发展历程中，新媒体的主体组织形态不断更迭。新媒体企业也顺势而为，随着 2003 年互联网完成由窄带向宽带的过渡与转变，腾讯、网易、新浪等互联网公司都建立起

---

① 陈国权. 2017 中国报业发展报告（完整版）[J]. 编辑之友，2018（2）.

了自己的新闻门户网站，并拥有自己的新媒体运维团队。

在国外，很多没有传统新闻媒体背景的网站，直接迈入新媒体的大门。如 *The Huffington Post*（《赫芬顿邮报》）和曾赢得普利策新闻奖的 ProPublica（为人民）网站。*The Huffington Post* 只有 150 名带薪工作职员，但它有超过数千名投稿者及上万名"公民记者"，成为一家与公民共同生产内容的新媒体企业。这家企业用全新的、开放的新闻生产模式，获得了美国"互联网第一大报"的荣誉。

在国内，2012 年至 2016 年，今日头条 ① 等提供资讯信息服务的智能推荐传媒公司，获得前所未有的发展空间，并获得"2017 中国应用新闻传播领域十大创新案例" ② 等荣誉。这些企业新媒体主体包含了新媒体内容生产、技术支持、产品策划、营销管理、战略部署、法律保障等多种专业的新媒体人才，并能够将这些专业的新媒体人才整合而成为经营利器。之所以如此，关键在于这些新媒体企业，特别重视主体思维的转变。

2017 年 11 月，快手 App 的日活跃用户数已经超过 1 亿，进入"日活亿级俱乐部"，总注册用户数据已经超过 7 亿，每天产生超过 1 000 万条新视频内容。③ 2018 年 6 月 7 日，首批 25 家央企集体入驻抖音，包括中国核电、航天科工、航空工业等，昔日人们印象中高冷的央企，正在借助新的传播形式寻求改变。此前，七大博物馆、北京市公安局反恐怖和特警总队、共青团中央等机构也开始入驻抖音等短视频平台。④ 这种新媒体"倒整合"传统企业（无论是否媒体企业）的现象屡见不鲜，凸显了这些蓬勃发展的新媒体企业主体具有十足的竞争力。

纵观企业新媒体，其主要特点是经营方向明确集中（如以上所列 App 主营短视频）、机动性强（发现问题能够及时调整，如推出家长控制系统和防沉迷系统）、深谙用户消费心理（具有极强的"吸粉"能力）、有成熟的流量变现经营模式等。而这类企业新媒体主体通常具备以上特点的运营能力和思想能力。然而，企业新媒体主体也面临一些问题，如对于社会效益的重视程度，远低于对经济效益的追逐，对媒体内容的制作，不如传统企业新媒体精细，等等。

3.2.3　个人新媒体主体

3.2.3.1　个人新媒体主体的概念与特征

个人新媒体或"公民媒体"，属于本教材第 7 章中所讲的"自媒体"中的一类，即公民用以发布自己亲眼所见、亲耳所闻事件的载体，如博客、微博、微信、论坛 /BBS 等网络社区的自注册账户媒体。个人新媒体主体是普通大众以公民身份从事新媒体活动的个体。

2006 年底，美国《时代》周刊年度人物评选封面上没有摆放任何名人的照片，而是一个"You"和 PC（台式计算机）。《时代》周刊官方释义：社会正从机构向个人过渡，个人正在成为新媒体时代的公民。"你"已经成为互联网上内容的使用者和创造者。"你"从"旁观者"转变成为"当事人"，每个平民都可以拥有一份自己的"网络报纸"（博客）、"网络广播"或"网络电视"（播客），而不必经过国家有关部门的层层核实和检验。在这个互联网文化高度发展的时代，个人新媒体平台使人人皆媒、万物皆媒成为可能。

当下比较流行的自媒体平台，有今日头条号、网易号、微信公众号、微博、搜狐博客、

---

① 百度百科：今日头条，https://baike.baidu.com/item/%E4%BB%8A%E6%97%A5%E5%A4%B4%E6%9D%A1/4169373?fr=aladdin

② 新华网：2017 中国应用新闻传播领域十大创新案例出炉，http://www.xinhuanet.com/politics/2017-10/29/c_1121872103.htm

③ http://www.kejixun.com/article/171128/395984.shtml

④ 百度百科：抖音，https://baike.baidu.com/item/%E6%8A%96%E9%9F%B3/20784697?fr=aladdin

喜马拉雅 FM、懒人听书、简书、知乎以及斗鱼、快手、抖音等各种直播和短视频平台等。自媒体变现，成为很多新媒体经营者的原动力，相较于 BBS、博客、微博产生之初的仅仅为了自主传播与表达的新媒体而言，微信公众号、今日头条号等自媒体已经成为内容、营销、策划、流量的角斗场，值得注意的是，很多自媒体主体通过经营一个或多个新媒体（如微信公众号、今日头条号、微博等）而取得了巨大收益。

个人新媒体主体具有亲历性、个性化、私人化、自主性、平民化等特征。随着自媒体盈利份额的不断增加，很多成功的个人新媒体主体，逐渐发展成为企业新媒体的运营者乃至管理者。但无论个人新媒体如何发展，其都是从带有浓厚的个人思想与性格特点出发，形成品牌，进而进军企业新媒体，如"老梁故事汇""罗辑思维"等一系列新媒体品牌。

3.2.3.2　个人新媒体主体的发展问题

2016 年互联网行业里最火的话题当属"网红"，网红是随着互联网经济的崛起而出现的独特文化现象。毫不夸张地说，中国将长期处于网红经济的时代。从早期的芙蓉姐姐、犀利哥、凤姐，到现在的咪蒙、同道大叔甚至"papi 酱"，网红的影响力，一次次刷新了我们的眼球与消费。网红从单个特例，裂变成群体事件，其个人知识产权价值，依托自媒体平台得以迅速崛起，这种"大势"会越来越强。2017 年以来，视频直播占尽了新媒体的风口。不论是个人抖音账号，还是个人斗鱼直播账号，都呈现白热化发展。越来越多的人，加入个人自媒体的行业中。从家庭主妇到打工仔，从中小学生到高级知识分子，都在做各种门类与层次的网络直播。

当下，学校也在应用和普及网络直播课程，如 MOOC（Massive Open Online Courses）。在传统课堂教学与网络直播并行的教育环境下，高校教师和大学生，已经有许多践行者，不同程度地踏入了个人新媒体的殿堂。

在新媒体主体中，个人新媒体主体，一部分是在做兴趣、爱好或情怀，另一部分是在做社会效益、经济效益。

个人新媒体，兼具自我表达与利益逐取的双重属性。这体现了个人新媒体主体的普遍心态与特征，即新媒体环境下的时代共鸣，是互联网命运共同体下的共同发声；新传播形态下的自主参与，表现了个人新媒体主体的主人翁精神和话语表达意志；泛娱乐环境下的精神分享，表达了个人新媒体主体的娱乐情结和分享态度。而对利益的追逐，也是市场经济下的新媒体主体的必然选项。

针对个人新媒体主体的现状，我们认为，个人新媒体主体也存在很多问题，主要表现在如下几个方面：

第一，个人新媒体主体，大多数来源于草根阶层，媒介素养、文化底蕴、专业技能参差不齐。很多个人新媒体主体急功近利，生产出来的媒体内容粗制滥造，难以称为合格的新媒体产品。

第二，个人新媒体的繁荣与媒介生产力的解放是同道的，媒体内容的海量供给态势与内容质量堪忧是相伴而生的，这些便是个人新媒体产品的真实性问题。这些问题直指个人新媒体主体的道德与伦理底线。正如耶鲁大学校长彼得·沙洛维在 2016 级新生入学演讲中所说的那样，"有时我们的朋友、家人，还有政客、广告主、各路专家会出于各自目的而操控我们的情感。愤怒、恐惧、憎恶这些情绪可以有效驱使我们去打开网页、购买商品、为政客投票。我们每天都在经受着各种各样'失实表述'的狂轰滥炸，它们的杀伤力不容小觑，新媒体主体更应当'对失实表述说不'"。

第三，个人新媒体主体的原创意识淡薄。很多个人新媒体主体出现变相抄袭的现象，造成大量"伪原创"内容充斥于网络。这一方面阻碍了真实可靠的网络信息环境的形成，另一方面削弱了新媒体内容变现的能力。

3.3 新媒体主体的迷失与觉醒

随着新媒体的发展与普及，新媒体主体的涵盖范围将会非常深广。不论你拥有微信公众号，还是微博、博客，抑或是网易号、头条号，等等，你一定都曾经困惑过或兴奋过。可能你困惑的内容是如何才能做好新媒体，成为一个优秀的新媒体大咖；也可能你兴奋的是自己点滴做起来的新媒体，一夜之间粉丝暴涨，阅读量达到 100 000+，但不论怎样，毫无疑问的是，新媒体主体，正处在迷失与觉醒的复杂境地之中。

3.3.1 群体狂欢与自我表达

1．群体狂欢下的娱乐致盲

美国媒体文化研究者、批判家尼尔·波兹曼，于 1985 年出版的关于批判电视声像逐渐取代书写语言过程的著作《娱乐至死》，认为通过电视和网络媒介，娱乐得以达到至死的目的；一切都以娱乐的方式呈现；人类心甘情愿成为娱乐的附庸，最终成为娱乐至死的物种。尼尔·波兹曼的观点是群体狂欢下的个人反思。30 多年后，回顾电视和网络媒介的发展历程，我们深刻地认识到，虽然娱乐并不能置人于死地，但是娱乐致盲的时代，却已经真实地呈现在我们面前。

现实让我们看到的是，各种娱乐软件受人热捧。在 2018 年 4 月短视频平台活跃用户数排行榜 TOP10 中，快手以活跃用户数 21 252.01 万人，位居榜首；排名第二的是抖音，活跃用户数为 12 608.03 万人。[①]2016 年 9 月刚上线的可以拍摄 15 秒音乐创意短视频的社交娱乐软件抖音，风行不到两年，2018 年 4 月 10 日即上线反沉迷系统（即单日累计使用 2 小时，系统自动锁定），用以强制阻止那些曾经持续五六个小时甚至整晚都在刷抖音的青少年用户。

2018 年是微信小游戏（小程序方式）空前流行的一年，微信群中纷纷转载各式小游戏，从"跳一跳"到"损友圈"，群体性（社群内游戏排名、互动）的娱乐元素，正在抢占社交媒体空间。借此，我们看到了一个群体性的娱乐时代已经来临，娱乐新媒体在带给人们快乐的同时，负面之剑也在宰割着沉迷者的心灵。

无数沉迷网络数日包宿的少年，酣玩之后双目失明或暴卒的案例，已让人们触目惊心，然而，更重要的是，身体上致盲只是问题的表象，网瘾少年的精神致盲才是根本的伤害。总括起来，一方面，网络为全民参与、互动提供平台，新媒体技术为娱乐功能提供了强大支持。从另一方面来看，大众逐利的冲动，化作对大众娱乐需求的积极响应，为新媒体的娱乐化提供了强大的动力。从人类社会学的角度讲，娱乐作为群体事件，本身带有浓重的社会属性，欢乐的时候，我们常常会狂奔出去找到同伴分享；悲伤的时候我们则会躲在角落里黯然神伤。这是作为群体的社会的人，所共有共通的情感法则。不过，需要警醒的是，在群体狂欢的时候，我们不能沉迷，不能丧失应有的对新媒体娱乐的警惕之心。

2．自我表达境遇里的精神思考

娱乐是群体事件，反省是个人事件。精神分析学家西格蒙德·弗洛伊德（Sigmund

---

① http://finance.jrj.com.cn/2018/05/28 145324599674.shtml

Freud，1856—1939）在 20 世纪就认为："社会生活中人们遭受着人性中代表人的社会道德原则的'超我'对'本我'的压抑，使得人的欲望能量因得不到合理化的释放而变得扭曲，从而造成了人性的变态与癫狂。"① 弗洛伊德曾经将这种对"本我"的"压抑"视为人类文明的缺憾。但是，新媒体时代下技术的发展，却使人的"本我"得到了极大的释放。这种释放，一方面表现为大众对网络资源的攫取（往往用寻求免费的方式），另一方面表现为大众中个体的自我表达欲望的增强（往往以自媒体的形式或网络匿名的方式表达）。

美国麻省理工学院教授尼古拉斯·尼戈洛庞帝（Nicholas Negroponte）在 1995 年出版的著作《数字化生存》（*Being Digital*）② 一书中，提出个人媒体的理念会撼动传统媒体的哲学根基的观点。从新媒体发展趋势来讲，个人媒体的兴盛，表明个人需要参与的机会，更需要表达的空间。这一方面体现了话语权的下移，另一方面也体现了个人精神思考的独立性的特殊价值。很多时候，看过官方媒体对某一事件的报道后，我们常常觉得并未有设身处地的现场感，或者，觉得他们报道的角度，并不是我们所希望看到的。于是，我们就会寻求事件现场的"自媒体"。虽然这些个体的发声，常常是画面模糊、声音嘈杂，但是我们依旧愿意跟随镜头，体会这种个人视角下的独特体验、发现与精神思考。

3.3.2　表达民意与制度保障

如果说新媒体为民主意识的彰显提供了技术上的支撑，那么，社会顶层的开放和制度的安排，则为其设定了合法张扬的空间。

1．网络问政凸显民主意识

2008 年 6 月 20 日，胡锦涛在人民网强国论坛同网友在线交流；2009 年 2 月 28 日，温家宝在中国政府网与网友在线交流；2010 年 2 月 27 日，温家宝再一次接受中国政府网、新华网联合专访，与广大网友在线交流，并与网友相约 2011 年再对话。2016 年，习近平在网络安全和信息化工作座谈会上的重要讲话指出："网民来自老百姓，老百姓上了网，民意也就上了网。"习近平又说："各级党政机关和领导干部要学会通过网络走群众路线，经常上网看看，了解群众所思所愿，收集好想法好建议，积极回应网民关切、解疑释惑。""网络问政"就是"政府通过互联网做宣传、做决策，了解民情、汇聚民智，以达到取之于民，用之于民，从而实现科学决策、民主决策，真正做到全心全意为人民服务。随着网络的日益普及，互联网在中国民众的政治、经济和社会生活中扮演着日益重要的角色，成为中国公民行使知情权、参与权、表达权和监督权的重要渠道。"③ 自 2006 年广东省率先迈出网络问政步伐 ④ 以来，网络问政已经在我国遍地开花。

网络问政一般分为网民网络问政和政府网络问政两个方面。网民网络问政的参与主体是网民，客体是政府；政府网络问政的参与主体是政府，客体是网民。政府问政和网民参政，不论主动和被动行为的施受方是谁，都构成网络问政行为。问政的内容是多方面的。通过网络发起的诉讼、建议、意见、诉求、要求、检举等，都在问政范围之内。网络问政体现了民

---

① 鲁庆中. 电子传媒技术对人性的塑造［J］. 郑州大学学报（哲学社会科学版），2003（9）.

② 百度百科：数字化生存，https://baike.baidu.com/item/%E6%95%B0%E5%AD%97%E5%8C%96%E7%94%9F%E5%AD%98/8699374?fr=aladdin#1

③ 百度百科：网络问政，https://baike.baidu.com/item/%E7%BD%91%E7%BB%9C%E9%97%AE%E6%94%BF/5720427?fr=aladdin

④ 曹劲松. 网络问政与社会管理实践创新［J］. 南京社会科学，2011（04）.

主精神，这种民主从最初无序的、自下而上的"问政"，发展为现今上下双向的有序的"问政"形态，是我国各种新媒体主体民主意识不断增强的体现。

在网络问政过程中，新媒体起到了推波助澜的重要作用，不论是2008年的"强国论坛"，还是"网络群众路线"，都是用新媒体作为平台开展问政，借力网络新媒体的快速传播特点，民情民意得到更广泛的反映与传播。

2. 制度保障助力新媒体发展

不过，新媒体在发展中仍面临许多新的问题。如知识产权、信息泛滥、网络犯罪、网瘾、数字鸿沟、媒体制度不完善等，所以，一方面要不断地完善法规制度，另一方面要加大监管的力度。

2018年4月20日至21日，中共中央网络安全和信息化委员会主任习近平，在全国网络安全和信息化工作会议上发表重要讲话，指出："要提高网络综合治理能力，形成党委领导、政府管理、企业履责、社会监督、网民自律等多主体参与，经济、法律、技术等多种手段相结合的综合治网格局。"[①]回顾2017年，我国发布的关于媒体网络信息安全的主要的法律法规有8项，包括《中华人民共和国网络安全法》《互联网用户公众账号信息服务管理规定》等。

进入21世纪以来，我国颁布中央级别的关于网络媒体制度管理的法律法规逾30项，条例细则与暂行办法若干。我国的媒体管理制度也发生了很大的变化。2018年，原国家新闻出版广电总局改组为国家广播电视总局，同时对网络信息进行制度监管的组织机构还有：中国扫黄打非网（全国扫黄打非工作小组办公室）、中共中央网络安全和信息化委员会办公室、中华人民共和国国务院新闻办公室、中华人民共和国国家知识产权局等。以上组织机构出台的法规、制度构成了一个纵横交错的媒体制度网。

例如，2003年9月20日，新闻出版总署公布了《关于在游戏出版物中登载〈健康游戏忠告〉的通知》，规定今后在所有电子游戏出版物和互联网游戏出版物中，必须在画面的显著位置全文登载《健康游戏忠告》（即"抵制不良游戏，拒绝盗版游戏。注意自我保护，谨防受骗上当。适度游戏益脑，沉迷游戏伤身。合理安排时间，享受健康生活。"）。凡未按通知要求登载《健康游戏忠告》的游戏出版物，将一律停止出版、运营和销售。同时要求"各电子出版物出版单位、互联网游戏出版机构应与出版行政部门、教育部门、共青团系统等紧密配合，做好宣传工作，让广大消费者特别是青少年消费者了解《健康游戏忠告》，引导广大青少年合法、科学、适度地使用游戏出版物，为他们创造一个文明、健康的生活环境"[②]。这是在规章制度层面对网络游戏公司及青少年游戏者做了规定，然而，调查来的实际情况是，很多网络游戏、手机游戏并没有登载《健康游戏忠告》，由此可见，制度的监察、管理、落实需要进一步深化。

3.3.3　法律规约与伦理反思

1. 互联网的监管特点及存在的问题

有学者指出，"上网的隐蔽性决定了对新媒体的控制比对其他媒体的控制要困难得多"[③]。

---

① 中共中央网络安全和信息化委员会办公室，中华人民共和国国家互联网信息办公室. 习近平这些金句照亮新时代网络强国之路，http://www.cac.gov.cn/2018-04/21/c_1122720229.htm

② 中华人民共和国新闻出版总署科技与数字出版司. 关于在游戏出版物中登载《健康游戏忠告》的通知，http://www.gApp.gov.cn/kejishuzi/Technology_old/contents/3742/143332.html

③ 匡文波. 新媒体概论［M］. 北京：中国人民大学出版社，2012.

这主要表现在：一是传播者身份的隐蔽性；二是传播时间和地点的不确定性；三是传播者自身具有较高的技术水平；四是跨国传播挑战司法管辖；五是文化传统不一；六是政策法规滞后。

长期以来，互联网的隐蔽性、不确定性、技术性、无国界性、多元文化性等特点，导致网络监管困难重重。我国早在 2002 年就提出了网络实名制的问题，但真正实行却在 2015 年中共中央网信办正式出台《互联网用户账号名称管理规定》之后。2018 年 6 月 25 日，一向互怼的腾讯公司和字节跳动公司，同时发布关于遭遇大规模、有组织黑公关的报案声明。字节跳动公司（今日头条）称："2018 年 4 月 3 日至 6 月 14 日的 73 天里，以微信公众平台为主要发布渠道，出现了超过 12 000 篇对抖音、今日头条进行造谣、辱骂的自媒体文章。"[1] 在此且不评说这一事实的真伪，但至少可以看出互联网新媒体失范之乱象。层出不穷的违法行为，寄生于网络和新媒体平台，不断考验着我国政府的网络法治建设与能力。针对网络与新媒体存在的诸多问题，我们认为可从如下方面进行完善和监管：第一，要建立系统性强的互联网与新媒体监督与举报网络；第二，要加大对既往出台的互联网与新媒体法律法规的传播力度；第三，中学及高校要开设媒介素养与新媒体法律法规课程，在中等和高等教育阶段培养懂法守法的社会人才。

2. 作为互联网第一防线的媒介伦理

如果说法律法规是互联网与新媒体的最后一道防线，那么网络与媒介伦理就是互联网的第一道防线。我们需要从两个方面来分析这个问题。

首先，个体的媒介伦理问题。我们先看一个案例，即"鸿毛药酒事件"：

2017 年 12 月 19 日，谭秦东在网络上以个人名义发布题为"中国神酒'鸿茅药酒'，来自天堂的毒药"的帖子，从心肌变化、血管老化、动脉粥样硬化等方面，说明鸿茅药酒会对部分老年人造成伤害。而鸿毛药酒企业以谭秦东恶意抹黑造成自身经济损失为由报警后，内蒙古凉城警方在 2018 年 1 月 10 日，以"损害商品声誉罪"将谭秦东跨省抓捕。[2] 此事件后来进一步发酵，引来专业律师、法律专家、传媒公司、自媒体等多方关注并参与讨论，事件直至 2018 年 5 月 17 日，以鸿毛药酒公司撤回报案及侵权诉讼为结果了之。但是，作为个体的媒介行为及伦理问题的讨论并没有结束。谭秦东发帖的初衷，源自一名医生对药物与药理的知识认知与严谨态度，并不存在故意诽谤和抹黑行为，符合媒介伦理的基本要求：实事求是。然而，谭秦东却遭到了逮捕，这一方面说明人们对媒介伦理的认知还十分不足，另一方面也说明个体的媒介行为往往存在风险。从事态的影响上看，个体传播者仍然是媒介伦理与媒介法规的弱势群体。

其次，新媒体业界的媒介伦理问题。与新媒体从业者伦理道德密切相关的问题，包括新闻真实性问题、个人隐私保护问题、网民知情权问题、传播伤害问题等。"新闻与信息是由具有一定道德观念的人来生产和消费的，这些客观事实包含着正义与非正义、合理与不合理、善与恶的价值判断，它反映着传媒支持什么，反对什么，赞成什么的价值取向，它不可能脱离道德。因此，传媒的传播实践是以具体的社会道德为基准来追求社会公正的，道德理念在传媒公开报道的总体思维中应该占据着主导地位。"[3] 所以，新媒体从业者的媒介伦理问题，应该是摆布在媒介传播活动之前的根本性问题，这个问题不能解决，从业者所报道、出版的

① 字节跳动：遭遇大规模有组织黑公关 已向公安机关报案，http://finance.ifeng.com/a/20180625/16352108_0.shtml

② 广州医生发帖称"鸿毛药酒是毒药"，涉损害商誉被跨省抓捕，https://www.thepaper.cn/newsDetail_forward_2075017

③ 张名章. 网络传播探论 [M]. 北京：中国水利水电出版社，2012.

一切不良产品，是会被受众质疑或抗议的。在网络与新媒体环境下，网络道德是不能脱离和违背社会道德而存在的，二者是画等号的。但是，在实际的媒介生活中，很多人却不能将二者画等号，导致媒介真实与社会真实背离，网络生活与现实生活分裂。这是需要网络与新媒体从业者注意、警惕和反思的重大是非问题。

3.3.4　媒介素养与文化认同

1. 取得控制权是媒介素养的全部含义

这是一个与媒介本质密切相关的问题。事实上，在以往的社会里，我们能够看到，全球范围内的媒介控制权，基本上掌握在媒介管理者那里。这里的"控制权"，我们可以称为"硬控制"，即媒介传播什么内容，设置怎样的议程，或者完成怎样的宣传，是由媒介控制的。但是，如果从受众角度来看，还有另外一个对媒介的"控制权"，即媒介素养中的控制权。"取得控制权，这正是媒介素养的全部内容。"①意即我们可以构建我们所希望的生活，而非让媒介替代我们构建媒介或媒介管理者所希望的生活。媒介所传播的信息，对当代人而言是永不停息的海浪，试图席卷每个人的所有空间与时间。

作为当代人，我们可以通过手机 App 或 Web，了解世界上发生的所有事情，我们以为我们可以了解和掌控外部世界。然而，我们也必须意识到，我们所了解的讯息正是媒介所传达给我们的讯息。也就是说，媒体可能直接传达讯息给我们，也可能作为"把关人"（Gatekeeper）传达给我们其过滤后的讯息。而传统媒体往往是后者。新媒体以博客的发生为代表，改变了这种把关机制，从而在某种程度上导致一些官方媒体出现危机，使得受众往往更愿意相信来自新闻现场网友的报道。在这个程度上，媒介的控制权便发生了转移。

此外，我们也经常能够看到一种现象，在以电视为代表的传统媒体社会，人们无法躲避广告或者某些自己讨厌的镜头。因为我们除了关机、转换频道，没有更多的控制权和选择余地。而当代社会网络视频网站或 App 的发展，让我们有了更多的控制权。消费者可以选择购买 VIP 取消广告，也可以通过快进的方式，跳过那些令人讨厌或无聊的镜头，可以不受时间、地点的限制，来观看自己喜欢的综艺节目、电影、电视剧等。媒介素养的目的，便是使个体受众有能力控制媒介的支配。不过，换个角度，我们也会发现，这些"控制权"其实是建立在媒介为获取经济利益、收视率等目的之上而"赋予"受众的。那么，这种媒介与受众之间的控制与反控制的博弈过程，我们如何裁判，以及其最终会怎样收场，便是需要我们回答的一个重要问题。

2. 从霸权到认同：新媒体主体的文化境遇

新媒体加速了全球文化的传播速度，在它之前，全球文化一半处于封闭状态，一半处于扩张和侵略状态。文化霸权在国与国之间、国家内部、民族之间都在一定程度和时期存在着。所谓"文化霸权"，是指"统治者除依赖暴力来维护社会的政治经济秩序之外，还必须具有意识形态上的领导权，由此导致被统治者在心理观念上的顺从和满足于现状，而这种领导只能建立在统治者和被统治者的共同信仰上，也就是建立在统一的意识形态之上"②。"文化霸权"这个概念是由意大利马克思主义奠基者安东尼奥·葛兰西（Antonio Gramsci）提出的，用来描述社会各个阶级之间的支配关系，尤其是文化支配。而在新媒体时代，这种支配关系看似

---

① 詹姆斯·波特. 媒介素养［M］. 4 版. 北京：清华大学出版社，2012.
② 李彬. 传播学引论［M］. 增补版. 北京：新华出版社，2003.

弱化了，但实际上却更加复杂。新媒体传播环境下的文化发展与传播，不再是单纯意义上的霸权和侵略，而是基于民族和文化的认同感上的扩张。

新媒体是科技与文化融合的重要表现形式。随着新媒体技术的发展、智能移动终端的普及，新媒体凭借良好的伴随性和强大的视听功能、交互特性，成为城市文脉的新型传播载体。新媒体技术加强了国内外不同文化之间的沟通与联系。通过移动互联平台人们可以方便获取不同地区民俗的详细信息。

如 2018 年年初国内新上线的"冰城智能找厕"手机 App，收录了哈尔滨市 1 324 座独立、旅游景区公厕，体现了该市信息化服务水平，也带给人们宜居城市的心理与文化认同感。运用物联网技术的"智慧管网"地理信息系统的投入使用，提高了现代城市运行保障能力。"移动网络时代的城市体验，调动、叠加了所有感官刺激，拼贴了形形色色的时间与空间，人的身体穿梭于虚实空间的动态交错中。"^①新媒体技术使人们在虚拟与现实的交错中，体验到新型的城市空间。有别于传统的城市旅游宣传片，重庆綦江的竖屏互动式旅游宣传片《綦江好时光》，在形式上选择了短视频和 H5 的结合，在传播渠道上选择了社交媒体，在内容上选择城市小而美的文化元素，诸如环境、景观、人文、美食等，短视频像一款 H5 小游戏，让用户根据自己的意愿选择视频剧情，去体验这个城市的人文历史与现代美景。

总体而言，全球文化的发展，正如麦克卢汉所言，正在形成一个文化村。日益密切的文化联系，不断发展的媒体技术，基于社交媒体的文化传播，都在以网络的形式联结、汇集、交融。新媒体主体在这样的时代之下，其所处的文化环境是多元的、复杂的，如何能够充分尊重多元文化价值观念，更加深广地传播本土文化和民族文化，理应成为当代新媒体主体应该思考的理念与技术问题。

3.4　新媒体主体的思维方略

新媒体是文化产业的一个重要组成部分，在传统媒体逐渐式微的境况下，新媒体担当着更为重要的文化产出与文化"走出去"任务。故而，新媒体主体在新的传播环境下，不仅要强化新媒体技能，更重要的是，不断提升自己的认知和思维层级，这样才能在新媒体文化创意产业实践中大有作为。

3.4.1　用户逆袭

互联网"用户"，有人定义为："用户，又称使用者，是指使用电脑或网络服务的人，通常拥有一个用户账号，并以用户名识别。"^②这里的"用户"显然已经不再是传统意义上的客户、顾客和受众了，而是具有体验、反馈、互动、传播、评价等系列功能的互联网意义上的新媒体受众。

"互联网时代提倡'用户至上'，因此用户体验贯穿产品的整个发展过程。从产品的研发开始，到推广以及市场运营，都离不开用户体验的踪影。"^③在网络新媒体时代，用户成为新媒体产品实际意义上的上帝，如一些 VIP 的信息资讯服务供应；用户体验成为新媒体产品研

① 孙玮. 从再现到体验：移动网络时代的传播与城市文脉保护［J］. 探索与发现，2017（9）.

② 百度百科：用户，https://baike.baidu.com/item/%E7%94%A8%E6%88%B7/3621489?fr=aladdin

③ 张永杰. 互联网产品经理的 34 堂必修课［M］. 北京：人民邮电出版社，2017.

发的根本出发点，如一些网络游戏的体验和测试；用户反馈和评价成为新媒体产品修正、改革和努力的方向。

第一，懂得用户思维。传统思维，是以产品为中心，打造优秀的产品，是企业生产经营活动的终极目标。而网络新媒体时代的用户思维，讲究在价值链的各个环节中都要"以用户为中心"。用户思维既是中心，也是出发点和落脚点。亚马逊曾经推出过一款智能手机，名字为 Fire Phone，其能够让用户无须手指而触控到 3D 空间。但是用户并不买账，大部分用户觉得这个东西虽然高端，但是却影响了作为智能手机的日常使用，比如，该产品存在耗电过快、操作烦琐等问题。

第二，注重用户体验。思维和体验是两个概念，一个偏重理性，讲究过程和深度，一个偏重感性，讲究使用和感觉。对于新媒体产品来说，用户体验至关重要。一个畅销的新媒体产品可以不是最好的，但一定要是体验好的。紫金山视频是一个比较注重用户体验的案例。紫金山视频源自紫金山新闻客户端，提倡做 37℃新闻，从"题材让用户暖心""时长让用户省心""原味让用户舒心""话题让用户动心""参与让用户同心"几个方面打出一套组合感情牌，在全国市级短视频媒体中取得了好成绩。[①]

第三，经营用户关系。新媒体时代，媒体的经营模式不再是传统的广告经营，要通过挖掘用户行为的大数据，获取用户需求信息，从而形成个性化、精准化的产品营销。由此，传统模式下媒体单向输出的"内容"，正在被经营与用户之间的"关系"所取代。拷问产品中是否公平对待所有用户这个问题，其实就是思考"去中心化""中心化"等维度的产品哲学和用户关系问题。豆瓣、知乎、快手、抖音等新媒体产品的用户关系处理得很好，因为它们在极大程度上考虑到了普惠用户、边缘用户、特殊用户、互动用户等不同的用户维度与用户关系。

第四，超级用户思维。从"流量思维"到"超级用户思维"，是向外扩张的新用户，获取到向内而生的已有用户关系的深度经营，将运营指标转向 NPS（Net Promoter Score，净推荐值）和 ARPU（Average Revenue Per User，每用户平均收入）值，是用户思维的深化，是社交货币的进化、社群思维的迭代，更是全新商业规则下的新物种方法模型和估值体系。例如，亚马逊公司凭借强大的数据供给、喂养、饲养能力，逐渐进化为一个开放的人工智能引擎。在人工智能的快速发展中，亚马逊在庞大的商业版图中，始终根植的是它的用户思维，正如贝佐斯所说"用户是亚马逊的基石，是亚马逊最重要的武器"。亚马逊早在 2005 年就推出 Prime 会员服务（79 美元年费），通过免除美国经费物流配送费用吸引用户。2017 年亚马逊 Prime 会员订单量超过了 50 亿件。亚马逊从"用户思维"（会员免费，提供部分免费服务）向"超级用户思维"（会员付费，提供更优质服务）的转换案例，值得我们深入思考。自媒体"罗辑思维"，在 2013 年 8 月，推出"史上最无理"的付费会员制，5 000 个普通会员年费 200 元，500 个铁杆会员年费 1 200 元，顷刻间入账 160 万元。这种分层会员制，让不同的会员享受不同的服务，就是充分体现了超级用户思维的智慧。

3.4.2　效果导向

2016 年春节期间，《上海姑娘逃离江西农村》《霸气媳妇回农村：光干活不让上桌掀翻了自己做的一桌子菜！》等文章流传广泛，遭到媒体和网民的热议。经有关部门、媒体和网民

---

① 江飞，俞凡. 37℃：紫金山视频的用户思维［J］. 新闻战线，2018（9）.

调查发现，上述文章均为虚假信息。经查"上海姑娘逃离江西农村"文章发帖者"想说又说不出口"，并非上海人，而是江苏省的一位女网民，因春节前夕与丈夫吵架，不愿去丈夫老家过年而独自留守家中，于是发帖宣泄情绪，内容纯属虚构。而之后在网上自称"江西男友"回应网民"风的世界伊不懂"，称和发帖者素不相识。此事的缘起是出于泄愤，但经过网民的大量转发和媒体的广泛报道，最终成为一起影响巨大的舆论事件。这是个人新媒体主体为了发泄与围观而制作的新媒体文章。

它山之"识"

2016 年 2 月 14 日，一篇名为《春节纪事：一个病情加重的东北村庄丨返乡日记》的文章在《财经》杂志微信公众号发表，文中提到低保夫妇不顾儿子，常年酣战牌桌。然而，有关部门深入调查后，发现文中的时间、地点、人物都是虚构的。此外，某自媒体还发布文章《霸气媳妇回农村：光干活不让上桌掀翻了自己做的一桌子菜！》并有配图。当网民指出真实性的问题后，发帖者竟称："真假其实无关紧要。"对上述内容，一些新媒体未经核实便跟进报道，推动了虚假信息的升温，最终导致舆论一片哗然。这是企业新媒体主体为了"吸粉"而制作的新媒体文章。

在新媒体时代，这种基于网络新媒体"新闻报道"的舆论效应，成为某些不顾道德和法律底线的新媒体主体所刻意追求的效果。

这样的效果，同当下很多微信公众号运营者的目标一样，都在努力创作或生产 100 000+ 的爆文。区别在于，前者是为了获取"围观"，后者是为了获取"用户"；"围观"是体验，并不一定要有"变现"的要求，后者是吸引，一定要产生效果进而实现产品"变现"；前者是短暂的，后者是长期的。不论怎样，二者都是以"效果"为导向的。从当下如火如荼的网络直播、短视频生产、网络综艺等新媒体类型看，效果导向是十分明显的。但是，以效果为导向的网络活动或新媒体运营，都需要遵从基本的新闻规范和伦理，遵守学术规范和著作权法。

3.4.3 跨界出击

跨界的本质是创新。跨界打破了分类特有的语义环境，概念和逻辑得以重新运算，从而产生新的词汇及语义，其在现实世界的映射，则表现在新品类的应用或新技术的产生。跨界既是一种经典的思考与合作形式的重新流行，也是当前的跨领域合作的新方式，是将不同范畴内的事物相交叉、融合。它作为创新的思路和商业的产销策略，逐渐向各个领域扩展，如今已在多个领域被广泛运用，在应用范围和影响深度上越来越明显。无论是在设计领域还是科学、商业等其他领域，创新始终是企业不断进步的基石和核心竞争力。而创新能力的培养离不开跨界思维，跨界是创造性思维产生的源泉。

从行业发展来看，有些历史的变革往往是靠外行推动的。由于外行对内行的传统模式知之甚少，因此才不会因思维定式而落入守旧的窠臼，思想才会更大胆，更有创造力，才能以出奇制胜的思路彻底颠覆、淘汰旧的生产力和行业理念，从而带动社会变革和进步。这些年来某些行业的尴尬和衰落，向我们表明一个惊人的规律：内行往往不是死于行业内强有力的竞争对手之手，而是死于外行之手，或者退一步说，跨界之手可以使内行非死即衰。邮政、银行等遭遇新媒体的打击出现的危机，就可以说明这一点。因此，跨界成为创业者的思维法宝。做网络支付的埃隆·马斯克，跨界成为领袖火箭技术的佼佼者；教英语当老师的马云，

NPS 和 ARPU 值：NPS 是 Net Promoter Score 的英文缩写，净推荐值的意思；ARPU（Average Revenue Per User）即每用户平均收入。

它山之"识"

跨界成为电商巨鳄。这些都是新媒体主体需要借鉴学习的典范。

众所周知，智能手机改变了以往传统移动通信市场的历史格局。智能移动终端成为用户最想拥有的新媒体，在这个终端，用户可以实现通信、拍摄、社交、绘图、办公、娱乐、定位、测量、遥控、支付、认证等，几乎囊括当代电子网络世界的一切媒介活动。但很少有新媒体主体去思考移动通信工具何以取得今天的成就。其中一个主要的原因就是"跨界"。例如，苹果公司从电脑生产跨界到 iPod，iPod 又跨界到 Touch，又跨界到 iPad，继而跨界至 Watch。国内的小米公司，对于产品生产和市场覆盖的理念更是如此，从基本的手机、扫地机器人、电动车、血压计到运动手环，都成为其产品的跨界结晶。

在运用跨界思维时可以采用 5 条策略：主动跨界策略（洞察行业与产品先机，看清形势，做好规划，主动出击）、合作跨界策略（寻求不同行业之间的合作，发挥各自优势，合作共赢）、有机跨界策略（与其他业务配套，形成有机的生态圈，使得生态圈内的各项业务相互支撑，免费与付费结合，公益与盈利结合，上面我们提到的小米公司就是跨界有机生态圈的典型范例）、跨界混搭策略（找到两个不同行业的相同点，跨界进行产品衔接，进而创造出新产品）、跨界关联策略（认清行业之间的关联性，例如看到智能家居的家电与网络的联结）。[①]

新媒体主体的跨界，主要竞争力在跨界思维上，所以，我们应该注意培养自己的专业能力、关联能力、交流能力、合作能力、洞察能力和抗干扰能力等。

3.4.4 产品设计

从某种意义上说，新媒体主体的思维应该是没有定式的，所谓定则死，不定则生，但由经验而来的各种思维方式，还是有一定的参考价值的。有学者总结了新媒体主体的 34 种思维方式，其中关于产品层面的思维有十多种，如新媒体 STORE 思维、悬念制造思维、病毒爆点思维、粉丝草根思维、热点借力思维、用户协作思维、云计算思维、共享经济思维、社会体验思维、众筹思维、统合营销思维、扁平化思维、破坏性创新思维等。而优秀的产品都是设计出来的。美国硅谷产品集团创始人 Marty Cagan 认为"成功的产品都遵循一定的规律"。而这些规律即构成了产品设计的基本原则[②]：

（1）产品经理的任务是探索产品的价值、可用性、可行性；

（2）探索（定义）产品需要产品经理、交互设计师、软件架构师通力合作；

（3）开发人员不擅长用户体验设计，因为开发人员脑子里想的是实现模型，而用户看重的是产品的概念模型；

（4）用户体验设计就是交互设计、视觉设计（对硬件设备来说，则是工业设计）；

（5）功能（产品需求）和用户体验设计密不可分；

（6）产品创意必须尽早地、反复地接受目标用户的使用，以便获取有效的用户体验；

（7）为了验证产品的价值和可用性，必须尽早地、反复地请目标用户测试产品的创意；

（8）采用高保真的产品原型是全体团队成员了解用户需求和用户体验最有效的图景；

① 陈永东. 赢在新媒体思维：内容、产品、市场及管理的革命［M］. 北京：人民邮电出版社，2016.

② Marty Cagan. 启示录 打造用户喜爱的产品［M］. 七印部落，译. 武汉：华中科技大学出版社，2017.

（9）产品经理的目标是在最短的时间内把握复杂的市场 / 用户需求，确定产品的基本要求——价值、可用性、可行性；

（10）一旦认定产品符合以上基本要求，它就是一个完整的概念，去掉任何因素都不可能达到预期的结果。

从以上这些设计思路中我们可以看出，优秀的产品和我们此前所讲的用户体验、跨界思考、最终效果（结果）是密切相关的。事实上，我们用消费者或用户的思维去感知世界，那么，我们的视野里将都是一种东西：产品。如果说，互联网的上半场注重的是流量的攫取，那么下半场，将是从产品到精品的角逐。这说明，产品意识也是新媒体主体的一个基本意识，意即当我们作为新媒体主体之时，我们在写每一篇博文或公众号推文的时候都必须具备产品意识和产品设计的思维。我们不能将手中所写的这篇文章，仅仅看作是我们辛苦或精心创作出来的作品或艺术品（即便你是一名艺术家），还要将其看作是一个诚意满载、独具创意、精心设计的"产品"。产品是和盈利（规模盈利或持续盈利）"亲密接触"的东西，而作品则不然。产品设计即包含了产品的核心功能、包装工程、目标用户、营销策略等一系列环节。

总而言之，设计既包含了对产品本身（功能与包装）的建构，也包含了对与产品相关流程和环节的策划与思考。新媒体产品的设计要求新媒体主体运用多种思维方式，融会各种设计灵感，体验多元价值观念，锁定目标用户体验，最终打造用户喜爱的优秀产品。

3.4.5　极客思维

"极客"一词最早来自"geek"，原指性格古怪的人。"极客"表现为对某事物的痴迷与偏执。在新媒体时代，公司的创始人常常自谓为产品经理，并表现出对自己的产品的痴迷，进而推动产品不断创新。这样的例子有很多，如微软创始人比尔·盖茨、苹果公司创始人史蒂夫·乔布斯、Facebook 创始人马克·扎克伯格、小米公司创始人雷军、锤子科技创始人罗永浩等。极客思维是极客文化的表达与诠释。

比尔·盖茨曾说："我希望自己有机会编写更多代码。他们不许把我编写的代码放入即将发布的软件产品中。过去几年他们一直在这样做。而我说自己将加入他们的行列，利用周末编写代码时，他们显得很诧异。"很多人以为，到了比尔·盖茨的位置，已经不需要再亲自敲代码了，那么，这些人便是不了解和不理解极客思维。在"极客"眼中，财富和地位并不是最重要的，最重要的是自己所开发和创造出来的产品是最好的、最完美的。

在当今时代，我们需要具有极客思维的新媒体主体。

第一，极客思维者一般都是某公司或某软件（某产品）的创始人或产品总监，他们将全部的注意力和最高的要求都放到产品上，努力打造他们眼中最优秀的产品；第二，极客思维者一般都具有工匠精神，十分注重产品细节和自己的产品声誉；第三，极客思维者大都会进入一种对产品设计与开发的如痴如醉的"沉迷"状态；第四，极客思维者多能够在想象力、创造力上表现出某种过人之处。

有人总结雷军的七个产品思维，它们分别是：突破权威思维、极客思维、情感思维、专业思维、通俗思维、卖萌思维、高性价比思维。而我们通过小米公司的 Slogan 可以看出，雷军最推崇的仍然是极客思维：小米，为发烧而生。雷军曾在微博上写道："小米创始人全部是技术研发背景，我自己也是一个手机控，我们都希望做让自己满意、让发烧友尖叫的产品。"他还曾提出："发烧到底！""发烧，就是对完美的偏执！"

在运用极客思维时，我们需要注意如下五个问题（建议）①：

建议1，企业负责人要视产品为生命线；

建议2，深度体验才更有发言权；

建议3，真材实料是产品设计制造的基本原则；

建议4，价格便宜的商品也需要高质量；

建议5，产品与服务是营销的基本立足点。

这五点建议都是围绕着产品质量和服务而言的，也就是说，所谓的极客思维，是对产品质量和服务的终极追求。在极客思维者身上，我们都能够看到一种责任感和使命感，这是作为新媒体主体必须要具备的思维品质。

问题拓探

1. 既然新媒体主体要满足用户需求，那么，对新媒体的控制权到底掌握在新媒体主体手中，还是新媒体用户手中呢？

2. 当今时代，你觉得作为新媒体主体最需要担忧的事情是什么？说出来和大家讨论一下，看看谁的答案更好。

实践任务

1. 新媒体主体还有哪些思维方式呢？请结合一两个新媒体产品策划和营销案例，做成PPT给大家分享一下吧！

2. 通过查找资料和社会调查，从与教材不同的角度，重新建立一个具有逻辑自洽的新媒体主体的分类。

---

① 陈永东. 赢在新媒体思维：内容、产品、市场及管理的革命［M］. 北京：人民邮电出版社，2016.

第4章 芝麻开门：新媒体的盈利模式

章首点睛

　　在遥远的天方，阿里巴巴获得了开门的暗语，找到了宝藏。古往今来，有多少人为了找到财富入门的暗语，下足了天大的功夫。幸运的是，从洛克菲勒、福特、李嘉诚等大亨的成功，我们隐隐约约看到了古典财富成长的范本。然而新媒体时代，似乎并未重复昨天的故事。与传统大亨的筚路蓝缕、经年累月才有一番事业迥然不同，新媒体创业在极短的时间内，甚至一"瞬"暴富，已经不再是天方夜谭式的神话。在互联网的上半场，Google、Facebook、阿里巴巴、腾讯等巨头短时间内崛起，就已经彰显了新媒体盈利的魅力和财富暴涨的吊诡！那么，互联网的下半场，特别是智能化新媒体的出场，谁又将是掌握"芝麻开门"暗语的那个赢家？本章虽然无法给你提供现成的密码，但至少循着财富的蛛丝马迹，为你提供一些尝试的路径。

　　经过二十多年的大众化、商业化进程，当下互联网已经进入"下半场"：即以传统 PC 端为硬件载体的有线互联网时代，日渐进入以移动智能终端为硬件载体的无线互联网时代。不过，下半场的盈利游戏规则，并未完全否定"上半场"，而是在"上半场"基础上的升华，特别是对智能新媒体盈利模式的探索，尚处在萌芽阶段，物我联通、物物联通、万物皆灵，每天都在上演新的财富故事。新媒体人要做的是，寻找和编写更高一筹的盈利模式脚本，以便导演出人生波澜壮阔的财富大剧。

4.1 盈利模式的概念

4.1.1 盈利模式概念的相关阐释

　　关于盈利模式，国内外目前还没有形成统一的认识，是一个仁者见仁智者见智的概念。

　　美国学者 Tucci 和 Afush 认为，盈利模式通俗地来说，就是商业性主体创造利润的方法，商业性主体运用自身所掌握的全部资源，尽所有能力以实现自身赚取最多的利益，追求更多的财富和收益。[①] Paul Timmers 提出，盈利模式是一个集合产品、服务和信息流的体系结构，盈利模式包含三个要素：商务参与者的状态及其作用、企业在商务运作中获得的利益和收入来源、企业在商务模式中创造和体现的价值。[②] Michael Rappa 将盈利模式看作是评价企业水平的重要标准，认为盈利模式就是企业的生存模式，是企业与竞争对手竞争的方法论，决定了企业在同行业中的竞争水平。[③]

---

① Afush and Tucci.Internet business patterns and strategies: text and cases［M］. New York: McGraw-Hill/Irwin，2001：4-7.

② Paul Timmers.Business models for electronic markets［J］. Electronic Markets Journal，1998，8（2）：3-8.

③ Michael Rappa. Business Models on the Web: Managing the Digital Enterprise［EB/OL］. http://digitalenterprise.org/models/modes.html，2001-01-22.

国内学者郭金龙、林文龙在《中国市场十种盈利模式》中认为，盈利方式即为企业赚钱的一种方式，是研究与实现如何获得最大利润的方式。盈利模式是对所有经营资源的协同，企业持续盈利的关键是所有资源对盈利这个目标产生直接价值，盈利不是靠单一要素的作用就能够持续产生的。[①]陈月波则主要从利润点、利润源、利润来源渠道及形式等方面来研究盈利模式。[②]

4.1.2　盈利模式的相关理论

1. 价值链理论

价值链的概念，是由美国著名学者迈克尔·波特在 20 世纪 80 年代提出来的。该理论在最近 30 年中，得到了巨大的发展与扩充，并被当今企业家广泛应用到实践中，已经成为分析公司资源与能力的有力工具。价值链将企业的生产经营活动分为技术开发、生产经营、市场销售、服务等对企业价值增值起关键作用的各种活动。这些看起来互不相同但又相互影响的一系列经营活动，形成了为企业产生价值的动态过程，就是通常所说的价值链。

不同的企业具有各自的特点、优势与不足，因此不同企业的价值链存在明显的区别。而企业价值链的不同形式，反映了其采取战略的千差万别，从而形成了不同的经济收入来源。波特认为，企业的各项生产经营活动，都是其创造价值过程中必不可少的。

2. 利润要素理论

利润要素理论，主要从微观层面具体探讨企业盈利的构成要素。这一理论认为，盈利模式是由企业盈利的不同部分之间相互的联系以及相互影响所共同组成的具体系统。不同的盈利模式都有着共同的基本要素。也就是说，无论什么类型的企业，其盈利模式都可以归结为盈利点、盈利对象、盈利源、盈利措施和盈利屏障五个构成要素。由于不同行业类型的企业，具体盈利要素构成不同，因而形成了各具特色的盈利模式。

3. 长尾理论

长尾理论（The Long Tail）是由美国《连线》杂志主编克里斯·安德森在 2004 年提出来的。该理论强调的是，占据销售市场尾部 80% 品类的冷门产品，可以在互联网环境下积少成多，扩大市场规模，产生与头部市场同样的增值效应。长尾价值再造的目标，是满足人们个性化的需要，通过技术创新和网络的发展，为市场提供更丰富、更具有特色的产品，并且在努力得到客户认同的前提下，激发他们的潜在需求。这一理论试图构造出一种全新的面向特定细分市场的、具有特色化的商业模式。

从另一角度来看，长尾理论选择的是差异化战略路线，打造的是一个具有竞争力的低成本渠道的销售模式。当数百万用户的不同需求得到实现时，一定会导致长尾的出现，这样便产生了独特的需求方规模经济。当大规模的市场朝着很多小市场聚集类型转变时，"二八原理"和"长尾理论"将会同时出现在需求曲线的头部和尾部。这两个理论形成了互补关系并且缺一不可。长尾理论是在互联网形成之后商业运营环境变化产生的结果。

上述与盈利模式相关的理论阐释，为探讨不同行业、不同时代和具体企业的盈利模式，提供了重要的理论思路。

---

① 郭金龙，林文龙. 中国市场十种盈利模式［M］. 北京：清华大学出版社，2005.
② 陈月波. 电子商务盈利模式分析［M］. 杭州：浙江大学出版社，2011.

4.1.3　盈利模式概念的界定

综上所述，我们认为盈利模式有广义和狭义之分，广义的盈利模式，是对企业价值创造与提供、价值营销、价值增值等全部价值活动的有效整合的方式，其核心是企业价值增值的整体方式，通俗地讲是指企业做生意的宏观战略；狭义的盈利模式，就是直接探讨不同行业不同类型的企业具体价值增值的方式，通俗地讲就是企业赚钱的具体方法，也可以说是企业"商业变现"的战术手段。

本章所采用的盈利模式概念，是广义的盈利模式与狭义的盈利模式的有机结合。通过广义的盈利模式，着重探讨企业实现利润价值变现的整个过程，从最源头的价值创造与提供，到中间环节的价值营销，最终实现价值增值的整个企业价值活动有效整合的方式。通过狭义的盈利模式，着重探讨企业"商业变现"的具体方式。我们认为，狭义的盈利模式，实质上包含在广义的盈利模式中，狭义的盈利模式是广义盈利模式的最终落脚点。

企业价值活动各个环节有效整合的不同方式，形成了不同的盈利模式特色。

4.2　新媒体盈利模式的主要特色

盈利模式因行业和时代特点而呈现出差异化的特色。有形的物质性产品行业和无形的精神产品行业以及两者在工业化时代和新媒体时代，其盈利模式的特色各不相同。

4.2.1　相对传统物质性行业，媒体行业的盈利模式特色

传统物质性行业主要从事有形物质性产品的生产、流通、交换和分配活动，其各个细分活动领域的有形物质性产品的盈利模式特色，都是利润价值的直接"商业变现"模式：一是利润价值通过产品定价高于产品成本的形式直接体现；二是通过"一手交钱，一手交货"的直接方式而实现"商业变现"，其盈利模式是典型的直接"商业变现"模式。

而作为非物质性的媒体行业（包括前互联网时代主导的传统媒体和互联网时代诞生的新媒体），主要从事无形的精神产品的生产、传播、交换和分配活动，其基本的盈利模式，并非直接的"商业变现"模式，而是通过"二次售卖"活动而间接地实现利润价值的"商业变现"：一是"一次售卖"活动是以媒体内容或服务的"低价"甚至"免费"供给"受众"或"用户"使用，属于媒体内容或服务的"亏本"售卖活动，以期积累"受众注意力资源的规模"或"用户流量规模"；二是"第二次售卖"活动是以远高于成本的"高价"（广告价），将前期积累的"受众注意力资源的规模"或"用户流量规模"实现"商业变现"，并弥补第一次媒体内容或服务的"亏本"，从而实现整体利润价值的最终"商业变现"。

4.2.2　相对传统媒体，新媒体的盈利模式特色

尽管新媒体与传统媒体的盈利模式，总体上都属于利润价值的间接变现模式，但两者在利润价值间接变现模式的具体特色上有着明显的差异：传统媒体利润价值间接变现模式的经济基础，首先是传统媒体产品的发行或传播的规模，如报纸产品的发行量、传阅量或广电节目视听率规模大小，直接决定传统媒体产品能否间接换取媒体广告营收及其收益大小；其次是价值间接变现是建立在传统媒体内容的品牌影响力基础之上。

而由于新媒体产品的线上虚拟性，其产品的边际成本几乎为零，新媒体最初是借鉴传统

媒体的间接变现模式。其经济基础：首先是新媒体产品的用户规模，即新媒体产品的间接变现，必须以海量用户规模（亦称用户流量）为前提，其广告主的广告费、商户的佣金或用户的打赏和付费等营收的多少，取决于用户规模（远高于传统媒体）大小；其次是新媒体产品的用户使用黏性。这主要是建立在新媒体产品的用户使用体验上，体验不佳，用户随时可能离开新媒体产品（主动卸载）。

4.2.3 移动智能互联网时代的新媒体盈利模式特色

相对以传统 PC 端为硬件载体的有线互联网时代，以移动智能终端为硬件载体的无线互联网时代，新媒体的盈利模式又具有新的特色。以传统 PC 端为硬件载体的有线互联网时代的新媒体盈利模式的总体特色，基本上是以免费为主打的盈利策略。而进入移动甚至智能互联网时代，大量自媒体产品如潮水般地涌现，质量良莠不齐，优质新媒体内容或服务相对稀缺，并且由于移动支付工具的便捷性，对用户由免费向直接收费转型的盈利模式，开始成为新媒体的一种新的盈利模式趋势，但总体上不能取代以免费为主打的新媒体盈利策略，移动智能互联网时代的新媒体盈利模式将是基础服务免费，优质内容或增值服务收费并存的格局；同时无论是免费还是收费盈利模式，仍然以海量用户规模或用户使用黏性为经济基础。

4.2.4 "互联网下半场"的新媒体盈利模式特色

纵观中国目前的互联网市场，成规模的互联网企业几乎都得益于"上半场"的人口红利，前期的"跑马圈地"成为后期的发展基础。当下我国移动互联网市场的发展时代，已进入"互联网下半场"，亦即互联网市场的"人口红利"已进入相对饱和状态，新媒体对用户的获得成本和维系成本不断上升，因而，新媒体盈利模式的市场游戏规则正在悄然发生变化。

（1）在"互联网上半场"，新媒体的盈利，强调用户规模制胜（亦即"流量"为王）；而在"互联网下半场"，则强调用户黏性制胜，并以用户黏性进一步拓展用户规模。

（2）在"互联网上半场"，新媒体的盈利以基础的内容产品（服务产品）的免费为商业运营模式；而在"互联网下半场"，在免费获取的用户规模基础之上，拓展以优质内容（增值服务）为主的付费业务。

（3）在"互联网上半场"，新媒体的盈利，强调对用户的补贴与免费模式为王，追求性价比，企业需要快速地对用户"跑马圈地"；而在"互联网下半场"，即便是体量大的综合类互联网内容（服务）新媒体运营商，也不能仅仅依靠用户的广度扩张、数量增加，还需要提升对用户的相应服务质量，新媒体的盈利强调差异化和创新性带来的用户持续使用的"黏性"。

（4）在"互联网上半场"，新媒体的盈利以用户规模（"人口红利"）为生存法则，以用户规模（流量）快速增长为代表，以广度为代表，对用户"跑马圈地"，诞生出体量庞大的大型综合类互联网内容（服务）新媒体运营商（如 BAT 公司）和大型"独角兽"新媒体公司；而在"互联网下半场"，新媒体的盈利以用户黏性为生存法则，以垂直细分类互联网内容（服务）为代表，以深度为代表，以具有黏性的用户社区文化为代表，诞生出体量相对较小的中小型垂直细分类互联网内容（服务）新媒体运营商。因此，从"互联网上半场"到"互联网下半场"的演变过程，也是新媒体从综合类互联网内容（服务）新媒体运营商，到垂直细分类互联网内容（服务）新媒体运营商的演变和分化的过程。在一些新媒体市场领域，由"互联网上半场"的"头部"市场盈利格局，逐步转向"互联网下半场"的"长尾"市场盈利格局，甚至出现"头部"与"长尾"之间的相互转化。

"互联网下半场"的新媒体市场盈利游戏规则，并不是完全否定"互联网上半场"的新媒体市场盈利游戏规则，而是在"互联网上半场"游戏规则基础之上的进一步升华，强调用户的规模（流量）与用户的黏性并重，突出产品与服务并重的差异化，免费与付费并重，"头部"（规模化综合型）与"长尾"（垂直细分型）并重的市场盈利特色。

综上所述，新媒体的盈利模式从产生源头上看，首先来源于传统媒体的"二次售卖"的间接盈利模式，然后根据互联网的用户需求和体验特点，将其创新为"免费＋广告""付费，免广告"的盈利模式，"广告主间接付费与用户直接付费"正在成为一些新媒体的两大基本盈利模式。

4.3　新媒体盈利模式的实现过程

自我国互联网进入商业化、大众化发展的二十多年以来，新媒体企业的盈利模式，从实现过程来看，其价值创造与提供、价值营销和价值增值的全部过程可以转化为有效整合的"三部曲"流程："好产品"—"海量用户规模与用户黏性"—"具体的商业变现方式"。

首先，新媒体企业以打造用户需求和体验的优质好产品为盈利源头；其次，通过线上线下的有效用户运营策略，以获取海量用户规模和用户体验为盈利支撑点；最后，新媒体企业以换回广告、电商佣金或会员付费、用户打赏收入等各种具体的商业变现模式为盈利落脚点。这是新媒体企业实现盈利的不可逾越的三个重要过程，也是本章重点探讨的部分。

4.3.1　好产品：新媒体实现盈利的源头

何谓"好产品"？移动互联网市场上的好产品首先是满足了用户在某一个时代的真实需求，并且能够满足用户的特殊体验。因此根据用户真实需求和体验来开发产品是开发好产品的先决条件。

1. 发现用户的真实需求

有个很经典的例子，福特汽车公司创始人亨利·福特说，如果在马车时代询问客户有何需求，很多人可能都会回答说："要一匹跑得更快的马。"看似用户的基本需求是"马"，其实用户的真实需求是"更快"。所以，我们一定要透过现象看本质，发现用户的潜在真实需求。

目前，我国网民对于网络的基本需求大致分为四类：获取信息、娱乐休闲、沟通交流和实用服务。在这四大类产品需求中，判断用户对未来产品功能的进一步的潜在真实需求，不是简单笼统地定义用户所描述的表面需求，而是相对已上线的同类互联网服务产品，更好地满足用户的真实需求[①]。

以用户看新闻的需求为例，满足这一需求的方式在我国主要有三个层次：看新闻，不花钱海量看新闻，不花钱海量个性化看新闻。在互联网普及之前，大众报纸取代了手抄报纸；PC 端互联网时代，新浪率先发现并满足了我国第一批网民希望"不花钱买报纸，还可快速看海量新闻"的新的真实需求；进入移动互联网时代，今日头条发现并率先满足了最早一批移动网民的"不花钱海量看聚合推荐的个性化新闻"的新需求；澎湃新闻引入用户问答社区的不花钱海量看专业新闻机构原创的高品质新闻；一点资讯提供不花钱海量看个性化推荐的专

---

① 郝志中. 用户力：需求驱动的产品、运营和商业模式 [M]. 北京：机械工业出版社，2016.

业新闻机构原创的高品质新闻，同时引入社交和个性化看新闻元素。同样是看新闻，新一代新闻产品在老一代新闻产品的原有功能上，提供了更"好"的看新闻体验。

再以用户的通信需求为例，满足这一需求的方式在我国主要有三个层次：中国电信以"座机"满足了用户的"通信"需求；中国移动以手机满足了用户"方便通信"的需求；腾讯公司以微信满足了用户"便宜又方便通信"的需求，不断迭代的通信产品同样体现了更"好"的新功能。

还有用户的社交需求，从线下的日常朋友交流，到微信朋友圈的"更大范围"的网络沟通性社交，再到秘密/无秘/友秘等新一代移动社交产品的"更深度、隐私"社交，不同时代人们的社交需求也体现了一个"更"字。

以用户看视频的需求为例，用户看视频的需求从在爱奇艺、优酷、乐视视频网站上看正版或自制的长视频，发展到用"一条"看专业机构制作的原创短视频（以5分钟手机短视频为主），再到在YY、斗鱼等直播平台上看网民上传的各类全民直播视频内容。

以用户玩游戏的需求为例，俄罗斯方块是"人和机器"玩小游戏，魔兽是"网友与网友"玩"更好玩"的游戏，微信游戏是"朋友和朋友"玩"更好玩更社交化"的游戏。

以用户的购物需求为例，商场是线下实体店购物，卓越网提供更便宜和方便的网上购物，淘宝店提供更丰富的购物，京东自营提供更快更好的购物，苏宁易购提供线上订货而线下实体店可看货、提货的线上线下一体化购物。

站在移动互联网的更年轻用户的需求视角来看，网易云音乐满足小众音乐用户的听歌需求，秒拍满足网民更快更好玩地上传视频的需求，快手满足二、三线普通年轻人更方便记录生活的需求。

相对看短视频和视频直播，用户可自制视频的秒拍、美拍、美图秀秀、快手、小咖秀、一直播等社交互动型的短视频、直播制作类产品更加贴合更年轻用户更好玩的需求[①]。

综上所述，一代又一代的互联网新技术和新模式，能够更好地判断和满足用户的新的真实需求。透过我国互联网二十多年的发展，网络用户在广义的互联网产品上的真实需求，总体上体现四个"更"，即更快、更多、更便宜、更好玩。

2. 根据用户的真实需求，定位新产品的核心功能

在发现用户的真实需求后，未来的产品设计，必须先要确定如何以更好的产品新功能满足用户的真实需求。对于用户来说，产品功能的描述不能长篇大论，应以一句话简明扼要地定义产品新功能，不能过于专业，要用简短易懂的话，让用户明白产品的功用。可以采取两种方式：第一种是类比法，"做与×××一样的产品"；第二种是排除法，"不做与×××一样的产品"[②]。

3. 根据用户的体验要求，设计简单的核心功能

用户体验关注的是用户对产品的使用感受，用户体验设计包括结构设计、交互设计、视觉设计等，它不光满足用户需求，还要让用户更爽。很多产品不是功能的竞争，而是体验的竞争。

进入移动互联网时代，要想让产品的用户规模最大化，务必首先了解普通网民应用互联

① 刘友芝. 新媒体运营 ［M］. 北京：中国人民大学出版社，2018.
② 郝志中. 用户力：需求驱动的产品、运营和商业模式 ［M］. 北京：机械工业出版社，2016.

网产品的主要特征：一是除年轻用户以外，大部分用户是新互联网产品的技术"小白"，二是快节奏时代背景下用户很"懒"，不愿花时间思考和学习。因此，在用户体验设计时，要遵循"三不要两要"原则。用户体验的要义是用户的使用感受至上，从专业技术产品设计者思维转换为用户愉悦使用的体验思维。①

第一，不要强迫用户。不强迫用户升级、不强迫用户注册、不强迫用户使用，给用户自主选择权，不要为用户做决定。

第二，不要让用户思考。表达过于专业让用户看不懂、界面凌乱让用户找不到、选择过多让用户选不好，这些都会增加用户的思考。

第三，不要破坏用户习惯。用户对产品的色彩、页面结构都有较为恒定的接受习惯，一旦发生大的改变，将打破用户的惯有认知和习惯。不习惯、不舒适就是对用户体验的破坏。

第四，要简单易操作。外观足够简洁、操作流程足够简化，是互联网产品在用户体验设计时需把握的重要原则。用户操作简单才是王道。产品结构简单，从必备功能起步；使用流程简化，精简使用步骤，多设计一个使用步骤，就有让用户产生畏难、麻烦甚至退却的不良使用体验。此外，要将核心使用功能的按钮、导航、文字链接、输入框等做大做突出。微信产品上线后，能在短短两三年内达到 6 亿注册用户规模、四五年内达到 7 亿月活跃用户规模，主要得益于站在技术"小白"的普通用户视角，其产品功能设计体现了操作简单、对用户界面友好的原则。又如滴滴出行微信公众号的首要功能是出行服务，因而，在 App 界面架构方面，充分考虑用户使用时的体验需求——简单方便，在菜单栏的最左端就是"我要打车"，方便用户使用。作为将社交视为产品一大特色的网易云音乐，将分享按钮和评论按钮都安放到当前界面的一级入口，显而易见，用户可以快速地进行分享、沟通，符合产品的既定战略和设计。②

第五，要给用户惊喜，满足用户潜在需求。以网易云音乐为例，2013 年上线的网易云音乐，凭借创新和工匠精神打造了优秀的用户体验。整个 App 的默认主题是黑红色，搭配 iOS 系统的毛玻璃效果，显得既古典又新潮，让整个 App 看起来非常有格调，黑胶片的转速刚刚好，不快不慢，让人感觉很流畅很圆滑，不论你在哪个界面，无论是播放界面，还是歌单列表，对歌曲的操作都是统一的。此外，用户操作流程足够简化，由于产品核心功能是基于歌单和电台的音乐发现和分享、好友推荐功能，因而，将歌单和电台置于首页，易于操作。目前，网易云音乐已经成为市面上增长最快和口碑最好的音乐产品。③此外京东主打正品产品、次日达和良好的退换货机制，让一部分用户获得惊喜的体验，从而赢得电商第二的市场份额。

一般的新媒体产品经理往往易陷入产品功能和逻辑本身，需要以用户"学习成本最小化"的视角，再次审视你的"产品"，不要强迫用户、不要让用户思考、简单易操作、不破坏用户使用习惯、超出用户预期，优秀的产品经理的能力，不是表现在设计多么强大的功能上，而是表现在降低用户使用产品的门槛上。

互联网产品的界面设计者务必要摒弃"从设计者自身出发体现更多技术和功能"的工业思维，要真正从用户需求和体验要求出发，更好地发现和满足用户的真实需求，设计让用户操作简单的核心功能产品，这是在设计环节体现对用户友好的互联网思维，使其拥有便捷和愉悦的使用体验。

---

① 郝志中. 用户力：需求驱动的产品、运营和商业模式［M］. 北京：机械工业出版社，2016.

② 引自《网易云音乐产品分析：数据陡增背后的产品逻辑》（http://www.chanpin100.com/article/101853）.

③ 同上。

以新浪微博为例，新浪在这款微博产品问世之前，就着手对其用户的真实需求及其产品的核心功能进行了分析：用户能更加快速地找到自己需要的信息，只需要关注就行了。因而，新浪在开发这一微博产品时，就对微博产品的用户真实需求（更快，意味着信息的短小精悍）和产品的功能进行了定位，往这个方向发展，占领了市场先机。

从微信支付和支付宝的用户体验来看，微信支付体现了"用户操作简单才是王道"的用户体验设计原则，将一切做到最简单，这是微信支付与支付宝最大的差别。微信支付只是微信中的一个功能，而支付宝钱包的功能则更多。这种功能差异与产品定位有关。微信首先还是一个社交产品，用户的需求只是简单的收支和其延伸功能。"微信红包"这个功能的设计，同样遵循了简单的原则。从用户的操作过程来看，发送方通过"新年红包"公众号，选择发送红包的数量和金额，以及祝福的话语，通过"微信支付"进行支付，就可以发送给好友；接收方则在打开红包后获得相应收益，只需要将储蓄卡与微信关联，就可以在一个工作日后提现。"微信红包"由于"抢"的动作，使得其更具有"游戏性"，相对"支付宝红包"的"讨要性"，显得更为"人性化"。从普通用户的体验感来看，显然"微信红包"的用户体验设计要优于"支付宝红包"[①]。

4.3.2 用户运营：新媒体实现盈利的"腰部"支撑点

好产品的开发是新媒体实现盈利的源头，加强用户运营，首先实现海量用户规模，其次增强用户的持续使用黏性，便是新媒体实现盈利的"腰部"支撑点。

互联网新产品上线之后，要想在市场上存活下来，首先需要足够的用户总数量（如网站注册用户总数、App 产品的下载安装用户总数），这是决定产品能否转换为营收的基本前提；其次，在现有新老用户总规模中，活跃用户的占有量（占比）表明用户使用产品的程度（如产品使用频次），是决定产品市场生命力（是长期持续增长，还是在市场中昙花一现）的因素，是衡量产品是否具有持续市场竞争力和产品收入能否持续增长的关键因素。因而，基于用户规模和活跃度导向的用户运营，便成为互联网产品在互联网市场中获取具体营收，得以存活和持续发展的重要支撑点。

用户运营的目标主要有四个方面：增加用户来源量、促进用户转化率、提升用户活跃度和保障用户留存率。下面就从四个方面分别探讨用户运营的主要策略[②]：

1. 增加用户来源量的主要策略

用户"来源量"属于网络运营模式的第一个运营指标，它代表每日访问的用户数。从运营角度出发，可将用户来源区分为老用户和新用户。积极主动使用产品的为老用户，其可以通过浏览器地址栏直接输入网址进行访问，也可以通过一些即时通信工具以及其他客户端软件进行访问，其数量受产品的功能、体验以及品牌等多种因素的共同影响。新用户则由用户运营来主导，比如通过公司合作、友情链接、购买推广、网站联盟等方式来吸引用户眼球。运营手段科学合理且具有创新性，就能吸引更多的新用户。来源量不单单是新用户或者老用户某一方，而是二者的总和。所以，运营要想不断获得用户来源量的提升，不能单单抓某一方，而要二者兼顾，同时学会如何通过新用户的运营来实现老用户绝对值的增长。

以一点资讯为例，一点资讯创立于 2013 年，其在成立初期因不占天时地利人和而面临着

① 刘友芝. 新媒体运营［M］. 北京：中国人民大学出版社，2018.
② 同上.

来自今日头条的巨大挑战。为了绝处逢生，一点资讯采取一系列自救举措，其中一大成功举措便是加强与小米和凤凰网的合作。背靠小米＋凤凰，2015年9月7日，一点资讯日活跃用户达1 100万，"已进入新闻资讯应用第一阵营"。这是一种资本和用户资源的双赢合作，一点资讯不仅引来了小米和凤凰的巨大投资，小米及凤凰新媒体成为一点资讯的首轮投资方，其中凤凰对其投资总额达3.6亿元。此后，一点资讯成为小米手机和平板的预装应用之一。[①]

2. 促进用户转化率的主要策略

上面讲到的是作为访问数的来源量，而转化率则不光是用户点击访问，还需要有实际的使用和消费，即它代表的是真正产生消费的用户比例，也就是从每日的访问量中实际转化而来的有效用户。举个例子，你分享一个App链接给你的朋友A和朋友B，A、B都点进去对这款应用的具体概况进行了浏览，A浏览后觉得不喜欢这款App并立马返回关闭该浏览页面，而B觉得很喜欢且下载安装并注册登录了，则A只属于该款应用的访问用户，而B不仅是访问用户，而且是有效用户。网络运营工作的目标就是将网络中的"游客"变为产品的"用户"，而转换率在运营中是一项核心指标，它决定着产品的网络运营效率。

以今日头条、一点资讯等资讯类App及爱奇艺、腾讯视频等视频类App为例，其产生二次点击、进行内容和视频观看的用户才是转化后的有效用户；微信、陌陌、新浪微博等社交类网站，登录或发言的才算有效用户；淘宝、京东等电商类App以及王者荣耀、荒野行动等游戏类网站，其产生购买行为的用户才算有效用户。

3. 提升用户活跃度的主要策略

用户"活跃度"是用户对好产品的真正评价，活跃度指标代表用户对产品的使用程度。活跃度越高，说明用户对产品越喜欢，使用越频繁。举个例子，假设100个用户打开新浪网页，其中10个用户点击进入了娱乐频道，其他用户都离开了页面，而这10个用户又在娱乐频道看了100个视频，从这个用户访问新浪的过程，我们尝试计算几个运营指标：

来源量 =100（100个用户）

转化率 =10%（10个用户产生二次点击，持续访问新浪的娱乐频道）

活跃度 =210（用户行为次数）/100（用户数）=2.1

通过以上案例，我们可以了解活跃度的计算方法。活跃度的数值大小决定着用户对产品真正的评价。所以，活跃度是用户运营的结果指标，其提升的关键在于产品本身特点、功能以及品牌等方面的完善和创新。

4. 保障用户留存率的主要策略

新用户留下来转化为老用户表明用户对产品的初步认同，因此用户留存率也是表明用户对好产品的真正评价。

留存率是在一段运营时段内，新用户留下来转换成为老用户的比例，计算方法如下：

留存率 =（沉淀用户数 / 新用户总数）× 100%

留存率高低决定着产品发展的成败，产品用户运营的目标就是努力让新用户沉淀发展成为老用户，通过新用户的沉淀让产品用户量持续增长。如果产品的留存率低，一定不是运营问题，而是产品问题。

要有更高的留存率，归根结底还在于满足用户的体验需求。以微信iOS版为例，其围

---

① 背靠小米＋凤凰 一点资讯宣布日活跃用户达1 100万，http://tech.ifeng.com/a/20150908/41470817_0.shtml。

绕自身核心功能主线快速迭代，用户量从百万达到上亿。如在 2011 年微信推出了多个版本：2011 年 1 月，文本＋图片发布；3 月，群聊；4 月，找朋友功能；5 月，语音对讲；6 月，手机通信录＋QQ 链接；8 月，视频＋查看附近的人＋稳定；9 月，修复 Bug＋稳定性；10 月，摇一摇＋漂流瓶；等等。2012 年 4 月，朋友圈上线，下半年实现系统稳定性的处理与维护。无论哪种互联网产品，每一次新功能的推出，都能大大提高用户的停留和使用时长。

4.3.3　商业变现：新媒体实现盈利的最终落脚点

商业变现是新媒体实现盈利的最终落脚点，是指新媒体（产品）的具体盈利点，如各类网络广告、会员内容付费、电商、打赏等。

1．网络广告：新媒体实现盈利的基本盈利模式

在互联网大浪淘沙式的发展过程中，新媒体实体组织得以存活下来的原因，除了它们创新性地满足了互联网用户的新需求和新体验要求之外，一个较为隐秘的商业"秘籍"就是，它们大都从传统大众媒体的商业生存模式中得到了启发，传承并创新了传统大众媒体的二次售卖商业变现模式。其实质特征就是通过用户对新媒体产品或服务的免费使用，由广告主付费。新媒体的网络广告盈利模式，用互联网流行话语表达，就是"羊毛出在狗身上，由猪来埋单"，亦即让用户免费使用新媒体产品，以换取大量用户流量，最后通过各种具体的网络广告形态售卖给网络广告主，是新媒体的基本盈利模式。

尤其在用户规模巨大的大众化新媒体内容产品（网络信息获取类产品，长视频，或者短视频）中，网络广告成为新媒体的主要商业变现模式。

网络信息获取类产品主要包括网络新闻、搜索引擎、问答社区、社交媒体等。优秀的网络信息获取类产品，主要有网络新闻类的新浪（含新浪微博）、搜狐、今日头条、澎湃，搜索引擎类的百度、搜狗、谷歌，问答社区类的百度知道、知乎，以及一些微信公众号类的自媒体，较为典型的如知识教育类的罗辑思维、视知，生活美学类的一条、二更。总体上，这类网络信息获取类产品的主要收入模式是各类网络广告，以在线营销产生的网络信息推广收入为主。

新浪和今日头条是以为网络用户提供网络新闻为主营业务的专业新媒体公司，其主要收入来源是网络新闻产品的广告收入，其中，新浪的广告收入来自 PC 端的新浪网和移动端的新浪新闻客户端以及作为移动社会化媒体的新浪微博。新浪微博兼具网络新闻和社会化自媒体的特点。在 Web 2.0 和移动互联网的大背景下，显示性广告、移动互联网广告、搜索广告成为信息获取类产品互联网广告的三大主线。其中新浪网以显示性广告为主线，今日头条以精准化的移动互联网广告为主线，百度、搜狗、谷歌以搜索广告为主线并逐步由 PC 端搜索广告向智能手机终端的移动搜索广告发展。三大主线中，移动化、智能化、精准化搜索广告是主要方向。

进入移动互联网时代，具有更好广告投放效果的社交广告和智能推荐广告的变现方式，受到移动广告商家的青睐，增长很快。如腾讯 2015 年第四季度网络广告业务收入同比增长 118%，达到 57.33 亿元人民币，其中，效果广告收入同比增长 157%，达 29.16 亿元人民币，主要源于 QQ 空间手机版、微信公众号广告以及新推出的微信朋友圈广告服务的增加。2016 年 10 月 20 日，今日头条已经超额完成 60 亿元的年度广告收入目标。虽然在短期内，搜索广告暂时不会受到很大影响，但从长远来看，作为基础应用，搜索引擎将继续向连接更多信息、更多商品、更多服务、更多个人、更多产业的基础支撑技术和流量分发渠道方向发展，搜索流量价值的广告变现方式将成明日黄花。[①]

从网络广告发展的历史来看，网络广告总体上经历了四个阶段：第一阶段是门户广告，内容控制权在门户，推送给用户的内容千人一面；第二阶段是搜索广告，依关键词排序，屏幕控制权逐渐交还用户；第三阶段则是社交广告，用户自定义内容，在用户交互过程中，内容的门槛越来越低；第四阶段则是个性化智能推荐广告，以个性化的用户内容智能推荐满足广告商的需求。

2. 新媒体付费：从内容付费到周边产品付费

进入移动互联网时代，随着消费升级和终身学习的趋势，新媒体盈利面临着国家宏观层面严厉打击盗版的版权生态环境的优化，知识付费及其衍生收入模式逐步发展成为移动社交型知识性内容产品的另一种新兴的收入模式。

罗辑思维是较早尝试知识付费收入模式的。罗振宇创立的罗辑思维，号称影响力最大的移动互联网知识社群，其收入方式是多元化的。首先是会员费，"发起会员"只收 5 000 人，"铁杆会员"只收 500 人，发起会员 200 元 / 人，铁杆会员 1 200 元 / 人，招满为止。5 500 个会员名额短短几小时被抢空，160 万元轻松到账。其次是电商收入，其在公众号上销售的图书、月饼等产品总是供不应求。除此之外，罗辑思维还有随之而起的广告费、粉丝打赏费、授课费、互联网讲座出场费等。

真正的知识付费收入模式，起源于 2015 年，兴盛于 2016 年。喻国明教授等在《线上知识付费：主要类型、形态架构与发展模式》中较为系统地梳理了我国知识付费的兴起和发展过程[②]。

2015 年 3 月，果壳网推出产品"在行"，用户可以通过付费的模式一对一约见不同领域的专家。2015 年年末，罗辑思维推出了知识付费订阅的应用程序"得到"，该应用上线不到 3 个月便积累了 42 万用户，付费率高达 20%。2017 年 3 月，罗振宇停止更新周播视频并退出其他音频平台，其音频产品只在"得到"App 独家发行，以罗振宇、李翔、李笑来为代表的意见领袖吸引了海量粉丝并逐渐搭建起自主的内容付费体系。知乎于 2016 年 3 月和 4 月连续推出了两款知识付费产品，分别是实时问答互动产品"知乎 Live"和一对一付费咨询产品"值乎"。2016 年 5 月，早已布局知识付费市场的果壳网上线了新型付费语音问答新产品"分答"，并邀请王思聪、佟大为和冯仑等各行各业的大 V、网红入驻平台，以偷听回答的形式激发偷听者的窥私欲和好奇心，以此来吸引更多用户。"分答"上线仅 42 天，授权用户超过 1 000 万，付费用户多达 100 万，33 万人开通了分答主页面，产生了 50 万条语音问答，交易总金额超过 1 800 万元，复购率达到 43%。

果壳、知乎等知识共享平台在知识付费领域的成功尝试推动了在线音频分享平台的试水。以喜马拉雅 FM、荔枝 FM 为代表的音频分享平台借助音频产品易于传播分发的优势开启了音频类知识付费产品的尝试。2016 年 6 月 6 日，喜马拉雅 FM 开始尝试付费订阅，由前央视主持人马东携手《奇葩说》优秀辩手创办的《好好说话》一天内共计售出 25 731 套，销售额突破 500 万元。音频类知识付费产品得天独厚的特性，让知识学习和信息接收更为便捷，相比文字和视频更容易满足碎片化移动互联场景下用户的需求。

① 搜索监管更严格，价值转化需创新，http://it.people.com.cn/n1/2016/0803/c406323-28606964.html.
② 喻国明，郭超凯.线上知识付费：主要类型、形态架构与发展模式［J］. 编辑学刊，2017(5).

2016年，知乎作为定位较为高端的网络问答知识型社区平台，在原生广告和品牌展示广告的基础之上，大力推出了多元化的付费收入项目如付费授权、专栏赞赏、知乎Live、值乎，知识电商如知乎书店（可直接在知乎购买、下载知乎电子书和阅读），线下活动如知乎盐Club。

近年来，我国新媒体付费盈利模式，正逐步从内容付费向周边产品付费延展。

作为社交和音乐相结合的垂直社交产品，唱吧结合自身的优势和布局，从虚拟礼物（道具）、广告、会员、电商、演艺经纪等方向进行商业化的探索，整体布局围绕着音乐与社交两个方面。由于唱吧红人的高人气与强粉丝互动，目前唱吧的虚拟礼物（道具）收入占整体收入的比例为70%~80%。

3. 多元化的"商业变现"方式，正逐步成为新媒体盈利的新趋势

由于新媒体的市场竞争日趋激烈，我国新媒体企业在前期的"好产品"开发和用户运营环节的成本不断攀升，单一的"商业变现"方式，已难以让新媒体企业实现最终的盈利，甚至难以维系正常的持续经营活动。因而，一些新媒体企业，根据其自身新媒体的特点，努力尝试探索多元化的"商业变现"方式。

腾讯是典型的"头部"多元化盈利模式企业，以各类增值服务收入和网络广告收入以及其他服务收入等多元化营收为主。腾讯公布的2017年度财报显示：增值服务业务2017年第四季度的收入同比增长37%，达到399.47亿元人民币。网络游戏收入同比增长32%，达到243.67亿元人民币。网络游戏收入增长主要反映来自公司的智能手机游戏（包括《王者荣耀》等现有游戏以及《乱世王者》与《经典版天龙手游》等新游戏）的收入增长，该项增长亦反映来自公司个人计算机客户端游戏（如《地下城与勇士》及《英雄联盟》）的收入增长。社交网络收入增长45%，达到155.80亿元人民币。该项增长主要由于订购视频流媒体及直播等数字内容服务与游戏内虚拟道具销售的收入增长。网络广告业务2017年第四季度的收入同比增长49%，达到123.61亿元人民币。媒体广告收入增长22%，达到41.21亿元人民币，主要受益于公司的腾讯视频（视频流媒体服务）收入的增长，部分被公司改进新闻应用的广告系统所导致的广告资源减少所抵消。社交及其他广告收入增长68%，达到82.40亿元人民币，主要由于来自微信（主要是微信朋友圈及微信公众号）及公司的广告联盟的广告收入增长。其他业务2017年第四季度的收入同比增长121%，达到140.84亿元人民币。该项增长主要受公司的支付相关服务及云服务收入的增长所推动。[①]

一些着眼于开拓新媒体的"长尾"市场的垂直细分型新媒体企业，根据其自身新媒体的特点，也努力尝试探索多元化的"商业变现"方式。

在移动自媒体领域，大量自媒体人使用自媒体平台（博客、微博、微信公众号、客户端运营平台、直播平台等）提供的自媒体传播工具（自媒体账号），在自媒体账号上自主生产新闻资讯或其他内容或信息，借助自媒体平台的后台传播技术的支持，在自媒体平台泛在化地传播。自媒体平台与自媒体人的关系，犹如大型超市与租赁专柜的共生关系。自媒体平台如同大型超市，在初开业时以免费等各种优惠条件吸引激励自媒体人或机构开设自媒体账号；而当某自媒体账号的阅读量达到一定级别时，自媒体账号便开始向用户收费。如以每天60秒知识传播走红的自媒体微信公众号——罗辑思维在拥有大量粉丝会员时，就自主开发了付费型App——"得到"。

---

① 腾讯公布2017年度财报全年总营收2 377.6亿元，http://tech.qq.com/a/20180321/030319.htm.

各大自媒体平台中的自媒体人收入，大部分来源于流量主或其他流量分成（占比 35.5%）和软文广告（占比 30.7%），二者占其总收入来源的 66.2%，一部分自媒体人可获取少量稿费、电商、打赏收入，如图 4-1 所示。

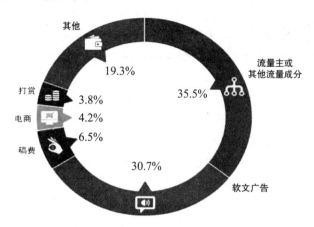

图 4-1　2017 年所国内自媒体人的主要收入来源占比

（资料来源：新华网数据新闻《2017 年中国自媒体从业人员生存状况调查》）

　　然而，从自媒体人与自媒体平台的总体收入对比来看，除了以罗振宇、papi 酱为代表的自媒体人拿到高额融资、受到资本市场的重视外，自媒体人的整体营收普遍不高。数据显示，超过七成自媒体人月营收在 5 000 元以下，仅一成自媒体人月营收超过 1 万元。而自媒体平台大多受到资本市场的重视甚至追捧，融资少则几千万，多则几十亿。典型的如今日头条，早在 2012 年，今日头条还没有上线的时候，其隶属的北京字节跳动有限公司便拿到了 500 万美元 A 轮融资，2013 年获得 1 000 万美元 B 轮融资，2014 年获得 1 亿美元 C 轮融资额，2016 年完成 10 亿美元 D 轮融资，在资本市场估值 110 亿美元，2017 年完成 20 亿美元 E 轮融资，在资本市场估值 200 亿美元。

　　以移动社交领域的垂直细分型企业陌陌为例，在社交定位上更趋于本地和兴趣，虽与腾讯略有不同，但本质上都是一样的。陌陌的收入结构与腾讯颇为相似，"增值 + 游戏 + 广告"已成陌陌营收的"三板斧"。2015 年第一季度陌陌收入主要来自以下几方面：一是会员订阅服务营收，共 1 300 万美元。二是移动游戏营收，共 610 万美元，同比增长 212%。陌陌平台第一季度发布了 8 款游戏，线上共有 17 款游戏，并且与陌陌吧等频道打通。三是移动营销服务营收，共 600 万美元，58 同城和阿里是陌陌的大客户，同时陌陌还接受蜜淘等广告主的广告投放。四是付费表情和礼物商城等其他服务营收（增值业务和自营电商），达到 110 万美元。[①]自 2016 年 4 月起，陌陌发布重大产品升级，将直播业务提升到了重要的位置上，同时发布了独立直播应用"哈你直播"。一系列动作后，直播服务与陌陌核心社交业务产生了显著的协同效应。通过直播，用户在陌陌平台上获得了全新的社交和寻找乐趣的方式，直播服务在陌陌用户中持续渗透。[②]总之，陌陌基于自身的特色和优势，在商业模式方面具有较为完善的布局和整体思考。目前陌陌已经在直播、移动营销、会员订阅、游戏等服务上形成了较

① "陌陌赚大钱了，未来如何赚更多钱？" http://www.fromgeek.com/car/51380.html.
② "陌陌受邀参加 2016 中国网络文化产业年会"，http://mo.techweb.com.cn/phone/2014-06-17/2438734.shtml.

你知道星巴克进入中国饮品消费市场，用的是什么营销方法吗？你知道星巴克除了让你喝咖啡，还有一个免费音乐专辑的名字是什么吗？

一"课"拍案

为成熟的发展模式，其中直播与移动营销为陌陌的营收贡献最大。

游戏直播的主要盈利来源有以下四种：第一，用户付费充值，即粉丝打赏，粉丝充值购买礼物给主播，平台与主播按比例分成；第二，游戏联运，即网络平台与游戏厂商合作进行产品分发导流；第三，广告，即网站上可以出售广告位，也可以在直播时植入广告画面；第四，电子商务，即科技产品、休闲娱乐产品的导流。

如斗鱼直播以游戏直播为主，涵盖了体育、综艺、娱乐、户外等多种直播内容。其主要盈利来源是用户付费充值、广告和游戏联运。斗鱼平台的用户成为游戏直播的粉丝，粉丝充值购买礼物打赏给主播，主播和斗鱼平台按比例分成；斗鱼平台可以将广告位出售给广告主，或者在直播时将广告画面植入直播；网络游戏和手机厂商也可以和平台进行联合运营并且按比例分成，此时一部分用户将成为游戏或手机的消费者。

综上所述，多元化的"商业变现"方式，正逐步成为新媒体企业探索盈利模式的新趋势。

4.4　新媒体盈利实战技巧

有学者认为，有偿阅读、有偿下载、有偿观看、有偿参与等内容产品盈利，与二次销售、贩售广告、平台获利、增值服务一起，形成早期新媒体盈利的多样化、个性化模式。[①] 无论是以传播模式为切入点，或是以传播内容作为切入点展开的盈利模式研究，搜索引擎、新闻网站、门户网站、购物网站始终是早期研究的关注对象。在对《赫芬顿邮报》、BuzzFeed、Snapchat 等国外新媒体项目的个案研究中，学者探察了"品牌内容"模式、共享广告模式、"发现"功能模式等全新的盈利模板，为新媒体盈利模式的研究与探索做出了可贵尝试。近几年出现在美国的社会化问答网站 Quora、专注于技能分享的在线教育平台 Skillshare，都有着"知识变现"类媒体产品相似的功能定位。但用户付费习惯优于我国的欧美，"知识变现"的尝试仅仅局限于传统媒体，智能新媒体盈利模式的探索也还处在萌芽阶段。

4.4.1　方法一：内容付费

无论过去、现在还是将来，优质的内容永远不会过时。尽管传播学大师麦克卢汉曾经预言"媒介即讯息"，我们可以理解为新兴媒介会因为方便快捷、人性舒适为讯息传播插上翅膀，不过，再智能的媒介或者成为信息的装饰，但绝不可能取代优质的内容。当然新媒体区别于传统媒体最显著的盈利点，就是向用户有偿地输出优质的内容产品而获利。从信息的表现来看，优良的内容输出通常是兼有文字、音乐、视频、体验等融媒体形式。

1. 文字有偿阅读使用

提供有偿下载及阅读服务的一般是专业的数据网站公司，用户通过付费来进行文字内容的使用。自媒体平台通过内容产品盈利的最直接方式就是"付费订阅"和"用户打赏"功能。豆瓣阅读 App 上的"付费阅读"专栏就是内容盈利的典型案例，专栏的前 3 篇文章默认免费，后续内容由作者自行决定何时转为付费，采用单篇付费的形式。豆瓣平台收取 30% 的平台费，

① 吴江文. 新媒体盈利模式探析［J］. 当代传播，2010（1）.

作者获得净收益的 70%。而清博大数据则是用户要充值之后，才能享受清博大数据实时监控的数据。同时会员制度也是在此种情况下的一种盈利模式。用户根据自己的意愿以及网页的提示，通过提供详细信息注册成会员，网站提供不同会员享受不同级别的内容产品。

2. 视频有偿观赏享受

现在的视频收费形式跟会员制度相融合，用户通过购买视频网站的会员，享受"完整的视频观看""时间上的优先权"等，比如，很多视频网站会有一种视频观看形式，"试看 5 分钟"，不是会员的流量用户可能只能享受一部分内容产品。如芒果 tv 的"会员提前看"，视频内容《明星大侦探》第一季和第二季产出时间为周五，一般用户可以看第一季，第二季只有会员才可以看，利用受众对第二季链接第一季之间的剧情的好奇心，引导用户购买会员，享受视频输出内容。

3. 有偿参与更好体验

上文已经分析过比较典型的案例是罗辑思维公众号生产的"得到"App。现在很火的网络游戏《王者荣耀》，用户要得到更好的内容参与体验，就要进一步消费。用户玩游戏的同时，游戏商还开发了真人版的《进击吧！王者》，利用网络游戏的火爆内容，结合传统媒体，开发新的内容产品，进行利益渠道的拓宽。另一种典型的体验式盈利模式是线上内容传播、线下开设课程，线上的免费内容传播，到线下的汇聚有名的专业讲师讲课，不仅实现了受众的深度体验，也拓宽了新媒体的盈利模式。

4.4.2 方法二：知识变现

近年来，资本对于"知识市场"的青睐、互联网思维加速推进媒介样态革新，使"知识变现"盈利真正落地。2016 年被称为"知识付费元年"[①]。36 氪、界面、喜马拉雅 FM 等新媒体项目获得上亿元融资；2016 年 5 月，果壳网推出的一分钟语音知识付费 App——"分答"一经上线，就在没有任何大型推广的前提下，在朋友圈以口碑病毒式广泛传播，创造了"上线一个多月交易金额近 2 000 万"的财富神话；2016 年，知乎作为定位较为高端的网络问答知识型社区平台，在原生广告和品牌展示广告的基础之上，大力推出了多元化的付费收入项目如付费授权、专栏赞赏、知乎 Live、值乎，知识电商如知乎书店（可直接在知乎购买、下载知乎电子书和阅读），线下活动如知乎盐 Club。

截至 2017 年 5 月，"知乎 Live""分答""红豆 Live"都成为知识付费市场上影响力较大的主流应用。而国内最大的音频 App "喜马拉雅 FM"，早已将界面宣传广告改成"听，见真知"，其旗下知识音频节目《好好说话》上线首日，销售额便突破 500 万元，平台打造的"123 知识狂欢节"，24 小时成交额破 5 000 万元。[②]

这些知识付费平台的走红，意味着新媒体的又一盈利模式——"知识变现"的成功落地。这也再次印证了智能互联网时代媒介产品的特质，以社交网络为关系平台，将智力资源与技能资源，带入信息网络实现流动与调配，并同步达成资本盈利。从严格意义上看，"分答"App 作为首个成功推广知识付费营销模式的新媒体产品，仅仅能够代表"知识变现"盈利模式中音频传播为主的一种类型。此外，为用户提供独家、可持续内容服务的新媒体产品"罗辑思维"，尝试了顶尖内容订制的知识分享模式；36 氪、虎嗅为代表的科技媒体尝试了深度报道科

① "知识付费"风口来袭［N］. 经济日报，2017-04-06（13）.

② 宗媛媛. 知识付费，实用还是噱头［N］. 北京晚报，2017-05-11（20）.

技新闻的付费内容订阅模式。

2017年国家信息中心分享经济研究中心发布《中国分享经济发展报告2017》，指出发展分享经济是践行"就业优先"战略的重要抓手，预测"未来几年，我国分享经济将保持年均40%左右的高速增长，到2020年分享经济交易规模占GDP比重将达到10%以上"[①]。这与"知识变现"的盈利模式不谋而合，媒体内容创造出简单信息传递外的、更高层次的价值内涵。

尽管"分答"App的盈利模式仅为个例，"知识变现"的成熟盈利模式依旧在探索，但"分答"的崛起，至少勾勒出知识经济背景下新型媒体产品的创新趋势：一是"内容传播"时代已到来，"内容为王"始终是媒体产品核心竞争力，特色化、独创化的内容本身，而非其他附加价值，成为影响媒体产品成功的重要因素。二是新兴社交媒体广泛的关系网络为信息资源的多元整合提供了支持与保障，媒体产品与社交媒体的交互运用成为传播趋势。三是受众的个体感受愈加受到重视，"情感化""私属化"的体验感凸显了新兴媒体产品对于受众主体的关注程度，也决定了新媒体产品未来成功发力的方向所在。

4.4.3　方法三：出售广告

很多微博社交媒体人被称为"微博大V"，粉丝、流量和关注度都是变现盈利的法宝。"微博大V"们拥有的粉丝数往往就是其影响力、传播力以及意见领袖的具体表现，广告宣传的价值非常明显，许多商家会主动通过"微博大V"进行宣传营销，自媒体人通过宣传商品获得收益分成，"微博大V"们的影响力的大小往往决定着收益的多少。微博新媒体的个性化特点能够帮助广告主实现广告的精准投放，新媒体本身就拥有形式多样的载体，其中广告资源更是多种多样。

1. 视频广告

影视广告这种形式是由传统电视媒体延伸而来的，常见于IPTV电视、移动电视等的影视终端。新媒体内容供应商会在媒体内容产品中，巧妙植入商品或者品牌的广告。比如电视剧《三生三世十里桃花》中的商品（蘑菇街）植入、综艺《明星大侦探》中道具"手机"的品牌植入等，这种广告传播，无须另外付出打广告的时间及空间。还有一种比较常见的视频广告形式就是贴片广告，往往见于节目正式播出之前。

2. 互动广告

与受众有较强互动的广告中，直播可以说是经典的代表，千万受众有千万需求，网络的海量信息和直播的实时互动，可以在短时间内满足大量受众的各种需求，为受众提供各种各样的广告以及广告活动。还有一种就是网页上常见的点播广告，当广告和消费者自身的实际需求达到一定匹配度的时候，用户就会跟产品广告之间有互动，点击观看广告内容。这种形式避免了强制性地让用户体验产品广告的弊端，是一种良性的广告互动模式。

3. 隐形广告

实际上搜索引擎广告就是隐藏形式的广告，这种广告类型不会与受众之间产生最直接的冲突，会在受众主动的相关搜索过程中，潜移默化地达到传播的效果。搜索引擎广告包括竞价排名、关键词搜索等。

---

① 国家信息中心分享经济研究中心，中国互联网协会分享经济工作委员会，中国分享经济发展报告2017［EB/OL］．
［2017-02-28］. www.sic.gov.cn.

4.4.4　方法四：数据画像

数据画像就是根据用户的静态基本属性和动态行为数据，来构建一个可标签化的用户模型。静态属性包括个人基本信息（地域、年龄、性别、婚姻），家庭信息，工作信息等。动态行为则包括购买行为，点击行为，浏览、评论行为，营销活动参与行为，退换货行为，支付行为等。利用大数据进行用户画像的核心，还是为了后续有针对性的二次销售。当我们想要组织一次精准的针对性营销时，首先要确定的就是营销的用户群体，那么就要利用大数据来精确定位这个群体。

智能大数据时代，最主要的特点就是用户的所有消费个性，都可以通过历史数据的分析进行精准的概括。新媒体是基于网络大数据生存的，大数据对新媒体用户的点击或下载，都有很明确的数据库，通过数据库中的相关大数据，对用户进行消费个性画像，就可以从历史的消费者群中，甄选出对媒体有着更高忠诚度的受众，进而向这部分受众进行升级后产品的二次精准销售。现在很多小微企业，在运营上并没有强大的资金量来支撑企业做很多曝光性的广告，在很大程度上，这部分企业主要是通过"老用户的再次消费"来维持运作以及获得盈利。小微企业通过数据画像，建立用户群，定期维护老用户，通过这部分老用户的再次消费以及人际口碑传播来获得利润。

譬如，作为国内互联网巨头之一的腾讯，面对月活跃度用户达到亿级的 QQ 空间，当然不会浪费 QQ 空间的大数据资源。"抢疯了"的红米，正是基于 QQ 空间的大数据分析，才获得如此火爆的效果。他们开发了一个社交体系的平台型广告投放系统——广点通，通过这个系统就可以进行数据的精准配对。广点通基于对 QQ 空间的用户进行数据分析，确定对红米手机感兴趣的用户，再向他们推送红米的活动。精准配对下的用户又会点击关注红米的认证空间，同时分享到好友圈子里，直接用户的二次口碑传播，实现了倍增的曝光效果和提高目标人群的参与度。在第一轮"红米"促销结束后，QQ 空间能够发出对此次购买红米手机的客户的性别、年龄及地区的数据统计，并把这些数据反馈给小米公司，让小米公司在下一轮的活动中进行更精准的营销。信息大爆炸的时代，数据画像能为我们过滤掉超载的信息，找到有价值的营销信息。数据画像无形中改变了商业的传统模式，创造了更大的经济效益。大数据像埋藏在地底深处的钻石，值得我们去发现和挖掘。

4.4.5　方法五：长尾增值

新媒体平台可以向用户提供很多增值服务，比如游戏中的道具、电信运营商的定向短信服务、短信代收代付（回复短信订购）等。娱乐类新媒体也可以考虑增加网络游戏功能。艾瑞咨询透露，2016 年中国网络游戏市场规模就达到 415 亿，环比增长 1.3%，其中移动游戏占比过半。PC 游戏市场规模达到 203.4 亿，环比缩减 3.7%。移动游戏市场规模达到 200 亿，环比增长 6.7%。We Media 是国内比较著名的自媒体联盟，它的运营模式，是通过微信公众号为众多订阅者提供时下热点事件的一线解读和观察，广告和软文是其盈利的主要来源。这种抱团取暖的联盟，不仅仅是简单地集合在一起，更重要的是自媒体之间互相借力、拓展用户辐射范围，盈利空间自然也随之拓宽。

2011 年百视通重组上市，公司在年末推出了"百视通八大明星产品"，吹响了"2012 百视通制造"的号角。八大明星产品覆盖面广，多屏涵盖体育、影视、少儿、高清纪实、电视社区、全能音乐等，成为 IPTV 收视的第一阵营。广电专家吴纯勇表示，"新媒体企业聚集采购大批量内容，有利于打破版权割据格局的坚冰，形成长尾效应。百视通内容品牌的建立将为上市后续发展夯实基础"。

问题拓探

1．你如何理解互联网已经进入"下半场"？
2．为什么说"好产品依然是新媒体实现盈利的源头"？
3．怎么理解"商业变现：新媒体实现盈利的最终落脚点"？

实践任务

1．参与或者设计一个新媒体变现案例。
2．剖析一个成功的新媒体盈利案例。

中篇　新媒体形态篇

　　媒体和媒介，这两个概念使用上的混乱，给新媒体的分类，带来了困难。不过，如果你认同了词汇是在约定俗成之中不断发展变化的这一规律，并且看到人们不再用媒体指称社会组织和传媒机构这一语用现象的话，这一难题就迎刃而解了。如上篇所说，我们将媒介和媒体，在信息的载体这一意义上统一起来，新媒体的形态就会清晰起来：宏观上，物质新媒体和信息新媒体构成了新媒体的两大类型。以智能手机、可穿戴设备等为引领的物质新媒体，纳入新闻与传播学的研究视野，无疑拓展了新媒体理论研究和实践探索的边界。有如认知科学领域的图像转向，解释了如今视觉文化的兴盛和读图时代到来的合理性，而在智能时代，对物质新媒体的关注和探索，或者说硬件转向，就是新媒体研究和教学领域的必然选择。至于信息新媒体，也并非故弄玄虚，只不过是对当下人们语用现象的概括罢了。不过，值得注意的是，以往学界将过多的目光投注在信息新媒体之上，这份热情也同样体现在已经出版的诸多教材中，而如今随着人工智能的强势登陆，回归硬件，用智能重塑和扩张我们对新媒体的认知，应当是学术范式革命的题中之义。尽管现实进程中智能物质新媒体仍处于探索阶段，这一范畴下的各种新媒体形态，尚未形成纵深的丰厚知识体系，但本教材仍想为此做出一点小小的努力，将此类新媒体在中篇单列一章；而信息新媒体，将其分为社群新媒体、公众号新媒体、平台新媒体、展示新媒体、App新媒体、游戏新媒体六大类，在随后的章节中分而论之。

第 5 章　物质新媒体：原子搭建的传播舞台

章首点睛

功能越来越强大、以计算机与手机为代表的物质新媒体，越来越成为我们须臾不可离开的东西，可以说，它们的身影几乎无所不在，它们的功能无人不需。但是如何熟练地让这些新媒体为人服务，却是关乎使用者的技巧和能力的问题。熟悉者玩于股掌而得心应手，生疏者则羁绊在身寸步难行。有人把计算机技能，称作进入 21 世纪的通行证，而各种智能设备将成为未来人类的普配"器官"，而如何使用这些"器官"和工具，对于从事新媒体行业的人来说，更是一种必不可少的学习内容。

从信息论角度，我们得知，世界是物质的，也是信息的，而信息的表征与传播，需要载体。我们在第 1 章里，提及新媒体作为信息的载体，包含物质和信息两大类型，本章就来学习物质新媒体。物质新媒体就是具有物质属性的、可以表征和传播信息的载体。物质是由原子构成的，原子的不同排列，演绎了五花八门的物质品类。在漫长的历史中，随着人类不断增长的传播需求，各种得以胜任信息传播的物质被相继开发出来，从岩石竹帛到纸张手机，从计算机硬件到可穿戴设备，物质新媒体一次又一次地拓展着它的领地。这些物质新媒体越来越繁杂，功能越来越多。那么新媒体人应该掌握哪些重要常识和技能呢？

5.1　计　算　机

计算机，英文为 computer，是一种按照程序运行，自动、高速处理海量数据的电子计算工具。科学家最初设计它的目的是想代替人工，从事烦琐、精密的数字运算，但随着技术的飞速发展，它的功能越来越强大，如今已突破原有阈限，被广泛应用到工业自动化控制、信息收集分析处理、图像识别、文章翻译等非数值处理等社会各个领域。

5.1.1　日新月异：计算机进化的历史与未来

自 20 世纪中叶第一台电子计算机问世以来，计算机的发展，大致经历了从电子管、晶体管、中小规模集成电路，到大规模和超大规模集成电路计算机 4 个发展阶段。

1. 计算机的产生

17 世纪后，西方产业革命的到来，推动了计算工具的进一步发展，在欧洲出现了能实现加、减、乘、除运算的机械式计算机。而对现代计算机的产生做出杰出贡献的科学家，是英国剑桥大学的图灵（Alan Turing）。早在 1936 年，图灵就发表了著名的《理想计算机》论文，他在该文中提出了现代通用数字计算机的数学模型，后人把它称为"图灵机"。冯·诺依曼在世时，曾不止一次地说过："现代计算机的设计思想来源于图灵。"[①]

1944 年，美国物理学家艾肯（Howard Aiken）领导完成了第一台机电式通用计算机，主要组件采用继电器，是一台可编程序的自动计算机。

世界公认的第一台通用电子数字计算机，是美国宾夕法尼亚大学莫尔学院电工系莫克利（John Mauchly）和埃克特（J.Presper Eckert）领导的科研小组制造的，取名为 ENIAC（Electronic Numerical Integrator And Culculator，电子数值积分和计算器）。该计算机由 18 000多个电子管、1 500 多个继电器等组成，占地 170 平方米，重 30 吨。

冯·诺依曼（Von Neuman）与莫尔学院的科研组合作，提出冯·诺依曼型计算机。该计算机采用"二进制"代码表示数据和指令，并提出了"程序存储"的概念，它奠定了现代电子计算机的基础。

2．计算机的发展历程

计算机的发展与电子开关器件的发展密不可分，因此经常采用开关逻辑部件来划分计算机的发展年代。

（1）第一代计算机（1946—1957 年）：逻辑元件采用电子管，主存储器采用延时线；体积大，功耗高，运算速度较低，只能应用机器语言编写程序，但奠定了计算机发展基础；应用领域以军事和科学计算为主。

（2）第二代计算机（1958—1964 年）：逻辑元件采用晶体管，主存储器采用磁芯和磁盘，可以管理输入、输出设备；软件方面已开始使用高级程序语言。

（3）第三代计算机（1965—1971 年）：逻辑元件采用集成电路，主存储器开始使用半导体存储器，开始向多元化、系列化发展，以实现软件兼容；体积和功耗大大减少，性能和可靠性大大提高。

（4）第四代计算机（1972 年至今）：逻辑元件采用大规模和超大规模集成电路。第四代计算机的发展速度快，其代表产品、存储容量、运算速度、硬件和软件特征千变万化，日新月异，它所带来的巨大影响是前三代机无法比拟的。[②]

3．未来的计算机

自进入第四代计算机时代以来，计算机的硬件与软件技术都获得了惊人的发展。计算机系统向微型化、巨型化、网络化和智能化的方向发展，计算机系统软件的功能日趋完善，规模越来越大，应用软件的开发日趋简便，音频、图像、视频等多媒体技术的兴起引起了计算机应用领域的革命。

然而，计算机的革命没有止步，仍然在向第五代、第六代持续发展。它的研发趋势体现在以下几个方面。

（1）超级计算机。它采用并行计算和新型的程序设计形式，主要用于大规模的数值计算并试图通过并行计算来取得高性能。2018 年 6 月 8 日，美国能源部下属橡树岭国家实验室宣布，造出一台名为"顶点"（Summit）的超级计算机，据橡树岭国家实验室发布的数据，"顶点"的浮点运算速度峰值可达每秒 20 亿亿次。2018 年 6 月 25 日，根据全球超级计算机排行榜 top500（www.top500.org），全球超级计算机前五名分别是美国"Summit"、中国"神

①　王玉龙．计算机导论［M］．3 版．北京：电子工业出版社，2009．

②　郑顾平，曹锦纲，梅华威，等．计算机导论［M］．2 版．北京：中国电力出版社，2011．

威·太湖之光"、美国"Sierra"、中国"天河二号"和日本"AI Bridging Cloud Infrastructure（ABCI）"。值得注意的是，"神威·太湖之光"全部采用国产申威处理器构建。[①]

（2）光计算机。光计算机是一种由光信号进行数字运算、逻辑操作、信息存储和处理的新型计算机，其运算速度比普通的硅芯片电子计算机快 1 000 倍。因为光与电子相比，具有显著的优越性，如在实际应用中，硅集成电路执行开关操作时，电子的运动会受到各种各样的阻碍，其运动速度只有光速的千分之一，且电子在运动过程中遇到阻碍时，还会消耗能量；而光在传播过程中是没有这一缺陷的，光速可达到 300 000 km/s。1989 年，日本三菱电机公司试制成功了世界上第一台能识别 26 个英文字母的光计算机。这种光计算机已被用于雷达测试、信息处理、石油勘探、地震预测、遥感技术等不同的方面。

（3）生物计算机。生物计算机是一种能在人体应用的有机体计算机。这种计算机的电路系统，是由像活细胞一样的合成蛋白分子组成的。它是一种微型计算机，甚至可以注入血液中监视体内的情况，纠正行为失衡现象等。科学家预测，由蛋白质构成的集成电路，其大小仅为现有硅集成电路的十万分之一，而开关速度可达到一亿分之一秒。生物芯片的使用会给计算机的电路系统带来一场革命，其记忆能力和运算速度都是现代计算机所不及的。

（4）量子计算机。量子计算机是一类遵循量子力学规律进行高速数学和逻辑运算、存储及处理量子信息的物理装置。1982 年，美国的费曼提出了把量子力学和计算机结合起来的可能性。1985 年，英国牛津大学的德特希进一步阐述了量子计算机的概念，并且初步证明了量子计算机可能比任何经典计算机具有更强大的功能。[②]2017 年 5 月，世界上第一台超越早期经典计算机的光量子计算机在我国诞生。2018 年，我国"科技创新 2030"重大项目之一的"量子通信与量子计算机"已全面启动。[③]

5.1.2 计算机构成与工作原理

计算机之所以被称作电脑，是因为它像人一样，具有以大脑为核心的输入、输出、存储、运算和控制等五种处理信息的功能。数据信息通过输入设备送入存储器，在控制器的指挥下，数据从存储器转到运算器进行运算。所有的运算在这里完成之后，将结果通过输出设备打印或显示出来。因此计算机的构成由运算器、控制器、存储器、输入设备和输出设备组成，我们把这些物理构件称为计算机硬件。

1. 计算机的"大脑"

计算机的核心被称为中央处理单元（Central Processing Unit, CPU），它由控制器、运算器、寄存器组成。

运算器对数据进行加工处理，可以进行算术运算和逻辑运算。

控制器负责从存储器中取出指令，并对指令进行编译以保证各部件协调一致地工作，从而正确地完成各种操作。

寄存器是 CPU 内部的暂时存储单元，有用于保存程序运行状态的状态寄存器，用于保存数据的数据寄存器和用于保存数据地址的地址寄存器。

---

① 中国互联网信息中心（CNNIC）. 第 42 次中国互联网络发展状况统计报告. http://www.cnnic.net.cn/hlwfzyj/hlwxzbg/hlwtjbg/201808/P020180820630889299840.pdf, 2018-08-20.

② 徐力，宋宇，艾伦. 计算机与人工智能［M］. 呼和浩特：远方出版社，2007.

③ 中国互联网信息中心（CNNIC）. 第 41 次中国互联网络发展状况统计报告.

2．计算机的好记性

存储器是计算机用以保存或"记忆"信息的重要部件。参与运算的数据和处理过程都要预先通过输入设备存入存储器中保存起来。存储器的功能不仅要求能保存大量信息，而且要求能快速读出信息进行处理，或者把新的信息快速写入存储器中。

那存储器都有哪些类型呢？根据不同的分类方式，存储器有不同的类型。

按与中央处理单元的关系，存储器可分为主存储器和辅助存储器两种。主存储器简称主存，也称内存储器（内存），它用来存放计算机运行期间正在执行的程序和数据，能同 CPU 高速交换信息。CPU 能通过指令直接读写主存储器中的单元。辅助存储器也称外存储器（外存），它用来存放系统程序、大型数据文件等当前不参与运行的大量信息。当需要这些信息时，CPU 先把所需要的信息调入到主存储器后，才能使用。

按使用的介质，存储器可分为电子介质的半导体存储器、磁表面存储器（磁盘、磁带）和光介质的激光存储器（光盘）三种。

按信息的存取方式，存储器可分为随机存取存储器和顺序存取存储器两种。

3．计算机的"五官"

计算机如人，同样需要"五官"。它的"五官"就是各式各样的输入和输出设备。

计算机的输入设备按功能可分为以下几类。

（1）字符输入设备：如键盘。

（2）光学阅读设备：如光学标记阅读器、光学字符阅读器。

（3）定位设备：如鼠标、操纵杆、触摸屏幕和触摸板、轨迹球、光笔。

（4）图像输入设备：如摄像机、扫描仪、数码相机。

（5）模拟输入设备：如语音输入设备、模数转换器。

计算机的输出设备种类很多，常用的有打印机、显示器、绘图仪、投影仪及音响等。

5.1.3　新媒体人必备的计算机操作与维护常识

1．共享：计算机与其他设备的连接

在当今"中央厨房"式的媒体环境下，文件夹共享和打印机共享是局域网下进行资源共享的常用方法。

1）共享文件夹

如何让用户能够通过网络访问其他计算机中的文件夹或文件？在 Windows 7 系统中，我们可以通过共享文件夹来实现（其他操作系统操作方法类似，略有差别，不一一罗列）。

（1）将文件夹共享给局域网中的其他用户。在需要共享文件夹的计算机上，找到该文件，右击，选择"属性"命令，打开"属性"对话框。在文件夹的"属性"对话框中切换到"共享"选项卡，如图 5-1 所示，要将名为"Rainbow"的计算机上"新媒体概论"文件夹设置共享。单击"共享"或"高级共享"按钮，设置允许访问此文件夹的用户和权限，如图 5-2 所示，设置网络中的用户"Everyone"对"新媒体概论"文件夹有读取、更改和完全控制的权限。

共享文件夹的权限有读取、更改和完全控制三种。

① 读取：查看共享文件夹内的文件名称、子文件夹名称，查看文件内的数据，运行程序。

② 更改：除了读取的权限外，还具有增加、修改的权限。

③ 完全控制：除了读取和更改的权限外，还具有删除的权限。

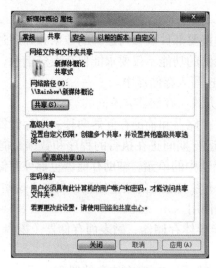
图 5-1　将文件夹共享

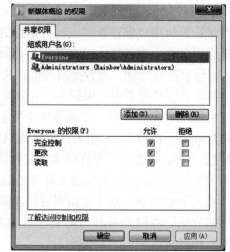
图 5-2　设置文件夹的共享权限

（2）访问局域网中的共享文件夹。局域网中的其他计算机可以通过双击桌面的"网络"图标，在打开的资源管理器地址栏中输入"\\ 计算机名"（如上一步骤的"\\ Rainbow"），找到共享了资源的计算机，双击共享文件夹进行访问。

2．共享网络打印机

（1）设置打印机共享。在连接了打印机的那台计算机上（假设计算机名为"Rainbow"）操作，单击"开始"→"设备和打印机"选项，在已经正确安装的打印机图标上右击，选择"打印机属性"命令，打开打印机属性对话框，切换到"共享"选项卡。选中"共享这台打印机"单选按钮，并填上共享打印机的自定义名称，如图 5-3 所示，笔者以办公室编号命名打印机的名称，为"dong629"。

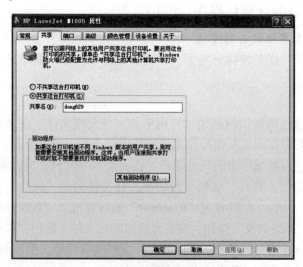
图 5-3　共享打印机

（2）添加共享打印机。在局域网中的其他需要使用打印机的计算机上，依次单击"开始"→"设备和打印机"→"添加打印机"命令，然后在添加打印机向导对话框中选择"添加网络、无线或 Bluetooth 打印机"。可以单击"浏览打印机"，让系统自动搜索工作组中的共享打印机。也可以通过共享了打印机的那台计算机的名称查找打印机。方法是双击桌面的"网络"图标，在打开的资源管理器地址栏中输入"\\计算机名"（如"\\ Rainbow"），找到共享了打印机的计算机,找到打印机后双击,按步骤安装好驱动程序,就可以联机打印了,如图5-4所示。

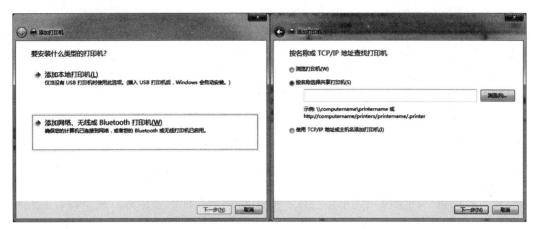

图 5-4 "添加打印机"向导

5.2 手 机

据中国互联网络信息中心发布的第 42 次《中国互联网络发展状况统计报告》统计，截至 2018 年 6 月，我国手机网民规模达 7.88 亿，网民中使用手机上网人群的占比达 98.3%；以手机为中心的智能设备，成为"万物互联"的基础，车联网、智能家电促进"住行"体验升级，构筑个性化、智能化应用场景。[1] 从数据中出来，我们在日常生活中，随处可见的现实是，手不离机，机不离手，手机几乎成了现代人的第六器官如影随形、如魂附体。因而对这一重要的器官，我们有必要熟悉它的功能，掌握它的重点操作技巧。

5.2.1 "GG"复"GG"：移动通信技术的更新换代

手机媒体的发展跟移动通信技术的发展密不可分。移动通信技术经历了如下几代变化。

1. 1 G[2]

第一代手机（1 G）在 20 世纪 80 年代初提出，完成于 20 世纪 90 年代初，是基于模拟传输的移动通信系统。由于受到当时的电池容量、模拟调制技术需要硕大的天线和集成电路的发展状况等制约，第一代手机外表四四方方，可移动，但算不上便携。很多人称呼这种手机为"砖头"或是"黑金刚"等。第一代手机有多种制式，如 NMT，AMPS，TACS，但是基本上使用频分复用方式，类似于简单的无线电双工电台，通话是锁定在一定频率，所以使用

---

① 中国互联网络信息中心. 第 42 次中国互联网络发展状况统计报告. http://www.cnnic.net.cn/hlwfzyj/hlwxzbg/hlwtjbg/ 201808/P020180820630889299840.pdf，2018-08-02.

② G 指的是 Generation，也就是"代"的意思，1 G 就是第一代移动通信系统，2 G、3 G、4 G、5 G 就分别指第二、三、四、五代移动通信系统。

可调频电台就可以窃听通话。此种手机只能进行语音通信，收讯效果不稳定，且保密性不足，无线带宽利用不充分。

媒体形式：语音。

2. 2 G、2.5 G、2.75 G

第二代手机（2 G）起源于 20 世纪 90 年代初期，通常使用 GSM 或者 CDMA 这些十分成熟的标准，具有稳定的通话质量和合适的待机时间。为了适应数据通信的需求，一些中间标准也在第二代手机上得到支持，例如支持彩信业务的 GPRS 和上网业务的 WAP 服务，以及各式各样的 Java 程序等。

一些手机厂商将自己的一些手机称为 2.5 G 手机，其特色就是拥有 GPRS 功能。

还有一些手机厂商将自己的一些手机称为 2.75 G 手机，其特色就是拥有比 GPRS 速率更快的 EDGE 功能。

媒体形式：语音、短信、彩信。

3. 3 G、3.5 G/3.75 G

移动服务提供商在 2000 年初开始采用 3 G。3 G 能够处理图像、音乐、视频流等多种媒体形式，提供包括网页浏览、电话会议、电子商务等多种信息服务。在室内、室外和行车的环境中，3 G 能够分别支持至少 2 Mbit/s（兆比特/秒）、384 kbit/s（千比特/秒）以及 144 kbit/s 的传输速度。国际上 3 G 手机有 3 种制式标准：欧洲的 WCDMA 标准、美国的 CDMA 2000 标准和由中国科学家提出的 TD-SCDMA 标准。

3.5 G 手机采用 HSDPA、HSDPA +、HSDPA 2+ 及 HSUDA，可以让用户享用 7.2 Mbit/s 到 42 Mbit/s 的下载速率。3.5 G 在提供高速数据服务的同时，安全性也得到了改善。3.5 G 手机偏重于安全和数据通信，一方面加强个人隐私的保护，另一方面加强数据业务的研发，更多的多媒体功能被引入进来。3.5 G 手机具有更加强劲的运算能力，不再只是个人的通话和文字信息终端，而是更多功能性的选择。移动办公及对通信的强劲需求将使得手机与个人电脑的融合趋向加速，手机将逐渐拥有个人电脑的功能，这方面，在中国的手机市场上已经得到了充分的体现。

媒体形式：语音、短信、彩信、图像、音乐、视频流。

4. 4 G

2013 年 12 月，工信部在其官网上宣布向中国移动、中国电信、中国联通颁发"LTE/第四代数字蜂窝移动通信业务（TD-LTE）"经营许可，也就是 4 G 牌照。至此，移动互联网进入 4 G 时代。第四代移动通信技术包括 TD-LTE 和 FDD-LTE 两种制式（严格意义上来讲，LTE 只是 3.9 G），并能够快速传输数据、高质量音频、视频和图像等。4 G 手机能够以 100 Mbit/s 以上的速率下载。

媒体形式：语音、短信、彩信、图像、音乐、视频流。

5. 5 G

2017 年 1 月 17 日，工信部发布《信息通信行业发展规划（2016—2020 年）》（工信部规〔2016〕424 号），将在"十三五"期间积极开展 5 G 标准研究，构建 5 G 商用网络，推动 5 G 支撑移动互联网、物联网应用融合创新发展，为 5 G 启动商用服务奠定基础。

西班牙巴塞罗那当地时间 2018 年 2 月 26 日，在西班牙巴塞罗那举办的世界移动通信展上，华为 5 G 产品线发布了基于 3 GPP 标准的端到端全系列 5 G 产品解决方案，涵盖核心网到传输到站点到终端。华为发布的 5 G 产品解决方案完全基于 3 GPP 全球统一标准，具备"全系列、全场景、全云化"能力。该系列产品也是目前行业唯一能够提供的 5 G 端到端全系列产品解决方案。

如今，中国的 5 G 商用时间表也已经锁定在了 2020 年。虚拟现实、无人驾驶、物联网，所有的这一切都必须通过 5 G 技术来实现，从 2 G 跟随，3 G 突破，4 G 同步到 5 G 引领，在万物互联时代，中国已经是引领通信技术的主力，而 5 G 也是人工智能未来发展不可或缺的组成部分，万物互联和人机深度交互的新时代正在开启。

5.2.2　大小小大，直来曲去：手机颜值的变幻

"手机"这个概念，早在 20 世纪 40 年代就出现了。1940 年，当时美国最大的通信公司的贝尔实验室，试制出了第一部移动通信电话。但是，由于体积太大，只能把它放在实验室的架子上，明显的缺陷使人们将它渐渐淡忘了。

1973 年 4 月 3 日，世界上第一部民用手机——DynaTAC 8000X，在位于纽约曼哈顿的摩托罗拉实验室里诞生，研究团队的领导者是马丁·库帕（Martin Cooper）。作为最初的移动通信设备，手机在诞生的时候，其目的只是方便人们能在外出的时候，可以打电话与其他人保持联络，因此，第一代手机（1 G）基本上能够实现的只是通话功能。1 G 手机采用的是模拟方式传送语音信息，受电池容量和模拟调制技术发展水平的限制，机身体积较现在的手机要大很多，而且带着硕大的天线，这部手机重 1 千克多，像一块大砖头，可移动但是算不上便携。1987 年 11 月，广东省开通全国第一个移动通信网，首批 700 名用户，他们的移动电话就是这种像砖头一样的东西，俗称"大哥大"。

此后，手机的"瘦身"越来越迅速。1991 年，手机重量为 250 克左右。1996 年秋出现了体积为 100 立方厘米，重量为 100 克的手机。此后手机又进一步小型化、轻型化，到 1999 年就轻到了 60 克以下。

1. 手机外形分类

手机外形上也变化多样，有翻盖式、直板式、滑盖式、腕表式、旋转式、侧滑式等。

翻盖式。要翻开盖才可见到主显示屏或按键，且只有一个屏幕，则这种手机被称为单屏翻盖手机。市场上还推出了双屏翻盖手机，即在翻盖上有另一个副显示屏，这个屏幕通常不大，一般能显示时间、信号、电池、来电号码等。

直板式。直板式手机就是指手机屏幕和按键在同一平面，也就是我们常说的直板手机。直板式手机的特点主要是可以直接看到屏幕上所显示的内容。

滑盖式。滑盖式手机主要是指手机要通过抽拉才能见到全部机身。有些机型就是通过滑动下盖才能看到按键，而另一些则是通过上拉屏幕部分才能看到键盘。从某种程度上说，滑盖式手机是翻盖式手机的一种延伸及创新。

腕表式。腕表式手机，早期多为简单的小功能，但是发展到智能手机阶段，腕表式手机功能更加齐全，如三星的 Galaxy Gear V700。最早的一款国产的腕表式手机是 YAMi。

旋转式。和滑盖式手机差不多，旋转式手机最主要的是在 180° 旋转后看到键盘。

侧滑式。侧滑式手机是滑盖式手机的变种，通过向左或向右推动屏幕露出键盘来进行操作。对于大屏幕触摸式操作的智能机来讲，侧滑大大加快了打字的速度，增强和优化了玩游戏时的体验。因此侧滑式智能手机大受欢迎，例如，曾经的诺基亚 N97 和摩托罗拉 Mile Stone。

2．手机屏幕分类

在手机几十年的发展史里，手机屏幕的颜色、材质、尺寸和分辨率也经历了无数次的进化，OLED 材质、柔性 / 曲面屏、HDR、4K 分辨率和石墨烯等新技术不断涌现。那么在这期间有哪些代表性产品？手机屏幕的未来发展又将如何呢？

触摸屏。第一款搭载触摸屏的手机是 1994 年的 IBM Simon。Simon 是一台具有通话功能的 PDA（Personal Digital Assistant，又称为掌上电脑）。作为公认的世界第一台智能手机，Simon 不仅能打电话、发邮件和传真，还有很多内置程序，包括地址簿、日历、计算器和世界时钟等。虽然这块触屏只能用手写笔操作，但 Simon 还是在当时引起了不小轰动，其抛弃物理按键的设计十分超前。

2007 年 1 月 9 日，史蒂夫·乔布斯在 MacWorld 2007 向世人公布了 iPhone。iPhone 有着一块 3.5 英寸，329×480 分辨率的多点触控电容屏。这块屏幕的触控灵敏，操作流畅，彻底颠覆了传统键盘机的交互方式，为之后手机行业的发展奠定了基调。

曲面屏。三星在 2015 年 3 月 1 日发布了 Galaxy S6 Edge。S6 Edge 搭载了一块 5.1 英寸，分辨率为 2 560×1 440 的 Super AMOLED 显示屏，屏幕两侧更是向手机后部弯曲。虽然曲面屏实用性有待商榷，但不得不佩服这块屏幕的高性能、高颜值和优秀的握持感。

有限柔性屏。2013 年 10 月 10 日，三星在韩国独家发售了 Galaxy Round———部不带手写笔、屏幕弯曲版的 Note 3。Galaxy Round 的显示屏大小为 5.7 英寸，分辨率为 1 920×1 080。Round 的屏幕弯曲幅度和方向都很保守，导致该机使用起来和 Note 3 没什么区别，但弯曲的显示屏还是值得鼓励的创新。

作为显示屏产业的另一个巨头，LG 公司的 G Flex 于 2013 年 11 月 12 日正式在韩国开卖。G Flex 屏幕的尺寸为 6 英寸，分辨率为 1 280×720，并具有 700 毫米的曲率。有趣的是，G Flex 的屏幕可以在被掰直之后恢复原状，确实没有辜负"柔性屏"的称号。另外 G Flex 机身表面涂层带有"自愈"能力，可以恢复轻微划伤。

石墨烯材料显示屏。石墨烯材料具有强度高、韧性好、可弯曲、热传导性能好以及透光率好等优异的光学、电学、力学特性，在材料学、微纳加工、能源、生物医学和药物传递等方面具有重要的应用前景，被认为是一种未来革命性的材料。"石墨烯手机有可能成为一个不错的应用案例。"中科院重庆绿色智能技术研究院微纳制造与系统集成研究中心副主任史浩飞表示。石墨烯材料的特性使手机显示屏透光率更好、更清晰、触控更敏感、待机时间更长，并且可以弯曲，佩戴在手上。2015 年 3 月 2 日，重庆墨希科技有限公司与国际知名专业显卡及终端设备制造商嘉乐派（影驰）科技有限公司联合发布了全球首批 3 万部石墨烯手机。同时，华为手机在石墨烯应用于电池快充和手机散热上的研究也有了成果。其产品荣耀Magic 在电池材料上新引入的特殊石墨分子结构以及新设计的充电回路，最高支持 5 V/8 A 的超大充电功率，官方宣传 30 分钟即可充满 90% 的电池，真正实现碎片化时间充足手机电量。

异形全面屏。2017 年 9 月苹果首款 OLED 屏幕机型 iPhone X 发布，5.8 英寸的异形全面屏有着 2 436×1 125 的分辨率，并且支持 HDR（High Dynamic Range，高动态范围图像，相比普通的图像，可以提供更多的动态范围和图像细节，更好地反映出真实环境中的视觉效果）。iPhone X 这块屏幕有两个重大的意义：一是让大众接受异形全面屏；二是无形之中推广了 OLED 材质。不管是异形屏，全面屏还是 OLED，苹果都不是第一个使用者，但苹果以自身的技术改良能力和影响力再次调整了业界的风向标。相信从此之后，越来越多中高端手机将会尝试 OLED 和异形全面屏。[①]

可折叠柔性屏。2018 年 10 月 31 日，深圳柔宇科技在北京发布全球首款被命名为"蝉翼"的可折叠柔性屏手机——FlexPai（柔派），它采用一块 7.8 英寸高分辨率全柔性显示触摸屏。该柔性屏集成超过 2 000 万个柔性超精密器件、600 万级柔性集成电路、近百种微纳米薄膜材料。与市场上现有的平面或固定曲面显示屏不同，它在用户手中可以实现自由弯曲、折叠、卷曲，不仅具有 AMOLED 的鲜艳色彩，而且拥有大色域、强对比度、广视角、高清分辨率，同时支持双卡双待、指纹识别、双摄拍照。[②]

手机颜值的变幻如图 5-5 所示。

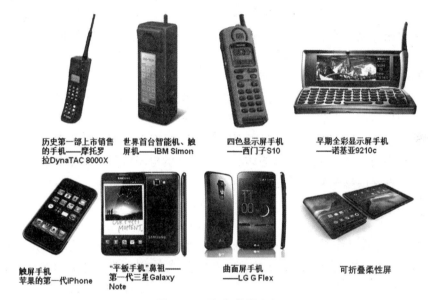

图 5-5　手机颜值的变幻

5.2.3　智能手机的主要操作系统

所谓操作系统，实质上是一种运行在数字计算设备上的软件，用以解决一些诸如内存管理、任务调度、系统配置等问题，从而让安装在操作系统里的各种应用程序顺利地发挥各自的功能。智能手机的操作系统主要有以下几种。

1．Android（安卓）

Android 是 Google 于 2007 年 11 月 5 日宣布的基于 Linux 平台的开源手机操作系统，该平台由操作系统、中间件、用户界面和应用软件组成。安卓系统的优势在于其开放性和兼容性，使得用户在使用手机过程中获得较高的自由度，能够很方便地实现数据共享和传输。

支持生产商：三星、小米、华为、魅族、中兴、摩托罗拉、HTC、LG、索尼。

如果镜头或者滤光镜被弄脏了，拍摄的影像就会模糊。怎么保证被摄体和成像平面之间的所有透镜都非常干净呢？

学"艺"致用

---

① 新浪科技，聚焦新热点手机屏幕发展史全回顾和未来展望，http//tech. sina. com.cn/mobile/n/n/2017-12-01-doc-ifyphxwa 7224345. Shtml，2017-12-01.

② http://www.royole.com/Coverage? id=579

2．iOS

iOS 是由苹果公司为 iPhone、iPod touch 以及 iPad 开发的闭源操作系统。就像其基于的 Mac OS X 操作系统一样，它也是以 Darwin 为基础的。原本这个系统名为 iPhone OS，直到 2010 年 6 月 7 日 WWDC 大会上才宣布改名为 iOS。

支持生产商：苹果。

3．Symbian

Symbian 操作系统是 Symbian 公司为手机而设计的操作系统，它包含了联合的数据库、使用者界面架构和公共工具。它的前身是 Psion 的 EPOC，2008 年 12 月被诺基亚收购。Symbian 曾经是移动市场使用率最高的操作系统，占有大部分市场份额。但随着 Android 系统和苹果 iOS 火速占据手机系统市场，Symbian 基本已失去手机系统霸主的地位。

主要支持生产商：诺基亚、索尼。

4．Windows Phone

Windows Phone 是微软发布的一款手机操作系统，基于 Windows CE 内核，采用了一种称为 Metro 的用户界面，并将微软旗下的 Xbox Live 游戏、Xbox Music 音乐与独特的视频体验集成至手机中。Windows Phone 具有桌面定制、图标拖曳、滑动控制等一系列前卫的操作体验。其主屏幕通过提供类似仪表盘的体验来显示新的电子邮件、短信、未接来电、日历约会等，让人们对重要信息保持时刻更新。

主要支持生产商：HTC、三星、诺基亚、华为。

5．Firefox OS

Firefox OS（火狐操作系统）是 Mozilla 公司推出的移动操作系统，它是一款完全开源并免费的移动平台，基于 HTML5 技术。该系统最大的创新在于 HTML5。由于完全遵循 HTML5 标准，应用开发者将可以使 HTML5 应用充分发挥设备的硬件性能。火狐操作系统手机将采用高通 Snapdragon 处理器。Sprint 和西班牙电信等运营商，以及数家手机厂商支持该系统。Mozilla 其他的运营商合作伙伴包括德国电信、意大利电信、Telenor、Etisalat 和 Smart。

主要支持厂商：TCL、中兴等。

6．MeeGo

MeeGo 是诺基亚和英特尔推出的、基于 Linux 平台的免费手机操作系统，中文昵称是米狗，该操作系统融合了诺基亚的 Maemo 和英特尔的 Moblin 平台，可在智能手机、笔记本电脑和电视等多种电子设备上运行，并有助于这些设备实现无缝集成。2009 年，诺基亚宣布放弃 MeeGo，专注于 Windows Phone 平台。

主要支持厂商：诺基亚。

5.2.4 新媒体人必备的手机数据处理技巧

1．管理手机文件

随着智能手机功能的日渐强大，手机里越来越多的各种文件和文件夹很容易产生混乱，这就使对手机内文件的管理显得很重要。一般情况下安卓手机都会有自带的文件管理程序。如果手机上没有或者需要更多功能的

它山之"识" 随着气温的下降，不少手机用户发现自己的手机似乎是"感冒"了，动不动就自动关机。这究竟是怎么回事？

文件管理可以下载第三方的文件管理器，如 RE 或 ES 文件管理。所有的文件管理器都提供了基本的操作，如创建、打开、查看、编辑、移动和删除文件，有的还提供了更多的功能，如网络连接、应用程序管理、存档和压缩处理、搜索等。

1）手机自带的文件管理器

比如华为、小米等手机厂商都会在其生产的手机里自带文件管理器，这些文件管理器主要功能包括：

（1）创建、打开、查看、编辑、移动和删除文件。

（2）多种资源分类展示。

（3）简单、方便地浏览和操作手机内存或 SD 卡上的文件。

（4）与云空间同步，可以直接将文件上传到云端，或对云空间的文件进行浏览或删除。

华为文件管理器如图 5-6 所示。

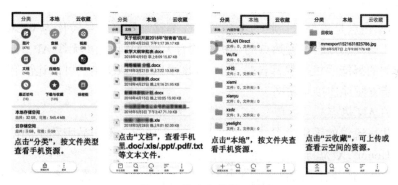

图 5-6　华为文件管理器

手机自带的文件管理器能满足基本的文件管理，但如果需要更多的功能，比如需要更改系统文件、删除系统自带的程序等，那就需要第三方的文件管理器了，如 RE、ES、ASTRO 文件管理器，腾讯文件管理器等。下面以 RE 文件管理器和腾讯文件管理器为例，进行演示。

2）腾讯等软件服务商供应的文件管理器

腾讯文件管理器可全盘扫描手机存储器，智能分类手机中的图片、音乐、视频、文档、安装包、压缩包；可以便捷管理手机存储文件、SD 卡文件、OTG 外接 U 盘文件；可以将自己喜欢的文件收藏起来，或者隐藏到密盒里；可以扫描微信的小视频文件；可以实现视频文件智能判断剧集。

（1）分类文件。"分类文件"的功能在其他文件管理器里已经很常见，但腾讯文件管理器的分类文件，却比一般的文件管理器更强。腾讯文件管理器可以将文件自动按照图片、视频、音乐等类型分类并聚合，每个大的分类中还有更多细小分类。比如说，在文档这个类别下面，还会将文档细分为 pdf、doc、txt 等，另外单独分类的"微信文件"和"QQ 文件"也很便于我们找到资源。

（2）对各类文件的良好支持。利用腾讯文件管理器（见图 5-7）可直接完成各种操作，如不仅可以直接打开音乐、视频进行播放，还可以直接打开 pdf、doc 等文档查看内容，而不需要为某类文件专门安装特定软件了。

图 5-7　腾讯文件管理器

2．共享手机 WLAN 热点

手机 WLAN 热点是将手机接收的 3 G 或 4 G 等移动网络信号转化为 WLAN 信号发出去的技术，也叫便携式热点。设置热点的手机必须有无线 AP 功能（无线 AP，即无线访问接入点，目前市场上的智能手机一般都自带了）。共享手机 WLAN 热点可以让没有移动网络流量的其他设备也能方便地连接互联网。

1）开启 WLAN 热点

首先在要共享流量的手机上寻找便携式热点这个功能，不同品牌和不同型号的手机略有不同，以华为 Honor 7X 为例，有两种方法开启 WLAN 热点。

（1）如果是第一次开启手机的 WLAN 热点，可以从手机的"设置"→"更多"→"移动网络共享"→"便携式 WLAN 热点"进入，将热点开关打开，并配置热点名称和密码，如图 5-8 所示。

（2）如果之前已经配置过 WLAN 热点名称和密码等信息，可直接从手机顶部的状态栏下拉，在弹出的快捷菜单中选中"热点"，开启即可。

图 5-8　开启 WLAN 热点

2）连接 WLAN 热点

打开要连接热点的设备（带 wifi 模块的 PC、手机）上的 WLAN 开关，找到热点名称，点击"连接"，如图 5-9 所示。

输入密码，点击"确定"或"连接"即可。

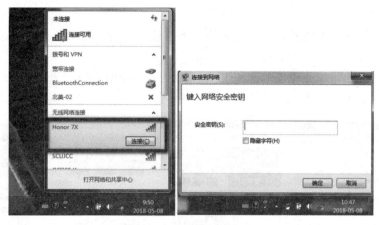

图 5-9　连接 WLAN 热点

3．手机文档编辑

随着移动办公的需求越来越广，一些办公软件也纷纷推出手机版。如 WPS Office 手机版办公软件，和运行于 iOS 系统上的 Pages 等。

以 WPS Office 为例，此款软件兼容桌面办公文档，内含文字 Writer、演示 Presentation、表格 Spreadsheets 和 PDF 阅读器四大组件，支持查看、创建和编辑各种常用 Office 文档，9.0 版本已支持 DOC/DOCX/XLS/XLSX/PPT/PPTX/TXT/PDF 等 51 种文件格式，方便在智能手机和平板电脑上使用。下面介绍几个好用的、但很可能你不知道的技巧。

1）共享播放

如果是在会议室等场所开会，我们可以很轻松地利用计算机或投影仪，向其他人展示我们的文档。但假设有一天，某客户约你在咖啡厅会谈，这里没有投影仪等设备，你如何向客户演示你精心制作的演示文档呢？这个时候，WPS 的"共享播放"功能可以派上用场了，如图 5-10 所示。

共享播放由一位用户发起后，邀请其他用户进入，或其他用户扫描二维码进入。这时，每个人的手机上就会同步显示演示者的文档，当主机翻页时，其他设备同时翻页，在一个设备上涂鸦，其他设备也同步可见，最多支持 100 人同时播放，非常适合小范围的演示或讨论时使用。

图 5-10　WPS Office 共享播放

2）输出为长图片

随着信息可视化技术的升温，信息长图越来越被人重视，越来越多的新媒体人热衷于用长图片的形式，将信息传达给受众。

你不必懂高深的图片处理技术，利用 WPS 就可以将 PPT 演示文稿、Excel 报表等直接生成长图片，步骤如图 5-11 所示。

图 5-11　WPS 将文档输出为长图片

3）拍照扫描

WPS Office 手机版可以将纸质的文档拍照扫描成 PDF 文件，让你的手机"秒变扫描仪"。

在 WPS 首页找到文档工具中的"拍照扫描"。它能把资料都扫描成 PDF 文件存到手机里，帮助我们更加方便地去处理工作。文件被扫描成 PDF 之后，还能进一步将 PDF 转换成 Word 格式，如图 5-12 所示。

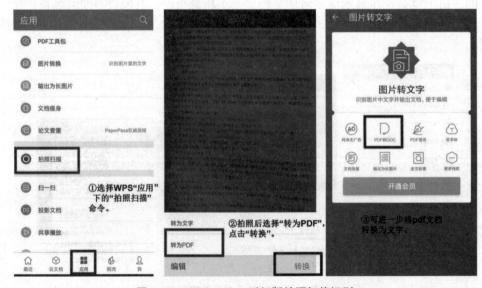

图 5-12　WPS Office 手机版拍照智能识别

4）PDF 工具包

WPS Office 提供了功能丰富的 PDF 工具包，如图 5-13 所示。如将 PDF 文件转换成 DOC 文档（PDF 转 DOC），将表格、演示文稿、文字文档转换成 PDF 文档（输出为 PDF），在 PDF 文档中添加标注（PDF 标注），挑选指定页面组成新的 PDF 文档（PDF 提取），将多个 PDF 文件首尾拼接为一个新的 PDF 文档（PDF 合并），在 PDF 文档中添加个人签名（PDF 签名）等。但这些功能大部分需要开通会员。

图 5-13 WPS Office 提供的 PDF 工具包

4. 手机图片处理

在手机随时随地可拍照和获取网络图片的时代，好用的图片编辑工具自然是不可少的。下面介绍两款常用的图片编辑工具。

1）小 Q 画笔——图片标注工具

小 Q 画笔（见图 5-14）是腾讯公司 2014 年出品的一款图片标注工具，最初需求来自腾讯团队的工作需求。我们的日常工作、生活中有无数需要拿界面说事儿的场景，在计算机上有 QQ 截图工具帮忙，一图胜千言，但在手机上想要轻松搞定还真不容易。当时市面上的 App 不是功能缺失就是功能堆砌，使用起来令人十分纠结，于是乎小 Q 的 idea 就在这时产生了。由于其直观简单、认知零成本的界面，功能够用又不堆砌，很快受到产品经理的欢迎，据说是产品经理必备神器。

图 5-14 小 Q 画笔

小 Q 画笔拥有最简洁的界面，提供箭头、形状、涂鸦、文字、剪切、马赛克 6 个标注功能，并可一键分享至微信或 QQ 好友，帮助用户用图片进行最流畅的沟通。

2）海报工厂

海报工厂（见图 5-15）是一款由美图秀秀官方和多位国内外知名设计师打造的专门用于图片设计、美化、拼接、制作的软件。海报工厂于 2014 年 7 月 24 日推出公测上市，官方发布了电脑版、安卓版、iPhone 版和 iPad 版等资源下载。

海报工厂拥有杂志封面、电影海报、美食菜单、旅行日志等海报元素，丰富多样的素材，简单几步就能轻松打造电影大片、明星海报的视觉效果。同时提供完善的分享功能，可以将使用海报工厂制作的效果分享到微博、QQ 空间、微信朋友圈等多个平台。

图 5-15　海报工厂

5．手机视频剪辑

据腾讯新闻发布的《中国传媒人才能力需求报告（2018）》统计，大视频时代，视频摄影制作人才需求极大。作为新媒体人，在手机上随时随地地拍摄、剪辑视频的技能也是必备的。手机上剪辑视频的 App 也很多，如 VUE VLOG、爱剪辑等。

VUE VLOG 这个视频剪辑软件，可以直接拍摄视频，也可以添加手机里的视频。软件主界面的功能布局简洁明了，如图 5-16 所示。主体为中间的视窗，用户能看到所拍摄的画面。视窗上部分的左侧是设置按钮，用户可以设置滤镜、画幅、分镜数、时长、水印等功能；中间为滤镜，可以左右滑动切换；右侧为前、后置摄像头切换键。

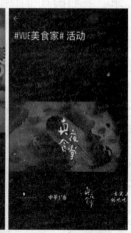

图 5-16　VUE VLOG 界面

VUE VLOG 的功能特色如下。

（1）多种画幅。有标准、简易宽屏、超宽屏、方形和圆形五种画幅可供选择。

（2）多镜头剪辑。可拍摄多段视频，自动生成蒙太奇效果。

（3）实时滤镜。电影后期大师悉心精调的实时滤镜，让拍的视频更美。

（4）贴纸动画。设计手绘贴纸，让视频更有趣。

6．手机 H5 页面制作

近几年移动互联网的发展让 H5 也火了起来，像初页、易企秀这样的能在手机端制作 H5 页面的工具让我们可以更加便利地进行新媒体推广。

1）初页

初页是全球首款手机端 H5 新媒体内容创作与分享社区，如图 5-17 所示。使用初页 App，落三五行字，选八九张图，配一首喜欢的音乐，就能生成你的故事大片。

初页 App 的功能特色如下。

（1）简约的 UI 界面。

（2）本地批量选图，主题模板任意挑，快速生成图文动画。

（3）社交功能，粉丝、关注、评论、点赞一应俱全。

图 5-17　初页 App 界面

2）易企秀

易企秀（见图 5-18）是一款针对移动互联网营销的手机幻灯片、H5 场景应用制作工具，将原来只能在 PC 端制作和展示的各类复杂营销方案转移到更为便携的手机上，用户可以随时随地根据自己的需要在 PC 端、手机端进行制作和展示，随时随地营销。

易企秀 App 的功能特色如下。

（1）制作极简便。易企秀 App 拥有海量主题模板，包含婚礼请柬、节日贺卡、音乐相册、邀请函、个人简历、企业招聘、公司宣传、产品介绍、促销打折等内容，替换文字和图片即可生成 H5。

（2）一键生成 H5，多渠道分享。支持微博、微信、朋友圈、QQ、QQ 空间、Facebook、Twitter、Safari 等分享方式，还可复制链接给好友。

（3）跨平台操作，看数据便利，可收集表单数据与客户建立强连接。易企秀 PC 端与手机端联动，数据互通，分享走势、传播层级等多维度推广数据可实时查看，随时掌握客户提交的表单信息。

图 5-18　易企秀界面

5.3　新媒体辅助设备

5.3.1　智能音箱

智能音箱，是一种可以交互式地响应人的语音请求，搜索播放网络资源，并有限地控制联网家电的智能化音箱。它在语音对话这一环节拥有近似于人的能力。

1．发展现状

2014 年 11 月，亚马逊推出了一款全新概念的智能音箱——Echo。亚马逊想打造的是以家庭为使用场景、以人工智能为技术支持、以语音为交互方式的智能音箱。它将智能语音交互技术植入传统音箱中，从而赋予了音箱人工智能的属性。这个被称为"Alexa"的语音助手，可以像你的朋友一样与你交流，同时还能为你播放音乐、有声书、新闻，可以替你网购下单、Uber 叫车、订外卖等，可以这么说，Echo 就是你的家庭私人助理。Echo 没有屏幕，不需要按键操控，想听什么只要告诉它就可以了。

Echo 支持 Wi-Fi 和蓝牙双连模式，需要先下载 App，再通过 App 将音箱与手机连接至同一 Wi-Fi 网络，连网成功后音箱就可以正常工作了。

Echo 的另一大功能是对智能家居设备的控制，如智能灯、空调、窗帘等。Echo 如今已经初步成为控制其他智能家居设备的交互入口。Echo 能为你做的事还有很多，例如，你在厨房做菜，它可以告诉你很多菜谱；一个人闲得无聊，它可以给你讲个笑话；中午小憩一会儿，让它 1 小时后叫醒你；出门前，它可以告诉你实时路况，以便你决定选择开车还是乘地铁等。完成以上所描述的这一切的，并不是一个多么科幻的人工智能机器人，相反，它只是一个看起来有点酷的智能音箱，始终待在那个地方等着你唤醒，而这，也许就是人工智能的开始。

如今，这场战火也点燃了中国市场。井喷式发展的中国智能音箱市场已经成为科技巨头、传统行业厂商、创业公司博弈的竞技场，琳琅满目的智能音箱产品都奔赴在路上。如阿里巴巴旗下的"天猫精灵 X1"，科大讯飞与京东合资推出的"叮咚音箱 A1"，喜马拉雅 FM 推出的"小雅 AI 音箱"，联想推出的"联想智能音箱"，小米推出的"小米 AI 音箱"，Rokid 推出的"Pebble 月石"智能音箱等。

2．使用方法

1）前期准备

下载智能音箱提供的手机 App，并按照 App 提示进行配网。

2）唤醒

目前市面上的所有智能音箱都会有一个商家已经定义好的"名字"，商家称其为唤醒词。这个"名字"对于智能音箱来说特别关键，是所有用户与智能音箱交流的起点。想要语音操控一台智能音箱，必须要叫它的"名字"，就是唤醒词，否则智能音箱可不会理你。几款音箱的唤醒词如表 5-1 所示。

表 5-1　各智能音箱的唤醒词

厂 商 名 称	音 箱 名 称	唤 醒 词
阿里巴巴	天猫精灵 X1	天猫精灵
京东	叮咚音箱 A1	叮咚叮咚
喜马拉雅 FM	小雅 AI 音箱	小雅小雅
联想	联想智能音箱	你好联想
小米	小米 AI 音箱	小爱同学
Rokid	Pebble 月石	若琪

3）语音下达命令

接下来就可以用语音传达你的命令并让智能音箱完成了，如查询天气、播放音乐、设定备忘录、设定闹钟、控制智能家居等。

大部分智能音箱在 App 中可以查看对话记录，如图 5-19 所示，可见智能音箱的语音识别精准度还是很高的，也能准确地执行命令。

4）音乐内容源

各智能音箱的音乐内容源如下。

（1）天猫精灵 X1：喜马拉雅 FM、虾米音乐等。

（2）叮咚音箱 A1：支持百度音乐、咪咕音乐以及喜马拉雅 FM 等。

（3）小雅 AI 音箱：百度音乐、喜马拉雅 FM、CNR广播电台等。

（4）小米 AI 音箱：喜马拉雅 FM、荔枝 FM、蜻蜓FM、库克音乐、贝瓦儿歌、中国广播听闻新闻、乐听头条、拿索斯等。

（5）联想智能音箱：内容提供商是酷我音乐、喜马拉雅 FM 等。

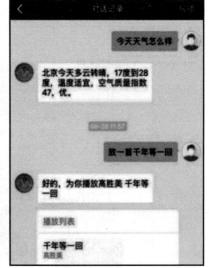

图 5-19　天猫精灵 X1 对话记录

5.3.2　路由器

1. 路由器介绍

路由器（Router）是连接互联网中各局域网、广域网的设备。当数据从一个子网传输到另一个子网时，可通过路由器的路由功能来完成，因此路由器具有判断网络地址和选择 IP 路径的功能，它能在多网络互联环境中，根据信道的情况自动选择和设定路由，以最佳路径，按前后顺序发送信号。

路由器是一种多端口设备，它可以连接不同传输速率并运行于各种环境的局域网和广域网，也可以采用不同的协议。它能指导从一个网段到另一个网段的数据传输，也能指导从一种网络向另一种网络的数据传输。路由器的主要功能如下。

（1）网络互连：路由器支持各种局域网和广域网接口，主要用于互联局域网和广域网，实现不同网络互相通信。

（2）数据处理：路由器提供包括分组过滤、分组转发、优先级、复用、加密、压缩和防火墙等功能。

（3）网络管理：路由器提供包括路由器配置管理、性能管理、容错管理和流量控制等功能。

互联网各种级别的网络中随处都可见到路由器。家庭的路由器接入网络可以连接到某个互联网服务提供商；企业网中的路由器连接一个校园或企业内成千上万的计算机；骨干网上的路由器终端系统连接长距离骨干网上的 ISP（互联网服务提供商）和企业网络。

2. 家用路由器的安装与配置

我们最常见的，还是家用级的路由器。下面还是以家用路由器为例，演示怎么安装与配置。

准备工具：网线两条，计算机或者手机。

（1）用网线连接光纤猫（Modem）与路由器，光纤猫的 LAN1 口与路由器的 WAN 相连。路由器的 LAN 任意一个口用网线连接计算机，如图 5-20 所示。

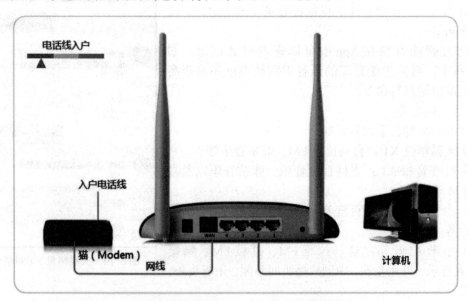

图 5-20　路由器与 Modem 和计算机的连接

（2）查看路由器的背面说明，有管理页面的地址（通常为 http://192.168.1.1/）、访问账号和访问密码、无线名称和密码等。在浏览器中写入路由器管理页面的地址，输入访问账号和访问密码，进入路由器的访问界面。

（3）主要对其网络参数、无线网络和安全规则进行设置，就可以轻松地上网了。

①网络参数。先设置 WAN 口，选择上网方式，然后输入运营商提供的宽带账号和密码，如图 5-21 所示。

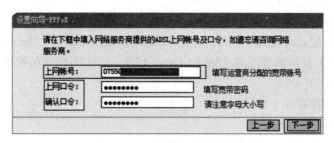

图 5-21　路由器上网设置向导

② 无线设置。开启无线功能，在无线安全设置界面设置开启无线安全密码。目前家用路由器安全级别最高的为 WPA2-PSK，最少为 8 个数字或字母（严格区分大小写），如图 5-22 所示。

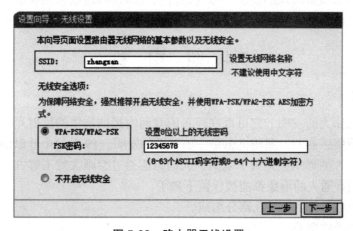

图 5-22　路由器无线设置

③ 安全规则。通过路由器"开启 MAC 地址过滤"，可设置黑名单控制某些终端无法联网（禁止列表中生效的 MAC 地址访问本无线网络）或设置白名单只允许某些终端联网（允许列表中生效的 MAC 地址访问本无线网络），如图 5-23 所示。

图 5-23　路由器安全规则设置

5.3.3　闪存

闪存（Flash Memory）是一种非易失性（Non-Volatile）内存，即在没有电流供应的条件下也能够长久地保持数据，其存储特性相当于硬盘，这项特性正是闪存得以成为各类便携型数字设备的存储介质的基础，被广泛用于移动存储、MP3 播放器、数码相机、掌上电脑等数字设备中。

闪存盘一般是 USB 接口的，所以有人称其为 USB 移动存储器，简称 U-disk，也称"U 盘"。最早推出闪存盘的是朗科公司，当时给闪存盘起名叫"优盘"，谐音叫"U 盘"，也就是 U-disk。

根据不同的生产厂商和不同的应用，闪存卡大概有 Smart Media（SM 卡）、Compact Flash（CF 卡）、Multi Media Card（MMC 卡）、Secure Digital（SD 卡）、Memory Stick（记忆棒）、XD-Picture Card（XD 卡）和微硬盘（Micro Drive）等。这些闪存卡虽然外观、规格不同，但是技术原理都是相同的。

与硬盘相比，闪存有如下优点。

① 闪存的体积小、质量轻。

② 相对于硬盘来说闪存结构不怕震，更抗摔。

③ 闪存可以提供更快的数据读取速度，硬盘则受到转速的限制。

④ 闪存存储数据更加安全，原因包括：其非机械结构，因此移动并不会对它的读写产生影响；广泛应用的机械型硬盘的使用寿命与读写次数和读写速度关系非常大，而闪存受影响不大；硬盘的写入是靠磁性来写入，闪存则采用电压，数据不会因为时间而消除。

5.4 照 相 机

5.4.1 工作原理

照相机是一项伟大的发明，它可以在很短的时间内接纳物体的反射光，并将物体的影响永久地保存在影像传感器上。照相机也是一项新近的发明。19 世纪中叶以前，没有一位历史伟人的肖像是以照片的形式被记载下来的，人们只能通过绘画大致了解古人的相貌，而照相机发明以后，我们普通人的形象都能被保留下来了。

最简单的一个照相机由以下几部分组成。

（1）一个不透光的盒子。

（2）一个允许光线通过的针孔。

（3）一张对着针孔的感光材料。

即使现在最精密复杂的照相机也是在最简单的针孔照相机基础上发展的结果，它通过汇聚光线、控制曝光时间和曝光强度等方式在影像传感器上捕捉影像。

图 5-24 中右边的照相机结构示意图看上去要比左边的针孔照相机复杂得多，然而仔细观察，几乎相同的基本部件如下。

（1）一个不透光的盒子。

（2）一个能纳入和汇聚光线的镜头。

（3）记录影像的影像传感器。

图 5-24 中右边的照相机与针孔照相机几乎相同，不过用镜头取代了针孔。那么当按下快门按钮时，会发生什么呢？

（1）光线进入镜头并由镜头汇聚。

（2）光线进入不透光的盒子内部，在影像传感器上形成一幅影像。

（3）影像被记录在影像传感器上。[①]

---

① 美国纽约摄影学院. 美国纽约摄影学院——摄影教材［M］. 中国摄影出版社，译. 北京：中国摄影出版社，2010.

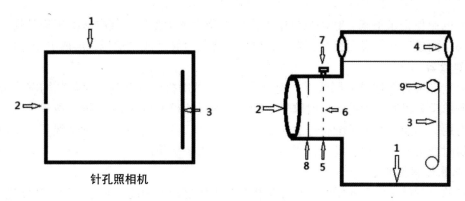

针孔照相机

图 5-24 照相机的组成

5.4.2 基本部件

现在让我们拿起照相机，回顾照相机工作原理，仔细研究一下照相机的结构。

1. 不透光的盒子

机身是照相机各部分元件装载、连接、支撑的主体框架。不同功能、画幅的照相机，机身尺寸和结构都有差别，但其核心部分都是一个不透光的盒子，确保必要的光线有控制地进入，投射在影像传感器上形成影像。

2. 镜头

用光学玻璃制成的镜头，把进入的光线汇聚起来，在影像传感器上形成清晰的影像。比较复杂的镜头由两片或更多的光学玻璃组成。镜头是照相机上最重要的光学成像装置，对摄影者来说，镜头的品质甚至比相机的品质还要重要。一只好镜头可以把一般的单反相机和微单相机的拍摄效果发挥到极致。

因相机类型不同，镜头也千差万别，总体上可以分为两类：一类是与相机连接在一起不可更换的一体化设计的镜头；另一类是同一机身可换用相同接口标准的不同焦距、不同口径的可更换镜头。

镜头是能让摄影视觉表现更丰富的重要技术设备。摄影师会依据拍摄题材、拍摄环境条件和个人喜好选用不同的镜头，形成不同的空间变化、虚实变化和透视变化。

可更换镜头有广角镜头、标准镜头、长焦镜头和微距镜头等。

广角镜头：顾名思义，视角非常广，可以容纳一切。广角镜头有很多优势，比如使用广角镜头近距离拍摄时可以扩大空间比例，又如广角镜头的景深大，可以让近处和远处的物像都处于合焦范围。

标准镜头：视野范围和人眼的视野范围近似，严格来讲，标准焦距等于感光元件的对角线距离。

长焦镜头：可以把远处的物体拉近，适合拍摄离我们较远的被摄主体。

微距镜头：与其他镜头相比，微距镜头的对焦距离很近，可以实现很大的放大倍率，让被摄主体充满画面，适合拍摄微小被摄主体，如花朵、昆虫等。

3. 影像传感器

影像传感器指的是景物通过镜头成像于其上的，对光敏感的影像留存介质，如胶片或电子影像传感器。在传统的照相机中，胶片是一种感光材料，经某些特殊的化学药品处理后会把拍摄到的影像记录下来。数码相机中影像传感器代替了胶片，其内部由矩阵排列的微小感光元件集合而成，当其表面感受到光时，可以将光信号转换成电信号，形成电子影像。

4. 取景器

取景器能够将要记录的影像近似地显示出来，帮助摄影者观察、对焦和构图。可拍摄视频的数码单反相机通常配备的实时取景功能，即通过相机背后的 LCD 屏幕取景构图。实时取景是很有用的功能，特别是配备可翻转 LCD 屏的相机，这既有助于正常情况下不便拍摄的角度在拍摄时变得容易，也有助于摄影者创造出更动人的影像。

5. 聚焦控制装置

聚焦的过程就是借助光学装置来测量相机与主体之间的距离，对主体的清晰度进行调整。摄影镜头汇聚景物反射的光线成像，取景器中的影像有虚有实，镜头只能将某一距离的景物聚焦成清晰影像，而该距离前后的景物则越远越虚。也就是说，如果你想要表现某些景物，在拍摄前需要转动镜头或调节聚焦按钮，对景物主体准确聚焦，才能确保其在影像传感器上记录下最清晰的影像。

6. 快门

快门位于相机机身或者镜头中，是控制曝光时间长短的装置，快门由两帘构成，按下快门释放按钮时，前帘快门打开，让感光元件曝光，然后经过很短的时间（即快门速度），后帘快门闭合，结束曝光过程。如果把光比作自来水，光圈比作输水管的口径，那么快门就是阀门，控制快门开闭的时间就可以控制通光量。

相机的快门速度以"秒"为单位，常见的整数快门速度有 1 秒、1/2 秒、1/4 秒、1/8 秒、1/15 秒、1/30 秒、1/60 秒、1/125 秒、1/250 秒、1/500 秒、1/1 000 秒、1/2 000 秒等。当然，照相机的快门开启时间也可以更长，可以是几分钟甚至几小时，照相机上的 B 门挡位就是用于长时间曝光的。

照相机上的快门速度标注一般只标注分母部分，如 1/60 秒标为 60。

7. 快门按钮

快门按钮是指用来操纵快门的按钮。

8. 光圈

光圈位于镜头镜片组的中间，由一组多枚弧形金属叶片组成，形成接近于圆形的通光孔。根据调整镜头内通光孔径大小的变化来控制到达感光元件的光量。

因镜头焦距不同，光圈在镜头中的位置也不同，由此使得相同的光圈孔径的通光能力也是完全不同的。为了统一标准，便于利用光圈进行通光量控制，人们采用镜头焦距与光圈孔直径的比值来标定光圈的通光能力，这个数字被称为光圈系数，也称为 F 值。光圈 F 值数字越小，其光圈孔直径越大，光圈 F 值数字越大，其光圈孔直径越小，如图 5-25 所示。F 值的国际标准系列为 1、1.4、2、2.8、4、5.6、8、11、16、22、32、45、64、90。[①]

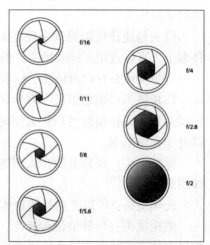

图 5-25　光圈 F 值与光圈孔直径成反比关系

---

① 盛希贵. 新闻摄影教程［M］. 4 版. 北京：中国人民大学出版社，2016.

9．影像传感器

影像传感器是移动照相机内输送胶片的装置，它可以使照片一幅幅地顺序曝光。摄影进入数字时代，影像的留存也从胶片变成了各种数字化文件。传统的输送系统和胶卷也被数据存储系统所取代。

数码相机的数据存储系统分为内存储器和外存储器两类。内存储器类似于计算机的内存，用于暂时存储相机微处理器处理中的数据，其存储空间的大小、存储速度的快慢对照相机的连拍速度和数量起决定作用。影像传感器形成的数据，经过相机微处理器处理后存储到外存储器中。

市面上的用于数码相机的存储器有 CF 卡、SD 卡、TF 卡、XD 卡和 MS 记忆棒等。但一般相机只用一种存储卡，所以购买之前请搞清楚你的相机使用的存储卡类型。存储卡的容量一般都是以 GB 为单位来计量。如果你既想拍视频，又想拍照片，那么选择一款容量稍微大的存储卡很有必要。

5.4.3 数码相机的日常保养与维护

照相机是一种精密的设备，细心地维护可以延长其使用寿命，下面是几点基本的提示。

1．防水、防沙、防震

数码相机的机身中有大量电子零件，一旦进水短路可能导致严重故障，甚至使相机报废。镜头进水可能导致镜片生长霉菌，影响成像质量。所以在雨雪天拍摄时要做好防水保护，如准备防水罩等。沙尘对相机的机械传动部分损伤巨大，严重时也可能导致镜头或机身报废，因此在沙漠或工厂等粉尘较大的地方应使用防尘罩遮挡，尽量不更换镜头。另外在使用过程中应尽量减少磕碰，加强保护，厚实的相机包、镜头包或结实的背带是照相机不可少的装备。

2．防高低温

过高的温度可能致使传感器噪点增加或导致相机内部的热熔胶黏结的元件产生故障，过低的温度则会消耗电池的电量或使相机部件冻结、脆化。因此应在凉爽、干净、干燥的地方保存照相机，避免将数码相机长时间曝晒在太阳光下，开车外出时不要把它放在汽车仪表盘旁的小储物箱里。在寒冷环境中使用相机后，要避免蒸汽凝结，应在冷环境中把相机收进相机包，进入温暖环境三小时后再取出。

3．保持摄影包内外的干净

清洁摄影包内部时应腾空摄影包，可用普通家用的真空吸尘器将灰尘和残余物清扫干净。

4．保持照相机内外的洁净

清洁照相机内部的时候，用橡皮气吹轻轻地将碎片和尘埃吹出。日常照相机维护用品有橡皮气吹、毛刷、镜头布、压缩气囊、干燥剂等。

5．镜头维护

除拍摄外，平时应该让镜头盖盖在镜头上。不要让手指接触到镜头的透镜。皮肤上的酸性物质会损伤镜头的表面。不在雨、雪、粉尘的环境中更换镜头，避免对着镜头的前后镜片说话，防止唾液喷溅在上面，单独存放的镜头应盖好前后镜头盖，变焦镜头存放时应该缩至最短距离。

此外，除非接受过职业的培训并具有专业的工具，否则不要尝试修理照相机。照相机出现故障时，应该送去专业维修店。照相机长期存放时，应隔三四个月取出进行检查，安上电池，看是否运转正常。

5.5 可穿戴设备

可穿戴设备是由贴近身体的传感器和驱动器组成微小而强大的计算机与衣饰组成的智能设备。它可以挂在眼镜上、装在口袋里、内置于鞋中，不断地监测你的生命特征，从而对你的健康习惯及时地提出建议，也可以通过日程表等给你某些提醒，或将信息展现在你的眼前。可穿戴设备产品形态主要体现为手表、手环、眼镜、头盔演示器、头箍、服装、手套、鞋子等。[①]

5.5.1 智能服装：“金刚狼”的铠甲

人类服饰的未来，就像“金刚狼”罗根的骨骼被注入艾德曼合金，手上长出无坚不摧的钢爪一样，智能服装正在成为我们人类无所不能的铠甲。正所谓“衣食住行”，作为人类本能社会活动之首的“衣”，现在远不止“包裹身躯”那么简单了。可穿戴技术领域中的最初应用之一就是嵌入滑雪衫衣袖中的 iPod 控制器。它们是一些由导电织物、泡沫材料和导线等软式材料组成的印刷电路板上的触觉开关。

设计公司 CuteCircuit 创立的 T 恤在 32×32 的方格内安置了 1024 像素的显示器，几乎可以显示任何东西，比如来自移动设备的通知，同时还具备照相机、麦克风、扬声器等，你也可以通过移动 App 来控制它。除了衬衫，CuteCircuit 还将 LED 嵌入皮夹克和长裙中，U2 乐队就在他们的一次巡回演出中穿了这样的皮夹克。

在未来几年里，也许我们的衣柜里将会塞满这样的智能衣物——能够读出人体心跳和呼吸频率的衬衫；能够自动播放音乐的外套；能够在胸前显示文字与图像的 T 恤衫……设想这样一件带有多个传感器以及信号发射装置的“医护衬衣”，它可以检测穿着者的体温、心跳和血压等数据，并通过网络将这些数据发送到医院，便于医院对病人实行远程看护，一旦发生紧急情况，医院可以通过衬衣上的定位装置及时找到病人进行抢救。

美国科技媒体预测，未来的服装将成为真正的“多功能便携式高科技产品”，一件衣服能同时播放音乐、视频，调节温度，甚至上网冲浪。

5.5.2 智能眼镜：孙悟空的火眼金晴

智能眼镜是指如同智能手机一样拥有独立的操作系统，可以通过软件安装来实现各种功能的可穿戴的眼镜设备统称。

1981 年，Steve Mann 发明了 EyeTap。只要佩戴在眼前，EyeTap 就能像照相机一样记录下佩戴者所看到的东西，并由计算机生成与真实场景叠加的影像。这个产品是 Google 智能眼镜的祖先。

智能眼镜是最近几年被提出而且是最被看好的可穿戴智能设备之一。其具有使用简便、体积较小等特点，公众普遍认为智能眼镜的出现将会方便人们的生活，因此它得到了谷歌、微软等公司的重点研发，被视为未来智能科技产品的重要增长点。

谷歌在 2012 年 6 月 28 日 I/O 开发者大会上发布 Google Glass 智能眼镜。那么 Google Glass 有哪些应用场景呢？

一“课”拍案

1. 交互方式

应用于智能眼镜比较广泛的三种交互方式为语音控制、手势识别和眼动跟踪。

---

① David Cuartielles Ruiz, Andreas Goranssson. Android 可穿戴设备高级编程［M］. 靳晓辉，译. 北京：清华大学出版社，2015.

1）语音控制

在人们的日常交流中，说话是最常用的方式，将语音交互引入可穿戴领域，那人们将能够享受到更加自然和轻松的交互体验。语音控制即是让计算设备能听懂人说的话，还能根据人的说话内容去执行相应的指令。对于体积小、佩戴在身体上的智能眼镜来说，语音控制是行之有效的交互方式。

首先，语音控制中最核心的部分是对语音的识别技术，但语音信号的提取有不少干扰因素，例如个体间的发声差异以及自身语调的变化、不同地区以及文化背景不同的人们说话方式的区别、环境的噪声对语音信号的干扰等，以上这些因素都会对语音信号的提取产生不利影响。其次，语音识别的效率和速度还有待提高。最后，当用户使用智能眼镜发起语音控制命令时，用户必须严格地按照智能眼镜提供的标准方式发出指令，比如，当用户要打电话时，必须说 "make a call to..."，而说 "call..." 则无效。

2）手势识别

以手势作为输入，完成与智能眼镜的交互功能，优势在于采用了非接触式方式。手势识别技术，从简单粗略到复杂精细可以分为三个种类：二维手形识别、二维手势识别、三维手势识别。三维手势识别跟二维手势识别的区别在于三维手势识别的输入信息还包含深度信息。智能眼镜采用三维手势识别能实现更多更复杂的交互方式。

但手势识别在应用于智能眼镜的过程中也暴露出一些缺陷。首先，手势识别的精度偏低，定位还不够精准，由于每一个人的手的结构都不尽相同，很难通过捕捉手的动作实现精准的定位。其次，手势识别的关键是对手指特征的提取，在繁杂的背景下要能够准确分辨出目标的特征，但对于手势遭到遮挡的情况或者对冗余信息的去除等方面，目前来说仍是难以攻克的难题。

3）眼动跟踪

眼动跟踪即是对眼睛的注视点或者眼镜相对于头部的运动状态进行测量的过程。智能眼镜能够通过眼动跟踪技术感知到用户的情绪，来判断用户对注视的广告的反应。

目前，用于智能眼镜的眼动跟踪测量技术主要是基于图像和视频测量法，该方法囊括了多种测量可区分眼动特征的技术，这些特征有巩膜和虹膜的异色边沿、角膜反射的光强以及瞳孔的外观形状等。基于图像、结合瞳孔形状变化以及角膜反射的方法，在测量用户视线的关注点中应用很广泛。

虽然眼睛是身体当中接收信息最广和最快的部位，但眼动跟踪却与人性化的交互方式有很大差距。由于眼睛本身存在固有的眨动以及抖动等特点，会产生很多的干扰信号，可能会造成数据的中断，这样会导致从眼动信息中提取到准确数据的难度大大升高。[①]

2. 增强现实（AR）类智能眼镜及其代表产品

增强现实是指在真实图像之上添加计算机生成的信息图层。也就是说使用 AR 类产品的用户会在眼前看到真实的世界，并带有其他信息源生成的附加图层。

AR 有两种实现方式：通过用户眼镜之上的透明屏幕，或通过配有实时扫描周围环境的照相机并能够戴在头上的显示器。

Google 眼镜就是 AR 类智能眼镜的典型代表，有透明的 LCD，会在用户看到的任何事物上叠加一层信息。

---

① 李杰 . 面向智能眼镜的交互控制系统研究及实现［J］. 电子科技大学，2015（2）.

谷歌在 2012 年 6 月 28 日 I/O 开发者大会上发布 Google Glass 智能眼镜，如图 5-26 所示。谷歌眼镜配备了一个投影显示器，一个能拍摄视频的摄像头，镜框上有触控板。它还带有麦克风和喇叭、各种传感器、陀螺仪和多种通信模式。

图 5-26　Google Glass 智能眼镜

Google Glass 几乎集成了一部智能手机所拥有的全部功能，可以通过声音控制拍照，也可以视频通话和辨明方向，还可以通过蓝牙与智能手机配对，通过 Wi-Fi 与网络连接，以及处理文字信息和电子邮件等。

3. 虚拟现实（VR）类智能眼镜及其代表产品

VR 与 AR 不同，其内容可以完全由人工合成，用户通过显示器或某种投影技术获得信息。

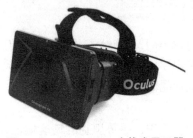

图 5-27　Oculus Rift 头戴式显示器

VR 的主要特点之一是必须将头戴式显示器分成两部分，利用光学技术将图像一分为二。

VR 设备的一个例子就是 Oculus Rift。

Oculus Rift 是一款为电子游戏设计的头戴式显示器，如图 5-27 所示。这是一款虚拟现实设备。这款设备很可能改变未来人们游戏的方式。

Oculus Rift 具有两个目镜，每个目镜的分辨率为 640×800，双眼的视觉合并之后拥有 $1\,280 \times 800$ 的分辨率。Oculus Rift 提供的是虚拟现实体验。戴上后几乎没有"屏幕"这个概念，用户看到的是整个世界。并且具有陀螺仪控制的视角是这款游戏产品的一大特色，这样一来，游戏的沉浸感大幅提升。

Oculus Rift 不仅能够应用在游戏领域，也有越来越多的软件厂商开始为其开发应用，让它能够应用在更多的领域，比如用于建筑设计、教育，治疗自闭症，治疗恐惧症，治疗创伤后应激障碍等领域。

5.5.3　智能手表（环）：随手而动的计算机

1. 智能手表

智能手表，顾名思义就是将手表内置智能化系统，搭载智能手机系统并连接网络。到目前为止，市场上的智能手表可大致分为两种：

（1）不带通话功能的：通过连接智能手机从而实现丰富的功能，比如可以同步手机中的电话、短信、邮件、照片、音乐等。

（2）带通话功能的：支持 SIM 卡的使用，其本质上是手表形态的智能手机。

智能手表依据功能划分可大致分为三类：

（1）成人智能手表：可用蓝牙同步到手机，具有打电话、收发短信、远程拍照、音乐播放、录像、久坐提醒、跑步计数、监测睡眠、监测心率、指南针等功能。

（2）老人智能手表：具有 GPS 定位、亲情通话、紧急呼救、心率监测、久坐提醒、吃药提醒等多项专为老年人定制的功能。

（3）儿童定位智能手表：具有多重定位、计步器、历史轨迹、电子围栏、双向通话、远程收听、SOS 求救、智能防丢、爱心奖励等功能，以保障儿童安全。

2. 智能手环

智能手环（见图 5-28）主要作为健康跟踪器，帮助用户记录日常体育运动情况。智能手环通常能借助 App 与手机通信，采用通过蓝牙访问的工作方式，用户可以对其做基本的配置或加载手环上传感器的数据。

图 5-28　智能手环

智能手环的最直接应用之一就是提升健康状况，主要在预防方面。传感器的智能应用可以实时地收集体温、脉搏、血压、心跳、睡眠以及过去 24 小时行走的步数等信息。

目前市场上智能手环的基本功能有以下五个。

1）震动唤醒

智能手环内置了振动组件，它拥有一项非常具有特色的功能就是通过振动唤醒睡眠中的用户。用户可以在设置中选择手环闹钟来激活振动唤醒功能，或有重要事件也可设置振动提醒。

2）睡眠追踪

智能手环可以为用户清晰记录入睡时间、深度睡眠时间、浅度睡眠时间和清醒时间等信息，并将每日数据生成鲜明的彩色图。最后用户还可以把查看本周的睡眠情况和这些数据分享到微博、微信等主流社交平台之上，与好友一起交流自己的睡眠情况，针对手环的分析结果对自己的睡眠进行适当的调整。

3）运动监测

智能手环最重要的功能非运动监测莫属，它可以把用户每天行走的步数详细而准确地记录下来。用户可根据这些信息制定目标来完成，例如设定 24 小时内完成步行两万步等目标。在办公室工作的用户长期坐着不动，智能手环也能监测到并会提醒用户做一些简单的舒展运动，活动一下筋骨，预防肌肉劳损。

4）膳食记录

智能手环虽然不具备食物辨识能力，但可以为用户提供一个非常完善的食物库。用户可以在食用时记录进食的分量，随后软件将会为用户分析所摄入食物包含的能量和营养摄取百分比，并最终通过时间和餐饮类型为用户统计一天的能量摄取量，为用户的饮食生活提供一个基础的参考依据。

5）心率测量

用户只需将智能手环佩戴在手腕上即可轻松地知晓自己在任一时刻的心率，然后可以利用其在睡眠或运动时的心率确定科学的睡眠方式和运动强度。

问题拓探

1. 你觉得未来的计算机会有哪些新形态？
2. 万物互联时代，会为物质新媒体带来哪些机遇和挑战？

实践任务

1. 设置局域网的打印机共享，或将你的计算机连接至共享打印机。
2. 用 VUE 或其他视频编辑软件剪辑你手机里的视频，主题自定。
3. 用初页或易企秀完成一个 H5 场景，主题自定。

第 6 章 平台新媒体：连接 N 的虚拟桥梁

章首点睛

人类传播的历史，就是不断地扩展信息延伸时间和空间的历史。在电子通信时代来临之前，书信、虎符、金牌、崖壁之类的实物，是人与人两地时空连接的主要信息媒介。杜牧的诗句"凭君莫射南来雁，恐有家书寄远人"，描绘的就是古代人以动物为媒介消除空间阻隔，制造人与信息连接的场景之一。不过，信件通过长途寄送，时效和安全都难以保证。20 世纪互联网诞生以来，它释放出连接信息的巨大潜力。我们所熟知的电子邮件、IP 电话、社交网络、即时通信，使得人与人之间的通信变得更加便捷。而近几年兴起的物联网和可穿戴设备，更是将人与人、信息与信息、物与物等全部连接起来，所以说，人类的未来，连接无时不在，又无处不在！因之，学习和掌握平台新媒体的操控技巧，是提升自己连接能力的不二法门。

腾讯公司首席执行官马化腾在 2013 年年底的演讲"通向互联网未来的七个路标"中认为，当下是连接一切的时代，"不仅是人和人之间连接，我们也看到人和设备、设备和设备，甚至人和服务之间都有可能产生连接"[①]。

然而，连接需要一定的平台。正如咖啡馆提供了公众平等探讨的公共空间、连锁超市提供了货物零售的平台一样，当今的万物互联时代，微信、QQ 之类的社交新媒体，提供了人际交往的平台；京东、天猫之类的电商新媒体，提供了货物在线交易的平台；支付宝、微信支付等新媒体提供了货币交易的平台。诸如此类的平台新媒体，给人类的生活提供了一个个连接的场所。人类在这些平台上将自己与美好的事物连接起来，以通向期望的彼岸。

6.1 社交平台新媒体（发轫于 PC）：QQ

社交平台新媒体，是通过互联网提供人与人之间信息交往服务的平台新媒体，它的连接功能主要是通过即时通信软件实现的。即时通信软件，是通过互联网实时传递文字、语音与视频信息，来实现两人或多人在线聊天交流的软件。如国内的微信、QQ、易信、米聊、陌陌、来往、密友；国外如美国的 iMessage、Skype、WhatsApp，日本的 Line（Line 的研发公司是韩国互联网集团 NHN 的日本子公司 NHN Japan），韩国 Kakao，以色列的 Vibe 等。QQ 和微信是我国普及率最高的即时通信软件，所以，根据它们发轫的渊源特点，本章分两个小节重点予以介绍。

6.1.1 "QQ"概述

QQ 是腾讯公司开发的一款即时通信软件，它发轫于 PC 互联网阶段，先于微信流行于

---

① 马化腾：通向互联网未来的七个路标，http://tech.qq.com/a/20131110/005189.htm

世。QQ 于 1999 年 2 月上线，标志为一只戴着红色围巾的小企鹅，最初的名字是 OICQ（意为 Opening I seek you，即开放的 ICQ），是模仿美国同类软件 ICQ（全称为 I seek you，意为"我找你"）而命名的。2000 年，由于涉及侵权更名为 QQ。经过近百次的更新与迭代，目前 QQ 已经覆盖 Windows、iOS、安卓等绝大多数平台和通信终端。

6.1.2　QQ 的主要功能

QQ 的基本功能是提供好友之间的信息交流服务。信息交流的形式包括图片、文字、语音聊天、视频通话、点对点断点续传文件等，这些信息可以即时发送与接收。同时，QQ 还可以与移动通信终端、IP 电话网、无线寻呼等多种通信方式相连。QQ 作为互联网的重要入口之一，除了国际版和商务版之外，大都内嵌了腾讯公司许多其他应用的链接。这些应用包括游戏、邮箱、空间（一个介于博客和社交网络之间的平台）、新闻等。现在有不少用户只需要最简单的聊天功能，腾讯也提供了 QQ smart、QQ 轻聊版等版本供用户选择。而对于普通版本的 QQ 用户来说，通过点击 QQ 面板上的界面管理器，实现对 QQ 面板上功能的简化，也可以通过系统设置当中的基本设置标签，关闭新闻弹窗等一系列不常用的功能。

近年来，随着网络带宽的增加，保存和传送文件成了 QQ 区别于其他应用的一项重要功能。我们在聊天的时候，如果接收到了对方传送过来的文件，系统将无条件地保存七天。如果我们操作的时候点击收藏到微云，理论上系统将永久保存这些文件。如果我们希望共享某个文档，具体的操作方式为：单击好友头像，在弹出的菜单当中选择"浏览共享文件夹"命令，弹出"共享文件"窗口。在此基础上，点击"我的共享"中的"新建共享"，加入共享文件的路径就可以了。

系统无条件保存的内容不仅仅包括文件，也包括聊天记录，如果我们在软件设置当中开通了漫游聊天记录的功能，七天内的聊天记录就能在所有的终端上同步。如果我们希望保护这些隐私不被泄露，需要在所有终端的设置当中选择"关闭好友云消息记录"服务。就电脑端而言，QQ 的默认安装路径，在系统盘 :\program files\tencent\QQ 文件夹中，在这个文件夹中，每个登录过的账号，都有一个以账号命名的独立文件夹，且聊天记录等文件都以加密的形式存储其中。

在 QQ 集成的众多功能中，做得比较好的是 QQ 邮箱。早期的 QQ 邮箱服务并不出众，后来腾讯收购了当时最大的中文邮件服务商 foxmail，并对原有的 foxmail 与 QQ 邮箱进行了功能的优化整合。普通用户可以通过 QQ 邮箱管理其他邮箱账户，并对其他的邮箱账户进行设置。一般来说，用户对于附件的保存和传输要求比较苛刻，而 QQ 邮箱则通过文件中转站解决了这个问题，QQ 文件中转站最大可以上传 3 GB 的文件，但是有效期仅仅为 30 天，必须在规定时间内进行下载。此外，对于发送至 QQ 邮箱、并未读取的邮件而言，发送者还能够进行撤回操作。

QQ 的盈利模式主要是收费项目。QQ 会员（红钻、蓝钻、绿钻）、QQ 免费游戏的付费道具、QQ 靓号、QQ 付费表情等，都是可选择的付费项目。在 QQ 用户管理中，有成体系的晋升管理制度，把用户等级分为 7 个级别（2015 年 4 月 1 日，QQ 超级会员 SVIP8 上线），根据活跃天数获得相应的晋升，而不同付费登记的会员，能够得到不同倍数的成长速度加成。以 VIP7 级为例，普通 QQ 用户不享受加倍的成长速度，QQ 会员成长速度为 1.9 倍，超级会员为 2.1 倍，而年费会员为 2.7 倍，除此之外，QQ 付费会员还能够根据等级和身份的不同，享受不同的特权，这些特权包括好友克隆、好友上限人数、超级群创建、更改皮肤等。

早在 2003 年，QQ 就推出了移动版，受制于当时的软件和硬件条件，以满足聊天的基本功能为主。近年来，随着各类智能平台的流行，手机 QQ 从功能设计上，更加亲近用户的体验，与 PC 端客户产生了差异化，也推出了许多新功能，如闪照、多彩气泡、原创表情、个性主题、游戏、阅读、语音、视频、附近的人等，满足了不同移动场景下的沟通和分享需求，并加强娱乐类功能，意在成为年轻用户的休闲娱乐平台。

6.1.3　QQ 的同类比照

与 QQ 成长于同一时期的即时通信工具还有很多，这些通信工具的功能各有千秋，其中有一部分已经在激烈的市场竞争中消失或重构，但是它们的设计思路依然具有价值。

（1）微软公司的 MSN。它的基础聊天功能与 QQ 无异，却融合了 Windows live 套件，通过一个账号，可以很方便地管理用户文件、相册、联系人等信息，还有天气预报、翻译等功能。与 QQ 的娱乐导向相比，MSN 更倾向于办公集成。

（2）Skype。这是一款即时通话软件，除了具备多人聊天、传送文件、文字聊天等基本功能之外，比较特殊的一点是，它支持 25 方语音通话和 10 万多人视频通话，视频清晰度很高。Skype 还可以拨打国内国际的固定电话和手机，并且可以实现呼叫转移、短信发送等功能，价格低廉，手机、电视、PSV 等多种终端上均可使用。

（3）阿里旺旺。阿里旺旺是阿里巴巴集团为自身用户量身定做的、免费网上商务即时通信工具，可以帮助用户联系客户，发布、管理商业信息。阿里旺旺分为淘宝版、贸易通版和口碑网版三个版本，这三个版本之间支持用户互通交流。作为专用软件，阿里旺旺在某种程度上保证了商务信息的安全和用户的隐私。

远在千里之外，朋友的电脑有些小问题，简单几步就能解决，但是不会操作怎么办？用 QQ 远程服务，轻松让朋友接受你的帮助。

学"艺"致用

Skype 和阿里旺旺目前也都开发了移动端。

6.2　社交平台新媒体（发轫于手机）：微信

6.2.1　微信概述

微信于 2011 年 1 月推出，是腾讯公司的后起之秀，虽然晚于 QQ 面世，但却是目前市场占有率最高的、基于智能手机等移动端的即时通信软件。它主要为智能终端提供即时通信服务，也有简易的 PC 端。微信联系人最初是基于 QQ 用户建立的，后来发展出通信录匹配、手机号注册等各种加好友的方式。它可以通过网络一对一快速发送语音、视频、图片、文字、文件、地理位置等信息，也支持多人群聊。同时，用户也可以使用"摇一摇""搜一搜""看一看""漂流瓶""朋友圈""公众平台""语音记事本"等服务插件。2017 年年初微信又上线了小程序功能，以此为基础，将连接向用户生活中的各类线上线下服务渗透，包括交通出行、线下餐饮、电子发票等。

6.2.2　微信的信息系统

微信打通了三个信息系统：第一，语音、文字、图片、视频；第二，手机通信录、智能手机客户端、QQ、微博、邮箱；第三，LBS 定位、漂流瓶、摇一摇、二维码识别。这些功能相互连通，是其他任何即时通信工具无法比拟的。由此，我们可以把微信的信息传播分为三个层级：好友间传播、朋友圈传播、公众平台传播，如表 6-1 所示。

表 6-1　微信的信息传播层级

传 播 方 式	微信功能	用　　途	传 播 范 围	传播频率
好友间传播	个人与群聊天	短信、语音、视频	一对一、群组成员之间	不限
朋友圈传播	朋友圈	可在手机上关注好友动态	好友之间	不限
公众平台传播	公众账号	信息可被粉丝接受或转发给好友	关注者	有限

1．好友间传播

好友间传播可以分为点对点传播和群组传播。

点对点传播是指互相添加为好友的用户之间，通过微信聊天进行一对一双向传播。它的传播方式，基本上可以理解为借助了网络工具的人际传播。在这种传播方式中，符号的运用多种多样，除了传统文字之外，随着带宽的增长，也衍生出了语音、图片、表情包、视频等形式。

群组传播是我们所熟悉的另外一种微信传播方式。它由一个人发起成立，发起成立之初往往有一个确定的目的，在这个目的之下，群组的功能被明确定位，一般是基于亲友、同事、同业、同好所形成的。微信群和 qq 群的机制不同，qq 群可以通过搜索群号申请入群，好友之间的关系弱得多，但是微信群必须通过好友邀请，人数上限也比较低。

2．朋友圈传播

朋友圈是微信中的自我表达工具。它有类似微博的功能，个人用户可以把图片、文字、短视频、文章链接等发布出来。熟悉的人能够在朋友圈中进行点赞、评论等互动。和微博不同的是，朋友圈原创内容不允许进行转发，使得信息传播只能局限在个人的小圈子里面，并且，朋友圈不仅仅能够设置分组，还能够设置三天可见、半年可见，这使得朋友圈具有了后现代特征，允许个人表现得相当多面和善忘，或者说，用户隐私得到了相当大的保护。从传播学的角度来说，朋友圈发布更像是一对多的大众传播，只不过，传播者不是组织化的媒体机构而是个人，受众也不是多杂散匿的大众。

在这里介绍一个人际传播的理论——约哈里之窗，如表 6-2 所示。这个理论把人际交往过程当中的信息分为四类，分别是自己知道的信息，自己不知道的信息，别人知道的信息，别人不知道的信息，它们交叉构成四个区域，即透明窗格（开放区域）、不透明窗格（盲目区域）、隐蔽窗格（隐匿区域）和未知窗格（未知区域）。由于人们相互交往过程中自我表露程度的不同，哈约里之窗中各区域的大小也不同，且受时间、地点、交往对象等制约，扩大对他人的自我开放区域可以提高人际互动的效率，自我表露是扩大这一区域最有效的办法。

表 6-2　约哈里之窗

别人 ＼ 自我 区域	自己知道	自己不知道
别人知道	开放区域	盲目区域
别人不知道	隐匿区域	未知区域

一方面，微信正是走出了人与人关系比较疏离的线下社会，为个人向好友敞开胸怀、进行自我表露，提供了一个线上的渠道，因此有人撰文称，离开了朋友圈我们可能就没有朋友了；另一方面，虽然微信好友的现实身份各有不同，但他们在微信当中的权利完全是平等的，没有会员与非会员之分，没有职位高低的差别，都是"一客一座"，因此，虽然朋友圈依然存在权力与征服，却依然在某种意义上形成了类似于茶馆的新的公共领域、新的讨论空间。

3. 公众平台传播

微信公众平台通俗的说法叫作公众号，任何个人和企业都可以在公众平台上注册公众号，进行内容发布和提供服务。

微信公众平台主要分为三种类型：服务号、企业号和订阅号。

公众平台服务号，主要偏于服务交互（类似银行客服、114提供服务查询），认证前后都是每个月可群发4条消息；发给订阅用户（粉丝）的消息，会显示在对方的聊天列表中，通信录中有一个公众号的文件夹，点开可以查看所有服务号。

公众平台企业号，旨在帮助企业、政府机关、学校、医院等事业单位和非政府组织，建立与员工、上下游合作伙伴及内部IT系统间的连接。用户需要先验证身份，才可以成功关注企业号。

公众平台订阅号，旨在为用户提供信息，每天可以发送1条群发消息，发给订阅用户（粉丝）的消息，将会显示在对方的"订阅号"文件夹中，点击两次才可以打开。在订阅用户（粉丝）的通信录中，订阅号将被放入订阅号文件夹中。个人只能申请订阅号。

如果想简单地发送消息，达到宣传效果，建议可选择订阅号；如果想用公众号获得更多的功能，例如开通微信支付，可以选择服务号；如果想用来管理内部企业员工、团队，对内使用，可申请企业号；订阅号可通过微信认证资质，审核通过后有一次升级为服务号的入口，升级成功后类型不可再变；服务号不可变更成订阅号。

微信公众平台并没有承袭微博的社会化思路，而是继承了大众传播的传播方式，受众可以自主订阅信息，并且可以把这些信息分享到朋友圈中。从产品设计思路上来看，是对传统生活方式的模拟和回归。但是公众号依然有自身的弱点，比如推送次数受限，表现形式受限，订阅号折叠难以被打开等，再加上移动阅读的瞬时性和深度阅读存在某种程度上的矛盾，因而公众号并非新闻信息传播最理想的渠道，在形态上更多地与杂志订阅类似。因此，公众号大多为机构维系、宣传自身形象所用，另外也成为软文盛行的场所。[①]

6.2.3 微信的特殊技巧

除了信息传播功能之外，微信在生活的其他领域也有着广泛的应用。微信最为重要的是支付、购物、发红包以及地理定位功能。还有近年来上线的微商小程序、打卡签到等功能也日渐盛行。

微信支付不仅可以应用于店面支付，还可以应用在公共服务等诸多领域。比如，全国各地的许多公交线路，都开通了微信扫码支付乘车功能，乘客无须常备零钱，上下车时费用会从微信钱包当中自动扣除。特别是2018年以来，微信手机支付，借着扫码红包奖励等促销手段，走入了寻常百姓家，几乎形成了商城无论大小、文化无论高低，买卖交易不用纸币、唯

---

① 方光东，石现升. 微信传播机制与治理问题研究 [J]. 现代传播，2013（6）.

码是扫的态势。

发红包是微信于 2014 年春节期间推出的新功能，这个功能延续了传统民俗，群组成员在抢红包的过程中，增加了亲密感。简单地说，就是用户在聊天页面当中点击发红包功能，输入相应的金额、红包名称，进行支付后就可以发送红包。红包分为固定金额红包和拼手气红包两种，发在群组之中就能够形成一种"抢红包"的状态。

地理定位是微信的一个很实用的功能。首先，我们在发朋友圈的时候，如果想要带上地址，可以点击发布信息内容下方的"所在位置"来显示自己的地理位置；其次，我们在进行聊天的时候，可以在聊天功能当中选择定位，向好友分享自己的位置，或者邀请好友加入位置分享，好友同意后就可以在地图中看到彼此的位置与交通路线。

6.2.4　微信的它山观照

微信不是第一款也不是唯一一款或最后一款即时通信软件。

最早问世的移动端即时通信软件是 kik，这是一款 2010 年 10 月推出的，"可以与手机中同样安装了 kik 的好友免费发消息的跨平台的应用软件"。简言之，kik 就是手机通信录的社交软件，它可基于本地通信录，直接建立与联系人的连接，并在此基础上实现免费短信聊天、来电大头贴、个人状态同步等功能。它不能发送照片，不能发送附件，但上线后 15 天内就吸引了 100 万的使用者。2010 年 12 月末，中国内地第一款类 kik 的应用——米聊诞生。米聊是小米公司开发的跨平台即时通信软件。不过，米聊在与微信的市场竞争当中迅速落败，逐渐成为小米手机用户之间的沟通工具。

2011 年 6 月，韩国互联网集团 NHN 的日本子公司推出即时通信软件 Line（"连我"），全球注册用户超过 4 亿。它与微信的定位明显不同。这首先体现在公众号上，"连我"的公共账号的主体是明星，明星经常用"连我"和粉丝聊天，但微信公众号的主体身份更复杂。此外，"连我"有网络电话功能，但是微信的网络电话功能受到了一些限制。此外，"连我"专注于沟通这一个功能，但是微信更致力于打造一揽子的移动平台，把所有的事情都通过微信解决。这些功能包括移动支付、媒体、社交网络、O2O 等。

另外值得一提的是，"连我"有一系列"聊天表情贴图"，其中"连我"官方设计可爱且特色鲜明的馒头人、可妮兔、布朗熊大受好评，如图 6-1 所示。一些商家还依据这些贴图，开发了创意产品，如图 6-2 所示。形成了规模庞大的衍生品市场，这一点是微信所不及的。

图 6-1　"连我"的特色表情贴图馒头人、可妮兔、布朗熊

图 6-2　凌美钢笔所开发的 Line 贴图系列产品

6.3 电商平台新媒体

广义的电子商务，指的是运用各种电子手段进行的商务活动，这些手段可以包括广播、电视、计算机；而狭义的电子商务，指的是个人、政府、企业等不同主体之间通过互联网进行的货币与商品的交换活动，简单地说，就是商贸活动的网络化。狭义的电子商务是本节讨论的内容。早在 20 世纪 60 年代，大型商业公司就开始尝试运用互联网进行文件和数据传递。随着互联网的普及，电子商务的应用越来越广泛。这里，我们主要介绍一下电子商务的主要类型和知名电商平台新媒体的运营技巧。

6.3.1 电商平台新媒体的交易模式

在传统的意义上，电商平台新媒体一般是按照交易双方身份的不同，划分为五类[①]，如表 6-3 所示。

表 6-3 电商平台新媒体的分类

名称	内　　容	案　　例
B2B	企业与企业间电子商务	阿里巴巴
B2C	企业与消费者间电子商务	电子零售业企业，如亚马逊、当当网、Tesco.com 等
C2C	消费者间电子商务	eBay、淘宝
B2G	企业与政府间电子商务	企业电子通关、电子报税和政府网上采购等
C2G	消费者与政府之间的电子商务	电子政务的一种类别，包括政府网上采购和个人网上报关、报税等

不过，随着社会的发展，近几年来，又衍生出了 O2O 新类型。本节我们就从传统和发展的角度，选择其中主要的模式，做一个简要的介绍。

1．B2B

B2B 指的是企业与企业之间通过网络开展贸易活动。这些贸易活动主要指的是企业之间利用各类互联网平台发布供求信息、订货及确认订货、支付过程及票据的签发、传送和接收、确定配送方案并监控配送过程。

B2B 的平台可以是用户自建，也可以是借助其他著名企业搭建的平台。其中最有影响的是成立于 1999 年的阿里巴巴网（1688）。阿里巴巴集团是由以曾担任英语教师的马云为首的 18 人在浙江杭州创立的，经营多项业务，另外也从关联公司的业务和服务中取得经营商业生态系统上的支援。关联公司的业务包括淘宝网、天猫、聚划算、全球速卖通、阿里巴巴国际交易市场、1688、阿里妈妈、阿里云、蚂蚁金服、菜鸟网络等。2018 年在《财富》世界 500 强排行榜中，阿里巴巴的排名为第 300 位。

除了阿里巴巴网（1688），知名的 B2B 平台还有环球资源、中国制造、慧聪、敦煌、马可波罗等网站。这些网站主要的区别在于侧重的行业和地区不同，有一些网站还提供会展和信息咨询服务。

一般来说，B2B 交易的流程如下：首先，购买客户向销售商发出包括产品名称、数量等信息的订单，销售商收到订单后，根据订单要求向供货商查询产品情况，给销售商返回订

---

① 表中电商模式名称中的 B 是英文单词 Business，C 是 Customer，G 是 Government，2 是 to 之意。

单查询的回答，销售商在确认供货商能够满足客户订单要求的情况下，向运输商发出有关货物运输情况的查询，如有无能力完成运输、运输日期、线路、方式等信息。在确认运输无问题后，销售商即给购买客户做出订单回答，同时给供货商发出发货通知，供货商通知运输商运输。运输商接到"运输通知"后开始运货。紧接着,商业客户向支付网关发出"付款通知"、银行结算票据等。最后，支付网关向销售商发出交易成功的"转账通知"。

B2B 的盈利模式大概有以下三种。首先是交易费和服务费，销售商为每笔交易提供的佣金或者增值服务；其次是会员费，对于缴纳会费的人可以免费交易或者提供折扣；最后是推荐信息的广告费。

2．C2C、B2C、B2B2C

在零售市场当中 C2C、B2C、B2B2C 是一组难以分离的概念，因此将其归于一类进行讲解。

C2C 指的是消费者和消费者之间借助网络平台进行交易的模式。有人也把这种模式称为 P2P（Peer to Peer，个人对个人），意思是伙伴之间的商务活动。境外的 eBay，早期的淘宝网，现在的"闲鱼"、赶集网和 58 同城是其中的代表。所谓的 B2C，指的是电子商务企业和消费者之间进行交易的电子商务模式，也就是通常所说的电子零售。近年来，许多知名企业都开发了自己的 B2C 商业平台，其中比较著名的有海尔、联想等。随着电子商务的发展，上述多种模式呈现出了某种程度上的融合，发展出了 B2B2C 模式，也就是多商户的电商模式，在这个模式下，商家不仅仅自营，还能有其他品牌入驻。B2B2C 是目前淘宝、京东、亚马逊这些大平台主流的模式。

3．O2O

O2O（Online to Offline）是近年来兴起的一种将线（互联网）上线下交易结合在一起的应用模式。简单地说，就是网上商城把线下的商店信息展示给用户，用户完成下单、付款等一系列流程之后，再去线下的商家实地消费。与其他模式相比，O2O 一个明显的不同在于，既往的电子商务模式基本上都是在线下单，物流运输，O2O 却是在线上进行金融交易，线下进行实物交易。O2O 模式的优势是可以节省很多物流成本和中间成本，也解决了传统电子商务模式下大家最为担心的假货问题。O2O 模式特别适合必须当面体验和难以进行快递寄送的服务，比如汽车、住房、餐饮、旅游、美容美发等，而书籍、唱片的售卖一般而言并不依赖 O2O 模式。

相关资料显示，租车、旅游和信息服务公司是第一批利用 O2O 模式的企业。1999 年成立的携程旅游网是我国最早采用该模式的公司。在这种模式之下，消费者可以在线上浏览出行资讯进行预订，然后再到线下付款、消费。"嘀嘀打车"等打车软件、"美团"等团购软件所采用的也是 O2O 模式。此外，O2O 模式已经逐渐成为传统电子商务模式的重要补充。一方面，线上电子商务平台在实体平台上开疆拓土，比如淘宝所开设的体验店、京东设置的自主取货点等；另一方面，传统零售业也开始利用互联网展开营销，如苏宁电器、国美电器都将网络销售当作重要方向，而用户则获得了更多的选择。

6.3.2　典型电商平台新媒体

近年来，我国的电子商务迅速开枝散叶，在不同的社会领域都有着长足的发展。根据中国互联网信息中心 2018 年 3 月发布的第 41 次《中国互联网络发展统计报告》，截至 2017 年 12 月，我国网络购物用户规模达到 5.33 亿，较 2016 年增长 14.3%，占网民总体的 69.1%,

手机网络购物用户规模达到 5.06 亿，同比增长 14.7%，使用比例达到 67.2%。与此同时，网络零售持续保持高速增长，全年销售额达到 71 751 亿元。相关法规逐渐跟上，行业持续向高质量、高效能阶段过渡并取得积极成效；线上和线下融合开始向纵深发展，电商企业正在加速走向线下。资源融合带动了流通领域供应链的数字化升级，形成从供应商、销售渠道、仓储到门店各环节的协同作用。

本节重点介绍生活中常见的一些电商应用。

1．淘宝网

淘宝网由阿里巴巴集团创建于 2003 年，在 2005 年成交金额就超过了沃尔玛，是中国深受欢迎的网购零售平台。最初，它仅仅是单一的 C2C 网络集市，后来随着规模的扩大和用户数量的增加，形成了包括 C2C、团购、分销、拍卖等多种电子商务模式在内的综合性零售商圈。目前，淘宝网主要分为一淘网、淘宝网以及天猫（原名淘宝商城）三个平台。其中，一淘网是一个促销类导购平台，通过返利、红包、优惠券等丰富的促销利益点，为用户提供高性价比的购物体验；天猫则是淘宝下的 B2C 平台，为品牌商家和消费者之间提供交易的渠道。2014 年，天猫国际正式上线，为国内消费者直供海外原装进口商品。2017 年，仅"双 11"一天的淘宝旗下所有网站的交易额就达到 1.6 万亿元，已经成为世界范围规模较大的电子商务交易平台。

2．京东

"京东"是中国最大的自营式电商企业，主要经营业务为 3C 类产品（3C 是计算机 Computer、通信 Communication 和消费电子产品 Consumer Electronic 三类电子产品的简称）。京东成立于 2004 年，2014 年在纳斯达克上市，2017 年，京东集团市场交易额接近 1.3 万亿元。与淘宝的 B2C 与 C2C 结合不同，京东采用纯粹的 B2C 模式，直接与厂商建立联系，并在全国范围内建立完善的物流体系。目前，京东的业务涉及电商、金融和物流三大板块，并规划依托其物流优势建立线下便利店。

3．网易"考拉"和网易"严选"

近年来，随着一、二线城市居民收入水平的提高，不少消费者在零售品购买中特别注重品质。在这种背景下，网易公司推出了"考拉"和"严选"两款网络购物产品。

其中，网易"考拉"于 2015 年 1 月上线，以跨境业务为主，主打自营直采的理念。公司在世界各地设有分公司或办事处，深入产品原产地直采商品，品类涵盖母婴、美容彩妆、家居生活、营养保健、环球美食、服饰箱包、数码家电等，在保障商品品质的同时省去诸多中间环节，直接从原产地运抵国内，在海关和国检的监控下，储存在保税区仓库。

而"严选"在 2016 年 4 月上线，目标群体是对生活品质有一定要求但是消费能力有限的人群。其模式为 ODM（Original Design Manufacture，原始设计制造商）。简单地说，这种模式类似于传统代工厂的贴牌，产品由制造商设计后，直接配上品牌方（如网易严选）的品牌名称后生产，或者由品牌方对设计做出稍微调整后生产。由于生产商往往同时向大牌厂商供货，在理论上往往能保证输送至品牌方的产品生产过程、流程工艺与大牌产品大致相当，却由于省去了大牌产品的营销环节，售价低廉。在创业之初，网易十分注重质量控制，对这些"原厂"产品按照国家标准进行检验，并严格执行 30 天无理由退换货（其他产品一般是 7 天），在此基础上逐步向产品开发设计等领域渗透。

6.3.3　电商平台新媒体的运营技巧

随着电子商务的开展，如何利用网络传播的优势进行产品宣传、促销，成为摆在每个企业面前的难题。下面就重点介绍一下电商平台新媒体的运营技巧。

1. 内容设计

一般来说，网络电商平台主要是通过搜索＋商品／店铺的模式进行运营的。我们去商店购物的时候会看重购物环境，对于不能够接触到实际商品的网络购物而言，良好的店铺网页内容设计显得更重要。好的网店布局既使顾客感官轻松愉悦，又具有实用功能，不仅能够将顾客需要的信息和产品展示出来，而且便于交易操作。具体来说有以下几点：

第一，产品细节展示丰富。在实体店，消费者可以直接接触到产品本身，但是在网络环境下，信息的传播是不对等的，受众只能看到产品的图片，这些图片往往还是经过美化的。这种不对等的信息环境，是商家诚意的展现和考量。所以，在这种情况下，商家需要提升顾客对于自己的信任，就必须运用各种手段增强对产品细节的展示。图 6-3 和图 6-4 所示是数字存储品牌"闪迪"在淘宝官网上所进行的动画展示，在产品细节和产品优势的表现上都比较好。

图 6-3　"闪迪"在淘宝官网上所进行的动画展示 1　　图 6-4　"闪迪"在淘宝官网上所进行的动画展示 2

除了尽可能运用视频、文字、动画等形式描述产品信息之外，增强产品现实感和空间感的方法还有两个。一是时下特别盛行的网络直播，比如淘宝网就专门设立了直播频道，用来展示服装等产品。二是设立线下体验店。比如说著名的网络商店亚马逊，即使经营的产品是适于网络销售的书籍，也设立了线下体验店，如图 6-5 所示。亚马逊线下体验店一方面提供畅销品的实物展示；另一方面提供 kindle 等电子设备的下载体验。

图 6-5　2015 年 11 月亚马逊首家实体书店在美国西雅图市正式对外营业

第二，优化信息结构，提高用户的消费体验。根据相关调查，电商平台信息展示的有用性排列分别为商品图片、用户评价、商品价格、文字描述、产品对比、商品促销、买家秀、视频。因此，在商品的陈列过程当中，应当遵循用户心理和消费习惯进行信息的排列。另外，不同的电商平台都有自身的设计原则和商品排列规律，商家也需要根据平台的特征进行信息的排列，以便更容易被用户看到、打开。而且，用户获取网络信息的方式多种多样，平板电脑、普通计算机、手机的屏幕尺寸不同，观看效果也大不相同，这些都需要网店运营者进行单独的考量和促销信息的特殊设计。

2. 互动设计

传统的网购类似于无人售货机，在信息的传播上属于大众传播，消费者只能通过广告文案去理解内容。一方面，这些信息是千篇一律的，并没有针对性；另一方面，根据罗杰斯、霍夫兰等相关学者的研究[1]，广告对于受众认知信息有帮助，但是对于受众采取行动并没有多大的用处。受众采取行动很重要的一点是要通过周边人的影响。在这样的背景下，电商运营当中的人际传播，就显得十分重要。一般来说，电商的互动设计主要有即时通信和在线评论两种。第一类是在线即时通信，如通过阿里旺旺进行产品的介绍和售卖，达到类似面对面销售的效果，这种面对面咨询可以最大限度地消除用户对商品的疑问，达到促进销售的目的。第二类是在线评论信息，在线评论直接关乎受众对产品的信任。正面评论会促进客户的购买行为，而负面评价会令客户望而生畏。

3. 对话技巧

在即时通信的过程中，由于往往是用户发起咨询，目的性很强，并且由于之前没有交往，信任度并不是很高，因此，网络营销人员必须掌握一些特殊技巧。比如，对话过程中必须紧紧围绕商品信息本身进行，要不卑不亢，任何的敷衍和语焉不详都会造成信任的破裂。

它山之"识"　我们知道许多传统节日，国家还规定了一些法定节日，但是，还有一些节日是那些电商平台新媒体人为造出来的，你知道吗？

有学者总结了一些网络营销对话的技巧。首先，要适度地推送有助于买家进行决策参考的信息，提升彼此的好感度；其次，坚持平等对话，有理有据不卑不亢，既不自我夸耀，也不对消费者进行简单附和，才能获得消费者的尊重；再次，创造独树一帜的会话风格，提升自身的辨识度；最后，在即时通信中，受众对于反馈的不及时容忍度非常低，任何的延迟都会造成用户选择其他产品，因此必须及时反馈，保持会话的畅通有效。

6.4　金融平台新媒体

根据中国互联网络信息中心第41次《中国互联网络发展状况统计报告》，截至2017年12月，我国网民线下消费使用网络支付的比例为65.5%，移动支付深入个人生活并向公共服务领域延伸。继打车、外卖、购物等个人消费服务场景之后，在公共交通、高速收费、医疗等领域，线上支付加速向农村地区网民和老龄网民渗透。技术的进一步提升使移动支付安全性和便捷性增加，另外，生物识别技术日趋成熟，指纹识别已经被大规模使用，面部识别也得到初步使用。下面我们简单介绍一下基于网络媒体的金融应用。

---

① 罗杰斯（1949）：大众传播实验（尚无中文译本）。

6.4.1　第三方支付

第三方支付是指具备一定实力和信誉保障的独立机构，采用与各大银行签约的方式，通过与银行支付结算系统接口对接而促成双方进行交易的网络支付模式。在这一模式中，买方选购商品后，使用第三方平台提供的账户进行货款支付，并由第三方通知卖家货款到账、要求发货；买方收到货物，检验货物并且进行确认后，再通知第三方付款；第三方再将款项转至卖家账户。不过，根据我国央行的新规定，所有第三方支付都要通过网联（全称"非银行支付机构网络支付清算平台"）进行结算，不再与银行直连。

目前，微信、支付宝都具有第三方支付的功能，在各类第三方支付工具当中，支付宝是国内领先的电子支付平台，也是目前世界范围内最大的移动支付厂商。

支付宝由阿里巴巴于 2003 年创立，首先在淘宝网推出，最初仅仅用于网络安全交易，其线上购物的支付模式步骤如下：买家选择产品—买家付款到"支付宝"—"支付宝"通知卖家发货—买家收到商品—"支付宝"付款给卖家—交易完成—买家对卖家评价。在网络金融并不发达的时代，这种模式最大限度地保证了网上交易的安全，促进了电子商务的良性发展。目前，支付宝的用途并不局限于线上支付，自从二维码流行以来，用"扫一扫"进行线下交易的方式开始普及。二维码实际上是将用户信息转成二维码，扫描即可以完成支付，逐渐取代 POS 机成为支付新方式。与 POS 机刷卡相比，扫码支付让商户付出的手续费更少。

根据相关资料，目前，支付宝有企业版和个人版两个版本，拥有 5.2 亿实名用户，已覆盖到除中国以外的 38 个国家和地区。大英博物馆的百物展上海站，二维码作为第 101 件展品出现，如图 6-6 所示。支付宝是融合了支付、生活服务、政务服务、社交、理财、保险、公益等多个场景与行业的开放性平台，除提供便捷的支付、转账、收款等基础功能外，还能快速完成信用卡还款、充话费、缴水电燃气费。通过智能语音机器人一步接触上百种生活服务，支付宝在软件设计上内嵌了 IM（即时通信）功能，好友之间能够亲切交流。

图 6-6　大英博物馆的百物展上海站，二维码作为第 101 件展品出现

除此之外，理财、信贷也是支付宝能提供的重要功能。其中，余额宝是一款余额增值服务和活期资金管理服务产品。余额宝于 2013 年 6 月推出，把零钱转入余额宝即购买了由天弘基金提供的天弘余额宝货币市场基金，可获得收益，产品起价 1 元，随时转入转出，收益日结，

余额宝内的资金还能随时用于网购支付。蚂蚁花呗则是一款消费信贷产品，申请开通后，将获得 500~50 000 元不等的消费额度。用户在消费时，可以预支蚂蚁花呗的额度，享受"先消费，后付款"的购物体验，该产品支持各种场景的使用，免息期可达 41 天，年化利率在 15% 左右。

6.4.2　网络众筹与 P2P 网络贷款

众筹源于国外 Crowdfunding 一词，就是利用众人的力量，集中大家的资金、能力和渠道，为小微企业、艺术家或个人进行某项活动等提供必要的资金援助，本质是吸纳公众存款。众筹可以划分为四类。一是产品众筹，又叫回报众筹，顾名思义，就是发起者筹款成功后交付的东西是个产品，可以是个实物，也可以是虚拟商品，还可以是个事件或者活动。产品众筹一般以小额为主，是最常见的一种。二是债权众筹，就是所谓的 P2P。三是股权众筹，即支持者投入资金获得标的公司的股份或者收益权，一般起投金额较大，人数一般限定在 200 人以内，属于高风险的投资型众筹。四是公益众筹，即纯粹捐赠性质的不图回报的众筹。

而 P2P 则是另外一种筹款方式。P2P 是英文 Peer to Peer 的缩写，意即"个人对个人"。P2P 网络信贷的基本模式是：公司提供平台，由借贷双方自由竞价，撮合成交；资金借出人获取利息收益，并承担风险；资金借入人到期偿还本金，网络信贷公司收取中介服务费。网络信贷起源于英国，其雏形是英国四位年轻人于 2005 年创办的全球第一家 P2P 信贷平台 Zopa，随后发展到美国、德国和其他国家。在我国，最早的 P2P 网贷平台成立于 2006 年，2010 年左右蓬勃发展。网络借贷作为民间借贷的一种，尽管贷款成本较高，但资金到账时间快、贷款门槛相对银行更低，对于解决小微企业短期临时性资金周转有比较大的价值。

目前，P2P 信贷还面临着不少风险，首先是担保人的信誉不高，运营过程中经常出现资金被挪用、经营不善导致坏账甚至平台倒闭的情况；其次是网贷平台在安全技术上并不专业和成熟，存在不少安全隐患。从 2018 年 6 月至 2018 年 7 月中旬，短短 50 天，已有 163 家 P2P 网贷平台出现提现困难、老板跑路等问题，引起社会的广泛关注。

6.4.3　网络虚拟货币

网络虚拟货币，是指由一定的发行主体以互联网技术为基础，以数字化的形式存储在网络或有关电子设备中，并通过网络系统以数据传输方式，实现流通和支付功能的网上等价物。网络虚拟货币大致有三类：第一类是流行于各类网络游戏当中的游戏币；第二类是门户网站或者即时通信工具服务商发行的专用货币，用于购买本网站内的服务，比如腾讯公司的 Q 币，可用来购买会员资格、QQ 秀等增值服务；第三类是互联网上的虚拟货币，如比特币（BTC）、莱特货币（LTC）等，比特币是一种由开源的 P2P 软体产生的电子货币，主要用于互联网金融投资，也可以作为新式货币直接用于生活中。

其中，比特币与大多数字货币不同，它不依靠特定货币机构发行，而是依据特定算法，通过大量的计算产生，使用网络中众多节点构成的分布式数据库来确认，记录所有的交易行为，并且通过一系列技术手段来保证它的安全性、所有权和流通交易的匿名性。比特币与其他虚拟货币最大的不同是其总数量非常有限，具有极强的稀缺性。该货币系统，曾在 4 年内只有不超过 1 050 万个，之后的总数量将被永久限制在 2 100 万个。比特币可以用来兑现，可以兑换成大多数国家的货币，也可以用来购买一些虚拟物品或者购买现实生活当中的物品。

我国央行在 2018 年全国货币金银工作电视电话会议上指出，数字经济发展、支付手段多样化和公众用钞习惯变化等，对人民币发行流通产生了深刻影响，公众对现金服务水平也提出了新的更高要求，2018 年要扎实推进央行数字货币研发，开展对各类虚拟货币的整顿清理。

6.5　出行平台新媒体

2015 年 7 月国务院发布的《关于积极推进"互联网 +"行动的指导意见》第 9 项明确提出了"互联网 + 便捷交通"。在此背景下，各大城市的智慧交通体系和在线旅游预订等相关产业快速发展，成为促进我国经济转型的重要部分。

6.5.1　网约车

根据 CNNIC 统计，截至 2017 年 12 月，我国网约车用户规模达到 2.87 亿，相关平台有滴滴出行、神州专车、易道用车等。

就全球范围而言，打车类软件中最成功的当属由美国硅谷科技公司于 2009 年所创立的 Uber，中文译作"优步"，曾经进入中国的 60 余座城市，并在全球范围内覆盖了 70 多个国家的 400 余座城市。

不过，在 2016 年年底，滴滴出行收购了优步中国的品牌、业务、数据等全部资产在中国运营，滴滴出行和 Uber 全球将相互持股，成为对方的少数股权股东。自此，滴滴出行在中国市场上一家独大。滴滴出行由滴滴打车更名而来，其前身是 2014 年 8 月推出的滴滴专车。目前滴滴出行是涵盖出租车、专车、快车、顺风车、代驾及大巴等多项业务在内的一站式出行平台。其打车模式大致如下：首先，用户通过滴滴平台提出打车需求，而滴滴通过和百度地图或高德地图的合作，把用户所需的打车信息反馈给用户，让用户选择打车的起点和终点以及打车预期的费用，用户叫车是免费的，但也可以选择加价提高高峰期的接单概率。此外，用户也可以预约明天乃至后天的出租车，高峰期可以选择延长等待时机。紧接着，滴滴把用户的电话资料和打车信息发布到平台上（相当于发布给所有司机），司机可以查看用户的信用评价，用户也可以查看司机的信用评价，双向选择是否进行服务或者消费。最后，如果双方有一方拒绝，则再次从头开始；如果用户和司机双方完成打车，则通过现金、支付宝、微信付款给司机，平台进行百分之二十的抽成，达到互利共赢。

6.5.2　在线旅行预订

在线旅行预订也是目前重要的出行平台，尤其是在移动支付、手机定位等技术普及之后，发展更为迅速，并且呈现出一些新的特征。其中在机票预订领域，多元化服务收费、接送机、保险都是收入来源。酒店预订方面，民宿的发展比较突出。在度假品预订领域，不同主题的旅游产品，如红色旅游、游学旅游等，从不同层面激发了受众的需求。

旅行预订平台有很多，比如去哪儿、途牛等，但是在我国在线旅行发展史上，携程旅行网是一个绕不开的先驱，并且迄今依然枝繁叶茂，我们有必要在此进行一些简要的介绍。携程旅行网成立于 1999 年，一度是全国最大的旅游预订企业，总部在上海，是在美国纳斯达克上市的企业。携程自成立以来一直为注册会员提供酒店预订、机票预订、度假产品预订、火车票预订、汽车票预订、门票预订、团购、签证、旅游攻略等服务。在酒店预订方面，携程在全球 200 多个国家和地区拥有约 120 万家国内和国际会员酒店；在机票预订方面，携程产品覆盖全球六大洲 5 000 多个大中城市；在度假产品预订方面，携程度假线路覆盖海内外众多目的地，并且可以从 60 多个城市出发。2015 年，携程旅行网宣布其与百度达成交易，以股票交换的方式投资去哪儿，拥有约 45% 的投票权，成为去哪儿最大的机构股东。百度将通过此次交易，成为携程的股东之一，并在多个领域展开旅行相关产品的全面合作。

6.5.3 共享经济

在传统社会当中，邻里之间相互借东西就是一种共享，但是这种共享受到了很大的限制，一方面是空间的限制，另一方面是双方必须有足够的信任。在网络上分享信息内容也是一种共享，但是这种共享并不涉及实物的交割和金钱的报酬。2010 年前后，随着 Uber、Airbnb（爱彼迎）等一系列实物共享平台的出现，共享开始从纯粹的无偿信息分享，走向以获得一定报酬为主要目的，基于陌生人且存在物品使用权暂时转移的"共享经济"。目前，共享经济主要发生在住宿、交通、旅游、教育以及生活服务领域。

住宿领域的代表是爱彼迎（Airbnb）。Airbnb 是 Air Bed and Breakfast（"Air-b-n-b"）的缩写，成立于 2008 年 8 月，总部设在美国加利福尼亚州旧金山市，是一个旅行房屋租赁社区，用户可通过网站或 App 发布、搜索度假房屋租赁信息并完成在线预订程序。

出行领域的代表是共享单车。这也是 2017 年用户增长最为显著的互联网应用类型，国内用户规模已达 2.21 亿，从业务覆盖范围上看已经在国内完成对各主要城市的覆盖，并渗透到 21 个海外国家。在激烈的市场竞争之中，小企业逐渐退出，摩拜和 ofo 两巨头占据了市场。下面简单介绍一下 ofo 小黄车。

ofo 小黄车是一个无桩共享单车出行平台，创立于 2014 年，主要为城市居民出行解决从公交车站到社区门口"最后一公里"的问题。其使用模式为：用户在微信服务号或 App 中输入车牌号（或者进行扫码、蓝牙配对），即可获得密码解锁用车，随时随地，随取随用，也可以共享自己的单车到 ofo 共享平台，获得所有 ofo 小黄车的终身免费使用权，以一换多，以共享经济的互联网创新模式调动城市单车存量市场，提高自行车使用效率，为城市节约更多空间。根据媒体报道，截至 2017 年 10 月，ofo 已在全球连接了超过 1 000 万辆共享单车，为 16 个国家超过 180 座城市的 2 亿多用户提供了超过 40 亿次的出行服务。

共享单车用绿色出行的方式，解决了城市居民出行最后一公里的问题，但是，共享单车随意停放、占用公共用地的现象层出不穷。城市管理者需要尽到管理的职责。

● 问题拓探

1. 你认为微信和微博有哪些不同之处？
2. 电商平台新媒体借助节日进行市场营销的优势和难点在哪里？

● 实践任务

我们在使用 QQ 的时候，经常会遇到误删好友或者被盗号的情况。QQ 官方提供了免费的恢复系统（网址为 http://huifu.qq.com），普通用户可以申请恢复 3 个月内删除的全部好友；会员用户可以申请恢复 6 个月内删除的全部好友。所有用户都可以申请恢复 28 天内解散的群。请同学们运用这个技巧恢复删除的好友。

第7章 展示型新媒体：五光十色的内容超市

展示就是把自己拥有的事物陈列或表述出来使人知道。作为一种社会性动物，人有必要向周围的世界展示自己。而人想要展示的事物，无外乎物质和信息两类。物质的展示如售卖商品的超市，以满足人物交易的需要；而媒体则是信息展示的超市，交换想要他人知道的信息，从而实现传播者自身的社会效益和经济效益。从原始人画在岩石上的鱼形信息，到如今"海底捞"微信小程序上的麻辣小龙虾，从手舞足蹈借以娱神的肢体语言到如今的"脱口秀"，从纸张书刊渐渐黯淡的墨迹到智能手机的炫酷流行，人类向外界展示信息的需求没有变，变化的是展示信息的媒体。特别是进入互联网时代之后，媒介门槛的破解，传播成本的降低，使信息展示获得了更为广阔的空间。人们可以方便地利用网站、微博、自媒体等新媒体，多样化地展示自己的信息。"秀"和"晒"成了网络上一道道亮丽的风景线。那么，新媒体人如何"秀"出自己健壮的"肌肉"，如何"晒"出自己亮丽的风采？这是本章与大家探讨的主要话题。

本章所归类的展示型新媒体，是指以信息展示与内容传播为主要功能的新媒体，重点包含展示型网站、微博、自媒体、分众展示新媒体等。个人或组织机构可以利用这类平台实现信息展示、沟通与传播。与传统媒体相比，展示型新媒体信息展示的核心功能没有变，盈利模式也主要是注意力售卖，但是，依托计算机技术、网络技术的提升和移动智能终端的普及，展示型新媒体的传播主体、内容、形式、传授关系、效率与成本等却发生了巨大改变。展示型新媒体平台上，信息传播主体多元，传播内容与形式丰富，文字、图片、音视频、动画等多媒体信息融合展示，媒介使用高效便捷。网民的自我表达诉求、组织机构的信息展示诉求、媒体内容生产传播的诉求，在展示型新媒体平台上低成本、低门槛地得以实现，大量的内容信息井喷式的暴涨，促使了社会信息传播的繁荣。

7.1 展示型网站

7.1.1 网站的含义及其分类

1. 网站的含义

网站是指在互联网上根据一定的规则，使用 HTML 等工具制作的、在浏览器中展示的用各种超链接组织起来的文字、图片、动画、视频等信息的网页集。简单地说，网站是一种通信工具，就像布告栏一样，人们可以通过网站来发布自己想要公开的信息，或网站来提供相关的网络服务。人们可以通过浏览器访问、查找网页文件，也可通过远程传输（FTP）方式上传、下载网站文件。

2．网站的分类

但是，并不是所有的网站都是展示型网站。虽然说凡网站都可以发布自己想要公开的信息，但有些网站并不是以发布信息为主要功能的。因而，有必要先从宏观上对网站的类别加以区分，以便将本节所讲的展示型网站放在它所属的大范畴中加以考察。网站的分类方法很多，依据不同的标准可以分成不同的种类。

1）按网站的内容分

（1）新闻网站：由新闻机构设立的以提供新闻信息为主的网站，如新华网、央视网等。

（2）行业网站：一般由各个行业专业公司开发建立，以及时发布传播行业专业信息、提供专业行业服务为主要目的网站，如汽车之家、搜房网等。

（3）综合性门户网站：一般由网络公司开发建立，以发布、传播综合性资讯和各种服务信息为主，国外的雅虎，中国的新浪、腾讯、网易、搜狐等网站即为此类。这些网站信息门类包罗万象，服务类别五花八门。它们虽然有各自的口碑和特色，但展示各种综合性的信息，是最重要的功能。这些网站的首页上展示了众多的栏目和频道，网民好像进入一个超市巨无霸，看到纵横陈列的"货柜"和琳琅满目的"商品"，既有时政、财经、科技、体育、文化、教育、娱乐等新闻资讯，又有邮箱、搜索、翻译、地图等服务信息。

2）按网站的功能分

（1）服务型网站：主要是满足用户某一特定需求，提供特定服务的网站，如百度搜索引擎网站、陌陌社交网站、爱奇艺视频网站等。

（2）交易型网站：主要是提供在线交易的网站，如淘宝、天猫、京东、12306 等网站。大多数电商网站都是这种类型。

（3）展示型网站：主要是以信息内容展示为主要功能的网站。

3）按创建者的不同分

（1）个人网站：由个人开发建立的网站，以自我信息展示为目的，以发布个人相关的信息为主要内容的网站。个人网站一般含个人信息介绍、个人形象推广、个人作品展示等内容，形式上则具有很强的个性化特征。

（2）机构网站：由某一组织机构开发建立的网站，目的在于通过信息展示塑造机构形象，一般以介绍本组织信息、展示本组织机构产品或成果成绩为主要内容，内容多从机构本位出发，形式上具有较强的规范性。这类网站现阶段以信息展示为主要功能，后期可以增强网站的综合服务性功能，以提升机构网站的实用性。

（3）新闻网站：由新闻机构设立的，以提供新闻信息展示的网站。这类展示型网站通过新闻信息的展示获取用户的注意力，再将注意力流量贩卖给广告客户。

7.1.2 展示型网站创意策划

个人或组织以特定信息展示为目标，建设展示型网站。因此，网站创意策划的任务就是在明确网站定位的基础上，将个人或组织的多媒体信息进行条理清晰、及时全面的分类展示与传播。

1．策划理念

（1）以展示为主，沟通服务为辅。展示型网站以信息展示为主要目标和内容，要精于信息分类、清晰展示，注重网站内容的时效性。同时可链接沟通与服务功能，使访问者能够与建设者及时地沟通，以便建设者提供便利的相关服务给访问者。

（2）网站架构保持相对稳定性。为方便用户访问，维护用户访问习惯，形成网站特定形象，网站在设计完成之后，应保持一定的稳定性，不随意变更网站结构，并在日常运营中根据用户反馈进行循序渐进式的优化。

（3）风格特征有创新性。个人或组织在建设展示型网站时，有较强的自主灵活性，可以根据主体的优势资源进行设计策划，形成自己的特色和风格。同时在网站信息呈现上可以创新，比如采纳可视化图表、全景、VR/AR 技术等呈现手段，以及智能化用户交互手段等。

2．策划步骤

（1）明确网站定位。明确网站建设在企业发展中的价值定位，通过分析个人或组织建站目的、行业与组织特征、组织形象、访问用户等因素，设定网站的内容定位、风格定位等。

（2）进行功能规划。依据个人或组织定位不同，明确信息展示的内容板块、展示内容的侧重、内容呈现形式、功能区域名称、页面组织、导航、版式布局等。同时在新媒体互动传播环境下，展示型网站也应设置或链接便捷的用户沟通与服务功能板块。

（3）完成网页设计。依据功能规划完成网站及网页结构设计，依据组织 VI（视觉识别）形象和网站定位，完成站点标志、色彩、字体、背景等艺术设计。由于可视化的网页设计工具越来越多，使用也越来越方便，因此设计网页已经成了一项很轻松的工作。Flash、Dreamweaver、Photoshop、Fireworks 这四个软件相辅相成，是设计网页的首选工具，其中Flash 用来设计精美的网页动画，Dreamweaver 用来排版布局网页，Photoshop 和 Fireworks 用来处理网页中的图形图像。

（4）实现网站技术支撑。通过技术方案实现网站建设，包括网页呈现、后台建站、数据库、安全测试、服务器维护等。动态网站离不开数据库的支持，如今网站应用的数据库技术非常多，大的主流数据库包括 DB2、Oracle、SQL Server、MYSQL、Sybase、还有很多非主流的数据库技术，例如 FoxPro、SQLite、Access 等。

（5）网站发布与维护。完成网站测试、上线、维护、内容更新等。

7.1.3　展示型网站内容策略

"好的内容是很清晰的、令人满意的和友好的。"[①]网站虽然可以由无数的网页链接而成，但是用户的注意力却是有限的。因此，一个良好的展示型网站应是功能区划鲜明、内容清晰有条理、信息能够满足用户需求、语言表达友好的网站。因此，在网站内容方面需要重点注意以下方面：

（1）标题切实、有吸引力。网页上，信息以超链接形式逐层展现，用户首先看到的是信息的第一层级——标题。标题是否有吸引力在很大程度上决定了用户是否进入下一层级的访问，因此网页中内容的标题，要能够吸引用户注意并引发点击。实际操作中网络内容标题要做到两点：一是切实，即标题能够有效点明内容的价值，突出信息的重点内容，不得含糊不清或故弄玄虚；二是有吸引力，即标题突出吸引人的内容，风格活泼一些，吸引用户的阅读兴趣。

（2）关键词突出。网络内容编辑不仅要考虑本网站直接的信息展示，而且要考虑内容的

---

① 尼柯尔·芬东，凯特·基弗·李. 内容至上：基于风格与目标的网站内容写作［M］. 陶国荣，译. 北京：机械工业出版社，2015.

关键词搜索引擎优化，为网页内容选择合理的关键词，促进网站内容的清晰展示与搜索引擎二次传播。

（3）注重多媒体手段的运用。文字、图片、图表、音视频等，是网站信息展示的基础形式，动画、可视化图表、全景呈现、交互游戏等形式，则可增强重点内容的表现力和用户阅读的趣味性。网络内容编程辑在编辑信息时，可以根据信息内容，恰当运用多媒体化的呈现手段匹配内容，通过视觉化、融合化的表现手段凸显重要信息。

（4）信息准确真实，写作风格诚信。在标题页与内容页的信息表达上必须做到准确、真实，通过编辑制度核准信息，不得出现虚假信息；写作风格诚信，面对用户能够将信息娓娓道来，不虚假不夸张，表达符合语言规范。

（5）巧妙利用好专题与超链接。一定时期内个人或组织为突出某一主题，形成传播重点，可以通过专题页面或超链接的方式，把需要重点展示的主题类信息做集纳，形成展示重点与传播声势。

移动互联网时代，如何让网站的电脑版在手机端打开，能够自动适应手机屏幕的大小？

学"艺"致用

当前展示型网站以信息内容展示为主，但是随着"互联网＋服务"的进一步推进，网站的沟通与功能得以发展，届时对网站内容编辑的综合能力要求也会越来越高。

7.1.4　展示型网站运营管理要点

展示型网站运营，是指一切为了提升网站服务于用户的效率，而从事的与网站后期运作、经营有关的工作。广义上，展示型网站运营包含了网站策划、产品开发、网络营销、客户服务等多个环节。在狭义上，展示型网站运营特指在网站建设完成后的运营管理工作，如宣传推广、内容策划、营销活动策划和客户服务等工作。

（1）重视网站的推广。展示型网站为的是吸引更多的用户到达网站，除主动搜索访问的用户之外，还应积极拓展用户访问。在网站建设完成之后，可以通过在搜索引擎、行业网站、论坛、微博、微信、QQ等平台导流，提升网站的访问。

（2）完善网站内容和服务。提供能够满足用户需求的内容，是展示型网站的立身之本。在网站建设完成之后，网站运营人员应该重视网站内容编辑与更新，及时推出和传播满足用户需求的内容与服务。

（3）强化网站数据统计分析，优化改进网站。网站 PV（访问量）、UV（独立访客）、访问时间、网页跳出率、访问者地理位置等数据，能够客观反映网站的运营状态和出现的问题。网站运营者要通过对数据的历时性统计和对比分析，找出网站内容、布局、导航中存在的问题，以数据指导网站日常运营。同时网站运营者要注意分析搜索引擎的数据，针对不同搜索引擎的特征，进行关键词、链接等的优化，提升网站搜索排名。

（4）维护网站安全。为确保网站能长期稳定地运行在互联网上，运营者需要强化网站安全维护。网站安全维护包括服务器和相关软硬件的安全维护、数据库安全维护，可以聘请专业的网站安全专家，或者委托给专业的网络维护商以保障网站安全。

7.2　微　　博

7.2.1　微博的含义与特征

1.微博的含义

微博,是一个基于用户关系的信息分享平台。基于人与人之间建立起"关注"与"被关注"的关系,微博形成了社会化信息传播网络。与博客相比,微博在形式上更加简洁,发布内容（初限于140个字符, 后不断调整, 至2019年, 原创内容的字数上限为5 000字, 转发、评论依然以140字为上限）更加琐碎,发布方式更加方便快捷、多元化。微博平台的集成性和开放性,使之形成了一个真正的内容创作生产、展示传播的平台。

随着微博产品的发展,微博平台集成的功能越来越多,但是微博最为核心的功能依然是信息的发布与获取,人际网络的构建与维护是微博的延伸功能,多样化的微博应用是附加功能。[①]

2.微博的起源与发展

微博是微型博客的简称,是一个基于关注机制的分享、传播简短实时信息的广播式社交网络平台。微博用户可以通过手机、台式机和各种移动终端发布信息。最早的微博应用,是始于2006年3月, 由博客技术先驱Blogger创始人埃文·威廉姆斯（Evan Williams）创建的新兴公司Obvious推出的Twitter服务。Twitter在英文中的含义有二：短信息；小鸟的鸣叫。之后因Twitter网站使用方式简单,可轻松实现网友互动,在全球互联网网民中迅速传播。2008年,奥巴马在竞选总统过程中成功运用Twitter,获得了大量选民的支持。所以,Twitter至今仍是最热门的社交网络之一。

在国内,2007年5月创立的社交网络"饭否网",是第一家带有微博性质的网站；2009年8月,新浪推出"新浪微博"内测版,成为第一家提供微博服务的门户网站,微博正式进入中文上网主流人群的视野。它以名人微博为切入口,网罗了众多的娱乐明星、企业高层和媒体精英,利用名人的影响力来积聚大量粉丝。稍后,政府官员、专家学者、各类机构的大量入驻,使新浪微博的社会影响力越来越大。2010年,网易、搜狐、腾讯等也相继推出了微博服务,但是数年下来也都未能做强做大。目前,新浪微博在国内几乎形成了一枝独秀的局面。

《2017年微博用户发展报告》显示,截至2017年9月,微博月活跃人数共3.76亿,日活跃用户达1.65亿。在拥有庞大用户的基础之上,微博已经成为巨大的流量入口。微博内容生态丰富多元,社交网络效应凸显,移动化全民性的社交平台逐渐形成,呈现出内容产出视频化、运营垂直化、MCN（Multi-Channel Network,多频道网络）化等特点。同时,微博也面临过度商业化、低俗炒作等问题。未来,微博将朝着内容分发垂直化、垂直领域内容化、视频领域多元化、矩阵式布局的趋势发展。[②]

3.微博信息传播的特征

（1）碎片化创意传播。微博发布的便捷性及140字的内容限制使得微博内容精简压缩,形成碎片化传播特征；同时想要取得好的传播效果,微博必须在短小精悍的形式上形成具有

① 喻国明. 微博价值：核心功能、延伸功能与附加功能［J］. 新闻与写作, 2010（03）.
② 黄楚新, 刁金星. 我国微博发展的现状、问题与趋势［J］. 中国记者, 2018（03）.

创意的表达。

（2）多媒体融合化传播。微博提供文字、图片、短视频、直播、音乐、链接等多媒体形式来展示内容，这使得个人和组织能够多媒体融合化地来表达创意和进行传播。

（3）社交化网状传播。微博信息流动基于用户的社交关系，用户之间的相互关联形成了整体性的网状传播。同时，在这一网状传播结构中，节点传播范围和影响力大小不一。

（4）节点化大众传播。一些微博账户在微博平台上拥有强大的传播影响力，是微博信息传播的重要节点，可以实现内容的大众传播与裂变传播。特别是在一些热点传播中，节点化的大众传播发挥着重要作用。

7.2.2　微博的分类

微博的迅速发展，吸引了数以亿计的用户。依据微博创建者类型与发布内容的不同，我们可以将微博分为以下几类：

（1）个人微博。个人微博是由普通个体创建的微博，用于发布自己的生活动态、所见所闻、所感所思的图文随笔。还可关注自己感兴趣的微博，并与他人的微博互动。这类微博的内容生产与传播，带有草根性和随意性。其中也有一些个人微博经过用心经营之后，发展为微博自媒体，获得商业盈利。例如 @ 同道大叔微博，从 2014 年 7 月开始，因在微博发布一系列星座吐槽漫画而走红。至今，各平台粉丝总计超过 3 000 万人，每天超过 300 万人次访问其微博微信主页，每天超过 30 万人转发其内容，已成为成功的自媒体品牌。

（2）名人微博。名人微博是由娱乐明星、意见领袖、网络红人等创建的微博，因其自带粉丝效应，为微博平台带来了大量流量。名人微博常常用于发布自身动态，关注行业信息与公共事件信息，发布内容和发布周期具有随意性，在自身领域信息发布与解读方面具备专业性，对公共事件的传播能够引起大众的关注。比如谢娜的微博，粉丝超过 1 亿，具有强大的传播力，其微博主要展示自身生活，《快乐大本营》新鲜节目信息及娱乐圈明星互动信息，以及关注疫苗等公共事件信息，同时高粉丝量也为其带来了高互动性。

（3）媒体微博。媒体微博是由传统媒体或商业媒体创建的微博，用于发布新闻消息、行业资讯，与用户双向互动等，这类微博内容生产与传播带有专业性。媒体微博也是传统媒体向新媒体转型发展的结果和新的重要阵地。

（4）政务微博。政务微博是由各级政府机构创建的微博，用于发布政务信息、公共信息，提供政务咨询与服务等，内容生产与传播带有一定的公共性。政务微博也是政府信息公开、电子政务的重要平台，但目前政务微博质量参差不齐，地市级以上微博运营状况较为良好，地市级以下政务微博运行情况较差。

（5）企业微博。企业微博是由各类企业创建的微博，用于企业信息发布、品牌营销、销售转化等，内容生产与传播具备一定的行业性，商业营销的意味较为浓重。像杜蕾斯、小米、海尔等一批企业微博拥有大量的粉丝。企业微博是企业新媒体营销的重要阵地。

如何让严肃的崇祯帝、雍正帝、道光帝集体卖萌？欢迎了解微博网红——故宫博物院。

一"课"拍案

7.2.3　微博内容创作

微博平台使用门槛低，用户众多，内容丰富多元，难以寻觅统一的内容创作手法。但是，微博的形式和信息传播特征，也决定了微博内容创作有基本的原则。

（1）内容聚焦。微博的形式和阅读体验，决定了一条微博的展示内容是有限的，因此，在进行微博内容创作时，内容要尽量聚焦于一点。事实表达要交代基本要素，并突出事件的独特点和新异性；观点和情绪的表达要清晰鲜明；简短文本要富有幽默感。在形式上使用好"【】、##、@"等符号，突出重点，强化传播与互动。

（2）故事化表达。任何一条微博新闻都是一个故事，任何一个生活经历也都是一个故事，都可以写作一条微博，使人们通过故事而不是抽象思维去认识和理解世界。因此，只要可能，每一条微博中都应安插一个小故事，这会让你的微博可读性更强。微博在写作上必须具备故事、人物、画面、引语、背景、解释等要素。好微博的评判标准应考量其故事性、知识性、可读性和思想性。[①]

（3）视频与图片辅助文字表达。手机阅读时代，用户更乐意轻松地获取视觉信息。视频及图片让信息更为形象、具体、细致，使用户容易接受。同时，图片的具象化表达，还可以与文字的抽象化表达形成配合，产生奇妙的"化学"反应。

（4）平等交流互动。不同于传统媒体独家掌握信息和渠道的时代，微博平台上，用户关系更为平等，用户获取的信息更为丰富多元。因此，在进行微博内容创作时，要抱着为用户服务的理念，拿出平等沟通、协作互动的姿态，与用户进行互动。

（5）遵循真实、准确的信息传播基本原则。微博虽然大多是匿名传播，但是依然应当遵循真实、准确的传播原则。对于猎奇、虚假信息、基本要素不全的信息，要谨慎发布和传播，对于不宜公开传播的信息不得转发传播等。

7.2.4　微博发展现状与前景

微博是一个基于用户关系的信息分享平台，传统媒体、企事业单位、名人达人及自媒体的入驻，使得微博成为重要的信息展示与分享平台。同时，微博还具备重要的社交、即时通信、游戏、生活服务、视频与直播等延伸功能或附加功能，这些功能，使微博朝人与人、人与信息、人与服务全方位连接的方向发展。中国互联网络信息中心（CNNIC）第 42 次《中国互联网络发展状况统计报告》显示，截至 2018 年 6 月底微博的用户使用规模为 3.37 亿，网民使用率为 42.1%，移动微博用户规模为 3.15 亿，网民使用率为 40.1%。

随着微博的移动化发展、商业模式的多元化探索，微博营销服务成为最为活跃的领域。微博能够通过品牌广告、超级粉丝通、活动营销等，为广告客户提供品牌—用户—商业的连通，与社交圈、位置服务等功能结合，微博网络营销更加精准化、个性化，成为电子商务新的流量入口。

同时，微博发展也面临一定的挑战：一是信息泛滥。3 亿多微博用户每天在微博上生产与传播信息，其中包含了大量的营销类信息、虚假信息，严重影响用户体验，降低用户对平台的信任度与好感度。二是隐私保护。微博产品集纳的功能越多，用户留下的数据就会越多，保护数据与隐私安全，做好数据开发与个人信息保护之间的平衡，就显得尤为重要。三是网络暴力。微博的匿名性、开放性，使得各类信息的发布与传播尤为简单，把关人的缺失也致使信息发布的随意性增加，负面信息常常在微博更快地得到扩散，这就容易诱发网络暴力的产生和聚集。四是用户活跃问题。新的新媒体平台层出不穷，瓜分固定的互联网用户蛋糕，

---

① 李希光. 初级新闻采访写作［M］. 北京：清华大学出版社，2013.

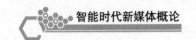

此间新浪微博如何留住活跃用户、增强用户黏性，如何通过平台运营和战略创新，在诸多新媒体平台的竞争中得以生存发展，是它未来需要解决的问题。

7.3 自 媒 体

7.3.1 自媒体的定义

Web 2.0 时代，博客、微博、微信、短视频平台迅猛发展，为用户生产内容提供了技术与平台，改变了传统媒体时代信息传受关系，赋予了用户信息生产与传播权利，信息的传播变得简易化、自主化、"草根"化。个人、组织机构可以在各类平台上开设账号，生产和传播信息。随着这类用户生产内容实践的发展，自媒体一词也兴盛起来。但是对于什么是自媒体，业界和学界却未形成统一的认识。

2016 年腾讯研究院发布《芒种过后是秋收，中国自媒体商业化报告》，报告中对自媒体进行了简要定义："在中国，自媒体发端于博客，后在微博平台积蓄大批粉丝，并最终在微信平台实现大范围变现。按照运营主体，自媒体可以分为个人自媒体和机构自媒体（非新闻机构）；按照内容的来源，可分为原创类和资讯整理类两种；按照内容涉及范围，可分为垂直类和综合类；按照内容的表现形式，可分为图文、视频类。本报告研究的自媒体，暂且限定在由单个或者数个自然人运营的类媒体机构。自媒体并非严格意义上的媒体，但是却拥有类似议程设置、信息生产与传播等典型的媒体功能。"

2017 年 2 月，自媒体版权经济管理机构克劳锐发布的《2016 中国自媒体行业白皮书》，对于"自媒体"的定义，同样援引了 2003 年鲍曼和威利斯的报告，也同样强调了"自媒体"是新技术变革引发的传播升级。同时，它将自媒体定义为：个人或团体通过不同形式创作出能被广泛传播的内容，实现自身价值输出、知识传递来建设个人形象和品牌，并最终实现商业化的媒体。

有学者对从"WeMedia"到"自媒体"的概念演变进行了系统的分析，认为："吉尔默们，作为具有新闻专业理想、信奉'参与式新闻'的新闻人，是以'We Media'的概念来表达他们在其新闻实践中所遵循的新闻和民主理念。或许，他们有些'相信美好未来'的天真，但其追求'公共善'的意向却十分清晰，也因此多发声于基金会、学校和专业出版物这类非营利平台。而'自媒体'的话语中却多了些喧哗。其中也有信奉新闻理念的新闻人为了作为公众的'我们'而发声，如石扉客的案例所显示的。他们的经验积淀、专业素养和理念支撑，在'人人都是自媒体'的狂欢中凸显出冷静、理性、专业、担当的精神气质。这样的精神气质与'WeMedia'相通。但是，在'自媒体'的喧哗中更为凸显的还是'融资''赢利''经营'等'商业主义'的声音，以及以'点击率'等可测量的指标而获得资本青睐、促进行业发展作为规范的期待。"[①]

综合以上观点，我们把自媒体定义为：非新闻机构的个人或组织运营的、以内容生产传播实现价值的媒体。

---

① 於红梅. 从"WeMedia"到"自媒体"：对一个概念的知识考古［J］. 新闻记者，2017（12）.

7.3.2　自媒体信息传播

自媒体为非新闻机构的个人或组织提供了自主化传播信息的渠道，个人或组织可以依据自己的战略定位，自主化选择传播内容与形式，实现与目标用户的直接沟通。但是自媒体也并非一经开通账号，就能取得预期的传播效果，自媒体信息传播还需要注意以下四个方面。

（1）用户。自媒体要获取成功必须以用户需求为基础。自媒体信息传播必须要有清晰的用户定位，了解用户需求是什么，通过满足用户需求来实现自己的传播。同时自媒体传播环节也需要与用户的亲密互动。

（2）社会化传播。自媒体个体化特征明显，传播依赖社交平台，兼有大众传播、群体传播和人际传播等多种传播模式。基于社交平台的用户信任关系与内容过滤，自媒体的内容实现了社会化传播。

（3）碎片化传播。移动互联网时代，用户接收信息更多的是呈现碎片化特征。自媒体需要通过优质的内容，抢占用户的碎片化时间。因此，自媒体信息传播需深耕细作，在细分用户的基础上，通过专业化内容生产满足用户的特定需求。

（4）矩阵化传播。移动互联网时代，用户注意力分散，个人或组织机构自媒体内容传播要想获取广泛的传播效果，需要多平台矩阵化传播，在不同图文、音视频平台上汇聚起个人或组织机构的粉丝用户。

7.3.3　自媒体的类别

当前各类自媒体平台众多，从内容形式上可大体分为图文、音频、视频平台以及综合性平台。不同平台属性各有不同，自媒体信息传播需遵循平台规范，把握平台信息传播特征。

1. 博客自媒体

博客作为一种在线日志应用，是最早的自媒体平台。博客平台的诞生为个人用户信息的发布提供了平台，用户可以创作包含文本、图片、音视频及其他网站的链接的内容。博客具有浓重的个人化自媒体特色，传播内容基本都是从个人认知、兴趣和目的出发，利用博客平台内容的及时更新、评论互动的功能形成了传播特色。

从 2002 年博客中国诞生到今天，中国博客发展已经超过了 15 年。从形式与功能来看，有文字博客，如新浪博客、博客中国等；有图片博客，如拉风网、fotoblog 等；有移动博客，如万蝶移动博客；有视频博客（又称播客），如酷 6 网、土豆网、优酷网等。

相对而言，博客自媒体对创作者要求较高，需有相应的专业知识和持续创作的能力。同时受微博、微信等平台的竞争影响，博客自媒体整体发展热度较低，但是在科技领域、IT 领域、科学传播领域仍然有一批高质量的、持续的博客自媒体生产者。

2. 微博自媒体

微博，是一个基于用户关系的信息分享平台，因为微博信息传播是基于人与人之间建立起的"关注"与"被关注"的关系，形成了社交化信息传播网络。同时，微博平台带有很强的内容媒体属性，或者说它是一个各类内容创作与生产平台。它不仅可以及时发布新闻资讯而且可以快速扩散公共舆情。微博内容发布具有主观性、个人化特征，与资讯传播相结合，是个人意见表达与网民观点互动的平台，是网络舆情的诞生与传播地；同时也是一个沟通娱乐平台，自媒体内容创作与传播带有互动与娱乐精神。

微博是自媒体积累粉丝的重要平台，微博的开放性使自媒体能够在海量的微博用户中形成自己的粉丝群体。微博自媒体运营也必须注重"粉丝"的力量，优质的内容需要在粉丝互动与社交网络中形成传播。目前微博自媒体形成了细分专业化发展生态，互联网、时尚、娱乐、美食、旅游等各垂直领域均具有专业化的自媒体。

3．公众号自媒体

"再小的个体，也有自己的品牌。"自 2012 年微信公众平台功能上线，个人可以便捷地在微信公众平台创设订阅号、服务号、小程序，进行一对多的图文、音视频、H5 内容生产传播，并通过内容生产实现营收。微信公众号自媒体依赖优质的内容、移动端微信强关系社交生态，可以实现及时精准提供信息和服务、社会化传播、基于地理位置的服务、便捷的互动与低成本营销。除微信公众平台之外，还有其他众多的公众平台，如今日头条、一点资讯、天天快报、企鹅媒体平台等。

清晰的定位、优质的内容、合理的运营手段，是公众号自媒体成功的必备条件，同时各类公众平台为自媒体内容变现提供了多元便捷的条件，形成了完整的内容生产——价值变现链条。目前公众号自媒体也走向垂直专业化发展生态，时评、财经、科技、情感、搞笑、时尚、生活、健康、旅游等各领域，均有高质量自媒体。

4．网络音频自媒体

网络音频平台，借助网络向用户提供包括在线收听（视）、下载、上传与 RSS 聚合等多样服务，个人可以在各类网络音频平台上自主创建自媒体。国内自 2011 年之后，蜻蜓 FM、喜马拉雅 FM、荔枝 FM 等较有影响力的"聚合内容"型网络电台不断涌现。移动互联网及智能手机的广泛使用，使得个人音频自媒体得到了专业化发展。各类教育类音频课程、有声书、商业财经、情感心理等内容的音频自媒体，在各大网络音频平台得到繁荣发展。

5．短视频自媒体

短视频，因其传播形式短小快捷和内容的直观性深得用户喜爱。而 4G、Wi-Fi 网络及移动社交传播的发展，进一步促进了短视频平台的发展。个人可以低成本地在 YouTube、秒拍、美拍、哔哩哔哩、抖音等各类短视频平台上，创设自媒体进行视频化传播。与此同时，短视频自媒体内容还可以在微博、微信等平台上实现同步传播，形成品牌内容的矩阵化分发。

微博、微信自媒体，已经进入垂直化经营阶段。当前短视频自媒体也正在步入垂直化阶段。据《秒拍 2017 年 1—6 月榜单透露：短视频行业正在发生的四点趋势》称，"（短视频行业）早期内容模式化的 KOL[1] 正在面临真实的下滑危机，而同时垂直类内容的机会已来，在全面崛起中；中心城市独特的文化底蕴、生活氛围将成为继北上广深之后的全新增量市场，还有更多挖掘的机会"。[2]

6．直播自媒体

网络技术的进步推动了直播平台的发展，从 2009 年起至今，YY 直播、六房间、斗鱼 TV、虎牙 TV、熊猫 TV、映客、一直播等一系列直播平台诞生，从 PC 端的游戏、秀场等分类直播，到移动端综合直播多元化发展。不同于微博、微信、网络音频、网络视频自媒体以信息传播为基础的特征，直播自媒体则呈现出互动社交和信息传播并重的功能。直播自媒体以主播个人为核心，在直播过程中，不断地激发用户参与，在与用户的双向互动中完成信息

---

① KOL，关键意见领袖（Key Opinion Leader），即在行业内有话语权的人。
② http://www.woshipm.com/it/711290.html

的传播。同时，直播自媒体要求主播不断地提供新鲜新奇的创意内容，以避免因审美疲劳而造成用户流失。例如泛娱乐一直播主播 vivian，粉丝超过 100 万，在微博 2017 年十大影响力直播大 V 评选中，以 39.2 亿的大 V 值拔得头筹。vivian 人美声甜，性格引人喜爱，每天打开直播，花一个小时或者更长的时间跟粉丝聊天，或唱自己的拿手曲目，粉丝们通过"刷游艇""刷

《头号玩家》中的 VR 技术正在逐步实现，扫描二维码了解更多关于虚拟现实（VR）技术的知识吧！

它山之"识"

宇宙"的方式，消费自己的金币，表达对她的支持。而在此之前，vivian 可能需要长达数小时的内容准备和状态调整，与粉丝分享自己的生活点滴：尴尬糗事、美妆技巧、日常行程等。即使是大快朵颐毛豆这样"丢掉偶像包袱"的举动，也会被她原封不动地呈现到直播中来。故而被人称为百变女神。从发展的眼光来看，为形成传播优势、避免恶性竞争，当前不少直播自媒体也由个人网红走向组织联盟，形成了集合优势。

7.3.4　自媒体案例——罗辑思维

自媒体为个人提供了便捷且低成本的内容创业的平台，个人可以通过自媒体实现商业价值，其中典型的代表就是——罗辑思维。

2012 年 12 月 21 日，罗振宇及其团队创办的知识型视频脱口秀"罗辑思维"第一期正式上线，此后每周更新一期。同时他们创建了同名微信公众号，每天有 60 秒音频分享。"罗辑思维"将自身定位于知识的服务商和运营商，以"有趣、有料、有种"为口号，倡导以独立、理性的思维方式思考问题，推崇以自由主义和互联网结合的思维，凝聚阳光向上、爱智求真、人格健全、拼搏上进的年轻人。"罗辑思维"话题丰富多彩，覆盖各学科领域，在优酷、喜马拉雅等平台播放超过 10 亿人次。2016 年 5 月 26 日，罗辑思维团队出品了"得到"App，此后，罗辑思维用户出现大幅度增长。从 2017 年 3 月开始，罗辑思维全面改版，罗辑思维视频节目在播出 205 集之后，节目形态由原来的视频改为音频，由周播变成日播节目，缩短了节目的长度，由原来的每期 50 分钟缩短至单集 8 分钟以内。为打造品牌，播出平台只限于罗辑思维旗下的"得到"App，其他所有音视频平台不再更新。

1. 罗辑思维的成功因素

罗辑思维的自媒体营销渠道多样化、形式多元化，线上与线下同时兼顾，包括视频、MP3、微信公众号、微博，还包括正式的会员、书籍出版物、有道云笔记本，以及贴吧等多种自媒体形式。

罗辑思维用个人魅力与独特风格吸引了众多粉丝，将强大的粉丝资源转化为粉丝经济，进而形成知识网红与商业模式的整合。罗振宇早期曾是央视财经栏目的制片人、主持人，他用"U 盘化生存""人格魅力体""互联网思维"等诸多具有鲜明时代特征的概念，很快吸引了一大批粉丝。紧接着，罗振宁开始了各地的社群活动和群体性演讲，在本身集结人气的影响下，迅速形成了线上品牌向线下品牌的迁移能力，并逐步积累起旺盛的人气。

罗辑思维社群的会员，大多是以价值观为基础的创业者，是一个知识社群。每次罗辑思维招募会员时，并没有承诺会员任何的物质回报权益，但仍能吸引很多的会员，原因是这些会员是抱着"供养社群"和"价值认同"的想法来支持该节目的。

2．罗辑思维的盈利方式

在发展早期，罗辑思维的主要盈利包括会员费、优酷广告收入、微信打赏。2013年8月9日，罗辑思维推出"史上最无理"的付费会员制，仅半天就告罄，轻松入账160万元。2013年12月27日，罗辑思维二期会员招募，且限定微信支付，24小时内招收到2万会员，入账800万元。同时罗辑思维也做内容电商，通过商品销售获益。

罗振宇说过，新媒体的本质就是社群，未来罗辑思维有可能会形成一个"类交易所"机制，它可以帮创业者融到一切东西，包括钱、品牌、初始用户、传播渠道，任何人的一点儿可以商业化的禀赋，都应该可以通过"类交易所"机制完整释放出来。这种"类交易所"模式就是社群商业的一种体现。

7.4 分众展示新媒体

分众展示新媒体，是指特定现实场景中的、针对这一时空的目标受众、以展示信息和互动为主要功能的媒体形式。分众媒体还在发展进程中，通过新媒体技术变革和场景服务的完善，才能真正实现分众传播。

7.4.1 楼宇互动电视

"楼宇电视是在楼、堂、会、馆等公共场所进行电视接收和信息播放的电视媒体传播。1995年，加拿大公司Captive Network创立了高档场所电视显示媒体，并在之后的十年里迅速发展成覆盖北美的业务。2002年左右，楼宇电视业务传入中国。"[①]

楼宇互动电视，是楼宇电视的升级。2011年10月开始，分众传媒控股旗下子公司上海享乐广告传播有限公司开始在全国七个城市（北京、上海、广州、深圳、南京、杭州、成都）内的楼宇电视与互动屏配套的Q卡同时发行，并且将楼宇电视进行互动升级。商品或者优惠信息通过互动屏进行展示，消费者对于感兴趣的产品可以刷Q卡，与之相关的优惠信息就会发送至消费者的手机上，直接刺激消费者的消费欲望。[②]

楼宇互动电视能够在特定的场景引起公众的特定关注，结合新媒体的互动技术与内容，可以不断发展成为一种互动展示型新媒体。楼宇互动电视信息传播具有以下特征：

（1）场景化。楼宇电视一般安置在电梯内外，用户精准，常用场景具体明确——碎片化等待时间、小型封闭空间、或办公或居住或商场特定地域，信息可固定循环展示，能够比较高效地完成信息展示传递，同时可以在展示信息中做出简单的信息互动。

（2）分众化。楼宇电视安置在固定的区域，该区域用户的特征较为同质，信息传播能够做到用户群精准传递分众化传播。传播者可以根据用户特征投放针对性的信息，增强信息的实用性，实现信息有效传播。

（3）碎片化。楼宇电视锁定的是用户的碎片等待时间，因此在信息的生产与传播中亦应保持信息的短小精悍，在30秒内清晰简明地展示信息。但与此同时，楼宇电视可利用二维码等新媒体技术，实现楼宇碎片化传播与手机传播的连通、线下线上的连通，提升信息传播价值。

（4）强制化。楼宇电视信息传播处于封闭的空间内，通过声画传递，会强制性引起用户

---

① 张波. 新媒体通论 =INTRODUCTION TO NEW MEDIA［M］. 济南：山东人民出版社，2015.

② 周琰佶. 楼宇互动电视促销性广告效果研究［D］. 上海交通大学，2013.

注意，能够实现信息的到达。但是信息的强制性、手机媒体的干扰性，会导致用户注意到信息但不接受信息。这就需要楼宇互动电视信息内容能够具有实用性（比如促销信息）、趣味性，在技术与形式上创新，让用户主动视听信息。

7.4.2　车载互动电视

"车载电视媒体是数字电视的移动接收终端，用于公交、地铁、出租车、长途客运、火车、民航等。车载电视媒体是在封闭空间内使受众被动接受信息的一种媒介形式。因为车体本身处于移动状态，移动使得车载电视媒体区别于传统电视媒体。利用受众手中移动终端定位系统和传感器，车载电视媒体可实时追踪到受众所处的地理位置，具有很强地域性，便于提供场景式信息服务。"[①] 车载互动电视结合新媒体技术，在未来的场景传播中将有新的发展。

车载互动电视利用自身基于地理位置的服务，叠加社交服务与大数据营销，可以把握用户的信息需求情景，为用户提供"适时体验"，赢得未来场景互动传播。"适时体验"这一概念是由 Lopez Research 的创始人玛丽贝尔·洛佩兹提出的，指的是移动技术"在客户恰有所需时"传递恰当的信息。这种适时体验能够让用户被动接收信息变成用户主动需求信息，大幅提升信息的送达和接收的效率。

车载互动电视能够便捷地实现线上与线下、信息传播与服务的结合。场景传播时代，线上与线下紧密连通，信息与服务的关系也更为密切。车载互动电视，既能通过移动互联网实现线上连接，又能通过距离移动实现线下到达，线上与线下，信息传播与服务之间能够随即连通。

车载互动电视也需要实现自己的合作营销，通过与相关硬件服务商、软件服务商、网络服务商、数据采集与挖掘者合作，实现自己的移动生态系统搭建；同时通过与各类线上信息供应商、线下服务提供商合作，实现移动场景传播时代的内容生产传播与服务。

7.4.3　户外互动电视

当前户外互动电视信息展示，主要以二维形式为主。在新媒体环境下户外互动电视可以结合数字交互、多维感官触达、VR/AR 等新媒体技术升级，创新信息展示的新形式。

（1）数字交互技术。新媒体时代的户外电视信息展示，不再限于电视单一传播，可以融合二维码、摇一摇等新媒体手段，实现户外电视与手机、用户的交互，丰富信息展示的形式，提升信息展示的创新性。

（2）多维感官触达。虽然视觉是户外互动电视最主要的感官形式，但人们感知事物、获取信息的渠道是多重的，综合感官的刺激，可以促进用户全面认识新事物。通过新媒体科技手段的辅助，运用声音、触摸、味道等其他感官元素，配合视觉传递效果，可以丰富用户的认知体验。

（3）VR/AR 技术。户外互动电视可以融合 VR/AR 等沉浸式信息展示形式，实现全方位的信息展示与交互。2013 年新春伊始，可口可乐公司的新年互动舞狮广告，在上海徐家汇六百易试互动大屏正式亮相，如图 7-1 所示。结合最新的 AR 技术，走到屏幕前的第一个消费者就会在屏幕中看到自己头戴舞狮帽的样子，然后随着指令和节拍可以自由发挥，"舞"出自己的新年快乐。最后人们还能通过扫描二维码或输入六位码的方式，下载自己的舞狮照片，并将照片上传到微博，与好友们分享。此广告打破常规的单向户外广告传播方式，通过最新

---

① 赵杨洋. 车载电视媒体的移动互联网生态圈构建策略［J］. 新媒体研究，2017（06）.

的互动技术，让消费者主动参与到广告中来，并结合微博等方式进行线上二次传播，一经推出就引发了广大消费者的热情参与。

图 7-1　2013 年新春可口可乐公司的新年互动舞狮广告在上海徐家汇互动大屏正式亮相

问题拓探

1. 微博和微信朋友圈发布的信息，在传播方式有什么不同？
2. 网站展示新媒体如何适应移动条件下信息的有效传播？

实践任务

1. 以小组为单位，策划并设计一个展示型网站。要求明确网站定位、设计 VI 标识、导航按钮、网页布局、栏目内容、超链接等。
2. 开办自己的微博自媒体。要求定位明确、设计 VI 标识、发布内容。

第8章 社群新媒体：情利共生的摇篮

本章点睛

如今，社群已经从现实走向网络。这不只意味着地理意义上空间阻隔的颠覆，更昭示着新媒体时代催生了全新的人际交往模式：我们在群聊中与群友谈天说地，在朋友圈里分享自己生活的点点滴滴，在网络社区中交换彼此的信息与资源。新媒体社群宛若一个摇篮，不仅承载着社群成员的共同情感，还让每位成员得到了利益交换。微信群、QQ 群、朋友圈、网络社区……当新媒体社群一步步融入我们的生活，甚至成为我们生活必不可少的一部分之时，你是否想过，新媒体社群到底经历了怎样的发展历程？我们怎样经营自己的社群，才能在为他人利益和群体价值奉献的同时，去实现自己的人生价值？

社群（Community）即社会群体。一般来说，社会学家与地理学家所指的社群是指在某些边界线、地区或领域内发生作用的由一切社会关系联结的人群。它的范围可以指实际的地理区域，也可以指存在于较抽象的、思想上的关系范畴。也有人将社会群体称作社会团体（Social Group），指代处在社会关系中的一群个人的集合体。[1] 但是"社会团体"的概念在中国的社会管理话语体系中已有特定的含义，1998 年 9 月 25 日国务院颁布的《社会团体登记管理条例》中明确规定"是指中国公民自愿组成，为实现会员共同意愿，按照其章程开展活动的非营利性社会组织"，所以本书宜采用"社会群体"的概念。但是，由于它容易与其他一些相关的概念混淆，所以有必要先对其进行科学的界定与区分。

8.1 社群概述

8.1.1 社群的含义与特征

1. 社群的概念界定

总的来说，社群是一种社会人群的集合体。但需要注意的是，不是随便集合在一起的一群人都可以被认为是社会群体，因为与社会群体相近的概念还有集群（Aggregate）、社会聚合（Crowd）和社会类属（Category）等。

集群，即因某种共同的需求在地理空间上暂时集中在一起的人。他们虽然存在需要共同履行的集体规范，但这种关系并不是一种比较稳定的状态。例如各种交通工具中的乘客，电影院里共同观赏影片的观众等，他们在到达目的地或电影结束之后各自离开，这种集群也就不存在了。社会聚合是指因某一突发状况集聚在一起的人群，例如现实社会生活中对一些突发事件的围观群众、网络中的"吃瓜群众"等，他们也不能被称为社会群体。此外，像"网

---

[1] 郑杭生. 社会学概论新修 [M]. 4 版. 北京：中国人民大学出版社，2013.

民群体""90后群体""女性群体"等社会类属虽被冠以"群体",但并不是严格意义上的"社会群体",这些群体的划分只是因其符合某些相似的特征。

社会学家依据不同的标准,会把社群分成不同的类型。本书出于论题的需要,只从空间的虚实上,将社群分为物理空间社群和虚拟空间社群。物理空间社群,是由一定地域范围环境中的人组成的物理空间社群。虚拟空间社群,就是"一群主要媒介为计算机网络彼此沟通的人们,彼此有某种程度的认识、分享某种程度的知识和信息,相当程度如同对待友人般彼此关怀,所形成的团体。甚至每个成员皆在社群中具有身份,并具有某种规范的共识。网络中相当多的人展开长时期的讨论而出现的一种社会聚合,他们之间具有充分的人情,并在电脑空间里形成了人际关系网络"。①

本书所论述的社群主要指虚拟空间社群。不过在这里,我们还需要对社群和社区两个概念进行一定程度的区分。因为从词语使用的历史和现实来看,社群又被人称为社区。这两个中文词都对应英文的 Community 一词,含有社区、共同体、社会团体、群落、共同性等多种含义。中文"社区"一词是中国社会学者在 20 世纪 30 年代自英文意译而来,因与区域相联系,所以社区有了地域的含义,意在强调这种社会群体生活是建立在一定地理区域之内的,这一术语一直沿用至今。我国城市最基本的直接面向市民的自治区划——社区,就沿用了这一称谓,它往往是由城市某个区域市民居住的建筑群落组成。

有的社会学者有时又在非地域共同体(如社会团体)这种意义上使用 Community 一词。特别是互联网诞生以来,许多网站借用了网下地域共同体的概念,将自己的网站或栏目命名为某某社区,直到后来社交软件的兴盛加剧了人群聚集的效能,从而引发了社群概念的流行,因而造成了如今两个概念在网络上通行的情况。

但是,我们所讲的社群和社区,是两个内涵和外延大小不同的概念。在新媒体的语境中,我们将社群定义为:众多关系密疏不一的个体,基于某方面大体一致的理念或目标,以新媒体为平台形成的一种特征鲜明、关系比较稳固、互动比较频繁的网络社会单元。在这一单元中,通过共同商议或世俗习惯形成了群体规范和仪式,从而强化了成员之间的认同感,拥有比较一致的行动能力。同时,以关系的密疏和个体之间的黏度,又分成了不同层次的社群,从群聊、朋友圈到网络社区,个体之间的黏度,由高到低,呈降幂排开。因而,社群和社区,是两个具有属种关系的包容性概念,我们也将在这个意义上使用这两个概念。社区将在后文详细论及。

2.社群的特征

1)群聚性

社群是依据某种共同的因素聚集起来,关系相对稳定的集合人群。Web 2.0 的用户内容生产模式促进了网民个体的聚集。网民因为有共同目的而自发地聚集起来形成一种既封闭又开放的"圈子"。"圈子"里的成员是具有相同或相近个体意愿和群体兴趣的聚集,并且相互之间具有更强的互动。这种"圈子"就是社群。共同的使命和愿景是社群形成的基础,而社群成员在相互沟通交流的过程中又会不断地巩固这种共同的观念、价值和态度。同时,社群成员在兴趣、目标、观点等方面的相似性造就了用户的归属感,使成员往往具有良好的黏性,更加强了社群的群聚属性。

---

① 参见 Rheingold H. The Virtual Community : Homesteading on the Electronic Frontier. Cambridge : Addison-Wesley Publishing Co,1993.

从另外的角度来看，社群不仅被群体中的成员所感知，也能让群体外的人们意识到这一社会群体的存在。因此，社会群体的成员对某一观念或事物有相同的理解，存在某方面的共识，能够体验到因相聚而产生的凝聚力与团结感。同时，群体对每个成员的行动都有明确且趋同的目的和期待。

2）规范性

在某一社群中的成员存在一种"标志"，本群体成员必须要具有这种标志，这种标志也是群体成员不希望别人拥有的，因为它区分了本群体成员与非本群体成员。通过一些可与群体外成员明确区分的标志，明确了本群体成员的特征，使其不仅获得了本群体成员间认同，非本群体的成员也一致认为他们是属于该群体的。

这种标志往往体现在社群成员的行为规范上。在共同的兴趣和利害关系的影响下，社群成员会遵循一定的行为规范来强化认同感。需要指出的是，在外部压力或内部反叛威胁到社群时，社群的群体规范会更加明晰，其作用也愈加明显。在某一社群的群体规范和意识的共同作用下，社群中的成员可以自发地产生一致的行动。

2017 年 7 月，国家互联网信息办公室印发了《互联网群组信息服务管理规定》，要求互联网群组建立者、管理者应当履行群组管理责任，"谁建群谁负责""谁管理谁负责"。不少互联网社群管理者积极响应，相继依照规定制定了"群规"。正是在良好规范的制约下，各类社群才得以健康有序地发展，从而形成积极向上的社群文化氛围。

3）互动性

社群成员之间拥有较为长久稳定的关系，这种关系不是临时存在的。与其他社群不同，新媒体社群的一大特点，就是其成员之间存在高互动性，新媒体为社群成员的沟通交流提供了便利，实现了一对一、一对多或多对多的信息交互秩序，使他们在频繁的多元互动中形成了较为亲密的关系，产生很好的信息生产传播效果。

在社群中，成员往往不仅是接受者，还是传播者。在这种双重身份下，用户传播的信息的深度大大增加，信息的传播不再流于表面，而成为接力赛般地不断深入下去。这种信息接力的参与性成为广泛交往的一大前提。社群成员通过相同或相近的兴趣、地域、年龄等会聚起来，使得社群在一开始就天然具有一种凝聚力，成员在一定场域中相互交流必然会拥有更强的社交属性，从而更方便地实现交友的功能。

如 2018 年春节，一个名为"三点钟无眠区块链群"在网络中悄然走红。由于 360 游戏前高管玉红在最初建群时是 2 月 11 日凌晨三点，故以此命名。该社群成立不到一天，成员就已达到微信群 500 人的上限。其成员不仅包括红杉资本全球执行合伙人沈南鹏、360 董事长周鸿祎、天使投资人蔡文胜、薛蛮子等企业大咖，高晓松、佟丽娅、林允儿、韩庚等明星也加入其中。春节期间，该群的红包总额一度达到百万。不过，该群的话题始终围绕区块链技术，依托社群强大的互动性特征，业界大佬在

"米粉之家"的解题模式是："因为米粉，所以小米。"扫码即可查看详情。
一"课"拍案

群里对区块链的前景进行激烈交锋，行业新人则从中学习到不少有关区块链的干货知识。

8.1.2 社群的理论参照

新媒体社群是网络传播的产物。新媒体社群的基本形态是由多个具有共同的认同感的网

络用户通过各种网络应用，如 SNS、网络社区、即时通信工具等，联结到一起而形成的群体。与传统单一的"一对多"的传播模式相比，网络社群的传播结构呈网状，各传播节点之间的分布不规则，是一种跨级的、跳跃式的传播，具有更强大的影响力，更易形成多层级式的效果。

20 世纪 80 年代，建立在"共同体"（Community）观念基础上的一大批思想家，提出了"社群主义"（Communitarianism）的理论，对早前以罗尔斯为主要代表的自由主义发起了猛烈的批评。"社群主义"的本质是一种集体主义思想，它认为每一个社会个体都生活在社会共同体之中，因此社会共同体是完全优先于个人的，社群中个体的权利，应该建立在社群的共同利益之上。"社群主义"思想为新媒体社群的形成提供了重要的理论参照。

1967 年，美国哈佛大学的心理学教授斯坦利·米尔格兰姆（Stanley Milgram）提出了"六度间隔"（Six Degrees of Separation）理论，认为每个人最多通过六个人就能够认识任何一个陌生人。"六度间隔"理论的提出，使人类发现了社会中普遍存在的"弱纽带"（Weak Ties）。在"弱纽带"的连接下，人与人之间的距离变得非常"相近"。著名传播学学者曼纽尔·卡斯特尔（Manuel Castells），认为网络社群中的成员是"以共享的价值和利益为中心"，这是社群成员能够主动聚集在一起并保持稳定互动的最根本原因，这就是一种典型的"弱纽带"连接。[①]

尽管在"六度间隔"和"弱纽带"理论的参照下，社群范围看似可以无限延展，但实际上其不可避免地拥有一定的边界。牛津大学进化人类学教授罗宾·邓巴（Robin Dunbar）认为，由于人类大脑皮层有限，其所提供的认知能力，只允许人类个体与 148 个人维持稳定的人际关系，因该数字四舍五入为 150，所以被称作 150 定律（Rule of 150），即"邓巴数字"。该理论指出了社会化网络中的信息传播与扩散存在边界，因而基于社群的传播将是社会化网络的最佳传播形态。同时，150 定律还对社群的有效规模进行了限制，能够让社群管理者制定更切合实际的传播目标。

至此，我们不难发现，新媒体时代传播的基本单元与界限，是由新媒体社群所决定的，网络传播与网络社群密不可分。所以说，新媒体环境下的网络传播的一种重要形式就是社群化传播，新媒体社群是其中最为鲜明的代表。

8.1.3　社群形成与发展

伴随着网络传播形态的演变，网络社群已经进入了移动时代。我国的网络社群经过十几年的发展，从最初的 PC 端网络社区模式，逐渐发展成了以移动端为核心的、连接人与信息的全新社群生态。

1. Web 1.0 时代：BBS 占据中心地位

与互联网的门户网站时代相对应，Web 1.0 时代社群的主要呈现方式为 BBS。这一时期的网络社群以基于互联网人群聚集的信息互通与传递为核心目的。

BBS 的英文全称是 Bulletin Board System，即"电子公告板"，是早期互联网信息传播与交流的主要平台。1983 年，Thomas Mach 创造了拥有"BBS 鼻祖"称呼的、能够在个人计算机运行的第 1 版 BBS 系统——RBBS-PC。1994 年 5 月，国家智能计算机研究开发中心开通中国第一个正式 BBS 站点——曙光 BBS。1995 年 8 月 8 日，清华大学的 BBS 系统"水木清

---

① 曼纽尔·卡斯特尔. 网络社会的崛起［M］. 北京：社会科学文献出版社，2001.

华站"正式发布，成为最有人气的 BBS 之一。伴随着互联网的普及与多媒体网页的盛行，传统纯文字 BBS 已经所剩无几，取而代之的是图文音像并茂的 Web 式讨论环境，传统的样式单调、功能单一的 BBS，随后逐渐转型为内容丰富功能多样的"网络论坛"（Forum）。

网民通过发帖和跟帖的线性互动交流方式，在通过兴趣简单联结而成的 BBS 论坛中，逐渐形成了初级形态的网络社群。在 BBS 中，成员通过在社区内展示帖子来传播信息和进行交流。总体来看，这一阶段的信息传播基本呈现单向传播特征，信息流动方式主要体现为线性互动、线性传播、线性传递，社群中的信息生产者和传播者往往为同一人，与信息接受者互动较少，基本不存在即时性互动，难以形成强互动和强关系。

2. Web 2.0 时代：社交平台日渐兴起

在 Web 2.0 时代，门户网站开始走向衰落，SNS 社交网络、以 QQ 和微信为代表的社交工具及微博开始出现，传统社群模式出现了重大变革。

首先是社交工具内出现了社群形态。2002 年，腾讯 QQ 推出群聊功能，使熟人社群形态开始在线上出现。其次是以真实身份和真实人际关系等为特征的人人网、Facebook、开心网等社交网站的兴起，使得网络社群成员的个体形象更加突出，基于兴趣、需求等细分的个性标签更加清晰，网络社群内的相互联系更加紧密，传播从单一节点向多节点发展。

3. Web 3.0 时代：去中心化的平台共赢

Web 3.0 时代的网络社群以移动互联网为主要阵地，通过情感流动连接社群成员，并与信息、资源进行对接，从而形成更多利益共同体，同时利用高新技术提升社群内外部的互动交流，达到线上线下联动的生态化发展。Web 3.0 时代中最著名的社群功能提供者便是微信。

微信诞生于 2011 年，作为一个庞大的信息服务平台，社群服务是微信重点开发的功能之一。微信中的社群功能不仅能够完成社群成员间一对一、一对多、多对多的即时交流互动，同时还可以实现人机交互及多终端信息传递，"每个个体、时刻联网、各取所取、实时互动"[1]的移动互联状态轻松实现，由此诞生出一个具有"多向信息传播、时时移动互联、人人平等相待、共同创造价值"[2]特征的全新互联网，大大提高了网络社群的沟通效率。因而它一路攻城略地，直到随后爆发，成为网络社群的主要阵地，使以前曾经兴盛一时的人人网、开心网等诸多社交工具宠儿，逐渐褪去它们往日的光彩。今天的微信，几乎成为全民性的通向网络社群的最重要的通道。

8.1.4　社群的分类

根据地域、内容、成员属性、用户黏度等不同特征，可以对社区从不同维度进行分类。

1. 按地域划分

具有地域性特征的社群在成员结构上较为扁平，社会关系相对复杂，社群运营以地域性生活服务为主，社群文化与地方文化相契合。根据社群地域范围的不同，社群可划分为全地域社群、本地社群、周边社群。

全地域社群一般没有明显的地域界限，社群成员来自各地，社群文化更为多元。本地社群将地域缩小至本地，社群成员来自本地，社群中的主要信息围绕本地生活的方方面面，与本地文化高度契合。周边社群的地域范围比本地社群更窄，社群成员凝聚力更强，一般为熟人社群。

① 智军. 社群运营［M］. 北京：机械工业出版社，2015.
② 同上。

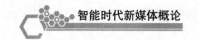

2．按内容划分

社群的内容类型直接影响社群文化与价值观的形成。根据社群内容类型的不同，社群可划分为知识型社群、兴趣型社群、交际型社群、产品型社群、行业垂直型社群等。

知识型社群中，知乎、果壳小组、罗辑思维等较有特色，其内容涵盖一定领域的知识，社群成员不仅可以分享知识，还可以就某方面的疑问向专家学者进行提问。兴趣型社群中的社群成员，因对某一事物的兴趣爱好聚集在一起，其内容往往针对性极强，代表有百度贴吧和豆瓣小组。交际型社群的内容聚焦于社群成员分享的个人生活，加深彼此间的交流，其代表是朋友圈和QQ空间。产品型社群的内容一般为相关产品使用经验交流和商家售后服务信息等，以小米论坛和华为花粉俱乐部为主要代表。行业垂直型社群是各行业进行深度交流和分享信息的平台，例如"穿针引线"作为中国服装行业的重要网络社群，集中了服装行业的大量资源与信息。

3．按成员属性划分

以成员属性为维度划分的社群，更具有人群特征，服务类型与商业化模式也更具有差异化，社群文化更基于社群成员之间的情感联结。根据社群成员属性的不同，社群可划分为企业社群、联盟社群、粉丝社群、性别社群等。

企业社群的社群成员主要为企业服务，社群的创办目的主要为帮助企业招商引资和销售产品，例如西凤酒厂的凤巢社社群。联盟社群主要为相关组织和联盟服务，成为线下组织的线上交流平台。粉丝社群中的成员主要为某一明星或产品的粉丝，社群活动与理念紧紧围绕该明星或产品，典型形式是粉丝后援会。性别社群的主要划分依据为性别的不同，这与男性女性的不同喜好有关，女性一般会钟爱美妆类社群，而男性一般会关注军事类社群。

4．按用户黏度划分

网络社群具有独特的社交属性，用户黏度的强弱，影响到社交属性的高低。在网络社群中，交流与沟通从"一对一"升级到了"一对多"，广泛的成员基础为社群成员间相互熟识交往、产生友谊提供了可能。以交友功能的强弱进行划分，网络社群可划分为交友功能较强的微信群与QQ群、交友功能中等的朋友圈、交友功能较弱的社区等。

微信群与QQ群中的成员交往，属于一种主动性的交往，交友双方的交往属于一种"你情我愿"的主动联系，往往更容易实现朋友之间更深层次的感情交流；而在朋友圈中，这种交往就显得较为被动，主动权往往在发布动态的一方，而其他人只是被动地观看这些动态，在交友中呈现一种较为不均等的关系。在网络社区极强的开放性的影响下，网络社区中的交友针对性是较弱的，尽管呈现一种"广撒网"的特质，但这种状态下的交往可靠性不高，不容易达到较好的交友效果。

在下面几个小节中，我们将针对群聊、朋友圈、社区等社群新媒体的特点与规律进行详细说明。

8.2 群　　聊

8.2.1 群聊概述

群聊是指依靠互联网平台和移动通信平台，由一人或多人发起建立的大家主动使用文字、图片、语音、视频、动画，实现直接联系的、人数相对稳定的群体通信方式。群聊通过网络实现异地点对点、一点对多点、多点对多点的同步或异步交流，极大地扩展了人际传播与交流的时空距离，已经成为人们网络交流沟通的主要方式之一。人们可以根据自己的喜好选择QQ 群、微信群、微博群进行互动交流，形成个体与群体交流的人际交流模式，通过不同类别的群关系，架构同学群、亲友群、同事群、商务群、企业群、行业群，让人际交流有了个体对群体的交流。群聊使得人际交往趋向于个体与群体交往模式，这种交往模式具有一定的凝聚力，拉近了人与人之间的距离，扩大了人们的社交圈。另外，群聊的人际交流扩大了对陌生人的接触范围，在经过一段时间的交流之后，形成较为稳定的紧密关系。所以，群聊不仅能拉长熟人的友谊链环，也可以通过陌生人快速地拓展和膨胀群成员的社交资本。

腾讯 QQ 是中国最流行的、免费的即时通信工具之一，2003 年年初首次开通了群聊服务。QQ 群是以前的点对点聊天方式的一种演变，群里的任何成员都可以自由发言，一般有两种类型：一是基于某种共同爱好而建立起来的，如明星群、驴友群、购物群等；二是基于现实中真实存在的群体而建立起来的，如同学群、亲友群等。

微信（Wechat）是腾讯公司于 2011 年 1 月 21 日推出的一个为智能终端提供即时通信服务的免费应用程序，微信支持跨通信运营商、跨操作系统平台通过网络快速发送免费（需消耗少量网络流量）语音短信、视频、图片和文字。其中微信群聊自出现后便被广泛应用，它支持多人聊天，同时，也可以共享流媒体内容的资料和基于位置的社交插件。

微群，就是微博群的简称。微群能够聚合有相同爱好或者相同标签的朋友们，将所有与之相应的话题全部聚拢在里面，让志趣相投的朋友们以微博的形式，更加方便地进行参与和交流。新浪微博于 2010 年 7 月中旬推出了测试版"乐居微群"。乐居微群作为新浪微群的前身，拥有群数量 4 万多个，用户 60 万人。相应的话题全部聚拢在微群里面，可以让志趣相投的朋友们以微博的形式更加方便地进行参与和交流。

8.2.2　典型群聊

1. 微信群及其主要功能

微信群是腾讯公司依托微信这一平台新媒体而推出的多人聊天交流服务。群主在创建群以后，可以邀请通信录中的朋友或者有共同兴趣爱好的人到一个群里面聊天。在群内除了可以多人聊天，还可以共享语音、视频、图片（包括表情）、位置、文件和红包。

2011 年 1 月 21 日，腾讯公司发布微信。微信软件本身完全免费，使用任何功能都不会收取费用，使用时产生的上网流量费由网络运营商收取。2012 年 3 月底，微信用户破 1 亿，耗时 433 天。2012 年 9 月 17 日，微信用户破 2 亿，耗时缩短至不到 6 个月。2013 年 6 月 30日微信群功能正式上线，任何一个用户都可以自行创建群组，三人成群，组建者即为群主。

群主建群后，可以通过微信群生成的二维码进行宣传，以便邀请更多成员加入，并且可以对群聊名称、聊天图片、聊天记录等做设置与管理。在一定数量下，群成员也可以邀请自己的朋友进群。

微信群的主要功能有：其一，支持多人群聊。群主在创建群以后，可以邀请朋友或者有共同兴趣爱好的人到一个群里面聊天交流。其二，在群内除了可以聊天，还可以共享照片、音乐、视频、新闻、商品等有趣的东西。其三，特色功能，如支持发送语音短信、群视频、图片（包括表情）和文字，支持查看所在位置附近使用微信的人（LBS 功能），支持群发、收藏、标签、小程序、查找聊天记录等功能。

2.QQ群及其主要功能

1999年3月，腾讯公司率先在中国推出了QQ服务，并很快拥有了中国最大的互联网用户群。2003年初，腾讯QQ又推出了供多人在线交流的QQ群服务。QQ群除能进行网络聊天外，还拥有论坛、相册、邮件、共享文件等多项功能。所谓QQ群聊，即多个具有共性的QQ用户之间建立起来的网络社群。

QQ群有高级群和普通群之分。普通群每个群最多可以有100个成员，高级群最多可以有200个成员。但是必须进行充值，才能提高人口的上限，充值1 Q币，可以增加群人口上限1人，直到200人为止。当高级群变回普通群的时候，腾讯有权降低群的人口上限为100。高级群是群的增强模式，和普通群相比，高级群可以有更高的群人口上限，更大的相册空间和更大容量的共享网络硬盘。在高级群中，充值最多的人自动成为群股东，有管理员的权限。但是当其他人充值更多的时候，群股东就会发生转移。群空间为群主提供了强大的管理群的功能，可以自由设定群内的版面、相册，还可以设置群内的一些成员为管理员来协助管理，一个群中除了群主，最多可以设置5个管理员协助管理。

QQ群的创建规则如下：

（1）200人群：所有QQ用户均可创建5个。

（2）500人群：4级（一个月亮）用户——1个；16级（一个太阳）用户——2个；32级（两个太阳）用户——3个；48级（三个太阳）用户——4个；超级QQ用户——额外4个；QQ会员VIP1~5——额外4个，QQ会员VIP6~7——额外4个。

（3）1 000人群：QQ会员/超级会员VIP6——1个；QQ会员/超级会员VIP7——2个；年费会员/年费超级会员——额外1个。

（4）2 000人群：年费超级会员VIP6~7——1个；此外，年费超级会员VIP6~7可以花钱购买，最多14个（需保持年费超级会员身份）。

QQ群具有多种功能，主要有六种：其一，聊天。QQ聊天工具可以进行实时或非实时的一对一或一对多的视音频交流，很便捷地与他人进行联系，交流思想。其二，传送文件。QQ成员间可以进行文字、图片、视频等各种文件的互传，实现优质的资源共享。其三，QQ空间。用户在QQ空间中可以充分展示自己，写网络日志、上传照片、在留言板里和他人进行互动等。其四，浏览共享。浏览他人共享文件或是网络硬盘共享，并且可以复制。其五，群应用，有群收款、添加小视频、群签到、群接龙、群日历、群投票、群作业、群链接、群订阅、群活动和公告。其六，互动娱乐。有游戏组队、吃货大战、送礼物、刺激排行、运动排行、秀图和学霸辅导等。

3. 微信群和QQ群的比较

微信群，可以直接从手机通信录中加人或面对面快速建群，群规模为3~500人，适合在小范围的熟人圈子里使用，也可以随时退群。QQ群在建群时需要填写群的分类以及先起群名，群规模为3~2 000人，更适合在规模相对大、相对稳定的圈子来使用。QQ群是较为开放的市场，建立了加群准则，人人可来。微信群是封闭的组织，只有内部邀请才能加入。

从基本出发点来看，微信群是基于移动社交，QQ群带有固定电脑端产品的历史基因。所以微信群功能更多基于移动场景设计，面对面建群，扫描二维码加群等移动属性功能，放在了比较重要的位置，做得也比较简洁。而QQ群更多是基于计算机端场景，所以文件处理、活动发布、权限管理等功能较为丰富，满足了计算机端常用的社交需求。

功能对比主要有：QQ 群公告，会在新人加群后自动弹出来，微信群公告，必须手动点击去看；QQ 群可以付费升级群容量，避免建很多群，微信群无此功能；QQ 群有群空间可以存文档，微信群无此功能，这是 QQ 群和微信群的重要区别，也可以说，是 QQ 如今没有被微信取代的一个重要原因；QQ 群可以进行群活跃统计与数据分析，微信群无此功能；QQ 群可以禁言群成员，微信群无此功能；QQ 群可以做文件共享、公告等功能，微信群不可以；微信群只有创建者，而没有 QQ 群的管理者；QQ 群可以搜索添加，微信群一般都是好友互相拉进去的，相应的，微信群就缺乏了 QQ 群的入群申请和审批；QQ 群可以设置屏蔽消息，微信群不可以。QQ 群可以设置成员等级头衔，微信群不可以。

8.2.3　群聊的主要技巧

1. 群的推广技巧

QQ 群的推广一般有两种方式：一种是推广群号，让目标用户看到群号加群，推广的渠道也多种多样，论坛、博客、微博、百度系产品等，都是比较有效的推广渠道，配上几篇富有内涵的软文，一个群很快就可以加满了。另一种推广方式就是好好做好群活跃、提升群等级，通过设置群标签、关键词来提高在群查找时群的排名，让用户主动加群。

微信群的推广因为没有固定的群二维码（每周更新），主要的推广渠道就是靠群成员不断地拉人进群，但是要时刻注意建群的目的，不要为了把人填满盲目去拉人，获得群成员的认同至关重要，然后通过群成员的口碑去吸引用户不断进群是一种不错的推广方式。

2. 群内聊天技巧

很多群组创建的初衷都是因为群成员之间至少有一个的共同的兴趣爱好，所以大家讨论热烈，积极性和活跃程度都非常高，但渐渐地，总会出现忘记初心、跑题旁骛的成员，甚至有人把群当作微商平台，开始贴自己的小广告，引起其他群成员的反感。这样一来，群内成员关系开始疏远。长此以往，广告或是各种炫、晒越来越多，而真心讨论群中心话题的成员反而不被容纳，越来越多的人就会离群远去。有人总结说，一个温馨的群，往往是这样构成的："一两个风姿不减当年的万人迷，三四位逐渐转型成功的学霸，五六名不甘老去的世俗愤青，七八个三天两头晒食物的吃货，若干喜爱户外摆各种姿势拍照的潮人，众多宁愿潜水也绝不退群的呆粉，再加上几个有事没事经常互拍的好友，时不时蹦出几句冷幽默的疑似思想家，掌握各种小道消息的所谓政客，还有几个热心服务的管理者，几个时常作诗词歌赋怡情养性的文艺骚客，以及一个极端八卦的群主。"尽管这段总结未必十分科学，但也反映了一个群保持活跃度的重要因素。为了打造高活跃度社群，我们应掌握以下群内聊天技巧：

（1）多分享。拿出自己擅长与拿手的，区别于古时候人们"把最好的留到最后"的做法，从最初就将自己所拥有的知识和技能与他人分享。知识必须与他人碰撞、推敲与交流，否则可能堆积变质成"垃圾"。

（2）多致诚。真诚是一种价值，即便你拿手的不多，也不是某一领域的专家，但是诚意是构建良好人际关系的基础。

（3）多刺激。群主或组织者，要多提供一些与本群宗旨有关的话题，但也可以间或启动一些与日常生活有关的美食、旅游、往事等，以及群中成员的人生大事，抑或是敏感性话题，只要在法律规定范围之内，都可以刺激群成员参与交流。

（4）多提问。在群内公开提问，是给群里众多成员一个机会（等同于一个机会扩散成了很多个机会），且他人也更乐意在公开场合分享解答（对解答者来说，有一定程度的自我实现和自我成就），当他人对你提的问题做出了优质的解答后，似乎群内一束光就聚焦在了他身上；而默默聆听这一答案的其他人，或者在他人热烈讨论时却无从插话的人，则感受到了一种智商碾压。不过，他们尽管感受到了一种落于人后的社交压力，但也能激发自己未来参与其中的动力，这是打造高活跃度社群的良好情景。

（5）多答题。在群内回答问题，不仅可以证明自己的存在感和智力水平，也可以借此释放友谊信号，增加成员对你的友情的认可程度，所以要尽情分享自己的观点和意见。这样，更有助于信息在社群的流通，更容易形成共识，更能提高这个群体的智慧程度。

（6）多赞扬。催生社群活力的一大源头就是通过赞扬"发动他人"。如古人所说，"良言一句三冬暖，恶语伤人六月寒"。群内交流，除了真诚，还要学会赞扬他人。不过这种赞扬不仅要发自内心，还要恰如其分。若不是发自内心的赞美，既违背己心，也会让对方看到你的虚伪；赞扬也要注意分寸，不过度溢美，也不冷漠怠慢，这样才能活跃气氛，更好地增进成员之间的友谊。

3. 群的管理技巧

群的管理，就是鼓励群友建立一种良好的交流氛围，这是责任，也是义务。管理需要惩戒，剔除不符合群文化的人，让不符合群文化的人离开。其一，要从群的宗旨出发，维护群友利益，设立切实可行的群规定。其二，管理要细致到位。设立一些栏目，引导群友参与。利用各种栏目和空间发帖、发照片。其三，同城群则要经常举办活动。每次活动要切合群的宗旨和大家的兴趣。其四，及时回应群友对群的建议，响应群友的发言，或回复群友的帖子。其五，有新人加入要表示欢迎，并张罗老群友们和新人打招呼，不要让新人进来感到陌生，有隔离感。在一段时间内要持续关注新人并与之沟通，不要很快冷落新人。其六，要善于观察。有很多人，长时间"潜水"，偶尔会冒出一两句话，这时要抓住他的这一句话，深入互动，多给他们一些说话的机会，多寻找一些话题，让他们踊跃参与讨论。

4. 群的营销技巧

群营销不外乎两种方式：一种是自建群，吸引用户加群后来完成营销目的；另一种是加别人建设的、有较多目标客户的群。前一种要求我们的控制力要强，后一种容易上手，门槛低。

自建群营销最基本的优势是节省沟通成本，这个甚至不需要群活跃，让需要通知到的人加群，群内通知即可，也是大多数企业群的现状。而稍微好点的群营销是可以在群内引发讨论，提高群成员对企业及产品的了解和认知，并让对企业有利的信息在群成员的口碑中传播。自建群营销的难点在于：有没有足够好的内容生产者（可以是企业的人也可以是用户），提出问题，引导讨论？产品、品牌、与产品及品牌相关的话题是不是经得起用户的讨论？

做好群营销的方法主要有：做好微信群定位、目标用户定位、自身角色定位、内容主题定位；取个好的群名称；设置好群规；设置群门槛；塑造群价值；提高微信群活跃度；群友养熟，建立信任。

5. 群活动技巧

其一，活动目的明确。做活动要达到什么样的目的要明确，比如是吸粉裂变还是提高群内活跃等。其二，操作方案详细。为实现目的做出方案，培养策略思维，包括活动规则介绍、活动预告、预热话术、活动时的话术、结束时的话术。其三，及时反馈信息和与用户互动。活动的时候可以用小号烘托气氛，把获得奖品的用户截图出来，提高用户的积极性。其四，活动的完成难度不高。用户参加就是自愿尝试，这就要求活动要有趣味性，奖品要能吊起用户的胃口，活动的完成难度不高，大部分的人都可以轻松完成，不同的难度有不同的奖励。

8.3　朋　友　圈

8.3.1　微信朋友圈

1. 微信朋友圈的含义与特征

微信朋友圈是腾讯微信上的一个社交功能，于 2012 年 4 月微信 4.0 版本更新时上线，用户可以通过朋友圈发表文字和图片，也可以通过其他软件将文字、音频、视频等分享到朋友圈。天生自带移动社交属性的微信朋友圈构建了一种新的社会文化现象。

微信功能的拓展，为微信朋友圈的形成和发展奠定了基础。纵观微信七年多来的发展，微信朋友圈是在腾讯 QQ 和其他社交软件平台的推动下不断发展的。

"熟悉"的"陌生人"和"陌生"的"熟人"，成为微信朋友圈中两种主要的人际关系状态。"朋友"在微信场域中具有多重身份认同和身份建构。通过多样化的象征符号及其表达，微信朋友圈的即时互动和超地域性，使其具备了现实朋友圈难以企及的社会资本动员能力和文化张力。

在满足熟人关系链沟通后，微信好友中的"泛好友"越来越多，微信整体关系链进入稳定期，微信关系链由强关系链条衔接的家人、朋友的范围，向弱关系联系的泛工作关系网络延伸。朋友圈承载了微信的社交属性，多数用户仍更倾向于将朋友圈视为私人领域。

自晒、"鸡汤"、评论、点赞、微商广告等，构成了"互联网＋"时代微信朋友圈的基本样态，每个人都在朋友圈中观展和表演。朋友圈的出现和流行，从某种程度上看是文化与技术融合的现代性产物。如果说互联网改变了世界，那么微信确实改变了我们的生活。

2. 朋友圈的信息类型

用户原创和转载的各种图文影像信息，通过朋友圈发布，该用户的微信好友就可以在"发现"中点开朋友圈看到这些信息。用户通过这些信息不仅可以打造自己的个人外部公关形象，也可通过它们表达自己的观点态度，构建自己的圈层文化。所以说，"朋友圈"已成为人们炫耀和寻求社会群体认同的大平台。微信朋友圈这一功能可以传播的信息类型有以下五种。

1）图片动态

微信朋友圈可直接发布图片动态。图片可以选择"拍摄"或者"从相册选择"，一次最多可以分享九张图片。但图片发布出来后会有压缩，不同平台的压缩比率不同。通常来说，iOS 系统下发布的图片清晰度高于其他平台。

2）小视频

微信朋友圈可以在选择发布内容的时候，选择拍摄小视频发布分享。微信朋友圈当前支持最长 15 秒的小视频分享。朋友圈中显示的小视频默认自动播放，但无声音。点击小视频进入单独播放画面时可播放声音。在微信设置中可以关闭小视频的自动播放以节省流量。小视频也可以通过在聊天列表界面下拉直接拍摄发布，以达到快捷分享的需要。最新版本微信中，小视频已支持拍摄后暂时保存稍后发送，但发布后的小视频无法转发或收藏。

3）纯文字信息

朋友圈里长按右上角的相机图标，可以进入发布纯文字动态的界面。纯文字动态支持保存最近一次的草稿，上次编辑未发送或者清空的内容在下次打开时会自动恢复。纯文字动态无法被转发或收藏，不支持位置标示、分组查看和 @ 某人（提醒某人查看）。网页和链接微信朋友圈支持其他应用的分享。其他应用可以通过接入微信的分享端口，在应用内部直接分享内容到朋友圈中。分享到朋友圈中的内容以链接形式存在。音乐类应用分享的歌曲可以在朋友圈中点击播放图标直接播放而不需打开链接。

朋友圈内容消费倾向对比调查数据如图 8-1 所示。

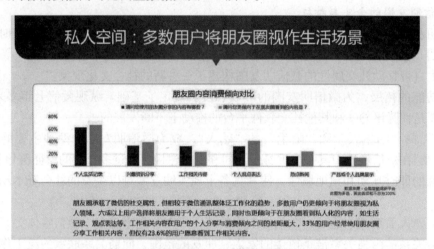

图 8-1 朋友圈内容消费倾向对比调查数据

4）广告

在最新版本中，微信朋友圈开始推送广告，形式和一般朋友圈类似，为"图片 + 文字"。广告朋友圈会在右上角显示"推广"字样。第一版微信中仅有 Vivo、可口可乐、宝马三条广告，基于内部算法分别推送给不同用户。广告朋友圈和一般朋友圈类似会随着时间线而被新的朋友圈往后推进，并不是固定位置。微信 6.7.3 版的朋友圈，点击广告可以直接添加关注广告主的公众号。

5）点赞评论

在朋友圈中，盛行点赞和评论这两个功能，我们可以通过点赞和评论，维护微信中"陌生人"和"熟人"两种主要的人际关系状态，通过点赞和评论可以降低人际交往的成本，可以增进朋友圈中人与人之间的情感交流和互动，这也使得朋友圈成为人们自晒和观展表演的主要平台之一。

3. 朋友圈营销技巧

世界营销大师克里曼特·斯通说："未来的营销，不需要太多的渠道，只要让你的产品进入消费者的手机，就是最好的营销。"手机朋友圈占据了微信 70% 以上的流量，成为微信营销重要的阵地之一，其建立的强关系，以及低成本精准服务的特点，使其逐渐成为营销活跃的新舞台，而由此催生了大量的微商群体，形成了庞大的朋友圈经济。同时，随着生活节奏的加快和消费理念的改变，人们更加重视消费的效率和消费的个性化，微信朋友圈与生俱来的即时化、精准化沟通的特点，恰好迎合了消费者的这一心理需求。那么，朋友圈的营销技巧与方法有哪些呢？

1）树立体验营销意识，了解用户体验需求

微信朋友圈作为一个线上的交流平台，在与用户交流和沟通过程中，体验是一个很重要的影响因素。它既关系到互动的质量，也影响关系的维持。商家或企业应以用户为导向，只有充分了解用户的行为特征和体验需求，才能有针对性地将产品或品牌的形象，完美地展现在用户面前。例如，商家在朋友圈发布信息的频次，并不是越多越好，而需要对朋友圈行为进行调查，充分了解用户刷朋友圈的习惯并进行针对性的投放，才能使广告信息最有效地曝光。

2）注重传播过程中的感官和情感体验

传统的营销传播更专注于对产品质量、性能或价格的宣传。消费心理学告诉我们，人类对于推销行为潜意识里有一定的抵触情绪。企业营销应该强调在传播中的感官和情感诉求。在产品或品牌的传播过程中，既要关注产品的技术细节，也要关注产品推广的形式，重视顾客与产品接触的感觉体验，给顾客带来愉悦的感受。而情感体验则是要触动顾客内心的情感，目的在于创造喜好的体验，引导顾客从对广告对象略有好感到产生强烈的偏爱。所以商家或企业，要将顾客的关怀与产品利益点进行完美结合，以引发顾客情感的共鸣，这样不仅不会让顾客感到反感，反而会让其更加印象深刻且主动关注推广的内容。

3）重视互动中体验形式多样化

微信朋友圈既是沟通工具也是虚拟社交场合，娱乐和情感交流是社交场合不可或缺的主题。微信朋友圈是依托于微信的，可以充分利用微信的语音、视频、图片等形式，进行信息的发布和沟通交流。在微信朋友圈中，运用点赞、送红包等活动，吸引好友的关注，是比较愉快的互动体验的过程。对于发布的信息内容，也可以添加体验的因素，比如设计思考性问题的内容，引发消费者对问题的思考，无形地将产品的信息传递给消费者，以有效地实现营销的目标。

8.3.2　QQ 空间

1. QQ 空间概述

2005 年，腾讯公司在 QQ 的基础上研制出了 QQ 空间（Qzone）。作为国内个性表达空间的开山之作，QQ 空间又被称为"早期的博客"。不过，与博客不同的是，博客是信息的广场，具有公共性的特征，而 QQ 空间则是信息的客厅，具有较好的私密性。基于这种半开放性的信息扩散形式，QQ 空间更适用于熟人之间的联络。

但是，QQ 空间在经历了一段时间的"繁华"之后逐渐受到冷落，腾讯公司 2017 年第一季度财报数据显示：2017 年 QQ 空间月活跃账户数达到 6.32 亿，比 2016 年同期下降 3%。而 2018 年第一季度财报显示：QQ 空间月活跃账户数降为 5.62 亿，同比下滑 11%，环比下滑 0.2%。这就说明 QQ 空间出现了连续下滑的趋势。

究其原因，除了微博、微信、短视频等更加吸引人的社交平台的崛起给其造成冲击之外，其自身也存在诸多问题。

首先，"跟风"问题严重，自身个性特征未凸显。QQ 空间陆续推出的各种新奇玩法虽然获得了一定的关注度，但也在偏离自身个性化的轨道。2016 年直播成为风口时，QQ 空间又做起了直播，但跟风而生的直播并未得到广泛关注，收效平平，在直播浪潮退去之时就化为"泡影"。

其次，许多功能与用户的实际需求不沾边。作为一款互联网产品，QQ 空间本身是需要跟随互联网浪潮不断进行更新换代的，只有这样，才能不断保持活力，跟上时代的步伐。不过，

正是在不断创新的道路上，QQ 空间反而越来越偏离原本的路线，越来越偏离其"分享生活，留住感动"的口号。

最后，广告过多，用户体验越来越差。现在的 QQ 空间里面不仅添加了广告推送，还有一些短视频推荐，在好友空间动态本就下降的情况下，这些广告推荐几乎充斥了整个 QQ 空间页面。用户进入 QQ 空间的本意是想要浏览一下好友动态，却只能看到满屏的广告推荐和一些毫无内涵的内容，体验的好感自然也会随之下降。

QQ 空间在社交平台众多的网络市场中，除了先发优势积累的大量用户群，其核心内容之一的好友空间动态的魅力正在大幅减少。因此，QQ 空间需要根据现下情况探索用户需求，把更多的主动权还给用户，才能得以更好地发展。

2. QQ 空间栏目系统

1）认证空间

用户可以自主添加成为认证空间的粉丝，之后认证空间的相关更新都会在其粉丝的个人中心展现，粉丝可以及时关注所喜爱的品牌、机构、媒体或名人的最新动态。通过认证空间，品牌、机构、媒体、名人除了进行形象展示、动态更新，还可以发起各种活动，与目标用户保持持续、顺畅的互动交流。

2）空间装扮

普通用户可以用免费背景，而付费或开通黄钻的用户，可使用更多的背景，还可以自定义风格设置和模块管理。

3）空间相册

空间相册是 QQ 用户的个人相片存放和展示的平台，所有 QQ 用户免费享用相册，QQ 黄钻用户和会员用户则可免费享用超大空间。

4）空间游戏

QQ 空间的游戏有摩天大楼、七雄争霸、足球劲区、烽火战国、3366 小游戏、抢车位、好友买卖、QQ 餐厅、QQ 服装店、QQ 农场、QQ 斗地主、QQ 牧场、梦幻海底、QQ 花园、QQ 宝贝、魔法卡片、超级职场、洛克王国、功夫英雄、QQ 超市、宝石总动员等上万种游戏，QQ 空间也借此凝聚了更多的人气。

5）城市达人

城市达人是 Qzone 社区为各地区空间网友提供的展示平台，发掘人们身边独具特色的用户。在此平台上，大家能聆听来自天南海北的朋友的点滴生活和真挚感悟，可以丰富生活，增长见闻。

3. QQ 空间操作技巧

1）内容为王

无论是做自媒体也好，推广其他产品也好，能够写出高质量的原创内容就是不二法门。QQ 空间要想拥有自己的观点、传递自己的价值观，就要以内容取胜。所谓内容为王，就是指一篇文章能让人看了标题就想看内容，看了内容就想分享给朋友，或者转载。

2）流量为王

QQ 空间流量来源于众多的好友，所以核心就是吸引别人主动加你为好友，主要方法有下面几种。

（1）好友克隆。好友克隆是会员的热门功能，可以批量添加好友，超级年费会员 7 级好友上限为 2 000 人，也意味着可以添加 2 000 人。

（2）人海战术。在自己的 QQ 主号之外，再申请多个其他 QQ 号（一般被称作小号），经过运作可以增加流量。QQ 小号特别重要，可以帮助转载、点赞、分享。一个 QQ 可以加 500 个好友，那么 100 个 QQ 可以加 50 000 个好友，这 100 个 QQ 转载一次，就有 100 次被转载，50 000 个好友就有机会看到这篇文章，一天有 500 个好友看你的日志，这 500 个好友中有 20 个转载，就有了效果，流量就可以快速增长了。

（3）QQ 群推广。尤其是 1 000 人群、2 000 人群，是个庞大的"鱼塘"，跟群主或管理员沟通好，给他们一点儿好处，发一些软广告，或者在群里专注于分享知识，帮助有需要的群友解决难题，能吸引很多人加你为好友。

（4）软文推广。软文突出一个软字。广告的最高境界是看起来不像广告，用一篇好软文引导用户心甘情愿地付费。

（5）视频推广。在优酷、爱奇艺等各大视频网站，上传自制视频，并留下自己的 QQ。

（6）借力互推。找到流量巨大的空间，商量合作，请他分享或转载你的文章、说说。具有一定的流量基础后，可以与圈内的一些朋友做互推，互相交换粉丝。

3）注意细节

（1）开通会员和黄钻，会员可以建立千人大群，培育自己的"鱼塘"。排名靠前，可以提高曝光率。

（2）日志、说说的标题要吸引人的眼球，定时发布。要排版美观，注意间距、字体等，配上合适的图片。设置信纸为绿色，可以缓解读者的视觉疲劳，让读者无论在移动端还是 PC 端，阅读的时候都感觉比较舒服。

（3）利用黄钻，装饰好空间，设计好个人签名，可以写自己想要展示的内容。手机 QQ 空间客户端可以设置空间描述，描述推广的主题。

8.3.3　QQ 空间 VS 微信朋友圈

1. 微信"小圈子"传播，私密性更高

微信朋友圈对个人的隐私保护程度高于 QQ 空间、微博等其他朋友圈，主要体现在朋友圈发布的照片评论以及回复上，只有相互认识的朋友才能看到，体现的是一个封闭的"圈子"概念。只有同一个圈子里相互认识的人，才能看到彼此的交流回复。圈主认识的好友之间不是好友关系的，不能看到彼此的点赞和评论。这一点使得点赞和评论所体现的好友的态度、情感更具私密性和真实性。

2. 微信关系链活跃指数较高

QQ 关系链几乎沉淀了很多人多年的各种社会关系，包括小学、中学、大学、职场等。表面上看来，微信的关系链与 QQ 的关系链有很大的重合度，但是由于微信的发展，是在 QQ "旧"关系链的基础上重塑的微信关系链，新的社交关系链更多的是在微信上成长起来的，所以更具有活跃度。

3. 微信朋友圈的多重价值属性更胜一筹

微信朋友圈的社交属性，是我们在生活中最常见也最常用的一种属性，我们通过微信朋友圈可以和朋友进行沟通交流，建立起属于自己的人脉网络，这个网络会不断地扩大，而我们的圈子也会不断地扩大。

微信朋友圈的媒介属性，是当前我们获取新闻、信息最便捷的渠道之一，对于用户而言，他们更倾向于在一个平台上同时满足社交、信息获取等多种需求，微信朋友圈中的快速转发、浏览等刚好满足用户获取信息的需求，且圈内朋友相近的认知视野、对媒介信息的筛选和分享，提高了各自获取信息的效率。

微信朋友圈的营销及服务平台属性，是一种一对一、一对多的精准营销，可以让潜在客户看到信息，而对没有意向的人也不会进行信息骚扰。精准就是对于有互动的客户，可以及时地沟通，这样就从一对多瞬间转换到一对一的营销，从而强化营销的效果。

8.4 社 区

如前所说，网络社区的雏形可追溯到 BBS。1999 年诞生的"强国论坛"是 BBS 向网络社区发展的转折点。但是，经过十多年的兴盛后，近年来遭遇了微信等社交媒体的超越，作为传统 PC 时代产物的网络社区逐渐没落，许多网络社区都难逃"下课"的命运。2017 年 4 月 20 日，运营了 18 年的搜狐社区停止服务。此前网易论坛宣布关闭各项服务，有着"中国第一社区"之称的"大旗网"也以关闭告终。而坚守至今的天涯论坛、猫扑、西祠胡同、凯迪社区等老牌网络社区，如今也日渐消沉，难寻往日辉煌。纵然常年混迹于网络社区的第一代网民们有再多不舍，论坛的没落已经是一种不争的现实。不过，研究它的兴衰的规律，寻找复兴或迭代之策，将是新一代媒体人的使命。

8.4.1 社区的概念、特征与类型

网络社区（Community）是互联网上由关系密疏不一的成员组成的、围绕某些目标进行自由交流或展开行动的虚拟社群，它以 BBS 为基础核心应用，包括公告栏、群组讨论、在线聊天、交友、个人空间、无线增值服务等形式在内的网上互动平台。同一主题的网络社区集中了具有共同兴趣的访问者，他们可以通过文字、图像、声音、视频等来进行相互交流。移动互联网与新媒体技术的发展极大地促进了网络社区的发展繁荣，目前，网络社区已经成为人们在现实生活中社会关系的一种补充，不仅方便各类信息的交换与交流，成为兴趣相投的人们熟识交往的平台，还可以通过各类方式实现内容变现。网络社区具有如下特点。

1. 高度参与性

较大的用户规模，是网络社区高度参与性的基础。社区成员因为在兴趣、目标、观点等方面的相似性，使用户心存一种归属感，这种归属感是难以从访问传统型网站获得的。这大大增强了网络社区的凝聚力，使得其成员往往具有良好的黏性。在网络社区中，社区成员往往不仅是接受者，还是传播者。在这种双重身份下，用户传播的信息的深度大大增加，信息的传播不再流于表面，而如接力赛一般不断深入下去。这种信息接力的高度参与性成为社区成员得以实现广泛交往的一大前提。社区成员通过相同或相近的兴趣、地域、年龄等会聚在一起，使得社区在一开始就天然具有一种凝聚力，固定成员在固定场域中相互交流，必然会拥有更强的社交属性，从而更方便地实现交友的功能。但需要注意的是，这种交友与微信群、朋友圈相比针对性较弱，"陌生人社交"的属性更强，在交友中可能会存在一定的风险。

2. 传播的"去中心化"

随着 Web 2.0 时代的到来，公共话语权早已从精英阶层下降到普通网民群体中，网络社区中的每位用户，都可以就某一具体事件随时随地发表自己的观点，参与别人的讨论。网络

社区这种平等参与内容生产与传播过程的特色，就是传播过程的"去中心化"。

"去中心化"是相对于"中心化"而言的，它是网络中新型的内容生产与传播的模式。与早前相比，"去中心化"模式下的网络内容，不再是由专业网站和专业人群产生，而是由全体网民平等地共同参与其中，共同生产和传播信息。由于网络的隐蔽性较强，人们在网络上发表个人意见时，比现实社会中更为大胆，真实性往往也很高，因此具有较强的舆论监督功能。在以"去中心化"传播为主要特色的网络社区中，用户生产内容更加简便快捷，网民参与其中的积极性也更强，网络社区往往被称作"意见的自由市场"。

3. 信息内容多元化

网络社区中的信息是多元的，而并非一元的。网络社区中的人际交流，已经不仅是简单的"一对一"交流，还会是"一对多""多对多"的高频率交流。因此网络社区创造了一种前所未有的多元化言论空间。在虚拟的网络空间中，每一位网民的身份都是不确定的，因此网民在网络空间中，既可以毫不避讳地抒发内心深处的真实体会，也可以不负责任地发布虚假消息。网络社区中信息多元化的优势在于丰富的信息交流，能够激发思想的交锋，不仅能扩大知识的广度，更能开发自己的思维；但是多元化又意味着信息是良莠不齐的，网民要有良好的辨识能力，这就需要网络社区筛选错误信息，引导主流舆论。

网络社区主要拥有三种类型。第一类是以天涯、猫扑、西祠胡同等为代表的综合性社区，它们往往有着巨量的信息内容和庞大的用户群体，能够形成全国性社会影响力。第二类是地方性社区，其中大部分用户都来自线下空间相同的地区，信息交流较为集中，用户拥有更强的心理归属感，互动性也大大增加。较为著名的地方性论坛有"西安论坛""杭州 19 楼"等。第三类是专业性社区，它集中在某一具体的专业领域，志同道合的人们在这里对专业问题相互交换观点，例如建筑行业的"筑龙论坛"，服装行业的"穿针引线"，经济管理交流的"经管论坛"等。

8.4.2 典型网络社区

1. 天涯社区

1）天涯社区简介

天涯社区创办于 1999 年 3 月 1 日，以其开放、包容和充满人文关怀的特色，受到了全球华人网民的推崇，是一个拥有全球性影响力的网络社区。在创设初期，天涯社区的本意，是建立一个交流学习股票知识的股票论坛。但在天涯社区上线后，曾经名噪一时的四通利方论坛定位调整，众多混迹于其间的精英网友纷纷出走，"转战"初生的天涯社区。随着天涯社区影响力的不断扩大，《天涯》《南方周末》等高端媒体持续为其背书，更使天涯社区成为中国首屈一指的网络社区。

2003 年，天涯社区推出天涯博客试行版，成为国内第一个将 BBS 公共社区与个人博客相结合的网站。2008 年，天涯社区启动了开放平台战略，开创了网络社区营销的新模式。经过近 20 年的发展，天涯已经成为国内业界虚拟社区领域强势领跑者，被业界视为能够与Facebook、My Space 等国际网站抗衡的佼佼者。

天涯社区始终坚持以网民为中心，满足个人沟通、表达、创造等多重需求，形成了全球华人范围内的线上线下信任交往文化，成为华语圈网络事件与网络名人聚焦的平台，是最具影响力的全球华人网上家园。

经过近 20 年的发展，天涯社区已形成了由 Web 端"天涯社区"和移动端"天涯社区"及"天涯日报"等构成的产品结构。目前，天涯社区注册用户已超过 1.3 亿，月覆盖用户超过 2.5 亿[①]，拥有大量高忠诚度、高质量用户群所产生的超强人气和互动原创内容，形成了独具天涯特色的网民文化。天涯社区活跃着众多媒体从业者及各种意见领袖，创造了众多具有影响力的人物，引发了无数知名舆论热点事件，产生了众多网络热门词语，被誉为"中国互联网的通信社"。根据著名互联网机构 Alexa 的数据显示，天涯社区在全球网站排名居 70 名左右，中文网站综合排名稳居前二十，其在国内论坛类网站综合排名长期位居榜首。[②]

近年来，天涯社区在网络公众议程设置中发挥了举足轻重的作用，形成了较大的网络公共影响力。大量的网络红人如犀利哥、芙蓉姐姐、当年明月、天下霸唱、孔二狗等人都发迹于天涯社区，方舟子质疑韩寒代笔、崔永元美国转基因调查、白银连环杀人等网络焦点话题，都曾在天涯引起热议，甚至得到了众多主流媒体的密切关注，天涯社区也因此形成了巨大的公共影响力。

2）天涯社区的主要特征

（1）大量高端用户。天涯社区公布的数据显示，天涯社区的用户年龄大部分为 19~35 岁，94.3% 以上的天涯网友拥有大学及其以上学历，且主要来自广东、上海、北京、江苏、浙江等经济发达地区。

天涯社区的第一代网友大都为高学历的知识分子，他们属于中国最先接触互联网的一个群体，大部分人为国内高校教师，还有不少人任职于中国社会科学院、新华社等学术研究机构和媒体单位。天涯社区的后续发展中还沉淀了大批社会各界精英人士，既有吴敬琏、李银河等业界专家，也有柴静、大张伟等名人。"慕容雪村""十年砍柴""宁财神""步非烟""一枚糖果"等，一大批发迹于天涯社区的网络作家，都从网上走到了网下，成为成功的畅销书作家。

草创期的优质用户和随后的特色累积，创造了天涯社区高端大气的基因。伴随着精英网友的进驻，天涯社区的帖子，一般涉及思想、文化、社会等众多领域，形成了综合性网络原创社区及知识分享平台。

（2）高质量内容。天涯社区成功的一大因素，在于其坚持高质量的原创内容。天涯社区对用户的吸引力，主要在于内容丰富多样、意精蕴深。与其他网站多来自转载不同，天涯社区的内容，绝大多数为社区内用户原创。天涯社区用户在发帖时，需选择帖子内容是来自原创还是转载，不仅体现了天涯社区对帖子版权的重视，更是对原创写手和原创内容的鼓励。

每天在天涯社区发布的帖子中，80% 以上均为网络原创内容。如此丰富的内容来源于天涯社区大量有强大创作能力的写手群，这些用户长期定居在天涯社区，对天涯社区有极高的忠诚度和认同感，源源不断地为天涯社区贡献高质量的原创内容。在当下不少网络社区内容逐渐趋于同质化的状况下，天涯社区丰富而高质量的原创内容，不仅能够吸引新老用户的进入，而且论坛中的内容也能通过线上、线下的整合编辑，孕育出巨大的商业价值。

（3）富有媒体气质。天涯与人文媒体的天然亲近，不仅使其获得了建站初期的优质用户，更为天涯在新闻传媒界树立了良好的口碑。众多媒体从业者都是天涯社区的注册用户，他们在此发布高质量的原创内容，同时也从网友发的帖子中获取新闻灵感，大大增强了天涯社区的社会影响力。

---

① 天涯社区：天涯简介，http://help.tianya.cn/about/history/2011/06/02/166666.shtml

② 同上。

创立初期，天涯社区诞生了众多源发网络事件，通过这些网络事件的传播，天涯迅速成为知名的网络社区。随着天涯用户数量迅猛增加，用户结构逐步和社会人口结构趋同，论坛中的网络事件和社会事件也迅速同质化。从这一时期开始，天涯成为社会事件的催化剂和放大器，曾经轰动全国的山西"黑砖窑事件"和陕西"华南虎事件"正是其中的典型代表。

3）天涯高手的成功经验

（1）妙笔生花文采圈粉。天涯社区曾经连载了众多出色的网络文学作品，不少作品在出版实体图书后依旧热度不减。从某种意义上说，天涯社区甚至成为一个文学论坛。不少网络写手凭借出色的文笔迅速圈粉，成为红遍网络的网络作家。

2002 年，慕容雪村的《成都，今夜请将我遗忘》在天涯社区"舞文弄墨"板块贴出后，风行于诸多网络论坛，不仅被推举为网络四大写手之一（其他三人为李寻欢、安妮宝贝、今何在），更成为"舞文弄墨"板块中第一位出版小说的网络写手。宁财神作为中国第一代网络写手的领军人物，曾担任过天涯社区"影视评论"板块版主。宁财神在天涯社区发表的帖子《天涯这个烂地方》轰动一时，他参与编剧的《武林外传》《龙门镖局》《健康快车》《都市男女》等影视剧，都拥有极高的收视率。除此之外，步非烟、当年明月、天下霸唱等网络写手都凭借极富文采的网络文学作品名噪一时。

但是与其他文学论坛相比，天涯社区除了拥有一群文笔过硬的网络写手之外，还拥有数量更为庞大的不善写作却热爱阅读的网民群体。在众多网民的口口相传下，天涯社区成为诞生无数文学网红的一大宝地。

（2）思想激荡收获拥趸。天涯社区在创立之初就着力于打造"以人文思想为核心"的网络社区平台。2000 年，当时还默默无闻的天涯社区，与国内著名人文思想类杂志《天涯》合作，借助《天涯》杂志在思想学术领域的巨大号召力，为天涯社区吸引了一大批知名专家学者的关注。从那时起，天涯社区旗下的"关天茶社"和"天涯纵横"等思想类板块，都受到广泛关注。大批思想界人士凭借"自由之思想，独立之人格"，在天涯社区成为"思想明星"。

老冷是天涯社区"关天茶社"的首任版主，他在现实生活中拥有历史学博士学位，并任教于北京大学。老冷作为版主推动了"关天茶社"的学术讨论之风，打造了个人风格强烈的"老冷时代"。王怡也曾担任"关天茶社"的版主，他凭借《公共权力：人尽可夫？》等一系列思想立场独立的文章走红天涯社区，引发众多网友跟题灌水。"民间思想者"李寒秋，文化评论家、前媒体人"十年砍柴"等一大批公共知识分子，都在天涯社区成为众人追捧的思想界明星。

（3）耸人听闻博得出位。与前两类的成功相比，这种"成功"就显得不那么光鲜。为了走红，不少人在网络上屡屡突破道德底线，甚至触碰法律红线。尽管天涯社区将自身定位于高端的文化社区，但用户基数的不断扩大，却让曾经的"高端"逐步贬值，一些渴望出名的天涯网友，开始凭借"贩卖三俗"实现自身走红。

2014 年，厦门女教师竹影青瞳，曾在天涯社区张贴个人不雅照片，帖子单日访问量一度达到 150 万人次，一度使天涯社区陷入瘫痪。而在此之前，竹影青瞳就已经凭借一系列惊世骇俗的帖子引起争议。同年，网络拍客将芙蓉姐姐怪诞装束和奇怪姿势的照片上传到天涯社区，芙蓉姐姐因此受到大量网友的揶揄和嘲讽，一度成为饱受争议的网络红人。流氓燕、小月月等人都曾在天涯社区凭借出位的行为和言论成为颇受争议的"网红"。

这种所谓的"成功"必须引起人们的警惕。在当下愈发盛行的"眼球经济"吸引下，出现了依靠耸人听闻的言行博出位走红的现象，如拜金主义和媚俗主义，不仅严重消解社会的核心价值与积极精神，甚至会严重威胁到社会的和谐与稳定。

2．强国社区

1）强国社区简介

强国社区是中国传统新闻媒体在网络中最早开办的时政论坛。它不仅是人民网最具影响力的精品栏目，也是我国互联网新闻传播事业中知名度最高的互动栏目之一。强国社区的设立，可追溯至《人民日报》网络版在 1999 年 5 月 9 日上线的"强烈抗议北约暴行 BBS 论坛"。[①]

北京时间 1999 年 5 月 8 日上午 5 时左右，以美国为首的北约轰炸了中国驻南斯拉夫大使馆，造成三名中国记者遇难，二十余人受伤，大使馆建筑严重损毁。不久，《人民日报》网络版迅速跟进，开始对事件进行全方位报道。事件发生之后，国人群情激愤，抗议以美国为首的北约轰炸中国驻南斯拉夫大使馆的暴行。

1999 年 5 月 8 日晚，在报社领导的亲自组织和督导下，以《人民日报》网络版旗下因故停办的"体育论坛"为基础，着手创办"强烈抗议北约暴行 BBS 论坛"。5 月 9 日下午，"强烈抗议北约暴行 BBS 论坛"正式上线。在广大网民的积极参与下，一个月内论坛发帖已超过 9 万条[②]，迅速发展为网络舆论的重要阵地。1999 年 6 月 19 日，原"强烈抗议北约暴行 BBS 论坛"正式改名为"强国论坛"。

"强国论坛"主要设有时政版块、生活版块和原创栏目三大精华版块，截至目前，"强国论坛"注册用户已超 200 万人。[③]"强国论坛"凭借强大的影响力和公信力，在互联网业界中拥有很高的地位，众多境外媒体都曾对"强国论坛"进行了专题采访和报道。

2008 年 6 月 20 日，在《人民日报》创刊 60 周年之际，中共中央总书记、国家主席、中央军委主席胡锦涛同志到人民网视察工作，并在人民网"强国论坛"通过视频直播，同广大网民在线交流，他在回答网友提问时说道："人民网'强国论坛'是我经常上网必选的网站之一。"

2）强国社区的特色定位

（1）主流舆论引导。作为一种全新的社会舆论平台日渐兴起，网络舆论逐渐成为引导主流舆论的重要力量。主流舆论是代表主流人群的主流思想和情感意志的强势舆论，"主流舆论是正向舆论，是能够体现社会发展方向、反映时代主流与本质、真正代表民心民意的舆论：是积极的，进步的、建设性的正义的舆论"。[④]

作为人民网下属的网络社区，引导网络主流舆论是强国社区的重要功能之一。在强国社区中，正面意见与负面意见共容，称赞和批评并存，这里成为宽松自由的意见交换场。这种意见的多元化，正是网络社群的传播特点，也体现出网络舆论的多元化特征。需要注意的是，强国社区中舆论的多元化本身，并不能引导主流舆论，但它却是引导主流舆论的基础。网民通过在强国社区的宽松环境下自由发言、互动讨论，主动讨论和辨别消息的真伪，自主地形成对事件的认识，并最终形成共识。强国社区通过积极汇集广大网民意见，充分发挥网络媒体的传播优势，很好地引导了主流舆论，形成社会正向舆论。

在"毕福剑事件"中，强国社区中的网友在第一时间就对毕福剑不当言论视频的真实性进行考证，并从各个角度发表自己的意见。通过对法律条件下的公民自由和公众人物的自我约束的探讨，不少网友开始建议中纪委介入此次事件的调查，并表示将会持续关注此事件的发展。网民的高度热议引起了央视的关注，最终认定"毕福剑事件"是严重违反政治纪律的

---

① 强国社区："强国论坛"史记 http://www.people.com.cn/GB/32306/33232/2527216.html
② 同上。
③ 揭秘"强国论坛"：四成网民最爱论政 版主日看几十万字，http://politics.people.com.cn/GB/1026/11146828.html
④ 郑保卫．掌握驾驭和引导舆论的艺术 提高应对和化解舆论危机的水平［J］．新闻记者，2005（2）．

行为。由此，这场关于"言论自由"与"党风党纪"的争论，也因中纪委的表态和央视的处理决定，成为民意最终形成的关键。

（2）网络参政议政平台。每年 3 月，当数千名全国人大代表和政协委员在两会上传递社情民意时，数十万网民也正通过强国社区的两会专题，为国家发展"建言献策"。人大代表和政协委员不仅可以在这里广泛了解社情民意，聆听群众呼声，也可以晒出自己的提案，充分吸纳各方意见。

据调查，强国社区四成以上用户在这里最关心、最喜欢讨论的就是时事政治话题。[①] 有网友认为，强国社区平等开放，在论坛中没有职业职务的高低，每个人能对国家政策、对社会、对政府官员，可以发表自己的看法和建议，正是强国社区经久不衰的"秘诀"。

强国社区设有 E 政广场、百姓监督、政在回应等诸多广大网民参政议政与行使监督的专题平台，作为"人民的传声筒"和"政府的麦克风"，强国社区用自己的方式大力推动公民有序参与国家政治生活。

3）强国社区的板块设置

强国社区的板块主要分为时政板块、生活板块、原创栏目三部分，其主题目录包括户籍、医疗、分配、社保改革、反腐风暴、经济杂谈、法治时评、国际风云、海峡两岸、阶层聚焦、党风廉政建设等诸多话题，基本涵盖了经济、政治、社会民生的重要领域。其中，党政建设、反腐败、台海关系、中美关系等内容，是强国社区经久不衰的重点讨论话题。

强国社区最具特色的版块是嘉宾访谈。自创办以来，这一版块，坚持立足高端、关注热点、展现多元、突出互动，成为最受广大网民喜爱的精品栏目，创造了多个中国互联网史上的第一，不断改写着中文论坛的发展历史。由强国社区首创并发扬光大的网络在线嘉宾访谈形式，已经成为各大网站聚拢人气、拓展空间的重要法宝之一。

截至目前，强国社区嘉宾访谈板块围绕诸多重大事件和热点，累计邀请了数千位嘉宾与网友在线交流，包括中央地方各级领导、外国政府首脑、国际组织代表、各国驻华大使、各领域先进模范与专家学者，都曾先后在"强国论坛"进行在线访谈。这一版块能长盛不衰的原因，很大程度上取决于网民和嘉宾之间的平等交流。一方面，网民通过对嘉宾的单独提问，可以解决自己内心的疑惑；另一方面，网民提出的一些意见和建议，也可以通过嘉宾准确传达至相应部门，甚至直接帮助网民解决实际问题。

每年两会前夕，强国社区都会在 PC 端和手机端开辟"我有问题问总理"专栏，强国社区成员和广大网友积极参与其中，针对住房、养老、教育、医疗、食品安全、外交、军事等关乎国计民生的问题向总理提问。2017 年两会期间，有超过 100 万名网友通过"我有问题问总理"专栏向总理提问。强国社区还与中国政府网共同开辟了"我为政府工作报告献一策"网民建言征集活动专区，人民群众关心的问题会成为两会上的提案，并切实得到回应和解决。

3．百度贴吧

1）百度贴吧简介

百度贴吧是百度公司开办的网上论坛，于 2003 年 11 月正式上线。它是结合百度搜索引擎建立的基于关键词的主题交流社区，它与搜索紧密结合，准确把握用户需求，为兴趣而生，意在让对同一个话题感兴趣的人们聚集在一起，方便地展开交流和互相帮助。百度贴吧因其

---

① 揭秘"强国论坛"：四成网民最爱论政 版主日看几十万字 http://politics.people.com.cn/GB/1026/11146828.html

门槛低、操作简单、参与人数众多，在中国的影响力较大，所以聚集了大批网民。截至目前，百度贴吧注册用户已经超过 10 亿，月活跃用户达到 3 亿，注册贴吧数量超过 2 200 万，成为中文互联网第一大社区。[①]

在百度贴吧中，不论是大众话题还是小众话题，都能精准地聚集大批同好网友，展示自我风采，结交知音，搭建其别具特色的"兴趣主题"互动社区。百度贴吧目录涵盖社会、地区、生活、教育、娱乐明星、游戏、体育、企业等方方面面，为人们提供了一个表达和交流思想的自由网络空间，并以此汇集志同道合的网友。

在新媒体时代，微博、微信等全新社交平台对以贴吧为代表的传统网络社区造成了巨大的冲击。但百度贴吧凭借灵活的人工信息聚合方式、封闭交流话题的深度互动、"草根"自主管理的良好氛围等诸多特色，成为拥有比传统网络社区和新兴社交媒体更具社会影响力的网络传播平台。

2）百度贴吧的特色

（1）人工信息聚合方式对搜索引擎的补充。对于为满足信息检索需求而访问百度贴吧的用户来说，其期待目标往往是获得某一主题的精准信息。受制于当前的搜索技术，用户对信息的需求一般不会得到高质量的满足。而依托百度强大搜索技术之上的贴吧，则拥有极强的信息整合能力。贴吧中拥有不同资源的吧友，可以在某一贴吧中对信息进行精准分享，信息需求与供给关系更为明确。通过这样的方式收集到的信息，往往具有更强的针对性。同时，网民在使用百度搜索时，可直接精准定位于相对应的百度贴吧页面上，甚至可以说百度搜索为贴吧提供了一个"站内"搜索引擎。这样一来，百度贴吧与百度搜索就形成了一种相互补充、相互影响的良性发展关系。

（2）共同兴趣爱好者的快捷聚集与深度互动。百度贴吧最重要的特点就在于，它利用自己在搜索引擎领域的知名度与地位，为各个领域兴趣爱好者的聚集提供了最为便捷的方式。只要通过百度搜索关键字，就能很容易地找到自己感兴趣的贴吧，并与同道者进行交流。此外，与很多网络社区不同，贴吧话题较为封闭，单一贴吧话题往往着眼于小处，例如某位明星或某部影视作品。虽然某一主题的贴吧也可以拥有更开放的讨论主题，但是多数贴吧成员更愿意围绕一个封闭的主题来展开交流，这就促进了互动深度的不断挖掘。

（3）互联网亚文化的主阵地。百度贴吧的迅速走红，与以粉丝文化、草根文化为代表的互联网亚文化的兴盛密不可分。同时，百度贴吧也凭借其较强的号召力，推动了中国互联网亚文化的发展。

贴吧是互联网"粉丝文化"的发源地。"粉丝"来自英文 fans，用来指代痴迷于某人或某物的人。在中国"粉丝"主要指某个明星的崇拜者群体。粉丝文化是伴随着粉丝社群出现的，其成员一般是自愿参与其中，他们通过一系列互动交流形成自己独特的圈子文化，并通过某些约定俗成的行为来表达对于偶像的喜爱之情。粉丝从文化角度来说是一种寻找身份认同的行为。个体的身份是一个可以通过喜好、信仰、态度和生活方式的标志来象征的本质。粉丝就是以共同喜爱某个明星而形成的身份。在百度贴吧这个网络媒体社区内，粉丝们找到了身份和群体认同。粉丝们借助百度贴吧进行自我组织和管理，吧主成为联系偶像和粉丝之间的桥梁，吧务们则拥有一定权限对粉丝进行规则限定，百度贴吧就这样成为各路粉丝的大本营，也成为粉丝文化的重要阵地。

2005 年，湖南电视台开播选秀节目《超级女声》，大量参赛选手的粉丝聚集在贴吧中为选手拉票，组织线上线下活动。百度贴吧成为选手粉丝的最大网络聚集地。各路粉丝以百度

---

① 百度贴吧官方发声：贴吧运转正常，无任何"关停"计划 http://finance.chinanews.com/it/2017/06-27/8262783.shtml

贴吧作为交流平台，商讨如何帮助偶像，他们不遗余力地发帖、跟帖，分享偶像信息，甚至为偶像的贴吧竞争排名。"超女热"造成相关的贴吧流量飙升，与电视上超女的 PK 大战相互辉映，间接促成百度访问量超过新浪网，成为全球第一大中文网站，百度贴吧从此在互联网上以加速度的方式迅速发展。随后"粉丝文化"从贴吧逐渐蔓延至整个互联网，催生了一大批以此为主题的网站。

贴吧还是"网络草根文化"的孕育地。2009 年，网友在魔兽世界吧发帖《贾君鹏你妈妈喊你回家吃饭》，仅 6 个小时获得 39 万的点击量，超过 1.7 万网友参与回帖，成为"草根"挑战主流媒体的一次胜利。2012 年 11 月 14 日，贴吧举办"草根节"，倡导"草根逆袭"的网络正能量，引发了全体网民的关注。

8.4.3 网络社区交往技巧

网络社区作为区别于现实空间的"虚拟空间"，其在功能、形式、架构等方面都与现实中的社区有所不同。当网络社区脱离了现实社区的地理界限时，其人际交往模式也与现实中有所差异。因此，在网络社区中的人际交往必然要遵循符合其特征的相关技巧。

1．给予与索取的合一

网络社区的一个重要特征是它的交互性。一个网络社区能够得以长时间运营下去，除了拥有高质量的帖子内容之外，社区成员间的相互交流更是不可忽视的重要因素。一方面，社区成员渴望在社区中获取更多的信息与资源，希望自己的问题能够在其他成员的帮助下得以解决；另一方面，社区中的每一个人又渴望自己发的帖子得到更多人的关注，期待其他成员对自己的接纳与喜爱。所谓"赠人玫瑰，手有余香"，在社区交往中若想获得更多，就需要多贡献自己的力量。当给予与索取合而为一，社区内就能实现良好的交往氛围，为社区成员间的深入交往打下坚实的基础。

2．对他人给予尊重

在网络社区的交往中，每一位成员都希望展现自己的特色，将自己与众不同的一面呈现在网络社区中。但是，这种"彰显自我"并不意味着唯我独尊，每一个人都需要学会倾听，尊重他人的各种观点与意见，并能够从他人的思想中吸取对自己有益的信息。在网络社区中对其他成员的尊重，不仅展现了自己宽广的胸怀与宏大的气魄，还能将其他人在网络社区中的表现视作一面镜子，从中窥得自己在人际交往中是否存在一定的问题。但是，这种尊重，并不是一味地丧失自我以求得他人认可与关注，而是"我不同意你所说的每一句话，但是我誓死捍卫你说话的权利"。网络社区中的成员，若都能时刻对他人保持尊重，那么各类网络暴力、口水大战就必然消失殆尽，社区成员间就能够以更加宽容的心态交到朋友，让社区成为包裹着浓浓爱意的大家庭。

3．真诚展现自我

虚拟性一直被认为是网络社区交往中的双刃剑。它虽然可以让人们在虚拟世界里卸下现实世界的包袱，无所顾忌地与他人交往，但网络社区中的弄虚作假，却又让不少渴望朋友间亲密交往的人们敬而远之。人们对未知总是充满了恐惧，而可把握的环境和交往对象，则会为我们增添不少安全感。网络社区中没有面对面的交往，各类交往主要是基于文本而进行，因此真诚展现自我，成为交往中需要重点关注的问题。交往主体能够言行一致真诚展现自我后，更可以借助新媒体技术中的新式图像、表情与先进的音视频技术，为交往内容服务，增强交往的吸引力与感染力，更好地提高交往效果。

4. 用优质内容链接特定人群

社区内容是影响社区发展的核心因素，是社区成功的基础与前提，也是吸引成员加入的重要因素。一个好的内容，就是企业在社区中的一个好的营销机会。一个社区的形成，离不开用户的意愿，而用户意愿的催生剂就是在社区中能否得到自己想要的内容、价值。社区在运营中要提高用户的体验，为社员们提供丰富、多元化的信息和内容，分享真正实用、有价值、有意义的东西，做用户想要的、感兴趣的、满足用户口味与需求变化的内容，让社群产生更多有态度、高质量的内容。

在大众传播时代，偏娱乐化的内容，能够覆盖并满足大多数人的喜好，而社区生产的内容所覆盖的，应为自身的目标人群。只有在内容上形成知识落差，社区才能够吸引人群，通过将个体纳入社区，再进一步了解其需求，进而打造更加适合目标受众的内容产品。由于社群媒体所生产的内容的接收载体依然是社群，因此在整个环节中，社群的运营就显得格外重要。对于二次传播吸引来的用户，社群媒体应进行相应的了解，并进行较为细致的分类，根据用户特点制定不同的规则，从而使社群媒体内部保持良好的传播秩序。在内容的加工方面，社区可结合 PUGC（专业用户生产内容）手段，进一步提升内容质量。

5. 建立社群文化，增强成员黏性

文化是社区的灵魂。社区必须建立自己的社区文化和核心价值观。因为社区更多是无等级的志同道合的群体进行知识交流的场合，成员在交流过程中得以成长。经过长时间的交流互动，社区积累和形成了自身独特的社群文化和核心价值观，营造出良好的社群氛围，从而增强了社群成员之间的黏性。成员通过社群联结彼此，大家在群里相互交流，甚至很多人素未谋面就已经建立了深厚的友谊，极大地增强了成员间的黏性。

社区要构建社区的规范，通过制度、层级和角色来区分用户，并通过权利和权益的分配、激励、干预和惩罚措施等影响和控制社区的集体行动，提升社区成员的认同感和执行力。

● 问题拓探

社群新媒体内容生产模式的发展嬗变

社群新媒体的内容生产模式大致经历了 UGC、PGC、PUGC 三个发展阶段。

UGC 全称 User Generated Content，即"用户生产内容"。随着 Web 2.0 概念的兴起，网络用户的交互作用得以体现，用户具有网络内容的浏览者和网络内容的创造者的双重身份。

PGC 全称 Professional Generated Content，即"专业生产内容或专家生产内容"。PGC 模式的内容生产者均为某一领域的专家与专业人员，信息内容与编辑实现高度专业化。

PUGC 全称 Professional User Generated Content，即"专业用户生产内容"，是一种将 UGC 与 PGC 相结合的互联网内容生产模式。PUGC 兼具 UGC 和 PGC 的优势，既有了 UGC 的广度，又通过 PGC 产生的专业化的内容能更好地吸引与沉淀用户。

社群新媒体内容的生产模式为什么会出现从 UGC、PGC 到 PUGC 的转变？这种转变对社群新媒体的发展有哪些启示？

● 实践任务

1. 选取近期互联网中的热点话题，探索群聊、朋友圈、社区三种社群新媒体在传播方式、传播内容、传播角度、传播时效、传播效果等方面存在的差异。

2. 选取一个传统媒体通过社群新媒体平台创造良好传播效果的典型案例，探讨传统媒体在社群新媒体蓬勃发展环境下的转型与发展。

第9章　公众号：寻找用户价值的"上帝粒子"

章首点睛

有限的科学实验证明了"上帝粒子"即希格斯玻色子的存在，并由此形成了遍布宇宙空间的希格斯场，其他粒子在场中的运动，就像在泥浆中穿行，因受到阻力变得凝滞而获得质量。不同粒子受到的"阻力"不同，其所获得的质量也有差异。通俗地说，希格斯场犹如一个聚会大厅，一大群为聚会服务的工作人员穿梭来往。任何一个无关宏旨的宾客，可以不受阻碍地在人群中穿来穿去，不能获得任何分量，然而，如果是重要人物到场，一定会吸引大量的关注。大家会围拢在他周围，减慢他穿行的速度，使他带上某种"质量"。互联网正是新媒体的希格斯场，无数公众号就像来客，在这个充满了用户这种"上帝粒子"的大厅中前行，一篇篇推文为自己的"质量"（流量）摇旗呐喊，吸引"上帝"的目光，希望它们把自己拱卫起来，成为整个大厅注目的明星。那么本章就带你走进这样的"上帝"世界！

自 2012 年 8 月，腾讯公司正式推出微信公众号以来，各大互联网公司不甘示弱，纷纷打造自己的公共平台，加入这场内容生产的竞争。迄今为止，除微信公众号以外，已有今日头条的头条号、阿里巴巴集团旗下的大鱼号、腾讯公司的企鹅号、百度公司的百家号、网易公司的网易号、凤凰网的大风号等数十家平台上场角逐。这些平台在激励创作者、吸引流量和盈利等方面都各显身手，既为传统的内容生产开辟了一条新的渠道，也为受众提供了更丰富多元的资讯。对于初学者而言，各种平台往往让人混淆，不管是在概念方面，还是各自的优势和特色方面，都不甚了了。它们看起来貌似相同，但实际上，在定位、吸引作者、推广以及用户的体验方面，都存在一定的区别。所以，本章将带你弄清这些平台的特色，学习各种公众号的写作和运营规律，以便帮你更快更好地找到自己的"上帝"。

9.1　微信公众号

9.1.1　微信公众号传播学特征

微信公众号简称微信号，是腾讯公司在微信即时通信这一软件的基础上新开发的功能模块，于 2012 年 8 月 17 日正式上线。

任何个人、政府机构、媒体、企业和商家，在申请注册微信号成功之后，都可以在上面发布法律法规和政策范围内允许的信息，发布方式包括文字、图片、语音、视频等，从而实现与自己的目标受众的全方位沟通，并借此打造自己的品牌，获得自己的收益。也正因为如此，微信公众平台的口号是"再小的个体，也有自己的品牌"。

根据《2017 年微信经济数据报告》和《2017 微信用户研究和商机洞察》数据，截至 2017 年年底微信公众号已超过 1 000 万个，其中活跃账号 350 万，较 2016 年增长 14%，月活跃粉丝数为 7.97 亿, 同比增长 19%, 公众号已成为用户在微信平台上使用的主要功能之一。①CNNIC 第 42 次《中国互联网络发展状况统计报告》称"截至 2018 年 6 月 30 日, 我国网民规模达 8.02 亿", 对照前述微信公众号月活跃粉丝数 7.97 亿的数据, 几乎每个网络用户都是微信公众号粉丝, 微信公众号的火爆可见一斑。这些数据证明: 微信倡导的"微信, 是一种生活方式", 已经的的确确在各个方面给民众的生活带来了极大的改变, 众多的微信公众号借此成长为家喻户晓的品牌。

微信公众号发展如此迅猛, 与其自身的传播特征是息息相关的。它是一个中心化内容平台, 每一个公众号都是一个中心, 从传播学角度解读的话, 则有如下特征:

1. 用户的主导性

传播学里面的"使用与满足"理论认为: 受众会通过使用某种媒介来满足自身生活、工作以及各方面的需求, 从而在社会中更高效地生存。这个理论揭示了受众在众多媒体中选择某个媒体和某些内容的原因, 包括受众的个体文化心理、知识储备、兴趣爱好等。他们在选择和接触媒介方面更多的是从自身出发, 具有一定的主动性, 在某种程度上, 摆脱了被媒体强行灌输的被动接收状态。新媒体的出现, 则为受众的信息选择提供了更多的自由, 而微信号就是"使用与满足"理论最好的体现。

首先, 从接收方式看, 由于微信号自身不能主动添加用户, 必须由用户主动订阅, 所以用户就占据了更主动的地位, 微信公众号与用户的关系是"被订阅方"与"订阅者"的关系, "被订阅方"只有满足"订阅者"的需求, 才能实现传播。用户只有对公众号发布的信息存在需求, 才有可能主动关注公众号, 接收信息。因此, 微信公众号传递各类信息就更需要以受众为核心, 尽量满足受众的各种需求。

其次, 从取消关注方式看, 受众也占据着主导地位。微信公众号的订阅方式非常便捷, 只需要打开微信, 进入通信录页面, 就可以通过搜索然后添加订阅, 这有助于公众号增加自己的订阅者和扩大影响力。但另外一方面, 取消订阅也是分分钟的事情, 而且比订阅还要便捷, 只需要点开订阅号栏目, 将自己订阅的公众号往左边一划, 即可显示"删除"和"取消关注", 点击"取消关注", 该公众号即被取消订阅。所以, 从这个层面来说, 微信公众号作者对订阅者没有任何约束力, 如果内容上不能满足用户的需求, 用户很可能就会取消关注。

最后, 用户的主导性也决定了微信公众号的影响力的范围, 订阅者越多, 微信公众号的阅读量也就越大, 阅读量越大, 品牌才越有可能得以建立。数以千万计的微信公众号之所以在影响力和阅读量方面有如此巨大的分野, 是因为各自的订阅者的数量方面有巨大的差距。

另外, 正是因为用户的主导性, 才让微信公众号的创作丰富多元, 涵盖了各种不同的领域, 以满足不同用户的不同需求。尽管其中也有不少低俗账号, 但总体而言, 大多数公众号对于知识的传递和不同观点的表达, 还是起到了正面作用。

2. 内容的优质性

在众多的以内容创作为主的公共平台中, 微信公众号的内容相对而言, 具有一定的优质性。这样的优质性与以下几个方面的原因有关。

首先, 腾讯公司对于微信公众号每日群发消息的数量进行了严格限制, 譬如订阅号每天只能群发一次, 这种规定势必会迫使微信公众号的创作者, 必须进行优质的内容生产。因为每天的群发机会只有一次, 所以公众号不可能以发布的时效性和数量去和其他媒体竞争, 只能在内容的深度和角度方面下功夫以吸引用户。

---

① http://www.chyxx.com/industry/201805/645403.html

其次，2015 年年初，微信发布"关于抄袭行为处罚规则的公示"，针对抄袭等侵权行为，微信公众平台给出了明确的处罚规则：抄袭达 5 次者将被永久封号。腾讯从制度上对原创内容进行保护也催生了更多优质原创内容的出现。

在某种程度上，这样的规定和新媒体的固有特征（如海量信息、即时发布等）有相抵触的地方，但如果从另外一个角度解读，这种抵触恰好是对新媒体时代"海量低质信息泛滥"的纠偏。在一个信息过载的时代，受众已经厌倦于各种信息轰炸，渴望有质量更高的内容。

因此，对于微信公众号来讲，只有秉持"内容为王"的理念，精心生产出信息量丰富的优质内容，而且要持续更新，才能获得较高的关注度。

事实上，用户也用自己的选择对这样的规定投了赞成票，艾媒咨询发布的《2016 年 App 与微信公众号市场研究报告》显示，65.2% 的网民退订微信公众号的原因是文章注水，推送内容少，57.9% 的网民退订原因是更新次数少。由此可见，网民在订阅公众号及浏览文章时，最为看重两方面，一是公众号保持较高的更新频率，二是公众号保持更丰富的内容，只有这样，才能更加吸引用户，提升用户的黏性和忠诚度。

因此，微信公众号不管是从传播机制，还是从其相应的管理机制来看，都在一定程度上，保证了微信公众号内容的优质性。

3. 基于闭环关系上的裂变式传播

在传统媒体主导的时代，报纸和电视的信息生产和传播，呈现强烈的大众传播特征，即通过专业的传媒机构公开地向大范围的受众传递信息。此外，传统媒体还可以通过议程设置和意见领袖功能，对受众产生较大的影响。到了新媒体时代，以微博为代表的开放式社交平台，由于无须关注即可点赞、评论、转发，因此，微博具有强大的制造热点话题的能力，因此也能引发和引领舆论。

相较传统媒体和微博平台的开放式传播，微信自面世之日起，其传播就相对闭环私密，主要体现在微信是基于熟人关系的"强社交属性"上，这种"强社交属性"在微信公众号的传播上也体现得非常明显。从理论上来说，微信公众号的作者发出的信息只对其订阅用户可见，对其他非公众号订阅用户，这些信息是不可见的，因此，微信公众号如果仅靠创作者自己的一次推送，其阅读量很有限，也很难扩大影响力。

但如果我们仔细考察微信公众号，尤其是微信大 V 公众号文章的传播路径，就可以发现，尽管微信公众号呈现一种"弱大众传播"的特点，但因为有了订阅用户和朋友圈，公众号的传播已经具备了大众传播特点，这种大众传播是由订阅用户的二级传播来促成的。具体而言，订阅用户对收到的微信公众号信息进行接收、评判并做出决定之后，将其转发到自己的朋友圈，或者直接点对点分享给自己的微信好友，或者转发到自己所在的微信群，其他好友看到文章之后，也是基于对内容的认同，然后再次转发或者分享。按照信息流瀑理论，微信好友的交往模式是基于信任关系，这种信任关系往往会带动更多的转发量，通过这样不断地转发，公众号的信息由此实现大范围的传播。微信传播由最初的一对多的一级传播，通过微信公众号订阅用户的二级传播，最后实现裂变式传播，从而实现阅读量、影响力和品牌的三重构建，如图 9-1 所示。

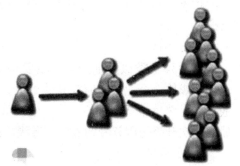

图 9-1　微信公众号的传播模式

4．舆论领袖的多元性

微博自出现以来，在短时间内聚集起众多的大 V，在很多热点事件上面，大 V 扮演了舆论领袖的角色，也不断地扩大自身在公共话题层面的影响力。但近几年来，由于种种原因，微博的娱乐化趋势愈加明显，微博平台更多地扮演着明星和粉丝之间的交流工具的角色。微博上的意见领袖逐渐向微信公众号迁移。微信公众号影响力的扩大，让微信逐渐取代微博并被赋予新的舆论场话语权，以微信公众号为核心的圈群文化，开始在舆论生态中发挥重要作用。

舆论领袖，有时也称为"意见领袖"，是指活跃在人际传播网络中，经常为他人提供信息、观点或建议，并对他人施加个人影响的人物。舆论领袖广泛存在于政治、经济、文化及社会生活的各个领域并扮演着越来越重要的角色。

受众对舆论领袖的认同、跟随，是建立在对舆论领袖的信任基础之上的。这也解释了微信公众号能扮演舆论领袖角色的原因。订阅用户主动订阅公众号的行为在某种程度上就是基于对公众号作者的信任。基于信任的订阅行为，更有助于订阅用户在争议性事件上认同公众号作者的观点。

同时，相当数量的微信公众号作者由于在特定的领域有一定的造诣和建树，因此更能对他人施加影响。譬如，在时事政治方面拥有广博知识的人，就可以在时政相关的热点事件上发声，从而给他人提供相关的观点，也可以让受众对某些事件有更明确的看法。如曾经担任过新华社记者的王晓磊，在自己开创的"六神磊磊读金庸"公众号上，就会对某些热点事件提出自己的看法。譬如，在 2018 年 3 月份国足大比分输球的新闻中，针对有些国足队员因为文身而未能出场，或者即使出场也被要求用胶带遮蔽文身的做法，王晓磊创作了一篇《足协领导，我举报乔峰的文身》，讽刺了这种舍本逐末的做法。

还有一个典型的案例，在上班族和年轻女性中拥有号召力的"咪蒙"，其创作的情感方面和职场方面的文章，每每被其粉丝奉为经典，甚至作为日常生活中的处事指南。

9.1.2　微信公众号注册与使用技巧

微信公共平台自面世之日起，发展到现在，影响力越来越大，传播范围越来越广，是因为一直都秉承与时俱进、因需而变的理念。为不同人群的不同需要提供不同类型的公众号，就是明显的体现。但在注册和使用公众号时，往往会碰到一些问题，所以要注意运用如下技巧。

1．弄清公众号的类别

微信公共平台针对不同的注册主体和不同的推送内容，将微信公众号分成服务号和订阅号两大类，让注册用户"各取所需"，并规定了不同的账号有不同的权限。随着 O2O 交易需求的扩大，2017 年，微信公共平台还增设了小程序的分类，而原有的企业号则调整为"企业微信"。

1）订阅号

订阅号是类似报纸杂志、主要偏于向用户传达资讯的新的信息传播方式，适用人群：个人、媒体、企业、政府或其他组织。认证前后都是每天只可以群发一条消息；如果用户想通过发送消息来达到宣传效果，建议可选择订阅号。订阅号可申请微信认证，资质审核通过后有一次升级为服务号的入口，升级成功后类型不可再变。

2）服务号

服务号可以为用户提供更强大的业务服务与用户管理能力，适用人群：媒体、企业、政府或其他组织，主要偏向交互类服务功能（功能类似 12315，114，以及各类银行等，提供绑定信息）。认证前后都是每个月可群发 4 条消息。如果想用公众号获得更多的功能，例如开通微信支付，建议可以选择服务号。服务号不可变更成订阅号。

3）小程序

开发者可以在微信官方规定的范围内，根据自己的需求，快速地开发一个小程序。小程序可以在微信内被便捷地获取和传播，同时具有出色的使用体验。

4）企业号

企业号主要适用于政府机关、社会组织和学校、医院、公司等企事业单位，进行员工管理、上下游伙伴合作及内部 IT 系统间的连接，有效地简化管理流程、提高信息的沟通和协同效率、提升对一线员工的服务及管理能力。内部员工需要先验证身份才可以成功关注企业号。

2．掌握微信公众号命名和使用的规则

公众号名称不得违反国家法律法规及《微信公众平台服务协议》等腾讯协议规则，平台根据用户申请的公众号类型提交的相应材料，进行名称的审核并决定是否可以使用这一名称。

公众号名称长度为 4~30 个字符，不能含有特殊字符及"微信"等保留字眼，命名中不支持使用符号、/、空格，个人类型不支持使用企业或机构等名称，需与主体一致，一般不能使用繁体字。

公众号名称不能与已有公众号名称重复，也不得与已有小程序名称重复，与已有小程序重复的名称，只有与该小程序账号名称相同的主体才可申请。如同名账号名称侵犯了用户的合法权益，可进行侵权投诉。

注册公众号及后续各项功能使用都是不需要收费的，若公众号认证，则需支付每次 300 元的审核服务费用。认证及年审都是 1 次 300 元，海外版 99 美元 1 次，1 年 1 审，不支持一次性支付多年审核费用，无论认证成功或失败，支付的审核服务费无法退还。目前机关单位、基金会、国外政府机构驻华代表处可免费认证。公众号是否认证由用户自行选择，认证与非认证的主要区别是公众号认证用户会带"V"图标，认证后会获得更多的功能。认证到期后名称加"V"会取消，同时因认证才能实现的一些功能也将失效，如有需要可重新开通微信认证，提前 3 个月收到年审通知去认证，虽然还未到期，若资质审核失败，功能权限将取消，名称审核失败取消加"V"。

已经使用的公众号名称，经身份验证后，才能申请修改公众号名称，申请修改公众号名称，需遵守平台为此设置的流程和要求。目前个人类账号 1 个自然年内可主动修改 2 次名称（例如：2018 年 1 月 1 日至 2018 年 12 月 31 日内可修改 2 次名称），非个人类账号暂时没有修改次数限制，如需修改可选择通过认证方式，认证过程中有 1 次重新提交命名的机会（需符合微信认证命名规则及缴纳认证费用）。

9.1.3　微信公众号的吸粉策略

公众号注册成功之后，也就意味着可以开展相关的信息发布和运营工作了。对于公众号运营者而言，能否成功地构建起自己的品牌，最重要的一个工作，就是千方百计增加订阅用户，即粉丝的数量，从而扩大影响力。

得粉丝者得天下，尤其是粉丝经济越来越壮大的背景下，粉丝决定了品牌能走多远。公众号的发展离不开粉丝，尽管如今靠流量变现的套路，似乎已经触到发展的天花板，但粉丝的重要性仍不可忽视。粉丝的数量和忠诚度决定了微信公众号的市场竞争力。所以，如何吸引受众关注订阅促使其转为粉丝，然后提高粉丝的忠诚度，是公众号能否成功的关键。

仔细研究众多大 V 公众号的内容和推广模式，可以从中总结出一些策略，通过这些策略，公众号可以逐渐累积自己的粉丝并培养成公众号的头部群体。

1. 内容吸粉

如前文分析，在众多公共平台中，微信公众号的优质性内容是很重要的特征，因此，就其本质而言，微信公众号必须通过提供不同于其他平台的资讯和内容来吸引粉丝，所以"内容为王"是一个颠扑不破的真理。对于每天只能群发一次消息的订阅号，内容的可读性和质量显得尤为重要。优质内容，尤其是爆款文章，发布之后，阅读量自然会提升，所谓"优质内容自带流量"就是这个道理。

在快节奏的新媒体环境下，尽管依靠内容涨粉显得有些"低效"，但吸引来的粉丝黏性最强也最精准。这类粉丝对自己主动订阅的公众号的打开率是相对高的。最重要的是，这类粉丝在接收完信息之后，相当一部分粉丝会主动选择转发，这样的转发对于提高阅读量至关重要。每个人都订阅了数量不等的若干公众号，不是每次都会主动打开公众号文章，但粉丝的转发分享就相当于形成"多对多"传播的局面，100 000+ 的阅读量不是没有可能。

所以，打造爆款文章并具有可持续性的生产能力，尤其是持续性生产优质性爆款文章的能力就显得非常重要。如果只是一两篇爆款文章，最后还是会"泯然众人矣"，就如同昙花一现，很快就会被受众忘记。具有可持续性的生产能力，才能将偶尔的订阅用户发展成具有忠诚度的粉丝。这方面有很多成功的案例，"六神磊磊读金庸"这个公众号，巧妙地将在华人文化圈中家喻户晓的金庸武侠小说，与各种时政热点、文化热点进行结合，从而生产出众多 100 000+ 阅读量的爆文。譬如，2017 年下半年的江歌案件，网络上一片沸沸扬扬，"六神磊磊读金庸"借用金庸武侠小说里面的人物，写了一篇《可以见义勇为，不要替天行道》，众多粉丝在朋友圈进行了转发分享。再如，CCTV1 播出的《国家宝藏》取得了口碑和收视的双丰收，"六神磊磊读金庸"在 2018 年 1 月 26 日推送了一篇文章《金庸小说的"龙套"里，原来有这么多国宝》。

2. 社群推广

对于大多数公众号作者而言，创作出 100 000+ 阅读量的爆文是比较困难的事情，那么，如何通过一些行之有效的推广方式来增加阅读量和吸引粉丝就显得至关重要。

利用微信群成员的人际关系传播内容，是方式之一。有数据显示，在微信群或者其他社交群发送文章链接，是有效地增加阅读量和吸引粉丝的途径。不过这种推送需要注意节奏，不要太过频繁，以免引起群成员的反感。另外，推送的内容最好有一定的针对性，如果能和群友关注的内容有一定的匹配和契合度，文章被打开和转发的概率会更高。再者，在热点事件发生之后，众多群友都会关注或讨论该热点事件，如果某个公众号的内容是关于该事件的解读，那么将该文章推广到微信群，无疑能被更多的人打开。

除了各种群的推广，还有另外一种推广方式，那就是公众号之间的互推，人气共享。很多公众号创作者在运营公众号之初，粉丝不够多的时候，常常采用这种方式来推广。公众号互推在本质上属于流量交换，这也是一种常见的引流方式。这种互推包括全文互推、文末互推、关注后互推等。这种推广方式既可以增加阅读量，也可以借此增加粉丝。

3. 线下推广

任何品牌的构建，都离不开各种方式的营销和推广，尤其是在新媒体环境下，往往是线上推广和线下推广同时进行，微信公众号的推广也不例外。

1）免费 Wi-Fi 推广

除了上述的线上推广之外，利用线下固定场景涨粉也成为很多公众号运营者的选择之一。其中，微信 Wi-Fi 推广就是一种方式。这种方式是为用户提供免费 Wi-Fi 网络服务，从而吸引粉丝关注。这种场景一般是在咖啡厅、餐厅或者商场，只要关注某公众号，就可以免费享用无线网络。

Wi-Fi 涨粉的优点，是利用了特定场景内的市场刚需，相比传统的手动输入密码，这种方式连接无线网更便捷，而且能够保障用户留存率，因为用户连网后若立即取消关注网络就会中断。

目前，Wi-Fi 涨粉已成为公众号线下涨粉的重要渠道之一。Wi-Fi 推广的成本相对较低，获取一个粉丝的成本控制在 1.5 元及以下水平。相对而言，情感、八卦、资讯类公众号，更适合通过 Wi-Fi 涨粉，针对女性用户的内容粉丝留存率更高，而垂直类内容的粉丝留存效果比较差。另外，提供这种服务的商家，常常能覆盖全国不同地域数百家网点，可以通过甄别性别、地域等微信用户基本信息，来为不同类型和需求的公众号实现增粉，相应地提高受众的精准度。

2）其他线下推广

2017 年 5 月 24 日，区域大号"南宁圈"和熊猫自媒体联盟联合承包《深圳晚报》头版进行公众号推广，这种借助传统媒体推广微信公众号的方式，引发了南宁的朋友圈刷屏，不仅刷新了外界对自媒体的固有认知，还增加了一条公众号推广新思路。此后，很多品牌或商家开始在传统媒体上发布信息进行推广的时候，都会在报纸上留下自家公众号的二维码。受众在接收相关信息的时候，可以通过扫描二维码关注而成为订阅用户，也能获取更多的内容。

除了报纸杂志等传统媒体推广之外，电视台、电台、户外 LED 广告和灯箱等，都可以用来进行推广，但目前还很少有这类推广的具体涨粉效果的研究。

此外，还有利用地铁拉手、高铁座位、餐巾纸包装等各种二维码推广的涨粉方式。

六神磊磊读金庸迄今为止，微信订阅号数量已经突破两千万，但能长期保持阅读量 100 000+ 的却很少，"六神磊磊读金庸"就是其中的典型代表，秘诀何在？

——"课"拍案

9.2　小　程　序

微信小程序就是微信系统中的无须下载而直接使用的内置 App。这种应用不同于其他独立的 App，可以称为轻型 App，小程序的"小"即微型之意。

2016 年 9 月 21 日，微信应用号更名为微信小程序（简称小程序），并在 9 月 22 日凌晨，通过微信公众平台陆续对外发送小程序内测邀请。同时，以公众号为首的微信大众传播主渠道开始推送相关的小程序新闻。

2017 年 1 月 9 日，首批微信小程序正式上线，用户可以体验到各种各样的小程序提供的服务。此后，微信小程序的发展呈燎原之势，迅速获得了广大用户的认同。2018 年 1 月，即速应用发布了一份《2017-2018 年微信小程序市场发展研究报告》，报告显示，目前小程序用户总数已经接近 4 亿，这代表着已经有一半的微信用户成为小程序用户。

9.2.1　小程序的功能

微信官方对小程序的功能描述是，它是一种不需要下载安装即可使用，使用完毕就会从界面上消失的应用。这样的功能设计实现了应用"触手可及"的梦想，用户扫一扫或者搜一下即可打开应用，同时也体现了"用完即走"的理念，用户不用担心手机安装太多应用占用空间的问题。

从微信小程序的本质看，就是将以前赋予微信支付、滴滴出行、微粒贷等带有"特权能力"特征的一部分，通过标准化接口，拓展到普通用户，让他们也能根据自身的实际需求创建小程序。这样既可以扩大小程序的开发，也可以培养小程序的用户。具体而言，小程序具有以下一些功能。

1. 信息发布功能

微信小程序可以发布信息。相较每天只能群发一次信息的微信公众号而言，通过小程序发布信息的时效性更强，且数量不受限制，这样可以弥补微信公众号的不足。

譬如，以定位"传递价值资讯"的 ZAKER 为例，如图 9-2 所示。

从图 9-2 可以看出，同一天的微信公众号和小程序，在发布信息方面的时效性和数量方面的区别是很大的。

除了新闻信息的发布，小程序的广告信息发布功能也非常强大，这也是很多线下小商户愿意安装小程

图 9-2　ZAKER 的微信小程序和微信公众号

序的重要原因，因为小商户可以通过小程序及时发布自己的新品或者优惠信息，以此吸引更多的消费者。

2. 服务功能

在线场景下，通过微信定位小商家的线上服务，实现实体店体验和网上购物的完美结合，在这方面，超市、餐饮美食、生活服务等商家的应用，最大限度地体现了小程序的服务功能。以万达广场为例，如图 9-3 所示。

"万达广场"的小程序完美地体现了小程序的服务功能，包括各类优惠券的领取，限时抢购的信息，以及商场餐饮商家、服装商家以及其他商家的各类信息，既方便了消费者，也能为各类商家服务

图 9-3　万达广场小程序的各种小商家服务信息

3．开发功能

微信之所以风靡，还有很重要的原因，是因为微信官方小程序团队为开发者提供了强大的功能支撑，而且微信团队还在不断更新升级开发功能支撑，以提供丰富的框架组件和 API 接口供开发者调用。

从微信官方公布的小程序开发文档来看，主要包括以下 API 接口。

网络：发起网络请求、上传文件、下载文件、创建、监听、发送、接受、关闭、监听。

媒体：从相册选择图片，或者拍照、预览图片、开始录音、结束录音、播放语音、暂停播放语音、结束播放语音、获取音乐播放状态、播放音乐、暂停播放音乐、控制音乐播放进度、停止播放音乐、监听音乐开始播放、监听音乐暂停、监听音乐结束、从相册选择视频或者拍摄、保存文件。

数据：获取本地数据缓存、设置本地数据缓存、清理本地数据缓存。

位置：获取当前位置、打开内置地图。

设备：获取网络类型、获取系统信息、监听重力感应数据、监听罗盘数据。

界面：设置当前页面标题、显示导航条加载动画、隐藏导航条加载动画、新窗口打开页面、原窗口打开页面、退回上一个页面。

动画：创建绘图上下文、绘图、隐藏键盘、停止下拉刷新动画。

开放接口：登录、获取用户信息、发起微信支付。

正是由于小程序有如此强大的功能，给商家带来了比公众号更为有利的服务用户的机会，所以也引来其他互联网巨头的效仿。如支付宝也开发了小程序功能，其初衷很大一部分都是为了抢占线下小商户的线上服务市场。

9.2.2　小程序的设计创意

因为微信官方小程序团队为小程序设计提供了标准化的接口和组件，所以众多品牌，尤其是小商家，在注册自己的微信公众号之外，也纷纷开始设计自己的小程序，以为自己的目标受众提供更全面更便捷的服务。

在设计小程序的时候，必须要对小程序这种产品有深刻的认知，即"小型、方便、价值、引流"等要素，同时需要注重用户体验。具体而言，微信官方小程序团队对小程序的设计有如下原则，即"友好礼貌""清晰明确""便捷优雅""统一稳定""视觉规范"等。

1．轻便巧妙

微信的订阅号和服务号分别承载了为用户提供内容和服务的功能，这是微信公众号最核心的两大能力。但对于品牌和商家而言，订阅号和服务号的使用都不够便捷，所以微信小程序在内容和服务都能兼顾的情况下，还需要在简单便捷方面下功夫。因此，小程序的每个页面都应有明确的重点，以便于用户每进入一个新页面的时候，都能快速地理解页面内容；在确定了重点的前提下，应尽量避免页面上出现其他影响用户的决策和操作的干扰项。用户能简单、迅速、快捷地获取服务，所以，不要将功能设计得过于复杂，按照媒介选择的或然率公式，要充分考虑用户获得报酬的多少与费力的程度。

除了轻便，小程序的设计还需要有创意，能别具一格、独出心裁。创意永远是制胜法宝，仅仅移植 Web 或 App 的功能，很难达到预期的目标，只有为微信小程序量身定制、富有创新、充满新意的设计，才能吸引用户的眼球并增加用户的黏性。

此外，微信公共平台规定的小程序设计规范里，不允许推送、不允许诱导关注，强调服务导向，用户主动寻找服务，用完即走，这也是轻便的体现。

2. 社交层面

微信是一款社交产品，微信小程序也是基于社交属性研发出来的，所以必须考虑到微信的生态基因。抛开社交关系链做小程序，很有可能会过于平庸导致反响平平。

如何社交？如何确保社交能更顺畅地进行？微信小程序的设计就是从"友好礼貌"和"反馈及时"方面出发，礼貌地向用户展示程序提供的服务，友好地引导用户进行操作。小程序的页面，如果让用户等待过长的时间，会引起不良情绪，所以最好当用户点开小程序页面的时候，能在最短时间抵达所需内容。当不可避免地出现了加载和等待的情况时，需要予以及时的反馈，以缓解用户等待的不良情绪。这样的设计会让用户的使用体验更顺畅舒适，如此自然就建立起了产品和用户之间的相互信任关系。

3. 价值层面

小程序不是为了哗众取宠，必须对用户有切实的价值，这样才能让用户在有需要时主动进入，主动唤醒。用户在面对众多可用的小程序的时候，选择的标准除了轻便之外，打开小程序能不能获得足够多的报偿，这也是极其关键的因素。小程序对用户的价值越大，用户选择的概率也就越大。另外，对于第三方来说，微信小程序是重要的流量入口。在微信允许的范围内，用尽可能多的手段获取用户流量，是设计者需要着重考虑的。即便没有引流成功，至少要获取用户数据，支持自有 App 开展业务。

在用户授权的前提下，小程序设计者应该尽可能通过设计来获取用户的社交关系、社交内容、位置信息、使用频次等数据，这对于精准获客、精准营销或精准变现，都将带来极大的帮助。

4. 生态层面

在新媒体时代，众多品牌的运营，呈现网站、App、微博、微信等各种平台全线覆盖的特点。具体在微信层面，就是开通微信公众号、服务号等，如果在此基础上再开发小程序，那么就必须考虑清楚小程序的定位、功能和目的，最好能与公众号、服务号等相互依托，互为补充，一定要避免彼此之间的功能重合。如果重合度太高，就会极大地降低用户的体验感。因此，如果微信小程序只是对微信公众号的简单重复，其打开率必然会降低，也大幅降低了小程序的价值。微信小程序是微信生态的一部分，是衔接用户、服务、信息三者的重要载体之一，也是用户各种平台新媒体生态链中的一环，在设计之初就要考虑到生态的搭建和后续扩展，从而共同构建微信层面的传媒生态。

9.2.3 小程序的操作流程

2016 年 11 月 3 日晚间，微信团队宣布：微信小程序正式开放公测。小程序开放注册范围包括企业、政府、媒体和其他组织。

（1）注册：在微信公众平台（wp.weixin.qq.com）注册小程序，完成注册后可同步进行信息完善和开发。

（2）小程序信息完善：填写小程序基本信息，包括名称、头像、介绍及服务范围等。

（3）开发小程序：完成小程序开发者绑定、开发信息配置后，开发者可下载开发者工具，参考开发文档进行开发和调试。

（4）提交审核和发布：完成小程序开发后，提交代码至微信团队审核，审核团队审核通过后即可发布。目前小程序的注册入口已和订阅号、服务号以及企业号并列，用户可根据需要选择注册的账号类型。为了帮助开发者简单和高效地开发微信小程序，腾讯还推出了全新的开发者工具，集成了开发调试、代码编辑及程序发布等功能，还在官网上发布了开发文档，详细介绍小程序的开发框架、基础组件以及 API 和设计指南、运营规范。设计指南包括小程序界面设计及建议，明确提出设计原则及规范。

9.3 头 条 号

头条号是 2014 年由"今日头条"推出并持续打造的自媒体平台，曾命名为"今日头条媒体平台"。其宗旨是致力于帮助企业、机构、媒体和个人在移动端获得更多曝光和关注，在移动互联网时代持续扩大影响力，同时实现品牌传播和内容变现；另一方面也为今日头条这个用户量众多的平台输出更优质的内容，创造更好的用户体验。

在微信、微博等自媒体平台不断完善，新闻资讯端的自媒体平台崛起的背景下，今日头条的自媒体平台"头条号"增长很快，入驻人数、发文数量、阅读流量均处于新闻资讯端自媒体平台的领先位置。观研天下发布的《2018 年中国自媒体市场分析报告——行业运营态势与发展前景预测》显示，截至 2018 年 3 月，中国头条号账号数已达到 150 万个。[①]

打造一个良好的内容生态平台，是头条号发展的重要的方向。基于移动端今日头条海量用户基数，通过强大的智能推荐算法，优质内容将有可能获得更多曝光，此外，今日头条依赖领先业界的消重（即文章分类对比）保护机制，能让创作者远离侵权烦恼，从而专注内容创作，并能借助头条广告和自营广告，让入驻媒体或自媒体的价值变现有更多可能。

9.3.1 头条号的特征

头条号在短短几年之内就成为自媒体内容生产领域的重要平台，既有内容层面的原因，也有不可忽视的技术层面的原因。

1. 技术层面

今日头条的用户已经达到 6 亿多，在这个庞大的用户群体里面，性别、年龄、教育层次、居住环境、知识背景、成长阅历各不相同，因此，他们对信息的偏好也各不相同，但头条号的注册用户每次打开 App，却都能收到自己感兴趣的信息。

另外，头条号的作者完成创作之后，不需要自己推广营销，就可以快速获取海量移动阅读用户。

头条号为什么能做到这一点？

其原因就在于头条号借助了今日头条的推荐算法技术优势。

算法分发目前已经是信息平台、搜索引擎、浏览器、社交软件等几乎所有软件的标配，今日头条的推荐算法是其中的典型代表，也在不断进行更新，从 2012 年 9 月第一版开发运行至今，已经经过四次大的调整和修改。

具体而言，今日头条的推荐算法是基于数据挖掘的个性化推荐引擎，它可以根据用户的年龄、性别、所在地、职业、访问信息类别、需求倾向等特征，通过算法精准地向用户推送

---

① http://data.chinabaogao.com/wenti/2018/09123A5112018.html

感兴趣的资讯。

头条号的精准推送优势和今日头条公司在技术上的投入息息相关。今日头条 CEO 张一鸣在 2016 年世界互联网大会上的演讲中曾经提到："今日头条有八百个算法方面的工程师，有两万台处理器，有 151 条训练样本，每天处理用户信息量达到 60 亿次。"[①]

如此庞大的高端人才队伍和机器规模聚集在一起，所指向的是同一个目标，就是在计算每一个人的信息偏好。用户每点击打开阅读某一条资讯，也就是做出了一次选择，这个过程就意味着留下了一个数据痕迹。这些数据累计起来，最后就形成个人的信息偏好，数据越多，信息就会越准确。今日头条的算法工程师和数以万计的处理器，会通过使用爬虫等相关技术，把关注和使用头条的用户的信息收集起来，再通过观察用户的评论、收藏等行为，分析用户对某类资讯的兴趣度，判断并记忆用户的兴趣点。在这个基础之上，机器会将头条号上的文章通过对关键字、标签的细分将其推送到用户客户端。这样的技术实现了"今日头条"的个性化精准推荐。

总之，今日头条的算法，可以较好地实现内容创作和用户兴趣的相互匹配，从而提升用户对头条号内容的黏性。

也正是因为今日头条的个性化的智能推荐系统，可以让内容找到相应的读者，使得头条号的作者不需要花费时间和精力去做过多的推广，也让头条号的作者不用熬过漫长的"粉丝培育期"，而能够迅速凭借优质内容脱颖而出。譬如，2015 年 4 月 30 日，田科武入驻今日头条，开通了头条自媒体号"超级爸爸"，并发出了第一篇文章《谁是女儿一生中最重要的人，全天下的男人都要看》。文章发出后迅速走红，在此后的几天时间里，阅读量不断攀升，至 5 月 4 日，阅读量已突破 130 万，并将刚刚诞生 4 天时间的"超级爸爸"带入头条育儿自媒体阅读周榜 TOP3。

2．内容层面

2017 今日头条创作者大会发布的数据显示，截至 2017 年 10 月，今日头条号账号总数已经超过 120 万，平均每天发布 50 万条内容，创造超过 48 亿次内容消费。

如此强大的内容生产能力和庞大的内容数量，足以将世界上所有通信社都远远甩在身后，那么今日头条是如何做到的？

1）UGC——用户生产内容

不同于其他专业性的传媒机构，今日头条本身并没有生产新闻的媒体部门，借用张一鸣的话，就是"今日头条并不生产内容，只做新闻的搬运工"，所以今日头条将整个互联网的新闻都纳入了自己的信息源，通过自己的技术，把已有的新闻内容分发给对相关内容感兴趣的用户。

除了抓取众多媒体机构每天生产的新闻内容外，今日头条还充分地利用了新媒体时代的"碎片化生产和传播"特征，让每个人都能参与内容生产，贡献自己的认知盈余。从这个角度来说，今日头条的内容来源就变得极其丰富多元。入驻今日头条的数以百万计的头条号创作者提供了源源不断的内容来源。这样的内容来源被称为"UGC"，即用户生产内容，这里的用户主要是指以个人身份入驻头条号的，包括垂直领域的专家、意见领袖、评论家及自媒体人士等。

---

① http://tech.sina.com.cn/i/2016-11-17/doc-ifxxwrwk1313520.shtml

譬如，专注发布养猪知识的头条号"猪倌巴巴"。作为河南某畜牧网站职员的潘灏，在2015 年 7 月开通了自己的头条号"猪倌巴巴"，创作了 500 余篇畜牧科普文章，内容都是关于猪的养殖、繁育、生活习性等，获得了超过 5 000 万的阅读量。农牧领域属于典型的冷门领域，但如今也进入了人们的视野。

同样的，在大学里面讲述美术史的张小玉，在 2016 年 2 月开通了头条号"art 张小玉"，在两年多时间里，撰写了 200 多篇艺术普及文章，阅读量超过 3 000 万。

类似这样的头条号作者遍及政治、经济、文化和社会生活各个领域，甚至包括以往没有机会与大众接触的极其小众或冷门的领域。

2）PGC——专业生产内容

随着头条号的影响范围越来越广，入驻今日头条平台的用户来源越来越丰富，除了个人创作者之外，更有一大批具有专业内容生产能力的作者，也加入了内容生产队伍。

PGC 是 Professional Generated Content 的缩写，意为"专业生产内容"。

专业生产内容的创作团队，包括各种企业账号，如各类公司、企业相关品牌、产品以及服务等；还包括各种类媒体机构，如新世相、虎嗅网、36 氪、果壳网、Mtime 时光网等；除此之外，还有各种社会组织，如各类公益机构、学校、公立医院、社团、民间组织等。譬如头条号"丁香医生"作为专业医疗服务平台，专门提供"问医、查病、搜药品"方面的服务，开通至今拥有了 40.8 万粉丝。图 9-4 显示的"丁香医生"头条号团队中，有一半的人有医学背景，这足以保障生产的内容专业科学，能获得粉丝的认同并转化为忠诚度。

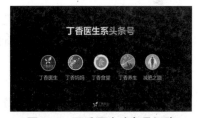

图 9-4　丁香医生头条号矩阵

以今日头条发布的 2017 年度头条号创作者画像为例，如图 9-5 所示。据统计，到 2017 年，头条号创作者包括 100 万自媒体，14 万企业，7 万政府机构和 1 万媒体。其中 6 成为男性，4 成为女性，最大年纪的创作者已经超过 90 岁，她的头条号昵称是"五言生活"，主要内容是一位农村老太太通过视频教大家如何做菜。这些数据说明

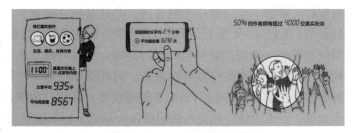

图 9-5　2017 年头条号数据

出头条号创作者来源的多样化，他们的内容生产方式有 UGC 和 PGC 两种。

9.3.2　头条号的激励计划

在日益激烈的内容创作平台的竞争中，内容创作者无疑是其中竞争的关键要素，如何吸引并留住更多的创作者，就成了各大平台工作的重中之重，因此，各大平台各出奇招，纷纷出台各种措施。其中，微信公众号、百度百家号等平台采用了阅读量和广告分成等模式，在这方面，今日头条制定并实施了更具吸引力的方式：重金补贴＋大数据分发＋自媒体孵化器。

头条号先后推出了各种奖励计划，其中包括 2015 年 9 月推出的"千人万元"计划和2017 年 8 月推出的"礼遇计划"。

"千人万元"计划指的是扶持 1 000 个"头条号"个体创作者，每人每月收入至少为

10 000 元，这样的收益无疑具有极大的示范效应，可以极大地激发创作者的热情。不过创作者也有需要履行的义务。申请成功的创作者每个月至少要发布 10 篇原创文章，且在今日头条上首发 3 小时后方可发布到其他平台，并注明作者系头条号签约作者。

"礼遇计划"是在"千人万元"基础上的升级版，即在原有收益基础上，头条号平台每月向至少 100 名创作者，提供 10 000 元人民币奖励。"礼遇计划"的创作者需要符合如下条件：包括已开通"原创"功能；未签约"千人万元"计划、"百群万元"计划；无抄袭、发布不雅内容、违反国家有关政策法规等违规记录。

每月初，头条号平台将从所有符合入围条件的作者中，依据上月各项数据指标，筛选出不少于 100 名获奖者。

截至 2018 年 3 月，头条号平台已先后累计向 1 900 人次的优质作者，颁发了近千万元的"礼遇计划"奖金。在榜单中，包括育儿领域的"凯叔讲故事""小小包麻麻""60 分妈妈月华"，健康领域的"医院院长""hi 运动健身"，三农领域的"种植能手""综合农业技术"等，也包括军事、财经、科技等热门领域的优质作者，以及活跃在职场、心理等垂直领域的原创达人。

9.3.3　头条号写作要领

如今，要在超百万级如此庞大的创作者队伍中脱颖而出，获得更高的阅读量变得越来越困难。也正因为如此，动笔之前做好相关的准备工作就显得格外重要。

1. 关于选题

选题的重要性自不必赘述，就像大战前的"运筹帷幄"，要"兵马未动粮草先行"。只有对自己即将开始的写作领域和读者的阅读偏好有足够的预估，并且将擅长的选题与读者的兴趣点进行最好的匹配，才有可能写出更受读者欢迎的文章。

要想获得源源不断的选题灵感，首先需要有意识地建立选题库，并对选题线索进行更好的定位。譬如，可以建立选题日历，尤其是把一些重要的时间节点，包括重要的节假日，如妇女节、儿童节、父亲节、母亲节等，作为常规选题进行准备。这些节日由于有强烈的情感性，所以相关的文章往往能引起广泛的共鸣。针对时间节点的选题，可以事先收集好资料并进行构思，只待日期来临，就可以发布。另外，如果是写和体育相关的头条号，不管是足球的各种联赛，还是 NBA 或者 CBA 等篮球联赛，抑或其他项目的赛事，可以将重要赛事事先做一个表格，并事先做好相关的选题准备。总之，提前准备是必不可少的案头工作。

除了事先准备选题库，获得选题的另外一个技巧就是蹭热点。

热点由于自带话题和争议性，往往被大量的用户关注和热议，因此也就自带流量，如果能巧妙地将自己的选题与热点话题进行有机的结合，自然就会引来更多的阅读量。譬如，关于《红海行动》的话题，关于个税起征点上调的话题，等等。这方面，可以随时留意微博的热搜榜。另外，头条号后台有一个"热词分析"功能，可以帮助作者及时掌握时下热门事件和飙升事件，已经开通这个权限的创作者，建议可以多用用。当然，蹭热点一定要"蹭"得自然和巧妙，不要硬蹭，硬蹭热点往往会适得其反，会引起读者的反感。

最后，确定选题的时候，还需要明确几个问题，例如，选题是否符合自己头条号的定位？这个选题是否涉及版权和尺度等问题？能否承受选题所耗费的人力、时间等成本？另外，还要具有"换位思考"的能力，即站在读者的角度进行追问：我的内容是不是具有实用性？是不是具有足够的信息量？是否可以供读者获得谈资？趣味性是不是够强？

总之，选题确定之后，要对选题的可操作性、内容与头条号的定位是否贴合、选题的敏感度，以及内容的传播度等进行评估评估打分，总分越高，选题价值越大，然后在此基础上，着手去进行选题的进一步写作。

2. 关于标题

在头条号进行创作的时候，必须要时刻牢记头条号的机器推荐特点，因为是机器的算法推荐，所以，想要内容更容易被机器推荐，就要制作出机器"喜欢"的标题。这一点和微信公众号有着比较明显的区别。

1）标题需要提供足够多的信息

机器"阅读"和读者"阅读"有很大的区别，所以在制作标题的时候切忌陷入读者思维，要时刻记住，是"机器"在阅读标题。作为有知识储备和联想能力的读者，可以对标题进行再加工和扩展理解，因此，一些比较短的标题或者标题中有一些比较虚化的词，如喜悦、孤独、伤害、记忆等，读者也能体会到其中的含义。但机器则就没有那么智能，如果机器不能从标题中提取有用的信息并在信息的基础上进行智能推荐，那推荐量会大打折扣；或者即使推荐了，但由于机器不能理解某些词所蕴含的含义，就有可能推荐给不相关领域的用户，很显然，这样的推荐就是无效推荐，阅读量也很难提升。

基于此，制作标题的时候，一定要让机器"看得懂"而且"看得准"。

所谓"看得懂"是指不要出现太多的虚词、生僻字、错别字，不要用太多的外文，否则，机器就有可能无法识别，即使识别，也很难匹配和推荐。

"看得准"则是在标题长度允许的范围内，尽可能提供让机器能有效识别的关键信息。关键信息越多，机器推荐的精确度也高，抵达目标用户的可能性也越大。

譬如：现实生活中十拿九稳的倒车方法，学会这几步，倒车从来不用第二把。

这个标题机器可以很容易识别出文章是关于汽车相关的，而且是和倒车技术相关的，在此基础上，可以进行定向智能推荐。

另外，要避免标题中有干扰机器理解的误导信息，有的作者制作标题的时候，经常会使用一些谐音词，例如把"打王者荣耀"写成"打农药"，这样的标题如果是读者阅读，能领会其幽默之处，看了也会会心一笑，但机器却很有可能会把这个内容判定为和农业相关的内容，从而将其推荐给对农业感兴趣的用户。标题是关于手游的，但机器算法推荐却将其归类为三农，这样的传播效果显然不尽如人意。这样就是典型的"南辕北辙"了。

2）标题的字数和段式

机器比较好识别的标题包括以下三种。

第一，实际意义名词和专属领域名词。越多专属词出现，机器越能快速识别出内容特征，譬如游戏里面的"英雄联盟""阴阳师""王者荣耀""手游"；儿童领域的"宝宝""绘本""儿歌"等；教育领域里面的"高考""考研"等。

第二，标题字数适中。标题过短就不能提供足够多的关键信息，会让机器看不准从而影响推荐；标题过长，手机屏幕显示起来会有多行，比较影响用户的阅读体验。

第三，标题段式。传统标题由于版面的限制，要字斟句酌，简明扼要，但头条号的标题可以采用两段式、三段式标题，因为在字数相近的情况下，分段阅读，可以减轻读者的阅读负担，使读者可以更快理解标题所传递的信息。不仅如此，分段式标题比一段式标题更容易把故事讲完整，完成标题"诱发点击"的任务。此外，还可以设计悬念式标题，通过保留一定悬念从而让用户产生好奇心，如《新的政治分歧！〈人类简史〉作者赫拉利：300年后，统治地球的不是人类》与《新的政治分歧人类简史作者赫拉利：300年后统治地球的不是人类》。

3．关于封面

现代传媒环境下，受众的媒介接触习惯已经进入"读图时代"和"影像时代"，说明图片在人们接收信息的过程中，扮演着非常重要的角色。

头条号的写作也是如此，一个好的文章封面，一方面可以吸引读者的眼球，另一方面，和文章内容高度匹配的图片，还可以让读者对文章产生期待心理，从而诱发点击。所以，头条号创作者在制作封面的时候，应该记住在这个读图的时代，图片传递信息的效率比文字高很多，可以让读者快速理解内容，从而提高打开率。

具体而言，头条号文章的封面制作，可以从以下几个方面着手。

1）图片清晰，主体明确

这是对头条号封面图最基本的要求。在制作封面的时候，切记要把主体放在视觉的中心位置并进行完整呈现，避免过大或过小，也不要出现残缺。建议上传之后进行裁剪，然后进行预览，一旦有不对的地方就进行调整。另外，不要选取意义杂乱或者空洞的图片，这样会造成读者的困扰。

2）遵守公序良俗

很多头条号作者为了吸引点击量，经常使用一些血腥、色情或者暴露的图片，譬如一些血腥的车祸现场图片、一些带有挑逗意味的色情图片。这些图片尽管能吸引眼球，但却会触发底线，这种行为其实是自我贬低，降低读者对该头条号的评价，此外还会招致账号被封的风险，所以不要使用引发读者不适的图片以及文字过多的图片作为封面。

总之，在新媒体时代，标题不仅仅是文字的艺术，更是一项心理学艺术。标题除了高度提炼文本内容，还需要承载引导读者点击的任务。标题和图片需要与正文相符，过分夸大渲染是创作中的大忌，而且今日头条出台了针对"标题党"的惩罚措施，切忌为了博眼球而不顾道德伦理的做法。

4．关于头条号指数

头条号的推荐量、阅读量与头条号指数有密切关系。头条号指数由原创度、健康度、活跃度、专业度以及互动度五个维度组成，这五个维度的分值越高，则头条号的指数越高。

1）原创度

坚持原创，同时努力提升内容质量，质量好的内容才能提高用户的打开率和转发量，从而提高阅读量。另外，今日头条官方对抄袭行为制定了相应的惩罚措施，也就是说，一旦被发现抄袭，就没有被推荐的机会，而且还有可能被封号。

2）健康度

所谓健康是指各方面都遵守相关的规定，不要有逾矩行为。封面和内文使用的图片美观，而且最好图文相配，文章内容不涉及黄、赌、毒，不违法违规或者违反公序良俗，同时避免做制造噱头的"标题党"。

3）活跃度

很多头条号开通之后，很快就变成了"僵尸头条号"，或者三天打鱼，两天晒网，这种更新速度很难获得长期稳定的推荐，所以定时更新就显得非常重要。头条号创作者只要每天定时更新一篇文章，且审核通过，活跃度就会提升，也会获得更多的推荐机会。

4）专业度

注册头条号的时候，今日头条官方会要求注册者选择创作领域，因此，在发表文章的时候，应该尽量发表和自己所选专业一致的内容，而且产出的文章越专业越垂直，头条推荐才能越精准。虽然理论上可以在多个板块（美食、旅游、体育等）发布内容，但如果发布的文章不在你选择的创作领域内，就会降低专业度的评分，从而影响头条指数。

5）互动度

新媒体的一个重要特征就是传播者与受众之间的互动通道更加顺畅快捷，今日头条也不例外。今日头条官方鼓励创作者和用户之间的互动，因为频繁高效的互动可以让创作者和用户之间建立起良好的反馈机制，也能推动创作者的创作。所以，头条号创作者要增加和读者的互动，当读者评论文章时，要主动去回复读者，这样能增加头条指数的互动度。除了与读者互动，头条号创作者也可以主动去评论别人的文章，如果获得热评就有机会被推荐到首页，为自己提高曝光度，从而获得点击量与订阅量。

9.3.4 头条号进阶技巧

作为一个影响力越来越大的自媒体平台，今日头条对申请头条号的创作者进行了严格规范的管理，包括账号准入、文章审核、消重（即文章分类对比）、推荐以及新手期等进阶阶段。

1．账号准入

申请注册头条号需要经过审核。在 2016 年之前，账号的审核相对严格，平台会视申请人的创作能力与资历决定通过与否。2016 年 1 月 7 日起，平台放宽了入驻标准，只要申请者保证申请资料的真实与完整，每个人都可以拥有一个头条号并发布内容。申请者登录头条号官方网站按照流程即可注册。

2．文章审核

注册成功之后，用户就可以开始自己的头条创作之旅了。完成创作后，今日头条会对文章进行审核，审核方式分为机器审核和人工审核两种方式，以机器审核为主，人工审核为辅。审核的目的是确保文章不是重复文章，因为太多的重复文章会占据用户的时间，也会降低用户的阅读体验。通过审核之后今日头条才会予以推荐。如果有不合规之处，今日头条将会给予程度不等的惩处，直至封禁账号。所以对于创作者而言，创作出优质原创的文章才是快速通过审核的不二法宝。

3．消重

消重是指对重复、相似、相关的文章进行分类和比对，使其不会同时或重复出现在用户信息流中的过程。头条号平台首先会通过消重机制来决定同样主题或内容的文章是否有机会被推荐给更多用户。

4．推荐

通过审核之后的文章将进入今日头条的推荐系统，在这个层面上，如何将自己的文章与头条的推荐机制进行最好的匹配，就成为提升文章阅读量的关键之所在。一般来说，提高推荐量可以从以下几个方面着手：首先标题和封面具有足够的吸引力，才能提高点击率；其次图文并茂、可读性强，可以延长用户的停留时间；再次，内容翔实、为读者提供更多有价值的资讯，可以提高收藏数；最后，观点鲜明足以引发读者讨论则可以增加评论数和转发数。

5．新手期

头条号放宽创作者入驻标准后，部分创作履历不充足的申请人，将被视为头条号"新手"，在转为正常号之前，需要经历一段"新手期"。转正的标准包括平台审核通过和头条号指数达标自助转正两种方法。前者是指机器先筛选出可能转正的新手号，然后再由人工去判断发文质量，从而确定可以转正的账号；后者

他山之"识" 随着传媒技术的发展，人们对信息的选择有了更多的机会，但很多学者却担忧"信息茧房"引发的诸多问题，原因何在？

是指创作者的头条账号在近 30 天内至少有 1 天超过 650 分，且"已推荐"文章累计超过 10 篇。

新手期通过之后，头条号作者接下来的任务就是潜心创作，力争获得"原创"资格。

对于头条号作者来说，注册也好，通过"新手"考验也罢，绕不开的一个考验是"头条号指数"。作者只有从健康度、原创度、活跃度、垂直度、互动度五个维度去有针对性地做出努力，才能让自己有更高的提升。

9.3.5 大鱼号

2017 年 3 月底，阿里集团旗下的阿里大文娱将 UC、优酷、土豆等旗下自媒体平台统一为大鱼号，并将其定位为赋能创作者的大平台，实现一点接入、多点分发，同时也在创作收益、原创保护和内容服务等方面为创作者给予了充分的支持。到 2017 年 6 月，大鱼号总入驻量已突破 50 万，大鱼奖金六期累计激励金额达 7 111 万元，阅读量过亿的自媒体账号有 61 个。在短视频方面，阿里大文娱发布以土豆为重要布局点的短视频战略后，短视频创作者得到大鱼号平台重点扶持；大鱼视频奖金＋分成的激励金额高达 3 910 万元。2017 年 5 月单月收益数据显示，破 10 万元收益的短视频账号达到 26 个。

9.3.6 大鱼号传播属性

对于大鱼号来说，其出现的时机和动机，都是为了在与头条号、微信号等公众号的竞争中取得优势。相较其他公众号的单一性发布平台而言，大鱼号肩负打造阿里大文娱生态的重任，所以其传播属性具有集合性特征。

这个特征可以用四个词来概括，那就是服务、赋能、规则、通道。

1．服务层面

如今的各种公众号平台就如同各种出版社，使出浑身解数招徕作者。在这方面，大鱼号旗帜鲜明地提出了服务的理念，并将之提升为整套的服务体系，其宗旨是满足内容创作者的各种需求，为涵盖大鱼平台、大鱼榜单、大鱼学院、大鱼任务、大鱼计划、大鱼指数的创作者服务。其中大鱼平台、大鱼学院重在服务，解决变现难题和提供自媒体成长学习机会，在创作者的认知和需求、使用场景端、各种数据反馈等方面提供更专业的服务；大鱼榜单、大鱼任务、大鱼计划强调赋能，大鱼榜单新增垂直品类榜单，大鱼任务可通过平台定向下单软文，大鱼计划将从以补贴为主到"补贴＋投资"结合的多元扶持方式发展。

2．赋能层面

赋能授权（empowerment）是近年来应用最多的商业用语之一，顾名思义，赋能就是为某个主体赋予某种能力和能量。它最早是积极心理学中的一个名词，旨在通过言行、态度、环境的改变给予他人正能量，后来被广泛应用于商业和管理学，其理论内涵是企业由上而下

地释放权力，尤其是员工们自主工作的权力，从而通过去中心化的方式驱动企业组织扁平化，最大限度地发挥个人才智和潜能。

很多公众号平台也是基于赋能这个角度，通过各种方式，尽量赋予内容创作者更多的权限去从事创作并在各方面有更多的获得感。在这方面，大鱼号的赋能更多的是从用户的角度出发，以用户为本，考虑用户需要什么样的能力，然后再提供相应的支撑。譬如，用户有了自己的内容之后，需要有更多的粉丝，能够运用相应的数据，然后能进行商业化运作。凭借与阿里大文娱各个平台的联动，大鱼号从内容生产、用户触达、商业化三个层面赋能新锐、原创、优质自媒体，通过拓宽平台商业生态，提升自媒体变现的效能，打造可持续发展的内容生态，让大鱼号成为内容创作者的素材库、粉丝站和淘宝店。创作者的内容还可以在阿里大文娱生态中的淘票票、虾米、豌豆荚、土豆等平台上分发，从这个角度来说，大鱼号是国内互联网行业里分发矩阵最全面、最丰富的一家。除了商业变现和奖励之外，大鱼号的投资、孵化等晋升空间更多元化，比如打通电商变现通道，短视频的 MCN 机构到红人、明星的晋级，以及与阿里文学、电影、音乐、淘票票的协同联动，给创作者提供了极大的想象空间和变现空间。

3. 规则层面

无论哪个平台，用户最关注的是自己的公众号运营的效果，平台的规则直接影响着这一点。规则是保证内容运转的方式，是保证平台健康度的核心，只有做好规则，才能构建出公平公正、健康生态化的平台。所以制定具有操作性的规则也就成了大鱼号的核心工作之一：一方面要确保公平公正，让所有人在平台上都有获得流量、收入的机会，另一方面，大鱼号的规则也要随着平台和用户诉求做出变化调整，让用户拥有更好的体验。

4. 通道层面

大鱼号背靠阿里运营和阿里集团，有先天的独特优势，因此，如何打通各种通道，使阿里在数据、商业、内容等多方面实现对大鱼号的整体支撑，就是大鱼号的核心价值所在。以内容创作者最关注的流量和收益为例，通道构建起来之后，大鱼号可以实现"一点接入，多点分发"，视频发布后可通过土豆、UC 等多渠道进行分发，获得更多流量；在收入方面，大鱼号的补贴只是一方面，是平台对内容创作的支持，但光靠补贴是不行的，所以做好打通，实现阿里商业能力对大鱼号的支持，可以实现更多的内容与收入的运营变现方式，实现阿里资源对大鱼号的支撑，如图 9-6 所示。

图 9-6　大鱼号平台创作赋能体系

9.3.7　大鱼号的内容创作

众多互联网公司先后开发了公众号平台，一方面说明这个领域越来越受到重视，内容创作者有了更多的选择，但另外一方面也说明竞争越来越激烈，要想靠内容取胜，难度也比以往增加了许多，所以，更需要在创作方面精心打磨。

1．关于定位

"无定位，没地位"，这句话充分说明了定位的重要性。实际上，做内容，也必须找准定位。只有有了更精确的定位，包括对内容的定位、对目标受众的定位等，才有可能获得成功。因此，内容创作者在正式创作之前，需要对自己和受众人群有更明确的认知，如：自己的擅长领域是什么？自己的内容的受众是哪个群体？他们的特征和阅读取向大致是什么？在认清这些问题的基础上，再决定是做垂直内容还是非垂直内容。一般来说，非垂直内容是全年龄段都会看的内容，比如同道大叔、内涵段子等，这种账号的受众范围比较广，粉丝基础比较大。而垂直内容的粉丝基数相对较小，但如果做好了，粉丝的忠诚度会很高。

2．寻找选题

定位确定之后，接下来的工作，就是寻找选题，这是一个长期性的工作，因此，需要训练有效的方法，否则，常常会感觉选题枯竭。

在这方面，可以通过训练日常生活中的感知能力去寻找和发现选题，譬如，去捕捉生活中吸引你的点，偶然遇见的人和事，这些都能成为你关注的对象；此外，把视野放开，从不同的角度去解读同一个事件。一件看似不起眼的小事，经过加工和思考，也能变得内涵丰富意义深远。所以，平时要多留意身边的人和事，多与人交流，尽可能多地参加行业的线下聚会，从中找出选题，并由此激发写作灵感。

另外，还可以通过增强同理心和通情能力来寻找选题，譬如，把自己代入角色中，不要用一种旁观者的态度去写文章，站在角色的立场上去思考问题，也不要把自己拘泥于一种角色，从不同角色的视角出发去考虑一个问题。

3．写作和排版

写作方面注重逻辑结构，遵循文章的开头、发展、高潮、结尾四大要素，尽量做到"凤头、猪肚和豹尾"；不相干的内容坚决删掉，养成精益求精反复修改的习惯，所谓"文章不怕千遍改"。

排版的时候反复尝试，不管是字体、行间距还是页面距，都力求给读者最好的阅读体验，相对而言，15 号字体、1.75 倍行间距、1 倍页边距的版面设置，读者的阅读感会更好。

图片方面：清晰、像素高是基本要求。图片的选择和采用最好要和内容本身有较高的匹配度，除非时尚类或者风景类文章，图片应尽量保持在一定数量之内，否则太多的图片会冲淡文章主题。

9.4　竭力竞逐的同行者

9.4.1　企鹅号

在内容创作新时代，内容从业者主要面临平台接入难、流量少、维权难、收益少等困境。对此，腾讯公司提出的解决方案是创建腾讯企鹅媒体平台，即企鹅号。

2016 年 6 月 28 日，腾讯公司主办、腾讯大浙网承办的"企鹅号暨腾讯移动产品矩阵发布会"在杭州举行，现场推介了腾讯企鹅媒体平台、腾讯视频直播等产品，其中腾讯企鹅媒体平台，即企鹅号，受到人们的广泛关注。

简单来说，企鹅号是腾讯旗下的一站式内容创作运营平台，致力于帮助媒体、自媒体、企业、机构获得更多曝光与关注，持续扩大品牌影响力和商业变现能力，扶植优质内容生产者做大做强，从而建立合理、健康、安全的内容生态体系。

通过"企鹅号"，内容创作者发布的内容，可以一键推送到腾讯新闻客户端、天天快报客户端、微信新闻插件、手机 QQ 新闻插件等平台，覆盖超过 8 亿的网民。

2017 年开始，腾讯开启新一轮内容开放战略，企鹅号推出"百亿计划"，其目标成为承载腾讯"大内容"生态的"宽平台"，从而帮助内容从业者实现孵化、成长、腾飞，由此解决内容产业链的难题，引领内容生态走向繁荣。

此外，企鹅号的"四大核心策略"涵盖了全平台分发、精品内容孵化、版权保护和资金支持。其中，全平台分发是指鹅号内容的"一点接入，全平台分发"，具体就是指腾讯将打通内部全平台作为分发渠道，十大平台加起来，每天拥有超过 100 亿的 PV（浏览量）或 VV（播放数）；精品内容孵化，包括 100 个精品短视频孵化项目，以及遍布全国的 300 多位城市合伙人，扶持区域优质内容；版权保护层面，即通过发起跨平台的内容版权联盟，以及腾讯自有正版内容库对创作者开放，从根本上杜绝盗版；资金支持方面，企鹅号将通过 100 亿的资金支持，通过内容分成＋平台支持＋专项投资三位一体的分成方式惠及内容从业者，使变现形式更多，效率更高。依托 26 座城市的 31 个文创基地以及遍布 30 个省市的新媒体学院，整合 100 亿产业资源，通过线上线下多维度的结合，实现平台对优质内容的扶持。企鹅号在"大内容"战略下，将通过"四大核心策略"全面赋能开放内容生态。

9.4.2 百家号

百家号是百度公司为内容创作者提供的包括内容发布、内容变现和粉丝管理等功能在内的平台，其口号是帮助创作者"在这里影响世界"。百家号的前身是百度百家，是百度早期的内容创作者自媒体平台。百家号于 2016 年 6 月份启动并正式内测，9 月份账号体系、分发策略升级以及广告系统正式上线，9 月 28 日正式对所有作者全面开放。百家号支持内容创造者轻松发布文章、图片、视频作品，未来还将支持 H5、VR、直播、动图等更多内容形态。创作者的内容一经提交，就可以进行多渠道分发，其中包括手机百度、百度搜索、百度浏览器等渠道。2016 年 10 月 12 日，百度公布旗下自媒体平台百家号数据情况，自 6 月推出以来，累计注册用户数达 105 083 个，通过账户数 21 708 个。2017 年年底，内容原创者从 2017 年年初的 20 万上涨至 100 万。

和其他公号相比，百家号的优势主要在于能帮内容创作者提升影响力，一方面，百家号不仅将内容分发到手机百度资讯流等百度系产品的流量矩阵中，还开放了百度联盟的流量入口，在更大范围内增加内容的曝光量。另一方面，随着百度取消新闻源制度，摒弃了单纯以新闻源作为内容收录的准则，取而代之的是通过技术手段，从内容、质量、用户体验等维度，对全网内容进行质量判断、择优展示。

这种做法的最大优势，是让百家号作者的内容可以更多地被检索和浏览，从而冲破媒体内容占据用户搜索结果"半壁江山"的局面。这在很大程度上扩大了百家号内容的展示空间，也让百家号优质内容得以迅速响应用户搜索需求，覆盖绝大多数中国网民，从而帮助作者建立起更大的影响力。

除此之外，由于百家号创作者生产的内容呈现井喷状态，传统的编辑已经无法处理如此海量的信息，在这种情况之下，百家号平台推出"优稿自荐功能"。这也是一大创新。其做法是，内容创作者可主动向平台推荐自己认为的优质稿件，不再只是依托于内容分发平台的机器分发，一旦成功还能够获得利益保底分成。这样，可以使作者辛苦创作的优质原创内容，在一定程度上避免由于机器和编辑的原因而错失传播的机会。

9.4.3 网易号

2016年4月19日，以"易·见"为主题的"网易号本地战略发布会"在浙江省人民大会堂举行，网易在会上正式发布了全新的订阅平台——网易号，其宗旨是为网友提供优质内容服务的同时，为入驻自媒体、企业、机构提供公平健康的运营生态，致力于打造高质量的内容输出平台。

为了与众多的公众号平台竞争，网易号着重从以下方面进行探索和突破。

1. 问吧、直播和奖励同步进行

网易号为自媒体提供了新的内容输出方式，让自媒体人与受众的互动更紧密，同时也能迅速变现。

（1）推出"问吧"。通过网友提问，自媒体人或自媒体账号进行回答，图文同步。这种互动典型地体现了新媒体的特点，而且更加即时、高效且灵活，把碎片化信息进行更好的集合，在某种程度上也降低了内容生产的门槛。

（2）配备了直播功能。入驻网易号的机构，只需要一台手机，就可以发布直播，既可采用图文形式，也可以视频直播，与网友面对面互动。新媒体时代受众媒介接触已经进入"影像时代"，在某种程度上，直播满足了用户对影像消费的需求，所以也能增加用户的黏性和停留时间。

（3）推出"自媒体亿元奖励计划"。不同于其他公众号平台将目光集中在头部账号，来自网易号的"现金"，将以两个方向分发给自媒体人：一方面，制造爆款，养成"网红"，集中于头部账号；另一方面，对于小而美、受众有限的垂直领域自媒体，网易号将建立"新锐自媒体"推荐机制，资源与资金双重扶植，对其进行培养。

2. 内容匹配智能推送

基于网易新闻客户端过亿月活跃人群的阅读反馈和专业编辑分析，网易号建立了一套科学的分级奖励体系，确保将自媒体的优质内容精准推送给最需要的用户。

按照当月账号的阅读量、新增订阅量、分享数、跟帖数、原创文章数量综合计算分数，入驻网易号的自媒体将被分为五个等级（1星至5星从低至高），不同等级账号将享受不同权益，内容质量高、用户口碑好的媒体，会在内容分发和生产中得到更多扶持，分享顶级奖金池、面向订阅受众发送PUSH等等。PUSH功能，是指网易号会对依托网易新闻的大数据进行分析，根据五星账号的定位和内容，选择相应的目标人群，进行精准推送。

根据每月积分，5星至2星级账号会在级别内进行重新排名，各等级排名后30%的账号降至下一等级，账号的相应权益也会根据等级变化而改变。

3．媒体合伙人机制

网易号实行"媒体合伙人机制"，计划投入更多流量、资源、人力和资金来扶持自媒体人，设立奖金池，对优质账号人工定向推荐。网易在网易号、网易新闻客户端头条、PC 端首页上设立了多个重点推荐位，自媒体可以与自己的对接编辑联合策划活动提高品牌影响力，也可以入驻"问吧"增强互动。

此外，对于内容生态中部的"二线"自媒体，网易号将重点扶植能够生产优质特色内容的作者。这些内容优质、独特、有差异性的作者，因起步较晚或领域较为垂直，难以获得大规模曝光和流量，为此网易号以签约作者、提供保底收益、曝光加权等形式，帮助其获得更多的关注、快速聚拢目标用户。

9.4.4　其他公号

1．大风号

2016 年 7 月，大风号的前身凤凰号上线，当时入驻的自媒体还不足一万；2017 年 1 月，凤凰新闻客户端与一点资讯内容打通，同时平台技术和功能不断完善，经过一年多的积累，已经拥有了几十万"猛士"。2018 年 2 月，凤凰新闻客户端宣布旗下的自媒体产品"凤凰号"更名为"大风号"。这个名字取自汉高祖刘邦得胜还乡酒酣而作的《大风歌》："大风起兮云飞扬，威加海内兮归故乡。安得猛士兮守四方！"凤凰新闻客户端用"大风"二字，是希冀能够与自媒体人——真正的"猛士"们，共同乘风而起。

大风号将对自媒体系统进行全面升级，重新设计 UI 界面，调整页面布局，对作者发文体验进行重点优化，提升浏览器兼容性及系统稳定性，同时更多辅助写作的功能也将一同上线，致力于为作者打造一个更便捷的内容创作平台。之后，大风号会进一步整合 MCN 作者管理平台、流量分成系统、大风号指数分析系统，继续细化数据统计管理功能；将配合凤凰新闻客户端的社交化发展，引入粉丝必见、粉丝 PUSH 等相关功能。

1）大风号的内容优势

相较其他公共平台，大风号背靠凤凰网这个优秀的传统门户新闻网站，其内容优势更加明显。凤凰网一直以来对内容选择都秉承较高标准，大风号的内容创作对此也有所传承。在其他平台沉迷于渠道和流量之时，大风号更加专注优质头部作者和内容。另外，在其他公众平台都将内容取向更多地定位为快餐化、娱乐化的背景下，大风号的内容，无疑弥补了内容上的空白，严肃话题和主流热点新闻居多。也正因为如此，大风号的受众群体，大多也是受过良好教育、有成熟价值观和判断能力的精英人群，用户群体的高媒介素养，也反哺推动了平台内容品质的保持和提高。

在众多公众平台的推动下，内容分发行业的内容已经极大地丰富，但从某种程度上来说，这种内容越来越同质化，所以用以扶持优质内容的曝光传播流量反而成为稀缺资源。对于大风号来说，优质内容已经具备一定的基础，目前需要的是大风号平台提供更高的曝光机会，以获取更大的用户流量，从而增加内容电商的变现路径。在这方面，大风号已经实现了多个渠道联动下的内容生态格局，其中就包括大风号和一点号之间的战略合作，另外，还有手机凤凰网、凤凰网、小米浏览器、OPPO 浏览器等分发渠道，实现优质内容覆盖上亿用户。这不仅给优质内容生产者提供了一个足够宽广的舞台，也是凤凰新闻自身做大做强的布局表现。

2）大风号的赋能计划

赋能是现在内容公众平台都强调的一个概念，大风号也不例外。目前，大风号宣布斥资10亿元人民币推出大风计划，通过资金补贴、流量扶持、"凤凰·一点学院"助力内容生产等方式赋能创作者，为在各垂直领域深耕的中长尾账号打造自媒体IP，提供更多资源扶持，帮助作者们加速成长，与平台共生共荣。

此外，大风号之前的凤凰专栏，集结了大批具有知名度和影响力的明星主笔，在当前多数平台仍然执着于依赖机器算法推荐，分发海量低价值、高同质、短平快的资讯内容之时，大风号可以提供有深度、有思想的差异化优质内容，这成为其不断加速发展的核心竞争力。

而对于整个内容分发行业来说，大风号通过帮助内容创作者磨炼技艺、提升影响力、扩大曝光渠道，而非简单的砸钱补贴给他们，这才是推动整个行业良性循环发展的最佳路径之一。因为补贴毕竟不是长久之计，所谓"授之以鱼不如授之以渔"，只有这样才具有可持续性发展的能力。

总的来看，由于对移动新闻资讯分发领域的管控日益收紧，因此，如何在确保合规运营的同时进行差异化内容竞争，将是大风号面临的挑战，也是能否成功的关键。

2．封面号

2016年8月25日，依托于封面新闻的自媒体平台——封面号正式上线。它的受众，定位于年轻的"80后""90后"作者和读者，被称为第一个年轻人的自媒体平台。封面号是阿里和四川日报合办的自媒体平台。为了更好地服务年轻的作者，封面号采取IP化运营机制，挖掘有潜力的作者，孵化为"新生代网红"。同时，封面号为了担当起传播正能量的重任，提出了"C政务"计划，为政府机构更好地发声提供平台。

相较其他公共平台，封面号的内容生产机制是众包机制，以提供更多个性化原创内容，满足年轻人对多元内容的需求。因此，封面号是行业内首个把"学生自媒体"作为主要自媒体类型的平台。

为了更好地服务年轻的作者，封面号采取了IP化运营机制。封面号将定期举办"网红培训班"，从入驻的年轻作者中挑选出有潜力的作者，提供专业的自媒体成长培训。封面号的作者，在注册时可以选择若干标签，如"吃货""影音控""技术宅"等，这样的标签可以让作者找到目标读者，并通过人工和机器推介，让作者和读者精准匹配。另外，为了让作者的内容能更好地变现，封面号平台会对高质量和高阅读量的内容，直接给予现金奖励，而且还会评选出优秀作者，提供自媒体创业基金。

为了让自媒体作者能够持续健康成长，封面号还将把平台的广告系统和自媒体打通。平台广告和自营广告都会为作者带来收益。更重要的是，封面新闻的电商系统，也和封面号互通，通过内容电商体系帮助作者实现内容变现。

另外，为了更好地担当起传播正能量的社会责任，封面号还推出了"C政务"计划，政府机构入驻封面号之后，政府层面的传播将更加自主高效，也能更直接地和年轻受众对话沟通。在发生突发事件的时候，封面号将和封面新闻一起，共同承担应对谣言、传播真相的重任，以起到网络谣言"把关人"和"灭火器"的作用。

目前已经入驻的首批政务封面号，包括四川省公安厅、四川省检察院、共青团四川省委、四川省文化厅等。

9.5　各公众号平台比较

综上所述，几个内容创作平台各有各的优势，也各有各的劣势。

"标题党"已经引起网民的极大反感，各大自媒体平台也逐渐加大打击"标题党"的力度，如何避免？

学"艺"致用

微信公众号秉承微信的强社交关系属性，体现了"社交属性＋媒体属性"两种属性，也最能培养忠诚用户，同时能借助忠诚用户的二次传播，提升和扩大自身的影响力。所以，如何通过长期的写作来培养自己的忠诚读者就显得格外重要。

头条号强调系统分发，所以文章的阅读量很大程度上取决于系统推荐，而系统是否推荐则取决于文章受用户欢迎的程度，所以如果想做出有影响力的头条号，就只能迎合今日头条上用户的阅读兴趣，包括标题的制作、内容的取向，甚至行文风格等。对于部分没有营销能力的内容生产团队，头条号是不错的选择。

大鱼号作为阿里大文娱旗下的内容创作平台，最大的优势是内容创作者，一旦接入"大鱼号"，就可以拥有阿里旗下的多点分发渠道，获得多产品多平台的流量支持，如 UC、UC 头条、优酷、土豆、淘宝、豌豆荚，甚至天猫、支付宝等。

作为百度旗下的产品，百家号的优化搜索效果是最好的，同时由于百度用户量极其庞大，对信息流的拥抱是百家号的特色之一。借助百度的人工智能技术，百家号为内容创作者推出"创作大脑"平台，以人工智能重新定义写作。百家号创作大脑以 AR 与全景素材打造开放素材库，内容创作者可以体验全新的创作模式。

企鹅号虽然和微信公众号同属腾讯旗下，但企鹅号采用"算法＋精品"的内容分发形式，对用户主动推送。分发推送的平台包括天天快报、腾讯新闻客户端、手机 QQ 浏览器等。同时企鹅号加大了对原创者的奖励力度：原创内容获得 3 倍单价；在平台首发原创内容补贴加成，会在原创的基础上再多 3 倍，独家内容在原创的基础上再多 5 倍。

网易号的分发渠道包括网易新闻客户端、菠萝视频、薄荷直播、网易直播、网易公开课等，相对而言，网易号的审核相对严格。网易号的一大特色就是首次实现了自媒体直播功能，四星级以上账号可以申请。

综上所述，每个内容创作者在选择公众号平台的时候，要根据自己的具体情况，包括自己的知识储备，自己擅长的领域，自己的社会资源等，来选择开通某个平台以开始自己的创作。

问题拓探

1. 微信公众号具有什么样的传播特征？
2. 什么是"信息茧房"？请以头条号为例进行解读。
3. 什么是 UGC、OGC 和 PGC？请以某个公共平台为例进行解读。
4. 什么是"赋能"？在你看来，哪个公共平台的赋能是做得最成功的？

实践任务

1. 以小组为单位，针对某个公众号进行深度解读，探索其成功的原因。
2. 试着开通某个平台的公众号，并探索如何才能增加粉丝数和阅读量。

第 10 章　App 新媒体：细分市场的专列

　　马化腾说只有移动互联网才是真正的互联网，以前的互联网都是假的。如果赞同这个观点，那么我们就可以说，没有 App 的移动互联网，也是假的。尽管微信、百度、淘宝等热门应用，霸占了几乎所有人的手机屏幕，但屈居于冷门市场长长的尾部的那数百万款 App，并非一无用处。除了那些特别糟糕的之外，大多数 App 都是开发者呕心沥血，为互联网特殊人群打造的个性化产品。它们就像一辆辆小巧玲珑的专列，或多或少地搭载着用户的部分需求，驶向他们的个性家园。现在的问题是，只有知道这些 App 停靠的车站，你才能打开车门，踏上征程，而下面递给你的，就是那张开门的车票。

　　移动互联网正在悄无声息地改变我们的生活方式，其中 App 功不可没。那些工具 App、新闻资讯 App、问答 App、图书 App、搜索 App 等，为我们的生活提供了更多的便利，也带来一些烦恼。因为手机作为 App 应用的硬件载体，必定受到外部生存环境限制，诸如网速、资费、存储容量等。当这些外部环境不断地改善之后，App 应用的发展束缚也会越来越少，更多新颖的 App 和更实用的功能会逐步被开发出来，从而彻底改善人们的生活。

10.1　App 概述

　　App 是应用程序（Application program）的缩写。因此，App 可以理解为应用程序。本章就是在这个意义上使用这个概念。不过，人们习惯上把计算机上的称作应用软件或应用程序，把移动设备（包括平板电脑、手机等）上的应用程序简称为 App。

　　随着智能手机和 iPad 等移动终端设备的普及，人们逐渐习惯了使用 App 上网的方式，正因为如此，通过 App 进行盈利，也成了各大电商平台的发展方向。事实表明，各大电商平台向移动 App 的倾斜，也是十分明显的，不只是因为每天增加的流量，更重要的是因为手机移动终端的便捷为企业积累了更多的用户，更有一些用户体验不错的 App，使得用户的忠诚度、活跃度都得到了很大程度的提升，从而为企业的创收和未来的发展，起到了关键性的作用。数据表明，目前手机 App 给电商带来的流量，远远超过了传统互联网（PC 端）的流量。所以，目前国内各大电商和手机、平板电脑等移动终端设备厂商，均拥有了自己的 App，这标志着 App 的商业使用已经遍地开花。

　　2018 年 7 月，中国互联网络信息中心发布的第 42 次《中国互联网络发展状况统计报告》显示，截至 2018 年 5 月，我国市场上监测到的移动应用程序（App）在架数量为 415 万款。我国本土第三方应用商店移动应用数量超过 233 万款，占比为 56.1%；苹果商店（中国区）移动应用数量超过 182 万款，占比为 43.9%。截至 2018 年 5 月，游戏类应用一直占较大比例，数量超过 152 万款，占比达 36.6%；生活服务类应用规模居第二位，超过 56.3 万款，占比为 13.6%；电子商务类应用规模居第三位，超过 41.6 万款，占比为 10.0%。[①]

10.1.1　App 商店

App 商店，又叫作应用商店，也叫应用软件商店，是指应用商店提供商在网上开设的应用软件交易平台。在这个平台上，一方面，为应用软件开发者提供开发工具及产品发布渠道，另一方面，用户可以通过付费或者免费的方式下载应用软件。

App 商店是 2009 年由苹果公司提出的概念。起初，App 只是作为一种第三方应用的合作形式参与它的互联网商业活动。它最大的优点是，一方面可以积聚各种不同类型的网络受众，另一方面借助 App 平台获取流量，其中包括大众流量和定向流量，最终获得效益的提升。因而，这一盈利模式，被更多的互联网商业大亨看重、学习、复制并推广，使手机软件商店风靡世界各地。

如今，系统提供商、终端厂商和电信运营商为了提升自身产品的卖点和吸引力，也开设应用商店，如华为系列手机都配备了专门的应用市场，提供 App 应用程序下载。除此之外的公司开办的应用商店，则被定义为第三方应用商店。第三方应用商店最初的表现形式为第三方移动应用商店，主要以 GetJar、安卓市场、安智市场、机锋市场、豌豆荚、应用宝、应用汇、木蚂蚁等为代表。手机软件商店里的内容涵盖了手机软件、手机游戏、手机图片、手机主题、手机铃声、手机视频等几类。

如今较大的应用商店有以下几家。

1. 机客网

机客网是继美国 GetJar 之后国内最大的，也是唯一一家全平台的手机应用商店。机客手机应用商店，全面覆盖全球 190 多个品牌的 9 000 余款不同机型的手机，向用户提供 90 余万款不同类型的手机 App，包含免费和收费两种。

同时，机客应用商店针对每款机型都有一个独立的应用商店，如诺基亚 E71 应用商店、iPhone 应用商店等。每个应用商店都包含 8 个子类别：手机游戏、手机软件、手机电子书、手机主题、手机壁纸、手机铃声、手机电影和祝福短信。

机客应用商店的 App，全部来自国内外知名开发商的分享上传，每个开发爱好者都可以免费注册成为机客用户，通过机客微博系统发布自己的手机应用，并获得分成回报。目前全球有 3 万余名开发爱好者和工作室加盟机客应用商店平台，通过在机客中销售自己的手机应用来获取利润。

2. 苹果软件

App Store 是苹果公司基于 iPhone 的软件应用商店，向 iPhone 的用户提供第三方的应用软件服务，这是苹果开创的一个让网络与手机相融合的新型经营模式。

2008 年 3 月 6 日，苹果对外发布了针对 iPhone 的应用开发包（SDK），供用户免费下载，以便第三方应用开发人员开发针对 iPhone 及 Touch 的应用软件。不到一周时间，3 月 12 日，苹果宣布已获得超过 100 000 次的下载。三个月后，这一数字上升至 250 000 次。苹果公司推出的产品，一直以来在技术上都保持一定的封闭性，比如当年的 Mac，此次推出 SDK 可以

---

① 中国互联网络信息中心：http://www.cnnic.net.cn/hlwfzyj/hlwxzbg/hlwtjbg/201808/t20180820_70488.htm.

说是前所未有的开放之举。继 SDK 推出之后，2008 年 7 月 11 日，苹果 App Store 正式上线。7 月 14 日，App Store 中可供下载的应用已达 800 个，下载量达到 1 000 万次。2009 年 1 月 16 日，数字刷新为逾 1.5 万个应用，超过 5 亿次下载。2011 年 1 月 6 日，App Store 扩展至 Mac 平台。2013 年 1 月 8 日苹果宣布，官方应用商店 App Store 的应用下载量已经突破 400 亿次，其中半数是 2012 年完成的；总活跃账号数也达 5 亿。

App Store 平台上大部分应用价格低于 10 美元，并且有约 20% 的应用是供免费下载的。用户购买应用所支付的费用由苹果与应用开发商 3∶7 分成。

2017 年苹果全球开发者大会（WWDC）上，Apple Store 的 UI 界面得到了重构，首屏变成了"Today"应用推荐页卡，同时连接性也会大幅提升，而对于开发者来说，发布应用的审核周期也变得更快。此外，新的 App Store 中加入了专门的游戏标签，"游戏"和"应用"将会作为两个完全分离的类别出现。应用的内购项目也将直接显示在 App Store 中，用户可以在不打开应用的情况下直接在商店中完成内购。[①]

2017 年 9 月，苹果公司更新了 App Store 审核指南，对一些现有的规则进行了调整，并添加了新的规则，这些规则规定开发者在应用程序中可以包含和不可以包含哪些内容，大多数改动都是适度的，但是也有一些值得注意的补充。[②]

3．微软软件

2009 年 10 月 15 日，微软在中国市场正式推出最新的手机操作系统 Windows Mobile 6.5。全新的手机界面、更人性的用户体验，得到了大批手机厂商的青睐，十余家手机厂商纷纷在第一时间，推出首批 Windows Mobile 6.5 手机。其中既包括多普达、LG、中兴、华为、TCL 等已有的合作伙伴，也有优派这样希望借助微软的品牌影响力进入手机市场的新兴企业。

Windows Mobile 6.5 延续了此前的授权收费模式，成为目前唯一一个依靠手机操作系统挣钱的主流手机操作系统供应商。

如今微软 Windows Mobile 手机操作系统的份额为 5.98% 左右。微软自称，2008 年基于 Windows Mobile 平台的智能手机销量超过了 2 000 万部。微软的 Windows Marketplace for Mobile 已经有超过 20 000 款应用，开发者们可以利用常见的开发工具进行开发。

4．谷歌软件

Google 针对苹果的"iPhone App Store"，开发了自己的 Android 手机应用软件下载店"Android Market"，它允许研发人员将应用程序在其上发布，也允许 Android 用户随意将自己喜欢的程序，下载到自己的设备上。根据 AndroLib 网站的数据，谷歌 Android Market 应用商店中，免费和付费应用的数量，已经达到 20 000 款，有 38% 是付费应用，而 62% 为免费应用。

Android Market 中的应用数量，仍远少于苹果 App Store，后者中的应用达到 10 万款。在移动互联网的使用量方面，iPhone 和 Android 已超过面市较早的智能手机平台。

10.1.2　App 的分类

到目前为止，App 的分类并无统一的标准。《互联网周刊》发布的"2014 中国 App 分类排行榜"中，将 App 分为移动应用、移动社区、生活服务和娱乐休闲四大类，每一大类下面又分为各个小类。2015 年至 2017 年，《互联网周刊》对 App 没有大的分类，只有细分类目的

---

① 苹果发布 iOS 11 神秘 Siri 音箱亮相，https://view.inews.qq.com/a/DIG2017060600188809。

② App Store 审核指南正式禁止病毒扫描应用，http://tech.ifeng.com/a/20170916/44686368_0.shtml。

排行榜，如表 10-1 所示。

表 10-1　2015—2017 年中国 App 分类表

年　　度	分　　类
2015	手机浏览器、女性、新闻资讯、阅读类、音乐、社交、地图、汽车类、在线视频、云盘、短视频、图像美化、母婴电商、房产类、手机安全、旅游出行、婚恋交友、健康医疗、美食类、家居家装、生活服务、体育、办公类、都市巴士出行、电影票、生鲜电商、理财、美体健身、电子商务、外卖
2016	新锐、在线视频、音乐、直播互动、短视频、电台、K 歌、图片分享、社群、社群经济平台、相机、婚恋、电商、导购、跨境电商、生鲜、纤体塑身、新闻资讯、理财、阅读类、体育、体育数据、浏览器、安全优化、汽车、应用市场、电话本、输入法、同步工具、实用小工具、移动 CRM、企业社交、办公、美妆、B2B 电商、租房买房、招聘、女性、儿童教育、物流平台、教育、母婴、社区服务、医疗、家装家居、学生必备、城市出行、出门看世界、周末时光、二次元、快时尚、自己动手 DIY、琴棋书画、微店、旅行助手、航空
2017	创新、短视频、在线音乐、娱乐直播、在线视频、移动电台、游戏直播、拍照美图、网络 K 歌、视频剪辑、阅读类、时尚服装、综合资讯、财经、跨境电商、体育资讯、综合电商、母婴电商、生鲜电商、综合旅游服务、住宿服务、社群经济平台、车票服务、攻略指南、优惠比价、航空服务、翻译服务、汽车租赁、医疗医药、证券服务、运动健身、社区交友、保险理财、减脂营、婚恋交友、投资理财、二手车、儿童早教、智能投顾、车房服务、大学教育、汽车资讯、驾考、学习工具、职业教育、中小学教育、高效办公、邮箱、CRM、企业协同、财税、商务社交、办公场所租赁、共享办公、输入法、天气、智能快递柜、浏览器、应用市场、云盘、传输备份、安全优化、壁纸桌面、日历、穿衣美妆、二次元、房屋信息、美食、团购、房屋租赁、演出票务、轻阅读、家居家装、物流信息平台、城市出行、招聘求职、公筹、社区服务、外卖订餐、微店

第 42 次《中国互联网络发展状况统计报告》将 App 分为游戏类、生活服务类、电子商务类、办公学习类和其他类，如图 10-1 所示。

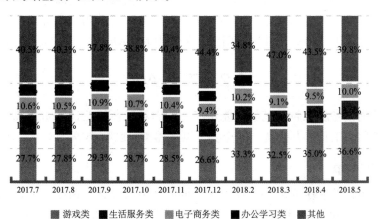

图 10-1　移动应用程序（App）分类占比

另外，手机运营商如华为、小米等将 App 分为游戏中心、实用工具、社交生活、休闲娱乐、轻松工作等类别。

一"课"拍案

还有比微信更牛的某种应用吗？锤子"子弹短信"可以一试！

10.1.3　App 营销

App 营销指的是通过特制手机、社区、SNS 等平台上运行的应用程序来开展的营销活动。

不同的应用类别需要不同的营销模式。对于 App 营销的具体模式，学者张建凤认为 App 营销模式主要可分为三种：品牌 App 模式、App 植入广告模式和联合推广模式[①]。学者戴磊认为从大的方面讲，分为两种模式[②]，一种是利用 App 进行营销，重点在利用上，主要包括广告植入模式、用户参与模式和购物网站植入模式。这种模式是将 App 作为平台对企业的商品进行营销。另一种是对 App 本身进行营销，也可以说是 App 推广。不同的应用类别需要不同的模式，App 营销模式主要有植入广告、用户参与和购物网站移植三种。其中植入广告模式和用户参与模式是最常见的两种[③]。

1．植入广告模式

在众多功能性应用和游戏应用中，植入广告是最基本的模式。在应用中植入动态广告栏，用户点击广告栏，即可自动进入预设的链接网址，进而可以了解广告详情、参与活动或者下载新应用。这种模式操作简单，只要将广告投放到那些下载量较大的应用上，即可达到良好的广告宣传效果。但是，这种模式的缺点也是很明显的。现在很多的 App 中广告泛滥，甚至有很多恶意广告，这些因素使得消费者对广告植入类 App 产生了很大的抵触情绪，并逐渐刻意避开这些广告链接。因此这种模式只适合短期的企业产品信息传播，不适于企业长期的品牌建设。

2．用户参与模式

这种模式主要应用于网站移植和品牌应用类 App。企业将符合自身定位的应用发布到应用商店，供用户下载，方便用户直观地了解企业或者产品信息。这种营销模式具有很强的实践价值，促进用户了解产品，增强产品信心，提升品牌美誉度。同时这种模式还具有互动的特点，例如社交推广类 App 需要有用户的充分参与互动。企业可以将品牌推广的任务在互动机制中，不知不觉地下放给参与其中的用户，App 中的互动分享功能即满足这种特点。

10.2　工具 App

随着移动智能设备越来越频繁的功能迭代，人们对于各种工具 App 的需求持续增强，在应用市场中，常用的工具有办公类、安全类、浏览器类、教育类等。

10.2.1　办公类 App

移动办公，不仅改变了人们的工作方式，同时还潜移默化地改变了人们的生活方式。办公类 App，在应用市场占据着重要的位置。据《互联网周刊》2015—2017 年 App 排行榜显示，最常用的办公类 App 如表 10-2 所示，三年间，WPS Office 一直居于榜首，其他如 QQ 邮箱、印象笔记、名片全能王、有道云笔记、扫描全能王也参差居于榜单前列。

[①] 张建凤. 移动互联网 App 营销三模式［J］. 现代营销，2012（9）.
[②] 戴磊. App 营销的两大模式［J］. 广告主，2012（11）.
[③] 聂雅兰. 移动互联网时代 App 营销［J］. 东方企业文化，2013（7）.

表 10-2　2015—2017 年办公类 App TOP5 排行榜

排名＼年度	2015 年	2016 年	2017 年
1	WPS Office	WPS Office	WPS Office
2	QQ 邮箱	QQ 邮箱	印象笔记
3	名片全能王	网易邮箱大师	扫描全能王
4	随笔记	有道云笔记	名片全能王
5	印象笔记	扫描全能王	有道云笔记

1．WPS Office

WPS Office 是金山软件股份有限公司研发的一款办公套装软件，可以实现常用的文字、表格、演示等多种功能。它具有内存占用低、运行速度快、体积小巧、强大插件平台支持、免费提供少量在线存储空间及常用文档模板、支持阅读和输出 PDF 文件、全面兼容微软 Microsoft Office 格式（doc/docx/xls/xlsx/ppt/pptx 等）、VIP 增值优质服务等独特优势，覆盖 Windows、Linux、Android、iOS 等多个平台。

WPS Office 支持桌面和移动办公，且 WPS 移动版通过 Google Play 平台，已覆盖 50 多个国家和地区，WPS for Android 在应用排行榜上，领先于微软及其他竞争对手，居同类应用之首。

金山 WPS Office 移动版是运行于 Android、iOS 平台上的办公软件，个人版永久免费，其特点是体积小、速度快，完美支持 Microsoft Office、PDF 等 47 种文档格式。它特有的文档漫游功能，让用户离开计算机一样可以办公。WPS Office 移动版全球用户数已超过 2.5 亿，Google Play 拥有 230 000 次五星评价，并保持排行榜同类产品第一。

其产品主要功能如下。

（1）WPS 文字——公文级的文档处理能力。WPS 文字支持查看和编辑 doc/docx 文档，无论图文、表格混排还是批注、修订模式，均游刃有余，并支持 Word 文档的加密和解密。WPS 文字的查找替换、书签笔记功能，则针对移动设备做了特别优化，还针对三星 Note 系列提供了 Spen 手写定制版本。

（2）WPS 表格——强大的表格计算能力。WPS 表格支持 xls/xlsx 文档的查看和编辑，以及多种 Excel 加解密算法，已支持 305 种函数和 34 种图表模式，为解决手机输入法输入函数困难的问题提供了专用公式输入编辑器，方便用户快速录入公式。

（3）WPS 演示——演讲报告的便利助手。WPS 演示支持 ppt/pptx 文档的查看、编辑和加解密，支持复杂的 SmartArt 对象和多种对象动画或翻页动画模式。会议室开会不再需要电脑，使用支持 Miracast、DLNA 和米联的手机或平板电脑，即可将文档投影在电视和投影仪上。其特有互联网共享播放功能，只需一部手机即可轻松实现电话会议与 PPT 播放同步进行。

（4）PDF——全新手机阅读模式。PDF 组件在查看 PDF 文档时，提供了双重引擎。独有的手机阅读引擎，能优化字体过小的 PDF 文档，这一模式更加符合用户的阅读习惯，让工作、学习不再受书桌的禁锢，随时随地自在由心。

怎样让手机"秒变扫描仪"？怎样让文档瘦身？

学"艺"致用

为适应各类用户的不同需要，WPS Office 还开发了个人版、专业版、移动版、印象笔记版、租赁版等各种版本。

2．有道云笔记

有道云笔记（原有道笔记），是 2011 年 6 月 28 日网易旗下的"有道"推出的线上资料库。经过几年的迭代，有道云笔记成为一款比较便捷的在线笔记本工具。它提供一定的免费存储空间，用户可通过扫描、语音、Markdown、网页剪报、收藏等方式，记录存储各种资料，并可在 Mac、iPhone、iPad 等平台，查看、编辑和分享笔记，打开 Word、PDF 等多种 Office 格式文件，还可以自动识别电话号码、邮箱、网址，点击即可快捷拨电话、发邮件。

2018 年 7 月 17 日更新的最新有道云笔记官方版 v6.5.0.0，强化了有道云笔记产品背后所依托的云存储技术及云应用，并可以帮助用户理解产品的多平台同步特点。升级后的有道云笔记官方版，对桌面版编辑器进行了一次大换血，新版编辑器使用起来更加快速流畅。

3 钉钉

钉钉（DingTalk）由阿里巴巴集团于 2014 年 1 月筹划启动，是专为中国企业打造的免费沟通和协同的多端平台，提供 PC 版、Web 版和手机版。2014 年 12 月 1 日，钉钉发布 0.1.0 测试版，2014 年 12 月 12 日，钉钉发布 1.0.0 测试版，之后不断更新换代。至 2018 年 12 月，钉钉宣称企业组织用户数已超过 700 万。

2018 年 12 月 9 日，钉钉在北京召开发布会，公布了基于办公场景的"人、财、事、物"全链路数字化解决方案，旨在从工作空间的数字化开始，通过智能硬件和软件的融合，将企业的物升级为软硬一体化的智能数字化办公室，将企业的"人、财、事、物"全面实现数字化运作。

与微信方便个人之间信息沟通不同，钉钉则主要针对集体组织，在上班场景下，有效地进行工作管理和信息的交流。这主要体现在企业沟通和协同办公两大核心功能上。

1）企业沟通功能

（1）视频电话会议。

① 高清稳定的画面。

② 随时随地高效沟通。

③ 支持 3~5 人同时加入。

（2）商务电话。

① 一键发起商务电话，让团队内部沟通变得简单便捷，简易高效的电话会议体验，支持 2~9 人同时加入。

② 商务电话免费，降低沟通成本。

③ 新颖的电话面板控制方式，实时显示参会者在线状态和通话质量。

④ 快速发起会议，实时增加、删除成员，控制静音，面板皆可实现。

⑤ 高清电话会议语音，底层采用业界顶尖语音编解码引擎和运营商级语音线路。

（3）DING 功能。

① 钉钉发出的 DING 消息，会以免费电话、免费短信或应用内消息的方式通知到对方。

② 无论接收信息的手机有无安装钉钉 App，是否开启网络流量，均可收到 DING 消息，实现无障碍的信息必达。

③ 当接收方收到 DING 消息提醒电话时，号码显示为发送方的电话号码，接收方接听电话听到发送方的语音信息后，如果是文字信息，系统会将文字播报给收听方，接收方即可直

接进行语音回复，发送方便可及时收到回复。

（4）消息已读未读。

① 无论是一对一聊天，还是一对多的群消息，钉钉都能让用户知道发出的消息对方是否阅读，哪些人已阅，哪些人未读。

② 用户发送信息后，消息旁显示"n 人未读"，尤其是在群里发布信息（钉钉支持 1 500 人大群），点击"n 人未读"可查看未读人和已读人的详细列表，并能够对未读人发送 DING 消息。

（5）团队组建功能。

钉钉推出了所有用户新建团队或企业功能，任意一个企业、组织或者个人，无论你是企业内的部门、企业内的兴趣团体、企业内的虚拟项目组，甚至是社团、班级及其他社会组织，都可以快速创建自己的团队，并且享受大量免费权益。

（6）澡堂模式。

① 澡堂模式是基于消息分层理念的升级，在普通聊天窗点击聊页面点击右上角的墨镜图标开启澡堂对话。

② 在此模式下，信息不能被复制，用户不用担心被录音，姓名、头像都会被打马赛克。

③ 聊天内容在已读后 30 秒内消失，不留痕迹。如同在澡堂一般，只能"看在眼里、烂在心里"，保证重要信息沟通隐私安全。

④ 针对安全诉求更高的用户，钉钉可以在设置中开启隐藏澡堂对话功能。

（7）企业通讯录。

① 上传企业内部全体成员、同事的职务 title、负责业务、联系方式等到钉钉后，用户即使不存号码，也能找到同事、团队成员。

② 钉钉通讯录还与个人通讯录打通，可同时添加公司同事和个人通讯录朋友，方便发起各种聊天、群、多人电话。

（8）企业群。

① 钉钉可以成立企业群，钉钉企业群员是经过员工表格确定的，保障安全。

② "认证用户"才能进入"企业群"中，该群只包含企业内通讯人，一旦出现人事变动，离职员工会即时从整个通讯录和所有群组中退出。

③ 企业群支持群公告发布，发布后支持实时查看已读未读。

2）协同办公功能

（1）C-SmartWork。

① 多种方式考勤，支持无网络信号打卡。

② 日志智能报表，实时掌握团队业务数据。

③ 审批支持自定义、自建模版表单，满足个性化需求。

（2）C-OA（钉 OA）。

① 与通讯结合的企业办公，高效快速完成审批、通知、日志等办公必备应用。

② 结合钉钉的基础通信能力，将各种办公审批快速通过短信、电话通知对方，消息必达。

（3）审批功能。

钉钉中有着自己独到的审批功能，融合通讯移动办公，随时随地申请秒批，零等待和更强大的执行力。

（4）公告功能。

①C-OA 提供了 DING 公告的概念，员工是否阅读过公告内容清晰可见。

②公告内容只有企业群内部人员才可以看到，独有的"水印"功能保障信息安全。

③和线下公告不同的是，除了文本内容以外，线上公告还可以提供附件功能，文件可添加。

（5）日志功能。

①不同的企业，日志有不同的统一格式，方便员工填写。

②横屏手机即可自动汇总报表。

（6）管理日历。

①钉钉推出了管理模式，管理者"方寸之间，尽在掌握"。

②进入管理日历之后，企业人员的签到、请假外出、日报提交等状态，将会一览无遗。

（7）签到功能。

通过"外勤签到"，管理者可快速查看团队外出员工分布，掌握员工外勤工作情况。

（8）企业主页。

①钉钉认证企业可以在 PC 端管理后台设置自己的主页，企业可上传自己企业的 LOGO、简介、业务、电话、网址等信息。

②支持把企业对外的联系人显示出来，非本企业员工可以通过企业主页联系到企业相应人员。

（9）C-mail（钉邮）。

与即时通信高度融合的商务办公邮箱，把 E-mail 进化为 C-Mail，已读未读一目了然，沟通进度可追踪、可推动，重要邮件不再错过。

（10）邮件发送方。

①在 C-Mail 中，员工发送的邮件，不仅仅能够投递到对方的邮箱中，同时还会在对方的聊天窗口里有所提示。

②写邮件变得轻松，支持选择聊天群组发送给全员，无须一一选人，同时，添加附件也极其方便，与 C-Space 无缝衔接，快捷选择、快捷查看企业文件、群文件、个人文件。

③拥有邮件的已读未读功能，第一时间知道邮件是否送达。

④邮件 DING 功能则可以将信息通过短信甚至电话直接送达对方手中。

（11）邮件接收方。

①钉钉支持重要邮件自动推送，自动在邮箱里置顶，重要的邮件不会错过。

②钉钉拥有一键唤起电话会议功能，当邮件已经不能解决问题时，只要单击电话按钮，钉钉将会自动联系所有的邮件收件人，唤起电话会议。

（12）C-Space（钉盘）。

①与统一通讯打通的企业云盘体验，基于专业的阿里云服务。

②除了满足可靠、稳定、安全等企业基础诉求之外，还针对工作中的文件场景进行了专门的设计。

③在 C-Space 里，用户可以自由设置自己的文件的权限。

④C-Space 打通了多端跨平台存储共享，不管是计算机上存储了，手机取出，还是手机存储了，计算机上取出，再无限制。

⑤针对离职员工甚至调职员工可能产生的信息泄露，钉钉提供了权限保护功能，员工一

旦离开了相应的权限，则会自动失去文件的访问能力。

⑥ 企业聊天文件自动存储到钉盘，在网页版还可以进行批量下载。

（13）开放平台。

无论是用户采购的现成 OA 系统，还是自主开发的 OA 解决方案，钉钉都提供了解决方案：大型企业自有 OA，可以与钉钉通信打通。

10.2.2　安全类 App

《互联网周刊》2014—2017 年 App 排行榜显示，最常用的前五名安全类 App 如表 10-3 所示。这里，我们就其中比较受欢迎的两种加以介绍。

表 10-3　2014—2017 年安全类 App TOP5 排行榜

年度 排名	2014 年	2015 年	2016 年	2017 年
1	360 手机卫士	腾讯手机管家	腾讯手机管家	360 手机卫士
2	腾讯手机管家	360 手机卫士	360 手机卫士	腾讯手机管家
3	百度手机卫士	百度手机卫士	猎豹清理大师	QQ 安全中心
4	LBE 安全大师	猎豹安全大师	百度手机卫士	百度手机卫士
5	乐安全	乐安全	金山电池医生	猎豹安全大师

1．360 手机卫士

360 手机卫士是一款免费的手机安全软件，集防垃圾短信、防骚扰电话、防隐私泄露、对手机进行安全扫描、联网云查杀恶意软件、软件安装实时检测、流量使用全掌握、系统清理手机加速、归属地显示及查询等功能于一身，是一款功能全面的智能手机安全软件。这一应用，不仅提供国内版，而且有国外版，既有 Android 版，也有 iOS 版。下面主要介绍国内 Android 版的重要功能。

（1）杀毒。一方面，360 手机卫士国内 Android 版能快速扫描手机中已安装的软件，发现病毒木马和恶意软件，一键操作，即可查杀；另一方面，它可以动态获取最新病毒信息，进行联网云查杀，让手机及时获得最佳保护。

（2）话费流量。360 手机卫士可随时了解手机的包月扣费情况。用户最为关心的流量剩余、话费剩余等关键信息，只一步就可全部显示，随时随地监控资费去向。

（3）骚扰拦截。360 手机卫士的"骚扰拦截"功能可以一键开启诈骗先赔模式。开通后，遭遇电信诈骗，"防吸费电话""流量监控防吸费""防伪基站吸费""防广告吸费""防手机木马吸费""防预装软件吸费""防系统漏洞吸费"等全方位防吸费功能，可以帮用户防止或减少后患。

（4）清理加速。360 手机卫士可以一键清理，帮助手机瘦身，清除缓存垃圾、内存和广告垃圾、无用安装包，为手机加速。用户只要摇一摇手机，就可以自动清理手机内存，给手机加速。

（5）支付保镖。360 手机卫士可针对支付木马病毒、短信支付验证码、支付网址、Wi-Fi 钓鱼等问题，进行一系列的支付安全检测保护，让用户的手机全面接受安全保护。

（6）隐私空间。此功能可以让用户添加隐私联系人。用户与隐私联系人的通话记录以及短信都会在隐私空间中，只有通过密码才能查看隐私空间中的内容。

（7）手机备份。用户可将通信录、短信等重要资料加密后，备份到 360 云安全中心；也可以备份到自己的手机存储卡上，无须联网即可备份恢复个人数据。本地或云端备份数据全部采用加密处理，以保证用户的隐私数据不被任何未经授权的程序查看或访问。

（8）手机防盗。开启防盗功能后，若发生手机丢失，可通过"追踪手机位置"获取被盗手机的当前位置；当确定离被盗手机很近时，可以使用"响警报音"功能；通过"锁定手机"可将被盗手机锁死，避免小偷直接进入手机界面查看机主信息，快速为寻找手机提供帮助，将手机丢失的个人信息损失降到最低。

2．腾讯手机管家

腾讯手机管家是腾讯旗下的一款永久免费的手机安全与管理软件，主要功能有清理加速、安全防护和流量监控。

1）清理加速

腾讯手机管家为进程管理功能专门开发了一个趣味插件——手机小火箭加速，清理手机后台程序，对 SD 卡进行一键分析，清除垃圾文件、安装包、音频等，可平均提升手机速度35%。运用此插件，用户可以查看正在运行的后台程序，选择要关闭的后台程序，点击结束进程，即可清理多余后台进程，释放手机内存。还可以设置保护名单，结束进程时默认不关闭保护名单中的程序。

2）安全防护

（1）骚扰拦截：基于云端智能拦截系统，可以拦截垃圾信息，屏蔽骚扰电话。

（2）病毒查杀：腾讯手机管家杀毒引擎，配合自主研发的云端查杀技术，已通过全球知名的 AV-Test 2013 移动杀毒认证与西海岸实验室安全测试等国际认证。

（3）隐私空间：对重要隐私信息进行加密，确保个人隐私不被暴露。

（4）软件权限管理：管理手机权限，防止应用"越界"。

（5）手机防盗：只需要绑定 QQ，就能通过网页实现对手机的远程控制、定位被盗手机、清除手机上的隐私信息。

（6）管家安全登录一扫即上。有的时候，我们需要在非私人 PC 上登录 QQ，比如入住有电脑的酒店，在朋友家里、办公室、网吧等处，输入 QQ 密码会很尴尬，因为容易被盗号，所以腾讯手机管家对此进行了更新，首创了管家登录，只要扫描一下 QQ 的二维码，即可登录，既避免了被盗号的风险，又提高了 QQ 登录的速度。

（7）秘拍一拍即锁。隐私空间可用来加密手机中的隐私图片、视频、文件和短信。在开启隐私保护的过程中，用户还可以关联 QQ 号，如果不小心遗忘隐私空间的密码，可凭借QQ 账号找回密码。值得注意的是，为保护隐私空间入口的隐蔽性，在添加隐私文件后，还特地设计了双指合拢滑动关闭隐私空间入口的功能。打开腾讯手机管家秘拍功能，拍摄的照片会即时地添加到隐私空间里。

3）流量监控

流量监控功能可实时统计当月手机上网流量。设置好每月套餐限额、月结算日并开启流量监控功能，用户就可以实时查看剩余流量，管家还默认开启流量定期自动校正功能，可保证流量数据精确；开启已用流量超过 90% 提示和流量超额自动断网功能，可防止流量超额扣费；开启日已用流量提醒，当日用流量超过设置额度时，管家会弹出提醒；开启锁屏流量监控，可杜绝锁屏时后台软件偷跑流量；开启 Wi-Fi 断开异常提醒，在 Wi-Fi 无意断开时，管家会自动暂停手机下载软件、视频等耗费大额流量的操作。

除此之外，腾讯手机管家还有更多插件，提供特殊的功能。如智能调节系统参数和关闭耗电、免费连接安全 Wi-Fi、手机评测、微云网盘、扣费扫描、IP 拨号、安全话费充值、来去电归属地查询等功能。

10.2.3　浏览器类 App

《互联网周刊》2014—2017 年 App 排行榜显示，最常用的手机浏览器 App 如表 10-4 所示。

表 10-4　2014—2017 年手机浏览器 App TOP5 排行榜

排名＼年度	2014 年	2015 年	2016 年	2017 年
1	百度浏览器	手机百度浏览器	QQ 浏览器	QQ 浏览器
2	QQ 浏览器	UC 浏览器	UC 浏览器	UC 浏览器
3	UC 浏览器	QQ 浏览器	手机百度浏览器	搜狗浏览器
4	猎豹浏览器	360 安全浏览器	搜狗浏览器	360 安全浏览器
5	海豚浏览器	猎豹浏览器	猎豹浏览器	百度浏览器

1. 百度浏览器

1）百度浏览器概述

2011 年 6 月 15 日，手机百度浏览器 App 正式上线公测。2011 年 7 月 18 日，百度推出 PC 浏览器。百度浏览器，是一款简洁轻快的浏览器。百度浏览器依靠百度强大的平台资源，以简洁的设计、安全的防护、超快的速度、丰富的内容，逐渐成为国内成长最快的创新浏览器。通过百度的开放整合和精准识别，可以一键触达海量优质的服务和资源，如音乐、阅读、视频、游戏等个性娱乐所求。

2）百度浏览器的功能

（1）浏览器云存储。浏览器融入了全新百度云存储服务——百度网盘，初始空间 15 GB 及无限量的免费扩容，让用户的各种存储行为更加方便、快捷。其优势在于：一旦登录，同步存储；稳定服务，快速、无广告；云端存储随浏览器运行，上网浏览途中随时取用；存储方式多样，延续用户电脑操作习惯，可对单个文件直接拖拽存储；还有网页图片单张和批量存储等，一键点击即可完成任何文件的上传下载，与存储内容及网页图片无缝对接，上网途中无须再打开第三方品牌网盘的网页或应用，大大提高上网效率。

（2）安全浏览。采用沙箱安全技术全方位守护上网全过程。将用户设备与病毒木马完全隔离，形成"无菌的上网环境"。优化地址栏安全铭牌，秒速鉴定银行等。

（3）数据同步。百度云同步，主屏幕和收藏栏的个性数据随百度账号携带。登录百度账号，可选择自动快捷登录百度相关站服务。支持导入本地 IE 收藏夹的内容和 html 文件，针对浏览器的 html 也可一键导入。

（4）强大云提醒。百度浏览器云提醒功能，提示影视剧、动漫、综艺等视频，及时帮助用户获取更新信息。只要在观看视频节目的过程中，点击一下地址栏上的"加关注"按钮，最新的节目信息便会第一时间推送到用户的面前，并与百度应用平台打通。

（5）百度识图。百度浏览器还新添"百度识图"，其中独特的图片搜索功能，以图找图，一键搜索不同尺寸和相似图片，是图片相关工作者及"美图控"的好助手。

（6）百度应用。"我的百度应用"支持"更多应用"添加与账户登录功能。首先点击右上角的"登录"，输入用户名与密码即可登录，随后点击"更多应用"，对感兴趣的应用，点击"添加"，即可完成操作。除此之外，用户还可随时删除不常用的应用，当用户再次打开百度浏览器时，"我的百度应用"对应的即是之前保存的相关内容。

（7）LastPass 记住密码。注册了过多的社交网站账号，经常一时想不起注册邮箱和密码，到百度浏览器应用中心添加 LastPass 应用，一次性保存网站密码。

（8）自动翻页 AutoPager。远离烦人点击，实现自动翻页，看小说再也不用持续点击下一页。

（9）迅雷、快车、旋风专用链自动转换绿色版。遇到想下载的资源，百度浏览器中的迅雷、快车、旋风专用链自动转换绿色版，获取真实链接一键搞定。

2．360 安全浏览器

360 安全浏览器是互联网上新一代浏览器，拥有恶意网址库，采用云查杀引擎，可自动拦截挂马、欺诈、网银仿冒等恶意网址。其独创的"隔离模式"，让用户在访问木马网站时也不会感染。无痕浏览，能够更大限度地保护用户的上网隐私。360 安全浏览器体积小巧、速度快、极少崩溃，并拥有翻译、截图、鼠标手势、广告过滤等几十种实用功能，已成为广大网民上网的优先选择。

1）360 安全浏览器主要功能

（1）性能优化模式。对于同时开启数十个页面，CPU 占用率高的情况，360 安全浏览器提供了性能优化模式，开启此模式后，CPU 占用率可以降低并维持到打开一个单页面的水准，此模式对于网络浏览用户不存在兼容性问题。

（2）浏览器静音功能。360 安全浏览器是一款支持浏览器静音的浏览器。当用户在状态栏上启用"浏览器静音"功能后，页面上所有的声音都不会被播放出来，还用户安静的浏览体验。

（3）屏幕截图。360 安全浏览器的"屏幕截图"功能可以以图片方式保存完整网页，并添加了 Windows 画图软件的快捷方式，保证截图后可以立即编辑。

（4）隔离模式。如果用户使用 360 安全浏览器访问了木马网页，360 安全浏览器将会自动拦截恶意的网络请求，并会弹出"是否启动隔离模式"的提示，在 360 安全浏览器的隔离模式下，木马病毒网页将在封闭的虚拟环境中运行，所以木马病毒将无法感染真实的计算机系统，保证用户的计算机安全。

（5）无痕浏览。保护用户的个人隐私，不记录上网痕迹，不记录 Cookies，不记录 Internet 临时文件，不记录网页表单数据（用户名、密码、搜索关键词等），不记录历史访问记录，不记录撤销页面列表标题栏等。

（6）网络收藏夹。360 收藏夹支持强大的网络功能，能够自动为用户备份收藏，具有误删恢复、异地漫游等功能。在重装系统后，只需安装 360 安全浏览器，并登录 360 网络收藏夹，即可恢复到重装前收藏夹的状态。为避免收藏夹被自己或他人无意删除，360 网络收藏夹还提供了多个网络备份，以便用户随时恢复。

（7）皮肤和插件。360 安全浏览器提供了强大的皮肤支持功能，用户可以更换各种美观独特的皮肤。在 360 安全浏览器爱好者的帮助下，360 安全浏览器已经拥有了各种风格的经典皮肤供选择。

皮肤使用技巧：360 安全浏览器和 TheWorld 的所有东西都是通用的，包括皮肤。把

TheWorld.ini 复制到 360 安全浏览器的文件夹里面，改名为 360SE.ini，开启浏览器查看设置，TheWorld 就和 360 安全浏览器一模一样了。把 TheWorld 的 skin 文件夹，复制到 360 安全浏览器的文件夹里面，开启浏览器看皮肤选项里就有相关皮肤的设置了。把 TheWorld 的 MediaSaver.js 和 filter 还有 dailytips.ini 复制到 360 安全浏览器文件夹里，开启浏览器看就有相关的搜索引擎和代理了。

（8）沙箱技术。360 安全浏览器是全球首款采用沙箱技术的浏览器。360 安全浏览器完全突破了传统的以查杀、拦截为核心的安全思路，在计算机系统内部构造了一个独立的虚拟空间——360 沙箱，使所有网页程序都密闭在此空间内运行。因此，网页上任何木马、病毒、恶意程序的攻击，都会被限制在 360 沙箱中，无法对真实的计算机系统产生破坏。

（9）自主选择性。360 安全浏览器，支持和兼容 IE 内核浏览器的各种插件，扩展用户的专业应用。创新而且扩展好的插件，已经在 360 安全浏览器安家落户。如 360 安全浏览器从 V1.1 版本开始，支持用户将自己喜欢的美图，放到 360 安全浏览器目录下，然后每次打开就是自己的图片了（前提是主页要是空白页，且 4.0 版本开始无此功能）。

10.2.4　教育类 App

《互联网周刊》2016—2017 年 App 排行榜显示，教育类 App 在这两年中有不同的分类，2016 年分为教育和学生必备两类，到 2017 年则分为学习工具、大学教育、职业教育和中小学教育四类，如表 10-5 所示。

表 10-5　2016—2017 年手机教育 App TOP5 排行榜

年度\\排名	2016 年		2017 年			
	教育	学生必备	学习工具	大学教育	职业教育	中小学教育
1	有道词典	小猿搜题	有道词典	考研帮	网易公开课	作业帮
2	作业帮	金山词霸	金山词霸	51offer	学习通	小猿搜题
3	学霸君	百度翻译	百度翻译	中国大学 MOOC	腾讯课堂	一起作业学生端
4	猿题库	超级课程表	百词斩	智慧树网	知鸟	阿凡题
5	一起作业网	百词斩	超级课程表	英语四级君	粉笔公考	纳米盒

1．有道词典

有道词典是由网易出品的基于搜索引擎技术的免费语言翻译软件。有道词典通过独创的网络释义功能，轻松囊括互联网上的流行词汇与海量例句，并完整收录《柯林斯高阶英汉双解词典》《21 世纪大英汉词典》等多部权威词典数据。结合丰富的原声视频音频例句，有道词典总共覆盖 3 700 万词条和 2 300 万海量例句。

有道词典集成中、英、日、韩、法多语种专业词典，切换语言环境，即可快速翻译所需内容，网页版有道翻译还支持中、英、日、韩、法、西、俄七种语言互译。新增的图解词典和百科功能，提供了一站式知识查询平台。而单词本功能更是让用户可以随时随地导入词库背单词，能够有效帮助用户理解记忆新单词。

有道词典的主要功能如下。

1）网络释义

有道网络释义基于强大的搜索引擎后台，实时抓取网页数据和海量信息，获得了数十亿的海量网页数据，并不断扩充最新的网页数据，形成了一套没有上限、自动扩充、实时更新的词典数据库，其中包括大量存在于网络但普通词典没有收录的流行词汇、外文名称和缩写，也包括影视作品名称、名人姓名、品牌名称、地名、菜名、专业术语等。这些数据极大地丰富了有道词汇，增强了网络释义的精度和广度。

2）原声音频视频例句

有道词典收录国际名校公开课以及欧美经典影视作品的视频例句，还原最真实纯正的英语使用场景。全新音频例句，来自 VOA、BBC 等权威英语广播的原音重现，地道而专业。例句发音均收录纯正标准及清晰流畅的英文朗读，为解决用户"哑巴英语"的烦恼提供帮助。

3）口语练习评分功能

基于独创的英语评分引擎，有道词典 6.0 版推出了口语练习功能，帮助用户轻松跟读单词及例句，系统将对用户发音进行智能评分，并指出发音中存在的问题。

4）智能划词取词

PC 版屏幕取词：有道词典首推 OCR 取词功能，可在多款浏览器、图片、PDF 文档中，实现词义动态排序及词组智能取词，且是首家实现 IE9、Chrome 屏幕取词的词典，6.0 以上版本还新增 PPT2013 取词功能。

摄像头取词：有道词典是首家推出摄像头查词功能的，即拍即查，颠覆了传统输入单词查词的使用习惯，简化了用户的查询过程，带来更好的用户体验。

5）内容丰富的百科功能

有道词典融入全球最大的中文百科全书以及维基百科和百度百科，涵盖各学科各领域信息，是一站式的网络参考与知识查询平台。有道词典在提供单词查询的同时，也提供丰富的百科知识满足用户对信息的需求。其独有的"有道指点"技术，为用户提供丰富的人物、影讯、百科等内容，可针对词汇进行百科查询，对任意段落或长句进行检索、翻译。

6）有道学堂

有道学堂，作为有道词典新推出的在线教育服务，通过线上教学，以直播授课为主、录播形式为辅的方式传递服务，主打精品课程，帮助用户解决英语学习的困扰。此外，有道学堂还提供单词下午茶、老外看东西等原创栏目，是最专业的在线英语学习平台。

7）看天下

有道词典移动端 6.0 版，新增看天下栏目，收集华尔街日报、CNN 等国际媒体的最新资讯，每日更新双语内容，通过清楚直观的内容展示平台，用海量的个性化定制双语文章，将科学的学习方法传授给用户，并且邀请 CRI 的外国主播讲解地道外国文化，帮用户培养老外式思维，高效稳步提升英语水平，用户也可以选择将这些文章分享至社会化媒体。

8）全球发音

"全球发音"作为新版有道词典的主打功能，共覆盖 227 702 个单词，收录 250 万个发音。除英语外，还提供 318 个语种发音。当用户查询某个单词的发音时，可以点击聆听全球外语学习者贡献的发音，帮助中高级英语学习者分辨不同国家和地区的口音，有效解决出国旅行中的语言障碍。针对带有"地方方言"性质的词，如人名、品牌名等，全球发音功能能够快速帮助用户了解这些词的正确读法。比如"Ronaldo"，美国版发音是"[rɔ'naldəu]"，葡萄牙语的发音却是"Honardo"。又如国际品牌范思哲"Versace"的正确发音是"ver-'sa-qi"，而"LOUIS VUITTON"应读为"lu-i：vi-'tong"。

9）多国语言翻译发音

有道词典集成中、英、日、韩、法多语种专业词典，切换语言环境，即可快速翻译所需内容，网页版有道翻译还支持中、英、日、韩、法、西、俄七种语言的在线翻译，有道搜索引擎在抓取并获得多达数十亿的海量网页数据后，利用有道独创的"网页萃取"技术挖掘并评价互为翻译关系的中外文词汇和句子，经过优化调整，得到最佳的翻译结果。英、日、韩、法语的单词及例句都可点击发音，清晰流畅的真人发音使得用户可以轻松学习多国纯正口语。

10）网页全文翻译

有道词典全新增加网页翻译功能，用户可直接在翻译框内输入网址，点击翻译即可得到翻译后的该网址页面，实现快速准确的中、英、日、韩、法五国语言全文翻译，还可自动检测语言环境，轻松翻译长句及文章段落。

11）专业权威大词典

有道词典完整收录《柯林斯高阶英汉双解词典》《21世纪大英汉词典》《新汉英大辞典》《现代汉语大词典》等多部专业权威词典，词库大而全，查词快又准，实现汉语成语、生僻字的直观释义，为用户提供准确高效的翻译宝典。

12）生动的图解词典

有道词典新增图解词典，用搜索引擎技术实现"单词 - 图片"相对应结果，数千张生动形象的图片资料，配合详尽细致的单词介绍，准确地扩充了词条的释义，帮助用户系统学习英语，轻松增长知识，掌握丰富词汇。

13）便捷的网络单词本

有道词典可随时添加单词，并使单词本与服务器保持实时同步，方便用户随时随地背单词；支持导入导出、编辑分类等多项功能，大大提高英语学习效率；新增加美音、英音功能，满足不同用户的发音习惯。

2．作业帮

作业帮，是为中小学生提供全学段的学习辅导服务的应用软件，是中小学在线教育的主要品牌，主要功能有两个。

1）问作业

中小学生可以通过拍照和语音输入的方式，将问题发到作业帮，由学霸来给出详尽的解答过程和思路。提问者得到回答后，还可以继续追问，针对解题过程和知识点进行多次讨论。对于满意的解答，提问者可以予以采纳以感谢回答者。每次被采纳，回答者都可获得财富值，根据问题分类不同，获得不同的财富值奖励。回答小学、初中、高中的问题，分别可以获得2、4、6个财富值。获得的财富值，可以到作业帮财富商城中去免费兑换精美礼品。

作业帮开放的科目有语文、数学、英语、物理、化学、生物、政治、历史、地理和科学。学生还可以在同学圈讨论自己感兴趣的话题。和提出问题的同龄人沟通，可以开阔眼界，学习到更多课堂之外的内容。

目前圈子分为学校圈、兴趣圈和年级圈三大类。

2）个人中心

作业帮个人中心可以查看自己的提问和回答，以及发帖和回帖数，也可以设置自己的年级、性别、昵称等资料（昵称每天只可以更改一次）。个人中心还包括：

（1）财富商城：用户可以将回答所得的财富值在这里兑换精美礼品，包括 iPhone 5S、

iPad mini、小米手机、三星手机、Q 币、话费、耳机、键鼠套装等。

（2）排行榜：按照回答被采纳的数字进行排行展示，这是回答者实力比拼的舞台，展现答题牛人。

（3）邀请好友：用户通过将自己的邀请码发给朋友，邀请好友下载并注册作业帮。每邀请一名新用户可获得 10 个财富值。

（4）精彩活动：作业帮会长期组织有趣的线上活动，比如幸运刮刮卡、Q 币有奖邀请、萌图秀场和新手任务等。

10.3　新闻 App

10.3.1　新闻 App 概述

移动互联网时代，在马太效应的淫威之下，人们获取新闻的方式呈现出寡头化的状态。尽管人们可以在社交圈子看到那些杂七杂八的新闻，但门户类新闻 App 却挤占了传统媒体的主流新闻市场，成为夺人眼球的最重要的渠道。一些强势的互联网门户，把持了网络入口，像超市门口的推销员一样，把新闻的"广告传单"送到每一个网络来客的眼前。

《互联网周刊》2014—2017 年 App 排行榜显示，最常用的新闻资讯 App 如表 10-6 所示，2014—2016 年，腾讯新闻一直居于榜首，到 2017 年，今日头条一跃居于榜首，网易新闻、搜狐新闻也一直居于前列。

表 10-6　2014—2017 年新闻资讯 App TOP5 排行榜

排名 \ 年度	2014 年	2015 年	2016 年	2017 年
1	腾讯新闻	腾讯新闻	腾讯新闻	今日头条
2	搜狐新闻	搜狐新闻	网易新闻	腾讯新闻
3	网易新闻	今日头条	今日头条	网易新闻
4	ZAKER	网易新闻	搜狐新闻	一点资讯
5	新浪新闻	百度新闻	一点资讯	搜狐新闻

从新闻传播的类型来看，艾瑞《2017 年中国原创新闻平台用户洞察白皮书》，将新闻资讯 App 划分为原创新闻 App、门户新闻 App 和聚合新闻 App 三大类。原创新闻 App 拥有互联网新闻采编资质，兼有新闻内容生产方和综合资讯平台双重身份，多由传统媒体机构转型而来，媒体公信力较强，对于两会等社会公共事务的报道也更有优势。门户新闻 App 继承了其 PC 端多年积累的品牌优势，结合海量自媒体内容，能够通过"编辑＋算法"的分发方式，为用户提供类型广泛、内容垂直的资讯，满足用户的长尾资讯需求。聚合新闻 App 主要诞生于移动端的聚合类新闻平台，先天适应小屏浏览、碎片化阅读等移动化玩法，主要通过兴趣推荐为用户精准匹配感兴趣的资讯内容，提升其资讯获取效率。[①]

参考以上观点，我们从是否原创这一角度，将新闻 App 分为两大类。

---

① 2017 年中国原创新闻平台用户洞察白皮书，艾瑞咨询集团官方网站：http：//report.iresearch.cn/report.pdf.aspx?id=3029.

10.3.2　原创新闻 App

1. 原创新闻 App 概述

原创新闻 App，是指具有互联网新闻信息采编资质和互联网视听服务许可证的新闻机构，以发布原创新闻内容为主的新闻 App。原创新闻 App 在自有 App 上分发原创新闻内容之余，也会通过版权合作、账号入驻等方式，传播其他新闻平台输送的新闻内容。

对于其他新闻平台而言，原创新闻 App 生产的新闻内容是其内容池的重要组成部分；而对于兼具新闻内容方和渠道方身份的原创新闻 App 而言，编辑产出的新闻内容，通过其他平台实现的广泛传播，也能助力自身品牌溢价提升，二者共同打通了媒体新闻内容从生产到分发的链路。

2. 典型案例：新华网 App

新华网 App 是新华通讯社的网上新闻门户，是中国新媒体国家队领军者、中国最大党政 App 集群统一入口和综合信息服务统一平台。它依托国家通讯社遍布全球的新闻信息采集网络，全天候发布一手新闻资讯，提供政务信息、便民应用、文化娱乐、生活休闲等服务。它的主要特点有如下几个方面。

（1）来源广泛。依托国家通讯社遍布全球的新闻信息采集网络，全天候第一时间发布权威、原创、丰富的新闻资讯。

（2）内容丰富。汇聚新华社重大时政新闻、主题报道、突发事件、社会热点报道等优势资源，融合大数据、可视化、轻应用、动新闻等全媒体数字产品形态，提供不一样的新闻体验，见人所未见。

（3）个性推送。应用"身份识别"技术，发掘共同兴趣，兼顾个性偏好，智能推荐、个性阅读、快捷搜索，主流信息与用户兴趣有效匹配、精准传播。

（4）服务本地。通过本地频道和基于地理位置服务（LBS），一键到达新华社千余家地方 App，集纳本地政务、便民应用、文化娱乐、生活休闲等服务。

（5）传受互动。随时"问记者"，与新华社遍布全球的 3 000 多名记者实时互动，直接提问，即时沟通。记者永远在路上，新闻一直在延伸。

10.3.3　聚合新闻 App

1. 聚合新闻 App 的内涵

聚合新闻，也称新闻聚合。最早出现的聚合新闻是指 RSS（really simple syndication）。它通常是站点提供给用户订阅共享的简单的项目列表，类似百度的搜索结果页面。每一个项目都含有一个标题，一段简单的介绍，还有一个 URL 链接（如一个网页地址）等信息。用户可以借助 RSS 聚合工具软件（如 RSS 阅读器），在不打开内容页面的情况下阅读支持输出 RSS 的网站的简易内容，也可点击链接进入网站查看详情。RSS 的本质是要解决用户的个性化阅读问题，但是随着智能技术和机器算法的进步，RSS 渐趋衰落，一些更精准的个性化阅读新产品应运而生，这就是近几年流行开来的聚合新闻 App。

聚合新闻 App，是更丰富、更实用的新闻信息聚合应用程序。它是基于用户主动搜索、订阅、浏览的历史数据，通过机器算法与编辑互动，评测用户新闻信息偏好，从而有针对性地聚合传统媒体和自媒体平台各种新闻信息，进行个性化精准推送的产品形式。聚合新闻 App，主要有两种模式，一种是专业新闻 App，如今日头条和一点资讯等；另一种是门户频道新闻 App，如百度新闻、腾讯新闻、网易新闻等。

2．今日头条 App

1）今日头条 App 概述

今日头条，是一款基于数据挖掘的推荐引擎聚合新闻 App，它为用户推荐精准化、个性化、定制化的信息，提供连接人与信息的新型服务，是国内移动互联网领域成长最快的聚合新闻 App 之一。它由北京字节跳动科技有限公司开发，2012 年 8 月发布第一个版本。2016 年 9 月 20 日，今日头条宣布投资 10 亿元用以补贴短视频创作，正式加入短视频领域竞争。2017 年 11 月今日头条用 10 亿美金收购音乐短视频平台 Musical.ly。2018 年 5 月 17 日，今日头条将 slogan "你关心的，才是头条" 改成 "信息创造价值"。

今日头条的主要"生产方式"，是运用智能技术广泛搜索、采集新闻网站、门户网站、自媒体平台或者社区等的信息，然后通过一定的算法将抓取到的有价值信息推送给用户。

2）今日头条 App 功能

（1）个性化推荐阅读。今日头条 App 根据使用今日头条 App 用户的统计学特征、环境特征、文章特征、行为特征等多个维度，通过大数据挖掘分析用户偏好，进行个性化推荐，不仅可根据用户年龄、性别、职业等特征，自动计算并推荐其感兴趣的资讯，甚至可以根据用户所在城市，自动识别本地新闻，精准推荐给当地居民。推荐内容不仅包括狭义上的新闻，还包括音乐、电影、游戏、购物等资讯。

今日头条通过对海量数据的深度挖掘，不仅能够为每一个人按兴趣推荐信息，还能够从宏观的角度得到大众群体的阅读趋势。这是它能够从门户垄断的格局中脱颖而出的优势所在，所依托的是其独到的推荐引擎技术，其倡导的"个性化阅读"理念已经成为行业的发展趋势，并且被众多老牌互联网公司模仿。个性化推荐就是通过对用户行为和关系的分析，挖掘用户对内容的偏好和潜在需求，通过信息聚合，自动为其生成符合其需求的信息，从而实现个性化的内容推荐和定制新闻发送。

（2）头条寻人。头条寻人是由今日头条在 2016 年 2 月发起的面向全国的一个公益寻人项目。它借助互联网＋的精准地域弹窗技术，对寻人或寻亲信息进行精准的定向地域推送，可以帮助家属寻找走失人员，帮助被救助管理机构救助的疑似走失人员寻找家人。截至 2016 年 12 月 14 日，头条寻人已帮助找到 636 名走失者，其中，年纪最大的走失者为 101 岁，走失时间最长 57 年，最多一天找到 12 位走失者，最快 5 分钟找到走失者。

（3）头条号内容平台。2014 年 10 月，今日头条推出公共信息发布平台，邀请各级党政机关入驻政务"头条号"，通过今日头条先进的信息分发技术，让党政机关的权威声音有效传播到目标受众，为社会公众提供更为及时、准确的信息服务。今日头条也动用大量资金鼓励内容创作，投资 10 亿元用以补贴短视频创作。

3．一点资讯 App

一点资讯由前百度公司副总裁任旭阳、前雅虎中国区研究院院长郑朝晖博士等人创办，于 2013 年 7 月左右上线苹果商店和安卓应用商店。2015 年 4 月 15 日，前搜狐网总编辑吴晨光加盟一点资讯，出任"一点资讯"副总裁兼总编辑。2016 年 9 月 7 日，中央网信办"网信中国"携 31 个省、直辖市、自治区矩阵入驻一点资讯。一点资讯成为中央网信办政策解读、信息发布、热点发声的全方位立体发布平台，并与中央网信办共同构建网络清朗空间，携手打造"指尖上的网信办"。2017 年 1 月 12 日，一点资讯与中国天气网联合主办双方宣布正式达成战略合作，为用户提供个性化、智慧化、精细化、场景化的气象服务。2017 年 2 月，一点资讯发布"2017 自媒体战略"，与视觉中国、秒拍、小咖秀、一直播、美摄五大平台达成战略合作。2017 年 11 月 14 日，凤凰新媒体 2017 年第三季度财报显示，其旗下内容资讯产品一点资讯已经完成 1.121 亿美元融资，估值 10 亿美元，该轮投资由龙德成长及其他两家公司投资。2018 年 11 月 16 日，一点资讯、京东、搜狗等公司的互联网纠纷人民调解委员会，与杭州互联网法院签署合作协议，共同探索互联网案件多元化纠纷解决机制。

与今日头条"你看了什么内容就给你推荐什么"不同，一点资讯是一款为兴趣而生的新一代资讯客户端，可以说是"你搜索了或者订阅了什么感兴趣的内容就给你推荐什么"。它通过提供个性化的自定义频道并且以机器算法为基础，了解用户偏好，为用户推送自己关心的资讯。作为诞生于移动端的聚合型新闻资讯平台，不同于以编辑为主要运营人员的传统媒体，其很大一部分工作人员是属于技术人员，用算法去了解用户的偏好，不生产新闻，只是进行新闻的推送。其推送内容包括时政新闻、财经资讯、社会热点、军事报道、家装设计、育儿常识、星座命理、出游旅行、野史探秘、太空探索、未解之谜、前沿科技资讯，探索未知新世界等。

一点资讯先天适应于内容平台的移动玩法，经历过爆发式发展后，正在从单纯的内容提供方，向能够为用户个性化地推荐商品及本地服务的综合服务平台转变。未来，一点资讯将进一步开放数据资源和技术能力，一方面，将用户数据的应用从指导内容分发向指导广告投放、内容生产、商品分发等方面拓展；另一方面，将兴趣引擎技术向其他媒介平台开放，助力内容服务在各个场景下的输出。

10.4　问答类 App

问答类 App 是在知识共享经济的背景下产生的。它是一种主要以知识、智慧、经验、技能变现为目的、把人们的现实社会关系延伸到虚拟的网络空间的问答式知识传授应用程序。这类产品可以将人们的过剩资源实现利用最大化，并且为用户带来一定的收益。问答 App 的兴起，解决了人们以前上网搜不到专家建议和明星回答的困惑。2012 年 2 月，综合类社会化问答网站略晓网上线，用户在该平台通过"悬赏"的方式发布问题，通过付费来获得更好的回答。2015 年 3 月，果壳网推出"在行"，在知识技能分享平台上，用户可以和各行各业的专家、名人进行约见，实现一对一面谈。2016 年 4 月，"知乎""分答"的出现，使付费问答类产品趋于流行。不过，这类产品还面临许多问题。比如隐私保护、后续价值延续、问题的实践效果未知、同质化产品严重等，需要进一步优化提升。这里介绍几种常见的问答 App。

10.4.1　知乎 App

知乎于 2010 年 12 月上线，三个月后获得了李开复的投资，一年后获得启明创投的近千万美元。2013 年 3 月，知乎由过去的邀请制注册方式，改为向公众开放注册。不到一年时间，注册用户由 40 万攀升至 400 万。2017 年 8 月，知乎推出新功能"想法"，形式为短内容记录，与朋友圈、微博相似。2018 年 3 月，因管理不严，传播违法违规信息，"知乎"App 下架七天；4 月 26 日，知乎宣布启动用户权益保护升级，针对除信任的搜索引擎外的第三方机构，将采取白名单许可的方式，规范知乎内容的使用标准；6 月 6 日，知乎宣布将原有的"知识市场"业务升级为"知乎大学"，并组建新的知识市场事业部。"知乎大学"的知识服务矩阵由"课程体系""书的体系"和"训练营"共同组成。8 月 8 日，知乎宣布完成 2.7 亿美元 E 轮融资，估值接近 25 亿美元。

依据知乎官方提供的数据，知乎至今已提供 15 000 个知识服务产品，生产者达到 5 000 名，知乎付费用户人次达到 600 万。每天，有超过 100 万人次使用知乎大学。知乎的主要功能有发布问题、回答问题、文章创作以及知乎 Live。这些功能体现在知乎 App 底部的几个主要板块上。

1. 首页

知乎首页有四大功能区：关注、推荐、热榜和视频。

"关注"主要呈现用户可能感兴趣的人。点击"开始吧"，进入"用户广场"，包括推荐、游戏、运动、互联网、艺术、阅读、美食、动漫、汽车、生活方式等共 34 大类可选择的关注对象。

"推荐"主要是向用户推荐实时更新的问答。用户可以打开感兴趣的问答，点击页面右上端的"写回答"，也可以点击页面下方的"赞同"、"感谢"、"收藏"或"评论"。

"热榜"主要是按照热度由高向低向用户推送问答。用户可以打开感兴趣的问答，"关注问题"，也可以"邀请回答""添加回答"。对已有的回答可以"赞同""评论"。

"视频"主要是以视频形式的问答，其中还包含"知乎小视频"。用户可以打开感兴趣的问答，点击页面右上端的"+ 关注"，也可以点击页面下方的"赞同"、"收藏"或"评论"。

在首页的正上方，可以搜索自己想要知道的问题，在首页的右上方，用户可以提出问题。

2. 想法

知乎想法页，可以分为三个板块：一是"正在讨论"；二是"热门想法"；三个是"发现知友"。

3. 会员

开通会员，可以看到两个板块：课堂和读书会。课堂板块包括职场成长、心理情感、培训考试、互联网、商学院、生活研修、科技科普、健康学堂、人文艺术和任务中心十大类。页面下半端，还有"编辑推荐"和"名人专区"板块。读书会板块包括会员专区、免费、榜单、分类和书架几大类。页面下半端还有"名人专区""读书会领读""电子书推荐""知乎出品""特惠打包"等大类。

4. 通知

知乎通知页，可以分为两个版面：私信和通知列表。

5. 我的

在页面最上端是个人主页，分为四个版面："我的创作""关注""我的收藏""最近浏览"。接下来是"学习记录""已购""余额礼券""我的 Live""我的书架""下载中心""付费咨询""活动广场""反馈与帮助""夜间模式""设置"几大板块。再接下来是"回答问题""视频创作"板块。

知乎之所以在很短时间内成为问答类 App 的翘楚，就是因为以问答模式为中心，形成了有序的"公共领域"，浸透于问答中的见解文化形成了知乎独特的社区风格，因而吸引了成千上万的高质量用户。这些用户所生产的高质量问答，是知乎得以兴盛并持续发展的不二法门。通过对知乎的考察，我们可以发现，下面的问题类型，最为引人关注，也是玩转知乎的内容策略。

主题积极：如"现实可以有多美好"；

主题消极（令人愤怒、恐惧类回答）：如"如何评价雾霾调查《穹顶之下》"；

有趣（抖机灵、段子）：如"如何正确地吐槽"；

干货（各行各业的专业类回答）：如"有哪些文化上接近 A 省，却在行政上被划归 B 省的城市"；

爆照：如"知乎妹纸爆照大合集"；

社会热点类问答：如"如何评价包贝尔婚礼上闹伴娘即试图把柳岩扔到水里的行为"；

故事类问答：如"如何看待 2016 年 4 月流行的让男朋友猜化妆品价格这件事"；

总结类问答：如"如何评价电影《死侍》"；

名人回答：如李开复、徐小平等社会知名人士的回答。

在左侧位置，为"问题回答"版面，占到这一板块大约 70% 的位置。在这一板块的版面中，用户可以对相关问题进行修改、评论、举报和管理投票。用户可以对自己觉得不合适的问题、问题标签和问题补充进行修改。同时，如果发现自己感兴趣的问题，用户也可以评论，如果发现不合适的问题，用户也可以举报。在问题回答上，用户可以按照适合自己的方式，对问题的回答进行排序操作（知乎提供按投票排序、按时间排序和按用户关注人显示三种内容呈现方式）。

10.4.2　分答

分答是"在行"团队孵化的国内一款付费语音问答平台，自 2016 年 5 月 15 日上线后，王思聪、李银河、周国平、罗振宇、汪峰、章子怡等众多明星大咖，以及健康、理财、职场等名人答主，都在分答付费语音平台回答各类问题。上线仅 42 天，分答收获了超过 1 000 万授权用户，付费用户超过 100 万，33 万人开通了答主页面，产生了 50 万条语音问答，交易总金额超过 1 800 万，复购率达到 43%。2016 年 11 月 24 日，在行 & 分答获得腾讯的 A+ 轮战略投资。

分答的"游戏"规则是，有三个角色设定：回答者、提问者和偷听者。回答者只需要说明自己擅长的领域，然后设置付费问答的价格，价格规定为 1~500 元，感兴趣的用户可以付费后对回答者进行最多 50 字的文字提问，最后，答主通过最多 60 秒的语音来回答问题。

在此过程中，用户还能付费 1 元钱来"偷听"其他人提出问题得到的答案。被"偷听"一次，提问者与回答者都可以得到 0.5 元。所以回答能赚钱，提问也可能赚钱。

分答与知乎对比，有如下不同之处：

（1）知乎是文字形式，分答采用语音形式。

（2）知乎是用户放出问题和答案，但遮盖答案，感兴趣的人需要付费刮开。而分答是由提问者抛出问题，被问到的人选择是否回答，回答则费用入账。

（3）在付费后的分配方式上，分答采用了一个多方分配的机制。比如张三设置回答问题的价格是 2 元，那么李四觉得该价格能接受，于是向张三提问，张三觉得可以回答，则回答后 2 元入账。如果在他俩之外的王五，对这个问题的答案同样也感兴趣，那么他可以支付 1 元（旁听价格由分答官方设定）来旁听，其中 0.5 元支付给提问者李四，另外 0.5 元支付给回答者张三。旁听的人越多，张三和李四后续就能通过该问答获得越多的收入。每天晚上，分答官方会通过微信支付来跟用户结算，收入中的 90% 给用户。而知乎是想看答案的人付费给题主，刮开后觉得有用钱就转入题主，如果觉得没用，钱就转入知乎平台。

10.4.3　悟空问答

悟空问答是一个为所有人服务的问答社区，是一种获取信息和激发讨论的全新方式，致力于增长人类世界的知识总量、消除信息不平等、促进人与人的相互理解。通过它，你可以想知道在上班时间，Google 公司允许自由支配的 20% 的时间，员工都在玩什么吗？他们玩的一种软件你知道吗？

从数亿互联网用户中，找到那个能为自己提供答案的人。悟空问答跨越地域、人群和年龄，成为包容所有人、被所有人热爱的问答平台。

悟空问答源于头条问答。2016 年 7 月，头条问答频道在今日头条 App 内上线，2017 年 6 月，头条问答更名为悟空问答。这次升级加强了品牌辨识度，开拓了独立运营能力，比如推出独立 App 和 PC 端网站，用户既能在今日头条 App 内访问悟空问答，也可以通过下载悟空问答 iOS 和安卓 App，或直接访问 PC 端等方式使用。

悟空问答曾精心组织过很多品牌活动，如作为《脑洞大开》节目和电影《大护法》的官方问答平台，搭建相关问答专题，数万用户积极参与。2016 年 12 月，悟空问答举办"寻找全世界最坑爹的工作"活动，发布了近万条回答，其中包括数十位各界名人，包括王宝强、罗永浩、黄健翔等。还曾制作"世界自闭症日"公益视频"怎样让孩子喊我一声妈妈"，参考消息、央视网等央媒与何洁、谢楠等名人相继转发，视频合计播放量近千万次。

悟空问答的特点如下：

1. 智能算法

悟空问答沿用了今日头条的大数据智能推荐算法，根据用户的阅读、评论等操作行为，进行内部系统评分和排名，优胜劣汰地为用户精准推荐。这种"去小编"的智能推荐模式，既能激活用户的兴趣点，也能大幅度提升用户黏性。

2. 用户基数庞大

截至 2017 年 7 月，已有 5 000 万用户先后入驻悟空问答社区，在社区分享他们所拥有的信息、经验、知识和观念。

3. 开放多元

目前，已有许多明星入驻悟空问答，包括《欢乐颂 2》的几位主要演员蒋欣、王子文、王凯等，他们就该剧的职场和恋爱话题，回答了观众的一些问题，吸引了众多粉丝围观。

10.5　图书类 App

随着移动智能设备越来越频繁的功能迭代，能在手机上看的图书资源增多，好用的图书 App 也越来越多。它们或拥有一个丰富的综合图书资源库，或有着近乎完美的阅读体验，或拥有某些行业或专业的图书资源。《互联网周刊》2014—2017 年 App 排行榜显示，最常用的图书类 App 如表 10-7 所示，掌阅一直居于榜首，QQ 阅读、书旗小说、多看阅读也一直居于前列。

表 10-7　2014—2017 年图书类 App TOP5 排行榜

排名 \ 年度	2014 年	2015 年	2016 年	2017 年
1	掌阅	掌阅	掌阅	掌阅
2	和阅读	书旗小说	QQ 阅读	QQ 阅读
3	多看阅读	和阅读	书旗小说	书旗小说
4	QQ 阅读	QQ 阅读	咪咕阅读	咪咕阅读
5	喜马拉雅	多看阅读	多看阅读	追书神器

10.5.1　掌阅 App

1．掌阅 App 概述

掌阅是一款智能手机移动阅读 App。该软件支持 EBK3/TXT/UMD/EPUB/CHM/PDF 等主流阅读格式。用户使用 iReader 软件，可以对众多的网络书城、中文网址所提供的海量精品图书免费试读下载，是各大电子市场阅读类 App 的代表产品。掌阅 App 功能丰富强大，自有研发的 EBK3，支持音视频等富媒体，排版效果媲美实体书。掌阅 App 与国内外近 600 家优质的版权方合作，引进高质量的图书数字版权 50 万余册，年发行图书 15 亿册，书籍日更新 1 亿字，为全球 150 多个国家和地区的 6 亿多用户，提供高品质的图书内容和智能化的用户体验。掌阅具有独特排版、自动断章、蓝光护眼、自动阅读、图书管理、无线传书和强大插件等特点。

2．掌阅的功能特点

1）界面设计

界面设计美观个性：滚动的动态首页，包括的条目有用户活动、最受关注的资源、热门讨论贴及热门读物推荐等；"个人书房"中用户可以选择不同颜色与图案的版式界面；基于用户阅读历史的推荐功能包含用户可能会喜欢的书；提供关注的友邻的最新动态。

2）内容查找

掌阅拥有主流网络小说及部分畅销、生活、文学作品 20 多万册，相较于其他阅读类 App 较为丰富；在检索上支持站内检索和书内检索，提供按书名、作者及关键字的模糊匹配，也有按 TAG 标签的导航分类。

3）沟通交流

掌阅有书评功能，对已购图书可以增加评论，同时可以看到他人的评论回复；有即时分享功能，用户可分享到微博、微信及 QQ 好友圈等；有书摘、笔记及加入书友圈功能；另开发了"附近的人"功能，通过手机位置定位，可以查看附近的人书架上的已购图书，并分享阅读其已购图书部分章节。

4）个性设置

赏阅的个性设置如：云空间；"猜你喜欢"功能；朗读功能；护眼模式；休息提醒；字体下载及跟踪连载等。

5）会员管理

掌阅的会员管理如：虚拟币"阅饼"；签到及允值奖励；做任务赢经验值；等级成长等较完整的用户成长体系。

10.5.2　超星 App

超星数字图书馆成立于 1993 年，是国内专业的数字图书馆解决方案提供商和数字图书资源供应商。超星数字图书馆，是国家"863"计划中国数字图书馆示范工程项目，2000 年 1 月，在互联网上正式开通。它由北京世纪超星信息技术发展有限责任公司投资兴建，目前收录了自 1977 年至今的数字图书八十多万种，涉及哲学、宗教、社科总论、经典理论、民族学、经济学、自然科学总论、计算机等各个学科门类，提供大量的电子图书资源提供阅读，其中包括文学、经济、计算机等五十余大类，数百万册电子图书，500 万篇论文，全文总量 13 亿余页，数据总量 1 000 000 GB，超过 16 万集的学术视频，拥有超过 35 万的授权作者，5 300 位名师，

1 000 万注册用户并且每天仍在不断地增加与更新。许多作者对这项数字图书馆事业给予了热烈支持，钱学森院士、贾兰坡院士、吴文俊院士、刘东生院士等 200 余位两院院士及社科院数百名专家不但授权，而且题词勉励超星。

先进、成熟的超星数字图书馆技术平台和"超星阅览器"，可以为读者提供读书所需的各种功能。它专为数字图书馆设计的 PDG 电子图书格式，具有显示效果很好、适合在互联网上使用等优点。"超星阅览器"是国内目前技术比较成熟、创新点较多的专业阅览器，具有电子图书阅读、资料扫描、资源整理、网页采集、电子图书制作等一系列功能，是国内外用户数量最多的专用图书阅览器之一。iPad 超星阅览器（SSReader）是超星公司专门针对 iPad 平板电脑开发的一款数字图书阅读软件，该 iPad 版本超星阅览器提供了 10 万册电子图书的免费在线阅读。

"超星阅览器"的功能操作方法如下。

1. 软件界面

（1）主菜单：包括超星阅览器所有功能命令，其中"注册"菜单是提供给用户注册使用的，"设置"菜单是给用户提供相关功能的设置选项。

（2）功能耳朵：包括"资源""历史""交流""搜索""制作"。

——"资源"：资源列表，提供给用户数字图书及互联网资源，具体如何使用可查看"资源管理"。

——"历史"：历史记录。用户通过阅览器可以访问资源的历史记录，具体如何使用可查看"历史"。

——"交流"：在线超星社区，供用户读书交流问题、咨询或为用户提供找书帮助。

——"搜索"：在线搜索书籍。

——"制作"：可以通过制作窗口来编辑制作超星 PDG 格式 Ebook。

（3）工具栏：包括快捷功能按钮采集图标、翻页工具、窗口等。

——快捷功能按钮采集图标：用户可以拖动文字图片到采集图标，方便地收集资源。具体使用方法查看主要改进。

——翻页工具：阅读书籍时，可以快速翻页。

——窗口：阅读超星 PDG 及其他格式图书窗口。

——网页窗口：浏览网页窗口。

——制作窗口：制作超星 Ebook 窗口。

——下载窗口：下载书籍窗口。

使用超星阅览器标准版的用户，可以使用"文字识别"功能。操作方法：在阅读书籍时，在书籍阅读页面右击，在右键菜单中选择"文字识别"，在所要识别的文字上画框，框中的文字即会被识别成文本显示在弹出的面板中，选择"导入编辑"可以在编辑中修改识别结果，选择"保存"即可将识别结果保存为 TXT 文本文件。

2. 剪切图像

操作方法：在阅读书籍时，在书籍阅读页面右击，在右键菜单中选择"剪切"图像，在所要剪切的图像上画框，剪切结果会保存在剪切板中，通过"粘贴"功能即可粘贴到"画图"等工具中进行修改或保存。

3．书签

（1）添加网页书签。操作方法：在网页窗口执行"书签"→"添加"命令，根据提示完成操作。网页书签记录网页的链接地址及添加时间。

（2）添加书籍书签。操作方法：在书籍阅读窗口执行"书签"→"添加"命令，根据提示完成操作。书籍书签记录书籍的书名、作者、当前阅读页数及添加时间。

（3）书签管理。操作方法：单击书签菜单执行"书签管理"命令，在弹出的提示框中对已经添加的书签进行修改。

4．自动滚屏

在阅读书籍时，可以使用滚屏功能阅读书籍。操作方法：在阅读书籍时，在书籍阅读页面双击鼠标左键开始滚屏，右击停止滚屏。如果用户要调整滚屏的速度，就可以在"设置"菜单中的"书籍阅读"选项中进行设置。

5．更换底色

使用"更换阅读底色"功能来改变书籍阅读效果。操作方法：在"设置"菜单中选择"页面显示"，在"背景"选项的"图片"中选择要更换的底色，或在书籍阅读页面右击，在右键菜单中选择"背景设置"，在"图片"中选择要更换的底色。

6．发表

发表自己的文章，与其他会员分享。操作方法：在制作窗口中，单击"发表"可以将自己的文章发表到"读书笔记"栏目中。

7．互联网资源

通过专业的分类及筛选，汇集网上精华资源（包括在线电影、电视、电台、音乐、报纸、期刊等），让用户充分享受网络资源共享的乐趣。

8．导入文件夹

可以通过"我的图书馆"管理自己的文件。操作方法：在"我的图书馆"下的图书馆选择"导入"→"文件夹"。

9．上传资源

用户通过"我的图书馆"整理好的专题可以通过"复制""粘贴"功能上传到"上传资源站点"，通过上传资源站点与其他用户交流。此功能仅对读书卡会员开放。操作方法：在"我的图书馆"下复制分类，在"上传资源站点"粘贴，粘贴成功即上传成功。上传成功，刷新后就可以看到上传后的专题名称会标注出用户名。

10.5.3 微信读书

微信读书是基于微信关系链的官方阅读应用，同时支持 iOS 和 Android 两大终端平台，在提供便利阅读体验的同时，为用户推荐合适的书籍，并可查看微信好友的读书动态、与好友讨论正在阅读的书籍等。

1．微信读书的特点

（1）精心打磨的阅读体验。微信读书支持 EPUB 和 TXT 格式，可以随心个性化用户的专属阅读风格。

（2）和好友发现优质好书。微信读书可以帮用户发现下一本适合的好书。书海茫茫，让微信好友的口碑来帮你完成筛选，快速找到优质好书。

（3）和好友讨论、交流、碰撞。微信读书可以让用户在阅读中与好友的想法邂逅，跟好友交流自己的阅读感想，碰撞出更多火花。

（4）和好友比拼阅读时长。严肃的阅读游戏，让人可以轻松地了解自己的阅读时长，在阅读中不仅能收获知识，更能收获与好友比拼的成就感。

2. 微信读书的使用方法

（1）下载微信读书手机版应用程序然后安装，安装完成后可以直接用微信登录。使用微信登录时会提示登录后该应用将获得以下权限，直接点击"确认登录"即可。

（2）登录后点击"发现"，然后去找书。

（3）根据个人需求，直接搜索书名或者选择热门推荐里的书，也可按类别来找书。

（4）找到想看的书之后，直接点击书名，既可以试读，也可以直接加入书架，还可以点右上角将书分享给微信好友或者分享到朋友圈，也可以查看图书的出版信息及赠送图书给好友。将书加入书架后就可以在书架一栏中看到所有已添加到书架的图书了。

（5）阅读图书时，手指停留在某一处可以给文字加下画线备注，还可以写下这一刻的想法等操作。

（6）阅读时点击一下，可以改字体及文字大小还有调夜间模式和明亮度及图书目录。

（7）书架里的图书可以直接按住图书不松手，然后选择要删除的图书，直接删除即可或者私密阅读。

（8）在我的好友排名中还可以看到微信好友中读书排行榜。

（9）语音朗读。看小说看累时，可以使用语音朗读功能。可选择多种朗读语音和朗读效果，可以调节朗读速度，朗读音量，且自带定时关机功能。

10.6　搜索类 App

搜索类 App 指自动从互联网搜集信息，提供给用户进行查询的 App。互联网上的信息浩瀚万千，而且毫无秩序，所有的信息像汪洋上的一个个小岛，网页链接是这些小岛之间纵横交错的桥梁，而搜索类 App，则为用户绘制一幅一目了然的信息地图，供用户随时查阅。它们从互联网提取各个网站的信息（以网页文字为主），建立起数据库，并能检索与用户查询条件相匹配的记录，按一定的排列顺序返回结果。搜索类 App 比较常用的有百度搜索、360搜索、搜狗、必应、谷歌等。这里，根据中国网民的使用情况，主要介绍以下两种。

10.6.1　百度搜索 App

百度搜索是全球最大的中文搜索引擎，2000 年 1 月由李彦宏、徐勇两人创立。"百度"二字源于中国宋朝词人辛弃疾的《青玉案》诗句"众里寻他千百度"，象征着百度对中文信息检索技术的执着追求。百度起初主要为搜孤、新浪、263、tom 等提供搜索服务，其后推出系列产品，如图片搜索（image. baidu.com，2003 年 7 月）、新闻搜索（news. baidu.com，2003年 7 月）等。百度于 2005 年 8 月 5 日在纳斯达克上市。百度在中国各地和美国均设有服务器，搜索范围涵盖了中国香港、澳门、台湾和新加坡等华语地区，以及北美、欧洲的部分站点。百度搜索引擎拥有目前世界上最大的中文信息库，总量达到 6 000 万页以上，并且还在以每天几十万页的速度快速增长。

百度搜索引擎的工作原理是，当用户的查询内容传递到百度搜索引擎服务器上之后，后台高性能的"网络蜘蛛"程序，就会自动地在互联网中搜索信息；而可定制、高扩展性的调度算法，使得搜索器能在极短的时间内，收集到最大数量的互联网信息，并在极短的时间内将查询结果返回网站予以呈现。

1．百度搜索的信息类型

百度搜索的主要信息类型是通用的网页综合信息。不过，为了满足网民多方面的搜索需求，还提供三十余种不同类型信息的搜索服务。

（1）资讯搜索（news.baidu.com）：24 小时的自动新闻搜索服务，比较客观全面；百度新闻每天更新 80 000~100 000 条，每周 7 天，每天 24 小时永不停顿。除竞价排名外，全部新闻均由程序根据网民的关注程度自动生成。

（2）图片搜索（image.baidu.com）：百度从 20 亿网页中抓取各类图片，建立了世界最大的中文图片库。在用户搜索图片时，百度可以将与用户需要匹配的图片提供给用户。百度还提供新闻图片、彩信图片、桌面壁纸搜索等。

（3）MP3 搜索（mp3.baidu.com）：百度提供全球最大 MP3 搜索引擎，用户能在百度搜索到比较丰富的各种音乐。同时，百度 MP3 搜索拥有自动验证连接速度技术，总是把连接速度最快的音乐排在前列。

（4）WAP 搜索（wap.baidu.com）：百度提供的全球第一款中文 WAP 搜索真正实现了通过普通手机的无线搜索，百度 WAP 搜索除了能搜索超过 20 亿网页外，还提供了 WAP 版百度贴吧。

（5）硬盘搜索（disk.baidu.com）：百度硬盘搜索软件是全球第一款可检索中英文双语的硬盘搜索软件，可以帮助用户快速准确地找到电脑硬盘中的任一电子邮件、文档、浏览过的网页甚至 MSN 聊天记录等内容。

（6）黄页搜索（yp.baidu.com）：黄页搜索可以轻松获取企业与本地商业信息。黄页搜索通过关键词搜索同地区选择的结合，向网民提供本地化企事业信息与本地商业信息的搜索服务，通过企业名、地址、电话、服务类型等信息都可以进行有效搜索。

（7）影视搜索（movie.baidu.com）：百度影视汇集了九州梦网、新华电信、东方宽频、动感央视等国内多家著名宽频影视服务提供商的影片资源，面向互联网所有用户提供宽带视频检索服务，网民可以自由收看或下载。

（8）专业文档搜索：很多有价值的资料，在互联网上并非普通的网页，而是以 Word、PowerPoint、PDF 等格式存在。百度支持对 Office 文档（包括 Word、Excel、PowerPoint）、Adobe PDF 文档、RTF 文档进行全文搜索。要搜索这类文档，在普通的查询词后面，加一个"filetype："进行文档类型限定。"filetype："后可以跟以下文件格式：DOC、XLS、PPT、PDF、RTF、ALL。其中，ALL 表示搜索所有这些文件类型。

（9）股票、列车时刻表和飞机航班查询：在百度搜索框中输入股票代码、列车车次或者飞机航班号，用户就能直接获得相关信息。也可以在百度常用搜索中，进行上述查询。

（10）拍照搜索：百度在 2014 年 8 月底正式推出了手机百度 5.5 版，该版本支持任意实物的拍照搜索。不仅能够准确识别物体，而且能够根据用户所拍摄的物体精准推荐相关信息或服务。例如，用户可以拍花卉识别种类、拍蔬菜显示对应的热量、拍海报商品或商场的衣服可直接识别并转到相应的购物网站下单购买。这不仅为用户带来了全新的搜索体验，而且

解决了很多依靠传统的文字输入或语音所无法实现的搜索需求。

2.百度搜索引擎的特色功能 [①]

1）百度快照

每个被收录的网页，在百度上都存有一个纯文本的备份，称为"百度快照"。如果无法打开某个搜索结果，或者打开速度特别慢，用户可以通过"快照"快速浏览页面内容。

2）相关搜索

搜索结果不佳，有时候是因为选择的查询词不是很妥当。用户可以通过参考别人是怎么搜的来获得一些启发。百度的"相关搜索"，就是提供与用户的当前搜索相似的一系列查询词。百度相关搜索排布在搜索结果页的下方，按搜索热门度排序。如下面是"小说"的相关搜索，点击这些词，就可以直接获得它们的搜索结果。

3）拼音提示

对于广大网民经常使用的查询词串，只要输入它的汉语拼音，百度就能把最符合要求的对应汉字提示出来。它事实上是一个无比强大的拼音输入法。拼音提示显示在搜索结果上方。

4）错别字提示

对于用户搜索词中的常见错误，百度会给出错别字纠正提示。错别字提示显示在搜索结果上方。

5）英汉互译词典

随便输入一个英语单词，或者输入一个汉字词语，用户通过点击搜索结果页上的"词典"链接，就可以得到高质量的翻译结果。百度的线上词典不但能翻译普通的英语单词、词组、汉字词语，甚至还能翻译常见的成语。用户也可以通过"百度词典搜索"界面（http：//dict.baidu.com），直接使用英汉互译功能。

6）高级搜索语法

（1）把搜索范围限定在网页标题中——intitle。网页标题通常是对网页内容提纲挈领式的归纳。把查询内容范围限定在网页标题中，有时能获得良好的效果。使用的方式是，把查询内容中特别关键的部分，用"intitle："领起来。

（2）把搜索范围限定在特定站点中——site。有时候，用户如果知道某个站点中有自己需要找的东西，就可以把搜索范围限定在这个站点中，提高查询效率。使用的方式是，在查询内容的后面加上"site：站点域名"。

（3）把搜索范围限定在url链接中——inurl。网页url中的某些信息，常常有某种有价值的含义。用户如果对搜索结果的url做某种限定，就可以获得良好的效果。实现的方式是，用"inurl："后跟需要在url中出现的关键词。

（4）精确匹配——双引号和书名号。如果输入的查询词很长，百度在经过分析后，给出的搜索结果中的查询词，可能是拆分的。如果用户对这种情况不满意，可以尝试让百度不拆分查询词。给查询词加上双引号，就可以达到这种效果。

书名号是百度独有的一个特殊查询语法。在其他搜索引擎中，书名号会被忽略，而在百度，中文书名号是可被查询的。加上书名号的查询词，有两层特殊功能：一是书名号会出现在搜索结果中；二是被书名号扩起来的内容，不会被拆分。书名号在某些情况下特别有

---

① 北京大学.百度：中文的搜索老大［J］.电子商务，2008（01）.

效果，例如，查名字很通俗和常用的那些电影或者小说。

（5）要求搜索结果中不含特定查询词。如果用户发现搜索结果中，有某一类网页是用户不希望看见的，而且，这些网页都包含特定的关键词，那么用减号语法，就可以去除所有这些含有特定关键词的网页。例如，搜《神雕侠侣》，希望是关于武侠小说方面的内容，却发现很多关于电视剧方面的网页。那么就可以这样查询：神雕侠侣 - 电视剧。注意，前一个关键词，和减号之间必须有空格，否则，减号会被当成连字符处理，而失去减号语法功能。减号和后一个关键词之间，有无空格均可。

7）个性化搜索

用户还可以根据自己的习惯，改变百度默认的搜索设定，如每页搜索结果数量，搜索结果的页面打开方式等。先进入高级搜索，然后点击下方的"点击此处进入个性设置"，就可以进行设定了。

百度还支持对某个地区的网页进行搜索。进入高级搜索，进入地区搜索，选中希望查询的地区，就可以在该地区搜索了。

10.6.2　360 搜索 App

1．360 搜索 App 概述

360 搜索，是依托于 360 公司母品牌的安全优势，全面拦截各类钓鱼欺诈等恶意网站，提供安全、精准、可信赖的搜索服务的新一代搜索引擎。

2012 年 8 月 16 日，奇虎 360 公司推出综合搜索，提供一站式的实用工具综合查询入口，属于元搜索引擎，即通过一个统一的用户界面，帮助用户在多个搜索引擎中选择和利用合适的搜索引擎来实现检索操作。360 公司推出的综合搜索初期采用二级域名，整合百度搜索、谷歌搜索内容，可实现平台间的快速切换；2012 年 9 月 21 日，正式启动独立域名 so；2015 年 1 月 6 日，推出独立品牌"好搜"（www.haosou.com）；2016 年 2 月 1 日，好搜搜索更名为 360 搜索，域名也从"haosou.com"，切换为更易记忆、更易输入的"so.com"。

360 搜索属于全文搜索引擎，是目前广泛应用的主流搜索引擎。360 搜索包括新闻、网页、问答、视频、图片、音乐、地图、百科、良医、购物、软件、手机等应用。"360 搜索"推出了包括摸字搜、照妖镜、安心购、良心医、周边号、万花筒以及随心谈等"七种武器"，功能涉及便利性、安全、可信赖、实时性、本地化服务、社交等多个方面，满足用户在移动环境下使用搜索的习惯和需求。

360 不仅掌握了通用搜索技术，而且独创了 PeopleRank 算法、拇指计划等创新技术。PeopleRank 算法，其实是一种用户点评系统，用户点击行为加入排名算法中。如果用户对搜索结果的体验好，关键词和内容高度匹配，那么用户会评分，从而给网站带来更高的权重和更好的排名。另外，360 安全浏览器与极速浏览器均已设置了"推荐到 360 搜索"拇指按钮，用户在浏览网页时，可将自己认为优质的网站通过浏览器下方的"拇指"按钮提交给 360 搜索，以增加该网站在 360 搜索上的评级，使高质量的网站更容易被更多用户搜索到。这些举措，相对其他搜索引擎的竞价排名，由于更关注用户的反馈，所以增加了搜索的可靠性。

2．360 搜索的主要功能

1）网页搜索

360 搜索可以进行综合信息的网页搜索，并对返回的搜索结果做了许多优化，包括判断

用户最可能的需求，令用户最关心的内容最先最大限度地得到展现；搜索结果也按照结果属性做了结构化展示，帮助用户减少决策成本。

除此之外，360 搜索还开发了各类完善搜索行为的功能，包括搜索词自动补全、相关搜索以及搜索推荐等，为用户营造一个准确、全面、完善的搜索体验。

2）360 问答

360 问答是一个基于搜索的互动式知识问答分享平台，为用户打造一个干净、安全、可靠的问答环境。360 问答平台于 2012 年 9 月 22 日上线，当前累计提问数已经超过 3.6 亿，为 3 亿用户提供了帮助。

作为 360 搜索品牌的重要组成部分，360 问答与搜索引擎及各大企业客服相结合，利用用户贡献和专业客服回答累积的知识数据，反映到搜索结果中，通过用户和搜索引擎的相互作用，实现搜索引擎的社区化，快速地满足用户个性化的知识需求。

3）360 视频

360 视频汇聚了全中国所有主流视频网站的影视资源，通过精心整理、筛选、重构，逐渐形成比较丰富的视频聚合平台，让用户一站式了解全网视频动态，并能通过搜索、推荐以及贴心的各种工具，一键直达所需。目前 360 视频已经有了电影、电视剧、综艺、动漫、娱乐频道。

4）360 图片

360 图片收录 500 亿幅高清美图，为用户提供壁纸、素材、头像、写真、摄影、风景、美女、豪车、美食、家居等图片搜索服务；提供多个频道组图浏览，收录最全面的图解电影资源、精彩图文解说等。

360 识图是 360 图片搜索开发的以图搜图产品，通过上传图片、鼠标拖拽、输入 url 地址等多种方式，找到与这张图片相似的其他图片。360 识图通过图像识别、图像聚类和人脸识别等技术，提供数十亿图像数据的实时比对，包括近似相同图像搜索和相似类别图像搜索。

5）360 音乐

360 音乐通过和大型优质音乐网站的合作，汇集超过 500 万的曲库资源和超过 30 万的 mv 资源，同时提供丰富的 mv 视频库的一站式服务体验。

360 音乐在首页的位置，提供了推广歌曲的 banner 位，为用户提供了近期最新的、热门的歌曲。

360 音乐根据用户需求，设置了榜单功能，将榜单分为热歌榜、新歌榜、经典老歌榜等。360 音乐还提供了合作方音乐专区，引入酷我、一听、喜马拉雅板块的音乐。360 音乐同时还支持音乐搜索功能，在搜索框中输入用户想要了解的内容，然后单击"搜索"按钮，就可以查看用户想听的音乐了。

6）360 百科

360 百科是互联网中文百科全书，是一个自由开放、人人可编辑的百科平台，其测试版于 2013 年 1 月 5 日上线，是好搜品牌的重要组成部分。360 百科以用户为中心，聚合亿万智慧，秉承"让求知更简单"的理念，收录了超过 2 000 万词条，内容涵盖几乎所有领域的知识，帮助用户更加及时、便捷地获得准确、权威的知识与信息。同时，360 百科与 360 搜索及各专业网站相结合，不断提升内容的全面性和专业性，满足用户全方位的知识需求。

7）360 良医

360 良医是 360 公司涉足互联网医疗的战略业务，360 良医的愿景是中国医学工作者的最佳执业助手。不同于既有的"轻问诊"与"网上挂号"，360 良医力推"医疗 P2P"模式，即 patient to professional。基于这样的理念，360 良医推出三甲医院直通车服务，通过互联网的技术和手段，在不增加现有医疗资源供给的情况下，优化现有医疗结构，将病人和专家直接对接，有效地缩减中间环节，大大提高医患双方的满意度。360 良医同时郑重承诺，推出的所有服务都是由三甲医院医生提供，可放心就诊。如发现不是三甲医院医生提供，360 将全额赔付。

8）360 指数

360 指数走势包含指数概况、搜索指数趋势、媒体关注度。用户可通过 360 指数查询关键词热度趋势，通过筛选左侧时间段，查看指定时间内的热词趋势。用户在需求图谱频道可查看搜索词的需求分布、相关搜索趋势、搜索飙升词、相关新闻信息；在人群特征频道可查看人群属性、人群定位、地域分布相关信息。

9）360 谈谈

360 谈谈是 360 搜索基于搜索关键词的轻量互动聊天工具，用户可以通过搜索关键词、我的谈谈进入谈谈聊天区，与谈友就自己喜欢的话题进行实时在线交流。

（1）如何找到谈谈：在好搜搜索框输入某个 QUERY，会在搜索结果页右侧召回谈谈（不是所有 QUERY 都会召回谈谈）。

（2）如何在谈谈中发言：用户可以在非登录状态下浏览谈谈用户的发言，但如需自己发言，则需要登录 360 账号。

（3）如何再次找到某个谈谈：如果用户觉得某个谈谈里的谈友以及聊天内容很好，想以后再次访问，则只需单击谈谈右上角的"收藏"按钮，自己收藏的谈谈会保存在屏幕右下角的"我的谈谈"里，用户可以很方便地找到它。

（4）官方推荐的热聊话题以及系统消息都会出现在"我的谈谈"中，方便用户查看。

10）360 热榜

360 热榜提供全面、新颖的实时热门榜单，覆盖热点新闻、电影、电视剧、综艺、动漫、小说、人物等十二个频道，用户可自由筛选自己感兴趣的排行榜。

360 热榜数据分别来源于 360 新闻、360 影视、360 小说等站点，根据 360 搜索指数进行排名，每天抓取一遍数据更新一次，以便让用户获得最新最全的热门排行榜。

11）360 软件

360 软件是 360 软件管家的网页版，提供数十类超过十万款的软件、应用、游戏资源下载，所有内容通过 360 安全中心检测，无木马病毒，无诱导广告，用户可以方便快速地安装自己需要的软件，为用户打造一站式下载安装软件的平台。360 软件收录的每款软件都经过人工安装验证，确保无毒、无木马，用户尽可放心下载。

12）360 学术

360 学术汇聚海量中英文学术期刊、论文，给科研人员最好的专业搜索服务。在 360 学术上搜索文献关键词，或文献标题，好搜会从海量数据库中调取相应的文献。用户可以根据发表时间进行筛选，也可按照相关性、引证文献和发表时间进行自定义排序。每篇文献，都追踪其印证文献，查看其相关文章，根据它进行全网搜索，或查看当篇文章的更多版本。

13）360 新闻

360 新闻聚合海量新闻资讯，涵盖国内、国际、军事、体育、互联网、科技、教育、财经、房产、汽车、娱乐、女性、健康、游戏等。用户输入热点新闻关键词，新闻搜索引擎会推送最优质相关资讯，供用户选择。新闻搜索引擎还提供热评话题和国内热点供用户查看，用户可对感兴趣的新闻进行评论。

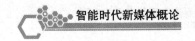

14）360 站长平台

360 站长平台是好搜网页搜索与站点管理员沟通交流的平台。管理员可以通过 sitemap、官网标注、索引查询、客服电话等站长工具进行数据提交和数据查询，方便好搜对站点的识别和爬取。

用户可添加站点，通过验证后，可完成对 sitemap 等的添加操作。用户对验证过的站点，可提交 sitemap、URL 提交、死链提交等操作，便于好搜对站点的识别和抓取。

用户可对验证的站点，进行官网直达提交：明确寻址词下的标注官网有利于提升站点的认同度。站长用户可提交移动适配、客服电话递交等操作。

10.6.3　搜索引擎使用技巧

1．关键词

对于网络检索而言，最基础的，也是最为困难的，是设置怎样的关键词进行检索。一要概括准确。数量充分的关键词是搜索的关键和基础。通常情况下，仅使用一个关键词，不能充分表述所要查找的目标的信息，导致搜索结果不准确甚至包含大量无用信息。尽量充分挖掘检索目标的特征信息，并使用多个关键词从不同角度描述目标对象，可以使搜索结果更加精准。二要选择合适的关键词的级别。大而宽泛的主题范围，将带来大量的冗余结果，而专精而狭窄的主题范围，则往往只包含少量的搜索结果。因此，选择合适的关键词级别对搜索结果至关重要。而合适的主题范围（即关键词级别）有赖于信息用户的个人经验和知识积累，类似于雅虎和图书分类体系的相关知识，可以为广大用户提供参考借鉴。

2．布尔检索

当检索式中涉及多个检索词，使用适当的逻辑字符来缩小搜索范围，可显著提高搜索结果的准确度。而布尔检索，也就是将多个关键词，按照一定的逻辑运算关系组合在一起形成的组合检索，常用 AND（和）、OR（或）、NOT（否）、NEAR（两个单词的靠近程度）进行搜索界定，或使用括号将检索词分别组合等，有助于使检索结果更加精确。

3．加／减号检索

加／减号检索是搜索引擎支持的常规功能，即在检索词前置"+"/"-"号，其作用相当于布尔逻辑"与"/"非"运算。

4．词组检索

词组检索是将一个词组或短语用双引号""""括起作为一个独立运算单元，进行严格匹配，是进行精确搜索的一种方法。

5．右截断网址

在信息检索中，当获得一个很长的网址并链接不上时，可从右至左依次删除网址斜杠后的内容，直至链接成功。

6．利用网页快照功能

由于网页快照存储在搜索引擎服务器中，因此查看网页快照的速度，往往比直接访问网页要快。网页快照中，搜索的关键词用亮色显示，用户可以点击呈现亮色的关键词，直接找到关键词出现的位置，便于快速找到所需信息，提高搜索效率。当搜索的网页被删除或连接失效时，也可以使用网页快照来查看这个网页原始的内容。

7．利用浏览器的查找功能

面对文字篇幅较大的网页而言，使用浏览器的查找功能，可以快速定位到所查找的关键字上面以节省检索时间。

8.利用检索工具的特殊功能

不同的搜索工具具有一些专用的特性，认识并掌握它们可以使查询事半功倍。例如，"filetype："是 Google 公司开发的一个非常强大而且实用的搜索语法。通过这个语法，Google 不仅能搜索一般的网页，还能对某些二进制文件进行检索。

9.对搜索的网站进行限制

"site：指令"表示搜索结果局限于某个具体网站或者网站频道，如"tfcg.net""bookmark.tfcg.net"，或者是某个域名，如"com.cn""com"等。

问题拓探

1. 利用各种资源，广泛收集目前 App 的现状和问题，分析未来的发展趋势。

2. 你认为如何解决 App 过多占用移动端空间而导致用户大量卸载的问题？

实践任务

1. 寻找和发现现实中的问题，提出一个 App 创意方案，加以解决。

2. 以你常用的一个 App 应用商店为例，给前 100 名应用分类，说明你分类的依据和标准。

第11章 游戏新媒体：愉悦滋养的生命

章首点睛

　　游戏，这一古老的活动，是人类编织的将自己沉浸其中而乐此不疲的意义之网。不过，当它从远古来到如今的智能时代，已经失去了娱乐神祇的功能，而更多地肩负起愉悦人类自身的使命。尽管游戏魔鬼般的负面损害，受到非议和诟病，但它旺盛的活力和庞大的生存市场，仍然给人们透露出某种历史发展的必然。特别是人工智能的爆发，机器将越来越多地替代实体劳动，逼迫70%的人"下岗"时，走入游戏，或者游戏化的生活，不啻是未来之手，对人类做出的最恰当的安排。那么，学会新媒体游戏术，用游戏生活，或在游戏中生活，将是人类最明智的选择。

　　如斯蒂芬逊在《大众传播游戏理论》说的那样："早期大众传播研究的共同缺憾是对于'游戏（play）'元素的严重忽视。我认为如果不考虑游戏这一元素，我们将无法理解社会控制和选择性会聚的意义。"[①]21世纪以来，计算机和互联网的普及，使这种状况发生了巨大的变化，个人电脑、平板电脑、智能手机等，已经成为人们的日用必需品，加之无线网带宽的不断增长和电信资费的下降，促使游戏市场呈现出爆炸式的快速增长，出现了斯蒂芬逊认为的那种以游戏"传播快乐"的新媒体时代，高傲的大众传播摆脱了僵硬的面孔，淡化了过多的政治色彩，使得游戏不仅成为人们生活的重要部分，也理应成为传播学和新媒体研究的一个新的领域，那种被斯蒂芬逊所批评的"对于'游戏（play）'元素的严重忽视"的局面，也要改变了。

　　不过，这里所说的游戏，并不囊括这一词汇的所有意义。因为游戏这一概念，有广义和狭义之分。本章所说的游戏，只是游戏的狭义概念而已。因此，我们只有对游戏概念作广狭的区分，才能在此基础上，更好地探讨游戏新媒体的制作规律和营销技巧。

11.1　游戏新媒体概说

11.1.1　游戏新媒体的定义

1. 广义的游戏概念

　　游戏作为人类的一种活动，有悠久的历史。可以说，有人类就有了游戏。从古代的散乐、杂耍、击壤、投壶、蹴鞠、秋千，到现代的摩天轮、海盗船、旋转木马、碰碰车，从真实场景的现代战争体验，到虚拟场景的古代杀伐格斗，从人间飞越天堂，到人类穿越兽类，从魔鬼到神仙，从线上到线下，这种游戏活动五花八门，不胜枚举。

　　而游戏的概念，国内外也有很多不同的定义。柏拉图认为游戏是一切幼子（动物的和

---

① William Stephenson:The Play Theory of Mass Communication, The University of Chicago Press, New Brunswick, New Jersey, 1967.

人的）生活和能力跳跃需要而产生的有意识的模拟活动。亚里士多德则认为游戏是劳作后的休息和消遣，本身并不带有任何目的性的一种行为活动。Johan Huizinga 认为，游戏是一种完全有意置身于"日常生活之外"的、"不当真"的、不与任何物质利益相联系、无利可图但同时又强烈吸引游戏者的自由活动。① 辞海中将其定义为"以直接获得快感为主要目的，且必须有主体参与互动的活动"。也有人认为，游戏是一种娱乐活动，"是本身具有特定行为模式、规则条件、身心娱乐及输赢胜负的一种行为表现"。②

这些解释，有共同点，也有不同点，有的甚至互相矛盾。对其取长补短，加以综合，我们认为，广义的游戏是借助媒介、按照规则和模式进行互动的娱乐活动。

这里所说的媒介，是包括传播媒介在内的广义的媒介。按照第 1 章对媒介这一概念的解释，我们认为，在游戏活动中，介于人之间的用于互动的任何事物，都可以称为媒介。但是在数字媒介出现之前，游戏活动的媒介并没有传播媒介。传统的报纸、广播、书刊、电视等传播媒介，无法充当游戏活动的媒介。如古代"击壤"游戏中用来投击的"土块"，投壶用的矢、筹，近代游乐园中的过山车、海盗船之类；还有游戏中用来演奏的器具，如东汉著名文学家王逸《九思》云"且从容兮自慰，玩琴书兮游戏"，《唐会要》卷三十四"论乐"篇云"近者，太常官司于人间借妇女裙襦五百余具，以充散伎之服。云拟五月五日于玄武门游戏"，其中所说的琴和"妇女裙襦"等，虽然都可称作游戏的媒介，但它们都不能称作传播媒介。

2. 狭义的游戏概念

20 世纪下半叶电脑、手机等数字媒介出现之后，游戏活动才有了传播媒介的加入，依据前面章节将媒介与媒体等而用之的观点，也可以说游戏活动才有了媒体的加入。

这里，要特别指出的是：电脑这一载体的出现，可以说是狭义游戏出现的里程碑。因为"电脑强大的处理能力可以支持和计算原来由人来支持的游戏规则，同时计算机具有记忆功能可以记录游戏状态，并具有回应玩家输入的界面。由于计算机具有的这种可执行功能，因此很多传统的棋牌游戏和纸牌游戏可以转换为电脑游戏，而电子技术又支持很多新型的游戏类别，如模拟类游戏。载体成为电子游戏区别于传统游戏的最大特征"③。

但是，我们所说狭义的游戏不是电脑，也不是游戏活动本身，而是运行在计算机、手机、平板电脑等各种数字终端上、设定了一定规则和模式的供人们互动娱乐的软件程序。前面我们说过，计算机、手机、平板电脑等数字化设备，是物质类新媒体，而游戏作为一种软件程序，如微信、微博、公众号等一样，都是信息类新媒体。

概言之，我们说的游戏新媒体就是狭义的游戏，不过，为了叙述上的简便和尊重流行的说法，本章将游戏新媒体简称为游戏。它不是指人类活动本身，而是这一活动中使用的数字设备上运行的程序信息载体，是按照一定的规则和模式设计的、可以让用户进行互动娱乐活动的新媒体。这一信息载体，由底层计算机语言各种指令信息和表层图文、影像等多媒体信息构成，共同完成传播游戏信息的使命。

游戏的运行，或者说游戏软件的运行，需要一定的游戏平台，这种平台是游戏软件的集散地，犹如军营中整装待发的战斗单位，只要用户的一声令下，一个个军团就会呐喊而出。所以，游戏平台不仅是玩家操作游戏的舞台，而且是玩家们一起沟通交流的场所。它随着人

---

① Jesper Juul，关萍萍. 游戏、玩家、世界：对游戏本质的探讨 [J]. 文化艺术研究，2009，2（03）.

② 荣钦科技. 游戏设计概论 [M]. 北京：北京科海电子出版社，2003.

③ 关萍萍. 互动媒介论 电子游戏多重互动与叙事模式 [M]. 杭州：浙江大学出版社，2012.

类硬件技术的发展而发展，在最近十多年的时间内，从只能支持 16 色的简单游戏，发展到如今较为普遍的 3D 高彩游戏，完全得益于处理器速度的加快。

11.1.2　游戏的兴起与发展

游戏经历了起步、发展、爆发和成熟的阶段，当网民越多时，游戏也越发达。尤其是2006 年以后，游戏发展更快，也是当今国内外经济发展的重要产业。

1. 起步期（1997 年以前）

在国内，游戏的兴起和发展，受到了历史条件和技术的制约。1996 年之前，中国刚接入互联网，电子游戏的应用，主要依托一定的存储媒介，例如利用光盘，但是固态存储的游戏信息程序十分容易破解，再加上当时国内的知识产权保护十分薄弱，较多游戏制造商的权益根本无法得到保护，所以当时的游戏制造商，完全凭借自己对游戏产业的热忱来做，故而游戏未能风行于世。1996 年之后，因为受到当时的网络环境和网络服务费用的限制，中国游戏开始以纯文字类 MUD3（多用户层面）的游戏样式，登上中国游戏的历史舞台。由于其具备很强的互动性，用户可以利用文字中所彰显的艺术力量，在自己的思维中构建出完整的虚拟世界。MUD 类游戏，从某种意义上来说，具有一定的网络特点，但因为没有可视化，所以并没有形成市场能动力量。

2. 发展期（1997—2003 年）

1997 年是中国的互联网重要纪年，如今的搜狐、腾讯等互联网门户网站巨擘，也正在创业期，伴随着互联网的飞速发展，图形化的游戏界面开始兴起，其中具有代表性的是 1998 年6 月的《联众世界》，在此后的 1999 年，中国诞生了第一款大型网游《万王之王》。

经过不断的探索，在 2001 年的时候，盛大游戏公司从韩国的一个游戏开发企业获得《热血传奇》代理权，该游戏在很短的时间创造出 60 万的在线人数，并且成为当时世界上最大规模的游戏，这也成为游戏行业爆发式进步的关键事件。

当时游戏已经采用了联机认证的手段，解决了盗版问题，也保障了游戏开发人员和运营者的合法收入，在短短的两年中，就有 40 多款游戏不断上市，整个游戏市场得到了飞速发展。到 2003 年，中国的游戏已经渐趋爆发时代了。

20 世纪 90 年代后期，作为大众的重要普及型通信工具，原先的手机只是打电话和发短信，但到了 1998 年，由于诺基亚 6110 在中国深得用户青睐，达到 4 亿的销售量，其自带的益智游戏《贪吃蛇》，也成了中国手机的第一款最热门的手机游戏。另外较为热门的是早期的《俄罗斯方块》，该游戏虽然很早问世，但是为了适应手机游戏也做出一定的改良，也深受用户的喜爱。该阶段的手机还未联网，所以，游戏只是以单机游戏为主。2000 年以后，得益于智能手机的兴起，才出现了交互性游戏，如《虚拟宠物》。

3. 爆发期（2003—2006 年）

2003 年—2006 年，游戏给文化产业带来了巨大的经济利益，游戏业不再是传统的某个企业孤军奋战，而是已经成为多个企业联合制作了。从整体而言，这个阶段呈现出较为良好的协调性和统一性，这主要体现在，不少大型的游戏制造商，已经注意去主动挖掘自身的用户资源，市场上下游不同厂商也在寻找属于自身的发展机遇，以此去形成较为完整的游戏产业链。

该阶段，国外和国内游戏在中国的市场上竞争加剧，2003 年，国产游戏仙剑情缘 Online和传奇世界同时上线运营。2005 年 4 月 26 日，第九城市代理的魔兽世界也进入国内市场运营，和当时的国内游戏相比，国外游戏显得更为成熟，也具备更多的市场经验。魔兽世界最高上线人数曾超过 1 000 万。2012 年《华尔街日报》研究数据显示，魔兽世界全球玩家累计时间竟达到 590 万年之久，堪称游戏行业的翘楚。

该阶段的智能手机获得了飞速发展，手机游戏进入了一个崭新的高度，JAVA 技术从原先的 PC 移入到手机，这使得手机游戏呈现出前所未有的热度。当时的中国手机游戏市场结构已经渐渐成型，产业也获得较快的发展。国际上大的游戏商，如美国艺电公司（EA）、法国智乐软件（Gameloft）也进入中国市场，意味着中国手机游戏迈向成熟期。

4．成熟期（2006 年至今）

十多年来，游戏飞速发展，有数据显示，游戏业的收入已经超过了电影电视行业，并且游戏业为电信业、IT 业提供了直接的收入。在这种情况下，游戏被称为这一时期互联网发展的火车头，而手机的作用尤为凸显。

苹果手机的问世，不但促使整个智能手机格局的改变，而且也推动了整个手机游戏市场。苹果手机对中国智能手机的影响，虽然表现为一定的"山寨"性，但这种"山寨"不是纯粹的模仿，而是附加了一定程度的创新，因而用较低的成本带来了手机市场的繁荣。同时，游戏一直是"山寨"智能机的重要功能，工薪阶层的普通消费者喜爱用"山寨"机，这也形成了手机游戏兴盛的硬件基础。

这一阶段，尽管有较多的国外优秀游戏在国内市场运营，但是国内游戏的生态圈已经比较固定，大部分国产游戏，因更符合国内用户的口味而稍胜一筹。加之"山寨"机的大规模流行，使得游戏得以亲近更多普通低收入民众，为国产手机游戏的兴盛，提供了客观的条件。近年来，通过支付宝、微信等平台进行支付，也使得手机游戏获得了消费的便利。

据中国互联网络信息中心第 42 次《中国互联网络发展状况统计报告》称，截至 2018 年 6 月，我国网络游戏用户规模达到 4.86 亿，占总体网民的 60.6%。手机网络游戏用户规模明显提升，达到 4.58 亿，占手机网民的 58.2%。[①] 未来，随着移动通信网络的完善和 5 G 的推行，用户的上网行为，加剧向移动客户端集中，手机上网的使用率在进一步增长。其中，青少年网民已经成为重要的游戏用户群体。相关资料显示，手机游戏当前已经超过网页游戏客户，并赶超客户端游戏，成为国内外投资者十分青睐的目标。当前随着网络强国战略的进一步实施，国内网游所产生的巨大社会影响和巨大经济效益，已经成为各界的共识。尤其是在国家"互联网 +"的时代号召之下，这就为我国的网游提供了较好的政策环境。进入游戏的市场门槛也在不断降低，使大量资本和企业纷纷进入这个行业，游戏产业已经进入一个竞争激烈的时代。

国内官方人士透露，2017 年国内游戏市场总营收达到 2 036.1 亿元，同比增长 23%。其中，国产游戏收入 1 397.4 亿元，同比增长 18.2%。2018 年 6 月，数据统计机构 Newzoo 发布《2018 年全球游戏市场报告》，预计全球游戏市场将达到 1 379 亿美元的市场规模，较 2017 年增长 162 亿美元。中国将创造 379 亿美元的游戏收入，占全球市场的四分之一以上。报告称，从 2017 年至 2021 年，全球游戏市场将以 10.3% 的复合年增长率增长，到 2021 年将达到 1 801 亿美元。[②]

---

① http://www.cac.gov.cn/2018-08/20/c_1123296882.htm

② 张宏森．新闻出版广电总局副局长张宏森在 2017 年中国游戏产业年会上致辞 [EB/OL]．人民网．（2017-12-19）[2018-11-08].http://game.people.com.cn/n1/2017/1219/c40130-29716423.html

不过，国内不少游戏的设计主要偏向为娱乐，以刺激和冒险类为主，甚至个别游戏还带有一定的色情化，所以给人们带来一些负面的影响，因而政府和社会力量开始关注这个问题，于 2006 年推出了《网络游戏防沉迷系统开发标准》以干涉游戏市场，但这种限制其实只是克服弊端的政策行为。和限制式的行为形成对照的是，有学者较为系统地研究了游戏的理论，提出要引导游戏的正确方向，利用游戏的预习功能，开发人的思维，拓展大众的学习热情，追求自身的完善和修养。所以，有人提出了"绿色游戏""益智游戏"等口号，以期望游戏市场朝着健康的方向发展。

国内外游戏发展与代表性事件如表 11-1 所示。

表 11-1　国内外游戏发展与代表性事件

时　间	事　件
1958	美国人威利·希金博萨姆利用电器工程学的装置，制作出了世界上第一台电子游戏机，游戏内容是双人网球
1971	美国麻省理工学院的学生——诺兰·布什内尔，制作了世界上第一款商业游戏机，游戏的名字叫《电脑空间》
1972	诺兰·布什内尔与朋友用 500 美元注册成立了自己的公司——Atari（雅达利）。该公司制作了以乒乓球为题材的游戏《乒乓》，获得了巨大成功
1978	Taito（太东）株式会社的游戏设计师西角友宏研发的游戏《太空侵略者》，掀起了一股前所未有的游戏狂潮
1979	《银河战士》这款游戏将固定版面的射击游戏推向了巅峰
1980	任天堂公司发布 GAME&WATCH 掌机 开发商 NAMCO（南梦宫）因 Pac-Man（吃豆人）一炮而红
1983	任天堂的 FC（Family Computer，俗称"红白机"）出现，其经典游戏有《大金刚》《大力水手》《马里奥兄弟》等 SEGA（世嘉）公司进入家用游戏机市场
1988	SEGA 公司的 16 位代表性主机 MEGA DRIVE（MD）推出
1989	任天堂发表发布掌机 GAME BOY
1990	SEGA 推出 GAME GEAR，打算跟 GAME BOY 竞争 任天堂推出"SFC"
1991	CAPCOM 公司推出巨作《街头霸王 2》，从此 CAPCOM 成了格斗游戏和动作游戏的招牌
1993	SEGA 公司推出第一款 3D 立体格斗游戏《VR 战士》
1994	索尼公司推出第一款家用电视游戏娱乐平台 playstation（简称 PS）
1996	任天堂推出 NINTENDO 64（简称 N64），载体仍然使用卡带。在北美和西欧地区，N64 虽然还能与索尼的 PS 平分秋色，但在亚洲市场却完全被 PS 压制。战胜了 SS 和 N64 的 PS，成为家用机市场的新一代霸主
1997	PS 推出《最终幻想 7》，将电子游戏提升到全新的境界
1998	《最终幻想 8》在全世界范围掀起了热卖狂潮，代表了 PS 游戏的最高峰
2000	Sony 旗下 PS2 正式登场

时　　间	事　　件
2001	微软发布 XBOX 中国"联众世界"成长为世界最大的在线游戏网站 网易推出《大话西游 Online》，吹响了门户网进军网络游戏产业的号角
2003	中国国家新闻出版总署明确表示外挂行为属于非法互联网出版行为 金山航母级作品《剑侠情缘 Online》正式 盛大开发的《传奇世界》开始测试
2005	中国休闲游戏横空出世的黄金时代到来，其中盛大休闲游戏收入超过净收入 20%，其他厂商如网易、金山、光通均加入休闲游戏的竞争
2007	中国网络游戏防沉迷系统正式启动
2009	中国金山和盛大公司开启了大型网络游戏的"联合运营时代"
2011	芬兰手游公司 Rovio 游戏《愤怒的小鸟》引发了全世界玩家的共鸣 中国网游《鹿鼎记》携手《步步惊心》大获成功
2014	手游快速发酵，游戏业界的"移动化模式"将注定成为其不可分割的重要组成部分
2016	任天堂全力推进 Switch 新款主机的发布
2017	中国国内游戏界的主角易位《王者荣耀》，游戏月赚 30 亿元

11.1.3　游戏的科学意义

从广义的游戏理论来说，可以追溯至早期康德的游戏发生论，此后较为有影响的是席勒的本能说、赫伯特·斯宾塞的剩余能量说、古鲁斯的练习说，这个阶段可以被称为游戏研究的古典阶段。20 世纪 70 年代之后，研究基本上朝多个方向迈进，如皮亚杰的心理学 - 教育学说、泰勒的文化人类学、伽达默尔的现象学 - 阐释学、维特根斯坦的语言分析学。20 世纪初期，海德格尔的"四位一体映射游戏说"、弗洛伊德的宣泄理论学说。20 世纪末期至今，西方的游戏设计研究开始进入技术和艺术的实践系统，如 Kevin J. Maroney 的"游戏决策论理论"、Costikyanr 的"规则活动游戏理论"、Erric Zimmerman 的游戏行为的系统互动理论。不但如此，西方还利用一定的实践运动提出了全新的设计理论。如美国反对一切媒体技术的"新游戏运动"，改造了青年人的娱乐模式和中小学教育方法；法、德两国的"严肃游戏"论，对职业培训产生了一定的影响；美日两国的"次世代"游戏，建立了技术美学和认识科学结合的产业体系；荷兰以"CITY KIT"课题，研究城市群聚居带的青少年娱乐习惯。

游戏本身是人类历史发展中的重要社会图景。游戏和文化如影随形，密不可分，它不但是文化的起源，也是文化的重要组成部分。麦克卢汉曾经指出，游戏具备人类文化的基本要素，而且对人类的心灵发展起着重要的作用。"游戏时人类心灵生活的戏剧模式……它是亲密而安全的，使我们能够分享自己内心最深层的幻想。"[①] 在人类科技革命推动下，经过较长时间的消费习惯定型和意识沉淀，数字游戏已经成为当代人类娱乐的重要形式，在社会文化的发展中起着不可小觑的作用。

从狭义的游戏来说，它的文化特点，主要表现为具有很强的感官体验度、即时互动性和

---

① 米歇尔·麦克卢汉. 理解媒介 [M]. 何道宽，译. 北京：商务印书馆，2000.

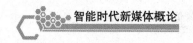

浓重的文化扩张力。

席勒认为艺术起源于游戏，艺术就是在满足人们的身心时，游戏所展示出的自在行为，游戏的想象力能够促使用户获得审美层次的提升。席勒在《美育书简》中提到，当人们在获得一种游戏精神时，就能摆脱实用与功利的捕捉，并进一步获得自由。一切动物拥有生命保存和种族保存的功能，人类除了这些本能外，就会将其他的经历转到一些可有可无的活动方面，进行自由自在的活动，这便构成了游戏。①数字游戏通过一系列技术手段去满足玩家的视觉和心理期待，刺激感官并引发参与者的情绪，而参与度的高低决定了游戏的存在值，游戏用户直接的感官体验增强了游戏的文化魅力。

根据相关的网游调查，2015 年排名靠前的魔兽世界（WOW）、英雄联盟（LOL）、魔兽争霸（DOTA）等以英雄为主导、神话为背景的多人在线竞技类游戏，成功原因可以归结为满足玩家的"英雄体验"。在这些游戏中，每个英雄都会有自己的史诗式的背景，用户在游戏的过程中，不但获得了感官的享受，而且在如临其境般遨游史诗之后，每个人都在虚拟扮演中获得了化身英雄的真实体验。勒庞在《乌合之众》中提到：幻觉，在所有的文明起源中都能发现群体更喜欢幻觉而不是真理。②游戏利用高科技和动漫制造幻觉，在虚拟的游戏世界中，人们仍旧追求某种成就感，这种成就感主要来自个人价值的体现，不管是作为个人或者和队友一起作战击败敌人，都能获得一种胜利的满足。游戏的世界中虽存在失败，但因为只是游戏，所以能够重新再玩一次，和现实中的无奈相比，游戏一直给人们以希望，这符合游戏心理的安慰理论。作为虚拟式的体验，数字游戏给人们带来了心灵的慰藉：人们在真实生活中并没有发生什么，但人们的身边，却不断体验到了发生的一切，并获得了满足。人们的失落、失败消失，并在此获得了自信、成功。

文化消费市场中一些游戏，如魔兽世界、暗黑破坏神等，之所以能流行几十年，并跨越了国别和种族，说明此类游戏一定有某种吸引用户的能力，原因之一是数字游戏的互动。根据皮亚杰的理论，游戏就是具体经验和抽象思索之间的桥梁，游戏用户凭借自己的经验去想象多种事物，这是创造力的开始。当 VR 技术兴起的时候，数字游戏就改变了身份，和其他大众文化不同，在数字游戏的文化环境中，用户不止于观看，更多是参与和创造，这是数字游戏文化的互动性所给予的。利用一定的计算，数字游戏可以超越时空限制，成为创造现实中的整合平台，实现全球互动，这种开放互动能够实现尼采的自我重新制造，使玩家能够根据自身的情况，对游戏进行影响和创造，体验自身行为并产生实时回应，进入数字虚拟世界，也表明用户进入一个多感交互的经验世界。

游戏所提供的社会文化是带有交互性质的。用户对虚拟世界的反应共鸣，会引发参与者对同一议题的持续性讨论。议题上升至社会话题时，就产生了研究议题内涵的组织，超出游戏的局限，形成游戏的文化扩张性。这种特点源自游戏参与者的感官体验和精神诉求，利用一定的互动性而发展，这是游戏和一般文化的不同点。就像日本动漫的"二次元"成为游戏热门词语后，大量资本进入二次元世界，并开发了十万个冷笑话、奇迹暖暖、战舰少女等游戏。2016 年 1 月 23 日，国内还开始了二次元春晚，二次元、宅一族和"00 后"人群一同扩张，并形成了二次元文化部落。

① 席勒. 美学信简［M］. 高燕，李金伟，译. 北京：金城出版社，2010.
② 古斯塔夫·勒庞. 乌合之众［M］. 冯克利，译. 北京：中央编译出版社，2014.

社会文化的发展和形成需要一定的时间。经过时间的洗礼，数字游戏在愉悦人性的同时，也塑造了新的社会文化环境。感官满足的特点能让用户的情绪得到一定的舒缓，互动的特点开拓了思维的多向交流。数字游戏的文化扩张带来新思维、新表现形式和新的社群形成，这些依托新媒体形成的游戏产业，会成为社会的强势型文化。但是，从技术批判的角度去看，我们也能看出数字游戏所带来的社会文化带有一定的危险性。比如有些用户沉溺其中不能自拔，尤其有些青少年对游戏的沉浸痴迷，就会产生诸多的不良后果，也是一个需要我们研究解决的重要问题。

11.2　游戏的分类

全世界对游戏并没有十分统一的分类方法，我们可以从不同的角度将其分为不同的类型。

1．按照游戏平台的分类

（1）使用大型游戏机玩的街机游戏；

（2）使用家庭游戏主机玩的主机游戏；

（3）使用个人电脑或者其他计算机玩的电脑游戏；

（4）用 iPad 或手机游玩的便携式游戏。

2．按照玩家人数的分类

（1）单机游戏。这是指游戏用户依靠一台计算机就可以完成电脑游戏，不能进行网络游戏。

（2）多机游戏。广义来说，多机游戏就是指利用各种智能网络，在多人游戏服务器上，通过个人电脑、智能手机、交互电视、视频控制台、平板电脑等游戏平台，实现多人多同时互动娱乐的游戏。

3．常见游戏类型

1）动作游戏

动作游戏是以动作作为主要表现形式的游戏，动作游戏可以大致分成射击游戏、格斗游戏和体育游戏。

（1）射击游戏。射击游戏是动作游戏的一种，带有较为明显的动作游戏特点，要控制角色和物体的基本运动状态。射击也是动作的一种，具体而言，并没有单纯的射击游戏，所以要利用一定的方式展示射击。不管是使用飞机还是别的枪械，只要包含射击动作的游戏就可以被认为是射击游戏。

（2）格斗游戏。此类游戏也具有较强的动作游戏特征，格斗游戏是动作游戏的重要分支。格斗游戏一般表现为两个或多个阵营进行作战，使用一定的格斗技巧击败对方获取胜利。

（3）体育游戏。体育游戏是以体育活动为主要内容的游戏，包括多种体育活动，如雪上运动，高尔夫球、篮球、足球和网球等运动。

2）冒险游戏

冒险游戏是比较宽泛的游戏类型，主要集中在探索未知、解决谜题等方面。冒险游戏十分强调故事线索的挖掘，考验玩家的观察力和分析力。

3）模拟游戏

模拟游戏一直在试图复制现实中的各种形式，以此训练玩家的熟练度、分析情况或预测能力。

4）角色扮演游戏

在游戏中，用户负责扮演其中的一个角色，在虚拟的世界中活动。用户扮演一个或多个角色，在一定的结构化规则下，利用一定行为所扮演的角色进行发展。用户在这个过程中的成功或失败，往往取决于一定的规则或行动所构成的系统。

5）策略游戏

策略游戏提供给玩家一个利用大脑处理问题的环境，允许玩家进行自由控制、管理和使用游戏中的人或事物，利用一定自由的手段进行以及让用户开动脑筋来对抗敌人，以此实现游戏的目标。

6）音乐游戏

此类游戏实际上并不是很多。音乐是大部分游戏所具备的内容，按照内容分类方法，音乐游戏是指按照音乐节奏制定规则并且按照音乐节奏游玩的类型。

7）竞速游戏

竞速游戏和体育游戏一样，是一种进行速度比赛的游戏。

8）小游戏

小游戏是指体积和容量较小的游戏。

以上的游戏分类也并不是绝对的，在现实的游戏世界中，没有十分单一的游戏类型，不少游戏兼有两种或者两种以上的游戏特征。

11.3　游戏的规则

游戏有自身的规则，主要包括以下两个方面。

1. 外部：社会法规伦理道德规则

在传统观念看来，游戏是无限自由的。但是在当今的社会中，人们并没有实际的完全自由，自由和法规伦理道德规则有着紧密的联系。游戏虽然可以使用无限度的想象力进行创造，可以让用户根据个人的爱好去创造虚拟角色，也可以在游戏世界中随心所欲使用语言。但是游戏规则也不是无限度、没有束缚的，游戏规则和伦理道德存在一定的关联度。作为游戏，有两种形成规则的方式：一种是游戏开发者制定规则。不过规则如果不被诸多用户认可，那么，游戏就没人去买账，游戏就不能流行推广。另一种是游戏用户制定游戏规则。游戏用户基于一定的共同目标而制定的规则是集体认可的。这两种游戏规则有共同的特点，即是对于游戏伦理的思索。不管是游戏开发者还是游戏用户，在规则的制定上，要考虑现实的伦理道德，兼顾个人和他人的共同利益，寻找合适的平衡矛盾的方式。

同时，游戏也是对现实的另外一种模拟，用户的思维不能摆脱现实世界，二者的关联要求虚拟不可超越现实的本质，做无稽的表演。"行为之所以能以独特的方式展现道德原则，其意愿正是在于，道德原则的作用就是指导行为。"[①]一方面，用户在游戏中关乎语言的交流和行动的选择，无不依赖现实伦理道德的指引，从而对于用户的行为产生限制和约束；另一方面，作为游戏，其中的伦理观念不是简单受限于虚拟世界，也要用户引入现实中，并且影响现实中的人的伦理道德观。游戏所引入的一系列伦理道德和现实生活的伦理道德是密切相关，相互交错的。罗国杰在《中国伦理学百科全书》中认为："道德活动就是人类改造社会的全部

---

① 理查德·麦尔文·黑尔. 道德语言［M］. 万俊人，译. 北京：商务印书馆，1999.

活动的一部分，指具有一定的道德目的或能够以一定的善恶价值标准进行评判的人类社会活动。"①依托一定的道德目标，可以利用一定的善恶价值标准进行评判。游戏的规定实际上就是现实伦理的反映，从道德角度来说，游戏伦理不能离开现实，道德定位于虚拟，利用虚拟技术的道德实践也有一定的实践优越性。

2．内部：游戏本身的虚拟规则

1）角色虚拟

角色虚拟，为道德的后继实践提供了多种的样式。游戏的法则，首先应用于用户的角色，当用户进入游戏中，就对游戏角色的能力和背景给予了限制，但游戏的角色虚拟仍旧给了用户一定的兴奋度。用户在游戏中扮演着在现实中完全不可能实现的角色，尽量体验现实生活中不可能体验的生活。角色的虚拟性导致玩家沉迷于游戏。角色扮演类的游戏的核心就是"扮演"，在游戏中，用户会去扮演一个角色，在一定的规则之下，通过一定的指令，使游戏角色能够获得生存与发展。用户在整个过程中的成败，主要来自于有没有良好的角色适应性。如在角色扮演类游戏《模拟人生》中，用户就可以根据设定的性别和基本的外形，去进行创造房屋、布置家居、外出聚餐、上班交友等操作。用户在游戏中如果想将屋子装修得特别好，就需要不断去工作攒钱。用户在寻找配偶的时候，不是随便找对象并且按 OK 键就可以完成的，整个求偶过程在一开始认识的时候，即是礼貌式的拜访和赞美，以至后来的相识、相知、相爱、相惜。

2）情境虚拟

情境虚拟能够为人们的道德实践创造广阔的发展空间。游戏和情境虚拟紧密联系，使得人们的思维飞跃到现实生活中根本不可企及的地方。当用户在游戏中遨游的时候，他们是没有任何限制的。由于整个情境是虚拟的，身处虚拟的情境中，用户既能够去认识外在的物理太空，也能去想象不可能的二次元世界。游戏所使用的虚拟技术的一个重要功能，就是去制造一些现实中所不具备的虚拟物体和情境，使得人们感觉情境和真实世界似乎有类同之处，置身游戏中，能够产生身临其境的感觉。在虚拟情境的技术诞生前，我们不能去想象情境，但是如今可以利用虚拟技术去还原一些真实的情境，使我们置身在虚拟世界中。这实际上也代表了人类娱乐体验的发展。游戏能够突破现实世界的局限，促使人类的娱乐活动得到进一步延伸。

3）行为虚拟

行为虚拟实际上也为用户的道德实践提供了一些创新的途径。所谓的行为虚拟，是指"行为主体通过操作电脑实现自己的意志，操作成果呈现在电脑上，行为整个过程是计算机程序化的类似现实生活的过程，但是这类活动对立于现实生活的实在性，与精神生活类似，故被称作虚拟行为。"②在游戏中，虚拟的行为得以广泛扩展，也就是说，游戏中的虚拟行为，能够使得人们在电脑游戏中，去操作日常行为不可能做的事情。虚拟行为优点在于：一是作为实施行为的主体，一直隐藏在游戏终端，而不是直接依附在某些特定的物理实体，人们不必在真实世界中接触恐怖的环境，而是在游戏中获得类似的感受；二是超时空性，作为游戏，其在进行的过程中，可以完全脱离时空的束缚，网络的存在一方面能使得不同国家和地区的人联

这里有《王者荣耀》的另一种玩法，请扫码一试。
一"课"拍案

---

① 罗国杰．中国伦理学百科全书（第一卷）［M］．吉林：吉林人民出版社，1993.

② 许永洪．互联网虚拟行为核算研究［J］．统计教育，2007（4）．

网游戏，另一方面，用户可以在使用的过程中，去接触不同的国家和地区的历史与文化，让用户的道德观、价值观、人生观受到冲击和扬弃。

11.4　游戏创意方案

游戏的开发，不少人以为，就是计算机程序员利用计算机进行编码，实际上，一些颇有特点、获得较好市场潜能的游戏，不仅富有创意，而且需要付出精心的设计。不管是故事情节抑或是模式建构，都是比较复杂的，所以，游戏是极富创造性的。当前中国的游戏设计，还存在创意不足、形式单一、同质化产品过多的情况。如久游网推出劲舞团后，腾讯立刻推出 QQ 炫舞，形成同质化产品。

游戏的设计，有自身的原则。不管是什么类型的游戏，都是利用相关要素加以表现，最后存于代码之中。

1. 构思启动

基本构思是游戏设计的基础，是游戏的源泉。如：这个游戏主要表现什么？具体是什么类型？游戏的大体情节是什么？用户需要怎么玩？用户玩的步骤是怎样的？在设计伊始，开发者就需要考虑这些问题。

对于情节的来源可以有多个方面：当前流行的电影或电视剧、综艺节目、流行的社会事件（如"钉子户大战拆迁队"）、经典小说；在不抄袭其他游戏的基础上进行再加工（如各种后宫游戏）；真实类改编，如一个人的成长（如《模拟人生》）、城市建设、足球或篮球游戏等；展开各种想象，可以想象怪物、玄幻等各种事物，任何想象都能形成基础蓝本。

2. 设计分镜头脚本

理解游戏的具体方法是使用分镜头脚本，绘出一系列的能够体现游戏情境的关卡和场景，每个分镜头使用 1~2 张图片去进行描述。在游戏开发小组进行讨论时，这些游戏分镜头可以在头脑风暴讨论中进行使用，记录整个游戏的流程。

3. 设计细节

在完成分镜头脚本设计后，需要继续设计游戏的细节。对于每一处细节的构思，都需要认真考虑和记录。对于游戏的细节，应该这样设计：

（1）游戏角色可以具体做什么？他是否飞檐走壁、穿越时空？他会完成什么任务？

（2）游戏角色是什么类型的英雄？是比较嘻哈的性格还是腼腆的性格？会使用什么武器？

（3）英雄用什么道具补充能量和进行复活？

（4）使用 3D 全景游戏还是使用俯视、侧视的游戏角度？

（5）音乐具体应该如何选择？使用现代说唱音乐还是古典类音乐？原创音乐的成本如何？

在实际操作中，设计者需要考虑的细节还有很多。

4. 设计文案

设计游戏和设计电影电视的脚本一样，对于细节需要进行描述。我们在写脚本的过程中可以整理思路，将一些原先不正确的思路剔除，并增加一些有意思的元素。在撰写文案的时候，我们就应该清楚游戏中发生什么，虚拟的世界也会逐渐清晰，虚拟的世界也会在文档的撰写过程中越来越清楚。

虚拟的世界必须是连贯的，要让虚拟的世界和外界世界和谐并不唐突。一个连贯的虚拟世界，可以让用户沉浸在其中，从一连串的疑窦的解决中获得一定的乐趣。如果游戏的设计还不到位，就开始进行游戏制作，就会以失败告终，无法使用户获得良好的体验。

当设计好了文档，在开始制作的时候，尽量不要再临时增加细节，如果非要增加或改变细节，就需要在确保游戏整体和谐的情况下进行增加或改变。如果强挤硬塞，就会使用户感觉游戏不和谐。

5. 避免移动设备的缺陷

和一般单机游戏不同，良好的互联网游戏，必须适应移动终端，既要去利用移动设备的便利性，又不能让它的缺陷影响游戏的感官体验。移动设备的局限性在于：第一，移动终端的性能较弱，处理图片能力不能达到一般计算机终端的水准，在进行游戏设定的时候，要考虑到图形的优化；第二，受到电池等限制，移动终端的持续性比较弱；第三，由于移动终端屏幕小，娱乐体验度较电脑屏幕弱；第四，移动网络不稳定，有时因为用户的位置更换而使信号断掉。

在当前移动设备还存在一定缺陷的前提下，不少用户不用电脑而采用移动设备进行游戏操作，这其中有一些日常行为的原因，在进行新媒体手机游戏的设计时，需要充分考虑以下几点：

（1）作为移动终端，其本身具备短信、电话等核心功能，作为新媒体手机用户不可能一直玩游戏。

（2）在用户使用互联网玩游戏的时候，其对手机的流量、网络稳定性、手机本身的质量存在一定的考虑。在进行游戏开发的时候，必须要将这些因素全部考虑在内，这样最终游戏的效果才能让用户获得较为完美的体验。

（3）利用手机终端的便携性、手机的身份捆绑特性、位置特性、体感特性等。

（4）当安卓系统变得不断强大的时候，苹果 iOS 系统很难保证强势垄断的态势，移动终端的多种平台共存的形势还会持续保持。新媒体手机游戏需要大量的用户作为基础，将来一些互联网手机游戏，应该具有良好的跨媒体、跨系统的特点。虽然这会增加开发和推广的成本，但是和失去一个潜在的用户相比，开发跨媒体、跨系统的平台，对于手机互联网游戏的发展，仍旧是很有必要的。

（5）对于一些非游戏开发商，如手机终端商、网络运营商和游戏平台商等，强化核心资源优势和自身平台的运营，是应当采用的思路，这样才能通过各自的优势和独特能力，在游戏市场中获得一定的收益。

11.5　游戏营销技巧

11.5.1　游戏营销的 4P 法则

如果用营销的 4P 法则进行分析，游戏营销可以从四个维度展开。

1. 产品

任何营销都脱离不了高质量的产品，游戏同样如此。当前，一些游戏的开发商，为降低产品开发成本，同时为提高产品的营销成功率，经常会根据曾经开发成功的游戏产品来定位市场。这个市场能够反映出相关指标，游戏开发商会直接将游戏名称、游戏界面、人物造型等换掉，但类型模式保持不变，这样就能直接吸取原有产品的全部剩余价值，再次获得市场和用户的期待。

对于这样的换汤不换药式的游戏，一开始用户愿意去进行尝试，但是时间一久，又会逐渐淡忘掉。作为用户，仍旧会去追逐新鲜刺激的内容，而不是频繁地对同一类型感兴趣，所以，当前中国不少的游戏续作口碑并不是很好。

产品质量十分重要，但是很多游戏开发商在面对竞争激烈的市场时，十分担心自身的产品在打磨上花费过多时间，一推出则被竞争对手模仿复制并夺走用户，从而导致得不偿失，所以快速制作模式，就成了很多企业无奈的选项。但是实际上，不少用户为资深玩家，他们也具备市场产品的辨别能力。他们一时被一般营销手段吸引，下载并体验了游戏，但是也会很快发现游戏的实际水平，放弃继续体验的想法，甚至会产生该公司其他产品也不良的印象。像知名游戏企业暴雪公司，经常会因为产品推出延长让用户失落，但是用户都很期待暴雪公司的产品，因为用户觉得暴雪公司的产品质量高，他们十分信赖暴雪公司，愿意为优良的作品付出等待的时间。

所以，游戏开发商如果要在竞争激烈的营销环境中受到关注，需要多用点时间去关注新式的玩法、精巧的创意，对游戏本身质量进行合理化的提升，这样才能够在激烈的竞争环境中获得关注，产品特性也才会在营销中形成亮点，获得较好的营销效果。

2. 价格

游戏的下载使用是免费的，而收费的途径主要是依托游戏体验中的道具消费。当游戏在不断使用免费策略的时候，很多用户对涉及收费的产品反感。纵观新媒体，往往免费的能成为热点，国内目前基本看不到要收费的游戏下载。所以，在这个潮流中，不管是电脑客户端游戏还是手机游戏，都已脱离了收费的层次，转而成为免费类产品。依托道具进行收费，不同道具不同价格，这符合不同层次用户的消费水准，也不会因付费而降低游戏的体验度。

当前的游戏竞争十分激烈，即使某个游戏的体验度很好，也会被一些刷榜的其他游戏所击败，不能去获得十分靠前的位置。所以，尽管苹果手机的 App Store 中有良好的用户付费习惯，但也推出了低价优质的付费手游，这也是一条价格策略。从中国人的消费习惯来讲，价格一般低于 12 元的手机游戏比较能让人接受。苹果应用商店中另一个比较常用的策略就是给游戏先标一个较高的下载价格，又推出限时免费再拉拢用户进行下载，以此实现榜单的快速排名靠前，再利用价格调整，获得较高的下载量，到后面再发布免费的游戏版本，利用增值内容收费。

同时，在下载免费的时代，很多隐形的费用隐藏在游戏的市场中，将游戏费用利用一定的营销手段进行公开，这样反而会获得安稳，很多用户也不会担心下载游戏后，会在游戏体验过程中被扣去很高额的道具费用。

3. 渠道

在网络兴起之后，不少企业都兴起了"微博营销""微信营销"，这些都是当前营销中所使用的渠道手段。

如奥利奥的"超级碗"推特营销就比较失败，专家们统计了多种营销数据并进行了一定的分析，结果显示，只有不到1%的用户看了这篇推文。这个案例充分说明了社会化的营销并不会完全成功，依然要根据用户的特点来选择合适的营销渠道和方案。

所有的产品都是提供给用户的，如果没有用户，产品就是再好也没用。所以，游戏开发商在制作游戏的时候，要以用户作为基础，围绕用户展开营销。当用户选择一款好的产品后，游戏开发商就需要去寻找用户常出现的渠道，再围绕渠道特点去选择合适的营销方案，在目标用户集中出现的时候进行宣传。

如湖南卫视的亲子综艺节目《爸爸去哪儿》的同名游戏上线之后，利用当时节目的知名度进行传播，借助各种搜索引擎、视频网站、营销植入等手段，实现了对目标用户的宣传，促使游戏持续火爆。

4．促销

游戏的促销方法，一般包括送超值道具、节日期间的购买折扣、购买游戏获得道具等，这些均是作为"让利"的手段来吸引用户的，不能使游戏获得长远的价值，但能快速积攒用户。

在进行促销的时候，要将每次活动当作吸引用户的手段，需要和用户建立一定的联系，提高用户的参与度，突出企业的品牌知名度，进而实现长期的、稳定的发展。为了实现这个目标，需要利用一定的有趣、快速、口碑、倾听的法则，不一定要投入大量资源推广，用户也会进行传播，实现良好的传播效果。

1）有趣

在当前市面上游戏营销活动竞争越来越激烈的时候，同类游戏竞争也越来越激烈，用户对整个市场的常态性营销方案早就麻木。因此游戏开发商如果要让用户对崭新的营销方法表示惊叹，让用户迫不及待地将自己的想法分享给自己的朋友，就一定要注意到营销策划的趣味度。当前比较成功的案例，都是通过好玩来吸引更多的用户参与到游戏中。

2）快速

作为新媒体营销人员，要对社会上各种热点进行快速反应，将这些热点和新媒体手机游戏进行结合，策划出自己所需要的营销活动。要做到这一点，企业需要建立营销的快速反应机制，利用贴吧、微博、微信等多种渠道，进行热点挖掘并形成事件的引爆点，占据热点的爆发期，达到快速传播。

3）口碑

OPPLE 的成功，让各类营销人员见识了口碑的重要性。基于人们乐于分享自己动态的习惯，游戏也要采取 OPPLE 那种口碑经营策略，才能逐渐扩大用户数量。所以，为了实现最好的营销效果，就需要在活动中加入一些用户分享、炫耀能够获得回赠的环节，以此不断去推广产品，形成游戏开发商的良好口碑。

4）倾听

游戏营销人员要根据用户的爱好改进产品，所以要多倾听用户的意见，建立高黏性的用户关系。总的来说，让用户满意才能让用户参与。只要愿意倾听用户的意见，愿意吸收用户的正确意见，整体产品就会越做越好。游戏营销人员通过营销手段把优化结果反馈给用户，就可以给予用户一定的惊喜。

在设计游戏营销方案时，营销人员需要审时度势，根据游戏的内容优势和企业特点，强化品牌在用户思维中的印象，用最快的速度寻找宣传入口，设计一系列有趣的方案，利用营销活动，或在游戏中植入用户分享方案，实现品牌的有效推广。

11.5.2　新媒体手机游戏盈利的技巧

游戏和手机结合后，我们可以大概总结出其盈利的几种方式：

1．继续坚持免费打造

移动终端手机游戏，要考虑到用户游戏时间较为零碎，且网络带有一定的不稳定性，不能确保用户长时间在线，所以移动终端游戏不能采用时间收费的模式，应和计算机客户端游戏一样，采用免费模式去降低游戏的门槛，这样可以提高用户对游戏的认可度。利用免费来吸引用户，在此基础上引入收费道具、植入广告或别的收费方式，这是当前，也是未来手机游戏的主要商业模式。

2．采用二次元等时髦话题营销

如今网络上的二次元是作为一个热门话题出现的，2014年，B站（bilibili，哔哩哔哩）针对二次元的人群，使用弹幕等方式进行信息交流和互动，让更多的一般用户去认识和关注这个群体。就像很多人所提出的那样，执迷于二次元的人群有一定的特性，二次元也成为一个较为热门的IP。2012年，miHoYo推出了《崩坏学园2》，就属于二次元系列的手游，该游戏的成功实际上也意味着较多人可以去关注该游戏。

在二次元的元素不断普及的时候，如果继续使用则不利于营销。像2014年年底的《十万个冷笑话》电影版动画长片，其营销突破二次元，已经迈入"三次元"的文化之中，这实际上也代表营销需要紧跟时髦话题。

3．坚持高投入

在进行新媒体手机游戏的投入时，不能因为手机游戏体验不及电脑强烈而降低成本，恰好，新媒体手机游戏因为前景广阔，需要高投入。除了以往营销中所采取的线上做广告、线下依托分众传媒，另外还需要花大价钱请当红的人物做形象代言人，进行强势推广。完美世界公司在这方面就比较用力，投入高价邀诸多当红人物代言：旗下"完美世界"邀请刘亦菲做形象代言人，"青云志"邀请李易峰、赵丽颖、杨紫等代言，"最终幻想：觉醒"邀请鹿晗代言，"诛仙"手游邀请郑爽代言。手游宣传就是需要大规模的经济成本，要舍得进行投钱。

此类营销中，基本上是大的媒体企业高额成本投入，代理某游戏。除了盛大公司，其他如昆仑公司、中手游、DeNA、乐元素等公司，均乐意投钱在湖南卫视、央视进行广告推送。

大公司代理游戏，往往具有雄厚的财力进行投入，但是如果前期在营销方面投入过多，后期在成本回收方面也存在一定的压力。所以，很多大公司往往有选择性地在某个时间段主推某个产品，一年也就主推一两款，不会在一年内投入高成本推广多个游戏。像完美世界公司对游戏的推送不是持续投入，也是有选择性地进行推送的。

4．面向"00后"进行营销

游戏除了巩固原有的用户，一定要培养年轻用户。"00后"这个群体代表了21世纪初出生的十分重要的用户群体。尽管很多投资人不断去关注"00后"，也有很多公司甚至制订专门针对"00后"用户群体的营销方案，但是这些措施和当年针对"90后"一样，比较适配的营销方案还不多。

有很多企业害怕像错过一款热门游戏那样，错过"00后"这个用户群体。一时间，较多的关于"00后"的报告纷至沓来。有报告指出，乐于社交、探索的"00后"偏好竞技类、休闲益智类游戏，这也意味着未来的游戏市场会弱化角色扮演游戏，转而重点探索竞技类、休闲益智类游戏。

在"00 后"用户被研究的时候，他们也会成为营销人员的重要人力资源。未来，也是"00后"营销人员对"00后"用户营销的时代，作为"00后"营销人员，必定更懂得如何去俘获"00后"用户的心。

5. 利用网络剧进行营销

网络剧营销方法已颇为流行。以前，从微博上找一些写手，专门写一些和游戏相关的段子，往往是通过内容进行营销，制造传播。但是在最近几年，当网络剧及其他视频形式不断兴起之后，很多的公司就尝试用这类形式进行游戏宣传。

如 2012 年兴起的《可爱多》系列网络剧，至今已经出五季。第一季的《这一刻，爱吧》，在优酷网获得热播排名第 1 的成绩，该网络剧属于定制冰激凌广告商可爱多的内容，此后一直与可爱多进行合作。再如《屌丝男士》之类的网络剧，一方面是具备一定的传播效果，另一方面是将目标用户和手游用户高度结合。

对于长久保持、每年推出的火爆的网络系列剧，网上数量不多，但是想去植入广告的企业主倒是特别多。所以，对于这种供小于求的网络剧而言，很多游戏商家也尝试运用网络剧的形式。现如今不少手游有与自己相匹配的网络剧，有人戏称，手游公司可以转型为网络剧公司。由于网络剧制作成本高，很多公司会去尝试传播一些用户制作的视频，Hipster Whale 所开发的《天天过马路》视频就已经取得了很好的业绩。

6. 逐梦式营销

微信中很多微文，往往宣传家庭会美满、付出就会得到回报、现实是美好的等，这些实际上是现代人所追求的，在具有一定贫富差距的社会里，也让人们看到了希望。所以，手游就可以利用"保持梦想，摆脱困境"理念激发人们的斗志，但是当前很少有手游将其放置到广告推广中。

在这个人们怀抱理想的社会中，很多用户也想成为一个拥抱梦想的人，所以，用梦想精神做营销方案，形成"逐梦方案"，符合当今不少人"渴望逆袭，实现梦想"的现实。人人都渴望有所成就，通过逐梦式营销，恰好能够达到此目的，从广告词到游戏内容都可以成为解脱现实苦痛的精神栖息地。

7. "自黑"式营销

"自黑"式营销和逐梦式营销相反。如今的娱乐圈，有很多明星不是简单因为"男神""女神"的正面形象而受到热捧和欢迎，而是因为"自黑"才获得了粉丝的喜爱和支持。

与不少喜剧明星不同的是，很多偶像明星，不是利用媒体去向观众展示一个较为亲民的正能量的自己，而是热衷于自黑自损，翻开微博，杨幂、谢娜、沈梦辰均如此。她们使用自黑的手段，实际上等于放弃偶像包袱，让观众看到真实的自己。如黄晓明就在《快乐大本营》中验过身高，在广告中还很淡然地说："没错，我不是演技派，not at all，我是黄晓明。"在《中国梦之声》中，黄晓明还使用了自毁式的烟熏妆，这些实际上对"圈粉"有很大帮助。

完美公司的《神雕侠侣》手游，直接邀请了陈妍希作为形象代言人。陈妍希因出演《那些年，我们一起追的女孩》而被封为"初恋女神"，但在出演《神雕侠侣》后，网友评论他们所看到的小龙女，不再是原本金庸迷心目中的高冷的形象，而是具有很浓郁的"自黑"特点，完全没有了小龙女的单纯和矜持。网友们在微博上写道："小笼包来了"，意指"小龙女"要出来亮相，网上也有恶搞素材，但实际上反倒扩大了影响，她代言的《神雕侠侣》手游，也

就具有了更强大的传播力。

8．饥饿营销

饥饿营销，是当今营销界十分重要的营销方式。苹果、华为、小米手机屡试不爽，饥饿营销的价值也被诸多手游公司所关注。一系列游戏使用饥饿营销方法，针对粉丝进行了相关的测试，对外投放少量的游戏激活码，以此达到饥饿营销效果。

国外的一些游戏公司也尝试使用饥饿营销法，暴雪公司的《风暴之怒》也是很难获得邀请码，很多人在朋友圈和微博上不断去向他人索要邀请码，实际上也达到较好的传播与营销效果。

2013 年，日本推出了网页游戏《舰队收藏》，该游戏对用户有着十分苛刻的限制条件。与很多的网页游戏不同，《舰队收藏》的游戏账号需要进行摇号和抽签才能注册体验。那些等了很久才抽中的用户，是十分珍惜试玩的机会的。但是如果游戏本身做得不好，也就不具备饥饿营销的条件了，进行饥饿营销产生不良口碑，反而影响后面的推送。

9．借东风式营销

无论是节日热点还是事件热点，都容易引起人们对事件的集中关注，进而产生相应的势能。在特殊热点中，游戏商家找到和自己的结合点，就容易获得事半功倍的营销效果。

例如，《中国好声音》一经推出就在电视上一炮而红，在微博上也是快速被传播。导师那英因为《中国好声音》获得千万粉丝，粉丝会带领粉丝，使消息快速扩散开来。

当前很多软广告、推文往往借用最新的话题，如标题撰写的是某热点事件，但是用户直到把这条信息看到最后的时候，才意识到原来是一个手游的广告。从整体而言，这种借东风式的营销还是能够获得较好的传播效果的。

⬤ 问题拓探

1．选择微信或其他平台上的一款小游戏，分析游戏体验的优劣。

2．在游戏设计上，如何避免人们沉溺其中？你有何好的创意？

3．一款策略类手游，还原了现实世界中的诸多地貌，让用户足不出户看到世界各地的风景，它实现盈利的方法有哪些？

⬤ 实践任务

1．联系你所在大学当地的媒体公司或游戏公司，协助其进行一款游戏的营销。

2．任举一个当前火爆的游戏，分析其是如何进行营销的。

下篇　新媒体符号篇

　　我们如果赞同卡西尔"人是符号的动物"的观点，那么就应当承认，人类文明的进步起码包含了符号的进步。21世纪之交的新媒体革命，开辟了符号文明进步的新纪元。新媒体囊括并超越了书刊、报纸、广播、电视等传统媒体的表现符号，汇集了文字、图片、音频、视频、动画和其他动态元素，给我们呈现了五彩缤纷且动静相宜的符号世界。这些表现符号，通过特定计算机语言整合在尺幅页面之中，呈现于手机和各种新媒体终端之上。它是丰富的，也是驳杂的，是直白的，也是含蓄的。它既可以与隐藏在屏幕之后的锚点相连，也可以与横亘在广袤时空的网民互动，指针下万水千山，手形里藏龙卧虎。那么探寻它在表现新媒体内容方面的特点和规律，将是本篇的要义。

第 12 章　图文与虚实：世界的二元典型书写

章首点睛

　　文字和图形是传播符号中，最古老也是最重要的元素。正所谓言之以文，图之成章，二者以丰赡而多变的组合，描绘着千姿百态的事物，汇成了数千年的文章之海。如今新媒体的出现，虽然打破了以往文章静态的、单一感官接受的阈限，动态的视频、可听的音频等多样化符号的加入，也改变了它古老的面孔，然而文字和图形仍然是新媒体空间中最基本的表现符号。新媒体的便利，激发了人们隔空对话的欲望，"大块假我以文章"，无论是"底层草根"，还是"庙堂精英"，都沉浸在书写的狂欢之中。文字和图形，这两种古老的符号，焕发了新的活力，使我们在全民写作的汹涌笔触下，看到了用数字重新编码的更为生动的真实与虚构的二元世界。

　　有人认为，从文章学的角度来看，"广义的文章，从形式上说，是组成篇章的书面语言；从内容上说，是客观事物和主观情思的反映。狭义的文章，不包括诗词、小说、剧本等文学作品在内。它是真实地反映客观事物，表达主观情思，用于社会交际，组成篇章结构的书面语言"①。严格说来这种说法是失之偏颇的。因为文章中除了语言的书面形式——文字，还应包括图形、照片等其他非语言文字符号。特别是如今的新媒体，一篇文章中，往往既包括静态的图片、文字，又包括动态的视频影像；既有调动视觉的文字、图片和影像，又有调动听觉的朗读和音乐；既有火星文，又有表情包。不过，广义和狭义文章的界定，在对新媒体文体区分上，依然存在某种适用性。所以，我们认为，广义的文章，是指根据一定的结构原则组成的、反映客观事物和表达人类情感观点的图片、文字、动画、影像等各种传播符号集，进而用是否真实地反映客观事物的标准，再将广义的文章分为纪实文章(简称纪实文)和虚构文章(简称虚构文)，前者是指狭义的新媒体文章（包括新闻），后者则是指新媒体文学作品。

12.1　文章（纪实文）：碎片化的历史

12.1.1　纪实：众生作秀

　　纪实类文章，即人们在新媒体上用文字和图片等符号，描述自己的经历、见闻或发表意见、观点的文章。从反映真实存在的客观事物这一点上，它与历史有某种相通之处。只是历史要系统记录重大的客观事实，而新媒体纪实类文章，则是混杂着轻重不一、参差不齐的客观事实和意见的碎片化的历史。前面说过，音频、视频等其他符号也是文章的符号形式，但由于将在其他章节论及，所以本章主要从文字和图形这两种常见的符号的角度，来探讨纪

---

① 曾祥芹. 曾祥芹序跋集（1）［M］. 郑州：大象出版社，2013.

实类文章的规律和技巧。

正如某学者在朋友圈中所说的那样，"今天的历史是由那些爱说话、爱拍照的人书写的"。不过，21 世纪以前，由于媒介匮乏和技术局限等原因，在一定程度上阻隔了民众表达的通道，有限的书籍、报刊成了精英们表演的舞台。进入 21 世纪以来，新媒体的产生与普及，打破了这种局面，激发了人们特别是普通民众强烈的写作冲动，微博、朋友圈、论坛、公众号，诸如此类的众多窗口，成了大家"秀晒"生活、书写春秋的作坊。草根与精英们一起，在新媒体上写就了千文万章。那些长长短短的文字和色彩斑斓的图片，像一条条涓涓的细流，汇成了互联网的文章海洋。尽管他们所写的文字，有些是那样粗糙，他们拍的照片有些是那样模糊，但这并不影响它们成为散落在历史长河中的一个个细小、文明的浪花，发出它们细微的光亮。他们的每一篇文章，都可能成为素材碎片，拼接在历史的画布上。

12.1.1.1　文字：抽象的人类记忆

新媒体的文字呈现，与传统书写和印刷传播有很大的不同。第一，互联网上的文本可以随时修改和擦除，呈现出不稳定的特征。第二，互联网上的作者大多是匿名，并且又多又杂。第三，在网上发表文字并不需要太高的成本和技术门槛，与印刷文字相比，网络文字更加口语化，也不如印刷品精确。第四，网络文本符号不完全是静态的、单调的，字符的跳动，色彩的变幻，增加了文字的表现力。第五，非线性和超链接。电视节目当中的字幕是线性的，它们都会随着时间流逝；报纸上面的文字编排也是线性的，读者必须按照版面编排进行阅读，并且有严格的出版周期限制。但是互联网的结构却是弥散式的，读者可以跳转到任意的链接之中，这些链接可以是音乐、视频，也可以是一个购物链接或者是一篇新文章。超链接显然给网络阅读带来了更多可能性，但是这也给受众造成了非常沉重的负担，令受众迷失在链接的丛林里。

事实上，在新媒体当中，传统的文体意识实际上是日益模糊的。这种模糊首先是作者身份不明、没有篇幅限制、内容不断变动所带来的，另外的一个原因是观众的入场。

首先，某些场景的网络写作是一种匿名的写作，写作者的姓名、职业都无从知晓，创作目的和创作态度均各有不同，这固然带来了无穷无尽的自由，但是随着网络的普及，新媒体文字更多地呈现出泥沙俱下的特征，虚假、低俗信息随处可见。更令人不安的是，在传统出版过程当中，一本书从交稿到发行需要进行严格的三审三校制度，如果希望修改，就需要等待再版，但是互联网信息的修改和删减极为随意，绝大多数网络信息发布平台都允许作者进行信息的修改和删除，再加上网络写作几乎没有篇幅和印刷成本，这就使得网络写作越来越随意和无所顾忌，使得文本的内涵更加不稳定。

其次，网络传播当中，受众积极地参与文本的生产过程，这使得文本一生产出来就会受到某些公开的抵抗式解读，显得更加像是讨论，也更加不稳定。那么这些口语化的讨论文本是否能够推动现实社会当中的议程呢？我们认为，任何在线的文本，最终都要在现实当中落地，那么就不能脱离了人本身的价值而存在。

虽然说在新媒体当中，传统的文体意识是模糊的，内容更为碎片化，但是另一方面，网络上的新表达体式却又层出不穷，这些表达体式往往朗朗上口，便于记忆，是流行文化的一种，如"凡客体""甄嬛体""咆哮体"等。下面我们简单地介绍一下"凡客体"和"甄嬛体"。

1. 凡客体

"凡客体"最初源自服装类电商品牌凡客诚品的广告宣传文案。2010 年 7 月，凡客诚品邀请作家韩寒等人作为形象代言人进行平面广告宣传，由于广告文案具有特色，在网络上出现了大量模仿"凡客体"进行写作的段子和宣传品。其基本格式为"爱……，也爱……，我不是……，也不是……，我是……"，如图 12-1 所示。

图 12-1 韩寒代言的"凡客诚品"文案

这套广告文案刚刚问世便引发了效仿。如南京警方套用"凡客体"的警示性公益广告：

"爱打电话，爱发短信，爱装警察，爱装法官，爱装检察官，也爱说电话欠费、法院传票、银行转账、恶意透支、涉及洗钱、安全账户……我不是神马，也不是浮云，我是电信骗子，警察一直在找我，如果我找你，马上拨打 110。"

2. 甄嬛体

甄嬛体也是一种流行于互联网上的模仿文体，最初源于电视剧《甄嬛传》。作为一部清宫剧，《甄嬛传》的台词颇具诗词风韵。后来著名的网络论坛"天涯"的"娱乐八卦"板块出现了一个帖子《一句话毁掉甄嬛体》，作者一口气发布了 18 条不同内容的《甄嬛体》，引来无数网友围观与追捧，"甄嬛体"自此流行开来。甄嬛体的主要特征为：自称"本宫""臣妾""朕""哀家"，描述事物用"极好""真真"等。

下文为一位高等数学教师为了吸引学生听讲在课堂上戏仿甄嬛体讲授专业公式：

"积分路径为一姣好半圆，人见人爱；被积函数，憨厚朴实，给人以喜感，但二者同台，不搭调却也是真的。细细品之，如直接计算，劳心伤神事小，辜负格林美意事大。若让他人看了去好生尴尬！若是补一直线围圆造域，再借 green（格林）巧力，拆补安抚，化繁为简，想必是极好的！如此行事，上慰师心，下顺生意，也不负格林恩泽。"

在法国社会心理学家塔尔德看来，"模仿是不可抗拒的，社会是模仿，模仿仿佛是梦游症"。模仿是一种选择，也是新进者获取合法性的一种策略。不过，如果模仿仅仅是为了好奇和标新立异，当形式不再新颖的时候，许多人就开始考虑回归到旧的传统当中。

12.1.1.2 图片：可扭曲的镜像

图像作为一种诞生早于文字的人类体外符号，有着审美和实用的双重价值。比如，我们的祖先就曾经用图像来记录历史和狩猎情况。随着互联网带宽的增加，图像在互联网空间的应用越来越广泛。下面我们从不同的角度讨论一下新媒体图像传播。

1. 纪实性图片

在媒介融合时代，照片传播具有了许多新的优势。相对于文字，图片具有更强的现场感，相对于视频，图片没有声音，更容易被阅读。图片版权交易平台视觉中国的数据显示，2016 年美国大选期间，在特朗普获胜发表演讲后的 30 个小时内，更新了 5 000 多张大选图片；半个月内，视觉中国数据库中的大选专题图片被采用了 1.1 万张。根据今日头条的数据，头条号的图集，每日阅读量达 2.5 亿，占头条号阅读总量的 11.1%。

但是，新媒体图像传播也存在一定的问题，即信息的造假和情绪化，这一直是互联网信息的痼疾。虽然这在传统媒体时代就已经存在，但是由于网络传播主体多元、缺乏把关、图像处理技术门槛变低等原因，这一问题变得更加严重了。其中比较明显的，一是图片离开文字说明可能带来的误导；二是对图片本身的篡改。

图 12-2 呈现的照片是温哥华"骚乱之吻"。2011 年 6 月 16 日，加拿大温哥华爆发冰球球迷骚乱，一对情侣被拍到在地上浪漫拥吻，这与周围紧张的气氛形成了鲜明的对比。但是事实并没有这么浪漫。根据主角的讲述，被媒体拍到的这柔情的一刻，其实只是一个"美丽的误会"，因为图片离开了文字说明之后，显然与事实大相径庭了。照

图 12-2 骚乱之吻

片背后的事实是，温哥华加人队在北美冰球联赛总冠军赛失利之后，该队球迷因为不满球队表现，在比赛结束后上街大肆泄愤，引发骚乱。从球场离开的路上，照片上的女主人公托马斯被防暴警察撞倒在地，她的男友琼斯只想俯身拥抱，给女朋友一点儿安慰。

另外一个例子来自中国。2007 年，陕西农民周正龙拍摄的华南虎照片，如图 12-3 所示，被陕西省林业厅公开，而照片真实性却受到来自网友、老虎专家、法律界人士等方面的质疑，并引发中国乃至世界的关注。2008 年 6 月底，政府宣布周正龙造假，所拍摄的虎照，实为年画上的照片拼凑而来，如图 12-4 所示。真相揭露后，13 位大小官员受到处分；11 月 17 日，周正龙因诈骗和私藏枪支弹药，被判有期徒刑 2 年 6 个月，缓刑三年。

图 12-3 周正龙所"摄"华南虎照片　　图 12-4 周正龙所摄虎照与年画老虎（下）对比图

2. 表情包：放大的快乐形象

表情包，是指以流行的网络图像或其他符号为素材，经过加工变形，用以表达特定的情感的图画。它作为网络上一种重要的情感表达方式，已经逐渐地融入了我们的生活，甚至成为一种重要的文化现象。

在讨论表情包之前，有必要先来追溯一下表情包的前身——"绘文字"。"绘文字"又被称为"emoji"，是一种视觉感情符号，比如用笑脸代表微笑，用玫瑰表示爱意等，最早由栗田穰崇于 1998 年创作，开始仅在日本电信公司的手机用户中使用；后来苹果公司发布的 iOS 5 输入法加入了 emoji 后，这种表情符号才慢慢流行开来。绘文字采用国际通用的

unicode 进行编码，预留位置有 1 200 个左右，因此，这些"绘文字"在任何手机系统当中都可以通用，如图 12-5 所示。

随着智能手机的发展和移动互联网的普及，另外一种由位图构成的表情包逐渐流行开来。这种表情包类似于我们日常见到的图片，不过这些图片，往往不是像照片一样真实客观地反映生活，而是常常以夸张的方式出

图 12-5　苹果系统中的"绘文字"（又被称为 emoji 表情包）

现，用来表达特定的情绪或内涵。目前，使用网络表情包的人越来越多，他们把表情包当作聊天的辅助工具，有时候甚至完全以表情包来进行沟通。与文字传播相比，表情包不需要揣摩词句，还能够营造轻松愉快的聊天气氛。

比如，2016 年里约奥运会，游泳运动员傅园慧在 100 米仰泳半决赛后接受采访，表情生动丰富，如图 12-6 所示。结果是，傅园慧虽然只获得了一枚 100 米游泳项目仰泳铜牌，但凭借网友制作的表情包（见图 12-7）迅速走红，在微博上的粉丝高达 805 万。

图 12-6　傅园慧接受央视采访的视频截图

图 12-7　根据对傅园慧的采访制作的表情包

12.1.1.3　新媒体纪实文的传播特征和分类

网络的独特性，决定了新媒体纪实文有着不同于一般文章的传播特征：

（1）发布成本低。传统写作的成本较高，一篇文章或者一部书的发布，不仅需要作者花费相当多的时间，去慢慢积累逻辑化结构化写作的能力，有时候作者还需要承担发行的成本。很多缺乏经济实力的人，被排除在向大众发布作品的行列之外，失去了话语权。

一"课"拍案

表情包是各个地区通用的语言，就在不久前，台海两岸青年人为了维护娱乐明星，进行了一场表情包大战，却促进了彼此的了解和团结。

而新媒体写作的成本很低，几乎任何人都可以承担得了。即使身处边陲，或逗留太空，也可以投身新媒体写作中，只要有计算机或手机。话语霸权被打破，生机勃勃的个体写作热情被充分调动了起来。

（2）时效性高。新媒体可以通过互联网迅捷传播并实时更新，因为它不受印刷、运输、发行等因素的限制，上网的瞬间便可同步发给所有用户。

（3）强互动性。新媒体传播既可以是单向传播,也可以双向（传者与受者之间）甚至多向

（传者与受者之间、受者与受者之间）传播。信息的传播具有很强的互动性。每位读者都具有信息交流的控制权，既可阅读，又可评论。无论是微博、博客、微信公众号，还是论坛、贴吧、朋友圈等新媒体，读者都可以对信息进行反馈、评论、灌水、补充和互动。

（4）碎片化阅读。新媒体纪实文大多是依赖手机、平板电脑等各种移动终端进行传播的，所以，它不像传统的图书馆式的阅读，而可能是在地铁里、马桶上等各种不同的生活场景中，进行快速的碎片化阅读，因而也给新媒体文章的写作带来了新的要求。如排版、标题、配图，要注意这些变化，另外关键的内容一定要吸引人。

（5）社交化属性。运用新媒体是一种全新的社交化方式。读者分享新媒体纪实文，是把它的内容当成一种社交工具，借此表达他们的观点和价值观，以实现达成共识、结交朋友的目的。如果新媒体纪实文具有强的社交能力，就如同货币一样，广泛传播。

站在不同角度，基于不同标准，可将新媒体纪实文分为不同的类别：从主体出发可分为，纯属于个人的文章和属于企业团体的文章；从内容出发，可分为随笔类文章、知识性文章、新闻与信息类文章；从投放渠道出发，可分为微信公众号软文、朋友圈文章、微博文案、App 文案等。在这里，我们重点从新媒体表现符号出发，将其分为三种类型：新媒体文本文章、新媒体视图文章和多媒体文章。

（1）新媒体文本文章。新媒体文本文章，主要是利用传统的语言文字在新媒体上撰写发布的文章。这是普通大众使用最广泛的一种写作方式。它也可分为电脑写作、手机写作、博客写作、微博写作、微信写作等不同的写作场景。这种写作虽然采用了普通的语言文字符号，但与传统媒体的文本写作有很大的区别。它的语言风格简洁明快，幽默风趣。写作手法可以运用拼凑、粘贴的方式，有时甚至可以突破语法规则的限制，经常出现生造词语和新鲜的网络流行词。

（2）新媒体视图文章。新媒体视图文章，是指写作主体拍摄图片或视频并对其进行编辑加工附之以文字说明的文章。新媒体视图文章写作的主要工具是数码照相机、数码摄像机和手机等。写作主体可以用 Photoshop 等软件对自己拍摄的数码图片进行加工处理，也可以用 Premiere 等非线性编辑软件对自己拍摄的数码视频进行编辑。他们还可以把图片或视频传播到网上，或者传给亲友进行分享。新媒体视图文章具有多种感官体验的特征，由于写作工具的便捷性和传播的方便性，写作主体可以做到随时随地拍摄，随心所欲传播，使写作过程变得轻松愉悦。

（3）多媒体文章。多媒体文章就是一种可以作用于人的多种感知能力的文章。它集合了多种媒体表现形式（如文字、声音、图片、动画、视频等）来传送信息。比较常见的是多媒体新闻和多媒体广告。我们看到的许多网络传播的文章，有的是文字和图片的结合，有的是文字和视频的结合，有的是文字、声音、图片、动画、视频等多种媒体符号的结合。多媒体文章写作最重要的特征是超文本、超媒体技术。所谓超文本，是一种非线性的信息组织方式。它设计成模拟人类思维方式的文本，即在数据中又包含与其他数据的链接。用户单击文本中加以标注的一些特殊的关键单词和图像，就能打开另一个文本。超媒体又进一步扩展了超文本所链接的信息类型，用户不仅能从一个文本跳转到另一个文本，而且可以激活一段声音，显示一个图形，或播放一段视频图像。多媒体文章以超文本、超媒体方式组织信息，用户接受内容时可方便地联想和跳转，更加符合人们的阅读和思维规律。

12.1.2　典型新媒体纪实文写作技巧

12.1.2.1　随笔：信息海边的贝壳

随笔，字面意义是"随手用笔一记"，是散文的一个分支，也是议论文的一个变体，一般以记叙为主，兼有议论和抒情。随笔通常篇幅短小，形式多样，写作者惯常用各种修辞手法曲折地传达自己的见解和情感，语言灵动，婉而多讽。在新媒体上，随笔的内容可以是纯粹的个人想法和心得，包括自己对时事新闻、国家大事的看法，或者对一日三餐、服饰打扮的精心料理等，也可以是在基于某一主题的情况下或是在某一共同领域内，由一群人集体创作的内容。

随笔怎么写？

首先写什么很重要。每一个选题被关注的程度并不一样，有些东西天然地更容易引起人们的关注。每个行业、每个话题、每个选题，它的热度是不同的。如果你从事的工作与新媒体有联系，一定要有意去接触热点，因为现在的新媒体很多都是跟流量挂钩的。所谓蹭热点，就是让自己的内容结合时事新闻，以热点新闻做引子，结合自己的定位，转到叙述自己的专业领域的事情上。其中最关键也是最困难的是找热点的角度，即如何把热点转移到自己想说的话题上去，并做到独树一帜。

其次，针对性要强。新媒体写作是建立在深度分析读者特点的基础上，针对特定内容的持续挖掘进行写作。在写一篇文章前，一定要清楚这篇文章针对的读者是谁，这篇文章是写给谁看的。如一篇介绍美妆的文章，就不会在足球论坛中发表；一篇介绍养生的文章，在电子发烧友平台就不会受到大量关注。

再次，表达的内容一定要明确有用。在写作之前及写作过程中，要一直思考这篇文章对读者的意义到底在哪里。是增加一个新知识，是帮忙做了内容的汇总，是说出读者想说却不敢说的话，还是通过有意思的文字给读者带去欢乐？

最后，通过一些写作技巧，快速抓住读者的眼球，形成持续的阅读黏性。被大家认可的新媒体纪实文，通常都一定会有一种特定的语言风格，如有的公众号就喜欢用特别尖酸刻薄的语言，有的公众号就喜欢特别温柔的文字，有的公众号就喜欢那种什么话都说一半，言外之意都用省略号代替。而过去传统媒体里的有些文章，文字很美，辞藻华丽，但是读者读完，却留不下什么印象。这样的文章在新媒体中不太有市场，因为人们的生活节奏太快，如果不能给读者带来什么作用、影响或思考，读者很难花时间去把文章读完或者持续去读。对于新媒体纪实文而言，一个评价标准叫"有风格"，作者要在用词、观点、行文套路等方面，形成自己的文章的独特性。

12.1.2.2　评论：观点的自由市场

当今社会是"观点时代"，新媒体所传播的信息不只是事实信息，凭借传播的便利和个性思想的释放，评论类内容得到了充分膨胀的空间。评论，就是针对客观事物进行主观的自我印象阐述或意见评判。它的形式多样，可以是微博和朋友圈的只言片语，也可以是博客、公众号、论坛、网站上的长篇大论。不过从内容上，评论大致可以有两种：时评文章和网络评论。

时评文章，顾名思义，是时事评论性的文章，又称新闻时评，简称时评。它是传播者对社会上发生的新闻事实，或媒体上报道的新闻，表达自己的意见或观点的一种论说文章。它的第一个特点是生命力短。和其他文体不一样，时评的生命力很短，通常只有一两天。不过，时评的价值不在于时间，而在于对事件的影响和推动。时评的另外一个特点是作者要比读者知道得多，这样才能有一种价值逸出。因此，要多读书，多积累素材，一方面厚积薄发，另一方面多写多实践，这样才能写好时评。

网络评论指的是网友通过投稿、发帖等各种渠道，发布在网上的评论作品。较长篇幅的评论文章和一两句话的论坛、朋友圈发言都在此列。与报纸评论相比，网络评论既有共性也有其自身的特点。网络评论中占主导地位的仍是文字评论，其写作文体与报纸相同，但是，网络也有自身特有的评论文体，如跟帖评论、平台评论等。这些评论没有固定的程序，可以长篇大论，也可以三言两语，可以文采飞扬，也可以朴实无华，只要把观点表达清楚，无论感性的宣泄还是理性的表达，皆成评论。

网络评论的生存土壤是在网络环境中，网民的关注点、需求点和风格口味非常个性化，因此网络评论的写作有一些特殊要求：

第一，选好评论由头。评论是由新闻事实引发的，新闻事实是否值得评论，直接决定着评论写作的成败。如果观点有价值但新闻由头没有说服力，就会导致观点立不住，评论的意义也就不大。新闻由头很明确，观点又很鲜明、有针对性，评论就会达到事半功倍的效果。

第二，观点明确，评点有力。评论往往具有引导舆论的重要作用，因此评论的观点一定要鲜明，要有针对性，要有的放矢，而不能模棱两可。对新闻事件的评说要注意评论的立意。一个成功的立意，要有新颖性、针对性和准确性。

第三，讲究方法，把握分寸。网络评论的写作要讲究方式方法，网络评论的舆论导向需要一定的隐蔽性，以适应读者的观念认同为前提，评论认同了读者的观点，读者也自然就能认同评论的观点。把握分寸也是网络评论写作的重要方面。自发性和随意性使得网络评论写作不那么严谨，质量不如传统媒体的评论，但网络评论也需要注意评论的分寸，注意平衡，避免用词、用语太过偏激。

第四，要有情怀，文风亲切，语言有亲和力。新媒体的碎片化阅读决定了评论要注意篇幅，不宜长篇大论；同时要注意文风和语言，文章要吸引人，要生动、浅显易懂、有文采。要写活评论，就必须做到标题要活，语言要活。一个好的标题能够提示评论内容、评价新闻事件，能够一下子抓住网民的眼球。要使用形象的语言，切忌空话套话，防止机械、呆板、生硬，一定不能为了取悦网民而低俗、媚俗和庸俗。

马化腾把腾讯的渐进式创新解释为"小步快跑，试错迭代"，这正说明了互联网新媒体产品的一个普遍规律。HTML5 标准的变化也说明了这一点。

学"艺"致用

12.1.2.3　H5：手指拨动的风车

以上我们讨论了新媒体文字和图像写作的大致情况，但是，如何合理地编排这些符号，使其创造性融洽，并呈现在不同屏幕之上，始终是摆在新媒体人面前的一个问题。在此，笔者介绍一款帮助大家实现创意的新技术——HTML5，并且分享一些实用的制作工具和案例。

HTML 是 "Hyper Text Markup Language" 的英文缩写，即超文本标记语言。HTML5 是 HTML 的一个新版本，是新一代超文本语言的标准。此前通用的编辑语言是 "HTML4"。HTML5 标准于 2014 年 10 月 29 日制定完成，并取代 1999 年制定的 HTML 4.01、XHTML 1.0 标准。它可以使 Web 网页能够较好地执行应用程序，让浏览者无论在桌面还是在移动平台浏览内容，都能感到无缝衔接。

与传统的 HTML4 相比，HTML5 具有强大的交互支持、多媒体支持、本地处理能力支持、地理定位支持和通信能力支持等功能特性。其中最值得一提的首先是交互支持。传统页面强调的是信息的展示，用户互动比较少，而网页应用强调的是在网页中进行具体的业务处理，用户交互比较多，因此，HTML5 强化表单元素的功能和验证，丰富输入元素的种类，同时提供自动聚焦、自动输入验证等特性，极大地提高了开发者的工作效率。其次是多媒体支持。HTML5 新增 video 和 audio 标签，能让网页直接流畅地播放多媒体文件。这意味着，开发者可以直接将动画、视频、音频嵌入网页，而不需要第三方插件就能播放。所谓的第三方插件，我们最熟悉的就是 Adobe 公司的 flash。这不仅改善了用户体验，而且更节能，更适用移动设备。此外，HTML5 提供强大的多媒体呈现能力、交互能力、云端服务集成能力与本地处理能力。

HTML5，简称 H5，能给新闻、广告等带来崭新的表现形式。目前新闻业界已经在重点报道中进行了不少探索，为交互叙事开拓出新空间。

譬如，为献礼中国共产党建党 95 周年，搜狐网联合北京卫视制作大型交互性产品《解放——人民的选择》，通过真实照片穿插游戏交互的方式，不断揭开尘封的历史档案，观看珍贵的影像，展现"人民创造了历史，历史选择了中国共产党来领导人民、造福国家"的历史论断。

解放——人民的选择

再如，2016 年 5 月大学生魏则西之死，让莆田系医疗机构处于舆论声讨之中。搜狐新闻推出了产品《莆田老乡手把手教你开医院》，通过模拟电话跟微信的形式，生动地展示莆田人是如何拉人入伙开医院的，是用什么手段买通医院的，远比传统形式的新闻稿生动得多。

对于普通用户而言，借助工具制作 H5 是最常见的。下面是 H5 的一些开发工具。

（1）易企秀（http://eqxiu.com/home）定位简单翻页模板 H5，面向普通用户，模板数量较多，用户可以发布模板。

（2）MAKA（http://www.maka.im/）的主要用户群体是设计师，操作体验较优，功能较少。

（3）兔展（http://www.rabbitpre.com/）定位普通用户，操作体验佳，新近上线的 psd 导入功能较为实用。

（4）70C（http://70c.com/）定位普通用户，体验佳，活动比较丰富。

（5）iH5（http://www.ih5.cn/）定位于一款专业级 H5 制作工具，功能较为强大，用户可以编写代码，但是学习成本较高，不适合不懂代码的初学者。

12.1.2.4　新媒体广告文案

根据美国著名广告学者阿伦斯的定义，所谓广告，"是由可识别的出资人通过各种媒介进行的有关产品的、有偿的、有组织的、综合的、劝服的、非人员的信息传播活动"。这个概念强调通过媒介、非人员的、有偿的，也就意味着，广告是大众传播，不是人际传播。那么什么是新媒体广告呢？按照字面上的理解，新媒体广告就是通过新媒体发布的广告，但它有一些传统广告所不具备的特征。

其中比较重要的有以下几点：首先，新媒体广告的发布主体比较复杂，这里有三个层次，第一是传统媒体广告的发布渠道有限，往往需要寻求专业代理，但是新媒体客户往往可以自己掌握发布渠道；第二是广告发布之后，也会有不少的个人出于好奇或者分享进行转发；第三是虽然也有新媒体广告（尤其是早期的新媒体广告）运用直接推送、条幅广告等类似于传统大众传播的呈现方式，但更多时候新媒体广告的扩散和使用，其实是大众传播、人际传播和群体传播的结合。

从历史的角度来看，早在 1990 年的美国，新媒体广告的形式就出现了。最初的形态是，将广告信息通过互联网反复推送至订阅新闻组当中，可以说，这种形式还有着传统媒体留下的烙印，虽然招致了许多用户的反感，却达到了不错的广告效果。我国的第一条网络广告出现在 1997 年，科技类站点 chinabyte 上刊登了一幅 IBM 公司宣传一款商用服务器的广告。在 1999 年的第 46 届戛纳国际广告节上，网络广告与平面广告、影视广告一起被列为参评的广告类型。

新媒体广告涉及的内容庞杂，当中有不少技巧，另有不少专著论述。但是一个显而易见的事实是，新媒体广告的形式比传统媒体要丰富许多，它可以集纳各种符号，比如图片、文字、影像资料，也可以利用页面之间的跳转来进入产品的页面。新媒体广告有传统媒体广告的改造，也有新的形态。

但是，新媒体广告和传统媒体广告非常不同的一点，就是受众能够参与到内容的创作与互动当中。这里仅以 2017 年戛纳广告节互动类（cyber 类）大奖作品《波罗的海》为例，简单讨论一下新媒体互动广告。

《波罗的海》新媒体互动广告项目由奥兰银行发起，如图 12-8 所示，主要围绕一款可生物降解的信用卡——波罗的海卡展开。公司基于信用卡使用行为，搜集用户的金融风险数据、消费商品分类代码和碳足迹 ①，由此计算出一个采购的成本，而消费者通过这个成本和银行的特殊公式换算，得到一份自己的信用卡的数字环境报告，该报告展示了他们的采购给环境带来的影响，并通过改变行为对环境做出补偿。这个广告的制作方式类似于"数据新闻"，在广告的推广方面运用了"邮箱""视频网站"等多种渠道。

该项目筹得了 380 000 欧元的环境基金，品牌认知度提升了 308%。作品十分有创意地把内容、公众事务以及数据结合在一起，帮助客户从全球可持续的宏大背景下，来看自己的采购行为。

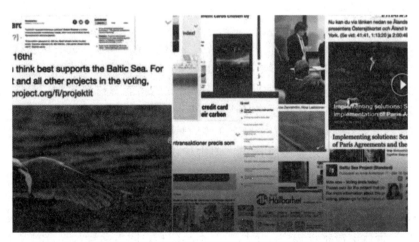

图 12-8　奥兰银行发起的波罗的海项目，运用各种社交媒体进行推广

---

① 碳足迹，英文为 Carbon Footprint，是指群体或个人的活动、产品，通过生产、运输和消费等过程，引起的温室气体排放所产生的"碳耗用量"。

就国内而言，近年来故宫博物院的周边产品推广、淘宝网的老年用户项目在新媒体互动推广的运用上，都是比较成功和有特色的，限于篇幅，在此不再赘述。

12.1.2.5　软文：故事中的甜蜜"陷

新媒体广告中有一种重要的类型，类似于传统媒体上的软文，如今在网络上大肆流行。其实，软文现象由来已久。在第一次世界大战期间，《美军心理战条令》将宣传分为三种，第一种是"白色宣传"，公开表明信息来源，第二种是"灰色宣传"，不说明信息来源，第三种是"黑色宣传"，隐藏真实的信息来源。软文近乎第三种，也是广告的一种，是相对于硬广告的一种说法。

我们可以把软文分为广义和狭义两种。广义的软文，是指企业或广告主参与策划，自己或委托他人在报纸、杂志或网络等媒体上刊登的以概念、新闻热点或案例解析入手，用以提升企业品牌形象和知名度、促进营销的宣传性、阐释性文章，包括含有广告意向的新闻报道、深度文章、付费短文、案例分析等。因最终发布者隐藏在"独立第三方"的外衣之下，"软文"也被称为"广告文学"。本节所讲的是狭义的软文，是指利用新媒体的特征进行写作并通过网络传播的软文。

新媒体软文按照传播主体也可分为两种。第一种是指企业或广告主，在自己开办或合作的媒体上刊登的软文；另一种则是企业或广告主委托专业的媒体从业者，在受托方媒体上所发布的软文，这类文章的主题必须与受托方媒体的风格一致，很难迁就企业更细致的要求。这两种情况区别较为明显，第一种软文除了对市场负责，追求流量外，还作为企业工作人员对内维系团结、对外进行营销和展示的工具来使用，因此信息内容比较详尽，但因为投放范围有限，可能阅读量并不高；第二种情形，作者往往采取"媚俗"的写作手法，虽能够在传播范围上取胜，但专业性和针对性并不是特别强。

新媒体软文最明显的特性，一是支持超链接跳转；二是依据地理位置定向推送和移动支付。在符号运用上，新媒体软文可以以文字为主，也可以以影像为主，或图文并重，或多媒体共现。以图片、文字作为主要表现形态的，除了要充分适应新媒体的传播特点之外，其他的表现技巧和传统媒体差别不大。

这里举两个例子供大家参考。第一个是格力集团运营的账号"董明珠自媒体"，于 2017 年高考结束时所发布的软文《你知道吗？ 2018 年高考试题除了"一条草鱼"，还有他！》。该文借用高考题目当中所出现的新能源材料，对产品原理进行了较为深入的讲解，表现出了自身产品的专业性、政策性、前沿性。

你知道吗？2018 年高考试题除了"一条草鱼"，还有他！

第二个例子是来自"敦煌旅游"的软文《敦煌壁画：人神共舞 惊现梦露经典动作》。敦煌是历史文化类旅游景点，但古代佛教造像的内涵很难为普通民众所了解。因此"敦煌旅游"为了吸引游客，巧妙地借助了现代流行电影文化当中的经典形象"梦露"，将作为符号的"敦煌壁画"的所指，从"敦煌佛教造像文化"转化为符合当代人审美心理的流行文化。[①] 最为难能可贵的是，传播者在对"敦煌壁画"进行世俗化过程中，依然能够不忘初心，向大众普及真正意义上的"敦煌文化"。在其 H5 产品《敦煌数字供养人》当中，读者可以以游戏的方式抽取属于自己的"智

---

① 相关符号学知识可参阅专著：隋岩. 符号中国［M］. 北京：中国人民大学出版社，2014

慧锦囊"。这个智慧锦囊以海报的形式出现，包括一个佛教造像和对造像的讲解，并将这些内容以一个字来概括。

有时，企业也会委托自媒体人撰写推广软文。由于作者并不为特定产品服务，有着自己的主体自觉和文体意识，因此，这类软文往往具有鲜明的作者特色。就微信公众号而言，一般是讲一个故事或者评论一个热点，这个热点往往与产品相关，在文章末尾插入相关主题的推广、购物链接。就语言而言，不同运营者的风格不同，但大都在语言上结合了网络小说和电视新闻两种风格，以口语和短句为主，切合读者小屏幕阅读的习惯，文本上特别讲究互文性。所谓互文性，指的是把流行话题、大家都熟悉的内容加入新的产品当中，举例而言，如热映的电影《头号玩家》，就糅合了观众熟悉的大量文化元素，用来赢得观众的欢心。这类软文，以一干成功的微信公众号为代表，如公众号六神磊磊读金庸、新世相、咪蒙、黎贝卡的异想世界等。

在众多公众号写手当中，六神磊磊做得比较出色。其人以读金庸写金庸成名，他的植入式软文已形成一定的范式和套路。下面我们来看六神磊磊于 2018 年 3 月 16 日发布的针对伊利活力冬奥快闪学院的推广软文《零度以下的爱情》。从标题上来看，《零度以下的爱情》与网络上流行小说的标题深度互文；从内容上来看，主要是先借助大家都很熟悉的认知框架来讲故事，比如借助金庸小说的故事情节，比如每个人都会面临的感情问题，在这些被重新编排和讲述的故事当中，一般没有什么反面角色，每个人都是可爱的，都是能够被理解的；从版面上来看，对重点内容和标题，作者都进行了标红。

敦煌壁画：
人神共舞惊
现梦露经典
动作

"敦煌旅游"
的敦煌数字
供养人

零度以下的
爱情

类似的作品如《我一直在扯谎，但那一声"妈"是真心的》，都用了这种技法。文章讲述金庸名作《倚天屠龙记》中张无忌和易三娘的故事。二人虽不是母子却胜似母子，主题佯以说明要珍惜和父母相处的时光、用心照顾父母，却在文章结尾部分植入无烟锅的广告，解读其产品亮点，产品诉求和文章主旨融为一体。软文发表时适逢 2017 年春节备年货之时，戳中粉丝报恩的爱心神经，大大诱发了他们的购买欲望，是一篇不可多得的促销软文。

需要特别说明的是，传统媒体环境下，传播主体是机构化的，受众能够识别传播者，并对传播者的意图有所防范，但是在新媒体环境下，传播主体异常多元，并且经常是匿名性的和公私不分的，这一方面使得受众更难以辨别信息发布者的意图，另一方面也给了公关行业隐蔽的操作空间。因此，陈力丹在《真相》中文版序言当中讲到，为了辨别真相，也为了避免被欺骗被操纵，"新闻素养"就应该成为公民素养的一部分。

12.2　新闻（纪实文）：全民 DIY 的社会写真

新媒体新闻是依托新媒体进行传播的新闻。而用户参与新闻生产是传统媒体新闻生产和新媒体新闻生产的重要区别。有人说，如今的新闻是明天的历史。不过，这种历史过去是记者编辑之类的精英们写就的，而如今新媒体的出现，让草根也拥有了同等的权利。普通民众的新闻热情，在新媒体之火的助燃下，形成一种有意或无意的粗糙的全民新闻 DIY 活动。特别是对突发事件的只言片语或随手一拍，往往会不经意地推动舆论的发酵，成为新闻史上重要的一笔。这种由大众发起，在讨论中不断接近真相的新闻，也许正表现了新媒体新闻和舆论的本色。在此，我们首先追溯新媒体新闻的发展历程，稍后将讨论在新的技术条件下，新

媒体新闻在制作过程当中所运用的新手段、新方法。

12.2.1 嬗变：新媒体新闻模式

按照互联网发展的时间线，我们将新媒体新闻的发展划分为大众传播模式时代、用户参与内容生产时代、算法推荐时代三个阶段，每个阶段都有其显著的特征，而新媒体新闻的样态，受制于不同的技术和社会环境，呈现不同的风貌。

12.2.1.1 大众传播模式时代的新媒体新闻

互联网早期，带宽有限，人们在固定地点拨号上网，大型游戏和视频并不流行，也没有各种网络应用类软件，用户主要通过浏览器来获取互联网信息。网站运营者的工作重点在于提供各种内容，如新闻、小说、音乐等来吸引用户获得点击量。用户则通过键入网址或者搜索引擎，寻找自己感兴趣的内容；接受信息的方式较为被动，互动也多见于新闻资讯下方的留言板，罕有机会参与主干内容的生产制作。

这个时代的新媒体新闻，大致可以分为两种模式，一种是传统媒体的网络版，另一种是"门户网站"的新闻栏目，如新浪、网易、搜狐，以及所谓的分类搜索网站。有学者考证，最早有迹可查的网络报刊是《圣何塞信使报》（San Jose Mercury News），它于 1987 年诞生于美国硅谷中心。而在我国，最早上网的报刊是 1995 年由国家教委主办的《神州学人》杂志。1997 年，《人民日报》网络版创刊。1999 年，国内形成了报刊上网的高潮，这些网络报刊开始只是依附于母体的纸质版翻版，后来逐渐成长为独立运营的主体。

而门户网站，是一个向用户提供各种信息服务的综合平台。新闻栏目，是门户网站一项主要的信息业务。这一时期，在全球范围中，最为著名的门户网站是谷歌以及雅虎，而在中国，最著名的有四大门户网站（新浪、网易、搜狐、腾讯），百度、新华网、人民网、凤凰网等。

在互联网肇兴之初，网络信息庞杂，普通网民搜索信息感到困难，正是雅虎、谷歌这样提供基本信息汇集（如天气预报、股市行情）与搜索的网站，成为网民进入互联网的"门户"。而新闻服务作为门户网站的法宝受到了重视，乃至成为门户网站的重要业务和核心竞争力。但事实上，无论过去，还是现在，门户网站的新闻部门都只是确立形象地位、吸引用户点击的业务部门，从来都不是盈利最丰厚的部门。比如网易公司，虽然也有新闻栏目，但最大的利润来源是网络游戏。

12.2.1.2 用户参与内容生产时代的新媒体新闻

21 世纪以来，互联网设计者更注重用户的交互，用户既是网站内容的浏览者，又是网站的创造者。这个有别于传统 Web 的、可读可写的时代，被称为 Web 2.0 时代。这个概念是在 2004 年由 O' Reilly Media 媒体公司首次提出，随后被广泛接受的。在 Web 2.0 网站中，用户可以自己创作内容，分享各种观点，网站服务也更专注于用户，更加倡导人人平等、开放自由的互联网精神。有学者（Karakas）将 Web 2.0 看作一种新的生态系统，主要特征为 5 个 C，即创造性（Creativity）、连通性（Connectivity）、协作性（Collaboration）、整合性（Convergence）、社区性（Community）。博客、P2P 下载、社区、分享、百度百科等，都是用户参与信息内容生产的网站。

在用户参与内容生产的时代，有四个重要应用与新媒体新闻密切相关：维客（Wiki）、博客（Blog）、微博、微信。利用这些应用程序，人们可以方便地从事新闻报道活动。由于微信在其他章节中多有提及，这里重点介绍如下三种新闻样态。

1. 维客（Wiki）新闻

维客的原名为 Wiki（另译维基），来源于夏威夷语的"Wee Kee Wee Kee"，原意为"快点快点"，是一种在网络上开放，可供多人协同创作的超文本系统，由沃德·坎宁安（Ward Cunningham）于 1995 年所创。这种超文本系统支持面向社群的协作式写作，同时也包括一组支持这种写作的辅助工具，参与创作的人们被称为维客。在创作的过程中，每个人都可以任意修改网站上的页面资料，但所有的 Wiki 都有版本控制（Version Control），随时都可以找回之前的版本。就在这种相信人性本善、相信社群力量的文化中，整个 Wiki 社群茁壮成长。国内运用 Wiki 技术设立的网站有百度百科、搜搜百科、互动百科，以及豆瓣网的词条部分等。下面我们主要介绍在国际上有较大影响的维基百科和维基解密。

建立在 Wiki 技术基础之上的维基百科成立于 2001 年，是一个多语言百科全书协作计划，也是一部用不同语言写成的网络百科全书，其目标是为全人类提供自由的百科全书——用他们所选择的语言书写而成的，一个动态的、可自由访问和编辑的全球知识体。维基百科允许访问网站的用户自由阅览和修改绝大部分页面的内容，整个网站的总编辑次数已超过 10 亿次。整个维基百科计划总共有 285 种独立运作的语言版本，且已被普遍认为是规模最大且最流行的网络百科全书，同时也是全世界最大的无广告网站。由于维基百科能够十分迅速地整理出与最近发生事件相关的信息，并且任何人都能够深入整理数据内容，这使得许多人也渐渐将维基百科视为一个新闻来源。

建立在 Wiki 技术基础之上的"维基解密"则是一个专门公开来自匿名来源和网络泄露的文件的国际性非营利媒体。网站成立于 2006 年 12 月，由阳光媒体（The Sunshine Press）运作，它支持激进主义者和举报者，目的是揭露政府及企业的腐败行为。在成立一年后，网站宣称其文档数据库成长至逾 120 万份。2010 年 7 月 26 日，"维基解密"在《纽约时报》《卫报》和《镜报》配合下，在网上公开了多达 9.2 万份的驻阿富汗美军秘密文件，引起轩然大波。"维基解密"大量发布机密文件的做法使其饱受争议。支持者认为"维基解密"捍卫了民主和新闻自由，而反对者则认为大量机密文件的泄露，威胁了相关国家的安全，并影响国际外交。

2. 博客新闻

博客是 Blog 的音译，为英文 Web Log 的混成词，意思是网络日记。1997 年 12 月，Jorn Barger 第一次使用 Weblog 这个正式的名字。他将 log 的意义从接近航海日志那种无人称、拟客观、机械式写作，转换成较接近旅游日志的"有人称、有个性"的自由书写。而最流行的词"Blog"，一般公认为是由 Peter Merholz 在 1999 年创造的。2002 年，方兴东等人建立了博客网站"博客中国"，自此，博客开始进入普通中国人的视野。

博客作新闻传播的新媒体样式，有许多里程碑式的事件。比如 1998 年博客作者德拉吉对克林顿绯闻的报道，"9·11"事件之后博客作者对事件原因的反思与讨论等。在这些新闻事件发生之时，传统媒体的报道都比较乏力，而博客的出色表现，使得普通老百姓真正地感受到了自媒体的力量。下面简要介绍一下德拉吉。他原本在哥伦比亚广播公司（CBS）下属的礼品店工作，工作之余，从人们认为无价值的资源中寻找有意思的资料，并将其发到互联网上的新闻讨论组。他于 1995 年注册了自己的网站"德拉吉报道"，起初主要刊登各种小道消息和大众观点，后来转而关注政治圈的"内部消息"。如 1998 年 1 月 17 日，德拉吉向他的世界各地的近 5 万名新闻邮件订户发送了一个"在最后一分钟，星期六（1 月 17 日）晚上6点，新闻周刊杂志枪杀了一个重大新闻。这条新闻注定将动摇华盛顿的地基：一个白宫实习生与美国总统有染。"这条消息开始在互联网上迅速传播，并逐渐向传统媒体蔓延。这就是后来人所共知的美国前总统克林顿与莱温斯基的"拉链门"事件。

而中国也有类似的案例，如在博客刚刚进入中国的2003年，曾有过一场关于网络色情的大讨论：博客作者木子美在博客上公开自己的私人日记。不到一个月，辽宁渤海大学教师王吉鹏在博客中国发表反网络色情的一系列文章。一周后，传统媒体也在跟进报道，对网络色情的批评迅速成为社会讨论的热点，王吉鹏和木子美的博客也因此获得巨大的点击量。

如今，博客的黄金期已经过去，但是它的生存价值依然存在：与微博相比，它是一个相对独立的写作空间，能够避免及时反馈带来的信息干扰，博客作者能够保留互联网时代来临前的写作方式，在享受网络互动性便利的同时，依然能够保持深度思考、独立、自由和理性；与微信公众号相比，操作更为简便，也更自由公开。

3. 微博新闻

在前面第7章中，我们从信息的展示角度，介绍过微博。正是由于它是一个能让人们快速便捷地发布简短实时信息的网络平台，故而天然地具有某些大众传播的特质。微博上发布的众多门类信息中，新闻是比较多的也是非常重要的一种信息。尽管这些发布者的新闻素质良莠不齐，撰写的新闻内容水平高低不一，但相对于传统新闻传播而言，它毕竟扩大了新闻活动的空间。因它的存在，新闻传播为整个社会的发展发挥了更为重要的作用。

回溯微博的发展历程，有许多与新闻传播密切相关的事件，值得被记录，并且对新闻传播活动颇具启发意义。如美国领导人竞选、2009年伊朗绿色革命、我国2011年春节微博打拐活动等。下面主要介绍一下美国领导人在竞选过程中对微博的应用，从而管窥微博在新闻传播中的独特魅力。

从理论上来说，重要人物的信息，本身就是重要的新闻，而重要人物使用媒体进行传播，就是重中之重的新闻。早在广播刚刚普及的年代，罗斯福就多次通过无线电波向全美民众发表演讲，鼓励民众，因而他被称为广播总统；肯尼迪更是因为擅长使用电视媒介而获得了大量的民意支持，入主白宫。

而微博的出现，为重要人物从事新闻传播提供了更加便利和亲民的沟通工具。2008年美国总统大选奥巴马之所以能胜出，很大程度上得益于新媒体的运用，特别是微博，因而奥巴马被称为网络总统。奥巴马非常重视微博的沟通功能。他的Twitter账号有专人维护，一旦关注就会被加为好友，并且会主动回复。这种方式以极低的成本拉近了奥巴马和普通选民的距离，能够带给民众一种值得信任的老朋友的感觉。

无独有偶，2017年，美国总统特朗普多次社交媒体上发布惊悚的、具有新闻性的内容，乃至错误的观点，吸引了大量民众的关注，最终赢得了选举，使得知识界一片哗然。可以说，特朗普发布的惊悚而短小的信息，非常适合社会化网络的语言结构，也容易点燃普通民众的情绪，这样的情绪在传统媒体时代往往会招致严肃报刊的批评。但是在互联网时代，网络群体再次呈现了乌合之众的特征，他们容易被操纵控制，显得盲目而非理性。牛津字典把这种"诉诸情感及个人信念，较客观事实更能影响民意"的现象称为后真相。在特朗普当选美国总统以及英国脱欧的大背景之下，"后真相"一词的使用率急遽上升至2 000%。传统媒体时代，由于从传播内容的制作到抵达受众，再到受众对内容的反馈，会经历一个漫长的时间线，这客观上使得受众和内容发布者之间的互动有了一个缓冲地带，为事实真相的核实和浮出提供了空间，但是网络环境下这种宽松的环境不复存在。所以，在微博新闻传播中，如何兴利除弊，是需要新媒体人研究解决的问题。

12.2.1.3　算法推荐时代的新媒体新闻

算法推荐新闻生产模式，可以溯及 20 世纪 90 年代所谓的"语义网"，这一概念由蒂姆·伯纳斯·李于 1998 年创造。他认为，"数据和程序集成的商业市场是巨大的……那些选择开始探索语义网技术的公司将是第一批受益者"。在语义网当中，网络内容不仅仅是用自然的语言表述出来，而且可以用一种新的形式来表现，就是利用计算机软件代理来理解、解读、使用网络内容，使得人们能够更加方便地寻找、分享、整合网络内容。

形象地描述一下，理想中的语义网是这样的个性化网络：用户可以在一家虚拟的书店当中自由地试读和购买杂志、报纸、视频和音乐；用户不仅仅能够听到、看到关于商品的介绍，而且能够和其他购物者进行交谈；用户不用再进行长时间的搜索和浏览，而是直接和计算机对话，就能够获得个性化的、高度吻合的推荐结果，而商品无须下载，而是存储在服务器内，随时都可以收看、收听；搜索引擎不再冷冰冰，而是会成为用户的良师益友。用通俗的说法，语义网就是如今流行的算法推荐。

在此方面，有两个颇具语义网色彩的新闻类网站，BuzzFeeD 和今日头条。由于后者在本书其他章节中有详细的讲述，所以这里重点介绍一下 BuzzFeeD。

BuzzFeeD（见图 12-9）是美国的一个新闻聚合网站。它于 2006 年由乔纳·佩雷蒂（Jonah Peretti）创建，是一个基于链接点击上升速度的算法网站。从首页上来看，BuzzFeeD 和 Web 1.0 时代的版面布局区别并不大，但是，它会将用户的每一次阅读行为都记录下来，并且根据用户的口味推荐文章。简单地说就是，比如读者浏览了 BuzzFeeD 很多教育类的信息，其首页就会有更大

图 12-9　BuzzFeeD 编辑部

的频率出现教育类的信息。它还有两个特色：第一，BuzzFeeD 不仅仅是算法推荐网站，它还拥有内容制作和推广的能力，网站不仅仅拥有自己的制作团队，还会把大家阅读频率高的文章转发到其他的社交网站上，以获得好的传播效果；第二，所有收入都来自发布品牌内容，公司自己创做出的叙事性广告能够充分融入广告发行商的产品。比如说在短视频栏目当中，它会拍摄一个 GE（美国通用电气公司）工厂建设的过程，事实上这正是 GE 公司的广告。比如它会详细地介绍某些旅行目的地的风光，而这些目的地的旅游项目恰恰是某一旅游公司特许经营的。如果说在传统媒体当中，我们对于广告和内容的界限还有一些防备的话，在人人可以参与的社交互动中，在算法推荐的亲切内容里，网络用户更容易忘记他们的媒介使用行为并非自己的选择，而是来源于机构媒体的顶层设计。他们在无意中成了广告商推广"生活方式"的对象。

12.2.2　前沿：技术推动下的新媒体新闻

我们必须承认，一方面以互联网为代表的新技术给新闻业带来了结构性的变化，使得专业从事新闻生产的媒体机构地位大大降低了。但是在另一方面，层出不穷的技术也为新媒体

新闻呈现提供了支持，这些技术手段为新闻从业者和各类宣传工作者提供了便利。下面我们就对近些年出现的新的新闻样式择要进行介绍。

12.2.2.1 数据新闻

1. 数据新闻的前身

新闻报道当中对于数据的应用并不是什么新鲜的事情。它们会令报道更准确更直观，也能够帮助受众理解记忆。新闻学经典教材梅尔文·门彻的《新闻报道与写作》当中就用了大量的篇幅介绍在传统新闻写作当中如何用数据进行表达。但这里所讨论的数据新闻，不仅是与具体数字密切相关，更是与计算技术，尤其是大数据运算的发展密切相关。其历史可以追溯到"精确新闻报道"和"计算机辅助报道"。

1）精确新闻报道

精确新闻报道出现于20世纪六七十年代的美国，其时社会较为混乱，报纸被财团操纵，从业者所标榜的新闻自由和新闻理想成为笑话。新闻业为了自救，找到一种新的报道方式，就是需要记者运用社会科学的方法去搜集资料、查证事实，从而使新闻报道更客观公正。其理论源头，可以追溯至美国著名新闻工作者和传播学者李普曼，他认为，治疗新闻业的药方是科学，追求科学的方法不仅能使新闻业专业化，而且能使新闻业更自由和富有英雄气概。不过，精确新闻报道，作为专门术语，却是以新闻学者菲利普·迈耶所著的《精确新闻学》一书的出版为标志的。

《精确新闻学》现在看来更像是一本讲授社会调查方法的教科书，它提出了精确报道的许多原则，比如：要掌握社会科学的研究方法和研究程序；要掌握一定的统计学知识和方法；要交代数据来源和获取数据的事件；要选取有新闻价值的数据；要挖掘数据背后的意义；要在形式上使数据更可读；等等，并以此确立了精确新闻报道的范式。

其实，对于社会科学的方法能否描述真实，一直是学界争论不休的话题，但是精确新闻报道的拥护者依然怀有这样的信念：方法的客观能够带来结果的客观。事实上，精确新闻报道的实践，依然存在很多问题，比如调查方式不够规范，随意性较大，报道可读性差，等等。

随着改革开放的不断深入，我国于20世纪80年代引入了实证的调查方法，同时也引入了精确新闻报道等新闻理论，并且在实践中逐渐将统计数据应用于新闻报道中。

2）计算机辅助报道

所谓的计算机辅助报道（Computer-Assisted Reporting，CAR）指的是"利用计算机网络上各种丰富的信息资源去搜索、核实新闻信息，利用计算机对大数据进行分析，并以分析结果作为报道的线索和素材为主要特征的新思路、新方法"，它主要是针对调查报道而言的，产生和流行于20世纪六七十年代的美国。在当时，不仅社会问题丛生，而且调查报道出现了一些问题，比如被政商力量左右，调查结果主观，信源不可靠，等等。这引起了一些媒体精英的反思。加之20世纪70年代计算机存储技术流行，不少商业机构和政府部门将计算机作为存储数据的重要方法。在这样的背景之下，数据就成为较为可靠的信源，而处理这些来自政府和公司的数据，从里面发现选题和问题，就成为记者们新的报道方法。

计算机辅助报道是一种新思路，它打破了传统新闻报道对采访和感性材料的依赖，显得更客观，更真实。但是我们依然需要注意，它也存在许多不足之处。因为新闻报道毕竟不是统计报告，它需要故事、人情味、社会关怀这些人文因素。此外，计算机辅助报道也往往局限在某些领域，比如交通、环保、教育等，因而也束缚了它发展的空间。

2. 数据新闻

所谓数据新闻，一般是指运用大数据挖掘和分析技术，对信息进行分析、挖掘、处理，运用可视化和叙事化的手段所创造出的一种新的报道方式。

1）数据新闻的发展阶段

人民日报媒体技术公司数据新闻主编戴玉，将我国的数据新闻发展分为六个阶段。第一个阶段，写简讯和微博，看各类数据讯息，主要工作是收集和理解指标含义；第二个阶段，配合别人的文章去找数据配图表，理解行文思路和数据在不同文章中的作用；第三个阶段，通过原创数据支撑起一篇有足够新闻点的文章，哪怕对人"零采访"也能通过数据发现别人看不到的真相；第四个阶段，将数据和采访结合起来，询问各方对于数据的理解和看法；第五个阶段，利用技术去挖掘数据新闻，进行大数据支持和可视化数据表达形式；第六个阶段，将数据采访和分析，对人采访、融媒体可视化全流程结合起来，从现实去反观数据。

大数据有着广泛的应用价值，比较著名的例子有"谷歌流感趋势"。2008 年 11 月，谷歌公司启动的 GFT 项目，目标是预测美国疾控中心（CDC）报告的流感发病率。2009 年，GFT 团队在《自然》发文报告，只需分析数十亿搜索中 45 个与流感相关的关键词，GFT 就能比 CDC 提前两周预报 2007—2008 季流感的发病率。2010 年，医疗公司 cardiodx 通过对 1 亿个基因的比对分析，识别出能够预测冠心病的 23 个主基因。但是近年来，谷歌流感趋势也面临着"数据自大"的问题，也就是说，每次预测的结果都比现实要严重。这也意味着"大数据"并非灵丹妙药，它自身也存在许多问题，比如说样本是否有代表性，算法是否科学合理，背后是否有利益集团的驱动，是否会泄露用户隐私，等等 [1]。

2）大数据对新闻业的影响

大数据影响着新闻传媒业的发展，改变着新闻的采集、内容的呈现和分发、销售模式的管理和创新，甚至影响着新闻传媒业的盈利模式。下面我们逐一来讨论。

先来看大数据对新闻采集的影响。新闻采访是新闻工作的基础和保证。传统的新闻采访有面访、电话访问、在线采访等。而大数据技术可以帮助新闻采访者发现新闻线索，拓展新闻报道的角度。从数据库发现新闻线索由来已久，比如说郑州房管局的下属公众号"郑州楼市"就常常援引政府报告以及官方数据来预测房价走势，被誉为"郑州市第一房产公众号"。再比如以往电视媒体在报道春运的时候，常常会在火车站、汽车站等人流量大的地方进行外采，但是近年来，百度地图几乎每年都会根据自己的监控数据推出春运路线图，央视在春运报道当中也对百度地图的数据多有援引，取得了更为直观和形象的效果。

再来看大数据对新闻报道角度的影响。在传统新闻报道当中，一般而言是由编辑记者进行选题策划，再去寻找报道角度，通常报道角度不易寻找，必须积累大量的阅读和社会经验。以环境问题为例，通常而言，记者需要检阅环保部门的资料。但是现在凭一个网络商务网站的口罩销售数据变化就能够说明问题了。再比如，在群体性事件发生的时候，媒体也可以对社交媒体上面的大规模言论进行量化分析，进而对一些社会问题做出更接近事实真相的判断，而不需要过度依赖传统采访和政府解读。

---

① 许向东. 数据新闻：新闻报道新模式［M］. 北京：中国人民大学出版社，2017.

3. 知名数据新闻平台

在报业的发展历史当中，尤其是市场化程度高的纸媒当中，一直存在将数据可视化的传统，其中值得一提的是报纸《今日美国》对图片和图表解析的大量应用。我国的报纸、网媒也常常使用信息图表来说明事实。近年来，随着大数据技术的广泛运用，数据新闻逐渐走向前台，尤其是浅层的数据可视化更为流行。以下介绍几个比较有代表性的数据新闻平台，今日美国 App 数据报道截屏如图 12-10 所示。

在国内，权威网站新华网[①]和人民网[②]均较早涉入数据新闻领域。作品题材涉及国计民生的各方面，形式上则更像传统的图表新闻，较少运用交互元素。

值得一提的是财新数据可视化实验室。财新数据可视化实验室成立于 2013 年 10 月 8 日，是结合新闻编辑和数据研发的虚拟实验室，将数据应用于新闻采编及呈现。实验室成员包括编辑、技术和设计人员。新闻制作过程中也会根据内容，与不同的编辑及记者合作。财新在 2015 年获得多项大奖的数据新闻作品《周永康的人与财》[③]，其形式内容具有"实验"色彩，如图 12-11 所示。

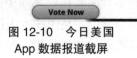

图 12-10　今日美国 App 数据报道截屏

图 12-11　财新网数据新闻作品《周永康的人与财》（局部）

12.2.2.2　物联网与传感器新闻

加拿大媒介学先驱麦克卢汉有一个知名论断："媒介是人的延伸"。各类传感器正是人的感官的延伸，它们能够检测环境中的某些指标，将其转化为电讯号或者其他符码，并传递到智能终端，进行汇总、计算，反馈给需要的人。随着物联网更大程度的发展，作为物联网基础设施之一的传感器，得到了进一步普及，并向新闻业延伸。这带来了"传感器新闻"的兴盛。

所谓传感器新闻，指的是基于传感器进行信息采集、以数据处理技术为支撑的新的新闻

① http://www.xinhuanet.com/datanews/index.htm

② http://opinion.people.com.cn/GB/364827/index.html

③ http://datanews.caixin.com

样式，其雏形早已有之。我们每天接触的天气预报，就是气象卫星等传感器收集数据后做出的报道，就可以称为传感器新闻。而随着传感器的种类和应用领域的进一步丰富，越来越多的传感器生产的数据输送给媒体，为新闻报道增加了更多可能性。比如，内布拉斯加大学的一位教授就曾经给自己托运的行李安上传感器，以便考察航空公司究竟是怎么对待他的行李的。《休士顿记事报》的一名记者，为了了解当地化工厂是否涉嫌排放有害物质，在工厂附近安装传感器进行环境检测。传感器可以探测未来动向，提供预测性报道新依据。这些都是个体运用传感器的例子。

传感器并不仅仅是个体所有、个体所用的。我们日常生活中有各种各样的传感器，比如交通部门的摄像头，科研机构的专业传感器，个人的穿戴设备，等等，它们都产生了大量的数据，这些数据往往难以获取。如果社会体制提高了信息透明的力度，使记者在法规许可的前提下，更便利地获得这些数据，并且和大数据分析相结合，传感器新闻就能释放出更大的潜力，尤其是在调查报道当中更是如此。下面介绍数据新闻常见的两种生产方式。

首先，媒体可以通过第三方机构来搜集数据。在此，笔者转引学者徐向东曾提到的案例来说明问题。这个案例是 2013 年《太阳哨兵报》对警察超速开车并造成交通事故的报道。在美国佛罗里达州，警察一直被怀疑超速驾驶公车并造成交通事故，但是警察以安全为由，拒绝公开公车使用情况。记者在读者的提醒下获知公路的收费系统可以记录过路车辆，最终，两位记者从开发收费系统的公司获得了近 300 m 的数据，从数据中观察出警察的超速情况并进行报道，进而获得了当年的普利策公共服务报道奖。

其次，媒体也可以通过众包的方式来搜集数据。比如我们经常使用的手机天气类应用"墨迹天气"，就邀请用户拍摄自己所在城市的天气情况上传到软件上，不仅收集了数据，而且提升了媒介克服弃取的能力。

此外，无人机也是传感器的一种，无人机指的是利用无限遥控设备进行操纵的飞行器，最早用于军事侦察等目的，后广泛运用于城市管理、环境检测等领域。作为航拍设备的一种，无人机进行新闻拍摄具有以下优势。第一，无人机不受环境限制，也保障了记者的安全。一般来说，在灾难报道当中，记者要冒着生命危险深入事发地才能够采访到素材，比如战争一线和核辐射现场。但是无人机却可以轻松进入现场并带回相关的画面。第二，采访高效。无人机并不是传统意义上的航拍器，它的画面能够即时传回手机，并能够记录地理位置、天气情况等各项指标。第三，灵活方便，能够获得比较独特的拍摄视角。与传统航拍所使用的直升机相比，无人机比较小巧，大大提高了新闻工作人员和新闻爱好者的灵活性。由于以上的原因，再加上无人机摄影摄像质量的提高、成本的下降、航空管制的放开，无人机这些年在新闻领域发展得很快。早在 2011 年日本大地震当中，就有无人机拍摄的身影。

在我国，2012 年以来，许多媒体都组建了无人机团队，进行现场新闻拍摄。2015 年 6 月，新华网的新闻无人机队成立，2016 年 3 月，人民网正式启动无人机新闻报道战略，2017 年，新华网在两会期间制作的无人机 + 航拍视频报道《换个姿势看报告》将《政府工作报告》中的各项重要数据加以提炼，投射到由 25 架无人机拍摄的壮阔风景之上，伴随着李克强总理作报告的原音，《政府工作报告》的精华内容以一种独特的方式深入人心。

换个姿势
看报告

另外一个突出的例子是，2015 年 8 月 12 日，中国天津滨海新区瑞海公司危险品仓库发生爆炸，大批记者携带无人机抵达现场。15 日清晨，新京报首席记者陈杰通过航拍记录现场实景。2016年，这张照片（见图12-12）获得了世界新闻摄影比赛（荷赛）一般新闻类三等奖。陈杰描述拍摄时的情形，"当天晚上八九点我从北京开车出发，到达天津爆炸现场已经是凌晨了。我登上事故现场附近500米的一座高楼，在18层的阳台等，直到天亮，把无人机放飞出去。当天上午拍下的照片不够清楚，等天晴之后，再飞了一次，拍下了这张照片。"

无人机的普及给新媒体报道带来便利的同时，也引发了许多安全和道德问题。完善相关法规和准入制度，是无人机新闻长期、健康发展的前提。

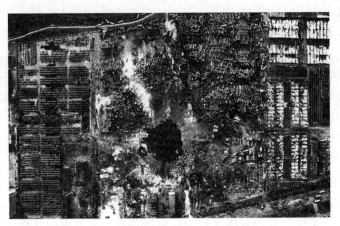

图12-12　陈杰荷赛获奖作品《天津爆炸》

12.2.2.3　新闻游戏

游戏也常被作为新闻的载体，这种承载了新闻信息的游戏常被称为"新闻游戏"。这一概念，最早在2003年由一名乌拉圭游戏设计师提出，指的是以社会事件、时事新闻为题材制作的游戏。早期的新闻游戏，如2010年11月5日，以360与腾讯纷争为背景的新闻游戏《企鹅大战流氓》就是其中的代表。学者曾祥敏认为，游戏是信息优化的重要手段，能够提高新闻的关注度和可读性，也能够根据用户的行为预测新闻事件的走向。

近年来，随着虚拟现实和增强现实技术的不断发展进步，新闻游戏的种类也在不断增多。不同玩法的游戏不断出现。一般来说，这些新闻游戏符合新闻的价值观，但是往往都能够让用户从第三视角转化为第一视角，沉浸式体验新闻现场，产生身临其境的真实体验。此外，新闻游戏也往往具有开放式的结局，增加了用户对新闻的想象空间。

例如，2015年英国BBC推出的以叙利亚难民为游戏主角的《叙利亚之旅：选择你的逃难路线》是一篇关于叙利亚难民逃亡至欧洲的报道。根据相关资料，玩家首先会看到一则简单介绍叙利亚难民的当前处境以及逃难情况的新闻，紧接着会看到一段话："如果你要逃离叙利亚去欧洲，你会为你和你的家人做出什么选择？让我们来了解一下难民们面临的真正困境。"在这段话之后附上了一段链接，玩家可以看到另一则介绍叙利亚难民逃难时所携带的物品的新闻，题目为"你会携带什么东西？"玩家浏览完毕后，返回游戏开始界面，继续向下浏览，可以看到BBC根据真实的故事制作的一段视频，介绍叙利亚难民幸存者的逃难经历。最后，游戏带领玩家回顾叙利亚难民的物品，在这里也可以通过点击链接，跳转至关于采访叙利亚难民真实状况的新闻。到此为止，游戏结束，整个《叙利亚之旅》，通过纵向的介绍，其中穿插不同的新闻报道和新闻互动标题，使玩家在贯穿主线的同时，利用分支内容对叙利亚难民做出全方位的认识与了解。

《人民日报》在 G20 峰会期间推出的《G20 小精灵 GO》也是如此，它改编自当时热度极高的手游《Pokémon Go》，使大家更好地了了解杭州和 G20 峰会，如图 12-13 所示。

图 12-13　新闻游戏《G20 小精灵 GO》截屏

G20 小精灵 GO

12.3　文学（虚构文）：升华的人生

12.3.1　新媒体文学概述

从某种意义上来说，以新媒体为创作依托和传播形式的文学样式，称为新媒体文学，又名网络文学。根据相关资料，创办于 1997 年的华语文学门户"榕树下"是国内成立最早、最具品牌的文学类网站。它通过多年的努力，凝聚了一批在华语文学界极具影响力的作家，如慕容雪村、宁财神、李寻欢、安妮宝贝、今何在、郭敬明、韩寒等，并曾经多次举办网络文学大赛。

同一时期，网易等公司提供的免费空间，给了"网络书屋"很大的发展空间。1998 年 3 月"文学城"问世，1998 年 7 月"书路"正式创办，这一时期著名的站点还有卧龙居、黄金书屋等。在这些网站中，连载作品是拉拢读者的杀手锏。其中风行一时的有香港地区黄易的《大唐双龙传》，台湾地区痞子蔡的《第一次的亲密接触》、孙晓的《英雄志》等作品，作者以高学历者居多，作品内容知识分子色彩浓厚，质量高，往往思想性与可读性俱佳。

世纪之交，互联网泡沫破裂，高新企业重新洗牌，大部分免费空间消失，在反复的尝试之中，一批拥有更为成熟的盈利模式的网络文学站点，如雨后春笋一般出现。起点中文网是其中时至今日依然保持着市场优势的佼佼者。

起点中文网成立于 2002 年 5 月，最早是由一批爱好玄幻写作的创作者发起成立。作者在这里连载幻想小说，收藏数达标后上架销售，读者付费阅读。在那个还没有支付宝、微信的年代，支付渠道只有银行、邮政和网银。2003 年，起点中文网被主营互动娱乐（网游）的盛大网络收购，盛大网络有着庞大的游戏点卡销售网络，帮助起点中文网成为当时市场占有率最高的文学类网站。起点中文网的签约模式大致如下：如果够好，写到三万字就会有编辑主动签约，进行版面推荐甚至出版。在这一过程中，编辑会与作者交流如何提升稿件质量。

随着互联网的普及和用户的沉降，网络文学站点和类型都日益丰富，也有很多针对特定读者群的网站。比如 1999 年 8 月创办的纯文学类网站"红袖添香"，就是以女性读者为主要受众；而 2003 年 8 月成立的晋江原创网，也是以女性读者为主，主要类型是耽美（一般而言指的是浪漫主义的写作风格），它们的盈利模式与起点中文网大致类似。

在这些网站当中，涌现出不少优秀作品，这些作品在通过图书出版、影视改编，在更长久的历史空间中获得了市场价值。如 2008 年首发于晋江文学城的《花千骨》，2015 年被拍摄成电视剧。类似的作品还有《何以笙箫默》《鬼吹灯》等。

在网络文学在文化产业市场变现的这一过程中，知识产权问题受到了关注，"IP"的概念开始流行。"IP"是"Intellectual Property"的首字母缩写，就是"知识产权"的意思。但凡用来改编电视剧、电影甚至游戏、周边产品的有影响的版权素材，均可以称为 IP。需要引起重视的是，并不是所有的优秀的网络文学作品，都适合被改编成影视、游戏等产品。购买版权者需要抱有一个相对审慎的态度。

根据学者欧阳友权的总结 [1]，以 2016 年为统计节点，"近 10 年发表的原创网络文学作品远高于传统文学 60 年所印刷的作品总和"。2016 年，不少优秀作家被吸纳入作协。网络小说从类型上来看多达 59 类，玄幻、仙侠拔得头筹，现实题材大放异彩，历史、军事精品迭出。其中，幻想类小说数量最多，玄幻、仙侠封神、以"升级"著称的异世争霸文、古典仙侠文等依旧居于排行榜前列，同时，一批具有传统人文色彩的作品开始向纯文学圣殿进军。现实主义题材创作大潮涌动，其中大致有两类，一类是揭露社会生存现状的文章，另外一类则是书写友谊、信任、奋斗的传奇。在历史、军事小说里，书写家国命运、改变历史、保家卫国、建功立业成为许多网络作品表达的主题。

12.3.1.1 新媒体文学的特征

1. 大众化与平民化

从文化发展的角度看，文化发展的总体趋势是从精英化向大众化与平民化发展的。大众文化这一概念，最早出现在西班牙哲学家奥尔特加的《民众的反叛》一书中，主要是指一个地区、一个社团、一个国家中新近涌现的被大众所信奉与接受的文化。我国文学史的发展脉络显现了由精英与高雅文学，向民众与通俗文学发展的态势。例如，2000 年以来，博客、文学网站等媒介使得文学创作迅速普及，仅以起点中文网 [2] 为例，其刊载的新媒体文学数量达到 2 648 631 部。[3]

2. 规模巨大与良莠不齐

新媒体文学作者的大众化与平民化，导致文学作品内容丰富驳杂，因而良莠不齐、泥沙俱下。经过 20 多年的发展，中国网络文学逐渐成长为一个可以聚力众多 IP（Intellectual Property）资源的、规模巨大的多媒体创意产业。中国互联网络信息中心、中商产业研究院统计数据显示：截至 2017 年 12 月，网络文学用户规模达到 3.78 亿，占网民总体的 48.9%。手

---

① 欧阳友权. 多元竞合下的变局与走向：2016 年中国网络文学发展. 河北学刊，2017（2）.
② 起点中文网创建于 2002 年 5 月，是国内最大的文学阅读与写作平台之一，是国内领先的原创文学门户网站。
③ 网站文学作品统计数据截至 2018 年 6 月 17 日。

机网络文学用户规模为 3.44 亿，占手机网民的 45.6%。[①] 然而，整体的内容质量却令人担忧。在网络文学乍兴之时，新媒体环境下文学作品的发表与编辑常常带给文学创作者一种十分随意的感觉，网络文学中"把关人"的缺失与失责常常是导致低质量的涉黄涉暴的文本出现的重要原因。

3. 泛中心化与自我中心性

自媒体是新媒体文学百花盛开的园囿，博客、微博、论坛、公众号、朋友圈等是新媒体文学扩散传播的通道。这些极富个人色彩的社会化新媒体，强化了作者的自我中心性。如果把微信朋友圈比作一个中心，那么围绕这个中心而展开的文学作品展示行为，则构成了一种自媒体活动。每个人都拥有这样一个自媒体，彼此交集、网罗、沟通，每一个自媒体都成为一个相对独立和共融的中心点。新媒体文学在这个意义上而言是一种泛中心化文学。

4. 多媒体性与文本开放性

所谓多媒体性，是新媒体平台所赋予新媒体文学的一个基本属性，其也成为区别于传统文学的一种特性。这主要表现在：文字文本中加入静态 / 动态图片，如微信公众号中的一些文学文本，此为常见形态；在文本中加入制作完成的文本朗读（配乐）音频资源，或直接制作成如喜马拉雅 FM 中的音频形态，以便读者用耳朵"阅读"；等等。新媒体文学文本开放性，主要表现在创作的集体性、可扩充性上，即有很多新媒体文学作品是集体（团队）创作的结果，还有一些新媒体文学文本在内容上始终没有结局，以便作者不断进行后期创作，以至于很多新媒体文学作品（主要是小说）产生众多续章（总字数逾千万）。

5. 商业性与模式化

新媒体文学是面向通俗受众的文学，讲究"资源变现"和 IP（Intellectual Property）价值。流潋紫的《后宫·甄嬛传》、李可的《杜拉拉升职记》、李虎的《斗破苍穹》等作品，都是新媒体文学的炙手可热的顶级 IP 资源。这些作品被改编成影视剧、动画动漫、游戏等，不仅是新媒体文学本身阅读价值的证明，更是新媒体文学商业运营模式成功的证明。与此同时，新媒体文学出现了很多模式化的创作倾向和运营方式，新媒体文学的"跟风"行为便是一种表现。

6. 碎片化与浅阅读

这是新媒体阅读文化的一种表现，同时也构成了新媒体文学的一个重要特征。除了少数高质量的文学作品外，新媒体文学少有蕴含深刻思想的作品。此外，对于长篇累牍的新媒体文学作品，阅读者采取了"碎片化"的方式接受，如章节的文字一般都十分简短，在三五分钟即可读毕。此外，多数新媒体文学作品是以一种更为简短的篇幅传播的，一个段子即可以构成一个作品，以适合读者的碎片化阅读时间。

以上是新媒体文学的主要特征，但并非全部。它还具有媚俗性、读者中心性、噱头性、述史意味、反构思性等特征。随着新媒体的变化与发展，它的特征也将有所改变。

12.3.1.2 新媒体文学的分类

新媒体文学的种类很多。以读者为中心和市场化运营模式，助推了新媒体文学创作种类的不断细分。如起点中文网将新媒体文学分为玄幻、奇幻、武侠、仙侠、都市、现实、军

---

① 中商情报网，2017 年网络文学行业使用情况分析：用户规模达到 3.78 亿人（附图表），http://www.askci.com/news/chanye/20180201/161446117421.shtml，2018-02-01

事、历史、游戏、体育、科幻、灵异、女性、二次元共 14 个类别。红袖添香网站分为现代言情、古代言情、浪漫青春、玄幻言情、仙侠奇缘、悬疑灵异、科幻、N 次元等多个类别。玄剑书盟网则将新媒体文学分为奇幻、玄幻、武侠、仙侠、都市、游戏、悬疑、科幻、军事、历史、竞技、同人等 10 余个门类。事实上，在新媒体文学领域，其分类已经打破了传统文学对文体（诗歌、小说、散文、戏剧）或是内容虚实（虚构文学与非虚构文学）意义上的分类标准。

从以上我们列举的 3 个新媒体文学网站对新媒体文学的分类来看，按题材进行分类成为新媒体文学的主流分类标准，辅之以相关限定性的分类标准，便构成了新媒体文学的主流分类形态。具体而言，不外乎如下类别：

魔幻、修真、黑道、架空、女生、童话、耽美、同人、宅斗、权谋、传奇、太空、灵异、推理、悬疑、侦探、探险、豪门、图文、盗墓、末世、丧尸、宫斗、动漫、影视、真人、异形、机甲、校园、青春、商场、官场、职场、女尊、百合、美男、重生、乡土、纪实、知青、海外、异能、穿越、轻小说

当下，我们在给新媒体文学分类或理解新媒体文学分类时，需要注意如下三个方面的问题：第一，新媒体文学的虚构性占据主导地位，其以网络小说为主力军，形成了集创作、策划、运营、商业宣传、改编变现等一系列产销模式。第二，新媒体文学的分类细化并不是对新媒体文学文本的解释、归纳或梳理，而是便于不同兴趣的读者检索和阅读，意即新媒体文学的分类是以读者为中心的。第三，新媒体文学分类是对传统文学分类的一个"解构"，这种"解构"主要是针对文体而言的，同时也构成了新媒体文学更加追逐文本表达效果的一种新的文学文本分类语境。

12.3.2　网络小说创作技巧

网络小说是新媒体文学的重要品种，如今已经蔚然成风。网络小说的创作群体庞大，商业运营模式较为成熟。而网络小说的创作长于推陈出新，创作技巧也日臻成熟、渐入佳境。虽然新一代网络小说写手的诞生和成长，都处于网络环境中，但其所接受的媒介素养及文学训练，却都源自对传统文学的经典范文的学习，因而在写作技巧上基本上根植于传统文学的创作技法。

传统小说写作要具备三个要素，即塑造人物形象、具有较为完整的故事情节、具备典型的环境描写。人物、情节、环境成为"红楼梦"式的中国传统小说的必备要素。在创作技巧上，传统小说多采用在严整的故事情节中进行典型或原型人物塑造，通过大量的环境描写突出小说的质感与题旨。传统小说通常都具备较为严肃的时代主题和精神风貌，更讲究精致的构思和运文的线索感及情节的内在勾连。而网络小说则在诸多方面对传统小说创作技巧进行了改良或突破，直至形成现在的网络小说图景。

12.3.2.1　虚实结合的自我表达

网络小说区别于传统小说的一个显著特点，便是格外重视叙事，形成了诸多叙事模式。这些叙事模式便是网络小说创作技巧的重要表现。所谓虚实结合的叙事模式，在 1998 年蔡智恒（痞子蔡）创作的一部网络小说《第一次的亲密接触》中得以体现。作者讲述的是痞子蔡在网络上因一篇"Plan"邂逅女孩轻舞飞扬，在一系列的网聊及见面情节之后，女孩因病不

辞而别的感人故事。这个故事现在看起来比较老套，但是，故事情节借助网聊与网约，小说文本借助网络平台，便很快引起了强烈反响。小说中，"虚"的部分是网络，而"实"的部分则是痞子蔡在现实生活中的真实经历。

蔡智恒说："如果每个人的内心，都像是锁了很多秘密的仓库，那么如果你够幸运的话，在你一生当中，你会碰到几个握有可以打开你内心仓库的钥匙的人。但很多人终其一生，内心的仓库却始终未曾被开启。"[①]这种表达内心隐秘的写作技巧，其实是众多网络写手面对冰冷屏幕的一种近乎本能的反思和对抗方式。真实的内心与虚拟的网络，二者重叠、交叉，形成了一些能够摄人心灵的网络小说作品。与此同时，在网络上发表《告别薇安》《七年》《七月和安生》等作品的安妮宝贝等一批网络写手，也践行着这样的创作方式和技巧。他们构成了网络小说创作技巧的最初形态，即接近于赤裸表达内心的写作方法。

12.3.2.2　随意赋形的非结构化叙事

传统小说讲究在动笔之前要构建故事框架，这个框架往往都比较具体，并且能够预见人物和故事的结局。而当下的网络小说则采用非结构化叙事与撰写的方法，这构成了网络小说创作的另外一个创作技巧。

通常而言，网络小说的创作者或是独立一人或是一个团队，他们在"构思"一篇小说之初，并没有十分严格和严谨的故事情节预设，而是采取拟定大体题材、梗概的方式进行创作。如果将一部网络小说比作一棵大树，那么这些小说的构思，有一些并没有将故事情节构思至树枝，而仅仅是在有了树的主干的情况下便开始了创作。"树枝"与"树叶"的创作，往往是在写作过程中临时"构思"好的。"网络小说这种结构，是那种没有空间界限的广场'狂欢'式创作的结果，具有'开放性''游戏性''民间性'的特点：表演只要'神'不散，'形'大可千姿百态、变化多端。"[②]加之网络小说不断连载的特点，创作者需要不断记录和翻看此前自己埋下的情节"包袱"（伏笔），继而进行情节的构建。

12.3.2.3　混搭与百变的游戏化叙事

事实上，网络小说基本都遵循着一定的叙事模式，我们也可以从创作角度将之称为构思模式，或写作思路与技巧。

第一，一般而言，网络小说的创作需要设定题材，即类型，作者必须确定其所创作的小说属于哪个类型，一般都是自己擅长或极为感兴趣的选题。

第二，设定时空，即创作者需要将故事放置在一个特定的时空中进行叙述，未来或过去，中国或日本，都是一个能够承载特色故事和决定叙事风格及观众喜好的问题。

第三，设定角色。角色在传统小说中被称为人物，但网络小说与传统小说不同之处在于，网络小说中的角色都带有"特异功能"，并有类型可言，法师、战士、混世魔王，都有不同的特异的成长经历、修炼办法或神奇境遇。

第四，设定阵营。阵营即构成了具有游戏和娱乐色彩的叙述文本，这种游戏化的竞技性的叙事方式，能够带给读者强烈的现场感和竞技感。

第五，超时空想象。网络小说创作需要作者具有十分强大的想象力，同时还能和某一专

① 蔡智恒. 第一次的亲密接触（序言）［M］. 北京：知识出版社，2003.

② 黄玖胤. 网络小说的叙事模式［J］. 肇庆学院学报，2004（3）.

业或领域密切联系，构成一张具有十足张力的叙事网络，从而形成混搭与百变兼具的游戏化叙事。

第六，刺激性。网络小说同传统小说一样具有故事的高潮，但是网络小说的"小高潮"的设定是十分密集的，往往三四百字，故事的情节就会有所波动，吸引读者的眼球，刺激读者的阅读神经，这也是网络小说更注重游戏化叙事情节的一个重要因素。

12.3.3　笑话：新媒体时代的"诗经"运动

笑话，在现代汉语中的释义为：笑话具有篇幅短小，故事情节简单而巧妙，往往出人意料，给人突然之间笑神来了的奇妙感觉的特点。笑话大多揭示生活中乖谬的现象，具有讽刺性和娱乐性。其趣味有高下之分。2008年6月7日，笑话经国务院批准列入第二批国家级非物质文化遗产名录。笑话自此堂而皇之地踏上新时代的文学走廊。而自新媒体蓬勃发展之后，笑话的传播速度之迅猛、范围之广阔，是其他文学样式难以比拟的，堪称新媒体时代的一场"诗经"运动。而那些精品笑话，在后人辗转加工完善和时间的沉淀下，可望成为文学殿堂的传世经典。

12.3.3.1　笑话的历史观照

通过百度搜索引擎搜索"笑话"关键词得到约84 400 000个相关结果，相较而言，"诗歌"的搜索结果是51 000 000个，而日常生活中的"洗面奶"的搜索结果仅为18 200 000个。[①]"笑话"在新媒体时代已经不仅仅是一种文体、一种娱乐项目，更是一种生活"必需品"。换而言之，只要有社交媒体的地方就都能够看到"笑话"的身影。

"笑话"的历史也是比较久远的。中国古代最有名的笑话作品集《笑林广记》，通过夸张、幽默、滑稽与诙谐等元素，讲述大千世界形形色色的人物与生活趣事。笑话天生具有"俗"的属性，不论是作为"气氛调节剂"，还是作为"反讽说明书"，其都广受受众喜爱。

从古至今，从文学发展的脉络来看，诗经时代的文学便出现了一些反讽的特征，在《诗经·国风》中有很多通俗的情景，反映现实，观照社会。从随后的文学体裁和题材发展来看，诗赋、散文、传奇、杂剧、小说，都越来越多地夹杂了"笑话"的文本。民间喜闻乐见、耳熟能详的笑话不断渗透进文学文本，成为一种独特的景观。当然，笑话从来都是有正面和负面之分，正面的笑话能够令人神清气爽、幡然了悟，负面的笑话则令人低俗下流、欲望横流。

2018年4月10日，拥有极高人气、曾经被评为TOP App的"内涵段子"客户端软件（含公众号），被国家广播电视总局责令永久关停。此事件引发了"笑话热"之后的媒介反思，即以笑话、段子为代表的网络俗文化可以传播，但是不能低俗、恶俗，更不能违反国家政策、法规和伦理道德。

12.3.3.2　新媒体时代的娱乐"文学"

笑话，现在也称段子，是指现今传播于网络上的带有极强娱乐性质的短小文本。笑话有很多种类，同其他新媒体文学样式一样，基本都是按照题材进行划分：军旅笑话、儿童笑话、动物笑话、愚人笑话、夫妻笑话、成人笑话、幽默笑话、网络笑话、医疗笑话、体育笑话、交往笑话、交通笑话、名人笑话、家庭笑话、恶心笑话、爱情笑话、方言笑话等。笑话包含

---

① 搜索数据截止日期为2018年6月19日。

的内容也比较多样，如搞笑段子、神评和神回复等。

作为简短的"文学"表现形式，笑话不论是虚构的还是真实的，其特征自然是以能够让受众笑为宗旨。"段子进入文艺作品，可谓古已有之，魏晋笔记、唐代传奇、明清小品，时时可见各种各样的段子。"[①]《琅琊榜》《伪装者》等热门电视剧，也都在对白中加入各式各样的网络笑话。即便是在当下的纯文学作品中，网络笑话作为娱乐元素，也时有登场。优秀的网络笑话，能够成为精短的文学元素，从娱乐化的、易于接受的反讽视角引发理性思考，同时也能够起到寓教于乐的社会功用。相反，过度渲染、内容乖戾、态度消极、涉黄涉暴的笑话，则可能会起到相反的社会效果。正如南开大学熊培云所说："中国人最担心的是自己讲出来的笑话，配不上这个时代的困难。"[②]笑话应该同文学一样，作为一种同社会和时代同呼吸共命运的文本而存在。

12.3.3.3　笑话的特征

当代美国学者丹尼尔·贝尔在《资本主义文化矛盾》中说，文化并不是对严肃艺术作品的讨论，它实际上是要宣扬经过组装、供人"消费"的生活方式。笑话作为一种文化文本，正符合现代人消费式的生活方式。笑话已经形成一种文化，在这种文化之下，微博、网站、朋友圈、QQ 空间乃至传统报纸，都在不同程度上被笑话文本所侵袭。笑话成为与严肃文化相生相伴的另外一种文化。优秀的笑话带有草根的激情与活力，带有民间与传奇斗士式的反叛精神，带有"零距离"和直指病症的精神判断，但与之同时，优秀的笑话和劣质的笑话都在挤占严肃话语空间，甚至构成了对严肃文化的"解构"。

例如，笑话《第二十五个节气》：立霾（全年无规律多次出现）。风俗：劳动人民全民戴口罩，祈求幸福吉祥。北方大城市还有"霾至"，当天分单双号开车的民俗，寓意仓廪充实、不缺车开。中小学生往往停课庆祝。

这个笑话是用娱乐、反讽的态度对环境、节气文化进行了解构，打破了保护环境的正面宣传立场，也打破了人们对节气的传统认知。中小学生往往停课庆祝中的"庆祝"也在一定程度上表达了中小学生借停课而逃避上课的某种心态。

12.3.3.4　笑话的创意技法

笑话是喜剧的艺术，亚里士多德在《诗学》中谈及喜剧的特征："喜剧模仿的是比一般人较差的人物，所谓'较差'，并非指一般意义上的'坏'，而是指丑的一种形式，即可笑性（或滑稽），可笑的东西是一种对旁人无伤，不致引起痛感的丑陋或乖讹。"[③]喜剧其实讲究的是一种"落差"，是期待的坠落，是意料的跌宕。

举例来说，一个人拿着长长的竹竿，想走进门，他本应横着竹竿即可进门，却在屡试不过的情况下，采取截断竹竿的方式进门。这样的情节构不成喜剧，只能说明，这个人比较笨拙。而当这个人看到别人都采用横着竹竿方式进门时，他趁别人不备，将自己的竹竿接起来，替换下别人的竹竿，却采用撑竿跳的方式跳过了那道孤立的门时，喜剧效果就出来了。这显然不是智商的问题，而是思路的问题，也表达了一种倔强气质。

总括起来，笑话的创意技法有很多，如情节出乎意料、采用双关语言、无厘头的复调、

① 贾梦雨. 网络段子，文化快餐难登大雅之堂. 新华日报，2015-11-25（15）.

② 熊培云：欢度雾霾节，http://www.360doc.com/content/16/1127/08/7442640_609838929.shtml，2016-11-27.

③ 朱光潜. 谈美书简［M］. 南京：江苏文艺出版社，2007.

与现实反应相悖、思维的断裂等多种方法。例如，通过下面的笑话，我们便可领略到思维断裂的喜剧魅力：

　　一个人来到一家博物馆参观，看到一大一小两个头骨，很好奇，就听讲解员解释，讲解员说那个大的头骨是伟大科学家爱因斯坦的头骨。这个人听后非常敬仰，又问那小的是谁的，讲解员说：那是爱因斯坦小时候的头骨。

　　喜剧效果的营造很多时候都是非理性的，这也正是笑话之所以能够深受所有人喜爱的一个重要原因，因为它不需要太多的思考，因为它常常带人们暂时从精神上"脱离"沉闷的日常生活，而获得精神上的放松和愉悦。

问题拓探

1. 自媒体能够取代专业的新闻生产吗？为什么？
2. 在互联网环境下，如何从繁杂的信息当中区别出宣传性信息和新闻？
3. 谈谈互联网环境下传统文体叙事的变化，特别是小说、笑话、评论。

实践任务

1. 运用本章所学知识，为本书制作一个宣传文案，并运用 H5 技术进行发布。
2. 运用微博、博客或公众号针对身边发生的事发布一条新闻信息。

第 13 章　视频：感性回归的影像世界

章首点睛

如果从横向上说，人类的左脑和右脑，分别反映了抽象和形象的世界的话，那么在人类历史的纵向上，从感性到理性，则演绎了文明的发展路径。然而如今影像技术的进步，除了更逼真更清晰地反映客观事物之外，更多的是将人们带入了一个感性回归的时代。读图的沉溺，影像的痴迷，被学者们称作有力的佐证。其间数字视频的作用首当其冲。福兮？祸兮？罗辑思维在讲史蒂芬·列维特的《魔鬼经济学》时，提到有人认为未来社会的发展，需要补足和强化理性思维。然而这种召唤，并不能遮挡人们紧盯新媒体视频的感性的眼睛。因为当原来的影像信号不再被机械地模拟，一种全新的数字画面通过互联网，给人们以全新的巅峰体验的时候，历史至少向我们宣布，传统影像媒体的危机到来了！代之而起的，是数字视频的未来。学习掌握它的技术和规律，以便兴利除弊，这才是新媒体人的正确取向。

20世纪末以来，媒体发生了一场深刻的数字化变革，那些承载事物影像信息的媒体，如电视电影日趋式微。如今的数字视频捕获了大量年轻的受众并向其他年龄段快速延伸。数字视频侵占了人们生活工作的碎片化甚至大块时间，对消费者形成了一个新的媒体包围圈，且对"90后"乃至"00后"的影响力越来越大。这一股新的视频媒体力量正在成为未来传播中的重要力量。

13.1　新媒体数字视频概述

13.1.1　新媒体数字视频的含义与种类

所谓新媒体数字视频，是新媒体与数字视频有机结合的成果。要学习数字视频，需要先从视频说起，而视频有广义和狭义之分。

从广义上来讲，视频（Video）泛指以电信号的方式捕捉、记录、处理、储存、传送与重现的各种影像信息。根据人的视觉暂留原理，即人眼看到快速运动的物体影像消失后，仍能继续保留这一物体0.1~0.4秒的图像，那么，静态图片连续地快速掠过、每秒超过24帧（或张）画面以上时，人眼无法辨别单幅静态画面，却看到了平滑连续的动态影像。这种连续的画面，被电信号记录下来的信息，就叫作视频。简言之，视频是指一定频率运动的静态图片被电信号记录或呈现的动态影像。从这个意义上来说，传统的模拟信号的电影电视，和如今计算机、网络、手机等新媒体传播的动态影像信息，都可称作视频。

从狭义上讲，视频指的就是数字视频，由于它以新媒体为载体，故而称作新媒体数字视频。数字视频即Digital Video，就是先用数字摄像机之类的视频捕捉设备，将外界影像的形态、颜色和亮度等，转变为电信号，再记录到储存介质（如硬盘、光盘、录像带）上的信息。

它是以数字形式记录的视频，和以前的模拟视频是相对的。为了存储视觉信息，传统意义上的模拟视频信号，山峰和山谷必须通过模拟 / 数字（A/D）转换器，来转变为数字的"0"或"1"。这个转变过程就是我们所说的视频捕捉（或采集过程）。随着电子器件的进展，尤其是各种图形、图像设备和语音设备的问世，计算机逐渐进入多媒体时代，信息载体扩展到文、图、声等多种类型。由于图形、图像最能直观明了、生动形象地传达有关对象的信息，因此在多媒体计算机中占有重要的地位。

数字视频技术是伴随计算机和互联网的发展而兴起的。进入 21 世纪以来，当 PC 网络及移动互联网从技术层面跨入媒介层面时，数字视频与新媒体也就自然而然地联姻了。

关于新媒体数字视频，目前没有权威的界定。综合"新媒体""数字技术""视频内容"三部分关键词，我们给出其定义：以数字形态记录并通过各种新媒体传播的视频。新媒体数字视频所涉及的传播渠道和媒体，既有固定端 PC 互联网，也有后来居上的移动互联手机及平板电脑等，也包括户外楼宇大屏、影院银幕等。随着虚拟影像及人工智能技术的革新，传播渠道和媒体还会越来越多。

通过新媒体传播的数字视频的种类日趋丰富，用不同的标准可以分为不同的类型。如从来源来分，数字视频可分为两类：一是传统影像片（包括电视、电影、新闻、记录影像资料）数字化处理后，在新媒体传播的数字视频；二是如今数字设备直接摄录传播的数字视频。从反映客观真实的标准分，数字视频可分为真实影像的数字视频和虚构影像的数字视频。从影像长度分，数字视频可分为长视频、短视频；从影像的空间维度来分，数字视频可分为 2D 和 3D 数字视频。从传播的渠道上，数字视频可分为有线和无线数字视频。从拍摄和播放的时间关系上，数字视频可分为直播与录播。本章选择数字短视频和直播这两个类型，予以重点讲述。

13.1.2　新媒体数字视频的发展

进入 21 世纪以来，利用流媒体格式的视频文件构成的网络视频，依然占据新媒体数字视频的大片领地。网络视频是在网络上以 WMV、RM、RMVB、FLV 以及 MOV 等视频文件格式传播的动态影像，包括各类影视节目、新闻、广告、Flash 动画、自拍 DV、聊天视频、游戏视频、监控视频等等。它的范围既有 PC 端互联网视频服务，也包括移动互联网络视频服务。在众多的流媒体格式中，FLV 格式由于具有文件小、占用客户端资源少等优点，成为网络视频所依靠的主要文件格式。

互联网和电信基础设施的改进，打破了带宽和资费的瓶颈，大量的影视剧及综艺节目视频，更顺畅地通过网络传播，吸引了越来越多的受众，也推动了网络视频走向传播的主流阵营。拥有亿级用户规模的综合视频网站快速崛起并且市场规模在扩大，如腾讯视频、爱奇艺及优酷等。视听产业整体市场规模保持快速增长的同时，出现了新的增长点，如付费用户数量增加、创新营销广告、追求高质量的 IP 和内容运营，使得视频内容有了更多的利润拓展空间。

综合视频网站除了转载之外，也在自制内容上不断发力。爱奇艺创始人、CEO 龚宇认为，商业视频网站的发展已经开始成熟，从平移电视内容到原创内容的崛起，市场化集中度提高，用户收费规模化，垂直专业性网站开始成长，但故事好依旧是网络视频自制内容的核心价值。得益于投入的增加和制作团队的成熟，电视剧、综艺、电影、动漫，都有越来越多的精品内容产生，出现了众多由视频网站主导的所谓"网生代内容"，即由互联网公司驱动生产制作的内容，从网剧、微电影到网综、动漫等，其内容类型多和题材丰富，更加能够满足视频网站细分用户群的需求，与电视台的内容形成差异化互补。

网生内容在海外更有成熟的模范案例。如租卖 DVD 出身、靠在线视频发迹、曾经做出爆品美剧《纸牌屋》的专业在线视频服务商 Netflix，如今成了美国民众看片的第一选择。新近数据显示，Netflix 已占据了美国人夜间 70% 的网络用量，BitTorrent 之类盗版片源，则失去了生存的主要空间。同样，美国的邻居加拿大人民正在用 Netflix 替代家里的有线电视。为缓解购买版权的压力，Netflix 逐年加大在自制剧上的投入。2013 年，Netflix 在版权内容购买和自制内容上的投入分别为 20 亿和 2 亿美元，且自制内容占比持续增长。这几年来，该公司近一半的业务来自原创内容，其他一半则来自授权的 TV show 和电影。

近两年，国内的数字视频行业有两大热点：一是自制剧井喷式增长；二是付费会员增长加速。为了留住会员，视频网站纷纷投入巨资进军上游制作领域，试图寻求实现盈利的更广泛空间。内容和用户属性的契合，优质制作团队入局，网台联动新模式以及国家政策扶持，都在推动这个行业的发展，视频网站已经超越传统电视的收视地位。

从形式上看，网生内容从长篇大型网剧、网络大电影、网络综艺秀到短视频、网络直播等多个领域，网络视频已经在国家推动精神文明建设、丰富百姓文娱生活中成为不可或缺的组成部分。

从内容上看，男女情感、娱乐八卦、轻松调侃、冷幽默吐槽，如此种种，都是大众文化中最易形成病毒化传播的数字视频内容。如"papi 酱"引领出 2016 这个中国短视频元年，也成为一个大大的 IP，以至于她发什么都会有一众粉丝跟着追捧，"我真实又可爱、我有才又有貌"——"papi 酱"这个网名成了轻松、有趣、调皮、鬼马的代称。凭借短视频，"papi 酱"成为 2016 年第一网红，在不到半年的时间迅速蹿红，微博粉丝已经超过 400 万，微信公众号文章的阅读量分分钟超过 10 万。她给自己贴上的标签是"贫穷、平胸"，口头禅是"我是'papi 酱'，一个集美貌与才华于一身的女子"。这一女子的成功，堪称现象级，3 个月内涨粉数百万，而更高企的数据是，她在各个平台的粉丝总数已经超过 9 000 万，俨然是一线明星的量级。

据外媒的说法，以前中国喜剧演员往往是乡土气息深厚的幽默，调侃的是种地、吃大葱之类的事情，而"papi 酱"吸引的是白领，他们希望吐槽自己"都 39 岁了还没结婚,该怎么办"等，围绕自己的身体、学业、偶像、人情世故等种种个人生活元素，犀利呈现的"papi 酱"，其吐槽引发共鸣和关注乃至追捧。时代在进步，城市化在变迁，而城市主流人群的痛痒自然也是这个时代的身边事。不论是"papi 酱"，还是传统媒体，抑或新媒体，只要切准了热点、槽点，自然就戳到了他们的痒处乐处。上网吐槽居然也能混出名气做大，互联网推出层出不穷的网红，使他们成为挣钱新生代。

再如，"抖音"上以 15 秒小视频为限，脑洞大开的各路创作者，成了 2017 年最不可思议的爆款制造者。通过 15 秒酷炫、新潮、充满设计感的即兴表演方式，无限制拉近了粉丝与偶像的距离，他们让用户在碎片时间内，获取了质量极高的感官体验。"抖音"玩家张欣尧，已在"抖音"收获 786 万粉丝，单个视频平均点赞动辄 20 万以上，巅峰之作"不要做我的女朋友"曾经掀起一场女友狂潮：粉丝把达人的视频作为素材，上传回应作品，引发了互联网有史以来最强劲的网红＋用户联动模式,造就了"微网红"这种新型的爆款 IP 品类。

papi 酱：
世上只有妈妈
好 逃学的妈
妈管不了

13.1.3　新媒体数字视频的发展趋势

如今的主流传播内容领域，已经从传统的图文转移到了视频领域，有了互联网和智能手机客户端，视听节目不再依赖单一的传统影视播映渠道传播。移动互联网时代，新媒体数字视频已经进入一个快速爆发期，并产生新的盈利模式。

首先，以长视频为主打产品的大型视频网站迅速崛起。爱奇艺、优酷、腾讯视频、搜狐视频等，强势冲击传统的电视媒体，成为热门电视连续剧投播的主渠道。从争抢大 IP、狂购"头部剧""独播剧"，以"爱优腾"领衔的视频网站慢慢回归理性，视频网站迎来新一轮的内容竞争——从最早的砸钱买版权剧，到现在自制剧遍地开花。

百度旗下的爱奇艺主打"新青春、新制作、新模式"，因此青春、都市类剧集在爱奇艺2018 年的片单占比近半。2018 年，爱奇艺播放的剧集既有头部剧集《琅琊榜之风起长林》《河神 2》《老九门 2》《盗墓笔记 3》，也包括一大部分的自制剧，其中就有《亚洲教父》《冒险王卫斯理》《绯闻女孩》《动物管理局》等系列剧集。腾讯视频则在 2018 年以"头部精品"结合"细分受众"布局自己的内容矩阵，《扶摇》《你和我的倾城时光》无疑被腾讯视频寄予厚望，《如懿传》成为继《延禧攻略》之后的又一古装爆款剧集。阿里系的优酷视频 2018 年依然主打"超级剧集"。涉及古装传奇、悬疑冒险、女性言情、现代都市、燃血青春五大类型的内容，包括汤唯时隔多年回归小荧屏的作品《大明皇妃》，由雷佳音、易烊千玺主演的根据马伯庸的小说改编的《长安十二时辰》，还有《帝王业》《艳势番》《九州缥缈录》《盗墓笔记·重启·极海听雷》《藏地密码》《西夏死书》等数十部"超级 IP 大剧"。此外，《白夜追凶》《军师联盟》《终极一班》等多部热门作品的续作也在计划中。从系列片单可见，各家视频网站在长篇剧集这块阵地上竞争激烈，可谓"寸土不让"，为了发展和留住会员，也为吸纳更多的广告，这些大视频网站不惜血本抢独家版权 IP，重金投资购买或参与剧集制作。对优质题材的争抢，势必引发新一轮的内容竞争。

其次，"短视频 +"成为新媒体数字视频新的风口。

长篇累牍的文章对于"网络原住民"来说，阅读难度似乎不逊于文言文；同样，长篇的电视连续剧，也让生活节奏快的庞大都市上班族无暇追剧，但从另一角度来看，时长短、轻量化、娱乐化的短视频，迎来了新的发展机遇。随着信息爆炸的加剧，用户对方便、快捷、形式新颖的信息获取方式的需求，将更加迫切。当中国移动、中国电信、中国联通纷纷降低姿态向广大手机用户提供包月的 4 G 不限流量数据服务，新媒体数字视频发展的春天来了！

短视频在网络上得到快捷有效传播，先是作为拾遗补阙，继而大有喧宾夺主之势，开始与影视剧分庭抗礼，而新媒体网络直播更将互联网的数字视频传播优势发挥到极致。在快速迭代发展的智能化网络时代，新媒体数字视频全面替代传统媒体渠道而执传播最优化之牛耳已现端倪。

Netflix 作为全美甚至全世界最大的正版网络流媒体服务提供商，拥有众多影视剧版权，同时也在原创内容上产出了大量高质量剧集，在全世界多个国家和地区深受广大观众喜爱，连续多次被评为顾客最满意的网站，该公司的成功有哪些经验呢？

一"课"拍案

短视频行业当下盛况空前，市场中的平台玩家已达 100 多个，除了现已有的短视频平台在奋力拼杀外，还有更多的新面孔进入短视频战场。"短视频 +"能够为各行业搭建精准营销平台的同时，也为消费者提供更为直观、系统、便捷的全新体验。

越来越多的功能性应用与垂直领域的服务 App 联合，"短视频 +"已成为推动内容传播、构建垂直社群的利器，呈现如下几点态势：

（1）资本豪强密集进场，各大平台掀起亿级补贴大战，众多短视频创业者纷纷而至。随着互联网用户碎片化使用趋势的延伸，以及对多媒体内容消费习惯的深化，未来短视频市场用户规模还将继续扩大。

QuestMobile 的有关分析报告显示，用户消费短视频的月均使用时长为 765 分钟，月均使用次数为 201.2 次，增速超过 310%；易观发布的《2017 年 Q3 中国短视频市场季度盘点分析》数据显示，整个 2017 年第 3 季度，短视频市场投融资事件就达 24 起，吸金超 8 亿元人民币。

除了"快手""美拍""秒拍"等人气较高的短视频平台外，包括腾讯、今日头条、微博等大平台，也已经把短视频设定为平台发展的核心战略之一，纷纷入局短视频，希望通过短视频提高平台留存率、活跃度和阅读时长。这些互联网巨头不仅大力鼓吹短视频，而且为了抢夺行业高地都不惜重金投入。

甚至淘宝、京东、大众点评等非传统内容平台的"短视频 +"化也正在进行，短视频模块的接口已经被预留。同时，短视频平台的用户增长速度亦十分迅速。短视频 + 旅游，短视频 + 美食，短视频 + 音乐，甚至短视频 + 农业等众多庞大的热门行业兴起。

（2）用户规模急剧膨胀。中国互联网络信息中心发布的一项统计报告显示，截至 2017 年底，全国共有网络视频用户近 5.79 亿，网络直播用户规模达 4.22 亿。而据团中央下属机构日前发布的一项调查，49.1% 的受访者每天浏览短视频半小时以上，66.3% 的受访者在网上发布过自己拍摄的短视频。在用户方面，据速途研究院相关数据统计，2016 年短视频的用户规模首次破亿，达到 1.53 亿人，2017 年短视频用户已达到 2.42 亿。国家版权局网络版权产业研究基地 4 月 23 日发布的《中国网络版权产业发展报告（2018）》显示，短视频产业在 2017 年实现了迅猛增长，用户规模已突破 4.1 亿人，同比增长 115%。短视频市场用户流量与广告价值爆发，预计 2020 年短视频市场规模将超 350 亿元。

（3）重金刺激内容生产。"今日头条"2018 年拿出 10 亿元的短视频补贴计划；腾讯拿出 10 亿现金来补贴原创和短视频内容创作者；据悉百度 2017 年累计向内容生产者分成 100 亿；阿里巴巴文化娱乐集团召开短视频战略发布会，宣布旗下的土豆网全面转型为短视频平台，并投入 20 亿补贴扶持短视频内容创作；微博和"秒拍"2018 年拿出 1 亿美元扶持短视频内容制作者；搜狐视频和百度视频宣布强强联手加速布局 PGC 短视频内容，首期投入资金 2 亿元，扶植视频创作自媒体人。花椒直播也不甘落后，投入 1 亿元用于签约短视频达人，并且还要对优质内容提供额外的补贴。

（4）人工智能、3D 和虚拟现实（VR）技术，也将与新媒体数字视频相融合。这将为我们的视听娱乐享受带来更加美妙的沉浸式互动体验。美国著名导演斯皮尔伯格执导的科幻电影《头号玩家》就展示了这种也许并不遥远的未来前景。影片故事发生在充斥着人口爆炸、资源枯竭、两极分化等严重问题的 2045 年，为了逃离充满痛苦不堪的现实社会，人们痴迷于虚拟现实（VR）的游戏世界"绿洲"……其间，导演搜罗了影史经典、街机游戏、怀旧美剧、美日动漫文化等，全面在电影中展现，用虚拟技术为我们创造了众多精彩的画面。其中很多装备特别引人注目，部分也在现实中存在：VR 头盔是从现实世界进入虚拟世界的入口；VR 跑步机可以实现在虚拟世界中自由走动；力反馈手套、力反馈背心让你真实地感觉手里握着东西，让你真的有被打的感觉；VR 蛋椅可以配合虚拟现实里的画面模拟出运动，让坐在上面

办公室小野－创意美食：电热水壶烫串串香

玩 VR 的人感受更真实。《头号玩家》展现的 VR 头显＋无线定位＋吊威亚＋跑步机＋全身输入／输出设备的模式，更接近现实，可望在不久的将来实现。

不少创业者围绕电影讨论分析这些技术实现的可行性。在这里，我们可以推测 VR 的应用将带来社交场景的革命。正如电影中的"五强"，虽然分布在不同国家，在虚拟现实里却可以进行交流，并且并肩作战。在未来的虚拟现实中，根据不同场景的需求，分布在全国各地的人们，可以用虚假或者真实的身份聚集在一起，共同完成一项工作。当 VR 设备实现轻量化，能够做到携带比手机还方便的时候，人们将有更多的时间生活在虚拟世界中，就如我们现在把绝大多数可自由支配时间，放在手机上刷微信、看头条、玩"抖音"一样。

（5）优质内容打造视频类自媒体爆款。从制造短视频爆款的 IP 身上，我们或多或少能看到爆款的潜质，"办公室小野"背后的洋葱视频创始人为资深媒体人、"神经兄弟"是最早混迹人人网拥有上亿点击的老牌网红。隐藏在某些爆款背后的，是用户内心某种东西的缺失，或焦虑，或迷茫，或沮丧，或"佛系"，但仍需要存在感、成就感、认同感。从群众中来，到群众中去，爆款制造者一定是最懂用户的那批人。如《深夜，男同事问我睡了么》和《深夜，前男友突然发来好友申请》，在一夜之间刷屏，"深夜""前男友"让受众浮想联翩，但文章在最后发生神转折，让人不得不佩服创作者的脑洞之大。

不过，一个歌手一辈子可能只有一首成名曲，但一个短视频创作者只靠一个爆款远远不够。如何持续地生产优质内容，并把流量稳定变现，才是短视频创作者日思夜想的难题。而这些富有创意的短视频也让众多商家看到希望，纷纷效仿。很多领域的发展空间都不错，但创作者需要对短视频内容做创意做策划，可以从不同领域入手，譬如：育儿、情感、时尚、生活、教育、宠物、美食、科普、健身、游戏、VR、评测等。

13.2 新媒体短视频

如前所说，新媒体视频正在成为移动互联网时代的收视热点，其中短视频异军突起，风头正劲。短视频与长视频内容形成互补，不仅符合现代社会快节奏生活方式下网络观看习惯和移动终端特色，也可满足娱乐爆炸、注意力稀缺的时代，消费者的自主参与感和注意力回报率的需求。

据资料显示，在 2018 年 4 月短视频平台活跃用户数排行榜 TOP10 中，"快手"以活跃用户数 21 252.01 万人，位居榜首；排名第二的是"抖音"，活跃用户数为 12 608.03 万人；排名第三的是西瓜视频，月活跃用户数达到 5 610.32 万人。其后分别为火山、秒拍、美拍、波波视频、梨视频、土豆视频、百度好看。2018 年 8 月，互联网信息中心发布的第 42 次《中国互联网络发展状况统计报告》称，"短视频应用迅速崛起，74.1% 的网民使用短视频应用"。

13.2.1 短视频的含义、类型与特质

短视频也可称为微视频。"短"与"微"是相似的概念，虽然从汉语词汇学的意义上二者有差异，但在互联网语境中，还是把二者等同对待。微视频（又称视频短片）是指个体通过 PC、手机、摄像头、DV、DC、MP4 等多种视频终端摄录，上传到互联网进而播放共享的短

则数十秒、长则数十分钟左右的视频短片。它内容广泛，形态多样；涵盖小电影、纪录短片、DV 短片、视频剪辑、广告片段等。其实，短视频和微视频的叫法，似乎也有视频平台发展变化的历史原因。

追溯起来，视频短片并非新鲜事物，在网络视频刚刚兴起之时就已有之。比较知名的，如依靠 Flash 动画而流行的《东北人都是活雷锋》和依靠剪接影片的另类诠释而成功的《一个馒头引发的血案》等，都是此类视频短片。但一段时期，这种形式不温不火，仅局限于视频网站上传播，并没有微视频之说。直到微博在中国火爆起来后，微视频才有了自己的"名字"，并通过社交网络进入公众的热点视野，依靠微博这个载体的广泛传播，一度大放异彩。许多广告商将自己的产品推广引爆点放在了微视频领域。

而短视频是网络视频传播平台多元化之后的称谓。业界一般以 2013 年作为短视频元年。在此之前，一些网络视频传播平台虽然已经有了短视频业务，但更多的只是把短视频作为平台内容的一部分。2013 年出现了短视频的第一批产品，有公司将短视频作为产品来定位，从独立价值角度去推广它。当时的短视频产品有三款："快手""爱拍""秒拍"。到 2015 年，短视频出现了 13 款产品，目前市面上热门的短视频产品几乎都是在那两年起步的。

后来直播在 2016 年大热；2017 年，短视频又火起来。以 iOS 为例，App Store 中短视频产品有一百多款，同时有更多 App 中插入了短视频模块。

短视频作为内容载体，几乎已经覆盖了所有类型的内容平台，从新闻到生活，从电商到娱乐，其中都有短视频的身影。短视频产品从与企业本身性质和整合的不同程度上，可以分为如下几种类型：

（1）以"快手""秒拍""美拍"等为代表的专业级短视频产品。

（2）搜狐、网易、腾讯、淘宝等大型互联网平台，在原有 App 中嵌入了短视频模块。如淘宝在商品页介绍中加入了 10 秒的短视频。

（3）新闻媒体，如人民日报、央视、澎湃新闻等，在网媒平台中加入了短视频模块。

（4）以生活娱乐为主的行业，这类 App 的用户，使用零散时间去观看需要的内容，因而短视频，就成了它们快速吸引用户的利器。

短视频具有内容短、传播快、生产流程简单便捷、制作门槛低、参与性强等特点。每个寻常百姓都可以是自己生活事件的导演和摄像师，他们方便地运用 DV、手机拍摄制作自己的故事，把自己对世界的新鲜感受用影像表达出来，然后用网线、蓝牙上传分享。

VideoUP（北京微势力）是一家对海外短视频进行数据化分析的专业机构，通过实时追踪 YouTube、Facebook 等平台数据，经过多维度分析后生成榜单，帮助中国短视频平台和内容生产者分析海外用户与视频情况。在 VideoUP 推出的"微势榜"上，人们可以直接看到每日更新全球 Top500 视频排行榜和全球 Top500 账号榜两份榜单，以及显示三天以内最红的视频和账号。

针对适用于移动端传播的短视频，VideoUP 做了大量研究。在众多移动端视频中，他们发现一个属于短视频的黄金律，即"短视频"——"两百秒是非常适合手机端播放的时间长度。"为什么要找到短视频的黄金律？他们认为可以满足关于市场上的空缺并判断相应趋势。尽管 YouTube 一直以来都是全球最大的短视频平台，但也有许多长视频内容；另外，Facebook 的短视频播放量迅速上升，甚至超过 YouTube，改变了原有的短视频生态。VideoUP 发现，YouTube 上的视频总量是两亿，在 200 秒以内的达到一亿一千五百万，而 Facebook 上的视频 91% 都限定了时长。大量的短视频成为 Facebook 视频播放量超过 YouTube 的重要原因。不过，短视频不光是时间短，另外还要看视频质量，如果仅仅是时间短，像微信朋友圈的小视频，它是没有商业变现的前景的。

目前短视频的盈利模式，主要靠平台补贴、定制服务、内容植入、广告变现和粉丝打赏等形式实现。近几年来，短视频 App 集中爆发："抖音"异军突起，病毒式快速传播；"快手"用户量突破 3 亿。短视频风潮的最大获利者，是平台和头部创作者，尤其是身处金字塔尖、挤进市场前 20% 的创作者。保守估计，在短视频风口下，能盈利的公司只有 3 成。现在如日中天的短视频《陈翔六点半》，单集全网破亿已是常态。但从广告公司拿到的刊例显示，单集视频的广告报价不过 20 万元，但实际交易价格有时会远低于此。在内容制作方面，短视频市场竞争非常之现实，尤其是在变现难背景下，唯有具备资本和资源实力的大机构、大平台，才能签约到头部创作者，提供专业化服务，创造多元化营收，实现良性发展。

不同于以往的传播媒介，短视频给予每个创作者非常巨大的发挥空间。这主要是因为它还有如下特质。

首先，短视频的用户以"80 后"到"95 后"为主，平均年龄 27.8 岁。这意味着短视频用户是当下最时尚、最主流的消费人群；其次，短视频已经植入人们移动生活全天的过程当中。数据显示，有两个非常重要的时段值得大家关注：一个是午饭的时候；另一个是每天晚上八点以后，在移动互联网的间歇以及在晚上的时间，都是短视频的进入场景。

其次，用户观看短视频的黏性也随之越来越强。据统计，用户单次观看短视频时长的均值为 29.4 分钟，每天平均的时长为 65.9 分钟，而超过 75% 的用户，通过垂直短视频 App 看短视频，每天耗费在短视频上的总时长，超过一个小时的占到了 33%，高强度的用户黏性足以支撑短视频成为新的短视频营销阵地。

再次，短视频依托于网红而诞生。网红自身所带有的高转化率、低成本和强大的粉丝基数，都给短视频的内容传播带来了便利。以往的内容创业形式利用社交平台或者其他内容发布平台，内容制作者制作内容后要吸引受众的观看，凭借内容提升阅读量和订阅数量，再用现有的"人气值"来吸引直接的广告商和投资方，这个过程是漫长的。短视频依托网红的人气，则大大缩短了这一过程。如被称为"2016 年中国第一网红"的"papi 酱"，就是视频内容创业起家，属于短视频创业的典型代表。"papi 酱"凭借短视频的制作输出，成功地吸引了 1 200 万元的投资，其自身身价也上涨到 3 亿元。

最后，和传统的内容创业模式相比，短视频具有直观性、软性植入、内容灵活、互动性高以及更加丰富多元化的营销服务。随着直播领域的快速发展，短视频具有类似直播的属性，受众可以通过内容发布平台直接对短视频制作者打赏、赠送礼物，这部分的收入十分可观。

短视频已成为当下大众娱乐的主要方式之一，从快手到抖音，它们在娱乐的同时，或多或少缓解着用户在身份、阶层、社会认同等方面的焦虑感。更重要的是短视频对于爆款创作者的改变，如寻常百姓甚至草根农民通过短视频创作，一跃而成为年入百万千万的大户，这已不再是难事。除金钱之外，变网红的过程，也伴随着内容生产者自我价值的实现、社会地位和身份的蜕变。一定程度上，短视频创作的过程本身也体现着社会资源的跨阶层流动等社会意义。

13.2.2 短视频的拍摄窍门

全新的短视频形式对内容创业者而言，是一项全新的技能考验。短视频虽然短，依然需要有一套完整的操作流程。短视频创作，从前期寻找创作灵感、确立选题和叙事结构，到中期拍摄的摄影布光、脚架或稳定器等设备的使用，再到后期制作常用软件、选择素材库，到最后的投放渠道和营销，都需要探索。有人特意整理归纳了"拍摄 papi 酱类吐槽视频的 3 个窍门"。

在这个内容为王的时代，找到一个有用户群体的短视频选题、写好一个有爆点的短视频剧本显得极为重要。那么怎样才能激发自己的创作灵感呢？我们来看看短视频业界高手的建议：一则受欢迎的短视频应该包含哪些要素？

它山之"识"

1. 寻找一个舒服的拍摄地点

拍摄地点最好满足两点：第一，出镜者的脸不能是背光；第二，背景不要太杂乱。出镜者可以开着前置摄像头，去寻找这个位置。另外结合辅助设备（有三脚架、懒人支架等）再调整一个舒服的姿势，手机就架在计算机前侧，在计算机上把剧本打开，方便边看剧本边拍。

2. 按角色的顺序拍摄

比如单集剧本里有房东、售楼小哥等角色，单人分饰扮演。不同角色有不同的服装和拍摄位置，如果按照剧本顺序来拍，就必须来回换衣服和地方，浪费大量精力；所以先拍房东的部分再拍售楼小哥的部分，然后再拍工作人员的部分，最后再集中拍吐槽者，对表演没把握的话多来几次没有关系，后期再按剧本顺序将它们剪辑在一起即可，这个当然也是影视剧中人物对话交谈的常规拍摄套路。

3. 拍摄吐槽（发表议论）部分的注意事项

吐槽不是表演部分，所以，出镜者需要尽量看着摄像镜头而不是手机屏幕画面里的自己，这样会让视频看起来是在和观众对话，从而加强和观众的联系，如果出镜者看着的是其他地方，很容易让人觉得是在看台词。吐槽也有一些可供表演的句子，出镜者稍微变换坐姿、位置或朝向，就可以使表演更活跃，增加画面的跳跃和节奏感。后期剪辑会将中间多余部分视频剪掉，画面的那种不连续的跳跃感就很生动了。

当然这个所谓窍门，只是摄制新媒体吐槽短视频的一些简单技巧，事实上"papi 酱"的每一期短视频一推出就被广大观众追捧，虽然其使用了变声器，动作夸张，语气浮夸，但是她每期节目，几乎都是针对社会热点现象，发表自己的看法，力图引起观众的共鸣，获得认同，搞笑只是其表现形式而已。最具有价值的还是思想，短视频中内容依旧是第一位的，是核心竞争力，不管是创业者还是平台，均要依靠优质内容。

13.2.3 短视频的传播渠道

完成制作并非大功告成，接下来要考虑一下短视频的推广渠道，这里就来和大家分享一些短视频的常见推广渠道，以及如何根据平台特点和自身需求来匹配合适的投放渠道。

（1）在线视频渠道：如腾讯视频、爱奇艺、优酷等视频网站。如果想获得更广泛的品牌影响力，则可以选择这种大流量平台。这类网站上视频的播放量，主要靠搜索或者平台小编推荐，有时甚至需要第三方软件来刷"假的播放量"，所以经常流传一句话，叫"得小编者得天下"，在这样的平台投放视频，想要获得显眼的推荐位，需要和小编做好关系维系。

（2）粉丝渠道：如"美拍""秒拍"等，播放量主要依靠粉丝量，与粉丝的互动和关系维如何"性价比"较高地拍摄出一个高质量的短视频呢？虽然灵感创意很重要，但对于没有任何短视频制作经验的新手来说，摆在眼前的大问题就是：需要买哪些基础的、必备的拍视频的设备？有哪些参考资源？有什么合适顺手的软件？请扫码了解。

学"艺"致用

系，显得尤为重要，如果你想先积累粉丝，日后再做粉丝引流，这种平台就很适合你。简单来说，"秒拍"的覆盖用户在微博上，"美拍"的覆盖用户在"美拍"上，建议短视频创作新手要学会"蹭热度"，即蹭热门话题的热度，增大曝光率，进而提高粉丝量。

（3）资讯渠道：如"今日头条"、百家号等。"今日头条"有其独有的一套"算法机制"，所有上传到"今日头条"的短视频都要经过审核、消重、匹配、推荐、过滤这几个步骤，用户在某一短视频上停留的时间，将会决定这条视频是被继续推荐还是被过滤掉，所以视频的标题和标签的选取很关键。如果你是做内容运营并且想获得较多分成，可以选择把视频投放在这些平台。

（4）社交渠道：如微博、微信、QQ空间等，这些都是我们日常生活中比较常用的社交平台，具有传播性强、发散性强的特点，如果你是短视频创作爱好者，你希望能有很多人看到你的创作，那你可以选择这种传播性强的平台。

13.3　新媒体数字直播

说起直播，上了年纪的人，首先会想到的是电视新闻或晚会的一种节目即时传播样态，而对于移动互联网时代来说，新媒体数字直播或称网络直播，已经没有那么复杂和高大上，甚至逐渐成为新媒体人工作或生活的常态。

这种全新的网络直播平台，成为目前最火的一种新媒体传播方式。以"斗鱼""熊猫"等领衔的网络直播平台，频繁出现在各类新闻中。网络直播迅速蹿红并非偶然，除了本身优势之外，太多的负面新闻，也让这种新媒体的曝光度大大增加。实力也好，炒作也罢，网络直播已经成为我们不可忽视的一股力量，并且以迅雷不及掩耳之势开始蔓延。2017年，中国网络直播用户规模达到4.22亿，年增长率达到22.6%。那么网络直播到底有何魅力，能够在五花八门的传播形式中异军突起呢？

13.3.1　直播的含义与特征

网络视频直播常常简称为网络直播，是基于互联网，以视频、音频、图文等形式向公众持续发布实时信息的活动，是一种能够真实、直观、全面地宣传、展示自己或客观事物影像的流媒体传播方式。视频因融合了图像、文字、声音等丰富元素，声形并茂，营造出强烈的现场感，从而吸引眼球，达到印象深刻、记忆持久的传播效果，逐渐成为互联网的主流表达方式。iiMedia Research在2018年年初给出了一份数据：2017年中国在线直播用户规模达到3.98亿，预计2019年用户规模将突破5亿；相比2016年、2017年直播行业用户规模增速明显放缓，增长率为28.4%。

网络视频直播主要有两种类型。

一是网络现场直播。它吸取和延续了互联网的优势，利用数字视频方式进行网上现场直播，可以将产品展示、相关会议、背景介绍、方案测评、网上调查、对话访谈、在线培训等内容现场发布到互联网上，利用互联网的直观、快速、表现形式好、内容丰富、交互性强、地域不受限制、受众可划分等特点，加强活动现场的推广效果。现场直播完成后，还可以随时为读者继续提供重播、点播，有效延长了直播的时间和空间，以发挥直播内容的最大价值。

二是网络互动直播，是含有互动内容的网络直播。它经历了从早期的文字互动（聊天交流）到语音互动、再到视频互动的过程。网络互动直播，是仅次于面对面交流的传播方式，有别于视频会议人数有限制、非公开、交互少的局限性，是互联网在 21 世纪最有前景的视频应用之一。

因为对于绝大部分普通人来说，上镜出名实在太难，而网络直播平台，恰恰满足了人们渴望成名这样一个需求。网络时代造就了很多网络红人，其中不乏草根一举成名的网络神话。这些原本拥有话题性和炒作性的群体，苦于找不到合适的平台来展示自己，网络直播给了他们非常好的机会，自然也会带来大量的忠实粉丝。

网络互动直播的流程大体如下：现场音视频采集—计算机发布—上传至服务器—客户端观看。网络互动直播绝大多数是观众（嘉宾）与直播现场进行互动，需要计算机安装音视频采集系统，简言之即摄像头、耳麦。观众或嘉宾把视频与服务器建立连接，网络直播的导播端检测到后，将视频信号切入现场或主视窗，完成互动。网络互动直播的实现是网络直播的高级应用，只有导播平台完善、承载平台稳定、网络传输资源丰富的网络直播团队才有可能实现。

对于现在将电视信号转换为数字信号，在网站播放的"网络直播"提供方来说，"网络互动直播"并非易事。实际上，直播作为一种新型的互动方式，消解了图文的枯燥、视频的单向传输，并且在让内容实时化，让看见的一切都变得鲜活起来，这是直播给用户带来的一种体验的变化，是一种"革新"的技术。所以有人预测：互联网直播的"娱乐性"特征，将逐渐向"工具性"特征转化，它将在教育培训诸领域发挥更大的作用。

13.3.2　重点直播平台

国内一些大型互联网站如百度、新浪、搜狐等，均设有直播平台。据"腾讯科技"有关调查资料显示，目前国内映客、花椒直播、一直播、美拍、陌陌、火山六大娱乐直播平台的有效主播人数约为 144 万，如果加上游戏直播平台的斗鱼、虎牙、企鹅电竞和熊猫 TV，国内知名直播平台的有效主播总数为 240 万 ~250 万人。

这些直播平台可以分为不同的类型。

第一种是游戏直播，譬如武汉斗鱼网络科技有限公司旗下的斗鱼。它是一家弹幕式直播分享网站，前身为 AcFun 生放送直播，于 2014 年 1 月 1 日起正式更名为斗鱼。目前，斗鱼以游戏直播为主，涵盖了体育、综艺、娱乐等多种直播内容。斗鱼 TV 的定位是"每个人的直播平台"，倡导全民直播，并提出了"直播 +"的理念，努力在多领域树立自己的品牌。

第二种是秀场类直播，如映客、花椒直播、一直播、光圈等。秀场直播平台上，主播以女性居多。"欢聚时代"成立于 2005 年 4 月，是一个重要的互联网语音视频平台。它通过 YY 语音、多玩游戏网、YYLIVE、欢聚游戏、YY 教育、虎牙直播等平台，运用文本、语音、视频等综合手段进行传播，目前月活跃用户达到 1.4 亿。

隶属于"欢聚时代"的 YY 直播，是一个包含音乐、户外、汽车、科技、游戏、体育等内容在内的互动直播平台，其最早建立在一款强大的富集通信工具——YY 语音的平台基础上。用户可以通过 YY 客户端、YY App、YY Web 端三种方式观看视频直播，还可以通过 YY 直播助手实现一键直播。YY 直播有几千家在管公会，其中不少公会都已经完成好几轮融资，拟申请 IPO 上市。

第三种是 VR 直播。花椒直播自称是全球首家 VR 直播平台，于 2016 年 6 月 2 日正式上线 VR 专区，推动了 VR 技术的落地。花椒直播还耗资 5 000 万元为用户和主播免费发放 10 万台 VR 眼镜和 1 000 台 VR 摄像设备，降低用户参与 VR 体验的门槛。VR 直播拉近了主播与网友的距离，"击碎"了主播与用户之间相隔的手机屏幕，打破了空间与距离的界限，让主播与用户可以在一米内"近距离"接触。"VR+ 直播"天生就具有粘连性，将用户从围观者变成参与者。用户通过 VR 直播可以穿越时空，在同一个"环境"下面对面交流，将现实与网络的差异再次降低；即使是不熟悉网络社交的人也能看清另一个人的"真面目"，减少了网络社交的不确定性，让网友能够轻松在网络世界中实时沟通和互动，进行真实的互动交流。

在屏幕的另一端，中国互联网络信息中心发布的相关报告显示，我国网络直播用户已达 4.22 亿，年增长率达到 22.6%。但是，如今市场却已经进入后直播时代：主播的头部效应越来越明显，直播收入越来越向头部平台的头部主播集中；直播行业的用户红利逐渐消退。

13.3.3 直播的盈利模式

网络直播成为一种新兴的网络社交方式，网络直播平台也成为一种崭新的社交媒体。网络直播主播的盈利模式主要来源于打赏，具体来说有以下三种：

第一种是时薪。直播平台会根据主播每小时的直播人气支付薪水。比如人气在 10 万以上的，每小时给多少钱。就这种盈利模式来说，网络主播的收入跟人气画等号。也就是说，人气越高，收入越高。

第二种是礼物。就是网友花钱买礼物送给网络主播，网络主播在层层扣款后拿到分成。这种模式不依赖于人气，网络主播的个人魅力更加重要。比如，一个女孩子的人气只有七八千，但是她的收入可能比那些有十几万人气的游戏主播还高。

第三种是衍生副业。比如，接广告、卖东西做电商。现在很多大主播都会这么做。而且在电竞直播初期，这种模式是网络主播主要的收入来源。不过，这种电商模式，是衍生副业里最初级的商业模式，如果你的电商是卖零食、卖衣服的，收益就会很低。

直播平台可谓无奇不有：卖手表的，卖车的，甚至帮创业者对接投资人的，等等。平均看来，一个主播每天直播四五个小时，保持 3 000 以上的在线人数，每月仅仅来自礼物的收入 1 万元以上不在话下，如果播得更好，两三万元轻轻松松，五六万也不是不可能。这笔钱对于主播们而言，大多已经成了主要的收入。很多直播平台上的主播年龄基本上在 20~28 岁，主要居住在一二线城市，三线城市的主播也很多。学历方面，大多是卫校、职校、技校毕业，也有一些本专科的在读学生。如果不靠直播，他们在社会上大多很难找到如此高收入的工作。

直播平台收获打赏的总体收入还是相当可观的。陌陌 2017 年第一季财报显示，陌陌净营收大约 80% 来自直播服务，约 2.126 亿美元。其中主要原因在于直播服务付费用户的增长。不过，直播虽然有可见的盈利模式，但是盈利还不足以覆盖掉内容成本与带宽成本，这也是直播提升发展空间需要解决的重要问题。

随着人口红利触顶，网络直播的垂直化平台均向综合平台发展，通过长尾的力量来覆盖更多的人群，娱乐直播、体育直播、游戏直播之间的界线也渐渐模糊。除了内容本身的多元化，内容多元化的另一个纬度是内容形态的多元化，即直播与短视频融合。短视频起家的"美拍"与"快手"，其产品当中本身已加入了直播功能。而另外一个选手陌陌，则将短视频提升到一个战略层面的考量。陌陌进行了一次重大的产品更新，在底部导航栏上创建了一个新标签，用来汇总以短视频形式为主的优质内容。这一次的改进逻辑是，陌陌希望能进一步鼓励视频内容的创作、分享、消费以及再传播。陌陌的基因是社交，社交不仅仅是指 IM，陌陌希望直播、短视频都可以成为社交的方式。

13.3.4　直播的发展前景

一份来自"今日网红"的统计显示：映客、花椒直播、一直播、美拍、陌陌、火山等平台约 144 万名有效主播，在 2018 年上半年的总收入达到了 47.032 亿元。但是对该上半年收入排名前 1 万的主播进行统计发现，虽然他们仅占六大平台整体主播数量的 0.7%，但却拿走了约 31.98 亿元收入，占所有主播收入的 68%。头部网发布的直播行业年度数据报告显示，四大移动类平台（映客、花椒直播、陌陌、一直播）1 万名主播样本数量中，约 20 名主播收入过千万，接近 68% 的网络主播年收入在 5 万元以下。而绝大部分的主播实际收入很低，99.9% 的主播挣钱越来越难，月均收入在 4 000 元以下的主播成为其中的主要群体。

所谓"流量即入口，流量即金钱"，在"打赏"模式遇到瓶颈时，伴随直播行业的巨大流量，广告、电商与直播市场出现大融合，成为主播们的另一块利润战场。

有识之士认为，"直播 +"是业界对其未来的预判。一下科技联合创始人雷涛曾表示，直播未来最大的前景在于和所有垂直领域的结合，直播跟旅游、电商、体育、医疗、教育、财经等的结合，才是未来的发展趋势。

"直播 +"是整个直播行业对于盈利模式的一种全新探索。2016 年 5 月，花椒直播与途牛合作，直播演员颜丹晨量子号邮轮行。据了解，途牛通过口播方式发放旅游券，成交额破 100 万元。9 月，斗鱼与去哪儿网曾推出"99 嘻游季"活动。2016 年下半年，斗鱼曾与央视财经合作推出直播乌镇互联网大会、"双 11"、跨年夜等栏目。这是斗鱼提出"直播 +"战略之后，与财经媒体的探索。2017 年 4 月，一直播联合众多汽车媒体、汽车 KOL，共同发起"2017 上海国际车展 ONLINE 直播活动"。据介绍，最终实现 2 100 余万人观看直播、超过 2 400 条的网友互动。虽然并没有明确的数字，说明"直播 +"到底给直播平台带来了多少收益，但是，可以确定的是，几乎所有直播平台都把"直播 +"作为一个重要的战略方向去布局。

除了"直播 +"产业，"直播 +"社交也被创业者盯上，就像之前的"图片 +"社交，亦可以作为一种大胆的想法去尝试。"直播 +"的方式，将有可能改变直播盈利模式单一的问题。对于产业而言，这也是一种全新的传播变革。

腾讯公司副总裁殷宇表示："直播不只是流量变现方式，而是全新的内容方式。"直播作为图文资讯之后的一种内容消费升级方式，内容的重要性毋庸置疑。有研究者认为，直播最大的魅力不是内容质量，甚至也不是颜值，而是这种"和主播一起玩一起创作内容的现场参与感"，从当年电视机下方滚动的观众短信，到 B 站上飞起的弹幕，到今天一以贯之的需求，一种群体广场体验，瞬间让人们找到了归属感和存在感。这对缺乏集会游行结社体验的中国人，具有致命的吸引力，微博、知乎、贴吧中的粉丝互爆也是这个原理。

此外，未来最好的节目模式一定是 PUGC 的，直播节目组和观众一起创作节目。比如节目组提供主题、观众提供内容素材，这就像电视台常见的投诉热线、曝光热线、帮你忙类节目，可以是告白直播、搭讪直播等。又如节目组提供内容，观众实时反馈，节目组根据观众的投票结果决定下一步怎么走。再如主播间类似《奇葩说》《超级女声》的现场 PK，观众像 AKB48 的粉丝们那样用钱买选票。

随着直播行业进入精细化运作时代，整个行业市场逐渐冷静，已经很难再看到前两年的野蛮生长，行业目前处于稳步上升阶段。2018 年的市场规模预计还将超过 30 亿元人民币，增长速度达到 32.5%。在当今泛娱乐化的背景下，各直播平台为了吸引用户流量，势必将追随潮流走上娱乐化的道路，但当所有平台都开始呈现娱乐化的趋势时，如何打破行业同质化体现自身差异化，就成了各平台需要思考的新问题。现在的直播平台不单单只是一个线上的直播软件，更多时候是一个品牌传递的一种文化，讲究的是"线上＋线下"的品牌效应。

问题拓探

1. 短视频如何才能达到最佳传播效果？
2. 如何通过网络渠道成为自媒体达人？
3. 创作爆款短视频有规律可循吗？
4. 根据网络大电影的成功案例，分析网络能否成为电影创作发行的一个重要途径。
5. AI 和 VI 能否成为下一个新媒体视频的创作投资热点？

实践任务

1. 根据所学知识，在抖音、快手等短视频 App 开设账号并上传作品，全班同学 PK，选出点播量最高的前三名，并讨论交流其运用的方法技巧。
2. 在有关直播平台注册成为主播，尝试各种盈利模式的可行性运作。

第 14 章　音频：畅意倾听的天籁

文字、图片、音频、视频，就像四只巨大的轮子，驮载着人类文明的历史列车，穿过数千年的风风雨雨，朝我们驶来。然而遗憾的是，这趟列车从起点出发后，就只有文字一个轮子！几千年里，这辆传承文明的独轮车默默无语，悄然前行。尽管它轮下的世界，山呼海啸，虫鸣蛋唱，人欢马叫，我们却听不到它发出的任何声响。直到 1877 年，爱迪生发明了留声机，第一次让我们听到了"玛丽有只羔羊"的歌唱，声音才被记录。但它仍然是滚动在十九二十世纪乡间古道的木轮子，随着时间的流逝，被道路上的荆棘破石磨损殆尽。幸运的是，如今数字音频为这趟列车，换上了磁悬浮车轮，让它腾空而起，无牵无挂，一驰千里！听着它清晰的广播和悠扬的乐声，我们可以尽情欢歌笑语，与它一道驶向人类的未来！

今天，我们在各种场合都可以看到，人们戴着耳机在听什么：走路坐车，吃饭运动，甚至上课上班，也机不离耳。这种看似"分心"的方式，似乎已经成为一种流行的时尚，或者说，耳机成了人的一种感官，听声（音乐）已经成为人们生活的一部分。不过，这些触动人们听觉的"响动"，不应只是被当作 BGM[①]，而要看作构筑自我和人类幸福世界的天籁。因此，本章在介绍的数字音频知识的同时，通过对数字音频在新媒体产品中的使用，讲述数字音频的制作处理技术，让新媒体人不仅听懂这数字王国声音的奥妙，而且掌握数字音频的技术去悠扬地传播它。

14.1　新媒体数字音频概说

14.1.1　数字音频的定义与特征

14.1.1.1　声音：新媒体数字音频的活水

声音是人或动物的听觉系统所感知的一种波动现象。在自然界里，声音可以在空气、液体、固体等不同的介质中传播。本质上，声音是一种波动，所以声音可以被分解为不同频率不同强度正弦波的叠加。声音的频率一般会以赫兹（Hz）表示，是指每秒钟周期性振动的次数。而声音的强度是以分贝（dB）来表示。

不同物种之间因为听觉系统的差异，形成了对声音信号的敏感程度的差异。人类的听觉系统，能够接收到的振动频率范围为 20 Hz~20 kHz（千赫兹）。当人耳接收到声音信号后，听觉神经将这些信号反馈给大脑，由听觉中枢产生主观感觉，从而听到声音。

人的主观感受，在声音信号处理过程中，会受到响度、音高、音色的影响，从而可以对

---

① 背景音乐（Background Music），也称伴乐、配乐。

声音进行区分识别。比如，同一首歌曲，人们可以区分出原唱与翻唱者的不同，正是响度、音高、音色的差异，形成了声音（声波）信号的独特性。所以，声音的响度、音高、音色也被称为声音三要素。

同时，人类在收受和处理声音信号时，还会受到掩蔽效应、高频定位等特性的影响，会对某些特定信号进行强化或弱化。人对声音的感知及反应，受声源数量、空间、生理、心理、美学等多方面因素影响。所以，区别于物理概念的声音界定，音频对于人类而言，应该是多领域交叉的学科。数字音频技术很大程度上，也是利用这些交叉学科的知识，来美化修正声音的。

复杂的声音信号构成与复杂的人类听觉系统相互作用，使声音也有了不同的定义。通常人们把声音划分为：乐音和噪音两种。有固定音高和固定振动频率的音，听上去会容易识别，所以被称为乐音。乐音的集合构成了乐音体系，乐音体系的组合形成了优美的音乐。

说到欣赏音乐，在古时人们只能在乐器演奏或歌者演唱的现场来欣赏。19 世纪末，留声机的发明让声音可以记录和复制，从而改变了欣赏音乐的模式以及声音的保存模式。到了 20 世纪末，数字音频技术的飞速发展，高性能声音保存技术、播放技术和相应设备的推出，不仅可以让人们在任何地方任何时间聆听音乐，更让音乐（声音）能够在可视化的模式下，直观可见地进行编辑处理。

14.1.1.2 新媒体数字音频的定义

数字音频，是指通过数字化技术转换而成的一连串二进制数据声音信号。理论上，任何经过数字化处理并由播放设备还原的声音信号（声波），都可以划归数字音频的范围。所以，数字音频技术涉及数字技术、声学、电子学、心理学等各个学科领域。

要注意的是，一般人认为通过电子设备播放的声音，都可以被认为是数字音频。所以，人们也往往会认为消防警铃、蜂鸣器等，由电磁讯响器发出的也是数字音频。然而事实上，电磁讯响器只是单纯地把电能转化成声波，而不是播放数字格式的音频文件。[①]

数字音频由采样频率、采样精度、声音通道数三个部分组成。采样频率（即采样率），是指记录声音时每秒的采样个数，用赫兹（Hz）来表示。采样精度（或称比特率）是指记录声音的动态范围，它以位（比特 bit）为单位。声音通道（即声道数）一般范围为 1~8 个，如图 14-1 所示。

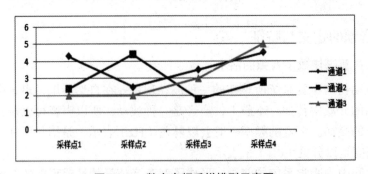

图 14-1　数字音频采样模型示意图

通俗点说，我们可以把声波看成是一条曲线，而曲线是由点组成的，采样率就是每秒长度（图 14-1 横轴）中点的个数。而采样精度就是动态范围（图 14-1 竖轴）中点的个数。这两个维

---

① 目前一些基于芯片的警报器和讯响器也采用了预置的数字音频文件。

度的定位越细，声音的真实还原度就越高，音质也就会更好，当然，音频文件也就会越大。

数字音频常用的采样率和常用位深度信息表，这个有点难，你敢扫它吗？　它山之"识"

　　一般获取音频数据的方法是：在固定的时间间隔，对输入的音频电压采样，之后将量化的值以某种比特率进行存储。因此，采样率、比特率和声道数量是音频文件格式的关键参数。数字音频文件是音频信号经数字化转换后以二进制（0 和 1）的形式存储的数据文件。在采样及转换过程中，使用不同的计算方法（编码算法），形成了不同的存储标准和规范。一般用标记后缀名称的方法，对文件进行标识，MP3 文件、WMA 文件、M4A 文件……这是人们最容易理解的一种数字音频文件分类方式。

　　简言之，数字音频技术就是把声音的声波信号转换成电平信号后，再把这些电平信号转换成二进制数据加以存储和处理的技术。而数字音频的播放技术、传播技术、编辑技术都属于数字音频技术的延展应用。

14.1.1.3　新媒体数字音频的传播学特征

1. 传播渠道和传播者多元化

　　新媒体时代的音频传播不同于传统电台的广播。在技术上，它实现了从模拟声音到数字音频的根本转变；在传播手段上，出现了更多的形式，如新浪微博的微电台，聚合了全国百余家地方电台，突破了地域的限制。又如喜马拉雅、蜻蜓、荔枝等网络电台，打破了传统广播、专业主播"一统天下"的局面，扩展了传播渠道，带动了人人皆主播的现象。

　　如果说传统广播电台是专业播音员和主持人的世界，那么新媒体中的网络电台就是一个名人和草根可以共同狂欢的舞台。随着手机等新媒体移动终端的普及，越来越多的人通过喜马拉雅 FM、蜻蜓 FM、荔枝 FM 等 App 平台传递自己的声音，人人皆主播已不再是梦想。

　　目前，从各大网络电台的传播者来看，主要包括三大人群：一是传统广播电台的主播，凭借自己的优质声音转战到新媒体平台；二是各行各业的名人，凭借自己的实力和人气在网络电台中扮演着舆论领袖；三是热爱声音的草根人群，通过不断的学习和摸索，制作喜欢的节目来实现自己的主播梦。

2. 传播内容多样化

　　新媒体时代，传统的广播电台单一地专业化生产和传播，已经不能满足听众的多元化和个性化需求，因而移动网络电台紧抓时代机遇，纷纷打造"UGC（用户生产内容）+PGC（专业生产内容）"传播模式，细分内容。

　　以喜马拉雅 FM 为例，作为一款具有社交属性并致力于用户原创生产内容的音频 App，从播音主体来看，一方面，它通过吸纳大量热爱声音的草根主播，不断地生产、提供鲜活丰富的声音作品；另一方面，又通过和文艺明星、电台主播以及各行业大咖合作，开辟精品栏目，打造不同类别、不同风格的优质内容，如郭德纲、高晓松、上官文露等。从节目的类别来看，喜马拉雅 FM 的节目涵盖了有声书、儿童、相声评书、音乐、历史等类型，且每一分类下面又有细分。这些内容也充分满足了各类人群的个性需求。

3. 终端设备智能化

　　新媒体数字音频传播，是随着数字播放器、智能手机等设备的发展而勃兴的。在当前移动互联网日益普及的时代，越来越多的人通过智能手机来接收音频节目。一方面，通过智能手机自带的收音机功能，实现在线收听传统广播；另一方面，通过喜马拉雅 FM、荔枝 FM、蜻蜓 FM，企鹅等数字音频应用，不仅可以收听传统电台提供的音频内容，而且可以随时随地收听丰富的音频节目或生产制作自己的数字音频。

除了针对智能手机的开发利用外，很多专业音频平台也不断和汽车厂商合作，在车联网情况下实现移动收听和语音互动。相关的终端产品，通过语音识别技术与 AI（人工智能）技术的结合，使得车联网、家庭物联网，可以通过智能语音设备为入口，进行车辆、家具等设备的运行管理和信息传播活动。

自 2016 年以来，随着家居智能设备的普及以及语音识别技术的广泛使用，智能语音产品呈现井喷式爆发。其中，讯飞的 AI 智能音箱叮咚音箱、小米的 AI 智能音箱小爱同学、阿里巴巴的 AI 智能音箱天猫精灵，以及腾讯的 AI 智能音箱腾讯听听，都可以通过语音指令进行数据的检索和智能设备的管理。

4. 收听碎片化、场景化

相比文字、图片和视频，数字音频有非常强的伴随性，音频可以说是新媒体传播渠道中、移动互联以及人工智能时代唯一具有强伴随性的媒体形式。用户可以开车时听、睡觉前听、做家务时听……各大移动音频 App，涵盖了音乐、脱口秀、美文、相声等各类丰富的内容，用户可以根据自己的特定场景实现碎片化收听。比如，首次打开手机"喜马拉雅 FM"，可以看到设定了一个"打开喜马拉雅的正确方式"，用户可以选择睡前听、做饭时听、开车中听等各种场景。

14.1.2 从 AM、FM 到 0 和 1：顺风耳的变化

说到声音的传播渠道或者是提到媒体中的声音运用，我们首先想到的一定会是广播。因为广播作为人类第二种大众媒体，以声音作为信息的载体进行公共传播，已有了近一百年的历史[①]。伴随着技术的发展，广播形成了专业的媒体平台，一般广播电台的信号大多是以调幅（AM）、调频（FM）两种调制方式进行发射的无线电波[②]，通过收音机等信号接收设备，对无线电信号加以还原，从而让声音可以广泛、迅速地面向大众进行信息的传播。所以，广播很形象地被称为"顺风耳"。

过去，我们可以通过收音机来收听自己喜爱的广播节目，如今，大多数人则是通过智能手机等移动设备上安装的应用（App），来在线或下载收听这些广播节目。通过 App 与通过收音机收听同一套节目，看似是相同的。但实际上，却有着本质的区别。

因为，传统广播无论是调频还是调幅，都是模拟信号的调制方式。所以，通过收音机接收的信号是模拟信号；而如今通过智能手机等数字设备播放的音频节目，大多是通过数字编码后的数字信号。

广播业界的数字化浪潮，首先是于 20 世纪末至 21 世纪初，在广播电台内容生产、节目制作环节进行的数字化技术革新。但是，这一数字化发展过程，也引发了节目生产与制作实现了音频数字化，而信号发射与信号覆盖依旧是模拟信号的问题。

为解决这一问题，欧洲推出了数字声音广播（Digital Audio Broadcasting，DAB）技术。DAB 技术在经过多年的更新与发展之后，在传播效果方面已经基本能达到 CD 音质。这已经远远超越了调频（FM）立体声的播出音质。目前，全球至少有 1 000 家电台采用了 DAB 技

---

① 以 1920 年 11 月 2 日美国匹兹堡西屋电气公司开办的 KDKA 广播电台开始播音为参考。
② 无线电广播另外常见的还有短波广播，但短波广播一般也是采用调幅方式调制发射。

302

术实现了广播节目的数字化广播。

在我国，数字广播技术的发展，经过模仿与摸索之后，2013 年 8 月由当时的国家新闻出版广电总局，推出了具有自主知识产权的 CDR（convergent digital radio，融合数字化广播）数音频广播系统行业标准。我国的 CDR 标准在 2018 年 1 月，经国际电信联盟（ITU）无线电通信局批准，从而也正式成为 ITU 国际标准。

目前，我国已经有了多套 CDR 广播节目，并且也推出了 CDR 收音机，已经完成了从节目制作到发射覆盖再到信号接收还原全部数字化的完整产业链条。虽然，目前我国的数字广播还处于探索尝试阶段，但是数字广播技术的应用，会让传统广播行业真正实现了从 AM、FM 到 0 和 1 的数字化变革。

如果说 CDR 技术的应用，是在传统广播电台系统内部的音频数字化变革，那么网络电台以及网络音频平台的诞生和发展，就是广播数字化的一场来自外部的革命。引发这场革命的，除了技术的发展与媒体平台的大众化的原因之外，还有颠覆与弥补传统广播自身的线性广播、顺序收听、一瞬即逝等缺点的因素。

所以，网络广播在一开始除了模仿传统广播的内容组织、节目生产之外，还考虑到了通过内容选取或栏目调性设定，创立有自身个性和品牌效应的单元节目的问题。

这些在内容、风格、形式上差异巨大的网络电台，经由蜻蜓 FM、喜马拉雅 FM 之类的音频平台的接入，实现了带有个性化特征的多元化音频节目在线广泛传播的局面。

正是在内容生产、节目制作、信号传输的各个环节都实现了数字化、网络化、产品化，网络电台才在新媒体时代，成为一个新媒体形态和传播渠道。并且，也出现了像"罗辑思维""有话好好说""晓说"等诞生于网络电台，并逐步形成有品牌效应的新媒体数字产品。

相较于网络电台的风生水起和节目的商品化、市场化，传统广播电台数字化、网络化过程中，在标准统一、设备普及、信号覆盖等方面还有着不足之处。不过，伴随着技术的发展，特别是在各种各样的音频平台的示范和带动下，

输入你的名字之后，会听到六个不同的声音，扫码查看：这还是你吗？　一"课"拍案

广播电台在新媒体时代会完成属于自己的数字化发展。从延续多年的 AM、FM 广播到真正的 0 与 1 的数字化广播，一定会在不久的将来得到长足的进步。

14.1.3　数字音频的格式

前面我们提到了数字音频在采样和存储时的一些技术特点，这就是人们依据不同的算法、标准进行数字化的升级，让数字音频具有了更强的专业性和更多的复杂性。首先遇到的就是数字音频的格式问题。鉴于此问题的复杂性，在这里只针对在新媒体生产及传播领域所涉及的常见数字音频格式，进行简单的介绍。

目前，业界大体从音质的还原程度上，把数字音频分为有损与无损；从通过编码算法达到降低音频波形的复杂程度（数据量），又进一步细分为无损压缩和有损压缩。

如前所说，由于用压缩技术及编码格式进行文件的划分，有着较强的专业性，所以通常人们一般还是以数字音频文件所采用的存储格式（文件后缀名）进行文件标识。常见的音频文件存储格式有 MP3、WMA、WAV、APE、FLAC、AAC、AC3、OGG、MMF、AMR、M4A、M4R、MP2 等。而实际上，正确标识的音频文件存储格式，其实是与压缩技术及编码

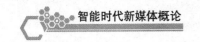

格式相互对应的。

在新媒体领域中的音频使用，要考虑受众的播放终端情况和网络条件，所以在编码压缩和格式使用上，可能会限于某个特定的格式要求，如只使用 MP3、AMR 或 M4A 格式。但是，对于从事数字音频的制作、编辑等生产环节的从业者来说，就应该了解并深入掌握更多的知识。

14.1.3.1 无损、无损压缩技术与有损压缩技术

1. 无损

首先，我们需要明确一个前提：在目前的技术范围之内，任何的音频数字化过程中都会有数据损失，所以，现在的数字音频技术，事实上是不可能做到真正对于声音源的无损保存。数字音频文件所标识的无损，是指最大限度地保存音源的信号，能够最大限度地还原音源信息。

目前，能够达到最高还原程度的，是以 PCM 编码进行存储。所以，PCM 编码被约定俗成地定为无损编码方式，使用 PCM 编码规范的音频文件认定是无损格式。在实际使用中，我们能够接触到的无损格式，是符合 PCM 编码规范的 CD 文件和 WAV 格式文件。

在最初的音频数字化过程中，因为要考虑欧美及日本在电视广播制式上的差异，SONY 与 PHILIPS 合作，推出了基于 CD 为载体的 CD-DA 标准（compact disc-digital audio 标准）。符合这个标准的数字唱片，就是我们通常说的音乐 CD。经过市场的淘汰，CD 音频格式逐步确立为 SONY 的 44.1 kHz（44 100 Hz，以下内容中 1 000 Hz 以上均使用 kHz 为单位标识）的采样率上。这样的采样率下通常被称为"CD 音质"。使用 16 位（bit）位深度和双声道的情况下，记录一分钟的声音数据大约需要 10.4 MB 的空间。

后来，微软公司与 IBM 公司推出用于计算机存储音频流的编码格式 WAV。这种格式，严格意义上来说，是一种波形文件，其只是忠实地记录所采样的数据源信息。但是，大多数的 WAV 文件是用来存储 CD 原声带的。所以，通常使用与 CD 相同的采样率，从而基本达到与 CD 相同的音质。

CD 文件和 WAV 文件，除本身具有对声音的存储和还原优势外，还具有极强的平台兼容优势，能够直接通过设备播放，或是在不同的操作系统中兼容使用。

无损格式音频文件的优点是：音质非常好、平台兼容性强；缺点是：文件体积巨大。

2. 无损压缩技术

无损压缩技术是对元数据不做任何不可逆性的破坏的一种音频数据压缩保存技术。无损格式的音频文件，虽然还原的音质非常好，但是存储占用的空间也相对较大，并且，不适合记录长时间的声音信息。针对这种情况，一些公司推出了通过不同编码方案，在保证 100% 还原源文件的所有数据的前提下，对 CD 文件或 WAV 格式文件，进行再次编码压缩处理，从而将音频文件的体积压缩至更小以便于存储和传播。在播放时，对应通过解码程序将压缩后的音频文件还原。得到的还原音频文件是与源文件大小、码率相同的无损格式音频文件。

所以，无损压缩就是在不牺牲、不改变音源质量的前提下，通过改变源文件数据记录方式，达到缩小文件体积的技术手段。

在压缩过程中使用不同的编码算法，得到压缩格式也不相同，特定格式的无损压缩音频文件，需要与之匹配的解码算法进行还原才能够进行正常播放。

常见的主流的无损压缩音频格式有 APE、FLAC、TTA、TAK 等。就压缩比来说，APE 格式的压缩率在 55% 左右，FLAC 格式的压缩率在 50% 左右。

要强调的一点是：无损压缩技术是对音源文件再次进行编码的一种技术，所以音源文件

的元数据质量，决定了最终的播放音质。所以，从高品质的 CD 文件，压缩得到的 APE 或
FLAC 文件，通过程序播放时能够达到播放 CD 的同等音质。但是，如果从较低音质的 MP3
转换得到的 APE 或 FLAC 文件，在播放时音质依旧不会得到提升。

无损压缩格式音频文件的优点是：音质非常好、文件体积较小；缺点是：需要特定软件
或硬件支持、存在一定出错概率。

3. 有损压缩技术

有损压缩是通过算法对元数据进行处理、以得到更小体积的文件的一个不可逆的过程。
相较于无损压缩格式是在追求音质的前提下，进行数据记录方式的可逆压缩而言，有损压缩
技术则是通过对部分非主要数据舍弃，通过牺牲一些音质为代价来换取更高的压缩比率，从
而达到减小文件存储体积的目的。所以，有损压缩是对音源文件的元数据做一些舍弃或近似
处理，从而达到减小文件体积的技术。

音频文件之所以有可以去除的信息，是因为人耳所能察觉的声音信号的频率范围区间是
20 Hz~20 kHz。在这个频率范围以外的音频信号都属于冗余信号信息。同时，在声音播放过
程中，强音信号和弱音信号同时出现时，弱音信号会听不到，因此，弱音信号也属于冗余信号，
这就是听觉的掩蔽效应。

这些冗余信息数据的优化、弱化甚至是去除的操作虽然造成了声音信号的损失，但是在
受众的听觉体验中几乎没有任何的影响，可以达到与原始声音非常接近的效果。一般情况下，
在去除人类大脑听觉辨识与人耳听阈范围之外的高频和低频部分，再结合弱音部分的压缩优
化，压缩后的音频文件大小可以减小到原音频文件的 5%~20%。

当然，过度的有损压缩，也会带来人耳听觉辨识可察觉的音质下降。因编码压缩而带来
的人耳能够察觉的缺陷称为失真。通常情况下，音频文件的压缩都是在确保不失真或不严重
失真的情况下进行。常见的有损压缩音频格式有 MP3、AAC、OGG、M4A 等。

有损压缩格式音频文件的优点是：适用范围广泛、音质很好、文件体积很小；缺点是：
需要特定软件或硬件支持、不可还原音源文件。

无损压缩格式和有损压缩格式，在播放过程中依赖编码算法和必要的软件支持。所以，
在不同的操作系统中可能存在不兼容的情况。在新媒体领域使用音频文件传播时，应针对实
际应用场景，选择适用的压缩方式和编码格式。

14.1.3.2　常见音频文件格式

目前，可查询到的文件格式大约有 1 500 种（甚至超过这个数字）。造成这个现象的原因，
主要是在于不同公司使用不同技术标准，以及基于不同硬件的设定而衍生出了特定的文件格
式。但是，通常能够接触到的音频文件格式，基本可以控制在 50 种以内，而常用的文件格式
在 20 种左右。比如：MP3、APE、FLAC、WMA、OGG、AAC、MMF、WAV、AMR 等。

需要注意的是，不同的硬件厂商与软件开发商，对执行或采用的音频编码标准的不统一，
造成了音频文件在使用中存在不兼容的情况。比如，某些 MP3 播放器，在对文件比特率的支
持上存在差别，从而造成高比特率的 MP3 文件无法播放的问题；又比如，手机铃声文件格式，
在苹果公司的 iPhone 手机上为 M4R 文件格式，而在安卓系统的手机上铃声文件可能就会是
AMR 文件格式[①]。

---

① 安卓手机随系统版本和定制版本不同，可能存在文件支持的差异。

下面，简要介绍一下比较常用的几种文件格式。

（1）MP3 格式：是目前最为流行的一种数字音频编码和有损压缩格式。MP3 的设计初衷，就是要通过删除 PCM 编码中对人类听觉不重要的信息，大幅降低音频文件的数据量，从而达到压缩至较小文件的目的。对于大多数人的听觉感受来说，使用较高比特率的 MP3 的音质，与最初的不压缩音频相比没有明显的下降。MP3 文件可以按照不同的比特率进行压缩，从而可以对文件的存储大小和音质进行控制。

特点：音质好，压缩比比较高，被大量软件和硬件支持，应用广泛。

适用于：网络传播，有较高要求的音乐欣赏场景。

（2）WMA 格式：是微软公司开发的一种数字音频压缩格式。WMA 兼容 MP3 的 ID3 元数据标签，同时支持额外的标签，另外，一般情况下相同音质的 WMA 和 MP3 音频，WMA 文件体积较小。并且，微软也提供了 WMA 的无损压缩的技术方案。但是，不同于 MP3 的是，WMA 对播放软件和平台的限制较大，某些操作系统或软件需要借助扩展功能才能进行播放。

特点：低码率下的音质表现出色。

适用于：数字电台架设、在线试听、低要求下的音乐欣赏。

（3）M4A 格式：是 MP4（MPEG-4）的音频部分文件。苹果公司首先在它的 iTunes 以及 iPod 中使用“.m4a”以区别 MPEG4 的视频格式（.mp4）。之后，M4A 作为一种文件格式得到了广泛的认可。目前，几乎所有支持 MPEG4 标准的软件都支持 M4A 格式文件。

特点：音质好，适用平台及硬件范围广。

适用于：手机铃声、数字电台架设、在线试听。

（4）APE 格式：是流行的数字音频无损压缩格式之一，在全世界有着广泛的用户群。与 MP3、AAC 等有损压缩格式不同，APE 压缩比率约为 55%，比 FLAC 高，经压缩后的文件体积大概为原 CD 的一半，便于存储。但是，由于目前只支持 Windows 操作系统，所以对平台的依赖性较大。

特点：音质非常好，压缩比率高。

适用于：高品质音乐的欣赏及收藏。

（5）FLAC 格式：FLAC 是一套著名的自由音频压缩编码，通过其进行压缩转换的文件就是 FLAC 格式文件。不同于 MP3、AAC 等有损压缩编码，FLAC 不会破坏任何原有的音频信息，可以还原达到 CD 音质。2012 年以来这个格式文件已被很多软件及硬件音频产品（如 CD 等）所支持。但苹果公司的 iPod 或 iPhone 并不支持（苹果有 ALAC）。

特点：音质非常好，技术开放，压缩比率高。

适用于：高品质音乐的欣赏及收藏。

14.2　新媒体数字音频的分类

就目前新媒体传播领域的数字音频来说，最直接的分类方法除去以数字音频文件的存储格式分类之外，应用场景和内容属性是最容易辨识的分类条件，所以一般主要会从使用场景和声音内容的角度对音频文件进行分类。行业较为认可的使用场景分类，一般是以用户的网络条件和终端设备为条件，分为移动互联网场景和互联网场景以及 PC 端场景和移动设备场景；内容角度的分类，一般是从声音内容的信息构成来界定，主要有语言语音类、音乐歌曲类、音效配乐类。

14.2.1　数字音频文件的应用场景

针对音频文件的应用场景的划分，是属于信息传播层面的一种划分体系。这并不像音频格式那样，可以通过所使用的技术规范和算法为参照标准进行分类。音频文件以应用场景来划分，有着主观上和客观上的不确定性。并且，随着应用需求和技术的发展，有些应用场景可能会淘汰淡出，而新的应用场景也可能会随时出现。特别是在新媒体应用层面，数字音频应用场景的变化，还在伴随着技术的演进不停地迭代更新。

应用场景的划分，主要考虑的是，信息在传播过程中的传播方式、传播效果和用户体验。首先，以用户接入网络条件为依据进行划分，有本地化场景、互联网场景和移动互联网场景；其次，也可以通过终端接收设备来划分为 PC 端场景和移动设备场景。

从网络接入条件设定的三种场景来看，本地化场景（离线场景）要从用户平台系统及播放设备情况进行考虑；在互联网产品宽带接入场景（在线场景）中，可以选择使用高比特率、压缩损失小的音频文件；在移动互联网产品场景（在线场景）中，要考虑用户的网络流量使用问题，可以提供不同比特率的文件，供用户自行选择。

PC 场景和移动设备场景，这两个场景模型在依赖的软硬件条件上的不同，决定了用户体验的差别。

随着电信资费的不断下调以及 5 G 网络技术的逐步成熟，或许在不久的将来，不用再考虑移动网络传输的稳定性和资费问题。那么，以网络接入方式为标准来划分的应用场景，很可能会被淘汰。同样，随着智能设备的发展和新媒体可接入设备的不断扩充，在信息传播时要考虑的应用模型可能也会变得更加丰富。

但是，无论技术的演进和设备的变化如何多元，新媒体领域中以利于信息传播和优化用户体验来设计场景模型的原则是不会改变的。

14.2.2　数字音频文件的内容类别

数字音频文件以内容为标准进行类别划分，一般划归到音视频文件的编目范围之中。音视频文件的编目，是指按一定要求进行切分、归类、著录、标引，并注录文字信息对节目内容加以概括，提取关键词。内容分类标准，可参考 2007 年由当时的国家广播电影电视总局颁布的《中华人民共和国广播电影电视行业标准》（GY/T 202.2—2007）的标准规范。

通常情况下，数字音频文件的内容类别有语言语音类、音乐歌曲类、音效配乐类。

（1）语言语音类：在内容上主要是以人声的内容为主，像一些播客平台或网络电台（平台）的有声资源中的评书、相声、诵读等内容都属此类。

语言语音类音频文件对音质要求相对不高。一般情况下，可以通过录音设备录制，使用 64 kbit/s 的比特率和 22.05 kHz 采样率进行保存。这种音质已经接近广播级（采样率在 32 kHz）的音质要求。这些文件资源，为减少占用的存储空间和减少用户请求时长，甚至是采用降低采样率和降低位深度的双重办法进行处理过的。同样，为了增强听众的收听体验，有些语言语音类节目也可能采用更高的比特率、采样率进行存储以达到更好的听觉效果。

有些语言类音频文件还可以通过数字语音技术直接从文本转换得到。数字语音技术作为一项特殊化数字转换技术，主要包括语音识别技术和语音合成技术两个方面。

语音识别技术，也被称为自动语音识别（Automatic Speech Recognition，ASR）、计算机语音识别（Computer Speech Recognition，CSR）或是语音转文本识别（Speech To Text，STT）。语音识别的目标是以计算机自动将人类的语音内容转换为相应的文字。这项技术所涉及的领域包括信号处理、模式识别、概率论和信息论、发声机理和听觉机理、人工智能等。

语音识别技术的应用包括语音拨号、语音导航、室内设备控制、语音文档检索、简单的听写数据录入等。语音识别技术与其他自然语言处理技术如机器翻译及语音合成技术相结合，可以构建出更加复杂的应用，例如语音到语音的翻译。

目前，通过语音识别技术对接不同新媒体产品可以实现快速录入、语音红包、语音开关、语音操作等功能。

语音合成技术，则是采用机械或电子的方式产生的人类语音。语音合成可以通过软硬件实现。一般我们接触最多的语音合成技术主要是文字转语音（Text To Speech，TTS）技术。这项技术是将计算机自己产生的，或外部输入的文字信息转变为可辨识、可听懂、顺畅流利的语音输出技术。

在我国语音合成技术除可以将文本数据转换成为标准的普通话语音外，还相继推出了不同的方言版本，如图 14-2 所示。

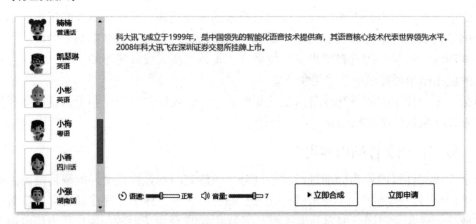

图 14-2　科大讯飞的语音合成功能

目前，数字语音技术在 AI 智能设备上的应用，是将语音识别技术贴近生活的切入点。代表的有讯飞的 AI 智能音箱叮咚音箱、小米的 AI 智能音箱小爱同学、阿里巴巴的 AI 智能音箱天猫精灵以及腾讯的 AI 智能音箱腾讯听听。

同时，在车载智能设备上大多也是以语音为入口的，通过用户语音命令进行地图导航、设备操作甚至是网络层面的信息交互。

我国的语音识别技术发展较为迅猛，目前百度、阿里、腾讯以及科大讯飞都有自己的开放平台供注册用户使用。

（2）音乐歌曲类：这类资源也可称谓数字音乐，是日常接触到的音频资源中最为常见的一种，内容以歌曲和音乐为主。这类音频文件对音质要求相对较高。以 MP3 格式为例，通常把在使用 44.1 kHz 采样率的前提下，使用 128 kbit/s 比特率存储的文件视为一般品质；使用 320 kbit/s 比特率存储的文件视为高品质。目前，在主流的音乐平台上，一般提供 320 kbit/s 的高品质和 128 kbit/s 一般品质音乐的在线收听和下载。同一首音乐的使用 320 kbit/s 的文件比使 128 kbit/s 比特率在存储上要多占用一倍左右的空间。音乐歌曲类的音频文件不建议使用 64 kbit/s 及以下的比特率进行存储。

　　数字音乐这个概念，其实是对数字音频文件以内容为条件筛选后的一个子分类，是用数字格式存储的，可以由存储介质保存或通过网络来传输的记录音乐的数字音频文件。数字音乐是目前网络中以及新媒体中运用最为广泛的数字音频类别之一。

　　数字音乐不仅支持在线播放，还支持下载后离线播放。并且，无论被下载、复制、播放多少遍，其品质都不会发生变化。所以，数字音乐是最早形成为商品的数字化产品之一。

　　知识产权和著作权保护力度的增强，会带动我国数字音乐产值的快速增长，据权威机构统计 2017 年我国网络音乐用户高达 5.03 亿，占中国网民总数量的 68%；中国数字音乐收益在 2017 年达到 179 亿元；国内唱片公司 96% 的收益来自数字音乐。[①] 在传统音乐产业、电信运营企业和技术新贵公司们争相进入这一领域后，一批具有一定规模、拥有各自竞争优势的代表性企业和平台相继涌现，对中国数字音乐产业进行了大量的探索和尝试。

　　数字音乐在制作成本以及营销模式上给传统的音乐行业带来巨大的冲击。数字音乐不仅降低了音乐的制作成本以及发行成本，还通过线上发售的模式颠覆了传统的销售渠道和消费方式。通过对数字音乐的线上销售，也诞生了 iTunes Store、Google Play 音乐商店、亚马逊音乐商店等线数字音乐商店。

　　伴随着移动通信技术的发展以及智能移动终端设备的普及，数字音乐消费的模式也从以前的购买下载转成在线订阅的模式。特别是 2013 年以后，随着流媒体音乐服务在互联网的快速发展，数字音乐的营销及消费方式又转向适应流媒体数字音乐的时限订购模式上。[②]

　　数字音乐作为一种文化现象，与其他的数字音频在新媒体领域的发展一样，因为网络歌手和独立音乐人的加入，大大降低了唱片公司对音乐制作和发行的话语权。在国内的 QQ 音乐和网易云音乐上也都出现了一大批独立音乐人通过这些平台来发行音乐。

　　但是，数字文件有着自身的一种天然缺陷，那就是极高的可复制性。数字音乐也存在这一问题。这就为版权管理带来了极大的问题。而应对音乐版权的问题，中国音乐著作权协会（简称音著协）通过统一管理、集中授权的模式给广播电台等音乐使用量大的单位进行音乐使用权的发放。

　　在互联网行业中，为保护数字音乐的版权，各音乐平台则是通过互换版权的形式来规避侵权问题。比如：2017 年 9 月阿里音乐和腾讯音乐集团达成版权转授权合作，从而实现了双方购买的音乐版权共享，从而使两个平台基本包括所有知名唱片公司所发行的音乐。2018 年月 2 月腾讯音乐与网易云音乐也就网络音乐版权合作事宜达成一致，相互授权音乐作品。

　　（3）音效配乐类：这类音频文件，主要是音效设计师、影视配乐师、音乐制作人、游戏音效师、背景音乐创作者，在音频文件制作过程中所使用的音效、配乐及声音素材。比如：各种动物的鸣叫声、自然界的风声、雨声、雷声等。一般情况下，这类资源在存储上使用的是无损格式或无损压缩格式，采用更高的位深度、采样率和比特率，为达到更加丰富的声音效果，有些音效素材在声道数量上甚至达到 5.1 声道或 7.1 声道。

---

① 相关数字来自《2017 中国数字音乐市场发展报告》和《2018-2024 年中国数字音乐产业竞争现状及未来发展趋势报告》。
② 即购买一定时限（年、季、月）的会员身份可以在线无限量收听平台中的数字音乐。

14.2.3 新媒体数字音频的产品类型

产品是能满足消费者或用户某种需求的任何有形物品和无形服务的总称。针对目前新媒体及融媒体技术应用和行业现状，我们将数字音频产品分为手机铃声、网络电台两个新媒体产品类型。

14.2.3.1 手机铃声

手机铃声是受话方（被叫方）在被呼叫或接收到信息时，手机所发出的提示声音。最早的电话铃声是单调的长音，后来出现了各种特殊音效的铃声。手机问世后，电话铃声变得更加个性化，可通过录制、下载等方式添加音乐、歌曲等作为铃声。手机普及过程中，为满足用户的个性化手机铃声需求，制作手机铃声成为一个庞大的产业链条。但在最近的几年，伴随着手机产品的更新及技术的发展，手机铃声的制作逐渐成为一种人人可以操作的事情。手机铃声业务开始逐渐萎缩。

2010年以前，手机铃声下载的高峰是处于功能机的时代，人们主要借助2 G、GPRS、CDMA等移动网络，进行数字语音通话和短消息收发。当时，如果要进行个性化的铃声的设置，一般是需要通过运营商和内容服务商的平台进行下载。为降低下载中网络传输的成本，一般音频文件音质不高。

自苹果和谷歌相继推出智能手机后，特别是2009年3 G业务的展开，手机进入了智能机时代。智能手机通过简单的设置，就可以把手机所支持的任何音频文件设置成铃声、信息提示音甚至是闹钟提示音，手机铃声在表现形式上更加多元。

同时，手机铃声制作的门槛也在降低，通过智能手机的一些应用或计算机软件的剪辑，用户可以轻松地编辑出自己喜欢的音频文件，保存或同步至手机中进行使用。

正是技术的不断演进和发展，使得曾经的垄断和暴利行业成为过去式。这不仅在行业发展上有深刻的影响，在音频文件的使用效果上也一样有着巨大的变化。以 MP3 为例，传统的功能机，使用较高比特率的音频文件，会可造成因文件太大或编码格式等无法读取或无法播放的问题。但是在智能机上大体积和高比特率的音频文件依然可以轻松使用。同时，智能机配合硬件芯片的使用，无论在音效还是音色上都会更加出色。

手机铃声的文件格式，在安卓和苹果公司两个操作系统平台中不尽相同。安卓系统的手机，铃声可以使用 MIDI 文件、MMF 文件、MP3 文件、AMR 文件和 WAV 文件①。在苹果公司的手机中，手机铃声是其特有的 M4R 文件格式，其他音频文件可以通过 iTunes 或其他工具进行格式转换后再使用。

目前，比较流行的手机铃声在内容上主要集中在流行音乐、搞怪搞笑声音、纯音乐、影视动画音频等资源的片断，一般时长为30秒左右。过短的铃声在响铃过程中会重复播放，过长的铃声则可能播放不完整。

另外，手机铃声与手机彩铃是不同的两个产品项目。手机铃声是受话方（被叫方）听到的提示音；手机彩铃则是给发话方（主叫方）听的替代传统的"嘟嘟"声的提示声音。手机铃声可以由手机用户自行设置自行制作；而彩铃则是一项电信业务，只有开通这一业务的用户才可以设置彩铃。

---

① 安卓手机随系统版本和定制版本不同，存在文件支持的差异。

在当今新媒体行业中，手机铃声依然是一个可借助进行信息传播、品牌附加、受众吸引甚至是增加收益的手段。

14.2.3.2　网络电台

网络电台（也称为网络广播）是在互联网上设立以传播声音信息的广播电台。它不同于通过无线电波进行广播的传统广播电台。网络电台不需要申请、占用无线电频率资源（但须取得相关网络信息传播资质），也无须架设发射设备，只需要简单的声音采集、播出设备，通过所架设的服务器依靠网络，就可以进行广播[①]。目前，网络电台通过计算机或手机就可以完成录音、制作以及收听。

我们不要把网络广播与传统电台频率的在线收听等同看待，因为网络电台不仅是简单地将传统电台频率的信号数字化后的网络传播。

自 20 世纪末开始，有不少传统的广播电台为增加收听率，也架设了网络电台同步播出传统的调幅（AM）或调频（FM）广播节目，在网络实现数字声音广播。但这只是网络电台的一种初步模型。

网络电台还包括只在网络中进行广播的以声音为信息载体、有固定播放内容的电台和依托于特定音频平台的有固定节目内容的平台频道或栏目。这一媒体产品，最早是由有相关兴趣的个人和有关联业务的组织开设或开办的。音频平台的普及和市场化，带动了更多依赖于特定音频平台的网络电台，这些网络电台某种程度上更像是所在平台的栏目或子频率。这种网络电台的兴起，以其传播性广、个性化强、灵活性高、形式自由等特点，对传统广播行业造成了巨大的冲击。为应对这种冲击，很多传统电台也相继推出了纯网络传播的网络电台。

所以，广义的网络电台，包含传统广播电台的信号在线播放和新兴的只在网络中进行广播的两种形式；狭义的网络电台仅指后者。

狭义的网络电台，早期主要是效仿传统广播的形式，进行内容组织（或主要是以传统广播的网络化传播），所以在播出形式上采用串流技术以直播的方式进行音频节目的广播。随着网络技术和内容生产的发展，网络电台在拓展了回听/点播、播客、互动等功能后，在节目播出形式上，形成了在线直播与在线点播相互辅助的模式；同时结合即时通信技术的使用，摆脱了信息单向传递，形成了高交互、高信息承载和表现的模式；在内容传播上，也逐渐摆脱传统广播以时间线性为边界的约束，形成了新的个产业形态。网络电台已经成为新媒体领域中一个重要的产品模式和产业形态。

从网络电台的内容和形式来看，经过近 20 年的发展，我国的网络电台正逐步形成直播网络电台、点播网络电台和类型化节目网络电台三种模式。

（1）直播网络电台，主要是以传统的广播电台的网络迁移为代表。所传播的节目内容来自传统的频率广播，借助网络无疆界传播的特性，解决传统广播的受发射覆盖条件影响的问题。这一类型，以蜻蜓 FM 和阿基米德 FM 网络电台为典型代表。

蜻蜓 FM，借助平台搭建时间早和与传统广播合作时间长的优势，几乎垄断性地接入了全国省级电台频率及部分地市电台频率的网络直播资源，如图 14-3 所示。并且，蜻蜓 FM 与传统广播电台在内容合作的基础上，还进行了节目、用户、活动的合作。伴随着蜻蜓 FM 的产品发展，其平台中的单元化节目和内容也日渐增多，平台的综合性凸显。

[①]　在我国需要申领《信息网络传播视听节目许可证》或在有相关资质的平台开设。

图 14-3　蜻蜓 FM 上不同类别的网络电台

阿基米德 FM 也是传统广播电台网络平台化的典型代表。其通过传统广播电台自身的网络化实践，针对广播行业的实际需求，采取在广播行业内部进行合作的模式进行深度的合作。

（2）点播网络电台，主要是以类别化、栏目化的单元节目为主，在线提供海量内容满足听众的个性化需求，供听众自主点播收听。这种电台的特点，在于节目的分享传播和主播模式，以喜马拉雅 FM 平台、多听 FM 平台为代表。

喜马拉雅 FM 作为音频分享平台，允许用户进行内容的生产，并在其平台进行传播。这样的机制，使得平台每个用户都可以是内容的生产者和传播受众。采用这样的模式，使得平台中的节目内容多元，个性化、口味化明显。喜马拉雅 FM 通过用户的收听（点播）的过程并结合付费机制，从而可以实现生产者与平台的经济收益或品牌传播。

（3）类型化节目网络电台，主要是以提供专业或单一内容、针对特定收听群体、针对特定场合听众开设的网络电台。类型化节目网络电台一般以新闻、音乐、体育等内容为主。这种网络电台以豆瓣 FM 代表。

豆瓣 FM 根据用户的喜好，自动发现并且播出符合用户音乐口味的歌曲，满足用户个性化需求或专业需求。

目前，国内也有很多以古典音乐、摇滚音乐、爵士音乐为主的类型化节目网络电台。但是，受专业性和受众群体规模的限制，并没有较为突出的代表。

值得注意的是，前面提到的这三种网络电台的典型代表，本质其实都是综合型的网络电台。也就是说这些平台本身都具备三种网络电台的产品和内容。但是，在实际的市场分割和品牌运作上，存在某一种特征更加明显的情况。

从网络电台的内容来源看，主要是两个方面：专业机构生产的内容和网络用户生产的内容。在内容质量上，可能存在参差不齐的现象。内容的监管更多是借助于平台自身的审核监管机制。这种内容的不定性和管理的滞后性，也给行业的发展带来了很多在版权、政策等方面的隐形的风险。

作为新媒体领域中一个较为成熟的产品，网络电台的发展随着资本的介入和用户的争夺，在立足自身、巩固已有领域的优势外，逐步向个性化、互动化、社会化方向发展。网络电台在保留个性特征、巩固已有范围的同时，不断整合其他平台的模式，日渐向综合性平台的方向上发展。特别是基于用户数据分析，依据用户口味的个性化精准推荐，已经成为网络电台行业的一个通用形式和手段。

14.3　数字音频制作要点

数字音频制作在很长一段时间里都是一个技术岗位，但现在数字音频制作的岗位却是日渐呈现"群众化"。这一方面得力于硬件设备性能的不断提升和专业软件的智能化简易化；另一方面，也正是新媒体传播中对音频内容的使用量的增加，使得数字音频处理日渐成为新媒体从业者必修技能之一。

当然，数字音频的制作依然是一项专业性很强的工作，作为新媒体从业者一般是对已有的音频文件进行转码、剪辑等相对简单的处理工作，从而得到适用于新媒体平台使用的音频文件。下面，主要从新媒体所涉及的数字音频选题与创意、制作编辑过程中的软件使用和需要注意的问题进行讲解。

14.3.1　数字音频选题与创意

声音特别是音乐是一门听觉艺术。与人类视觉感官相比，听觉更容易引发情感上的共鸣。这是涉及诸多学术领域的一个综合表现。通常来说，我们可以通过好听和不好听来界定对声音的反应。这实际上，也就为我们在内容和形式两个层面提出了数字音频选题与创意的要求。

首先，在内容上，要在以正确的导向为前提下，明确受众的群体范围，预测受众可能对声音中所承载的信息内容的反应。

坚持正确的传播导向是媒体传播的底线。这不仅是传统媒体所坚守的规范，也是新媒体应该遵守的原则。在选题上以正确的传播导向为条件，进行内容的甄别和筛选，就是要选择积极向上、真实可信的内容，并以这些内容进行声音的采集、录制，以及原始素材的收集。通过信息的收集工作，预判哪些受众会对相应的信息感兴趣，并且估计这些内容可能产生的社会影响。另外，还要注意的是，音频内容的选题和创意，都应该在政策法规界定的范围之内，在遵循传播规律、遵守行业约定或社会习俗前提下而进行。

其次，以适合网络音频形式传播为条件进行内容的取舍。

明确选题内容是否适合网络传播、是否适合以音频形式传播，是音频制作能否成立的关键条件。应果断放弃不适合在网络上传播、不适合以声音形式传播的选题。符合条件的选题，还要考虑所选择的内容在传播过程中是主要内容还是辅助内容。

新媒体传播在内容上可借助的手段很多，除了音频外，还有文字、图片、视频、动画等。每种传播手段都有着其自身的优势和不足。为达到最佳的传播效果，可以通过对音频文件中的内容进行取舍保留适于声音形式的内容，综合利用其他信息展示手段用来展示不利于声音表现的信息内容。

最后，以"大、新、近、奇"为条件进行选题筛选。

内容选择上的"大"是个相对概念，有共性的问题才会产生共鸣，有共鸣的内容才有"大"的概念。"新"的条件则是要注重时效性，这一点在新媒体传播上尤为重要。"近"是指要对受众有贴近性。"奇"则是要选择有独特性和稀缺性的内容。

在确定选题后，对内容的创意要在突出意图的前提下，对细节设定、内容结构组织、表现手法运用等方面进行构画。

新媒体中的传播在信息表现的手段上是多元的，音频手段可以是信息传播的主要载体，也可以仅是辅助的手段，所以音频的制作应遵行适用的原则。在筛选选题和创意设计过程中，虽然是以"大、新、近、奇"为条件，但是也不能一味求"大"而去讲大道理、说大空话；不能只为求"新"，而忽略了内容的真实性；不能为奇而奇，不能制造噱头、哗众取宠。

14.3.2 数字音频的获取

数字音频与模拟音频在获取和播放方式上有很大不同。模拟音频的录制是将代表声音波形的电平信号转换到适当的媒介上，如磁带或唱片。播放时将记录在介质上的信号还原为波形。模拟的声音信号文件经过多次重复转录后，会使模拟信号衰弱，造成失真。

而数字音频是将电平信号转化成二进制数据后形成的文件，所以只要不改变使用的算法，不改变采样率、比特率等参数，那么无论复制多少次，复制产生的音频文件也会与原文件拥有相同的音质。

狭义上看，将声音（波）信号转换成电平信号，再将电平信号转换存储为二进制数据的文件的录制（采样）过程才算是数字音频获取的过程。但习惯上，人们把通过对已有音频文件的下载、复制、转录、剪辑等，直接使用数据的操作，也归结为音频数据获取的方式。

我们把采样和使用已有数字音频文件，视为两种常规的获取数字音频的方式。大多情况下我们会用"录制"或"下载"来概括这两种获取方式[1]。特别要强调的一点是，无论哪种情况，非原创的音频数据都可能存在版权使用的问题。这个问题一定要在音频使用、传播中加强注意。

数字音频的录制，就是要将模拟的声音波形数字化，通过约定的算法进行处理，这个过程包括采样和量化两个环节。目前，最常见的音频录制主要借助声卡和录制软件来完成，5.1 声道声卡示意图如图 14-4 所示。

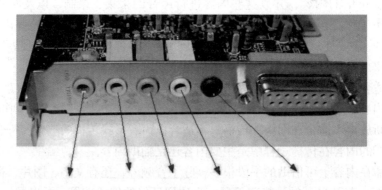

数码输出或中置/　　线路输入　麦克风　前置 L/R　　后置环绕 SL/SR
低音输出单　　　　图 14-4　5.1 声道声卡示意图

对声音信息的采集、数字音频文件的回放，都离不开声卡。声卡是多媒体技术中最基本的组成设备，是实现声波 / 数字信号相互转换的一种硬件。

---

[1] 下载本身也是一种经由网络协议传输的复制的形式，只要下载正确得到的文件与目标文件一致；剪辑一般是指使用部分音频数据，但剪辑是一种再加工过程，所以可能改变原比特率或采样率。

双声道声卡分三个插孔，一般绿色为线路输出（Line Out），接耳机或音箱；粉色（或红色）为麦克风输入（Mic In），接麦克风；蓝色为（Line In）线路输入，接外部输入音源。

5.1 声道声卡，一般绿色插孔（前置 L/R）接前置音箱；黑色插孔（后置环绕 SL/SR）接后置音箱；黄色（或橙色）插孔（低音输出接口）接中置音箱或数字输出；粉色（或红色）插孔（Mic In）接麦克风，蓝色插孔（Line In）接输入的音源。[①]

进行数字音频的录制，所需的硬件除了声卡，还有麦克风（话筒）或音源信号设备（如 MP3 播放机、CD 唱机、磁带录音机）等信号输入设备和耳机、音箱等信号播放设备。这些设备，都是通过与声卡的连接进行工作的。

硬件连接好后，为了使声卡能正常工作还要进行硬件设备的设置工作。下面我们以 Windows 10 操作系统为例简要介绍设置的相关环节。

首先，确定声卡设备被系统准确地识别到，并能正常工作。Windows 系统可以通过设备管理器（Microsoft Corporation）来查看声卡或其他硬件设备的安装情况，如图 14-5 所示。

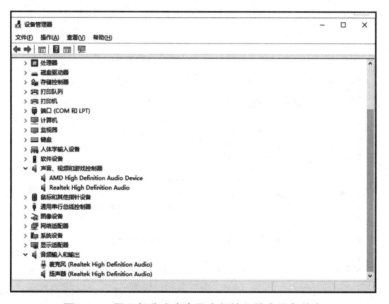

图 14-5　展开部分为声卡及音频输入输出设备信息

如果声卡驱动不正确，则系统会标识为未识别设备。出现这种情况，我们可以通过驱动程序的安装来解决。[②]

其次，通过"声音设置"来设置输入及输出的设备。通过右键点选系统托盘的声音图标，可以快速进行这些设备的管理，如图 14-6 所示。

在 Windows 10 中，已经方便地对播放与录制的设备进行了分列，通过单击选项卡列出对应设备的信息。一般可以通过右键的菜单进行信息的查看或设置，如图 14-7 所示。

图 14-6　通过系统托盘快速进行声音设备设置

---

① 插孔的颜色一般会以上述的颜色标识功用。但是，因为品牌、型号及以生产厂商的定义差异，其实颜色可能有所不同。
② 一般情况下，系统会自动识别声卡设备。但是，一些专业声卡可能需要人工指定或安装驱动程序。

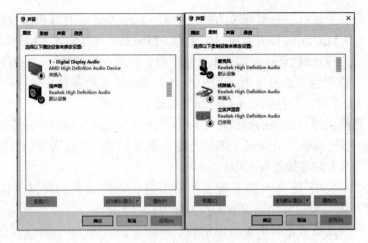

图 14-7　播放及录制选项卡示意图

录制选项卡下，在麦克风上右击后选择"配置你的语音识别体验"，可以通过系统设定的功能进行麦克风的设置，如图 14-8 所示。

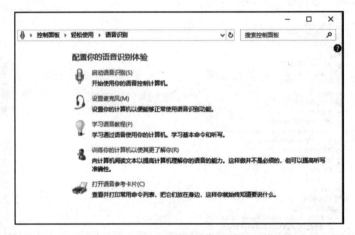

图 14-8　麦克风相关设置

最后，我们可以通过系统自带的"语音录音机"（Voice Recorder）功能或是第三方软件（如QQ）进行音频输出、输入设备的测试。完成设备的测试后，我们就可以通过这些设备来录制音频了。

这里我们通过 Windows 10 的"语音录音机"App，来完成一个音频的录制操作。在之后的章节会介绍使用专业工具进行录制的操作。"录音机"功能作为 Windows 系统中比较经典的功能软件，在前几代 Windows 操作系统中，一般会归属在"Windows 附件"中。但是，Windows 10 把这个功能归为扩展应用，我们可以通过"应用商店"获取这个 App。

打开"语音录音机"我们可以直接单击中间的"录音"按钮或通过 Crtl+R 快捷键来进行声音的录制。录制中，界面会模拟声波的形态跳动。蓝色线圈越大，表示输入和接收的声音音量越大。录制过程中，可以单击中间的按钮或通过空格键结束录制过程。录制完毕后，录制的文件在左侧列出，可以通过这个应用来播放得到的音频文件，以确定录制的质量是否达到要求。同时，在左侧文件列表所录制的音频文件上，通过右键菜单可以对这个文件进行管理。要注意的是：通过这个功能录制的文件格式为 M4A 格式。这个格式目前也是网络中比较流行的音频格式。如果与实际需要的格式不同，可以通过后续章节所介绍的工具进行音频格式转换。

关于音频文件的录制，特别强调要注意以下两个方面的问题：

（1）录制过程对于录制环境有一定的要求。嘈杂的环境对音频录制有很大的影响，所以录制音频对录制环境有一定的要求。尤其是歌曲类、语言类音频的录制，对录制环境的要求更为严苛。在对现场活动进行录制时，环境背景音干扰比较大，要尽可能靠近音源，减少周围噪声的干扰。

（2）录制过程中要注意与麦克风的距离与角度。一般情况下这个距离以 10~20 cm 为宜。实际工作中，这个距离受麦克风以及录制环境的影响，可以自行确定最佳距离。同时，要注意不要直对麦克风说话，最好呈 45° 角。通过与麦克风距离与角度的把控，不仅可以避免气流直接进入麦克风造成的"喷麦"情况，还可以通过与麦克风的距离的来调节音量的高低。

14.3.3　数字音频编辑软件的使用

专业的数字音频编辑软件有 Audition、AudioDirector、Nuendo 和 Cubase 等。这些专业级的数字音频编辑处理软件，都有着强大的功能和丰富的智能处理扩展。但是，在新媒体实践运用中，我们可能仅仅对音频文件进行简单的截取、转码等操作，使用上述软件就有显得过于庞大，缺少灵活性。所以，除了上述的软件之外，还有 GoldWave、格式工厂（Format Factory）、Total Audio Converter 等小巧实用的工具。本节在专业软件方面将着重介绍关于 Adobe 公司的 Audition 的使用，在实用软件方面，将介绍格式工厂的使用。

14.3.3.1　Audition 的使用

Adobe Audition（见图 14-9）是一个适于混合音频、录制播客或广播节目，以及恢复和修复音频录音的专业数字音频工作站。Audition 可提供先进的音频混合、编辑、控制和效果处理功能，支持近 40 种音频格式以及十余视频格式的导入使用。Audition 自带 50 多个音频效果，直接可以用于文件的编辑处理。[①]

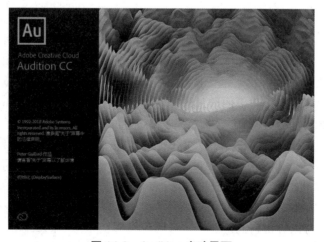

图 14-9　Audition 启动界面

---

① 具体支持格式的数字随版本的差异而不同，这里的依据是以 Audition CC 2018 年 4 月版（版本 11.1.0）公布数据为准。

Audition 提供波形视图和多轨视图两个编辑环境。波形视图用于创建或编辑单个音频文件；多轨视图用于组合时间轴上的录音并将其混合在一起。默认情况下这两种编辑环境的切换的按钮位于界面的左上角。

要简单直观地来理解的话，可以这么认为：波形视图像是一个人在朗读，而多轨视图则像是一教室的人同时朗读。多轨文件通过多个轨道实现多个人的声音录制；波形视图对应的是多轨视图的一个声音轨道而已。

波形视图是常规使用中最为简便直接的视图方式。通过单击"波形"按钮▦▦，可以快速创建一个音频文件。也可以通过文件工具箱中的"打开"/"导入"/"新建"按钮▦▦进行相应操作。这里我们选择导入一首有代表性的歌曲。

通过图 14-10 我们可以很清楚地看到这首歌曲在前奏部分，左右声道波形有所不同。我们可以通过编辑器底部的控制按钮▦▦▦▦进行音频文件播放、停止等操作，对音频文件进行预览。播放与暂停也可以通过空格键进行控制。我们可以通过滑动音频区域的标尺指针（时间选择工具）的方式快速拖动至选择的位置。

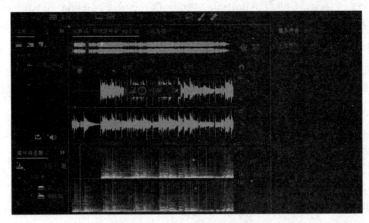

图 14-10　波形视图工作界面

在编辑器的波形文件图形区域内可以通过滚动鼠标中键（滚轮）的方式，对波形视图进行放大与缩小操作。放大与缩小其实是时间间隔内的采样描述信息。时间的单位是 HMS（毫秒）。

另外，可以通过对应声道波形区域尾部的 L 和 R 按钮实现对该声道开启或关闭操作。

对音频文件的数据选取可以通过按住鼠标左键，对要编辑内容进行选择。之后，通过鼠标右键的功能进行相应的操作。下面通过录制音频等操作简要介绍 Audition 的使用。

（1）使用 Audition 完成一次声音的录制并做简单的音频效果处理。在连接并设置好麦克风后，单击红色的"录制"按钮▦进行录制操作。单击录制按钮并开始讲话，可以看到语音在"编辑器"面板中显示为绿色波形。单击"停止"按钮▦，可以结束录制过程。单击"播放"按钮▶或按空格键，可以播放录音，进行内容预览。对声音编辑时，可以使用显示在波形上方的 HUD（平视显示器）▦▦快速更改音量。当然，也可以先进行范围选择，再对所选定区域的录音内容进行修改。

单击工具栏中的频谱显示按钮▦，可以开启并进行频谱编辑，如图 14-11 所示。在波形视图下，借助"频谱显示"选项，可以使用类似于绘图和图像编辑应用程序（如 Adobe Photoshop）中的工具和技巧，查看、选择、移除和编辑声音。

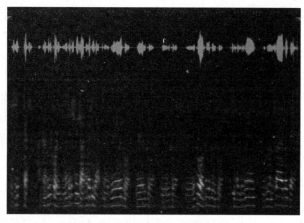

图 14-11　开启频谱编辑时的界面

　　单击选择工具栏中的选框工具▨▨▨▨▨▨▨▨（图示中第一个）将其激活。使用此工具可在频谱显示中选择音频片段，然后按空格键可以对所选择的时间内的选定频率进行预览。频谱编辑的其他的工具与 Photoshop 中的工具使用相似。

　　在音效处理上，Audition 附带了 50 多个音频效果，并且可以通过第三方获取更多的音频效果增效工具。单击"效果"菜单，从中选择"振幅与压限"子菜单，再对选中的"标准化"和"强制限幅"功能进行文件的音量范围的调整。

　　"标准化"功能会把这段录音或选择的区间的音量增幅，同时又不会使音量超过电平标准而造成失真。"强制限幅"功能是将信号幅度限制在一定范围内，将高于指定阈值的音频减弱。经过这样的效果应用就可以提高整体音量，同时避免声音的扭曲失真。经过效果调整后录制的声音饱满，音差减小，让录制的声音听起来更加平滑圆润。

　　通常针对录制的语言类音频文件，一般只需要进行"标准化"和"强制限幅"处理就可以达到播出的品质。[①]

　　在编辑处理过程中，可以通过"历史记录"面板对已采取的编辑步骤选择，来撤销和重做以前的操作，如图 14-12 所示。

　　编辑完毕之后，通过"文件"菜单中的"保存"或"另存为"功能，将这段音频设置为指定的格式并保存到指定的位置，如图 14-13 所示。

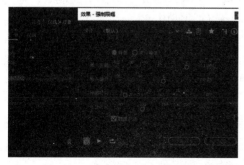

图 14-12　历史记录面板及强制限幅窗口示意图

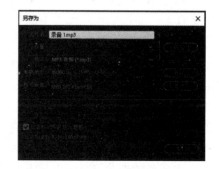

图 14-13　文件保存窗口示意图

① 这个主要是针对有较好的录制环境和条件的情况，音频文件中的周围环境噪声或背景音是音频处理的难点，所以降噪的操作对专业技能要求更高。一般降噪操作在要增益或限幅之后进行。

这样就完成了使用 Audition 来进行声音录制并对录制的音频文件进行必要编辑处理的操作。

（2）对多轨视图的简要介绍。多轨视图是用于在时间轴上放置多个音频剪辑，以将它们混合到一个新文件的编辑环境。例如，可以将画外音、访谈和背景音乐组合起来制作一个播客，也可以向视频添加配乐、声音效果和旁白。

通过单击工具栏中的多轨按钮，切换到多轨视图（见图 14-14），然后单击"确定"接受默认设置。可以从"文件"面板中，将音频和音频剪辑拖动到"编辑器"面板中的时间轴。要将已经保存的音频文件添加到"文件"面板，可以使用"文件"菜单中的"打开并导入"命令，也可以从操作系统的文件浏览器中，拖曳文件进入编辑器。通过对不同轨道的文件设置，使用常用编辑工具在时间轴上切割、移动、组合和滑动剪辑，实现声音的特定效果。

编辑过程中通过"编辑器"和"混音器"选卡按钮进行工作视图的切换，如图 14-15 所示。单击"混音器"选卡切换到混音器面板后，可以像专业人士一样工作和调整电平、均衡（EQ）和效果。单击"编辑器"选卡，又可以重新切换到时间轴视图。

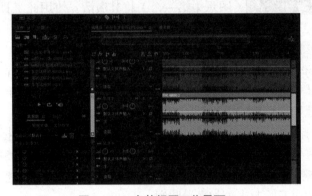

图 14-14　多轨视图工作界面　　　　图 14-15　多轨视图工作界面混音器示意图

Audition 的多轨视图，其实就是利用声音的时间线性特点和空间感特点，对不同的声音加以综合利用从而拼成一个新的音频文件。比如现在通用的歌曲录制处理工作，就是把已经录制的不同的乐器录音和人声录音，加载到不同的分轨道中，通过对声音的先后次序、音量大小、空间位置进行编辑，再融合在一起混音输出以达到最佳的声音效果。所以，可以简单地理解为多轨视图完成的是混音工作。

（3）使用 Audition 制作一个卡拉 OK 伴奏音乐。在 Audition 使用介绍的最后，通过一个卡拉 OK 伴奏音乐的制作，再来全面了解一下这个软件的使用。

这里要预先了解一些基础信息：人声也是在一定频段范围之内的。一般的女歌手是 200 Hz~12 kHz，男歌手为 80 Hz~10 kHz。主要的响度集中在 1 kHz~3 kHz。当然这个数值并不固定，有些男歌手也可以唱得很高，同样有些女歌手也能唱得很低。另外，就算同一个歌手在不同的歌里有不同表现。

而伴奏带就是要把人声从音频文件中消除。所以，做伴奏带其实就是要确认所选歌曲中歌手的人声频段并进行消除。这个本来是很专业的技术，但是在 Audition 中，已经把相应的功能整合成音频效果功能，所以只需要简单操作就能实现卡拉 OK 的制作。

第一步，打开 Audition，通过"文件"菜单中的"打开"或"导入"选项，将准备好的歌曲加载到编辑器中，如图 14-16 所示。

　　第二步，单击"效果"菜单，选择"立体声声像"子菜单，再选择"中置声道提取器"选项，如图 14-17 所示。在弹出窗口的"预设"选项中选择"人声移除"。这时，通过空格可控制声音的播放与暂停，配合 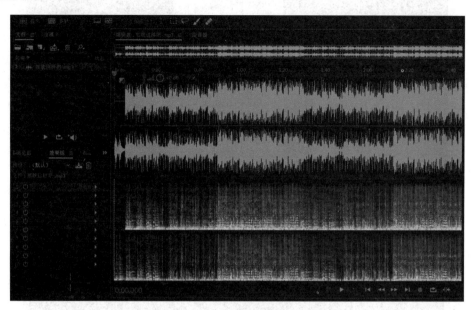 的使用来切换所选择效果的对比。如果效果满意，单击"应用"按钮让这个效果生效。

图 14-16　导入歌曲后的工作界面

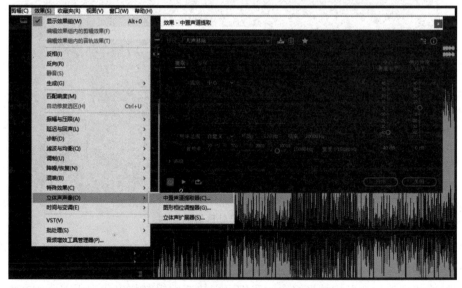

图 14-17　选择使用 Audition 的预设效果

　　当然，这只是 Audition 提供的效果预设方案之一。Audition 还在效果组中提供了"卡拉OK 机（仅立体声）"的效果组功能，如图 14-18 所示。通过这些效果的应用，我们可以快速地消除人声，实现伴奏带音乐的处理。播放过程中也可以通过配合 的使用来切换所选择效果的对比。如果效果满意，单击"应用"按钮让这个效果生效。

第三步，通过"文件"菜单中的"另存"或"导出"功能，对编辑过的文件进行保存，如图 14-19 所示。

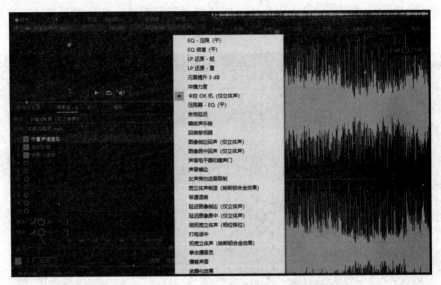

图 14-18　使用 Audition 的预设效果进行人声去除

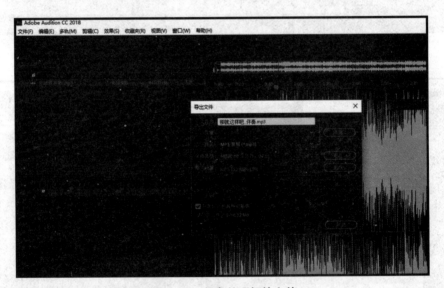

图 14-19　保存处理好的文件

这样一首卡拉 OK 的伴奏带音乐就完成了。当然，作为一款专业的音频处理软件，Audition 自带了 50 多种效果，同时，还可以通过插件扩展的方式获取更多效果来加速工作的进行。通过这些高效的效果或效果组合，我们可以快速编辑制作出我们所需要的文件。

14.3.3.2　格式工厂的使用介绍

格式工厂作为一款功能强大的软件，不仅可以免费使用，还可以跟随官方版本一同升级。另外，这款软件在支持常见格式的音视频文件编辑的同时，还支持图片及文档的处理。这款软件针对非专业用户，在操作功能及界面设计上简单明了，所以容易上手使用，如图 14-20 所示。

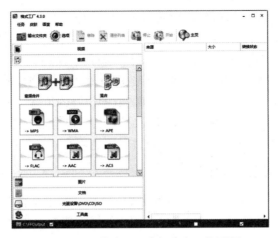

图 14-20　格式工厂音频选卡工作界面

　　这里主要介绍格式工厂音频选卡部分的功能使用，其他更多功能可以自行了解学习。

　　在软件的音频选卡顶部是音频合并和混合功能。音频合并是把多个音频文件以串联方式拼接成一个文件，声音会按次序播放。混合是把多个文件开始时间对齐的并联方式合并成一个文件，原来的音频文件会一同播放，这类似于通过 Audition 多轨视图导出文件的操作。

　　除音频合并和混合之外，格式工厂还有各种音频的格式转换功能。单击对应的格式，导入文件后，如果没有特别的需求，使用默认方案就可以完成格式的转换工作。如果有编码可是特殊的需求，就通过"输出设置"进行相应的编码及采样率、比特率调整。通过剪辑功能可以对音频进行区间设定，从而实现指定内容的选择。下面我们通过一首手机铃声的制作，来学习一下格式工厂的使用。

　　第一步，我们选择手机铃声的格式为 M4R（iOS 手机支持格式），单击对应的功能按钮，在弹出的窗口中，添加已经准备好的音频文件。

　　第二步，通过"输出设置"，对即将保存的手机铃声加以限定。

　　第三步，我们通过"剪辑"功能对音频文件进行内容选择。手机铃声要有明确的提示作用，所以要剪辑选取适合的部分。这个操作过程可以通过播放键进行选取内容的预览，如图 14-21 所示。

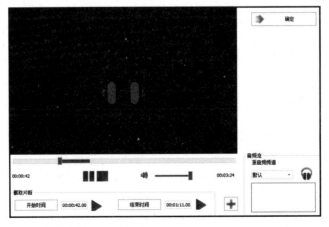

图 14-21　使用格式工厂进行音频剪辑工作界面

最后，单击"开始"按钮进行格式转换和剪辑的操作。

在系统提示完成后，通过"输出文件夹"按钮，可以快速访问到剪辑文件的保存位置。这样，一个手机铃声就制作完成了。同样，也可以选择其他格式，为不同手机进行铃声制作。

作为一个免费工具，格式工厂不可能像专业的软件那样有强大的功能。比如，手机铃声剪辑的工作，在波形视图下，可以快速选择要截取的声音的位置。但是，这款软件在格式转换中的输出设置为用户提供了几种常规的预设，这很大程度上简化了工作。同时，这款软件还可以处理视频、图片等格式转换，对于新媒体从业者而言确实是一款简单实用的工具。

14.3.4 数字音频的播放设置技巧

数字音频的播放设置，也是一项专业性较强的工作。特别是在新媒体传播过程中的音频文件设置，要充分考虑应用场合、网络条件、用户习惯、播放设备等各方面的因素。

新媒体音频的播放，要考虑各种场合的需求，一般有条件的内容生产者都会提供多种码率的音频文件，以满足不同场景不同用户的需求。

在播放设置上，原生的 App 可以经过自身整合的解码功能，让音频文件的播放达到一个比较理想的效果。这主要是依靠 App 开发人员在开发环节的设置。

在新媒体传播中，更多是基于 Web 的场景对于音频的设置工作。这个设置会通过 HTML5 标准中的 <audio> 标签进行设定 [①]。在 HTML5 标准制定以前，网页中使用并设置音频文件的播放是相对复杂的一件事情。通常要通过第三方的插件（如 FLASH 插件）来实现。

HTML5 标准中新增加的 < audio> 标签，是在网页中使用音频的标准方法，<audio> 标签能够播放声音文件或是播放音频流。目前新媒体传播渠道中流行的微信、微博现在都支持通过 HTML5 的标签设置音频文件。

作为新媒体从业者，了解并使用 HTML5 常用的标签是必要的技能之一。这里主要介绍通过 <audio> 标签的使用，在微信公众号推文以及常见的第三方扩展插件中实现音频文件或音频流使用的目的。

W3School 中关于 HTML 5 音频标签 <audio> 相关介绍

14.3.4.1 <audio> 标签的使用

在 HTML 文件中使用通过 <audio> 标签可以对指定的音频文件或音频流，通过浏览器进行播放。<audio> 也可以与 </audio> 结对使用，如图 14-22 所示。

```
<audio src="someaudio.mp3" controls="controls">
    您的浏览器不支持 audio 标签。
</audio>
```

图 14-22　网页源文件中音频标签 <audio> 的使用方式一

或按图 14-23 所示使用：

```
<audio controls="controls" autoplay="autoplay">
    <source src="someaudio.ogg" type="audio/ogg" />
    <source src="someaudio.mp3" type="audio/mpeg" />
    您的浏览器不支持 audio 标签。
</audio>
```

图 14-23　网页源文件中音频标签 <audio> 的使用方式二

---

① HTML5 是 2014 年 10 月万维网联盟制定的超文本标记语言（HTML）的新的标准规范。HTML 使用"<"和">"界定的 HTML 标签（标记）来描述页面，供浏览器解释。

也可以单独使用，如图 14-24 所示：

<audio src="someaudio.mp3" controls="controls" />

图 14-24　网页源文件中音频标签 <audio> 的使用方式三

<audio> 标签的属性如图 14-25 所示。

属性		值	描述
autoplay	5	autoplay	如果出现该属性，则音频在就绪后马上播放。
controls	5	controls	如果出现该属性，则向用户显示控件，比如播放按钮。
loop	5	loop	如果出现该属性，则每当音频结束时重新开始播放。
preload	5	preload	如果出现该属性，则音频在页面加载时进行加载，并预备播放。
			如果使用 "autoplay"，则忽略该属性。
src	5	*url*	要播放的音频的 URL。

图 14-25　音频标签 <audio> 的相关属性

工作中因为可视化编辑工具的使用，对于标签及标签属性的使用，可能不会以源码的形式直接操作。但是，掌握这些知识能够帮助我们在工作中快速完成调整或优化。

比如，在微信推文中就可以直接通过文件选择进行音频的使用设置。但是，一些细节的调整，使用 HTML 编辑模式进行设置会更加方便。

要为微信公众号添加音频文件，首先可以通过微信的公众平台提供的编辑界面进行操作。

（1）运营者可以在编辑图文消息时，在正文中插入音乐，如图 14-26 所示。

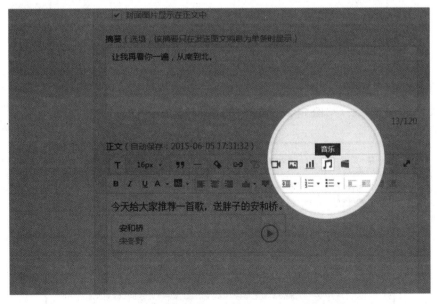

图 14-26　微信图文消息（推文）中使用音频文件

（2）选取音乐时，支持根据歌名、作者进行搜索，并且可以试听音乐。

（3）用户可以在图文消息内收听音乐。

14.3.4.2　135 编辑器

虽然，微信官方提供了可视化编辑工具，但是很多微信运营编辑，会选择使用第三方的可视化编辑器进行微信图文消息的编辑工作。下面介绍如何通过 135 编辑器设置音频文件。

（1）单击编辑器中的"音乐"按钮，向正文中插入音乐，如图 14-27 所示。

（2）选取音乐时，支持根据歌名、作者进行搜索，并且可以试听音乐。

（3）复制源文件到微信公众平台或同步文章到微信公众平台。

需要注意的是，以上的方法都是通过使用 QQ 音乐的在线音频文件来实现音频的引用。如果需要使用自己制作的音频文件，则要进行素材的上传。微信提供给用户上传临时素材和永久素材两种方式来管理用户的音频文件。

通过"素材管理"进入素材管理中的语音网页，在设置参数后就可以单击"上传"按钮，将已经准备好的音频文件进行上传提交，如图 14-28 所示。

图 14-27　使用 135 编辑器添加音频文件

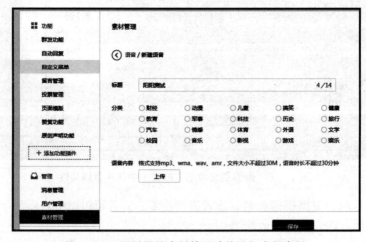

图 14-28　通过微信素材管理功能添加音频素材

上传之前要注意音频的格式和大小，语音时长不得超过 30 分钟。大小不得超过 2 MB。

上传完成后再次进入图文编辑界面就可以通过点击"音频"来使用已经上传过音频文件。这些由用户上传的音频文件，也可以通过素材引用的方式进行使用，如图 14-29 所示。

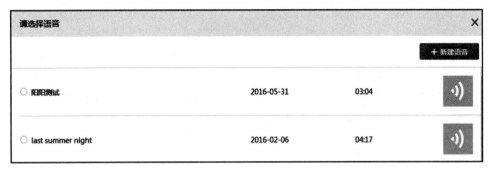

图 14-29　通过微信素材管理功能管理音频素材

14.4　新媒体音频的发展现状与前景

自 2012 年起，新媒体的发展呈现井喷趋势，特别是内容付费模式的开启，更是开创了一波又一波的创业风口。其中音频相关的热点事件及创业新闻也不断出现。

从发展的眼光来看，现有主流音频产品平台，在差异化市场布局的同时，已经在进行内容资源、用户资源的整合。以希望通过为用户提供更多有贴近性、有价值的内容资源来实现产品和市场的发展空间。

14.4.1　新媒体音频的现状

14.4.1.1　新媒体音频应用场景多样化

打开喜马拉雅 FM、荔枝 FM、蜻蜓 FM、企鹅 FM 等移动音频产品，不难发现音频内容都大致涵盖了读书、音乐、相声、娱乐等内容，为了适应听众的碎片化收听习惯，音频内容都相应地按照兴趣、场景来划分。

从技术层面上看，存储技术、大数据技术的使用，让用户可以全面以自己的喜好来进行内容的取舍编排。音频的内容使用和应用场景只会越来越个性化、多样化。

从内容构成和内容生产上看，为了迎合用户的个性化需求，音频内容生产者必然会制作出更多符合用户口味、迎合用户喜好的音频内容产品。

新媒体音频的应用场景多样化发展、音频内容节目的多样化发展，反过来也会带动音频相关产业和相关技术的发展和创新。

目前主流音频应用展示如图 14-30 所示。

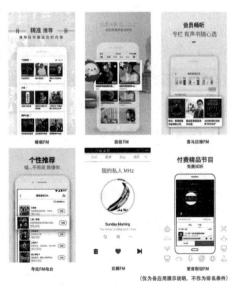

图 14-30　目前主流音频应用展示 2

14.4.1.2 UGC（用户生产内容）+PGC（专业生产内容）模式传播

随着网络技术的发展和智能设备的普及，新媒体音频平台不可能再是特定内容提供者的信息垄断的平台。新媒体平台中的用户，自觉不自觉地都会是内容的提供者、生产者。用户生产内容的模式，也已经成为新媒体平台和相关专业音频平台发展的重要模式。而专业生产者的内容生产，则是优质内容的来源。用户生产内容模式和专业生产内容模式，两者必然要共生共存于新媒体的发展之中。未来，随着专业技能的普及，很可能会出现合二为一的现象。

一方面，通过 PGC 精英群体打造精品内容，提升品牌竞争力；另一方面调动大众参与的积极性，生产更为丰富的音频素材。本章中列举的喜马拉雅 FM 以及其他音频 App 节目内容都以 PGC 为主，主要来源于专业电台和主播、明星作品以及电视节目音频等。同时，音频平台也充分利用平台优势，通过一系列的"中小主播扶持计划"活动，增加对新晋主播、中小主播的扶持，把平台资源与主播资源绑定到一起。

当然，普通用户生产的内容，虽然往往会有良莠不齐的现象，但是通过听众用户的选择和市场的淘汰，适应行业发展的普通用户生产者，必然会成为内容的精英生产者。

14.4.1.3 新媒体音频平台差异化竞争

虽然各大新媒体音频平台内容同质化现象比较明显，但其在产品定位和核心竞争力定位上，不同平台却呈现出各自特色。前面已经讨论过三种类型的平台的特点，虽然每个平台都是以更多内容的集合为卖点。但是，版权、内容生产者、用户细分等多种因素的影响下，新媒体音频平台，必然要走向差异化发展的道路。不同的新媒体音频平台，都要找到自己的优势领域加以巩固，通过自身的优势拉开与同行业竞争者的发展距离。

以手机音频应用中，用户日均使用时长最多的喜马拉雅 FM、蜻蜓 FM、荔枝 FM 三款产品为例，分析三个平台在行业竞争与市场分割中的差异化发展效果，我们能看出，同质化的产品通过差异化发展，形成自身的特色，可以巩固自身优势领域的领先地位。

喜马拉雅 FM 是强化社交的内容平台，其内容多而全，受众面广；蜻蜓 FM 的产品定位在于"聚合传统广播电台"，与全国大量电台和自媒体人有合作关系，专业生产的内容质量也相对较高；荔枝 FM 的产品定位是"为主播服务的 UGC 电台"，强调"人人都是主播"这个理念，直播门槛很低，在 UGC 的道路上走得比较彻底。

14.4.2 新媒体音频的发展趋势

14.4.2.1 语音类智能终端的普及

在与可视化媒体的日益竞争中，可以预见的是，新媒体音频必须不断开发除手机之外更多的智能终端才是应兴应革之策。这种以声音为入口、以内容为主体的产品，必然是包括了内容（版权）、语音技术（识别、合成）、互联网（包括移动互联网）、物联网的智能化产品。伴随智能终端产品的增加，以及网络传输及信息安全技术的发展，语音类智能终端产品将会在日常生活中得到普及。

目前，除了各互联网巨头公司纷纷推出人工智能音箱之外，一些新媒体音频平台也加大了对车载智能音频设备的开发力度。比如，多听 FM 在 2015 年就推出了"车听宝"，力争通过车载智能硬件，将音频流媒体平台的海量优质内容，发挥最大化收听价值、全方位将音频延展到车主的车载生活场景中。

而以语音为入口的车载设备经过飞速发展，已经不再局限于音频内容的提供，逐渐转为以语音为基础入口的一个智能交互管理平台，除整合微信、微博、地图导航等软件资源外，也开始集成对于车载空调、行车记录仪等设备的管理功能，甚至借助物联网技术还可以远程管理家庭或办公室的相关智能设备。

比如，喜马拉雅已和比亚迪、宝马等汽车品牌合作，实现了车载收听和智能管理。喜马拉雅联合创始人余建军，在 2018 喜马拉雅春声音频 IP 发布会上表示，要做一个 INSIDE 计划，不管是冰箱、家里的油烟机、电热毯、按摩椅，还是其他稀奇古怪的设备，都可以通过喜马拉雅 INSIDE 连接到内容服务里面。由此看出，包括智能家居在内的更多智能终端都是新媒体音频开发的领域。

14.4.2.2 音频可视化融媒体传播

在融媒体时代，音频尤其是传统广播音频不可能孤军奋战，要利用其他新媒体形式进行多维度全方位的全媒体复合传播。

北京电台青年广播调频 FM98.2 已实现了可视化直播，在直播间内，可实现 7 个镜头的多视角拍摄，高清 LED 屏幕对视频、图片、直播画面的轻松切换，现场的 Live 秀表演区域等，让人们看到音频与视频可能实现的融合。又如河南广播电台 2017 年《为了美好生活》系列报道，均采用 "VR 全景报道 + 音视频直播 + 无人机综合直播" 的形式，打破了以往单一音频直播的样式，多角度给听众带来耳目一新的视听感。

除直播间的视频直播之外，音频节目还通过更多融媒体产品进行传播。比如，浙江广电推出的喜欢听 App，在广播节目直播过程中提供视频信号的同时，还增加了弹幕、打赏等交互性强的形式，来增加用户的黏性。

这些新尝试都为广播音频和新媒体音频的发展，提供了可视化传播的新范例。但是，在新媒体时代，可视化的呈现手段除了视频之外，还包括了图片、动画、文字，这些手段的综合运用，会让声音里的信息更立体、更直观。

14.4.2.3 盈利模式日趋成熟

新媒体时代，不管是音频媒体还是视频媒体，广告盈利已经进入内容化模式，用户越来越不相信广告，而是相信内容，因此好内容本身才是获得利润的根本。

一方面，新媒体音频平台要不断打造有核心竞争力的精品内容，实现付费营销模式；另一方面，从音频平台可以像 "一条视频" "二更视频" 等短视频媒体一样，从产品主题和卖点入手，打造以内容为主的优质产品，吸引听众，实现盈利。

以喜马拉雅 FM 为例，喜马拉雅 FM 本身就是要把 "内容就应该是付费的" 观念，固化到用户的心中。"内容付费" "知识付费" 的商业模式，已经成了这个平台上一个吸引人的亮点。它已连续两年，在 12 月 3 日举办 "123 知识狂欢节"。据官方公布的数字，2016 年首届知识狂欢节当天，消费总额为 5 088 万元，而 2017 年的第二届知识狂欢节，内容消费总额已高达 1.96 亿元，超首届近 4 倍。在付费用户中，30 岁以下的年轻用户，已经成为 "内容付费" 的主力军，共贡献了约六成的销售额。随着越来越多的年轻人愿意为知识埋单，内容消费正成为年轻人群的消费新宠。

总之，新媒体音频，只有迎合时代和用户使用习惯的变化，才能在未来取得更为辉煌的成就。不过，在新媒体音频持续增长的态势中，我们也观察到一些问题。比如：伴随更多内容的增加，单个产品的访问量下滑；音频产品数量巨大，但原创和优质内容稀缺；个体从业者的发展日益受到制约；等等。这些都给新媒体人提供了巨大的改进空间。

问题拓探

1. 如何更有效地利用 Audition 或其他软件录制一段配乐诗朗诵？

2. H5 海报中除背景音乐外，还有哪些方面、哪些内容可以利用音频来进行展示？

3. 网络电台产品与视频（直播、点播）在运营中的区别有哪些？

实践任务

1. 制作一个不少于五分钟的音频片断，要求：

（1）所涉及角色不少于三个（可以由一人分饰）；

（2）要有相应的对白；

（3）要有适合的背景音乐或音效。

2. 制作一期关于音乐鉴赏的微信推文，要求：

（1）音乐类型不限，对比鉴赏的曲目不少于三首；

（2）每段音乐不超过一分钟，剪辑片断使用准确；

（3）考虑不同音乐对音质的需求；

（4）图文结合。

第 15 章　动画：人性的生动表达

章首点睛

　　我们生存的这个宇宙，从它爆炸的那个奇点开始，时间和空间踏上了漫漫的 138 亿年的路程。由静而动和由动而静，是这一路永远上演且万世不止的两个故事。然而遗憾的是，依照施拉姆所说的人类文明史"一天"之喻，最后 7 分钟才诞生的文字，面对千变万化的动态世界，只能向人们传达凝固不变的面孔。只有到了动画的出现，人们才看到了世界活灵活现、生机勃勃的一面。就像茅盾《风景谈》中的那片安谧寂静的沙漠，由于出现了迤逦而动的驼队，大自然的最单调的一面，加上了人的活动，就完全改观！所以，动是世界勃发活力的故事，是人间真谛的演绎！而这动，如人的生老病死、国家的兴亡迭代、自然的沧桑巨变，无不在人的心灵上，激荡起或亢奋或深沉或悲壮或悽婉的情感！动画正是从这些情感中，生发出巨大的张力，变形夸张、渲染强调，从而表达那些理想的、极致的人性！而新媒体则是动画扶摇直上的翅膀！

　　动画，作为新媒体的一种重要的表现形式，与传统媒体动画相比，它的特殊之处，不仅体现在动画载体、制作和表现方式上，也体现在传播渠道的变化上。其中互联网和数字化技术为它做出重要的铺垫和渲染，使它具有了浓重的时代色彩。

　　因此，本章将打破"动画"的传统"刻板印象"，创新思维，以全新的视角和理念来解读"新媒体动画"，带大家循着动画的发展历程，厘清"新媒体动画"的概念，探讨新媒体动画的特征、分类和未来的发展趋势，了解动画制作的技巧，从而随着时代的节拍而动，游刃有余地画出精彩灵动的未来。

15.1　从原子到比特：新媒体动画概述

15.1.1　新媒体动画的定义

　　想要准确把握新媒体动画的定义，就必须了解动画的含义，而学界对动画有不同的解释：

　　动画在传统的意义上，可称为动画片。《中国电影大辞典》对"动画片"的解释是："用图画表现电影艺术形象的一种美术影片，曾沿称'卡通片'。摄制时采用逐格摄影的方法，将人工绘制的许多张有连贯性动作的画面，一次拍摄下来，连续放映时，在银幕上产生活动的影像。这种影片可以展示形体的任意变化，动物、景物、器物的拟人活动，充分发挥了真人实物所难以表达的想象、夸张和幻想。"[①] 这个解释也适用于电视动画，并且对动画制作方式的解释，也偏向于传统动画。

---

① 张骏祥，程季华. 中国电影大辞典 [M]. 上海：上海辞书出版社，1995.

《电影艺术词典》的解释是："动画片是电影四大片种之一，是动画片、剪纸片、木偶片、折纸片等类影片的总称。它以绘画或其他造型艺术形式，作为人物造型和环境空间造型的主要表现手段，不追求故事片的逼真性特点，而是运用夸张、神似、变形的手法，借助幻想、想象和象征，反映人们的生活、理想和愿望。"[①]这个定义从动画电影的角度出发，阐述了动画电影的表现形式。

上述几个定义，虽然表述不尽相同，但我们能够发现其中关于"动画"定义的共性：第一，"动画"的"画"是图画，是美术造型，更多是人手工绘制或塑造的；第二，"动画"制作的基本原理是逐格拍摄；第三，动画，作为一种信息形式，它的载体是纸张、电影胶片等传统媒体。

然而，新媒体动画（New Media Animation），是指以数字技术为制作手段，以新媒体为信息载体，以数字动画为表现形式，通过互联网、物联网等渠道，在移动终端平台、社交平台、数字电视或数字影院等渠道传播的动画形态。这是现阶段广泛运用的概念，也是本章讨论的主要内容。

15.1.2 新媒体动画和传统动画的区别

新媒体动画和传统动画最大的区别在于比特化。传统动画到新媒体动画的发展过程，是从原子到比特的飞跃，即从传统的"原子"——物质渠道，逐步向"比特"——信息渠道转变，所有的内容都将被信息化、数字化，这种变化不可逆转。

虽然新媒体动画依然保有传统动画的"人造画面"的特点，但数字技术使新媒体动画的画面效果得以提升，如 CG 技术的有效运用，使得动画画面更为细腻真实，模型塑造更为高效。动画电影《疯狂动物城》（见图 15-1）荣获第 89 届奥斯卡"最佳动画长片"奖，除了其精彩的故事内核，该片对 CG 技术的纯熟运用也为作品增色不少。

新媒体动画是传统动画在技术环境变迁中的产物，在形式上对传统动画多有借鉴。传统动画又叫

图 15-1 《疯狂动物城》中宏大又精致的场景

手绘动画、经典动画，包括全动作动画（Full Animation）、有限动画（Limited Animation）、转描机技术（Rotoscoping）等。在 20 世纪，由于没有使用数字化技术，手绘动画是最为流行的动画形式。虽然当下手绘动画受到新媒体动画的强烈冲击，以致动画大师宫崎骏也对手绘动画的未来表示悲观。但众多传统动画在新媒体的环境下又延续了生命：无数传统电视荧屏上的经典手绘动画，经过数字化转换之后在视频网站重新上架播放，更有甚者根据经典卡通人物、经典故事重新整合翻拍，让无数观众重拾童年回忆。

新媒体动画，包括但不等同于计算机动画（Computer Animation）。计算机动画可分为二维动画和三维动画。二维动画也称为 2D 动画，指借助计算机 2D 位图或者是矢量图形模拟手绘图形的动画形式，制作过程与传统动画相似；三维动画又称 3D 动画、CG（Computer Graphics）动画，主要依靠计算机进行视觉设计和模型建设来制作动画。其他计算机技术包括渲染、动作捕捉、模拟自然动力等，都从技术层面增强了动画的视听觉感染力、冲击力。

---

① 许南明. 电影艺术词典 [M]. 北京：中国电影出版社，1986.

从传播渠道来看，并非所有的数字动画的传播都依靠新兴媒介（如电影、电视等传统媒体也可以播出数字动画）因此计算机动画的概念不能完全涵盖新媒体动画。

有一种观点认为，计算机特效也应属于新媒体动画范畴。但笔者并不认同这种观点。随着技术的发展，特效技术也在不断更新迭代，一些新的概念不断被纳入特效领域，比如计算机动画、数字立体技术等。2016 年荣获奥斯卡最佳特效奖的影片是由亚历克斯·加兰执导的《机械姬》，这部电影的特效主要体现在女主角艾娃的造型上。在电影拍摄过程中，并未采用动作捕捉技术，而是全程由演员真实演出，后期采用 CG 替换躯体部分（见图 15-2）。虽然从技术层面，这部电影采用了动画特技，但显然不是动画影片。因为特效是为了实现剧情需要而采用的辅助性手段，而"动画"则是作为主体的艺术表现形式。

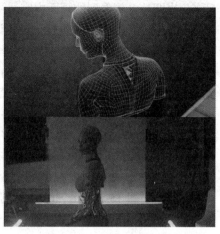

图 15-2 电影《机械姬》截图

15.1.3 新媒体动画的特征

新媒体给动画带来的转变是深刻的、全方位的。由于制作技术、传播渠道、盈利方式等方面的转变，新媒体动画在动画内容、叙事结构、媒体特征及创作模式等方面都有其独特之处。

1. 叙事的片段化

由于人们选择接触媒介的习惯，已由电视媒介转变为计算机终端及智能移动终端，新媒体动画的主流传播渠道也因此改变。新媒体越来越小的屏幕改变了人们的观影习惯。小屏幕的观影体验与大屏幕相比有所下降，且在互联网信息快速更新的大环境下，人们对于信息的需求量和多样性增加，往往很难有时间或精力欣赏较长的动画影片。因此，目前的新媒体动画大多以动画短片的形式呈现，剧情简单跳跃，画面切换灵活，叙事模式多为非线性叙事，叙事片段化、碎片化。

以 Justin Roiland 和 Dan Harmon 为卡通网络深夜节目创作的成人科幻喜剧动画《瑞克和莫蒂（Rick And Morty）》（见图 15-3），剧情设计和制作手法相当出色。这部动画主要角色是瑞克（外公，其余人物关系以瑞克为中心）、莫蒂（外孙）、夏末（外孙女）、贝丝（女儿）和杰瑞（女婿）五人，每集时长约 20 分钟。每集故事基本以双线剧情展开，两条故事线跳跃式切换，剧情内容丰富，多片段穿插，情节紧凑，令人应接不暇，代入感极强。这部新媒体动画剧集在各大视频平台广受好评。

图 15-3 《瑞克和莫蒂》动画截图

2. 传受的互动性

新媒体动画具有强互动性的特点。电视动画、传统影院动画由于传播渠道的特性的限制，往往都是单向传递信息，受众被动接受。而新媒体动画则在观影体验上，让观众拥有更多主动选择的权利，从而增加观众参与剧情的快感，丰富了观众感官的各种体验。

观众可以在新媒体视频播放平台，自由选择希望看到的动画并参与其中，这与传统媒体无法选择内容，也不能控制播放的糟糕体验是不能比拟的。在动画观看过程中，观众常会拖动"进度条"来调整希望看到的画面内容，并且可以使用视频播放器的插件来调整画面比例、清晰度等。根据不同受众的观影习惯进行个性化设置观影体验，这也是提升用户黏度的一种方式。

现在流行的"弹幕"功能，也是新媒体动画互动性的体现。弹幕视频系统，源自日本弹幕视频分享网站（niconico 动画），由国内 AcFun 视频平台首先引进，后来席卷 bilibili、优酷、爱奇艺、腾讯视频、搜狐视频等国内各大新媒体视频平台。"弹幕"是视频播放器的特色功能，由于用户在观看视频的同时，可以在屏幕上"吐槽"自己的观点，与其他人分享感受，及时了解大家对动画的想法，感觉自己"不是一个人在战斗"，交流感与观影感并存，大大提升了观影体验，也增加了用户互动的趣味性。对于动画出品方与创作方，弹幕也是观众对动画反馈的一种形式，能够及时根据播出效果调整内容。虽然"弹幕"过多，有可能遮挡画面影响观看效果，如图 15-4 所示，但通过"弹幕"设置功能，可自行调节弹幕的出现位置、出现频率、颜色效果或者干脆关闭弹幕，如图 15-5 所示。

图 15-4　过多弹幕遮挡画面

图 15-5　bilibili 手机客户端弹幕设置功能

随着技术的不断发展，虚拟现实（VR）、全息影像、视频动作捕捉等技术，都在新媒体动画中有所体现，用户的直接参与更为明显，体验空间更为广阔。如中国原创虚拟现实动画短片《Micro Giants》，以精妙的细节设计，刻画出微观生态圈中动植物生动的故事。片中一些细节场景，无法在现实生活中看到，但动画作品却能栩栩如生地展现在观众面前。受到众多年轻家庭喜爱的 X-BOX360 体感游戏机，是利用视频动作捕捉技术，通过摄像头数据分析，在屏幕上以动画形式，模拟出玩家身体动作或手势动作，实现直接的人机互动效果，还可以同时进行多人操作，让用户不出家门就能体验到滑雪、打网球等户外运动。

VR 动画短片
《Micro Giants》

3. 制作模板化

云端技术、HTML5 技术、无限数据库等新兴技术的崛起，为新媒体动画提供了新的发展方向：动画创作的模板化。"动画"不再专属于动画制作公司；作为普通用户，没有编程技术，没有美术功底，不会运用专业动画制作软件，在 PC 端或者移动终端下载专门的 App，也可以制作出简单的个性化动画。风靡一时的制作个人 3D 动画公仔 App，如厦门幻世网络科技有限公司出品的小偶（见图 15-6）、台湾启云科技出品的 Insta 3D 等，上传一张 2D 照片至云端主机进行五官识别，分析面部特征建立符合脸型的 3D 模型，

图 15-6　小偶 App 操作界面截图

再将数据回传到使用者手上，由用户自行选择个性化的服饰造型，套用既定动作路径的动画模板，就可将一个专属的 3D 动画人偶呈现在用户面前。这些 App 操作简便，只需要拥有一台智能手机或平板电脑，一张自拍照就能够进行动画创作。虽然这样制作出来的动画，缺乏故事性和文学艺术渊源，但通过用户的交互操作也能增添不少乐趣。

4. 来源的移植与原创

新媒体动画的来源大致可分为两类：一是将其他传播渠道（传统媒体渠道）发布的动画内容移植到新媒体视频平台进行播出；二是以新媒体为主要发布渠道的原创性动画。

移植类新媒体动画，其传播渠道包括在数字电视、网络、手机等移动终端，传播内容与传统媒体播出的内容基本保持一致。如在爱奇艺、优酷、腾讯视频等网络视频平台，可以看到在线下各大影院播放的动画《冰雪奇缘》《飞屋环游记》，以及电视台热播的动漫剧集《名侦探柯南》《火影忍者》等。

而原创类新媒体动画，是我们所关注的重点内容。这类动画往往具有"量身定做"的特性，根据发布平台、传播渠道、受众分布等条件明确定位，形式多样且传播内容更具有针对性。比如红极一时的网络开放式动画《暴走漫画》（见图 15-7），受众定位明确，牢牢抓住了年轻人对于网络的热衷，故事取材具有明显的草根性，文案中运用大量网络热词，一经播出就受到广大青年的喜爱。

图 15-7　《暴走动画》中讲述"不为五斗米折腰"的故事

5. 内容的成人化

长久以来，"动画"总是与"儿童"密不可分，扮演着陪伴儿童快乐成长的重要角色。比如告诉我们自然科学知识的《海尔兄弟》，宣扬家庭观念与友情的《小猪佩奇》等。随着网络与电子产品的普及，动画也顺应传播规律的转变，呈现明显的分众化趋势，出现了一大批成人化的动画作品。

《暴走漫画》灵魂人物王尼玛的口头禅是："小孩子不要看暴漫！"这看似是一句玩笑话，但也透露出一个事实："暴漫"的受众定位是成年人。从传播内容来看，其内容多来自日常生活糗事，也有不少讽刺调侃内容，这些内容都是为了有生活经验、基本常识的成年人而准备，而那些调侃讽刺内容也需要用成人思维来理解。从动画的艺术性看，暴走漫画画风简单粗暴，表情较为固定，颜色以黑白居多，也不大符合儿童的审美情趣，反倒契合年轻人求新求变的审美特征。

又如北京若森数字科技有限公司出品的大型三维武侠动画《侠岚》及《画江湖》系列，内容定位也偏向成人化，在片头有"十八岁以下人士谢绝观看"的提示。《画江湖》系列动画的内容大多是江湖争斗及争权夺位之术，并且含有暴力血腥镜头以及情爱场景。角色造型设计也充斥着成人审美元素，女性形象第二性征明显，肤白貌美、丰乳肥臀、蜂腰纤臂，不仅符合当今社会对女性以瘦为美的认知，也符合男性对于女性形象的幻想，如图 15-8 所示。

图 15-8　《画江湖之杯莫停》中女性角色造型

此外，飞碟视界传媒科技（上海）有限公司出品的新媒体动画《飞碟说》《飞碟冷知识》等飞碟系列，以及自媒体明恩传媒发布的新媒体动画视频《人人都是纳税人》《精英移民地图》等，则是以时事热点为话题，对各种热点知识进行视频化科普解说的动画节目，所讨论的话题是普通少年儿童难以理解的。

15.1.4 由人工而机工：动画的历史

在真正意义上的动画出现之前，人们早就开始了对"运动画面"的探索。走马灯（见图 15-9）就是我国先辈运用视觉暂留现象设计的"运动画面"玩具。早在秦汉时期，我国就有走马灯的记载，《西京杂记》称蟠螭灯，南宋周密的《武林旧事·卷二·灯品》中描述更为详细："若沙戏影灯，马骑人物，旋转如飞。"我国古老的民间艺术——皮影戏则是运用光影投射的原理，让剪纸造型在白色的幕布上运动起来，加上艺人配音，形成完整故事（见图 15-10）。国外也有很多关于动画的尝试和发明，如手翻书、西洋镜、"魔术幻灯"投影动画[①]（见图 15-11）等。

图 15-9　走马灯

图 15-10　皮影戏

图 15-11　魔术幻灯

---

① 德国人阿塔纳斯·珂雪（Athonasius Kircher）在 1640 年发明的灯具，把画在玻璃上的画运用投影原理投射在墙面上，在上方通过细线拉动玻璃，发明了投影动画。

1900—1920 年，"动画"这种艺术形式逐渐崭露头角。这个时期，独立的动画艺术家、动画工作室和动画公司逐步出现。在动画出现的最初几年，被视为"魔术""杂技"等娱乐形式，并非主流艺术。但是，这时出现的分层动画技术与动画转描技术，为动画产业的发展提供了强劲的助力。

分层动画技术：1915 年，美国动画师埃尔·赫德（Earl Hurd），为保证画面效果不变的同时，尽可能减少手绘工作量，发明了一种在赛璐珞胶片①上分别绘制运动物体与背景的方式，运动物体与背景层相叠加，大大减少了手工绘制画面的工作量，这就是传统动画的分层技术（见图 15-12）。时至今日，数字动画的分层技术原理也是由此转化而来的。

转描技术：1914 年由弗莱舍兄弟发明的转描技术（见图 15-13），在动画角色动作的描绘上，大大减少了动画师的手绘工作量。这项技术，是将拍摄好的影像画面，逐帧投射在毛玻璃或其他材质上，动画师再将其透写和描绘下来，也被众多动画师视为一种"偷懒"的方式。

图 15-12　台湾动画之父赵泽修捐赠的"米老鼠"赛璐珞片

图 15-13　转描机

动画分层技术和转描机的发明，使得动画长片成为可能。与此同时，动画作为影片的一种形式，其商业价值也被发现。20 世纪二三十年代，迪士尼公司抓住机遇，凭借 1937 年公映的美国第一部动画长片《白雪公主和七个小矮人》（Snow White and the Seven Dwarfs）风靡世界，引领影院动画的潮流，也为迪士尼稳居动画产业领军地位打下基础。

1930—1965 年是传统影院动画发展的黄金时代。

20 世纪中期，第二次世界大战结束。由于二战对各国经济的冲击，各国的动画产业也都受到了强烈冲击。迪士尼公司为应对影院观众流失而采取了投资倾向转变——用大量资产建造迪士尼主题公园。而此时，电视作为新的主流媒体走进千家万户，成为众多家庭的主要娱乐媒体。动画市场也在此时由影院转向电视，动画片和动画剧集登上历史舞台。世界各国都涌现了众多经典动画：华纳公司的《猫和老鼠》、日本手冢治虫工作室的《铁臂阿童木》、中国上海美术制片厂出品的《没头脑和不高兴》、捷克斯洛伐克"StudioBratrivtriku"出品公司制作的《鼹鼠的故事》等，成为"80 后"心目中永远的经典回忆。

20 世纪 80 至 90 年代，计算机 CG 技术使影院动画重回繁荣年代。皮克斯公司制作的动画电影《玩具总动员》成为世界上第一部 3D 动画电影，也为皮克斯在动画电影上的发展打下坚实基础。以这部电影为开端，皮克斯公司壮大了利用 CG 技术开拓 3D 动画版图的壮志雄心。此后数年，皮克斯出品了多部精彩"总动员"，如《玩具总动员 2》《玩具总动员 3》《海

---

① 赛璐珞胶片（celluloid）是由美国化学家埃尔·赫德发明的一种透明胶片，常运用在动画的背景分层中，是促进动画发展的重要技术发明之一。

全息影像：体育馆中的鲸鱼

底总动员》《汽车总动员》《超人总动员》等都成为观众心目中经典的 3D 影院动画。数字技术的发展使动画制作的成本大大降低，动画画面的细节能够处理得栩栩如生，大大提升了受众的观影体验。时至今日，3D 动画仍是影院动画的主流形式。

2000 年以后，网络传输技术发展迅猛，电视在人们生活中的地位"一落千丈"，取而代之的是计算机和智能手机，饭后全家一起看电视的场景转变为大家一起玩手机。在新媒体时代，互联网为动画传播的主要力量，即使是耗资庞大的影院动画，在网络平台购买版权后也能够任意点播。但值得注意的是，由于网络平台的二次传播，反而给动画带来更大的传播效应，凸显了新媒体在动画传播上的强大魅力。大家可扫码欣赏《全息影像：体育馆中的鲸鱼》。

15.1.5.1 迈向未来：新媒体动画的现状与前景

从 2000 年至今，新媒体技术以令人咋舌的速度更新迭代，以此为依托的新媒体动画产业也逐渐成形。作为 21 世纪的朝阳文化产业，新媒体动画具有广阔的发展潜力，其中尤以网络动画和手机动画表现突出，在互联网舞台上风头正劲。

1. 新媒体动画现状

前文我们讨论过新媒体动画的特点。这些特点既符合新媒体的特性，又突出显示了新媒体动画对市场的适应力，也由此形成了新媒体动画产业发展的相应特点。我国新媒体动画产业的主体，大致可分为四种：原创网络动画制作公司、传统的动画企业、影视制作公司、大型互联网企业。

我国新媒体动画发展的井喷阶段始于 2008 年。由于原创网络动画的流行，与新媒体动画制作方式的改变，出现了众多原创网络动画制作公司。2009 年正式上线的互联网原创漫画平台——"有妖气原创漫画梦工厂"，专注于扶持中国原创漫画，同时也推出了一系列原创网络动画。如 2012 年出品的《十万个冷笑话》系列动画，故事灵感取材于中国传统神话，或取材于世界著名童话，也有众多原创内容。内容幽默风趣、角色对白以"吐槽"为主，具有强烈的个人风格，吸引了无数网民竞相观看。再如《端脑》，2014 年连载于"有妖气"漫画网站，受到广泛好评后，被搜狐视频改编为网剧。可以说，网络动画已经走入新媒体用户的视野，互联网动画平台也逐渐火爆起来。我们熟知的 AcFan、bilibili 等网站视频的主要内容，都是围绕"网络动画"产生的。

传统的动画企业，在动画制作方面占有先天优势，不过随着互联网时代的到来，转型势在必行。中国资历最老的上海美术电影制片厂，于 2016 年推出了《新葫芦兄弟》，与经典版的《葫芦兄弟》相比，更贴近当代小朋友的喜好，是一次适应潮流的努力。成立于 20 世纪90 年代的北京青春树动漫科技有限公司，是中国老牌的动画民营企业，生产的动画内容以原创为主，代表作是《魁拔》系列动画，在优酷播出。该系列动画原创性强，画面制作精良，播出后广受好评。

由于新媒体动画市场庞大，不少影视制作公司也开始在动画市场进行战略部署。2016 华谊兄弟影视公司，投资设立全资子公司华谊兄弟点睛动画有限公司，并引进了梦工厂、派拉蒙等好莱坞动画行业的高端人才。光线传媒成立的彩条屋影业动漫集团，也布局新媒体动画，并把动画和真人的结合作为未来的发展方向。

大型互联网企业对动画市场也格外重视。我国各大视频网站（优酷、爱奇艺、腾讯、搜狐等）不仅开设了动画板块，并收录国内外的优质动画资源，而且竞相开始原创网络动画的制作。如优酷自制动画《少年锦衣卫》、腾讯的《狐妖小红娘》和《斗破苍穹》、爱奇艺的《神明之胄》等动漫剧集都受到广泛关注。

当然，新媒体动画中也有不少 UGC 内容，但总体制作水平较新媒体动画产业的四大主体，仍存在较大差距。

新媒体动画领域散发出勃勃生机，拥有庞大的消费市场。如何盈利是保证新媒体动画产业可持续发展的重要研究课题，目前我国新媒体动画的盈利模式有以下四种。

（1）动画带动周边产品消费市场。令人喜爱的动画角色作为一种文化符号，会带动文具、书籍、服装、生活用品等的消费，并逐渐形成相应的品牌，进而促成一个良性循环的产业链，使动画制作单位和动画周边生产者达到双赢的局面。

（2）广告盈利。广告植入是影视作品的一大盈利模式。在动画中植入品牌 LOGO 或产品形象，或者运用同音字取代品牌名称中的某个字，这就是动画中的广告植入，不仅可以起到对产品的宣传作用，而且如果植入得当，则能够使动画剧情更加真实。

（3）动画资源收费模式。目前，人们普遍接受对文化资源的付费使用，文化消费也占据了人们日常开支的重要部分。精品的动画资源带有很强的竞争力，目前主流的收费方式有平台充值、动画资源付费收看或下载以及"打赏"模式，有了观众"打赏"现金的冲击力，也会刺激动画制作者创作冲动，使其在动画制作方面更加用心投入。

（4）动画品牌的授权或转让。优秀的动画作品包括动画角色造型，足以构成品牌效应，转让品牌或授权经营，能够为动画制作者带来丰厚的收益。如中国传媒大学动画专业学生王卯卯创作的"兔斯基"，不仅让摩托罗拉为购买这一形象作为 Q8 的代言人开出了上百万元的高价，而且动画表情包"兔斯基"，也被华纳旗下公司收购，成为其核心 IP。

2. 新媒体动画发展趋势

技术的进步与动画的发展有着密不可分的关系。近年来手机市场保有量大大增加，5 G 网络技术也正在走向商用，将使手机动画的发展进一步提速。沿着二维动画走进三维动画，动画向着观感越来越真实的方向发展，且已经出现运用虚拟现实技术的 VR 动画。我们看到的 3D 动画，呈现在二维屏幕上不过是观感较为立体的动画，而 VR 则是沉浸式体验，让观众"置身"于环境中，带来更逼真的 3D 环境体验效果。

另外，新媒体动画会越来越个性化，几乎所有人都可以根据不同需求选择自己喜爱的动画，动画内容的分众趋势将会愈加明显。

目前的新媒体动画产业链主体众多并各有优势。央视动画、腾讯动漫、炫动传播等实力较强的新媒体动画企业，处于产业链前端，其他主体也汹涌蜂起。这种熟悉的现象，其实在早期视频播放平台百花争鸣时期曾出现过，但随后优酷收购土豆、爱奇艺收购 PPS，产业内部进行了一轮大规模的资源整合，形成寡头集中、几大平台分占市场的局面。受到市场规律的影响，新媒体动画产业也会呈现出马太效应，大型企业通过对资源的集中整合分配和产业链的延伸，使强者更强。

任何产业的发展都难免会出现问题，新媒体动画产业也是如此。我国新媒体动画市场监管不严造成动画内容鱼龙混杂，一些不法分子趁机在动画中加入不良内容，如暗黑版的"小猪佩奇"，夹杂大量黄色、血腥、暴力的内容，在互联网动画资源分享平台明目张胆投放，大

肆荼毒我国青少年儿童精神健康。不过，随着我国对于网络剧及网络视频的监管力度不断增加，对于新媒体动画内容的审查也会越来越严格。相信不久的未来，国家对动画市场的规范化管理，能够使新媒体动画健康良性地发展。

15.2　千形百态：新媒体动画的分类

新媒体动画是数字技术与动画艺术形式融合的产物。当一种艺术形式有了准确的分类，就证明这种艺术形式的发展已经趋于成熟。按照不同的分类标准，新媒体动画也有多种分类方式。本书主要按照内容范围，分为情节动画、非情节动画、表情动画、虚拟情节（游戏）动画等。

15.2.1　情节动画

情节动画，是指有故事情节的原创动画作品。按其制作的体量来看，情节动画可分为单独播出的动画短片和连续播出的动画剧集。

1. 动画短片

新媒体动画短片，是指以新媒体技术手段为制作方式，以网络、智能终端数字化平台为主要发布或传播渠道，时长不超过 30 分钟的有人物、讲故事的单集动画。其表现形式丰富，如 Flash 动画、CG 动画、定格动画、数字化手绘动画等。

新媒体动画短片大致可分为两类：一类是以动画 MTV、动画形式的广告等为代表的商业动画短片；另一类则是价值较高的艺术动画短片，也是本章我们着重讨论的内容。艺术动画短片与商业动画短片的创作目的不尽相同，它是创作者表达审美理想的手段，因此有其独到之处。

首先，情节紧凑集中。动画短片的时长，大多是三到十几分钟，因而用如此短小的篇幅来表现相对完整的故事，节奏必然是紧凑有序的。此类动画常见的故事结构，仅由制造悬念、情节突转这两大部分组成。较传统故事的起承转合四段叙事方式，矛盾更集中，冲突更强烈。有些动画影片，还会在主线故事情节的基础上增加支线情节，使故事更复杂。而动画短片则需要舍弃一些次要故事细节，将矛盾冲突集中到最有戏剧性的典型情节，着重刻画需要表现的重要角色，从而使观众在短时间很快领会作者的创作意图。

如 2003 年斯图加特动画节最佳动画短片《The God》（见图 15-14），就是集中凸显矛盾的典型案例。整个片长 4 分 16 秒，创作者仅用了 15 秒的时间，展现一尊六臂湿婆神像的"清净时光"，紧接着就快速切入矛盾点：神像不堪苍蝇的滋扰，想尽办法与苍蝇作战，最终失控跌落神坛。剧情简单，矛盾突出，但六臂湿婆打屁股、挖鼻孔的窘态却使观众印象深刻——"神"也有不淡定的时刻；最终苍蝇变蜘蛛的造型转变也让观众产生深刻的思考。

其次，风格个性化。艺术短片往往呈现出强大的形式感。这种形式感很大程度上来源于创作者对动画人物造型和场景的夸张设计和艺术化表达，并且不同的创作者的艺术感悟不同，存在极大的风格差异。

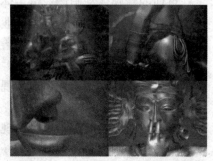

图 15-14　《The God》动画短片截图

纵观各类优秀的新媒体原创动画短片，我们能够发现几个制作要点：第一，要精巧设计动画的形式、风格，从视觉上起到"吸睛"的作用；第二，要合理设置故事情节，简化结构，集中突出矛盾点，在内容上与受众产生共鸣；第三，要充分挖掘故事的主题和内涵，使观众能在观影同时引起思考，展开联想；第四，要突出创作者个人的创作风格，建立独具韵味的画面观和情感内核，提升辨识度。

　　与此同时，我们也需要注意到新媒体原创动画短片发展中出现的问题：一些动画为了批判而批判，使作品呈现出无病呻吟之感。更有甚者为博眼球而大肆加入恶俗情节或暴力画面，导致品位低俗的作品出现。另外，有些创作者陷入"技术为王"的误区，运用酷炫的计算机技术充斥整部动画，却忽略了故事内核。因而新媒体原创动画短片的发展，可谓路漫漫其修远兮，吾辈将上下而求索。

2. 新媒体动画剧集

　　新媒体动画剧集亦指新媒体系列动画，既包括由几集、几十集，甚至上百集组成的"连续剧"，如《瑞克和莫蒂》及《画江湖之不良人》，也包括由多个拥有独立故事内容但属同一个主题的系列动画，如自媒体人创作的《中国妖怪录》。

　　新媒体动画剧集具有满足成年人审美需求的特点。一方面，角色造型的设定，大多根据成年人审美标准，如塑造的女性角色第二性征突出，造型多为丰乳肥臀，走路动作摇曳生姿；

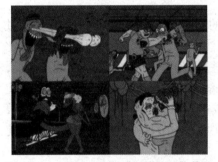

图 15-15　重口味动画《超级监狱》截图

有些角色造型夸张诡异，动作粗暴，台词粗俗等。如美国重口味暴力动画《超级监狱》的女监狱长，拥有粗犷的肌肉和粗鄙的言行，与日常生活中的女性形象大相径庭；而"犯人"暴动常出现血肉模糊、肢体横飞的场面，不时还会有怪物造型出现，如图 15-15 所示。在角色性格塑造方面，囿于审美的成人取向，人物性格也不是儿童动画的"非黑即白"，而是更多融入了成人世界观，加入了复杂的人性特征，多元化展现角色的内心，不能将角色简单识别为"好人"或"坏人"。

　　另一方面，新媒体动画剧集的内容也凸显"成人化"的特点。有着重表现情感关系的，如《泡芙小姐》中描述都市女性的情感生活，反映了当下两性关系的诸多现实现象；有充满奇幻色彩展现江湖厮杀的，如《画江湖之不良人》，不良人的首领"袁天罡"，虽然取材自真实历史人物，但其诡异面目和不死之身的角色设定，充满神秘色彩；有"很黄很暴力"满足重口味成人受众的动画，如《超级监狱》，运用极其夸张的表现手段猎获另类趣味的效果；有展现超自然力的鬼怪故事，如《中国惊奇先生》塑造了各种中国传统精怪——小狐仙、黄大仙、魑魅魍魉、清朝僵尸等，内容玄幻，充斥着无厘头和恶趣味，也不乏性暗示。这些都远远超出了儿童的认知范围，但能吸引成年受众，提升成年用户的观影趣味。

　　新媒体动画剧集叙事结构也颇具特色，大多采用"季"播方式，每年一季，每季 10~20 集，每集 20 分钟左右。结构上采用碎片化的叙事方式，减少拖沓的情节，在最短的时间呈现最具张力的剧情，大大加快动画整体的叙事节奏。在剧情上设计的悬念较多，除每集结尾设置悬念外，编剧会在每季结束时"挖"一个较大的"坑"，设计一个有强大冲突并且结果不明的悬念，用"挖坑"的方式保持观众的新鲜感和好奇心，也在一定程度上增强观众的黏度。北京若森数字科技有限公司出品的《画江湖》系列动画，就将这一方法运用得得心应手，收获了

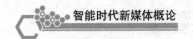

大批观众的持续关注。

15.2.2 非剧情类动画

有些新媒体动画最终呈献的内容并非故事，而是通过动画手段形象展示所传播的信息，这就是非剧情类动画。我们所熟悉的网络节目、网络广告以及各种电视节目、新闻节目中穿插的模拟动画，都属于非剧情动画。非剧情类动画大致有以下几类。

1. 可视化动态数据

可视化动态数据是指将数据信息转变为视觉表现形式的动画。可视化动态数据能够借助动画图形、图像手段，更为清晰有效地传达数据信息。具体来说，它是通过不同数据类型的颜色、形状的动态变化，直观展现数据的关键特征，使简单枯燥的数据容易被受众接受。

譬如，由原创视频媒体——飞碟视界传媒科技（上海）有限公司出品的、科普类动画脱口秀节目《飞碟说》，充分运用了可视化动态数据这种表现形式，结合社会各种热点知识，运用诙谐幽默的语言，让知识变得简单、有趣。《飞碟说》播出后收获了大量热爱"涨姿势"[①]的粉丝，创造了亿级流量神话。《飞碟说》每期节目 4 分钟左右，在较短的时间内，运用大量信息图表和可视化动态数据，对社会现象进行统计分析，形象化地表达了观点。况且，呈现方式并非将采集到的数据和盘托出，而是巧妙地进行视觉对比，突出最重要的数据信息，带给受众清晰的认知和强烈的感官冲击。

再如《飞碟说：护士的爱恨情仇》，采用文案加动画的形式，回顾了护士职业的历史，过渡到如今的窘况：庞大的工作量，微薄的收入、稀少的注册人数，且与欧美国家进行对比（见图 15-19），以突出我国护士职业的严峻现状。动画将这些数据，直观生动地展现在观众面前，令人印象深刻。还有《飞碟说：月薪多少，我们才能在一线城市活得有尊严》，分别从衣食住行等方面，用数据展示当代上班族在一线城市中的生活成本（见图 15-16），凸显了生活的艰难。明晰的数据、形象的图表，描画了一种社会现象，在增强该节目视觉效果的同时，也使得节目内容更准确、更有说服力，引起强大的社会共鸣。

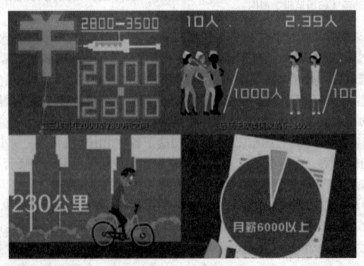

图 15-16 《飞碟说》截图

---

① 网络语言，意即长知识。

另一方面，电视新闻节目单凭主持人口述加字幕，难以收到良好效果，因而也常常需要通过可视化动态数据来展现社会现象、佐证抽象观点。教育培训领域，也常常需要可视化动态数据，进行知识技能的讲解，展示生动活泼的内容，以更好地抓住学生的兴趣点，帮助学生识记，提升教学传播效果。

可视化动态数据运用广泛，目前，能够进行可视化数据制作的软件众多，有专业的 Enterprise Charts, Import. io, Tagxedo, Timeline, Storymap 以及相对操作便捷的大数据魔镜、BDP 等。这里简要介绍 BDP 软件的操作流程，希望各位学以致用，请扫码一试。

学"艺"致用

总之，目前，可视化动态数据，虽然主要应用在科普动画、时政动画、教学动画等领域，但是随着大数据的爆发，各行各业的潜在场景会被挖掘和激发，进而促使可视化动态数据的应用进入蓝海之境。

2. 演示动画

演示动画，是依托于 3D 动画技术，通过对信息内容进行建模，向受众形象的演示事物形态、结构、功能及进程的动画。它在军事模拟、医学仿真、产品展示、建筑效果呈现、假设性科学原理或现实无法拍摄的场景重现等领域广泛应用。

演示动画按照其演示内容的侧重点不同，大致可分为三类。

1）演示过程

此类动画，侧重对步骤或流程的演示，如医学手术的演示动画、护理演示动画、产品操作演示动画等。例如《Lasik Eye Surgery》，是矫正近视的激光手术演示动画。2 分钟的动画演示，使观众简洁明了地了解激光矫正近视手术的步骤和全过程。用于教学，对于眼科学生，动画将手术重点突出，可以进行直观学习，将书本上的理论知识进行模拟重构，加深学习印象，减少理解难点；用于医疗，对于即将做手术的患者，观看演示动画，能够轻松了解自己即将面对的手术过程，不需要医生过多解释，也能减少由于对手术的"未知恐惧"而形成的压力。

《Lasik Eye Surgery》手术演示动画

2）演示效果

这类演示动画，注重视觉效果的展现。如古建筑修复效果、宇宙空间或微观效果、技术效果、对信息强调的效果等。这类动画多运用于产品或设计展示、演讲等场合。如，我们会经常看到倒计时动画，如果给倒计时数字加上三维大气动感爆炸粒子效果，就会使画面的呈现更具有冲击力和震撼力，同时也加强了倒计时的紧迫感。

3）演示事件

此类动画，就是将演示动画与带有故事性、情节性的解说相结合，向受众再现事件过程。此类动画常见于新闻节目、纪录片节目、科普节目中的虚拟现实模拟、辅助教学动画等。如科普纪录片《恐龙大地》，根据考古学家发现的恐龙化石，运用大量 3D 动画技术，塑造恐龙形象，在虚拟中还原恐龙事件。

《恐龙大地》中讲述的是根据一块两只恐龙打斗的化石，猜测而创作的（左上右上）。科学家根据化石的造型，判断两只恐龙的种类：一只食肉恐龙迅猛龙和一只食草恐龙原角龙，并想象出打斗画面，运用计算机动画技术还原其打斗过程。

"课"拍案

3．节目动画

节目动画是电视节目、网络节目与动画相结合的产物，包括片头动画及虚拟主持人。

片头是节目的"名片"，既能展示节目的主题，又能反映节目的风格。目前，我国的电视综艺节目片头，大多采用片头动画的表现形式，如中央电视台的《新闻联播》、湖南卫视的《快乐大本营》、江苏卫视的《最强大脑》等收视率名列前茅的节目，大都采用动画作为片头。由于片头是节目的重要组成部分，需要正确传达节目定位，也要在初看瞬间，牢牢抓住观众的眼球，因此片头的设计，要"引人入胜"。而采用动画这种表现手段，就能够灵活地、富有幻想地把受众吸入节目的"黑洞"。

有的是"真人秀"风格节目，如网络综艺节目《吐槽大会》的片头，是由本集节目邀请的嘉宾照片制作的动画，导入快速，风格酷炫；有的是可爱卡通形象的呆萌风格，这类片头动画多用于火遍全国的亲子类节目，如湖南卫视《爸爸去哪儿》《妈妈是超人》，通过片头动画中的可爱儿童形象与爸爸或妈妈的互动来揭示节目主旨，瞬间拉近了"小观众"与节目的距离；有的情感类型的节目，则喜爱运用梦幻唯美的风格，凸显节目的定位，用动画构建的浪漫唯美画面，展现细腻丰富的情感。如天津卫视《爱情保卫战》，播出多年，虽然片头动画几经更换，但画面多有花、水晶、男女形象、爱心等造型，突出节目的情感要素。

虚拟主持人动画，是指通过数字技术制作的代替真人的、在节目中与受众交互的虚拟仿真人形动画。2001 年，英国创造了世界上第一个虚拟主持人——阿娜诺娃（Ananova），如图 15-17 所示。此后，美国、日本、韩国等多个国家相继推出了虚拟主持人。2004 年中国中央电视台耗资百万设计出虚拟主持人"小龙"，如图 15-18 所示。

图 15-17　虚拟主持人阿娜诺娃　　　　　　图 15-18　虚拟主持人小龙

虚拟主持人是数字技术发展的产物，随着数字技术的发展，目前的虚拟主持人结合了虚拟现实、真三维虚拟演播室技术、CG 建模、动作表情捕捉技术等新手段，克服了早期虚拟主持人面部表情呆板、动作过于单一、造型设计简单等缺点，能够达到让虚拟主持人与虚拟场景自然融合的效果。虚拟主持人技术的运用，可以有效减少昂贵的专业演播成本，减少现场支持人员，合理资源配置，降低了空间带来的障碍，并且能给观众带来独特的视觉感受。目前虚拟主持人多运用于天气信息、生活资讯、路况播报等节目中。

15.2.3　表情动画

表情动画是动态的表情符号，是网络人际交往中，运用可见的非语言符号辅助表达情感的动画。表情动画也是一种流行的网络文化现象。在教育部、国家语委发布的《中国语言生活状况报告（2017）》中，表情包被列入 2016 年度中国媒体十大新词。在虚拟的网络世界，由于能帮助人们更简单直观地表达感情，表情包已经成为交往的简捷而常用的手段。特别是在社交媒体（微博、QQ、微信、Twitter、Facebook 等）上，人们经常会相互发送表情包。表情动画在潜移默化中深深地渗透到当代人的沟通与交流之中。

表情动画的源头，可以追溯到 1982 年。美国卡内基·梅隆大学的法内尔教授在 BBS 上与同学进行交流时提出，可以用 ":-)" 符号表示自己是在开玩笑，用 ":-(" 符号来表示发言的严肃性。计算机及网络的普及，使法内尔教授的"微笑"字符表情传播到世界各地。虽然法内尔教授的微笑表情，需要大家逆时针歪着头看，但并不影响人们对运用表情符号的热情。微软公司据此在 MSN 推出了字符表情包：笑脸图标。这些表情符号在日本传播的过程中，人们将其改进创新，发明了不用歪头也能看懂的字符表情符号：颜文字。颜文字是指利用计算机字符码表中特定字符进行编排组合、所形成的描绘人物表情动作的图案，如（*^ ▽ ^*）代表开心、（* ‾‿‾ ）代表微笑、o（╥﹏╥）o 代表伤心难过等。

表情符号发展的第二阶段，是绘文字的出现，其代表是众所周知的小黄脸表情 emoji。绘文字的快速发展，离不开社交媒体的推动。QQ 聊天软件的黄色圆脸表情包，形象可爱、表情丰富，比起颜文字，能够更加直观地传达使用者的情感，并且免去接受信息的一方对颜文字进行译码的麻烦。直至现在，绘文字依然保有较高的使用频率。

在不同的阶段，融合不同的流行文化，表情符号也在不断迭代更新。互联网与移动终端的蓬勃发展，为表情符号提供了最新表现形式：表情包。表情包结合时下流行元素，如电影或电视剧截图、明星夸张表情、可爱萌宠、卡通形象、热点事件等，经过技术处理，制作成静态或动态的表情符号，在社交媒体广泛传播。而我们所讨论的表情动画，就是动态的表情符号。

常见的表情动画格式是 GIF（Graphics Interchange Format）图形交换格式。GIF 动画，是将多幅图像数据，逐幅读出并显示到屏幕上，就可构成一种最简单的动画。由于 GIF 动画能够压缩成占用内存较少的文件，并且成像相对清晰，因此 GIF 格式的表情动画最为常见。

在新媒体时代，表情动画的诞生与发展，与网络社交平台、即时通信软件的兴起密不可分，因此表情动画也有相应的特点。

首先，表情动画具有社交传达的作用。在表情动画的制作中，往往会运用简短的碎片化动作——扭头、挥手、大笑、翻白眼等来表现角色的动作、表情及用意，在运用动画的同时辅以文本、图像等表现形式，更加清晰地展现表情动画的含义，如动画表情包《麦粒酥真猫版》（见图 15-19），运用一只可爱猫咪的照片作为基础，加上手部动作和其他配件动画而成，再辅以文本，更加清楚地展示表情动画的含义。表情动画操作便捷，在即时聊天过程中，发送一个"表情"，就能省去输入文字的时间，并且由于表情动画，能够运用视觉表现力直观地呈现角色"表情"、动作，因此让发送者能用最短的时间展现更多的信息，精准传递此时此刻的心情，避免文字产生的歧义。

其次，表情动画制作技术门槛低，内容来源多样化。网络社交媒体的人际传播与人际交往更注重个体个性的表达，而即时通信系统自带的表情动画已经不能满足丰富的意义表达，表情动画自然而然地成为个性传达的方式。随着新媒体技术的不断发展，表情动画制作技术门槛也逐渐降低，表情动画的来源更加多样化。除了社交媒体自带的表情动画，人们也能通过简单的手段自己制作表情动画。PC 端、手机端应用商店出现了大量的表情包生成器，可以极其简便地制作个性化表情包。此外，表情动画的内容、形式也更为丰富，取材更加多元，社会热点事件、影视动漫角色、热门明星都可以成为取材对象。在表情动画的造型处理上，则更加偏向于明星滑稽的角色造型，丑、怪、奇的表情动画更加受到青睐。如在 2018 年 3 月 13 日举行的"两会"部长通道上，一位来自第一财经电视的女记者，用不屑表情怒怼某女记者，成了"最抢镜女记者"，很快就被人制作成表情包，走红网络。

图 15-19 动画表情包

最后，表情动画的传播群体呈现细分化的趋势。根据社交软件应用群体的不同，不同"流派"不同风格的表情动画，在各自的群体中相对"孤独"地传播。表情动画极富个性化色彩，不同的表情动画，展现出使用者的年龄、审美偏好、性格等特征，不同人群都有自己喜爱的专属风格。如以花鸟鱼虫为背景，辅以色彩绚丽的、动态文本的节日祝福表情动画，被戏称为"60 后""70 后""中老年"表情动画；还有以明星为号召的粉丝表情动画等。

表情动画作为新媒体发展过程中产生的文化现象，在蓬勃发展的同时，也不可避免地存在着一些问题。表情动画来源的复杂性，质量良莠不齐，过分恶搞及部分人群低俗化的审美取向，导致网络上流传着大量低俗、价值导向有缺陷的表情动画。目前，我国对于表情动画的监管尚未完善，也令这些"辣眼睛"的表情动画有了可乘之机。但是，作为新兴的文化现象，表情动画依然有着广泛的生存空间与价值，值得进行探索。

15.2.4 游戏动画

如今，游戏占据了人们日常生活中休闲娱乐的很多时间，随着媒介的发展和机器人对工作岗位的大量侵占，游戏必将成为未来人类越来越钟情的休闲娱乐项目。

游戏动画，是运用于游戏机、计算机、平板电脑、手机等数字媒介中，通过对场景的模拟和互动参与，使人获得快感或某种技能的交互性动画作品。早期 3D 游戏动画的制作方式，采用 CG 预渲染动画，即游戏动画的制作者在游戏开始之前，将动画逐帧制作，通过游戏者触发情节或时间节点进行播放。CG 预渲染动画，结合了电影的画面感和计算机强大的图形运算功能，能够制作出精度高、镜头语言丰富的细腻画面，在一些游戏的情节推进动画中有所呈现。

随着网络游戏的飞速发展，游戏玩家不仅需要在计算机设定的情境中进行操作，还需要与其他的游戏玩家进行互动，这使得玩家的动作路径及可能触发的情景，需要更加灵活的转变。

制作相对复杂的预渲染动画要完成这样的要求，就显得"后劲不足"，其不仅占用庞大资源，且制作费时费力。因而，以游戏引擎技术为基础的游戏引擎动画，逐步成为游戏动画的主流趋势。

游戏引擎是指一些已编写好的、可编辑的电脑游戏系统或者一些交互式实时图像应用程序的核心组件，是一个为运行某一类游戏的机器设计的能够被机器识别的代码集合[①]。游戏引擎动画，则是指游戏运行中由游戏引擎根据玩家状态，进

目前常见的游戏引擎有虚幻引擎（Unreal）（代表游戏《绝地求生》）、Unity 3D（代表游戏《炉石传说》《王者荣耀》）、寒霜引擎（代表游戏《战地》系列）。每种游戏引擎都具备不同的优势，完美契合游戏特征，为玩家提供精良的游戏体验。

它山之"识"

行实时运算形成的动态画面。其基本原理是由游戏引擎按照游戏设计者的要求，合理调动事先编制好的代码——包括初始化的角色、图像、碰撞测试等数据，进行函数运算，实时呈现画面效果。如今的游戏引擎动画发展迅猛，渲染引擎能够为游戏画面提供优秀的光影效果，提供美轮美奂的画面；游戏引擎中植入的动画系统，为游戏角色提供流畅灵活的动作路径；碰撞探测系统可探测游戏中各物体的物理边缘，模拟游戏中 3D 发生碰撞的结果；联网引擎能够支持玩家的各种互动。相较传统的 CG 预渲染动画，游戏引擎动画具有数据化、易于修改、制作成本低的显著优势。虽然游戏引擎动画前期需要花费更多时间进行引擎脚本的编程，但在动画后期制作中，可以调用已具备的基本数据，一些简单的动作无须重复制作，在很大程度上减少了制作的时间成本和人工成本。近年来，越来越多的网络游戏都运用基于游戏引擎技术的动画制作模式，如《魔兽世界》《英雄联盟》《绝地求生》等网游，以及手游《王者荣耀》等。

游戏引擎动画不仅能制作游戏过程中的动画效果，许多影视动画的制作也运用了游戏引擎。如由《魔兽世界》游戏的粉丝制作的原创 3D 动画《我叫 mt》以及《王者荣耀》官网制作的动画，都采用了游戏引擎中的基本素材，制作周期短，人力成本低，个性化、娱乐性强，不仅满足了动画制作者的传播需求，也提供了新的动画创作方式。

游戏引擎动画也存在一定的问题，如动画细节的处理不够精细，还需要人工进行制作和调试；一些游戏引擎本无法表现的情节和镜头感，仍需通过动画 CG 偏重电影画面的技巧进行辅助。随着技术的不断发展，游戏动画的一些技术难题正在逐步解决，但游戏动画中的诸多奥秘仍需我们不断探索解密，游戏的详细内容，请参阅本书的第 11 章。

15.3　通往想象：动画制作流程与技巧

动画与传统影视作品的不同在于，它呈现的内容基本不受真实场景限制。色彩纷呈、光怪陆离的场景，以及夸张有趣、超现实的故事情节，都带给我们与真人影视不同的观看体验。随着动画产业的不断完善，动画制作流程渐趋成熟。那么动画制作过程是如何实现的呢？

动画制作基本可分为前期、中期和后期三个阶段。前期阶段包括剧本、分镜，中期包括设计稿（角色设计）、场景设计、原画稿制作、动画（中间过程）稿制作和上色，后期则包括配音、音效、剪辑、合成、特效等环节。动画种类繁多，制作方式和表现形式各不相同，但其前期制作基本相似，中期及后期制作原理也有相通之处。

---

① 穆俊 . 计算机游戏设计原理以及游戏引擎的设计思想［J］. 硅谷，2014（3）.

15.3.1 动画的创意与蓝本

动画制作的前期工作，就是故事创意与规划动画蓝本，这是动画作品的起步阶段，也至关重要。此时需要动画从业者进行故事的创意、情节的策划，并明确主题、确定风格，选择结构，分镜脚本，以便为接下来的制作打下良好的基础。

1. 故事

大多数的动画作品，尤其是商业动画，是"讲故事"的动画。一个好的故事可以说是动画成功的第一步。动画剧本不同于其他影视作品的剧本，如果不清楚动画制作的流程和运作规律，那么可能无法完成一个优秀的动画剧本。优秀的文学小说如果没有合理的编剧设计，来适应动画的表现形式，可能就无法达到良好的呈现效果。因此，动画编剧在制作剧本的过程中，要遵循一定的规律，从两方面对故事情节加以设计：一是故事的完整性和逻辑的合理性；二是故事要有感染力。

剧本的核心在于"故事"，故事按照内容分类可分为童话故事、神话传说故事、真实事件改变的故事、幽默故事、情感故事等。构成故事的两大核心内容是素材和主题。故事的素材就是指故事的原始材料或来源，如动画电影《大圣归来》的素材，就来源于中国传统文化四大名著中《西游记》的故事框架；而故事的主题可以理解为动画制作者，想要通过故事告诉我们的情感内核，如《料理鼠王》讲述了一只看似卑微的老鼠受到"食神"精神——人人皆可烹饪的启迪，最终实现作为"厨师"的人生梦想的故事，剧情中还插入老鼠与人之间的深刻感情作为情感基调，最终传递给我们"众生平等"的观点。

故事的主题相当于整个故事的世界观，故事的主题可以简单，如勇气、亲情、友情，但没有主题的故事必然显得混乱。主题的选择与制定有如下途径和标准。

第一，主题来源于对生活的观察和积累。事实上很多文学作品的创作中，主题是作者对长期的生活积累感悟进行提炼而形成的，如在生活中感悟到战争的残酷，要表现和平年代的美好这一主题，然后去收集相关素材，进行剧本创作，制作影视作品。因此很多时候，一条新闻，一个信息，或者生活中遇到的琐细事件，都可能触发某一主题表现的灵感。如动画大师宫崎骏的作品《龙猫》呈现的主题，就是对母亲的爱和怀念，剧情中就有隐晦的情节，表示主角的母亲住院的原因，是患肺结核，而宫崎骏的母亲在他年少时也因肺结核长期卧床，这正是他自己的生活经历的投射。

第二，主题要与时代精神相契合。我们现今的社会主张男女平等，如果此时在动画作品里宣扬女性应严守"三从四德"的价值观，肯定不能得到观众的认同。由于新媒体的迅猛发展，动画领域也逐步向成人化发展，动画不再是儿童专属，因此，意识到这一点的动画制作方，也将动画主题加以深化。优秀的动画电影《疯狂动物城》的主题就兼顾了各个年龄层次的观众，老少皆宜。在《疯狂动物城》中，孩子们看到兔子和狐狸之间跨越物种的友情，年轻人看到了跨越阶级的爱情，为理想而奋斗的人们看到了亲情，有生活经验的人们看到了对于政府办事效率的讽刺等。

第三，主题要具有创新意识，这也是我国动画发展的一个弱点。我国各个类型的影视作品，都有喜欢"跟风"的习惯，尤其热衷于对国外热播的类型片的模仿。如动画电影《大鱼海棠》，就曾被指其画风和角色设定酷似《千与千寻》。因此，动画的创新性也是我国动画进步的方向。

故事结构一般可分为戏剧式结构和非戏剧式结构。戏剧式结构是我们运用较多的故事结构，也称为线性叙事结构，具有"起承转合"四个部分，即事件的开端、发展、高潮和结尾。

开端需要介绍事件的要素，包括时间、地点、人物、事件的起点或争端的原因，主要作用是为后面的故事做铺垫。发展部分则需要通过设置矛盾冲突推进事态发展，运用悬念的设置调动观众情绪，走进故事内容，同时将时间发展推向高潮。高潮部分则是矛盾的最集中体现，是剧情发展的白热化阶段，也应该成为动画的最精彩之处。当故事进入结尾部分，前期的矛盾得以解决，人物性格塑造完毕，情感内核得以释放，观众将在平静中对主题进行思考和回味。动画短片的剧本则会根据需要对上述环节进行必要的删减。我们所熟知并喜爱的众多的影院动画如《海洋总动员》《料理鼠王》《疯狂动物城》《寻梦环游记》都是戏剧式结构的动画片。

非戏剧性结构的构建方法多种多样，如片段式、时空交错、多线叙事结构等非线性叙事结构，其要领就是打破常规的叙事模式，破坏叙事模式的完整性，用自由的方式表现故事。这种结构的动画，常令人耳目一新，复杂的叙事方式更加适合成人化的观影模式。网络成人动画节目《瑞克和莫蒂》系列，就时常采用双线叙事模式，在短短 20 分钟左右的动画中充分加入脑洞大开的情节，内容充盈，节奏明快，深受广大成年观众的喜爱。

2．分镜脚本

动画分镜脚本也称为"故事板"，是动画导演对文学剧本充分分析和琢磨后，以分镜头的形式，对剧本内容场景进行秩序化分割设计，所撰写的控制操作蓝本。动画分镜脚本需要明确镜头号、景别、拍摄方法、画面内容、画面时长、台词、配乐、音效以及相关的备注等内容。动画分镜脚本是动画制作前期阶段的重要工作内容，动画中期和后期的制作需要严格按照分镜脚本执行。

分镜脚本基本可以分为两种类型。一种是文字分镜脚本，即将文学剧本的内容整理归纳成为单独镜头，并明确描述每个画面的具体内容，标注镜头号、景别、拍摄方法、画面时长等项目，文字分镜脚本一般采用列表的形式（见表 15-1）。

表 15-1　文字分镜脚本示例

第一场：外景　　山里　　晴　　黎明

镜　号	景　别	摄　法	内　容		备　注
			画　面	声　音	
001	远景	空，慢推	远处的高山被云雾迷绕，缓缓升起的太阳照亮天空	清晨的鸡鸣，厨烟袅袅	黎明的场景
002	全景	降	一个典型的农家小院，画面左边是房屋，中间是木匠台，右边是院门跟一簇树林	动物急促的脚步声，远处小溪流淌	过度是由 001 场景降到 002
003	全景	定格	画面变淡，正中间出现字幕：量心	清脆的笛声（与字幕同步）	

第二场：内景　　屋子里　　晴　　早上

004	近景到全景	跟拉（俯视）	床上熟睡的徒儿被师傅喊醒	师傅：我的徒儿，起床了	
005	中景	切	徒儿坐在床边迅速穿上衣服，样子匆忙	来喽	
006	全景	跟移	房间全景，徒儿边系扣边奔向大门外	师傅我来喽	

另一种是画面分镜脚本，即在文字脚本的基础上，运用蒙太奇的技巧和思维，配合制作实际情况，将文字脚本的画面内容加工成直观具体的画面镜头，并标注镜头号、拍摄时长、动作标注、画面解说等内容（见图15-20）。画面脚本不是单纯地对文字脚本的图示和解释，而是在文字基础上运用影视语言的表现形式进行的直观可见的艺术创作。

分镜脚本的创作，不仅要充分体现动画导演的创作意图，也要显示出动画的风格。分镜脚本的首要目的是展现画面感，即分镜脚本的可视化程度要高，是要将脑海中想象的画面具象成为现实图形。但是在具象的过程中，也需要注意画面的制作要简单、易懂，因为分镜头的主要目的是将故事框架说明，角色大致形象确定，因此不必要过分在意细节部分。

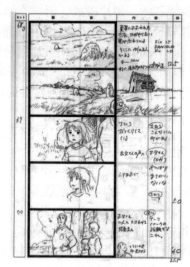

图 15-20　《千与千寻》画面分镜脚本

15.3.2　动画的造型设计

在欣赏动画的过程中，比故事内容更直观地传递给受众的，是绚烂澎湃的视觉冲击力。动画作品的好与坏，很大程度上也取决于作品的画面美感。而动画的风格和美感，集中体现在动画的角色造型和场景设计上。

1. 角色

角色，最初是由拉丁语 rotula 派生出来的，这一概念，最初在学术著作中出现是在20世纪20年代社会学家格奥尔·齐美尔的《论表演哲学》一文中，当时他就提到了"角色扮演"的问题。但直到20世纪30年代，"角色"一词才被专门用来谈论角色问题。[①] 动画角色是动画故事的参与者，各个角色之间的行为发生交集，相互碰撞，就形成了故事。我们回想曾看过的动画，先想到的是故事情节，还是导致故事产生的人呢？提起《名侦探柯南》，我们可能记不清每一集发生的案件和细节，但我们一定记得柯南、毛利兰、毛利小五郎等人的名字，他们就是动画的角色。一般来讲，角色的主要作用有三个。

第一，构成故事内容，推动事态发展。按照对故事情节的作用分类，动画角色可以分为主要角色、次要角色和陪衬角色。主要角色，是整个故事中最主要的人物，是故事矛盾冲突双方的代表，除了拥有"主角光环"的正面主角，还包括整个故事的"大 BOSS"。次要角色，

---

① 乐国安. 社会心理学［M］. 北京：中国人民大学出版社，2009.

包括主角的"小团队"、家人和部分敌人，主要作用是给主角完成故事目标提供帮助或制造阻力，让故事情节丰满。陪衬角色，是对故事情节的推动没有过多作用，但可能构成整个故事的环境背景的角色。动画角色不仅可以是"人"，还可以是动物、植物、机械、物体，甚至是风、雪、云、雨等，总之，在动画世界中，角色的形态是想象力的展现。

第二，通过角色传递创作者的内心情感。大家喜爱的动画角色往往是能够引起情感共鸣的。很多时候，动画师为动画角色注入的情感也是自己内心情感、观点的表达，有丰富的人生积淀和情感经历，塑造的角色才能贴近观众内心的柔软之处。

第三，通过动画角色塑造品牌。优秀的动画角色，能够为动画制作者或动画公司带来真实可观的效益，因此在角色塑造的过程中加入高辨识度元素，让角色更为深入人心，不仅是动画师风格的体现，也能够实现商业价值。比如我们看到米老鼠，就会想到迪士尼，看到龙猫，就会联想到宫崎骏大师，这就是动画角色带来的连锁反应。

塑造角色，需要从两个方面着手。一是角色的外部造型，是指选择用 2D 或 3D 的技术手段，结合相应的美术技巧和影视语言、镜头语言，为角色创造出特定的形状、颜色、面部特征等视觉要素。二是角色的内心世界，包括性格、情感、心理背景等，是把角色塑造成有血有肉的"人"的关键。

塑造动画角色，首先需要对剧本进行深入分析，理解角色的定位和特征，研读剧本对角色的刻画，在头脑中初步勾勒出角色的雏形，随后根据生活积累和经验，将角色合理化、艺术化。比如"二郎神"，在不同的文学作品中有不同的形象。在上海美术电影制片厂出品的动画片《封神榜传奇》中，"二郎神"是一心想靠自身努力考上"公务员"的有志青年，又"站队"在正义的一方，因此他的角色是主角阵营中的正面人物，武艺高强，为人正直。因此，这部动画片中二郎神的造型身披金甲战衣，眼神坚毅，动作潇洒，气势恢宏（见图 15-21）。而在《大圣归来》中，二郎神的造型则显得更加严厉、刻薄。《大圣归来》的故事，脱胎于《西游记》，其中孙悟空是绝对主角，二郎神则是处在孙悟空对立面的位置。因此，《大圣归来》中的二郎神色调偏冷，面部更是棱角分明，眼角上挑，眉毛耸立，一副拒人于千里之外的架势（见图 15-22）。虽然这两款造型受到画风影响，但人物性格的差别却透过角色造型显现出来。

图 15-21　《封神榜传奇》中二郎神造型

图 15-22　《大圣归来》中二郎神造型

其次，角色造型的塑造还来源于对生活的积淀。如《功夫熊猫》的主角阿宝，其造型灵感就来源于中国国宝——熊猫的造型。中国"功夫"搭配中国"熊猫"，两种中国特色文化相搭配，和谐共生。此外，阿宝的师兄弟——老虎、鹤、蛇、猴子的造型灵感，也来源于中国功夫的"五禽拳"要义，虎走刚猛、鹤讲轻巧、蛇主飘缠、猴则手眼明快，最终呈现灵动和谐的视觉效果。

最后，夸张的手法对动画造型的塑造具有重要意义。就像我们记忆陌生人的过程一样，我们往往会对外表有特点的人记忆深刻，动画角色的造型也是如此。对角色特征进行夸张的塑造，能够使观众记忆深刻，同时增加乐趣，比如蜡笔小新的粗眉就是他的标志。并且在动画角色的塑造过程中，往往需要通过夸张变形的手法来凸显角色的性格特征。比如画师会用闪烁着光芒的"星星眼"凸显角色的楚楚可怜；而邪恶的角色通常与大幅的黑色、灰色相伴，巫婆总是披着黑色的外衣，有着高高的颧骨、深色的眼眶和尖长的指甲。动画角色的面部表情不能像真人那么灵活，细微的情绪变化、眼波的流转在动画中难以展现，因此夸张的面部表情也能够帮助角色表达情感。

当然，动画角色造型还有很多技巧值得学习，也需要创作者在实践中多加练习，熟能生巧。

2. 场景

动画场景就是动画角色活动的范围与环境，既包括可见的环境、光线、道具、角度，也包括肉眼无法看见的"气氛"，场景设计就是要将这些因素"可视化"。场景设计的内容一般包括场景平面图、场景立体图、场景结构图、场景气氛图（或称效果图）、场景细节图等。场景设计需要制作者具有扎实的美术功底和文学鉴赏能力。场景对于动画呈现的最终效果起着重要作用。

第一，场景的变化可以表现出时间和空间的变化。例如，在经典动画电影《狮子王》其中一个片段中，展现了辛巴在遇到彭彭和丁满后生活在一起的成长过程。这个情节中，三个角色依次排列在独木桥上行走，角色排列的位置没有变化，独木桥的位置也没有变化，但通过场景的背景由丛林变成瀑布，再变成有一轮明月的峡谷，光线由明亮的日光变成夜晚的夜光，场景的变化呈现出时间的流逝、地点的转变，辛巴从幼年成长为青年。

第二，场景能凸显角色的性格。《狮子王》中辛巴的叔叔刀疤（大反派）的出场，给人留下了深刻的印象。场景由生机勃勃的绿色草原转向灰色为主的悬崖峭壁，一道阴影下，瘦骨嶙峋的刀疤出现在观众的视野中。刀疤的住所，在峭壁的山洞里，画面主色调由灰色占据，从侧面显示出刀疤的阴暗性格。

第三，适当的场景也能彰显主题。《狮子王》中，辛巴的父亲木法沙是在悬崖上被刀疤害死的，而导演也将刀疤的"墓地"选在了悬崖。虽然这两个场景位置不同，但主体相同，刀疤跌落的悬崖下燃起的熊熊烈火，不仅是辛巴复仇的火焰，也是刀疤内心贪婪的火焰，他最终以与自己害人的手段相同的方法死于自己的贪婪之下。

第四，场景能够恰当地烘托气氛，营造与感情相匹配的氛围。《狮子王》中辛巴与小伙伴娜娜首次踏上土狼的领地，场景色调急速转变。为了烘托土狼领地——大象墓园的神秘恐怖气氛，场景中充斥了迷蒙的雾气和灰白骨头，画面主色调为灰色蓝色，夹杂着具有恐怖效果的红色火焰光线，在辛巴与娜娜躲避土狼的追击过程中，背景的变换也多以棱角分明的石块为主，紧张恐怖的气氛立刻呈现在荧幕之上。

按照不同的分类标准，场景可以分为多种类型，内场景、外场景；单一场景、组合场景；横向场景、纵向场景；动画电影场景、动画电视场景、游戏场景、艺术场景；等等。那么场景该如何制作呢？

首先，需要对剧本进行仔细研读分析，明确动画的主题风格、内容题材、表现形式等内容，了解故事发生的时代、地点等基础资料，然后搜集相关信息。如特别时期的建筑特征、文化环境、地理环境、气候环境等内容，为场景的确定奠定基础。

接着进行场景的图纸设计，这一步需要强大的绘画功底和美术基础。动画场景有主要场景和次要场景，主要场景是角色活动最频繁、最常出现的场景，需要制作出场景的平面图、立体图、结构图，主要场景的不同效果图等。

场景大框架搭建好后，需要对细节部分加以完善。要根据不同的时间，故事发展的不同时期，对场景内部的细节进行调整，并且要确保场景符合时代特征、生活习惯和社会文化。这就需要从真实生活中寻找素材，发现细节。

场景的光线，会根据故事发展的不同时间和不同氛围发生转变，自然真实、符合角色情绪的光影效果，会使场景质感大幅提升。动画中的光影主要由两方面构成：一是根据故事发展的环境光线来决定，如阳光下屋子的影子、烛光摇曳的光线明暗变化等；二是根据角色情绪来决定，如角色情绪低落的低着头，额头和眼睛埋没在刘海儿的阴影里等。光影的辅助，可营造氛围，制造悬念，也可以表达角色的内心世界。

场景中色彩的运用，包括背景环境的主体色彩、道具的色彩及景物的色彩等，是门大学问。色彩不仅可以表现情感，也是动画作品美感的重要组成部分。因此场景的色彩运用既要兼顾故事内涵、人物情感以及艺术美感，又要符合动画作品的整体风格。

当然，动画的美不需要墨守成规，在掌握基本规律的同时也需要我们进行大胆创新，使动画绽放出别样的光彩。

15.3.3　动画的呈现效果

目前的主流动画是二维动画和三维动画，而这其实是动画最终呈现的不同形式。所谓的二维与三维之分，指的是动画创作的空间，二维动画是平面动画，三维动画是立体动画。事实上目前并没有真正意义上的"三维空间"动画，无论我们观看到的动画画面立体感有多强，最终也只是呈现在二维平面上，只是我们观看到动画的呈现效果不同罢了。

1. 二维动画

二维动画的创作空间是在二维平面，充分运用线条和颜色制作动画。传统的手绘动画、剪纸动画、Flash 动画等，都属于二维动画。

传统手绘动画是由动画师用笔在赛璐珞片上绘制，分层绘制技术使得传统手绘动画免去了大量重复工作，令手绘动画取得长足发展。现代手绘动画可以由计算机进行清稿、上色等工作，一些图形绘制也能由计算机完成，并能够配以适当的特效，比传统手绘动画的制作更加省时省力。但传统手绘动画有其不可替代性，著名动画大师宫崎骏更倾向于传统手绘动画进行画稿的绘制，他制作的动画具有显著的风格性，深受广大动画爱好者的喜爱。

剪纸动画是中国特有的美术片类型，它将中国传统剪纸艺术与动画制作技术相结合，碰撞出别具一格的艺术类型。剪纸动画借鉴了民间传统艺术——皮影戏的表现形式，多是由平面镂刻的人物侧面形象作为人物造型，场景则是由手工绘画、剪纸、镂刻工艺制作，贴在玻璃板上使用。剪纸动画的代表作，是 1958 年由万古蟾执导的剪纸动画片《猪八戒吃西瓜》，该片作为中国第一部剪纸动画片，其明艳的色彩、独具韵味的造型，使观众感受到民间艺术的独特美感。

Flash 动画是利用 Adobe Flash 软件进行制作的动画。Flash 动画与传统手绘动画和三维动画相比，操作简便，制作周期短、成本低，是快速制作动画的极佳之选，但 Flash 动画细节方面存在短板，因此更注重动画的台词幽默性和情节的故事性。《喜羊羊与灰太狼》就是典型的 Flash 动画。

二维动画的制作中期流程包括绘制背景、绘制原画、绘制动画中间画和修形的工作。后期的工作包括合成动画、加特效、剪辑和配音、加音效等工作。目前，二维动画的后期工作包括电脑上色、合成、剪辑、配音和音效等，大多由计算机技术辅助完成。

绘制背景，根据分镜脚本中设计的背景将其绘制成彩色画稿。

绘制原画，由原画师将动画中的角色或道具的每一个关键动作绘制成关键张，如角色走到椅子边坐下，就需要绘制角色走的动作的关键张、椅子的关键张和角色坐在椅子上的关键张。

绘制动画中间画，一般由原画师的助手进行绘制。由于关键张只有动作的关键节点，因此需要动画师将这些动作连贯起来，绘制补充在角色整个动作中的其他部分，如角色走路的步伐交换、坐下过程中的膝盖弯曲动作等。

修形，是对画稿进行质量监控，主要的工作就是清稿（按照设计蓝本，将画稿中动画造型的线条清晰勾勒出来）和修正原画的失误。

随着技术的不断发展，二维动画也会充分运用辅助软件缩短制作周期，增强画面效果。制作二维动画的软件也多种多样，如 Adobe Flash、Adobe Photoshop、Animo、Retas Pro 甚至 Gif Animator 都是不错的选择。

2. 三维动画

三维动画是通过计算机在虚拟的空间内建模和创设场景，再使模型按照规定的运动轨迹做出相应的动作，呈现出立体观感的动画。三维动画的应用非常广泛，既可以用于动画影视作品的制作，也可以广泛地用于制作三维字体、广告、建筑、医学和建筑领域的演示动画等。动画电影《疯狂动物城》就是充分运用三维动画技术的代表之作。

三维动画中期制作流程包括建模、骨骼绑定与蒙皮、贴图、灯光设定、特效，后期进行分层渲染、合成、剪辑和配音、音效等工作。

建模是在三维软件创设的虚拟三维空间中搭建具有三维数据的模型，包括角色模型、场景模型、道具模型等。这一步相当于为模型搭建框架，是模型的雏形，模型的精细程度取决于细小部件数据的精确程度。

在动画作品中，我们需要让角色或者某些主要道具动起来，这需要进行骨骼绑定。骨骼绑定是为角色或道具搭建骨骼并添加数据，预设动作路径，为后期的角色动作提供相应的路径。接着，我们需要让模型的皮肤附着在骨骼上，运用骨骼的运动路径带动模型，呈现出模型的动态效果。

贴图是为模型选择合适的材质、色彩、纹路的过程，相当于为模型选择合适的皮肤或外衣。这一步需要在 Adobe Photoshop 等平面软件中制作符合要求的材质平面图，覆盖于 3D 模型之上。如 3D 模型是人物，在贴图之前外观是灰色，贴图之后就会看到人类皮肤的质感和颜色。

灯光设定要根据分镜脚本为每个场景模拟出光线的效果。同样的场景在晴天和雨天就有不同的光线效果。

在特效环节，要根据故事的发展和情节的需要，为场景增加 3D 特效，如爆炸、火焰、激光、雨雪等。

在三维动画制作中，几乎都会用到分层渲染进行最终的输出。根据不同的要求，后期人员会进行合理的分层渲染，以方便后期制作中的调试和修正。

制作三维动画的软件工具繁多，但各有其出众之处。Adobe 3Ds Max 是比较常见的三维动画渲染和制作的软件，其特点是对 PC 配置要求低，性价比，使用相对便捷，因此在广告、设计、园林景观、影视、三维动画的制作方面应用广泛。虽然 Adobe 3Ds Max 不能独立完成动画制作，但众多影片如《指环王》《X 战警》都有它的身影。

Autodesk Maya 是世界顶级的三维动画软件，它不仅拥有强大完善的制作功能，并且能够提供完美的渲染效果，操作灵活、效率高，受到无数专业设计师、动画师、游戏开发者的追捧。3D 电影《阿凡达》中炫目的视觉效果就是运用 Maya 软件制作的。

其他三维动画制作软件还有很多，如 ZBrush 是以制作数字雕刻绘图见长，能够做出精致的细部效果；Poser 擅长制作动物或人体造型；Ulead Cool 3D 专门用于制作 3D 字体……科技发展为我们提供了更多选择。

三维动画带给我们更加绚丽的视觉体验，因此近年来发展迅猛。那么三维动画会取代二维动画吗？答案是否定的，二者各具优势，适合不同的领域。从工作量上看，二维动画制作过程中前期准备工作较少，而三维动画则需要花费大量时间、精力和财力进行建模，但从完整制作过程看，二维动画的后期工作量需要更多人工操作，而三维动画则可依靠技术完成。因此，二维动画在制作动画短片方面具有更高的效率，而三维动画则在制作长片上更有优势。从制作效果上看，二维动画采用逐帧制作的方式，在表现特别夸张、大幅度的变形效果时更为方便；三维动画呈现的画面具有明显的空间感，加上通过技术能够提供材质的真实观感（动物毛发、流动的水滴）、细腻的光线变化、流畅真实的特效场面（云朵、雾气、火苗、爆炸），带给观众更加震撼的视觉体验。因此无论动画的表现形式如何，总能给我们带来奇妙的感官旅程。

问题拓探

1. 新媒体动画的特征是什么？新媒体动画与传播媒介有何关系？
2. 二维动画会被三维动画替代吗？为什么？
3. 新媒体动画的发展趋势如何？

实践任务

1. 创作一个新媒体动画故事剧本，并制作分镜头脚本。
2. 动手制作一部动画短片。

跋

从"伊人"到"烤红薯"

朋友，经过一年多精心打扮，这个"伊人"终于要和你见面了。其实，她原来的名字并非如此，而是"情人"，然而，改名的原因却是与"伊人"有关。

一年前，我在前言里用的就是"情人"这样的字眼，给出版社交稿时，有位参编老师向我建议说，是不是可以把"情人"改为"爱人"？因为情人，毕竟不符合社会的主流价值观，尽管带上了引号，但是，有些人一看到这个字眼，自然还会生出一些不三不四的想法，颇有怂恿人们追逐现实中的那个实在的情人之嫌。我吓了一跳，使得交稿前好多天，计划中的这个后记，也迟迟不敢下笔。可是思前想后，推敲再三，交稿时我仍然采用了"情人"这个字眼。我以为新媒体以它为喻，实在是天衣无缝，恰到好处了。而爱人却是要用"山无陵，天地合，乃敢与君绝"的那种忠贞不渝的精神去守护的。用它来比喻新媒体，是不是很不相称？再说，聪明的读者能看不出这是一个比喻吗？倘若有人以为读者们看了我的书，对号入座，助长了他们追逐情人的苟且之心，那这个比喻的威力也忒大了吧！鉴于此，我也不忘初心，并未改动！

直到出版社三审定稿时，编辑部老师又一次提出了这个问题。我也又一次反复斟酌思考，思接千载，视通万里，终于悟出了这个字眼的不妥！那就是，尽管对新媒体的追寻和对情人的追逐有形式上的相似之处，但毕竟是一美一丑，一龙一猪，是不可同日而语的呀！用伊人是多么绝妙的比喻，而情人又是多么低劣！于是我改正过来，这也正好作为我们追寻美好的事物——精练教材的佐证。

不过，与此相反，也有并未"改邪归正"的地方，因它牵涉本书的一点点小的特色。事情的缘起，是因一位我敬慕的老师。由于他在媒体行业以及新闻传播学界，特别是在新媒体研究和实践方面有不少独到之处，所以一完稿，我就将整本书呈上，请他斧正。不料他说，你是在写章回小说吗？我又吓了一跳！经过向他讨教，我对他的意思稍有所悟：自己编的似乎有点不像教材。他还建议我去看看某个出版社的教材。不过，他说的那个出版社的教材，我是恭恭敬敬地看过的，很不错，的确有需要学习效仿的地方。然而，我却固执地想让自己的教材，与那个出版社，或者说与别的教材有点不同。值得庆幸的是，这不同，似乎让这位老师觉察到了，正是他所品赏到的那一点儿小说的味道。反省自己，我倒觉得这种小说的味道还淡了些，应当更加浓郁才好。

细究起来，难道把教材写成小说不好吗？好的小说出神入化，引人入胜；好的文学作品，让读者沉溺其中，爱不释手。虽然说小说与教材，各有各的章法门道，但小说的取悦读者之法，不可借鉴吗？可惜的是，我的教材只用了些许皮毛，未得小说技法之上乘。如果真能把小说的技巧用到极致，学教材犹如读小说，让读者在教材中如醉如痴，在听故事的过程中获得了知识和技能，又有何不可呢？

打比方、讲故事是古之先贤的常用之法。庄子的故事汪洋恣肆、想象瑰丽，孔孟的故事

浅显易懂，底气十足。柏拉图的《理想国》有"洞穴之喻"，亚里士多德也给学生讲过三段论的故事："如果你的钱包在你的口袋里，而你的钱又在你的钱包里，那么，你的钱肯定在你的口袋里。"当今外国的一些理论，也无不让文学笔法为它撑起宏大的门面：管理学中有木桶理论、反木桶理论、垃圾桶理论、破窗理论、鲶鱼理论、懒蚂蚁理论等；在传播学中也有魔弹论、沉默的螺旋论、守门人理论、知沟理论……其他领域如囚徒理论、长尾理论、薛定锷猫理论、鸡群效应理论等，不一而足。这些理论，颇具文学形象之妙，其中的技法无非小说的惯用伎俩而已！所以向他们学习，我也恨不得把我的新媒体概论教材写成畅销小说，也恨不得把书中的理论叫它"伊人"理论呢！遗憾的是，我并没有把这个特色发挥得更好，充其量只是用了小说技法的一鳞半爪而已。

　　况且，有研究表明，如今认知科学领域的图像转向，宣告了视觉文化的兴盛和读图时代的到来。相应地，故事化的表达，形象化的传播，似乎成为新媒体传播的一种潮流。我们唯恐赶之不及，又何敢拒之千里？好莱坞编剧教父罗伯特·麦基和托马斯·杰雷斯，新近出版了一本新书《故事经济学》。书中告诉我们，故事对人类有强大的说服力。它之所以能够打动人，跟讲故事的人的技巧有多高关系不大，而是因为人类几百万年进化来的生理机制决定的。故事是最符合人类心智的沟通方法，是人类从远古时期就必备的生存工具。人类一切文明成果的基础都是故事。故事的本质并不仅仅是一种娱乐，还是人类给自己打造的第一个武器，也是永远不会失效的武器。因为漫长的进化历程，已经将人脑塑造成一部故事机器。

　　无独有偶，《今日简史》的作者尤瓦尔·赫拉利，有一个很开脑洞的观点，他认为人类文明的基础是我们这个物种的虚构能力，其实就是讲故事的能力。宗教是故事，民族是故事，商业是故事，公司是故事，有关人类文明的一切，底层都是故事。无论到什么时候，故事都是人类知识传承和信息沟通的最佳方式。过去是这样，今天还是，未来也是。那么，我们的教材，不也需要改换一下观念，向学生传授一个个课程的故事吗？

　　要讲好故事，自然离不开形象的比喻。有了它，教材既可以高屋建瓴，又可以深入浅出；既可以在理论之巅眺望前路的无限风光，也可以在实践之谷深耕沃野的丰饶。在这方面"得到"App的创始人罗振宇深得个中真谛。他在"什么是洞察"的音频里，介绍了小米生态链的负责人刘德，用了许多形象的比喻来形容小米的业务："遥控器电商""动车组""烤红薯生意"等。特别是后者，这个比喻好像与我们编的这本教材的特点还有点儿关系！小米作为一个高科技互联网公司，它的主业是手机，现在又开发了许多智能家居产品，如电视机、路由器、电饭煲、扫地机器人、空气净化器等，积累了数亿"米粉"，其中不乏众多"铁杆米粉"，这些人除了需要小米手机、充电宝、手环等科技产品之外，也需要毛巾、床垫等高品质的日用品。小米主业产生的巨大流量，就像炉火一样温暖了许多粉丝的心，收获了巨大的利益；而毛巾、床垫这些副业则是他们借助余热顺便烤的红薯罢了。因为与其让这些流量白白耗散掉，还不如利用这些流量来转化一些为营业额。

　　文学岂不是如此？它的高妙技法就像那个炉子，千百年来烤热了多少读者的心，让他们成为顶礼膜拜在一部部皇皇巨著脚下的"文学粉"！我们的教材从这些技法中择其一二，来烤烤我们这块生硬而微冷的"红薯"，让读者感受到文学的余热，又何尝不可呢？罗振宇是深得这种余热的好处了的。在他的成功里，我们经常看到文学助力的身影：脑洞、动车组、热带雨林、农耕时代、游牧部落、拔河、黑天鹅、时间的朋友、终点站、知识的搬运工……正如他说的那样，"当你可以用无关的事物比喻当前的事物的时候，说明这件事情已经穿过了你的身体，变成了你理解世界的方式。能做出精妙的比喻，就是你有洞察力的表现。"他把自己的洞察力，化成了数百门课程的故事，化成了亿万级的经济利益，也成就了"得到"这个日趋强大的新媒体的成功故事。当我们看到成千上万的"罗粉"，在巨大的水立方，在深圳湾春茧体育馆，在上海梅赛德斯奔驰文化中心的万人会场，仰望翩翩起舞的黑天鹅而纵情欢呼时，我们是否有理由，在教材中也来点儿文学的味道——至少插上几根"黑鸡毛"吧？

至此，是不是可以这样说？人类需要比喻，教材也需要比喻；人类需要故事，教材也需要故事。然而，作为本书故事的总策划，我深感自己的故事并没有讲得如期望的那样生动。尽管用笨拙的手不住地在键盘上敲动，然而，面对新媒体这个"伊人"，我的"红笺小字"，却未能"说尽平生意"！鲁迅说他自己写作的每一篇文章或者每部作品，都是用自己生命的一部或全部写成的。我自觉愚钝，要讲好故事，编好教材，诚然要付出更多的心血和努力。幸好，来自全国10多所本科高校网络与新媒体专业的一线老师和新媒体实践一线行家的共同努力，才把这个故事推演到圆满落幕，我要感谢他们！

本书的分工是，我，西安科技大学高新学院程栋，负责教材体系建构、大纲设计，并撰写第1章、篇前语、章首点睛，以及各章内容的审阅修改直至定稿；河南牧业经济学院雷鸣撰写第2章和第10章，中原工学院李乃舒第6章和第12章大部（12.1.2节与12.1.3节由兰州财经大学黄建军撰写，12.3.2节至12.3.5节由黑龙江绥化学院王海峰撰写），二人作为副主编，还协助主编做了大量的工作；黑龙江绥化学院王海峰撰写第3章，武汉大学刘友芝撰写第4章大部（4.4节由广东肇庆学院常怡明撰写）；四川大学锦城学院王向军撰写第5章；西安培华学院田秀秀撰写第7章；西安财经大学行知学院许璐撰写第8章大部分（8.2节由兰州财经大学黄建军、8.3节由西安财经大学行知学院薛倩、8.4节由浙江理工大学田瑞撰写），四川大学锦城学院张超撰写第9章；常州工学院杨曙撰写第11章；南京晓庄学院殷亮撰写第13章；河南广播电视台谢飞撰写第14章；中原工学院孙恺悦撰写第15章。

还需特别提及的是，给本书写序和全体审稿指导委员会的专家们，他们有的是在教坛辛勤耕耘又颇具声望的高校老师，有的是在新媒体行业日夜鏖战的前线将士，繁重的工作任务和额外的社会活动，使得时间和精力对他们而言更为宝贵。然而为了帮助我们，为了促进新媒体学科和事业的发展，他们无比慷慨地奉献了智慧和热诚。所以我要感谢他们！

再者，我还要感谢西安科技大学高新学院和所有参编人员所在的学校、单位的领导与同事们，从教材的选题到章节的撰写，从内容的讨论到资源的分享，他们的经验和智慧，他们的帮助和鼓励，都通过一次次的当面交流，一次次的微信聊天，浸润在我们的编写工作之中，化成了教材的良好品质，滋养着这个"待字闺中"的新媒体"伊人"！因而，我感谢他们！

最后，我更要把谢意送给新媒体这个"伊人"和小米的"烤红薯"，因为这个"伊人"给了我们的教材用以装扮的对象；这个"烤红薯"让我们的教材带上了一点儿特有的醇香。如今"伊人"将要从我们的教材中走出，走到读者们的面前，走向智能时代！也许她会走得更远，走向历史的深处，走向遥远的未来！但愿她能带给大家更多更远的故事，带给大家更浓郁、更甘甜的烤红薯的味道！

程　栋

2019 年 1 月 3 日

参 考 文 献

［1］吴满意. 网络媒体导论［M］. 北京：国防工业出版社，2008.

［2］龙锦. 日本新媒体产业［M］. 北京：中国国际广播出版社，2012.

［3］吴小坤，吴信训. 美国新媒体产业［M］. 修订本. 北京：中国国际广播出版社，2012.

［4］戴元光. 传播学通论［M］. 2版. 上海：上海交通大学出版社，2007.

［5］徐耀魁. 大众传播学［M］. 沈阳：辽宁教育出版社，1990.

［6］邵培仁. 传播学导论［M］. 杭州：浙江大学出版社，1997.

［7］约翰·费斯克. 关键概念：传播与文化研究辞典［M］. 李彬，译. 2版. 北京：新华出版社，2004.

［8］李彬. 大众传播学［M］. 北京：中央广播电视大学出版社，2000.

［9］司有和. 信息传播学［M］. 重庆：重庆大学出版社，2007.

［10］林刚. 新媒体概论［M］. 北京：中国传媒大学出版社，2014.

［11］尼古拉斯·盖恩，戴维·比尔. 新媒介：关键概念［M］. 刘君，周竞男，译. 上海：复旦大学出版社，2015.

［12］李丹丹. 手机新媒体概论［M］. 北京：中国电影出版社，2010.

［13］黄传武，齐林泉，王秋生，等. 新媒体概论［M］. 北京：中国传媒大学出版社，2013.

［14］李凌凌. 传播学概论［M］. 2版. 郑州：郑州大学出版社，2014.

［15］杨继红. 谁是新媒体［M］. 北京：清华大学出版社，2008.

［16］申晨. 全民社交［M］. 北京：北京联合出版公司，2015.

［17］姜祖桢. 逻辑学概论［M］. 北京：对外经济贸易大学出版社，2013.

［18］何名申. 逻辑［M］. 昆明：云南人民出版社，1983.

［19］李四达. 数字媒体艺术概论［M］. 3版. 北京：清华大学出版社，2015.

［20］张国良. 传播学原理［M］. 上海：复旦大学出版社，2009.

［21］程栋. 实用网络新闻学［M］. 北京：新华出版社，2002.

［22］邵光远，张纪川. 系统科学入门［M］. 北京：知识出版社，1990.

［23］安德鲁·麦德威克. 互联网政治学［M］. 任孟山，译. 北京：华夏出版社，2010.

［24］约瑟夫·克拉珀. 大众传播的效果［M］. 段鹏，译. 北京：中国传媒大学出版社，2016.

［25］余愿，刘芳. 传感器原理与检测技术［M］. 武汉：华中科技大学出版社，2017.

［26］韦康博. 工业4.0时代的盈利模式［M］. 北京：电子工业出版社，2015.

［27］塞缪尔·格林加. 物联网［M］. 刘林德，译. 北京：中信出版集团股份有限公司，2016.

［28］彭兰. 社会化媒体：理论与实践解析［M］. 北京：中国人民大学出版社，2015.

［29］郭金龙，林文龙. 中国市场十种盈利模式［M］. 北京：清华大学出版社，2005.

［30］陈月波. 电子商务盈利模式分析［M］. 杭州：浙江大学出版社，2011.

［31］郝志中. 用户力：需求驱动的产品、运营和商业模式［M］. 北京：机械工业出版社，2016.

［32］刘友芝. 新媒体运营［M］. 北京：中国人民大学出版社，2018.

［33］蒋宏，徐剑. 新媒体导论［M］. 上海：上海交通大学出版社，2006.

［34］斯莱沃斯基，莫里森. 发现利润区［M］. 2版. 北京：中信出版社，2003.

［35］AFUSH，TUCCI. Internet business patterns and strategies：text and cases［M］. NewYork：McGraw-Hill/Irwin，2001.

［36］埃弗雷姆·特班. 电子商务：管理视角［M］. 严建援，译. 5版. 北京：机械工业出版社，2010.

［37］陈刚. 网络广告［M］. 北京：高等教育出版社，2010.

［38］胡正荣. 传播学概论［M］. 北京：高等教育出版社，2017.

［39］尼古拉斯·卡尔. 浅薄［M］. 刘纯毅，译. 北京：中信出版社，2015.

［40］雪莉·特克尔. 群体性孤独［M］. 周逵，刘菁荆，译. 杭州：浙江人民出版社，2014.

［41］匡文波. 新媒体概论［M］. 北京：中国人民大学出版社，2015.

［42］彭兰. 网络传播概论［M］. 北京：中国人民大学出版社，2017.

［43］余乐. 网页设计与网站建设从入门到精通［M］. 北京：清华大学出版社，2017.

［44］秋叶，萧秋水，刘勇. 微博营销与运营［M］. 北京：人民邮电出版社，2017.

［45］宫承波. 新媒体概论［M］. 5版. 北京：中国广播影视出版社，2016.

［46］刘永昶. 新媒体概论［M］. 南京：南京大学出版社，2014.

［47］崔义超. 社群媒体［M］. 北京：机械工业出版社，2017.

［48］智军. 社群运营［M］. 北京：机械工业出版社，2015.

［49］匡文波. 新媒体舆论：模型、实证、热点及展望［M］. 北京：中国人民大学出版社，2014.

［50］郑杭生. 社会学概论新修［M］. 4版. 北京：中国人民大学出版社，2013.

［51］吴晨光. 自媒体之道［M］. 北京：中国人民大学出版社，2018.

［52］哈默. 新媒体写作平台策划与运营［M］. 北京：人民邮电出版社，2017.

［53］马楠. 尖叫感：互联网文案创意思维与写作技巧［M］. 北京：北京理工大学出版社，2016.

［54］桑坦斯. 网络共和国［M］. 黄维明，译. 上海：上海人民出版社，2003.

［55］丁林. 超越平台的原生内容运营：企业新媒体运营与管理［M］. 北京：电子工业出

版社，2018.

　　［56］丹·诺里斯. 内容的力量：如何用网络内容营销塑造商业品牌［M］. 李立心，译. 广州：广东经济出版社，2017.

　　［57］舒扬. 共鸣：内容运营方法论［M］. 北京：机械工业出版社，2017.

　　［58］海天电商金融研究中心. APP营销与运营完全攻略，北京：清华大学出版社，2016.

　　［59］晏青. 社交媒体营销战　商业营销新思维［M］. 北京：经济日报出版社，2016.

　　［60］于雷霆. APP营销实战宝典［M］. 北京：北京理工大学出版社，2016.

　　［61］武娟. 新媒体游戏［M］. 北京：人民邮电出版社，2013.

　　［62］黄少华. 互联网的社会意义：以网络参与和网络游戏为例［M］. 杭州：浙江大学出版社，2016.

　　［63］魏婷. 青少年网络游戏行为意向研究［M］. 北京：科学出版社，2016.

　　［64］雄信文化. 游戏行业网络营销推广实战从入门到精通戏［M］. 北京：人民邮电出版社，2016.

　　［65］李英丽. 游戏运营 高手进阶之路［M］. 合肥：安徽科学技术出版社，2018.

　　［66］翁颖明. 游戏策划与营销［M］. 上海：上海人民美术出版社，2011.

　　［67］刘小华. 互联网＋新媒体［M］. 北京：中国经济出版社，2016.

　　［68］皇甫晓涛，向勇. 新媒体论［M］. 北京：光明日报出版社，2016.

　　［69］石民勇，税琳琳. 手机游戏创作［M］. 北京：高等教育出版社，2012.

　　［70］石磊. 新媒体概论［M］. 北京：中国传媒大学出版社，2009.

　　［71］胡昭民，吴灿铭. 游戏设计概论［M］. 北京：清华大学出版社，2017.

　　［72］石民勇. 游戏概论［M］. 北京：中国传媒大学出版社，2009.

　　［73］关萍萍. 电子游戏多重互动与叙事模式［M］. 杭州：浙江大学出版社，2012.

　　［74］卢虹. 张璋. 游戏概论［M］. 合肥：中国科学技术大学出版社，2009.

　　［75］恽如伟. 数字游戏概论［M］. 北京：高等教育出版社，2012.

　　［76］西门孟. 游戏产业概论［M］. 上海：学林出版社，2008.

　　［77］李瑞森，张卫亮，王星儒. 网络游戏场景设计与制作实战［M］. 北京：电子工业出版社，2015.

　　［78］中嶋谦互. 网络游戏核心技术与实战［M］. 毛姝雯，田剑，译. 北京：人民邮电出版社，2014.

　　［79］北京大学文化产业研究院，人民网研究院. 快乐消费的文化底色：网络游戏评论文集［M］. 北京：人民日报出版社，2013.

　　［80］许向东. 数据新闻：新闻报道新模式［M］. 北京：中国人民大学出版社，2017.

　　［81］刘勇. 中国报纸新闻文体嬗变：1978—2008［M］. 北京：中国人民大学出版社，2018.

　　［82］吴晨光. 超越门户［M］. 北京：中国人民大学出版社，2015.

　　［83］亚当·弗里曼. HTML5权威指南［M］. 谢廷晟，牛化成，刘美英，译. 北京：人

民邮电出版社，2014.

　　[84] 贺雪晨等. 数字媒体技术 [M]. 北京：清华大学出版社，2011.

　　[85] 吴韶波，顾奕. 数字音视频技术及应用 [M]. 哈尔滨：哈尔滨工业大学出版社，
2014.

　　[86] 丁刚毅，王崇文，罗霄，等. 数字媒体技术 [M]. 北京：北京理工大学出版社，
2015.

　　[87] Adobe 公司. Adobe Audition CC 经典教程 [M]. 贾楠，译. 北京：人民邮电出版社，
2014.

　　[88] 赵阳光. Adobe Audition 声音后期处理实战手册 [M]. 北京：电子工业出版社，
2017.

　　[89] 李四达. 新媒体动画概论 [M]. 北京：清华大学出版社，2013.

　　[90] 刘佳. 新媒体动画研究 [M]. 北京：北京联合出版公司，2016.

　　[91] 日本日经娱乐. 细田守探寻动画新大陆的地图 [M]. 贾耀平，译. 北京：北京美
术摄影出版社，2018.

　　[92] 赵杰，董海山. 交互动画设计：Zbrush+Autodesk+Unity+Kinect+Arduino 三维体感
技术整合 [M]. 北京：化学工业出版社，2016.

　　[93] 潘秋思. 中国动画的新发展 [M]. 长春：吉林大学出版社，2016.